# EUROPARÄTTENS GRUNDER

Ulf Bernitz
Anders Kjellgren

# *Europarättens grunder*

Tredje upplagan

Norstedts Juridik AB

Adress till förlaget:
Norstedts Juridik AB, 106 47 Stockholm
fax 08-5981 91 91, telefon 08-5981 91 00

Beställningar:
www.nj.se
Norstedts Juridik AB, Kundservice, 106 47 Stockholm
fax 08-5981 91 91, telefon 08-5981 91 90, växel 08-5981 91 00
e-post: kundservice@nj.se

Europarättens grunder
Ulf Bernitz och Anders Kjellgren
Upplaga 3:2
ISBN 978-91-39-20414-5
Omslagsbild: Anna N Kjellgren, FormFederationen


Sättning och tryck: Elanders, Vällingby 2009

# Innehåll

# Förord

Detta är en bok om europarätten skriven för en svensk läsekrets, både studenter och praktiskt verksamma som behöver kunskap på området.

Vi lägger här fram bokens tredje upplaga. De två föregående upplagorna, utgivna 1999 respektive 2002, har fått stor användning. Arbetet med denna tredje upplaga har varit väsentligt mer krävande än vad vi först hade föreställt oss. Området har genomgått en omfattande och delvis djupgående vidareutveckling under de fem år som gått.

I bokens tredje upplaga har vi gjort ett flertal omdispositioner och nyskrivit omfattande partier. Tredje pelaren har fått en breddad behandling i ett eget kapitel. Ett annat, i huvudsak nytt kapitel behandlar Sverige i EU. Kapitlet om den enskilda personens ställning är helt omstrukturerat med utgångspunkt i det europeiska medborgarskapet och rörlighetsdirektivet. Kapitlet om fria kapitalrörelser har byggts ut och slutkapitlet Utblick har fördjupats.

Genom hela boken har framställningen uppdaterats och kompletterats mot bakgrund av den snabba rättsutvecklingen, framför allt genom rättspraxis men också genom nytillkommen europeisk lagstiftning.

Vi har emellertid behållit bokens allmänna uppläggning och inriktning. Den fokuserar på europarättens centrala delar, både i institutionellt och materiellt hänseende. På det institutionella planet ger boken en bild av den europeiska integrationens utveckling, en översikt av EU:s institutioner och verksamhetsformer samt en närmare kännedom om europarättens rättsliga status, grundläggande rättsprinciper och processuella system. På det materiella planet behandlas i huvudsak den rättsliga normeringen av den inre marknaden ("de fyra friheterna") och konkurrensrätten. I framställningen har vi fortlöpande lagt särskild vikt vid hur europarätten genomförts i Sverige och samspelet med svensk rätt.

Det konstitutionella fördraget torde slutligt ha förts åt sidan genom europeiska rådets beslut i juni 2007. Den tillämnade, mindre omfattande ersättningen (Reformfördraget) har ännu rätt oklara konturer. I boken ger vi kortfattad information om förslagen. Vi vill dock framhålla att förändringarna i vart fall torde komma att bli väsentligt mindre genomgripande än vad som ofta görs gällande, både av tillskyndare och kritiker.

Ulf Bernitz har i första hand utarbetat kapitlen 1-4, 6 (utom 6.10), 9-11, 14 samt 16-18 (utom 17.3 och 17.4.1) och Anders Kjellgren kapitlen 5, 7, 8 samt 12, 13 och 15 och 19. Vi har emellertid liksom tidigare bearbetat varandras texter och svarar gemensamt för framställningen som helhet.

Särskilda tack för värdefulla synpunkter går till docent Carl-Fredrik Bergström, avdelningschef Per Hellström, kommissionens generaldirektorat konkurrens (kapitel 16), universitetslektor Hedvig Lokrantz Bernitz (kapitel 15) samt doktor Maria Bergström (kapitlen 7 och 8).

Bryssel och Stockholm i juli 2007

*Ulf Bernitz* *Anders Kjellgren*

# Förkortningar

| | |
|---|---|
| AD | Arbetsdomstolen |
| AMV | Avgifter med motsvarande verkan |
| CMLR | Common Market Law Reports |
| CMLRev | Common Market Law Review |
| EBusLRev | European Business Law Review |
| ECB | Europeiska centralbanken |
| ECLR | European Competition Law Review |
| ECR | European Court Reports |
| EEG | Europeiska ekonomiska gemenskapen |
| EES | Europeiska ekonomiska samarbetsområdet |
| EFTA | European Free Trade Association |
| EG | Europeiska Gemenskapen |
| EGF | EG-fördraget |
| EGT | Europeiska gemenskapernas (officiella) tidning |
| EKMR | Europakonventionen om de mänskliga rättigheterna |
| EKSG | Europeiska kol- och stålgemenskapen |
| ELJ | European Law Journal |
| ELRev | European Law Review |
| EMI | Europeiska monetära institutet |
| EMS | Ekonomiska monetära systemet |
| EMU | Ekonomiska och monetära unionen |
| ERM | Exchange Rate Mechanism |
| ERT | Europarättslig Tidskrift |
| EO | Europeiska ombudsmannen |
| EP | Europaparlamentet |
| EU | Europeiska unionen |
| EUF | Unionsfördraget |
| EUT | Europeiska unionens (officiella) tidning |
| Fm | Förordningsmotiv (svenska) |
| FT | Förvaltningsrättslig Tidskrift |
| GATT | General Agreement on Tariffs and Trade |
| GD | Generaldirektorat |
| GUSP | EU:s gemensamma utrikes- och säkerhetspolitik |
| HD | Högsta domstolen |

| | |
|---|---|
| JCMS | Journal of Common Market Studies |
| JFT | Tidskrift utg. av Juridiska Föreningen i Finland |
| JK | Justitiekanslern |
| JO | Justitieombudsmannen |
| JT | Juridisk Tidskrift |
| LAS | Lagen om anställningsskydd |
| LOU | Lagen om offentlig upphandling |
| MD | Marknadsdomstolen |
| NCB | Nationella centralbanker |
| NJA | Nytt Juridiskt Arkiv avd I (rättsfall från Högsta domstolen) |
| OEEC | Organisation for European Economic Co-operation |
| OECD | Organisation for Economic Co-operation and Development |
| Prop | Proposition till riksdagen |
| R&D | Riksdag och Departement |
| REG | Rättsfallssamling från Europeiska gemenskapernas domstol och förstainstansrätt |
| RB | Rättegångsbalken |
| RF | Regeringsformen |
| RIF | Rättsliga och inrikes frågor |
| RomF | Romfördraget |
| RÅ | Regeringsrättens årsbok (rättsfall från Regeringsrätten) |
| SFS | Svensk författningssamling |
| SIEPS | Svenska institutet för europapolitiska studier |
| SOU | Statens Offentliga Utredningar |
| SvJT | Svensk Juristtidning |
| TF | Tryckfrihetsförordningen |
| UfR | Ugeskrift for Retsvæsen |
| VEU | Västeuropeiska unionen |
| WTO | World Trade Organization |
| ÅMV | Åtgärder med motsvarande verkan |

# 1. Europarätten

*Europaflaggan (blå med tolv gula stjärnor). Används av Europarådet sedan 1955 och av EU sedan 1986. Symbolen med tolv stjärnor står för solidaritet och harmoni mellan Europas folk. De tolv stjärnorna symboliserar fulländning, helhet och enhet och har ytterst en biblisk inspiration (Uppenbarelseboken 12:1 om Marie uppenbarelse med en krans av tolv stjärnor)*

Europarätten är en i vår tid nyskapad rättslig ordning av största betydelse. Sverige är fullt ut en del av denna i och med landets medlemskap i EU från 1 januari 1995. Inte endast staten och andra offentliga organ omfattas av europarätten, utan den gäller till betydande del också för företag och privatpersoner. Europarätten är i stor utsträckning omedelbart gällande i Sverige och skall då tillämpas direkt av svenska domstolar och myndigheter. Den skapar rättigheter och skyldigheter för enskilda som dessa kan åberopa inför våra domstolar och myndigheter. Särskilt viktigt är att europarätten generellt sett har företräde framför svensk rätt i fall av konflikt mellan rättssystemen, d v s den är överordnad svensk nationell rätt. Europarätten får härigenom ett mycket starkare genomslag i Sverige än vad som normalt gäller i fråga om internationella överenskommelser.

Termen *europarätt* används som övergripande term i denna bok. Den är vedertagen internationellt och ofta brukad i juridisk litteratur och utbildning.[1] Härmed förstås i första hand den mycket omfattande och viktiga rättsordning som gäller för EU (Europeiska unionen) och därvid främst unionens mest centrala del, EG (Europeiska gemenskapen). Det är framför allt inom EG som man har byggt upp ett fast regelverk och det är i huvudsak där man finner de karaktäristiska överstatliga inslagen.

Till europarätten, tagen i en vidare bemärkelse, hör även *Europakonventionen* om skydd för de mänskliga rättigheterna och de grundläg-

1. European law, droit européen, Europarecht.

gande friheterna (EKMR). Den har tillkommit och administreras inom ramen för en annan internationell organisation, Europarådet, men dess rättighetsskydd upprätthålls inom EU såsom allmänna rättsprinciper. Till europarätten är det också naturligt att föra sådana internationella överenskommelser som ingåtts av EU och som har särskild anknytning dit. Här märks bl a det till EU nära knutna EES (Europeiska ekonomiska samarbetsområdet), samarbetsavtalen med vissa östeuropeiska länder och EU:s omfattande nät i övrigt av associationsavtal och handelsavtal. Det finns också internationella överenskommelser som ingåtts mellan EU:s medlemsstater eller under medverkan av dessa och som sakligt sett avser europarättsliga frågor. Gränsdragningen kan inte göras skarp.

Med sin unika kombination av konstitutionell, institutionell och materiell rätt betraktas numera i allmänhet europarätten som en egen juridisk specialdisciplin.[2] Den institutionella uppbyggnaden med sina övernationella drag gör EU särskilt intressant från folkrättslig och statsrättslig synpunkt och EG-domstolens omfattande verksamhet och stora betydelse för rättsutvecklingen gör den till en viktig internationell domstol.

EG-domstolen har i en dom givit denna karakteristisk av rättsområdet.[3] Genom EG-fördraget

> "infördes en särskild rättsordning som införlivades i medlemsstaternas rättssystem och är bindande för deras domstolar. Under denna rättsordning lyder inte enbart medlemsstaterna utan även deras medborgare. På samma sätt som gemenskapsrätten ålägger de enskilda förpliktelser, är den också avsedd att skapa rättigheter som blir en del av de enskildas rättsliga arv."

Betydelsefulla rättsprinciper av delvis nytt snitt har utvecklats inom EG:s materiella rätt såsom konkurrensrätt, etableringsrätt, handelshindersrätt, finansmarknadsrätt samt europeisk arbets- och socialrätt. Rättsområdets dynamiska utveckling i förening med de starka inslagen av verkligt nytänkande och unionsrättens allmänna betydelse medför att ämnet tilldrar sig stort intresse i rättsvetenskaplig forskning.

EU, Europeiska unionen, är den generella termen för unionen som helhet med samtliga däri ingående gemenskaper och samarbetsformer. I boken används beteckningen EU när inte avsikten är att markera att det är någon speciell del av unionen, närmast EG, som särskilt avses. Domstolen benämner sig fortfarande EG-domstolen.

Termen *EG-rätt* eller, synonymt därmed, *gemenskapsrätt* begagnas för att markera att det är rättsläget i EG, d v s Europeiska gemenskapen, som avses. Det regelverk som denna bok behandlar gäller till helt övervägande del endast EG. Som sammanfattande term för hela regelverket inom EU används *EU-rätt* eller *unionsrätt*.

2. Härom t ex Bernitz, Sverige och europarätten, 2002 s 47 ff.
3. Mål C-453/99, Courage Ltd mot Bernhard Crehan (REG 2001, s I-6297), punkt 19 i domskälen. Domen berörs i 6.7 och 16.8.3.

Europarättens centrala betydelse för förståelsen av EU som företeelse kan knappast överbetonas. Det framhålls ofta – och med rätta – att EU, och då framför allt EG, är en *rättsgemenskap*. Karaktäristiskt är den fasta legala strukturen och den successiva utvecklingen av ett mycket omfattande gemensamt regelverk. Verksamheten inom EU kännetecknas av en viss legalism, som delvis har sin förklaring i kontinentaleuropeisk tradition men också i samarbetets vittgående och långsiktiga karaktär, som gör relativt precisa rättsregler nödvändiga. Detta framgår tydligt vid en jämförelse med de flesta andra internationella organisationer, där regelverket normalt är av betydligt lösligare art men å andra sidan målsättningarna i regel mindre långtgående. Man kan säga att rättsreglerna är det murbruk med vilket EU sammanfogats och vartefter byggs vidare ("integration through law"). Det har visat sig ha en stabilitet som kunnat stå rycken under politisk press och lågkonjunkturer. Häri ligger en viktig skillnad i förhållande till en gammal nationalstat som Sverige, där det finns så många andra band än rättsordningen av historisk, kulturell och social natur som knyter samman. De legala banden spelar en större sammanhållande roll i en organisation av EU:s slag. Det är knappast någon överdrift att påstå att EU primärt utformats, administreras och vidareutvecklas på juridisk grundval – låt vara inom de breda ramar som bestäms politiskt.

EU:s verksamhet har sin bas i uppbyggnaden av en gemensam marknad men har utvecklats långt utöver den ekonomiska sfären till att beröra mycket stora delar av samhällslivet och villkoren för företagen och enskilda personer. Detta sker väsentligen inom ramen för lagstiftning och tillämpning av europarätten, dels direkt på EU-planet och dels genom anpassning av den nationella lagstiftningen i EU:s medlemsländer. Viktiga målsättningar för EU är bland annat att bereda företagen fri rörlighet och likartade konkurrensförutsättningar på EG:s inre marknad genom att motverka handelshinder och harmonisera medlemsstaternas lagstiftning samt att säkerställa de enskilda medborgarnas möjligheter till fri rörlighet och arbete inom EU och hindra diskriminering på grund av nationalitet. Dessa syften har också lett till en omfattande harmonisering av medlemsstaternas lagstiftning på viktiga områden. Den ekonomiska samordningen inom EU har fördjupats väsentligt genom tillkomsten av den monetära unionen och den gemensamma valutan, euron.

# 2. Integrationens framväxt och utveckling

*Europeiska hymnen (Beethovens nionde symfoni, fjärde satsen, Ode till glädjen)*

## 2.1 *Europarörelsen*

Dagens EU med dess uppbyggnad och rättssystem kan bara förstås mot bakgrund av den successiva europeiska integrationsutveckling som pågått alltsedan 1950-talet. Många drag i EU:s struktur, som kan te sig svårförståeliga eller ologiska, har sin förklaring i den historiska utvecklingen. I detta kapitel ges en översiktlig bild av denna utveckling, som av allt att döma fortfarande är långt ifrån avslutad. I nuläget är som bekant frågan om en ytterligare fördragsrevision aktuell. Framställningen har i huvudsak en kronologisk form, så att man kan följa utvecklingslinjerna, och lägger tyngdpunkten vid de rättsliga aspekterna.[1]

De europeiska integrationssträvandena har en lång förhistoria.[2] En vision av en fredsordning inom ramen för en europeisk enhet har gamla rötter främst i Kontinentaleuropa. Det Romerska riket har setts som en förebild och man har också kunnat peka på partiella enhetsverk i äldre tid såsom Karl den stores rike och det tysk-romerska kejsarriket. I modern tid har europaintegrationen sin främsta ideologiska bakgrund i den i slutet av 1940-talet framväxande *europarörelsen*. Den ville framförallt säkerställa att det inte skulle kunna ske en upprepning av de stora krigen

1. För en bredare översikt se t ex D Viklund, Att förstå EU. Sverige och Europa, 4 uppl, 1997 s 20 ff.
2. Se bl a P Cramér, EU och Europatanken – Ett rättsligt och historiskt perspektiv, 1994 med däri omnämnd litteratur.

i Europa, och särskilt nå ett slut på den långa fiendskapen mellan Frankrike och Tyskland. Första världskriget hade inneburit ett katastrofalt nederlag för det sena 1800-talets europeiska ordning, byggd på balans mellan nationalstater. Dess fortsättning, Andra världskriget, utlöst av nazismens makt- och våldsideologi med dess totala förakt för demokrati och mänskliga rättigheter, hade lett till en än större katastrof, som i materiell förstörelse och mänskligt lidande överträffade allt vad man tidigare hade upplevt. Man ville nu tillskapa en ordning för ett bestående, djupgående och fredligt samarbete mellan Västeuropas länder. Härigenom skulle dessa också kunna stå samlade när det gällde att befästa demokratin och möta det under det kalla kriget starka hotet från Sovjetunionen, som ju med maktspråk hade gjort ett stort antal länder i Central- och Östeuropa till kommunistiska lydstater.

En mycket viktig grundtanke har hela tiden varit och är fortfarande att detta nya Europa skall bygga på samverkan på lika villkor mellan Europas folk och på full respekt för demokratins värden och de olika nationella språken och kulturerna. Detta skiljer på ett avgörande sätt europarörelsen från tidigare enhetsvisioner som vanligen utgått från att någon skulle ha hegemonin, politiskt och kulturellt (romarna under Romarriket,[3] fransmännen under Napoleon, tyskarna under bl a Hitler, ryssarna i förhållande till närliggande länder både under tsar- och sovjettiden).

Inriktningen och den organisatoriska uppbyggnaden av europasamarbetet under 1900-talets andra halvsekel har följt flera olika spår. När det gäller samarbetets sakliga innehåll kan man urskilja tre huvudinriktningar, nämligen

- en mera generell, som med tiden särskilt kommit att uppmärksamma mänskliga rättigheter och kulturellt och rättsligt samarbete,
- en försvarspolitisk och
- en ekonomisk, främst handelspolitisk, som med tiden fått ett allt bredare innehåll.

Vad gäller den organisatoriska utformningen går en grundläggande skiljelinje mellan mellanstatligt och överstatligt samarbete.[4]

*Mellanstatligt* samarbete har formen av samarbete, grundat på internationella konventioner, där de deltagande staterna förblir i huvudsak självständiga i sitt beslutsfattande inom den ram som fördragsförpliktelserna drar upp. Besluten fattas i regel enhälligt och genomförs självständigt av medlemsstaterna. Mellanstatligt samarbete är det vanliga inom folkrätten.

3. Först sent, 212 e Kr, utsträcktes medborgarskapet till att gälla alla fria invånare i Romerska riket.
4. På engelska intergovernmental respektive supranational.

*Överstatligt* samarbete är också grundat på internationella konventioner, men har en fastare utformning och innebär att de deltagande staterna i större eller mindre utsträckning överlåter till gemensamma, "överstatliga" organ att i på förhand överenskomna former träffa beslut som är bindande för de deltagande staterna. Som kommer att framgå av det följande tar sig de överstatliga dragen inom EG särskilt uttryck i rådets stora möjligheter att fatta för alla medlemsstater bindande beslut med kvalificerad majoritet, i rådets och Europaparlamentets lagstiftningskompetens, i EG-rättens företrädesrätt och direkta effekt i medlemsstaterna samt i EG-domstolens starka ställning. Inom EG har alltså den nationella suveräniteten i betydande utsträckning fått vika för ett institutionaliserat beslutsfattande på europeiskt plan.

Överstatligt samarbete är typiskt sett mera djupgående än mellanstatligt. Begreppsparet överstatligt – mellanstatligt står dock inte för två från varandra klart skilda typer utan det kan förekomma mellanformer, där ett i huvudsak mellanstatligt samarbete rymmer vissa överstatliga inslag i form av suveränitetsavstående när det gäller den enskilda statens självständiga beslutsfattande på ett visst, avgränsat område.

Inom europarörelsen har det hela tiden funnits starkt intresse för överstatliga lösningar. Denna *federalistiska* inriktning har haft sitt starkaste stöd i Benelux-länderna (Belgien, Nederländerna och Luxemburg), som redan 1948 hade bildat en egen samarbetsorganisation, samt i Tyskland, Italien och Frankrike (det sistnämnda landet dock inte oreserverat). Mellanstatliga lösningar har traditionellt haft ett starkt stöd i Storbritannien och de nordiska länderna. Denna mera pragmatiska inriktning på ett "staternas Europa" benämns ofta *funktionalistisk*.

Ett tidigt resultat av de västeuropeiska samarbetssträvandena var upprättandet 1949 av *Europarådet*, en i princip mellanstatlig organisation med placering i Strasbourg. Sverige tillhör de ursprungliga medlemsstaterna. Europarådet har alltid haft en vidare medlemskrets än EG/EU och omfattar i dag nästan alla europeiska länder, inbegripet asiatiska länder som tidigare ingick i Sovjetunionen. Europarådets betydelse på det politiska och ekonomiska området har alltid varit ganska begränsad men viktiga resultat har nåtts på det juridiska området, framför allt genom *Europakonventionen* av 1950 angående skydd för de mänskliga rättigheterna och grundläggande friheterna (EKMR). Den berörs nedan i 6.9 i anslutning till rättighetsskyddet i EU.

Den organisatoriska struktur som tidigt växte fram i efterkrigstidens Västeuropa är fortfarande till stor del grundläggande. Brytningen mellan förespråkare för mellanstatligt respektive överstatligt samarbete går som en röd tråd genom de olika utvecklingsfaserna. Tillkomsten och utvecklingen av EU har inneburit en genomgripande framgång för den överstatliga linjen, men skillnader i synsätt lever kvar och visar sig numera inte minst i olika uppfattningar om EU:s fortsatta utveckling. Vi vänder tillbaka till denna frågeställning i slutkapitlet.

# 2.2 *Tillkomsten av de europeiska gemenskaperna*

## 2.2.1 Kol- och stålgemenskapen

Ett grundläggande och för den framtida utvecklingen banbrytande steg i federalistisk riktning togs 1951 genom upprättandet av *Europeiska kol- och stålgemenskapen*, EKSG.[5] Den byggde på den s k Schuman-planen, framlagd 9 maj 1950 i Schuman-deklarationen.[6]

Schuman var vid denna tid fransk utrikesminister. Planen hade utarbetats av den franske ekonomen och politikern Jean Monnet.[7] I denna plan föreslog den franska regeringen att den fransk-tyska kol- och stålproduktionen som helhet skulle läggas under en gemensam "hög myndighet" inom ramen för en gemensam organisation öppen för deltagande av andra länder i Europa. Syftet härmed var att skapa en gemensam marknad på detta nyckelområde, administrerad av gemensamma institutioner med särskilt vittgående befogenheter. Härigenom skulle den tyska kol- och stålindustrin ställas under en internationell kontroll, något som möjliggjorde återuppbyggnad av den tyska tunga industrin samtidigt som den hindrade en isolerad tysk upprustning. Det fanns emellertid längre gående bakomliggande syften. I Schuman-deklarationen förklarades den föreslagna gemenskapen vara ett första steg mot en europeisk federation.

Medlemmar i EKSG blev Frankrike, Västtyskland, Italien och Beneluxländerna ("de sex"). Storbritannien avböjde medlemskap, eftersom britterna fann projektet alltför federalistiskt. Sverige ställde sig också utanför. EKSG fick en institutionell och rättslig utformning som blivit grundläggande för den fortsatta utvecklingen av EG/EU och därigenom haft stor historisk betydelse. Karaktäristiskt var särskilt att organisationens verkställande organ, Höga myndigheten, gavs omfattande överstatliga befogenheter att fatta för medlemsländerna bindande beslut angående verksamheten. Vidare inrättades ett ministerråd som topporgan, en parlamentarisk församling och en särskild domstol med uppgift att vid tvist självständigt tolka fördragets innebörd.

EKSG-fördraget[8] ingicks på 50 år och löpte ut 2002; sedan kolgruvorna i Europa till stor del lagts ned hade det främst fungerat som en specialre-

5. På franska CECA (Communauté Européenne du Charbon et de l'Acier), på engelska ECSC (European Coal and Steel Community).
6. Europadagen firas 9 maj, årsdagen av Schumanplanens framläggande.
7. Om Schuman-planen och Monnets bakomliggande memorandum, offentliggjord först 1970, S Gustavsson i Europaperspektiv. Årsbok 1998 s 92 ff. Se även bl a P Hallström, Europeisk gemenskap och politisk union, 1987 s 51 ff.
8. Även kallat Parisfördraget.

gim för stålindustrin. Kol- och stålsektorerna har nu inordnats i EG-fördragets regelsystem.

### 2.2.2 Tillkomsten av Europeiska ekonomiska gemenskapen

Tillkomsten av EKSG var från början tänkt att vara ett första steg. Planerna på en europeisk försvarsgemenskap med en gemensam europaarmé, tänkta att vara steg två, föll dock 1954.[9] Härefter inriktade sig europarörelsens förespråkare på det ekonomiska och handelspolitiska området, där Kol- och stålgemenskapen visade sig fungera väl i praktiken och utgöra en viktig förebild.

Vid 1950-talets mitt fördes omfattande förhandlingar om upprättande av ett allmänt västeuropeiskt frihandelsområde inom ramen för den dåvarande västeuropeiska ekonomiska samarbetsorganisationen OEEC (Organisation for European Economic Co-operation),[10] föregångaren till vad som numera är OECD,[11] den allmänna ekonomiska samarbetsorganisationen för världens industriländer med marknadsekonomi. Sverige stödde varmt dessa frihandelsplaner.

En spricka uppkom emellertid mellan de sex länderna i Kol- och stålgemenskapen och andra västeuropeiska stater. I de förra var europarörelsen stark och man önskade ett djupgående ekonomiskt samarbete som grundval för en europeisk integration. Bland ledande politiker, som gick i spetsen för dessa tankegångar, märktes bl a Robert Schuman och belgaren Paul-Henri Spaak. Mot dessa federalister stod de ovannämnda funktionalisterna som föredrog ett frihandelsområde med mellanstatlig karaktär. Den senare linjen hävdades av bland annat Storbritannien och de nordiska länderna. Motsättningarna ledde till att förhandlingarna om tillskapandet av ett allmänt västeuropeiskt frihandelsområde bröt samman.

De sex länderna i Kol- och stålgemenskapen valde i detta läge att ensamma bygga upp en ekonomisk gemenskap, Europeiska ekonomiska gemenskapen, EEG,[12] på basen av ett nytt fördrag, *Romfördraget*. Gemenskapen grundades på en tullunion och upprättandet av en gemensam marknad byggd på principen om fri rörlighet över gränserna för produk-

9. Se 9.6.2.

10. OEEC hade bildats 1948 som en mellanstatlig organisation för att koordinera och administrera den amerikanska ekonomiska efterkrigshjälpen (Marshallhjälpen) till de västeuropeiska demokratiska länderna.

11. Organisation for Economic Co-operation and Development med säte i Paris.

12. På engelska EEC, European Economic Community, på franska CEE, Communauté Economique Européenne, på tyska EWG, Europäische Wirtschaftsgemeinschaft.

tionsfaktorerna (varor, tjänster, arbetstagare och kapital).[13] Denna grundstruktur består fortfarande.

Romfördraget utarbetades på kort tid, väsentligen under år 1956,[14] och undertecknades (av symboliska skäl) på Capitolium i Rom den 25 mars 1957. Femtioårsjubileet har högtidlighållits 2007. Sedan de nationella parlamenten ratificerat fördraget började EEG sin verksamhet med ingången av 1958. Vid utformningen av EEG:s institutionella och rättsliga struktur anknöt man starkt till EKSG. Också inom EEG inrättades fyra centrala institutioner, ministerrådet, kommissionen (motsvarande Höga myndigheten), den parlamentariska församlingen och domstolen (redan från början gemensam med EKSG).

För fredligt samarbete på atomenergins område upprättades samtidigt med EEG en speciell gemenskap, Europeiska atomenergigemenskapen, *Euratom*,[15] som dock fått relativt begränsad betydelse.[16]

## 2.2.3 EFTA

Sedan EEG upprättats 1957 fördes fortsatta förhandlingar om tillskapande av ett stort västeuropeiskt frihandelsområde, inom vars gränser de dåvarande EG-länderna skulle kunna driva ett längre gående samarbete inom ramen för tullunionen. Man tänkte sig alltså en yttre ring, inom vars ram tullunionen EEG skulle bilda en inre ring. Sedan även dessa samarbetsplaner misslyckats upprättade flertalet av de länder i Västeuropa som kommit att stå utanför EEG ett mindre, fristående frihandelsområde, EFTA (European Free Trade Association). Detta skedde genom den i Stockholm 1960 ingångna EFTA-konventionen (eller Stockholmskonventionen) med Storbritannien, Danmark, Norge och Sverige samt Schweiz, Österrike och Portugal som medlemmar.[17] Senare tillkom Finland, Island och Liechtenstein. EFTA bildades som ett motdrag i syfte att ge de deltagande länderna en bättre förhandlingsposition gentemot EEG men ledde för längre tid till att Västeuropa uppdelades i två handelsblock.

13. I en genomförd *tullunion* råder tullfrihet inom området och gemensam tulltariff tillämpas mot omvärlden. Inom ett *frihandelsområde* råder också tullfrihet (inom området), men varje land bibehåller sin egen tulltariff gentemot länder utanför området och för att hindra kringgående måste därför tullfriheten begränsas till varor som enligt närmare regler har sitt ursprung inom området. Se vidare 10.3.1.

14. Huvudlinjerna för utformningen av EEG drogs upp i den s k Spaakrapporten, Comité intergouvernemental créé par la conférence de Messine. Rapport des chefs de délégation aux ministres des affaires etrangères, Bruxelles 1956 (finns endast på franska).

15. Se 3.2.

16. Det kan nämnas att Benelux i viss mån fortfarande existerar som en speciellt nära samarbetsform för dessa tre länder (artikel 306 EGF).

17. Se bl a Förhandlingarna 1956–1958 om ett europeiskt frihandelsområde. Aktstycken utgivna av UD 2:13, 1959, prop 1960:198 och U Bernitz, Marknadsrätt, 1969 s 220 ff.

EFTA existerar fortfarande som internationell organisation med säte i Genève. Den har formen av en traditionell mellanstatlig organisation utan egen lagstiftningskompetens eller andra övernationella drag. Som kommer att beröras i det följande har emellertid flertalet EFTA-stater vartefter lämnat EFTA och i stället blivit medlemmar i EU.[18]

# 2.3 *EG:s vidareutveckling*

## 2.3.1 EG:s tidiga utvidgningar

Under 1960-talet vidareutvecklades arbetet på den gemensamma marknaden ganska raskt. De tre europeiska gemenskapernas samtliga institutioner slogs samman 1967 och det blev härefter adekvat att som gemensam beteckning för EEG, EKSG och Euratom tala om EG (Europeiska gemenskapen). Inom EEG upprättades den gemensamma marknaden under en i princip tolvårig övergångsperiod. Den grundläggande tullunionen fullbordades i huvudsak 1968, och efter svåra slitningar nådde man 1966 fram till en gemensam jordbruksmarknad, baserad på ett detaljerat regleringssystem med starka inslag av subventioner.

Den politiska kris som föregick införandet av den gemensamma jordbrukspolitiken, berodde på att Frankrike, lett av den nationalistiske presidenten Charles de Gaulle, vägrade acceptera den i fördraget angivna övergången från krav på enhällighet till majoritetsbeslut i EG:s råd i fråga om jordbrukspolitiken och bojkottade under nära ett års tid rådets alla sammanträden ("den tomma stolens politik"). Krisen löstes i januari 1966 genom den s k *Luxemburgkompromissen*, en politisk uppgörelse utan fördragsmässig förankring som innebar att det även i fortsättningen skulle fordras enhällighet i rådet i frågor som ett medlemsland ansåg beröra dess vitala, nationella intressen.[19]

Det har i princip alltid stått öppet för andra europeiska länder att bli medlemmar i EU. Enligt fördragstexten får "varje europeisk stat" ansöka om att bli medlem (artikel 49.1 EUF). Detta är ett uttryck för den grundläggande målsättning som hela tiden funnits att verka för ett mera enat Europa. EU:s utvidgning från de ursprungliga sex staterna till 27 länder från och med 2007 är en lång utvecklingsprocess som skett i olika steg.

Sedan EEG visat sig framgångsrikt svängde särskilt Storbritanniens inställning och landet ansökte om medlemskap. Detta skedde första gången 1961 och ånyo 1967. Båda gångerna motsatte sig Frankrike under ledning av president de Gaulle brittiskt medlemskap. Först efter de Gaulles avgång som president ledde den tredje brittiska medlemskapsansökan till positivt resultat och

18. Se vidare 2.5 och 9.4.1.
19. Luxemburgkompromissen berörs i 4.2.2.

Storbritannien blev fr o m 1973 ny medlem i EG och lämnade samtidigt EFTA. Den brittiska EU-politiken har dock ofta präglats av en viss bestående motvilja mot de överstatliga inslagen som successivt gjorts mer omfattande.

Samtidigt med Storbritannien blev Danmark och Irland medlemmar i EG fr o m 1973. Båda länderna var handelsmässigt nära knutna till Storbritannien och såg det som viktigt att inte stå utanför den gemensamma jordbrukspolitiken.[20]

På EG-sidan valde man att lösa "rest-EFTA-problemet" genom att erbjuda de återstående EFTA-länderna frihandel med EEG och EKSG, dock i sådana former att länderna klart skulle förbli utanförstående stater i förhållande till Gemenskapen. Sverige placerades härvid inte i någon särställning. Efter förhandlingar i huvudsak på grundval av EG-sidans förslag ingick Sverige 1972 *frihandelsavtal* med EG i form av två avtal, ett med EEG och ett med EKSG. I stort sett likalydande avtal ingicks med övriga kvarvarande EFTA-länder. Avtalen utformades så att de möjliggjorde att EFTA och där uppnådda resultat i stort sett kunde vidmakthållas. Frihandelsavtalen förblev grundläggande och i kraft praktiskt taget oförändrade under mer än tjugo år fram till årsskiftet 1993–94, då de ersattes av det väsentligt mer omfattande EES-avtalet.[21]

Under 1980-talet skedde ytterligare utvidgningar av EG genom att man öppnade sig mot de sydeuropeiska länderna. Grekland blev tionde medlemsland 1981 och efter långvariga förhandlingar inträdde Spanien och Portugal i Gemenskapen 1986. Det var i första hand övergången i dessa tre länder från militärdiktaturer till ett demokratiskt statsskick som gjorde denna utveckling möjlig. Vikten av att säkerställa att länderna varaktigt bröt sin isolering och förblev demokratier låg i hög grad bakom EG:s ståndpunktstagande att ta in länderna som medlemmar, trots att de vid denna tid låg klart efter i ekonomisk utveckling. En ytterligare utvidgning skedde de facto år 1990, då det tidigare Östtyskland (DDR) gick upp i Förbundsrepubliken Tyskland och därigenom även blev en del av Gemenskapen.

## 2.3.2 Enhetsakten och den inre marknaden

EG genomgick under senare delen av 1970-talet och början av 1980-talet en svaghetsperiod då det var svårt att effektivt vidareutveckla samarbetet. Ett skäl härtill var den långvariga lågkonjunktur som följde i spåren av 1970-talets oljekris och inflation. Ett annat skäl var den tendens till handlingsförlamning ("eurosklerosis") i rådets arbete som blivit en konsekvens av att man i praktiken fortsatte att upprätthålla ett krav på att besluten skulle fattas med enhällighet. EG-domstolen kom i detta läge att spela en viktig pådrivande roll genom att finna integrationsfrämjande

20. I Norge ställde sig vid den första EU-folkomröstningen 1972 en knapp majoritet av de röstande (ca 53 %) avvisande till medlemskap och fällde det färdigförhandlade anslutningsfördraget. Norge stannade härigenom kvar i EFTA.

21. Härom U Bernitz, Sverige och europarätten, 2002 kap 3.

tolkningar i en serie viktiga mål.[22] Perioden kännetecknades av politisk stagnation och juridisk aktivism.

Dödläget bröts emellertid vid 1980-talets mitt. Mångåriga strävanden inom EG att fördjupa integrationen och effektivisera beslutsprocessen kröntes med framgång 1986 genom antagandet av den *europeiska enhetsakten*.[23] Den innehöll framför allt tre nyheter, nämligen delvis ändrade och effektivare beslutsformer med vidgade möjligheter för rådet att besluta med kvalificerad majoritet (se 4.2.2), utvidgning av samarbetet till nya områden (såsom miljöområdet) samt tillskapandet av den inre marknaden. Enhetsakten satte ny fart på EG:s utveckling. Storbritannien, som ofta uppfattats som en bromskloss i EG-samarbetet, spelade en pådrivande roll. Britterna, som traditionellt står för en frihandelsvänlig linje, fann det väsentligt att röja upp bland de många kvarvarande, protektionistiskt verkande handelshindren inom EU och öppna för effektivare gränsöverskridande konkurrens.

Den konkreta grundvalen för arbetet med att fullborda den inre marknaden utgjordes av ett program framlagt av kommissionen i den s k vitboken.[24] Programmets huvudsyfte var att verka konkurrensfrämjande och kostnadssänkande genom att undanröja "the costs of non-Europe" som handelshindren medförde.[25] Till vitbokens huvudpunkter hörde att undanröja tekniska handelshinder mellan medlemsstaterna samt fiskala handelshinder orsakade av olikheter i den indirekta beskattningen och dennas administration. Centralt var vidare säkerställande av fri rörlighet för tjänster och kapital genom undanröjande av bl a etableringsrättsliga hinder, liksom ökad konkurrens bl a inom offentlig upphandling. Man lyckades i huvudsak att förverkliga vitbokens mycket ambitiösa åtgärdsprogram inom den fastställda tidsfristen, årsskiftet 1992/93.

## *2.4 Tillkomsten av Europeiska unionen*

Framgångarna med förverkligandet av den inre marknaden bidrog till en allmän höjning av ambitionsnivån i EG-samarbetet. Redan 1957 i Romfördragets ingress (första satsen) hade det lagts fast att de fördragsslutande länderna var beslutna att lägga grunden till en allt fastare sammanslutning ("an ever closer union") mellan de europeiska folken.[26] Successivt har utvecklingen gått mot en vidgad och fördjupad målsättning för

22. Här kan särskilt nämnas domen 1979 i målet 120/78, Cassis de Dijon ang handelshinder (åtgärder med motsvarande verkan), se avsnitt 12.5.1.
23. Ofta bäst känd under dess engelska beteckning, Single European Act (SEA).
24. Förverkligandet av den inre marknaden. Vitbok från Kommissionen till Europeiska rådet, KOM (85) slutlig. Svensk översättning UDH 1989.
25. De stora kostnader handelshindren medförde hade klarlagts i den s k Ceccini-rapporten, P Ceccini, Europas inre marknad 1992, svensk övers. 1988 (SNS).
26. Se numera även artikel 1.1 EUF.

samarbetet. Detta dynamiska, eller evolutiva, drag kan sägas ligga inbyggt i fördragen. Samarbetet har härigenom alltmer kommit in på nya politikområden utanför själva handelssamarbetet. Här kan förutom valutasamarbetet nämnas regionalpolitik, socialpolitik, miljö- och konsumentfrågor, kultursamarbete samt utrikespolitiska frågor.

Ett mycket viktigt steg i denna utveckling var tillkomsten av *Maastrichtfördraget*, i kraft 1993.[27] Detta har hittills förblivit den viktigaste fördragsändring som genomförts. Medlemsstaterna upprättade nu genom det nya unionsfördraget Europeiska unionen (artikel 1 EUF).[28] Härigenom tillskapades två nya samarbetsformer inom EU; andra pelaren för utrikes- och säkerhetspolitiska samarbete och tredje pelaren för samarbete i rättsliga och inrikes angelägenheter. Av största betydelse för framtiden var också tillkomsten av ett bindande regelverk om upprättandet av den ekonomiska och monetära unionen (EMU) med sikte på införandet av en gemensam europeisk valuta.[29] Det gjordes även andra viktiga ändringar och tillägg i Romfördraget, såsom införandet av ett unionsmedborgarskap, förstärkning av Europaparlamentets ställning och en utvidgning av EU:s befogenheter på miljöskyddets område. För att markera den vidgade målsättningen ändrades den tidigare benämningen Europeiska ekonomiska gemenskapen (EEG) till Europeiska gemenskapen (EG).

Ratifikationen av Maastrichtfördraget blev en utdragen process, framför allt genom att en knapp majoritet röstade mot fördragets godkännande vid den första folkomröstningen härom i Danmark i juni 1992. Sedan Danmark uppnått vissa preciseringar vid förhandlingar med de övriga medlemsstaterna (Edinburghprotokollet) röstade emellertid en majoritet för fördragets godkännande vid en andra dansk folkomröstning. Vid en folkomröstning i Frankrike uppnåddes endast en mycket knapp majoritet (51 %) för ett godkännande. I Tyskland anfördes författningsbesvär av enskilda medborgare mot förbundsdagens ratifikation av fördraget. Efter en djupgående prövning fann den tyska författningsdomstolen i Karlsruhe (Bundesverfassungsgericht) att ratifikationen inte stred mot den tyska grundlagen. Samtidigt ställde dock författningsdomstolen upp viktiga begränsningar för möjligheterna till fortsatt överföring av kompetens från Tyskland till EU och markerade behovet av ett fullgott fri- och rättighetsskydd för medborgarna i EU. I efterhand har även danska Højesteret prövat och godtagit grundlagsenligheten av den danska ratifikationen av fördraget.[30]

27. Fördraget undertecknades 1992 i Maastricht, en stad i sydöstra Nederländerna vid floden Maas (Meuse).

28. Benämns på engelska The European Union, på franska L´union européenne (förkortat UE), på tyska Die Europäische Union.

29. Behandlas i kapitel 14.

30. Det blir anledning att återkomma till dessa domar i avsnitt 5.3.2.

## 2.5 *Den fortsatta utvecklingen*

Tillkomsten av enhetsakten och genomförandet av den inre marknaden ledde till att frihandelsavtalen med EFTA-länderna från 1970-talets början framstod som klart otillräckliga. Behovet av en längre gående samarbetslösning blev akut. Lösningen blev att EFTA-länderna associerades till EG genom tillskapandet av Europeiska ekonomiska samarbetsområdet (EES).[31] Härigenom kom EFTA-länderna att bilda ett slags yttre ring till EG, en typ av lösning som ju hade varit aktuell redan i slutet av 1950-talet. EFTA-länderna integrerades i huvudsak i den inre marknadens ekonomiska system (dock inte jordbruket) och övertog stora delar av EG:s materiella regelverk. EFTA-länderna förblev dock utanför EG:s institutionella system och interna beslutsfattande. EES-avtalets ikraftträdande 1 januari 1994 kom i tiden att nära sammanfalla med Maastrichtavtalets genomförande och den fortsatta fördjupningen av samarbetet inom EU.

I detta läge splittrades EFTA. Sverige, Finland och Österrike valde att lämna EFTA/EES och blev medlemmar i EU från och med den 1 januari 1995. För Sveriges del kom alltså medlemskapet i EES att bara vara i ett år. Vi återkommer till den svenska omsvängningen i förhållande till EU i 11.1. I Norge fick folkomröstningen om EU-medlemskap negativ utgång och Norge stannade kvar i EES. EES-avtalet består fortfarande, i huvudsak oförändrat, och med Norge, Island och Liechtenstein som medlemmar på EFTA-sidan.[32]

EU-samarbetet har fortsatt att utvecklas och fördjupas, i huvudsak på grundval av Maastrichtfördraget. Det bygger fortfarande på dess trepelarkonstruktion och en omfattande utveckling har skett under det senaste decenniet när det gäller det utrikes- och säkerhetspolitiska samarbetet i andra pelaren och det polis- och straffrättsliga samarbetet i tredje pelaren. Vi återkommer till detta (avsnitt 9.6 och kapitel 10).

Av största betydelse är att det visat sig möjligt att förverkliga valutaunionen i enlighet med det regelverk och den tidtabell som lades fast i Maastrichtfördraget. Europeiska Centralbanken har varit i funktion sedan 1999 och euron infördes som gemensam valuta i flertalet medlemsstater vid nyåret 2002. Sedan 2007 har tretton medlemsstater euron som valuta och flera länder väntas tillkomma under de närmaste åren, sannolikt dock inte Sverige. Euron har blivit en världsvaluta vid sidan om dollarn. Den monetära unionen behandlas i kapitel 14.

Av allra störst betydelse har emellertid varit EU:s fortsatta utvidgning, som medfört att EU inte längre huvudsakligen är en union av västeuro-

31. En översikt av vägen fram till EES-avtalet ges i D Viklund, Att förstå EU. Sverige och Europa, 4 uppl, 1997 kap VI. Om Sverige och EES, U Bernitz, Sverige och europarätten, 2002 kap 4.

32. Se 9.4.1. Schweiz är ej med i EES (men väl i EFTA) eftersom landets folkomröstning om EES-medlemskap fick negativ utgång.

peiska stater utan har kommit att omfatta stora delar av Central- och Östeuropa ända ner till Svarta havet. Det är slutet på det "kalla kriget", Sovjetunionens upplösning och den östeuropeiska kommunismens fall i början av 1990-talet som gjort denna utveckling möjlig. I de berörda länderna blev en anslutning till EU snabbt det eftersträvade framtidsmålet; något som krävde en radikal omläggning till demokratiskt styrelseskick och marknadsekonomi och även djupgående förändringar av lagstiftning och offentlig förvaltning. Den rättsliga grundvalen har varit de Europaavtal som EU slöt på 1990-talet med de olika länderna om frihandel och om övergångsordningar inför EU-medlemskapet. Denna EU:s hittills största utvidgningsprocess avslutades i huvudsak 1 maj 2004, när åtta tidigare "östländer" – Estland, Lettland, Litauen, Polen, Tjeckien, Slovakien, Ungern och Slovenien – inträdde i EU. Samtidigt tillkom som nya medlemmar även de två Medelhavsöarna Malta och Cypern (utom den turkiska delen). Härigenom utvidgades EU i ett slag från 15 till 25 medlemsstater. Från och med 2007 har två ytterligare "östländer" tillkommit, vars EU-anpassning gått långsammare, nämligen Rumänien och Bulgarien. Antalet medlemsstater har alltså blivit 27.

EG- och EU-fördragen har varit föremål för två fördragsrevisioner, båda dock av relativt begränsad omfattning. Detta har skett genom *Amsterdamfördraget* av 1997[33] och *Nicefördraget* av 2000.[34] Dessa har båda haft formen av överenskommelser om ändringar i olika fördragsartiklar som fogats in i EG- och EU-fördragen. Ändringarna är inarbetade i den följande framställningen av rättsläget. Den viktigaste förändringen har varit att medlemsstaterna i Nice enades om sådana justeringar i institutionernas sammansättning och beslutsformer som man fann nödvändiga för att göra den stora ökningen av antalet medlemsstater möjlig. Andra förändringar har gällt fortsatt förstärkning av Europaparlamentets ställning i lagstiftningsarbetet, viss utbyggnad av den gemensamma utrikes- och säkerhetspolitiken samt ändringar i syfte att effektivisera verksamheten vid EG-domstolarna. I Nice antogs såsom en högtidlig proklamation (ej juridiskt bindande) en Stadga om de grundläggande rättigheterna, *rättighetsstadgan* (se 6.9).

Regeringskonferensen i Nice har allmänt ansetts rätt misslyckad. En huvudlinje i kritiken är att beslutsordningen i EU reformerats för litet och blivit alltför tung och komplicerad för att passa i ett system med 27 medlemsländer. Förutsägelser om att EU:s beslutsprocess skulle förlamas med så många nya medlemmar efter östutvidgningen har dock inte infriats. Kritiken går också ut på att beslutsordningen i EU borde vara mera öppen och innefatta ett större medborgarinflytande för att motverka "det demokra-

33. Prop 1997/98:58, Amsterdamfördraget med bilagor. Se även J Nergelius, Amsterdamfördraget och EU:s institutionella maktbalans, 1998.
34. Prop 2001/02:8, Nicefördraget med bilagor.

tiska underskottet".[35] Kritiken mot samarbetets former hänger emellertid nära samman med den materiella kritik som går ut på att EU inte förmår leverera resultat tillräckligt effektivt.

Tidigare fördragsrevisioner skedde i slutna förhandlingar inom ramen för regeringskonferenser mellan medlemsstaterna (artikel 48 EUF). Man valde nu att gå en annan väg genom att låta utarbeta ett reviderat fördragsverk inom ramen för ett särskilt s k konvent, bestående av drygt 100 personer som alla arbetade utifrån ett personligt mandat och med stor öppenhet. I huvudsak deltog europaparlamentariker och nationella regeringsrepresentanter och parlamentariker.[36] Konventet tog ett mycket stort grepp och lade 2003 fram förslag till ett nytt *Fördrag om upprättande av en konstitution för Europa*, vanligen kallat det konstitutionella fördraget eller enbart konstitutionen. Konventet föreslog att de nuvarande fördragen skulle ersättas av ett enda grundfördrag, som var sammanhängande och mer överskådligt.

Den efterföljande regeringskonferensen gjorde endast mindre ändringar i konventets förslag, varefter det konstitutionella fördraget undertecknades i Rom 2004 av samtliga medlemsländer. För att fördraget skulle kunna träda i kraft måste det emellertid ratificeras av parlamenten i samtliga medlemsländer; fördragsändringar kräver enhällighet (artikel 48.3 EUF). I ett flertal medlemsländer beslöts att ratifikationen skulle föregås av folkomröstning. Våren 2005 resulterade folkomröstningar i Frankrike och Nederländerna i ett nej till ratifikation. Ratifikationsprocessen har härefter i huvudsak avstannat, även om cirka två tredjedelar av medlemsstaterna faktiskt har ratificerat konstitutionen. I Sverige har regeringen valt att inte lägga fram konstitutionen för riksdagen för ratifikation under hänvisning till osäkerheten om hur situationen utvecklas.[37] I nuläget förefaller det fortsatta reformarbetet ske genom en jämförelsevis mer begränsad fördragsrevision i det s k *Reformfördraget*. Reformfördraget, vars huvuddrag förhandlats fram vid Europeiska rådets möte i juni 2007,[38] och som förväntas bli färdigförhandlat redan under 2007. I denna bok utgår vi från det nuvarande fördragsverket som ju ännu fortsätter att gälla.

35. Det demokratiska underskottet behandlas närmare i 18.2.

36. Ett annat EU-konvent hade några år tidigare utarbetat rättighetsstadgan. En historisk inspirationskälla torde ha varit det konvent som i Philadelphia utarbetade den amerikanska konstitutionen år 1787. Det blev på ett helt annat sätt lyckosamt; konstitutionen gäller fortfarande i USA, till stor del oförändrad, efter mer än 200 år.

37. Konstitutionen återfinns med kommentarer i departementspromemorian Fördraget om upprättande av en konstitution för Europa (Ds 2004:52). Konstitutionen har även publicerats i bl a U Öberg, Europeiska unionens konstitution, 2005. En auktoritativ kommentar är J-C Piris, The Constitution for Europe. A Legal Analysis, Cambridge 2006. Innan den svenska beredningsprocessen stoppades hann Lagrådet yttra sig över lagrådsremissen om ratifikation av fördraget, se U Bernitz, Det europeiska konstitutionsprojektet och den svenska grundlagen, ERT 2006 s 66 ff.

38. Se Ordförandeskapets slutsatser av den 23 juni 2007, bilaga I; utkast till mandat för regeringskonferensen (dokument 11177/07).

Viktigare förväntade nyheter noteras i sitt sakliga sammanhang i det följande. I korthet kan sägas att det konstitutionella fördraget innehöll en sammanbearbetning, förenkling och på vissa punktcr förtydliganden av fördragsverket. Den nuvarande trepelarstrukturen föreslogs upphöra. EU:s i nuläget oförbindande rättighetsstadga föreslogs bli juridiskt bindande. Förändringar föreslogs på olika punkter i institutionernas arbetsformer m m. Hela det nuvarande, centrala regelverket kring den inre marknaden och de fyra friheterna jämte konkurrensreglerna föreslogs emellertid bli i allt väsentligt oförändrat överfört till det nya fördraget. I sak synes Reformfördraget komma att bibehålla de flesta väsentliga delarna av det nämnda, men har (symboliskt) beskurits på ett antal element som vissa medlemsstater ansåg alltför "konstitutionella", samt har försetts med ett antal länder-specifika undantagsmöjligheter (opt outs).

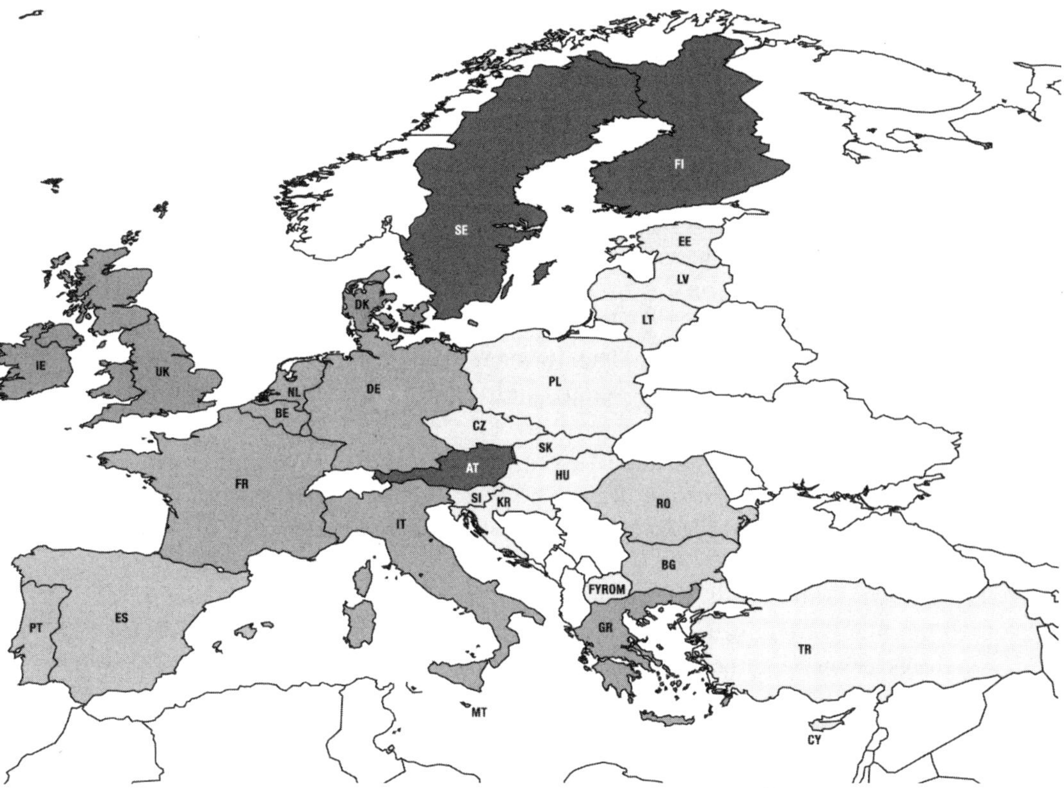


**1952**
Tyskland (DE)
Belgien (BE)
Luxemburg (LU)
Nederländerna (NL)
Frankrike (FR)
Italien (IT)

**1973**
Storbritannien (UK)
Irland (IE)
Danmark (DK)

**1981**
Grekland (GR)

**1986**
Portugal (PT)
Spanien (ES)

**1995**
Sverige (SE)
Finland (FI)
Österrike (AT)

**2004**
Estland (EE)
Lettland (LV)
Litauen (LT)
Polen (PL)
Tjeckien (CZ)
Slovakien (SK)
Slovenien (SI)
Ungern (HU)
Cypern (CY)
Malta (MT)

**2007**
Bulgarien (BG)
Rumänien (RO)

**Kandidatländer**
Turkiet (TR)
Kroatien (KR)
Makedonien (FYROM)

# 3. EU:s mål och uppgifter, struktur och regelverk

*Förenade i mångfalden (EU:s officiella valspråk)*[1]

## 3.1 EU:s mål och uppgifter

Att kort ange vad som är EU:s mål och grundläggande uppgifter är inte helt lätt. Som framgått av kapitel 2 har den europeiska integrationen utvecklats successivt; en process som fortfarande pågår.[2] Verksamheten är numera i högsta grad omfattande och mångfasetterad. Hur den är utformad och fungerar på centrala områden kommer att framgå av boken. En viktig utgångspunkt är emellertid att se närmare på vad de grundläggande fördragen har att säga om målen.

Som framgått finns det två grundläggande fördrag, dels fördraget om Europeiska unionen, *unionsfördraget* (EUF) som innehåller för hela unionen gemensamma, grundläggande regler, dels fördraget om Europeiska gemenskapen, *EG-fördraget* (EGF) eller Romfördraget[3] som normerar verksamheten inom EG. Båda innehåller målbeskrivningar i sina ingresser och inledande artiklar. Det framgår tydligt av formuleringarna att EG-fördraget av 1957 med senare ändringar är det äldre och unionsfördraget av 1993 det yngre.

Man har ofta anledning att även tala om andra fördrag, såsom de i kapitel 2 nämnda europeiska enhetsakten (1986), Maastrichtfördraget (1992), Amsterdamfördraget (1997) och Nicefördraget (2000). Observera att man härvid s a s skär på en annan ledd. De nu nämnda fördragen har kommit till vid regeringskonferenser, där EU:s medlemsstater kommit överens om att revidera och bygga ut det grundläggande fördragsverket.[4] De nya fördragstexterna har trätt i kraft sedan de ratificerats av medlemsstaterna men har därvid normalt integrerats i EG- eller

1. På engelska: Unity in diversity, på latin: In varietate concordia.
2. Vi återkommer till EU:s mål i slutkapitlet (kapitel 18).
3. I boken används termerna EG-fördraget och Romfördraget omväxlande. I litteraturen används även termen gemenskapsfördraget. Den officiella benämningen är Fördrag om upprättandet av europeiska gemenskapen.
4. Denna utveckling har behandlats i 2.3–2.5 ovan.

unionsfördraget såsom kompletteringar eller ändringar och fortlever alltså inte självständigt.[5]

Både unions- och EG-fördraget betonar det grundläggande integrationssyftet och betydelsen av att bevara och säkra fred, säkerhet och frihet i Europa. Målet sägs i båda fördragens ingresser vara att skapa en allt fastare sammanslutning mellan de europeiska folken – alltså inte endast mellan staterna utan också mellan medborgarna.[6] När det gäller formerna för detta framhåller EG-fördraget den ekonomiska gemenskapen mellan medlemsländerna i syfte att säkerställa ekonomiska och sociala framsteg och förbättrade levnadsvillkor, medan unionsfördraget formulerar målsättningarna bredare.

Unionsfördraget betonar starkt EU:s *demokratiska bas*. Där slås fast att EU bygger på principerna om frihet, demokrati, respekt för de mänskliga rättigheterna och *rättsstatsprincipen* (artikel 6.1 EUF).[7] Dessa principer förklaras vara gemensamma för medlemsstaterna. Artikel 6.2 EUF anger att unionen skall som allmänna principer för gemenskapsrätten respektera de mänskliga rättigheterna, såsom de garanteras i Europakonventionen och följer av medlemsstaternas gemensamma konstitutionella traditioner. Unionen skall också respektera medlemsstaternas nationella identitet (artikel 6.3 EUF).

Ett mål för EU, fastlagt i unionsfördraget, är att genomföra en *gemensam utrikes- och säkerhetspolitik* (GUSP), inbegripet en gradvis utformning av en gemensam försvarspolitik som på sikt kan leda till ett gemensamt försvar.[8] Uppgiften, som ännu får anses befinna sig i ett tidigt utvecklingsstadium, anges vara att stärka den europeiska identiteten och självständigheten i syfte att främja fred, säkerhet och framsteg. Detta är uppgiften för EU:s andra pelare.

Ytterligare mål, fastlagda i unionsfördraget, är att avskaffa de inre gränskontrollerna och upprätthålla en för EU gemensam gränskontroll

5. Vid regeringskonferensen i Amsterdam genomfördes en förenkling och konsolidering av EU:s fördragstexter varvid man rensade ut upprepningar och föråldrade (obsoleta) bestämmelser. Resultatet blev nya konsoliderade versioner av både unionsfördraget och EG-fördraget - något som medförde en praktiskt taget total omnumrering av alla fördragsartiklarna. Nicefördraget har lett till vissa ytterligare justeringar. I denna bok används den nya artikelnumreringen (i texten nämner vi dock de gamla artikelnumren på vissa särskilt välkända artiklar). Den innebär otvivelaktigt en ökad överskådlighet, men det har nåtts till priset av att nästan alla hänvisningar till artikelnummer i tidigare publicerad rättspraxis och litteratur blivit föråldrade.

En tabell som jämför Amsterdamfördragets artikelnumrering med den tidigare finns bl a i prop 1997/98:58 del 2 (Amsterdamfördraget) s 171 ff. Se även N Wahl. Fördrag om Europeiska unionen, 4 uppl, 2003. Man måste vara särskilt uppmärksam på om äldre eller ny artikelnumrering använts i domar från EG-domstolarna eftersom dessa fortsatte att begagna den äldre numreringen i domar i tidigare inkomna mål.

6. Den engelska fördragstextens formulering är ”an ever closer union among the peoples of Europe”.

7. Härom i kapitel 6, bl a 6.9.

8. Se särskilt avsnitt 9.6.

mot omvärlden och att utveckla rättssamarbete mellan medlemstaterna bland annat i syfte att bekämpa brottslighet. Det sistnämnda är uppgiften för EU:s tredje pelare.[9]

Den grundläggande vägen att uppnå den ekonomiska gemenskapen är, enligt principerna för EG-fördraget, upprättandet av en *gemensam marknad* (artikel 2 EGF). Den gemensamma marknaden är fortfarande EG:s kärna. Dess mest centrala komponenter är enligt artikel 3.1 EGF

- *tullunionen* mellan medlemsstaterna, inbegripet förbud mot kvantitativa restriktioner och åtgärder med motsvarande verkan
- *den gemensamma utrikeshandelspolitik*, som medlemsstaterna för i förhållande till omvärlden och
- den *inre marknaden* byggd på fri rörlighet för varor, tjänster, personer och kapital.

Tullunionen innebär i korthet att det råder tullfrihet mellan EU-länderna och att man tillämpar en gemensam tulltariff mot omvärlden. Förbudet mot kvantitativa restriktioner och åtgärder med motsvarande verkan syftar till att förhindra att medlemsstaterna tillämpar andra protektionistiska metoder mellan sig som verkar import- eller exporthindrande, såsom detaljregleringar av produkters sammansättning och marknadsföring.[10] Den gemensamma handelspolitiken innebär att gemenskapen fungerar som en handelspolitisk enhet på det internationella planet.[11] Den inre marknaden utgör en fördjupning av den gemensamma marknaden[12] och definieras i artikel 14.2 EGF som ett område utan inre gränser, där fri rörlighet säkerställs för *varor, tjänster, personer och kapital.* Den bygger på principen om fri rörlighet över gränserna för dessa grundläggande produktionsfaktorer. Man brukar tala om de ”*fyra friheterna*”; fri rörlighet för

- varor,
- tjänster,
- personer och
- kapital.[13]

Härtill kommer etableringsrätten i annat medlemsland som ofta omtalas som en femte frihet. Den gemensamma marknaden innefattar vidare gemensam jordbruks- och fiskeripolitik och gemensam transportpolitik (den sistnämnda ännu bara partiellt genomförd).

9. Om Schengensystemet och gränskontroll, se 15.3, om tredje pelaren kapitel 10.
10. Se närmare 12.5.
11. Se närmare kapitel 9.
12. På engelska the internal market. Den tillkom genom enhetsakten 1986, se 2.3.2. Den gemensamma marknaden (the common market) innefattar som framgått även tullunionen och handelspolitiken.
13. Närmare om respektive frihet, se kapitel 12, 13, 14 och 15.

En grundprincip av närmast konstitutionell art med särskild betydelse för förverkligandet av den inre marknaden är *likabehandlingsprincipen* eller nondiskrimineringsprincipen, som förbjuder varje form av diskriminering grundad på nationalitet.[14]

Såsom ett grundläggande medel att nå de angivna målen anvisar EG-fördraget särskilt en ekonomisk politik som bygger på *konkurrens* över hela den gemensamma marknaden. Principen anges vara en öppen marknadsekonomi med fri konkurrens (artikel 4.1 EGF).[15] Bland andra viktiga medel nämns harmonisering (tillnärmning) av medlemsländernas nationella lagstiftning (artikel 3.1 h).[16] EG kan sägas ha en "ekonomisk konstitution" byggd på *social marknadsekonomi.* Grundläggande är de fyra friheterna och konkurrensreglerna som balanseras av sociala inslag såsom arbetsrättslig, socialrättslig, miljörättslig och konsumenträttslig EG-lagstiftning. Båda fördragen markerar betydelsen av miljöskydd och sociala rättigheter (den sociala dimensionen).

EG:s målsättning går emellertid väsentligt utöver uppgiften att skapa och vidmakthålla den gemensamma marknaden. Uppgiften är även att upprätta en ekonomisk och *monetär union* (artikel 2 EGF).[17] Dess viktigaste uttryck är den *gemensamma valutan* (euro), som fr o m 2002 varit det gemensamma betalningsmedlet i tolv av medlemsstaterna (eurozonen).[18] Medlen för den ekonomiska och monetära unionen är emellertid också en nära samordning av medlemsstaternas ekonomiska politik och en *gemensam penningpolitik* med huvudsyfte att upprätthålla ett stabilt penningvärde (artikel 4 EGF).

En viktig utgångspunkt är att de befogenheter som tillkommer EU finns nedlagda i de grundläggande fördragen och sålunda bygger på den kompetens som medlemsstaterna har överlåtit på EU genom dessa fördrag, *tilldelad (härledd) kompetens.*[19] Denna härrör alltså från medlemsstaterna. EG eller EU som helhet saknar vad som med en term lånad från tyskan brukar kallas *kompetens-kompetens,*[20] d v s befogenhet att tillerkänna sig själv ytterligare kompetens utöver de befogenheter som angivits i fördragen.[21] Detta skiljer på ett avgörande sätt EU från en suverän stat (t ex Sverige) för vilken det inte finns någon sådan begränsning. Utfärdad lagstiftning måste därför alltid bygga på en i fördragen angiven och korrekt tillämpad *rättslig grund.*

14. Artikel 12.1 EGF m fl stadganden, se 6.4.
15. Konkurrensrätten behandlas i kapitel 16.
16. Lagharmoniseringen behandlas i kapitel 17.
17. Härom i kapitel 14.
18. Slovenien har tillkommit som trettonde land 2007. Cypern och Malta förväntas ansluta sig 2008.
19. Den engelska termen är attributed competence.
20. Tyska: Kompetenz-Kompetenz.
21. Se närmare 6.2 och 17.1.2.

Det är en uppgift för EG-domstolen att granska lagenligheten av antagna rättsakter (artikel 230.1 EGF). Domstolen får härvid avgöra om Gemenskapen har överskridit sina befogenheter. Som kommer att utvecklas i det följande skall EG-domstolen i sådant fall ogiltigförklara en fördragsstridig rättsakt. Så har t ex skett på talan av Tyskland angående ett direktiv som innefattade ett särskilt långtgående förbud mot tobaksreklam.[22] EG-domstolen har också i avgivna yttranden klargjort hur långt EG:s kompetens att ingå internationella överenskommelser sträcker sig.[23]

Fördragen markerar bland sina principer även vissa generella begränsningar av konstitutionell art som EU skall iaktta i relation till medlemsstaterna och medborgarna. Besluten skall fattas så nära medborgarna som möjligt (artikel 1 EUF), medlemsstaternas nationella identitet skall respekteras (artikel 6.3 EUF) och målen skall uppnås med beaktande av *subsidiaritetsprincipen* (artiklarna 2.2 EUF och 5.2 EGF).[24] Det sistnämnda innebär att på områden, där inte gemenskapen är ensam kompetent, skall åtgärder på EU-nivå bara vidtas i den mån nationella åtgärder bedöms otillräckliga. Härvid skall man även iaktta *proportionalitet* och inte vidta åtgärder som går utöver vad som fordras för att nå målen (proportionalitetsprincipen, artikel 5.3 EGF).[25] Också dessa principer behandlas närmare i det följande.

En annan viktig begränsning ligger däri att EG-fördragets materiella regler i allmänhet inte omfattar rent interna situationer i medlemsländerna utan endast sådana som har gemenskapsaspekter, t ex genom att påverka handeln eller rörligheten mellan medlemsstaterna (samhandeln).[26] Annorlunda uttryckt: *gemenskapsrättens regler kan inte åberopas av en nations egna medborgare och företag i rent nationella situationer.*[27]

Som exempel kan nämnas ett finlandssvenskt mål om fiskerätt. EG-domstolen fann att båda parter var finländska medborgare, etablerade i Finland, och att tvisten gällde den enes rätt att fiska i den andres vattenområde i Finland. Eftersom alla omständigheter var begränsade till en medlemsstats inre förhållanden var EG-fördraget inte alls tillämpligt.[28] Fallet rörde varken den gemensamma fiskeripolitiken eller t ex fri rörlighet för tjänster.

En viktig sak att ha i minnet inför den fortsatta läsningen av denna bok är följande: Något som ofta är av avgörande för frågan om EG-rätten är tillämplig och i så fall vilket eller vilka av dess regelkomplex som skall tillämpas är *kategoriseringen* av den föreliggande situationen. Kategori-

22. Mål C-376/98, Tyskland mot Europaparlamentet och rådet (REG 2000, s I-8419). Se vidare 6.2 och 7.3.
23. Se 9.2.
24. Se 6.5.
25. Se 6.6.
26. Se bl a 12.5.1 och 16.2.2 (samhandelskriteriet).
27. Se även 15.7 och där nämnda rättsfall.
28. Mål C-97/98, Peter Jägerskiöld och Torolf Gustafsson (REG 1999, s I-7319).

seringen är grundläggande för vilken väg bedömningen går i tex EG-domstolen. Exempel på centrala frågor att överväga är bl a:

- Vilken eller vilka rättsliga grunder kommer i fråga?
- Är det fråga om fri rörlighet för varor, för tjänster eller för kapital?
- Berörs samhandeln mellan medlemsstaterna?
- Är konkurrensreglerna tillämpliga?
- Rör saken den fria personrörligheten?
- Föreligger en diskriminering? Om så är fallet, kan den likväl rättfärdigas?
- Är vidtagna åtgärder ändamålsenliga och proportionerliga?

## 3.2 *De tre pelarna*

Europeiska unionen har en ganska komplicerad struktur. Unionen består som framgått av tre "pelare" med inbördes olikartad karaktär och betydelse som binds samman av ett ramverk i form av gemensamma institutioner och vissa gemensamma grundläggande bestämmelser.

De tre pelarna är

- första pelaren, gemenskapspelaren, som består av Europeiska gemenskapen (EG) och specialgemenskapen Euratom,[29]
- andra pelaren, EU:s gemensamma utrikes- och säkerhetspolitik (GUSP) och
- tredje pelaren, polissamarbete och straffrättsligt samarbete.

Bakom denna uppdelning ligger inga djupare överväganden av rättsligt systematisk karaktär. Bakgrunden till konstruktionen står i stället att finna i grundläggande politiska ställningstaganden och kompromisser. Vid regeringskonferensen i Maastricht vid 1990-talets början var medlemsstaterna inte beredda att ge det utbyggda samarbetet om utrikes- och säkerhetspolitik (andra pelaren) och det då nya samarbetet i rättsliga och inrikes frågor (tredje pelaren) överstatlig karaktär. Man kunde endast enas om ett samarbete av mellanstatlig karaktär på dessa områden.

Första pelaren är, som framgått, grundläggande inom EU och den del av verksamheten som helt står i centrum i detta arbete. EG är en egen juridisk person som i varje medlemsstat åtnjuter den mest vittgående rättskapacitet som tillerkänns juridiska personer (artiklarna 281-282 EGF).[30]

29. Som nämnts i 2.2.1 upphörde Kol- och stålunionen såsom egen gemenskap 2002 och har integrerats i EG.

30. Gemenskapen uppfyller mycket väl de krav för att utgöra egen juridisk person som brukar ställas på internationella organisationer, nämligen att vara en permanent sammanslutning med lovliga syften och egna organ, att vara åtskild från medlemsstaterna och kunna fungera juridiskt självständigt på det internationella planet, I Browlie, Principles of Public International Law, 6 ed, Oxford 2003 s 649.

Den tidigare benämningen Europeiska ekonomiska gemenskapen (EEG) ändrades till den nuvarande, Europeiska gemenskapen (EG), genom Maastrichtfördraget. Skälet var att gemenskapen täcker väsentligt mera än ett ekonomiskt samarbete, t ex det europeiska medborgarskapet och samarbete på utbildnings- och kulturområdena. Man vill även se miljöskyddssamarbetet i ett vidare perspektiv än det ekonomiska.

EU har väsentligen endast normgivningsmakt inom första pelaren och det är i huvudsak samarbetet inom denna som faller inom EG-domstolens kompetensområde. Den överstatlighet som kännetecknar EG kommer till uttryck genom att EG-fördraget tillägger institutionerna lagstiftningsmakt och dömande makt som utövas med bindande verkan mot medlemsstaterna och företag och enskilda i dessa. Häri ingår befogenhet för rådet och Europaparlamentet att fatta bindande majoritetsbeslut på viktiga områden.

*Euratom* har aldrig utvecklats till den gemensamma ordning för kärnkraftens fredliga användning som det från början var tänkt. Detta har bl a berott på att Frankrike tidigt valde att självständigt utveckla sitt kärnkraftsprogram. Många av Euratomfördragets bestämmelser är föråldrade eller i vart fall inte i bruk i praktiken. Euratom ger emellertid bland annat ramen för ett forskningssamarbete och ett regelverk om hanteringen av radioaktivt avfall.[31]

Andra pelaren omfattar som nämnts EU:s gemensamma utrikes- och säkerhetspolitik, GUSP. Den har utvecklats successivt på grundval av de olika fördragsrevisionerna, men medlemsstaterna har hittills saknat politisk vilja till mera genomgripande förändringar och andra pelaren har förblivit i princip mellanstatlig, något som bl a framgår av att rådet saknar lagstiftningskompetens och att en medlemsstat inte kan bli nedröstad av de övriga medlemsstaterna. Regelverket för GUSP återfinns i unionsfördraget (artiklarna 11–28 EUF) och behandlas i anslutning till EU:s externa relationer i övrigt i 9.6.

Tredje pelaren tillkom genom Maastrichtfördraget och hade där benämningen Samarbete i rättsliga och inrikes angelägenheter, ofta förkortat RIF (rättsliga och inrikes frågor). De frågor som rör visa, asyl, invandring och annan politik avseende gränskontroll m m har emellertid överförts till första pelaren (se 15.3). Kvar i tredje pelaren är vad som benämns Bestämmelser om polissamarbete och straffrättsligt samarbete (artiklarna 29–42 EUF). Det i princip mellanstatliga rättssamarbetet inom tredje pelaren behandlas i kapitel 10.

31. Euratom behandlas inte närmare i detta arbete.

# 3.3 *Regelverket*

## 3.3.1 L'acquis communautaire

EU:s samlade, gemensamma regelverk är numera mycket omfattande. Regelverket som totalitet brukar med en fransk term, som ofta också används i engelskspråkig text, benämnas *l'acquis communautaire* (ofta enbart acquis, eller – försvenskat – *acquin*), d v s det gemensamt förvärvade eller uppnådda (underförstått: regelverket).[32]

I *l'acquis communautaire* ingår de grundläggande fördragen jämte anslutningsfördragen och ingångna internationella konventioner samt den omfattande lagstiftning som utvecklats inom EU, främst i form av EG:s förordningar och direktiv. Häri ingår också rekommendationer och yttranden, normbildning inom tredje pelaren,[33] hela den rättspraxis som utvecklats av EG-domstolen jämte Förstainstansrätten och härur utbildade allmänna rättsprinciper samt särskilda konventioner som slutits mellan medlemsstaterna. Såsom närmare berörs i kapitel 9 tillämpar EG-domstolen också internationell rätt, såsom allmän folkrätt och grundläggande internationella konventioner t ex WTO-avtalet om Världshandelsorganisationen[34] och Wienkonventionen om traktaträtten.[35]

EG-domstolens rättspraxis utgör en oerhört viktig del av gemenskapsrätten. Den huvudsakliga avsaknaden av förarbeten samt fördragens och rättsakternas ofta allmänt hållna bestämmelser gör att domstolens auktoritativa uttolkningar får avgörande betydelse. Också praxis från underinstansen, Förstainstansrätten, tillmäts vikt.[36]

Man brukar inom EU:s regelverk skilja mellan den primära och den sekundära rätten, även om det kan vara svårt att fullt ut föra in hela regelverket i denna uppdelning.[37] Den *primära* europarätten består framför allt av de grundläggande fördragen med till dessa knutna protokoll och förklaringar jämte anslutningsfördragen. Den *sekundära* (härledda) europarätten omfattar den lagstiftning och rättsbildning i övrigt som härleds ur den kompetens som EG-fördraget givit institutionerna, i första hand rådet. Den består främst av de två huvudtyperna *förordningar och direktiv* (behandlas nedan). Vi skall först se på primärrätten.

32. Acquis är participform av det franska verbet acquérir = förvärva.
33. Beslutsordningen i tredje pelaren med s k rambeslut behandlas i kapitel 10.
34. Se 9.3.1.
35. Om begreppet C Delcourt, The Acquis Communautaire: Has the Concept Had Its Day?, 38 CMLRev 2001 s 829 ff.
36. EG-domstolarnas samlade rättspraxis betecknas ibland med en fransk term l'acquis jurisdictionelle.
37. Se till det följande R Bieber & I Salomé, Hierarchy of norms in European Law, 33 CMLRev 1996 s 907 ff.

### 3.3.2 Unionsfördragets struktur

Unionsfördraget innehåller vissa övergripande bestämmelser, gemensamma för hela EU. Det ger också en ram, ett slags disposition, som klargör EU:s uppbyggnad. I denna ram är EG- och Euratom-fördragen löst infogade utan att ha arbetats samman till någon helhet.

Unionsfördraget inleds med en avdelning I som innehåller vissa allmänna bestämmelser av portalkaraktär som gäller för hela EU. I den första artikeln (artikel 1 EUF) förklaras de fördragsslutande staterna genom fördraget ha upprättat en Europeisk union mellan sig. Detta förklaras markera en ny fas i processen för att skapa en allt fastare sammanslutning mellan de europeiska folken, där besluten skall fattas så öppet och så nära medborgarna som möjligt (se 6.5 nedan om subsidiaritetsprincipen). Unionen skall ha till uppgift att på ett konsekvent och solidariskt sätt organisera förbindelserna mellan medlemsstaterna och mellan deras folk.

Artikel 2 EUF anger unionens allmänna mål och i artiklarna 3–7 EUF ges allmänna bestämmelser om EU:s institutionella ram och grundläggande rättsprinciper.

Härefter har EG-fördraget formellt fogats in i unionsfördraget såsom en särskild avdelning II med egen struktur och artikelindelning.[38] Bestämmelserna om andra pelaren (GUSP) utgör unionsfördragets avdelning V (artiklarna 11–28) och tredje pelaren avdelning VI (artiklarna 29–42). Den efterföljande, kortfattade avdelning VII, betitlad Bestämmelser om ett närmare samarbete (artiklarna 43–45 EUF) ger ramen för beslut om närmare samarbete på särskilda områden mellan en del av medlemsstaterna utan att alla behöver delta (s k flexibel integration, se 18.2.3).[39]

Unionsfördragets avslutande avdelning VIII innehåller Slutbestämmelser, artiklarna 46–53 EUF. Häri ingår bl a artikel 49, som anger att varje europeisk stat, som respekterar de demokratiska principer som slagits fast i den ovan berörda artikel 6.1 EUF, får ansöka om att bli medlem av unionen. Unionsfördraget anger vidare, liksom EG-fördraget, att det har ingåtts för *obegränsad tid* (artikel 51 EUF, artikel 312 EGF).[40]

### 3.3.3 EG-fördragets struktur

EG-fördraget är som framgått i sak det tveklöst mest centrala. Fördraget har trots alla successiva kompletteringar i huvudsak behållit den struktur

38. Motsvarande gäller Euratomfördraget (avd IV) och gällde det numera upphävda EKSG-fördraget (avd III).

39. Enligt det konstitutionella fördraget (se 2.5) avvecklas pelarkonstruktionen och unionsfördraget och gemenskapsfördraget slås samman till ett enda fördrag. Reformfördraget antas genomföra denna förändring, även om de mellanstatliga särdragen i nuvarande andra pelaren i sak förväntas bibehållas.

40. Artikel 49 och 51 samt frågan om möjlighet till utträde berörs i 18.2.4.

och systematik som det redan från början fick 1957. De centrala materiella reglerna, t ex om fri rörlighet och konkurrens, har i regel förblivit oförändrade över åren.

Även EG-fördraget inleds med en första del som slår fast Principerna; Gemenskapens uppgift och mål, grundläggande rättsprinciper, avsedda att genomsyra verksamheten (legalitetsprincipen, subsidiaritetsprincipen, proportionalitetsprincipen och likabehandlingsprincipen) samt den gemensamma marknaden och valutan. Detta har berörts ovan i 3.1.

Efter några bestämmelser om unionsmedborgarskap, som bildar EG-fördragets andra del (artiklarna 17–22 EGF, se 15.2), följer fördragets huvuddel, tredje delen om Gemenskapens politik, indelad i olika avdelningar (artiklarna 23–181 EGF). Här behandlas den fria rörligheten, jordbruk och transporter, konkurrensreglerna, den gemensamma handelspolitiken, valutasamarbetet och EMU m m. Av avsevärd omfattning är också fördragets femte del, som innehåller bestämmelserna om EG:s institutioner och budget. Den avslutande sjätte delen innehåller olika allmänna bestämmelser och slutbestämmelser.

Trots att EG-fördraget kan tyckas omfattande innehåller det i allmänhet endast ramen och grundprinciperna för normsystemet. Det har sedan varit en huvuduppgift för EG:s institutioner att närmare gestalta de konkreta reglerna på grundval av fördragets bestämmelser inom ramen för sekundärrätten. Fördragets utformning har också medfört att EG-domstolen ofta ställts inför uppgiften att genom tolkning utfylla ofullständiga bestämmelser i EG-fördraget. Det brukar därför karaktäriseras som ett *ramfördrag*.

## 3.3.4 Protokoll och förklaringar till fördragen

Till EU:s olika fördrag hör också ett större antal protokoll, som är att se som en integrerad del av fördragen, samt anknytande förklaringar (deklarationer) av regeringskonferenser eller medlemsstater.

*Protokollen* kan innehålla viktiga preciseringar i en särskild fråga, som inte ansetts böra tas in i själva fördragstexten. Många protokoll rör undantag i vissa hänseenden, som ett eller flera medlemsländer förhandlat sig fram till och som övriga stater accepterat. Protokoll till Maastricht-fördraget innehåller t ex viktiga undantag för Storbritannien och Danmark från skyldigheten att införa euron som valuta (14.5).

Till fördragen fogade *förklaringar* innefattar framför allt uttalanden av en regeringskonferens eller däri medverkande medlemsstat(er) om bakomliggande intentioner i särskilda hänseenden. Förklaringarna är många gånger deklarationer av närmast politisk karaktär men kan vara av betydelse för tolkningen av en fördragsbestämmelse.

Från protokoll och deklarationer, som har anknutits till fördragen, måste man skilja förhandlingsprotokoll från medlemskapsförhandlingar m m som saknar sådan anknytning. I målet *VAG Sverige* gjorde svenska regeringen gällande, under hänvisning till ett sådant protokoll, att EG skulle ha godtagit att Sverige kunde fortsätta att vägra registrera importerade bilar försedda med giltigt gemenskapsintyg under hänvisning till särskilda svenska avgasreningskrav. EG-domstolen underkände dock Sveriges ståndpunkt och uttalade att protokollet saknade rättslig betydelse när dess innehåll inte fann något uttryck i EG-fördraget eller Sveriges anslutningsfördrag.[41]

## 3.3.5 Anslutningsfördrag

Till EU:s grundläggande fördrag (primärrätten) hör i princip även de anslutningsfördrag som successivt slutits med nytillkomna medlemsländer.[42] När nya europeiska länder anslutit sig till EG/EU har de med endast obetydliga modifikationer haft att acceptera hela det omfattande normsystem (”*acquin*”) som byggts upp. Det har vid medlemskapsförhandlingar med nya kandidatländer var gång gjorts klart från EU:s sida att utrymme saknats för omförhandling av den institutionella och rättsliga strukturen.[43] En grundläggande förklaring härtill har varit att man från EU:s sida inte bedömt det som möjligt att ta upp en omförhandling med nya länder om det väldiga regelverk som man med stor möda lyckats bygga upp. Detta skulle riskera att riva upp sådant som redan uppnåtts.

På specifika punkter brukar dock anslutningsfördragen innehålla bestämmelser som tillgodoser särskilda, viktiga önskemål från ett nytillkommande medlemslands sida. Bestämmelserna är vanligen placerade i anslutande protokoll eller bilagor. I regel avser sådana undantagsbestämmelser tidsbegränsade övergångsperioder för att underlätta anpassningen till EG-reglerna på området ifråga och förlorar därför successivt sitt intresse. [44]

41. Mål C-329/95, VAG Sverige AB (förhandsavgörande) (REG 1997, s I-2675). Protokollet hade tillmätts betydelse i prop 1994/95:19 del 1, Sveriges medlemskap i EU s 252. Jfr även 17.3.4 beträffande de svenska kollektivavtalens ställning.

42. Internationella konventioners ställning behandlas i 9.5.

43. Detta har varit utgångspunkten alltsedan Storbritanniens medlemskapsförhandlingar vid 1970-talets början. Britternas ambitioner att söka omförhandla Romfördragets utformning med sikte på att reducera de överstatliga inslagen blev resultatlösa. Storbritannien fick i allt väsentligt godta Romfördraget och det regelverk i övrigt som redan då hade byggts upp sådant det förelåg (”sign on the dotted line”).

44. Det sagda har också gällt 1994 års anslutningsfördrag med Finland, Sverige och Österrike. Angående Sveriges anslutningsfördrag, se 11.1. Om permanenta undantag för Åland, se 9.1.

## 3.3.6 Allmänt om sekundärrätten

Vi går över till sekundärrätten. Det finns enligt EG-fördraget vittgående befogenheter att utfärda lagstiftning som binder medlemsstaterna. De viktigaste lagstiftningstyperna är förordningar, direktiv och beslut.[45] Såsom sammanfattande term använder EG-fördraget uttrycket *rättsakt*. Rättsakter måste vara motiverade och ange de skäl på vilka de är grundade och ge hänvisningar till bakomliggande förslag eller yttranden (artikel 253). Delvis har befogenheter att utfärda normer, särskilt av tillämpningskaraktär, delegerats till kommissionen, som också har viss egen normgivningskompetens.

En rättsakt måste bygga på en *korrekt rättslig grund*, angiven i EG-fördraget. En rättsakt som saknar hållbar rättslig grund eller bygger på en felaktig sådan riskerar att ogiltigförklaras.[46] Eftersom sekundärrätten bygger på primärrätten skall den tolkas i överensstämmelse med denna.

## 3.3.7 Förordningar

Förordningarna[47] är en mycket central och viktig typ av rättsakter med särskilt stark genomslagskraft. Det är i första hand med stöd av förordningar som EG utövar sin av medlemsländerna anförtrodda legislativa befogenhet. Förordningar äger enligt artikel 249.2 EGF allmän giltighet och är till alla delar bindande och direkt tillämpliga i varje medlemsstat, således även i Sverige. De skall tillämpas av domstolar och myndigheter i medlemsländerna som direkt gällande rätt och kan åberopas av enskilda (direkt tillämplighet och direkt effekt behandlas i 5.4.1). En förordning varken skall eller får inkorporeras i, eller transformeras till nationell rätt[48] (såvida annat inte är särskilt stadgat i förordningen).[49] Existensen av en EG-förordning inom ett visst område markerar normalt att medlemsstaterna skall undvika egen lagstiftning inom området med hänsyn till principen om gemenskapsrättens företräde och spärrverkan (se 5.3 och 5.4.3).

Förordningar av grundläggande betydelse finns på många områden, t ex inom utrikeshandeln, konkurrensrätten och i fråga om arbetstagarnas fria rörlighet. Hela det ytterst omfattande regelverk som bär upp den gemensamma jordbrukspolitiken är huvudsakligen baserat på förordningar.

45. Terminologin förefaller bibehållas i Reformfördraget.
46. Se avsnitt 6.2 om legalitetsprincipen och 7.3 om ogiltighetstalan.
47. Engelska regulation, franska règlement, tyska Verordnung.
48. Om inkorporation och transformation, se 5.2.
49. Mål 34/73, Variola mot Italienska finansministeriet (REG 1973 s 981).

### 3.3.8 Direktiv

Direktiv[50] har en väsentligt annan karaktär än förordningar.[51] De riktar sig till medlemsstaterna och alltså inte till enskilda. Ett direktiv föreskriver resultat som varje medlemsstat skall förverkliga inom det egna landet inom ramen för sin nationella rättsordning. Det kan t ex röra sig om utformningen av medlemsländernas varumärkesskydd eller av aktiebolags redovisning eller om krav på att produkter av visst slag måste vara sammansatta eller märkta på visst sätt för att få säljas. Direktiven överlåter i princip till medlemsstaterna att bestämma form och tillvägagångssätt för genomförandet (artikel 249.3 EGF). Till skillnad från förordningarna måste alltså direktiven överföras till nationell lagstiftning; annorlunda uttryckt *genomföras* (med andra termer införlivas eller implementeras) i de nationella rättsordningarna.

Ett land behöver dock inte vidta någon åtgärd om där redan gäller en lagstiftning som fullt ut uppfyller kraven i ett direktiv: i så fall föreligger s k *normharmoni*. EG-domstolen har dock betonat att det är nödvändigt att bestämmelserna i den nationella rättsordningen säkerställer att ett direktiv faktiskt tillämpas fullt ut, så att det rättsläge som följer av dess bestämmelser är tillräckligt klart och precis angivet och att de personer som berörs ges möjlighet att få full kännedom om sina rättigheter (samt, i förekommande fall, även ges möjlighet att göra rättigheterna gällande vid nationell domstol).[52] EG-domstolen ställer alltså strikta krav på att medlemsstaterna skall genomföra direktiv lojalt och komplett.

Till antagandet av ett nytt direktiv kopplas vanligen ett beslut om en tidsgräns (normalt 1–3 år) inom vilken direktivet skall vara helt genomfört av medlemsländerna, antingen genom att dessa infört nya nationella rättsregler, ändrat gamla regler eller (mera ovanligt) låtit sådana regler som överensstämmer med direktivet fortsätta att gälla. Om en medlemsstat underlåter att genomföra ett direktiv helt eller delvis inom den angivna tidsfristen anses staten ha gjort sig skyldig till ett fördragsbrott. I praktiken är det vanligt förekommande att medlemsstater släpar efter med genomförandet av direktiv. Försenat, ofullständigt eller felaktigt genomförande av direktiv i medlemsstaterna är ett stort problem som fördröjer integrationsprocessen och många gånger är till nackdel för enskilda. Kommissionen har här en viktig övervakningsuppgift och kan föra talan om fördragsbrott mot medlemsstaten inför EG-domstolen enligt artikel 226.2 EGF, något som ofta sker. Vi återkommer till detta i 7.2.

50. Engelska directive, franska directive, tyska Richtlinie.
51. Ett grundläggande arbete är S Preschal, Directives in European Community Law, 2 ed, Oxford 2005.
52. Se t ex mål C-144/99, kommissionen mot Nederländerna (REG 2001, s I-3541).

Det finns ett mycket stort antal direktiv, även om förordningarna antalsmässigt är väsentligt fler. Direktiv används framför allt för att harmonisera lagstiftning i medlemsländerna.[53] Direktivens utformning växlar starkt vad gäller omfattning och ambitionsnivå. Direktiven kan många gånger vara så detaljerade att de i hög grad bestämmer utformningen av medlemsstaternas lagstiftning på det ifrågavarande området. Om sådana direktiv dessutom föreskriver att medlemsstaterna varken får under- eller överskrida den skyddsnivå som direktivet lägger fast, s k *maximidirektiv*, kan direktiven i sak ligga nära en färdig lag. I andra fall kan emellertid ett direktiv avse bara någon eller några särskilda frågor och det är då vanligt att direktivet tillåter medlemsstaterna att tillämpa längre gående nationella skyddsbestämmelser, s k *minimidirektiv* (se vidare 17.1.1).

## 3.3.9 Beslut

Beslut[54] är ytterligare en typ av rättsakter. Beslut är i princip av individuell karaktär och kan adresseras till antingen individer, juridiska personer eller medlemsstater. De kan fattas av rådet eller kommissionen. Ett beslut är till alla delar bindande för dem som det är riktat till (artikel 249.4 EGF). Beslut har ofta till syfte att avgöra konkreta rättsfrågor. Som exempel kan nämnas de många beslut, i regel riktade till enskilda företag, som kommissionen fattar vid sin tillämpning av konkurrensreglerna i artiklarna 81 och 82 EGF. Det förekommer emellertid även beslut av en mer generell karaktär, t ex för att uppnå policy-mål i EG-fördraget.

Man kan inte klart ange när EG-fördraget kräver lagstiftning genom en eller flera specifika rättsakter och när institutionerna är fria att besluta om nödvändiga "åtgärder". Domstolen har vid ett flertal tillfällen slagit fast att det är innehållet i en åtgärd som är avgörande för dess natur, inte den beteckning den givits av den beslutande institutionen.

I fallet *International Fruit*[55] uttalade Domstolen att en åtgärd som betecknats som en förordning i själva verket var en grupp individuella beslut. Detta konstaterande var avgörande i fallet, eftersom det påverkade möjligheten för sökandebolaget att föra talan mot åtgärden i fråga inför EG-domstolen.

Det är därför nödvändigt att vid prövning av gemenskapsrättsakter i varje enskilt fall granska dels den rättsliga grunden för att kontrollera huruvida institutionen har handlat inom sin behörighet och dels rättsaktens materiella innehåll för att se om rättsakten verkligen är vad den utger sig för att vara.

53. Om lagharmonisering, se 17.1.
54. Engelska decision, franska décision, tyska Entscheidung.
55. Mål 41–44/70, International Fruit Company mot kommissionen (REG 1971, s 411), se 7.3.5 om enskildas talerätt.

### 3.3.10 Andra normer

Utöver nu nämnda typer av bindande rättsakter förekommer inom EG i stor omfattning normbildning av oförbindande karaktär men som i realiteten kan spela en betydelsefull styrande roll. Fördraget nämner *rekommendationer* och *yttranden* och förklarar att dessa inte är bindande (artikel 249.5 EGF). Det förekommer också andra i praktiken vanliga former av mjuk normbildning, s k *soft law*, såsom av rådet antagna resolutioner, åtgärdsprogram, uppförandekoder, kommunikéer och allmänna deklarationer. Också kommissionen kompletterar bindande rättsakter med tolkningsmeddelanden m m. Det faktum att denna normbildning inte är bindande innebär dock inte att den skulle sakna juridisk betydelse. Den klargör ofta hur man avser att agera eller bedöma olika situationer. EG-domstolen har uttalat att sådana normer kan kasta ljus över tolkningen av gemenskapsrättsliga bestämmelser eller därpå baserade nationella åtgärder.[56]

Artikel 249 EGF innehåller en icke uttömmande katalog över Gemenskapens rättsakter. Domstolen har uttalat att det finns ytterligare former av bindande rättsakter, s k sui generis-akter.[57] Ett exempel är den ”resolution” antagen av Rådet, vilken bestämde hur Gemenskapen skulle delta i förhandlingarna om ett europeiskt vägtransportavtal. I det s k *ERTA-fallet*[58] fastslogs att en sådan resolution kunde angripas enligt artikel 230 EGF som stadgar; ”Domstolen skall granska lagligheten av de rättsakter /.../ som inte är rekommendationer och yttranden”. Avgörande i frågan var rättsaktens bindande natur, som på något sätt måste ändra de berördas rättsliga ställning. Även talan mot resolutioner beslutade av Parlamentet har tagits upp till prövning av Domstolen.[59]

### 3.3.11 Specialkonventioner mellan medlemsstaterna

EG-fördraget och övriga grundläggande fördrag bör inte betraktas som en uttömmande reglering av medlemsstaternas ekonomiska samarbete. Vissa frågor har lösts genom specialkonventioner mellan medlemsländerna, ett förfarande som förutsätts bl a i artikel 293 EGF.[60] Detta innebär att medlemsstaterna mellan sig ingår en särskild mellanstatlig överenskommelse. Detta förutsätter normalt en speciell ratificering i varje

56. Mål C-322/88, Grimaldi mot Fonds des Maladies Professionelles (REG 1989, s 4407).

57. Sui generis = av sitt eget slag.

58. Mål 22/70, kommissionen mot rådet (ERTA eller AETR) (REG 1971, s 264; svensk specialutgåva, volym 1). Fallet berörs från andra aspekter (EG:s traktatkompetens) i 9.2.

59. Se t ex mål 230/81, Luxemburg mot parlamentet (REG 1983, s 255; svensk specialutgåva, volym 7).

60. Det kan många gånger vara svårbedömt och ev kontroversiellt om rådet kan lagstifta om en viss fråga på grundval av sin restkompetens enligt artikel 308 EGF (se avsnitt 6.2) eller om ordningen med en specialkonvention i stället bör tillämpas.

land av överenskommelsen, något som erfarenhetsmässigt ofta verkar fördröjande. I sådana överenskommelser brukar föreskrivas att EG-domstolen skall ha kompetens som dömande organ.[61]

### 3.3.12 Associationsavtal och handelsavtal med tredje länder

En ytterligare del av regelverket utgörs av de internationella överenskommelser som EG såsom organisation ingått med utomstående stater, framför allt på det handelspolitiska området. EG har här en omfattande traktatkompetens enligt artikel 133 EGF och den praxis som EG-domstolen utvecklat. EG har i dag ett mycket stort nät av handelsavtal och associationsavtal med länder världen över (se kapitel 9 om externa relationer).

## *3.4 EG-domstolens rättskällelära och tolkningsprinciper*

Som redan nämnt utgör EG-domstolens rättspraxis en synnerligen central del av gemenskapsrätten. Dess centrala ställning och stora självständighet är påtaglig. Det är EG-domstolen som – utan något direkt lagstöd i EG-fördraget – utvecklat de i kapitel 5 närmare behandlade principerna om direkt tillämplighet, direkt effekt, företrädesrätt, rättsverkningar av icke genomförda direktiv, rätt till statsskadestånd m m och därigenom omformat detta fördrag till ett slags konstitution för EG. Domstolen har också utbildat de allmänna rättsprinciper som ingår i gemenskapsrätten (se kapitel 6). Domstolen har generellt sett visat en tydligt integrationsvänlig grundhållning och griper vid sin tolkning av enskilda bestämmelser i EG-fördraget och olika rättsakter gärna tillbaka på fördragets grundläggande syften och allmänna principer som domstolen utbildat.

EG-domstolen tolkar och tillämpar europarätten på ett sätt som i viktiga hänseenden avviker från svensk rätt. Domstolens tidigare president Ole Due har träffande karaktäriserat domstolens tolkningsstil såsom relativt fri, starkt ändamålsbestämd och dynamisk.[62] Detta synsätt påverkar givetvis även andra domstolar och organ som tillämpar gemenskapsrätten. EG-domstolen har ibland kritiseras för att ha varit alltför aktiv

61. Exempel är konventioner inom ramen för samarbetet i tredje pelaren (10.2) och internationellt privaträttsliga konventioner (17.5).

62. O Due, EF-domstolens retspraksis som integrationsfremmende faktor, JT 1991–92 s 412. Se till det följande bl a J Hettne & I Otken Eriksson (red), EU-rättslig metod, 2005 s 81 ff., L Sevón, Rättskällor och lagtolkning i EG-domstolen, Festskrift till Edvard Andersson, Helsingfors 2003 s 335 ff.

och interventionistisk i sin tillämpning, s k *legal activism*. En sådan kritik framfördes på 1980-talet särskilt markant av den danske rättsvetenskapsmannen Hjalte Rasmussen som hävdade att domstolen ibland gått klart utöver traditionell juridisk tolkning och i stället fattat närmast politiska avgöranden, ”policy making”.[63] EG-domstolen förefaller dock numera i huvudsak ha slagit in på en mer försiktig linje.[64] Hur som helst tillämpar domstolen vid sin domsskrivning en strikt juridisk argumentationsteknik och undviker normalt socioekonomiska argument (till skillnad från USA:s högsta domstol).[65]

Det står dock klart att EG-domstolen har en mer dynamisk syn på sin position såsom ett rättsgestaltande organ än vad som är det vanliga i nationella högsta domstolar och i vart fall i Sverige. Å andra sidan måste man ha i minnet att europarätten är en ung disciplin som befinner sig i en pågående vidareutveckling och fortfarande rymmer många lakuner (luckor), där det naturligen kommer an på domstolen att nå lösningar på utestående frågor. Inte sällan har problem, som lämpligen bort men inte kunnat lösas fördrags- eller lagstiftningsvägen, skjutits över till domstolen för att där finna en lösning inom ramen för rättstillämpningen.

Man måste även ha klart för sig att både fördragstexter och sekundärrättsliga texter kommit fram ur en politisk beslutsprocess på internationell nivå. Texternas skriftliga utformning har inte sällan karaktären av förhandlingskompromisser. Detta kan ta sig uttryck i att viktiga spörsmål lämnats öppna, att valda formuleringar inte är helt tydliga eller att det bakom den formulering som antagits t o m kan dölja sig en medveten oenighet staterna emellan. Det lönar sig i sådana fall inte särskilt mycket att fråga efter bakomliggande överväganden. Den antagna texten får vid rättstillämpningen tolkas och tillämpas sådan den föreligger utifrån de avsikter och principer som kan läsas ut ur texten själv, sedd mot bakgrund av EG:s syften och grundläggande uppbyggnad.

En viktig utgångspunkt är härvid att gemenskapsrätten betraktas som ett sammanhängande normsystem, där nytillkomna texter förutsätts bygga på det redan etablerade regelverket och antas avsedda att inpassas i detta. I linje härmed har EG-domstolen uttalat att sekundärrättsliga föreskrifter såvitt möjligt skall tolkas så att de överensstämmer med be-

63. H Rasmussen, On Law and Policy in the European Court of Justice, Köpenhamn 1986. Se även dens., EU-ret i kontekst, 4 udg., Köpenhamn 2001 kap 24. I svensk doktrin märks särskilt O Wiklund, EG-domstolens tolkningsutrymme. Om förhållandet mellan normstruktur, kompetensfördelning och tolkningsutrymme i EG-rätten, Stockholm 1997. Se vidare bl a J Weiler, The Constitution of Europe, Cambridge, 1999 särskilt kap 5 s 188 ff. och t ex S Douglas-Scott, Constitutional Law of the European Union, Harlow, England 2002.

64. Se bl a A Arnull, The European Union and its Court of Justice, 2 ed, Oxford 2006 p 605 ff, R Dehousse, The European Court of Justice, London 1998 s 117 ff.

65. Ett exempel är det i 16.5.3 berörda Silhouettemålet om parallellimport, där Domstolen inte alls berörde avgörandets stora ekonomiska effekter.

stämmelserna i EG-fördraget och gemenskapsrättens allmänna principer (primärrätten).[66]

Vid tolkning av europarätt kan man urskilja tre centrala tolkningsprinciper, i här nämnd ordning, nämligen

- *texttrogen tolkning*, d v s tolkning utifrån den aktuella bestämmelsens ordalydelse och grammatikaliska mening.
- *systematisk tolkning*, d v s tolkning mot bakgrund av logiken i den aktuella bestämmelsens utformning, bestämmelsens systematiska placering i rättsakten, de använda begreppen och bestämmelsens relation till närliggande bestämmelser inom och utom den ifrågavarande rättsakten, d v s dess kontext. Härvid fäster domstolen bl a vikt vid om en bestämmelse uttrycker en princip eller huvudregel, eller framstår som ett undantag. Undantagsregler tolkas i allmänhet snävt,[67] medan huvudregler många gånger ges en bred räckvidd och kan tolkas analogiskt.
- *funktionell* eller *teleologisk* (ändamålsinriktad) *tolkning*, d v s tolkning mot bakgrund av bestämmelsens grundläggande syften, funktion och effekter inom det gemenskapsrättsliga regelverket. EG-domstolen fäster härvid stor vikt vid Gemenskapens grundläggande mål och medel och vid de *allmänna principer* som har utbildats. Domstolen utgår från att reglerna är avsedda att ha *ändamålsenlig verkan* ("effet utile"), d v s domstolen är benägen att tillämpa en tolkning som leder till att avsedd effekt verkligen uppnås.

Belysande är EG-domstolens principiella uttalanden i målet *CILFIT*[68] om tolkning av gemenskapsrätt mot bakgrund av principen om nationell domstols möjligheter att bedöma att en tolkningsfråga är klar (se vidare 8.7). Domstolen framhöll att de olika språkversionerna alla är lika autentiska och att en tolkning av en gemenskapsrättslig bestämmelse därför innefattar en jämförelse mellan de olika språkversionerna. Vad detta kan innebära, bl a för tolkning av EG-rättsliga texter på svenska, berörs i 3.5. Domstolen framhöll även att gemenskapsrätten använder en särskild terminologi och att juridiska begrepp inte nödvändigtvis har samma mening i gemenskapsrätten och i olika medlemsstaters rättsordningar. Gemenskapsrätten skall alltså tolkas *autonomt* i förhållande till nationell rätt i medlemsstaterna. Vidare måste varje gemenskapsrättslig bestämmelse placeras och tolkas i sitt sammanhang ("kontext") i ljuset

66. Mål C-98/91, Herbrink mot Minister van Landbouw (REG 1994, s I-223, punkt 9).

67. Här kan som exempel nämnas mål C-233/97, KappAhl Oy (REG 1998, s I- 8069), som gällde tolkningen av en undantagsbestämmelse i den finska anslutningsakten. Domstolen framhöll att bestämmelsen innebar en avvikelse från fördragsbestämmelserna om fri rörlighet för varor och därför skulle tolkas strikt (punkt 18).

68. Mål 283/81, CILFIT mot Ministero della Sanità (REG 1982, s 3415; svensk specialutgåva, volym 6).

av gemenskapsrättens bestämmelser som helhet med beaktande av dess syften och utvecklingsstadium vid tiden för tillämpningen av bestämmelsen. Det sistnämnda uttalandet markerar tydligt gemenskapsrättens dynamiska karaktär. När domstolen särskilt tolkar en bestämmelse i ljuset av den rättsutveckling som ägt rum inom gemenskapsrätten kan man tala om *evolutiv* tolkning.

En viktig olikhet jämfört med svensk rätt är att europarätten i stort sett *saknar lagförarbeten* (motiv) av det slag som normalt finns i Sverige. Det existerar ingen motsvarighet till de, ofta omfattande, författningskommentarer (specialmotiveringar) som kan brukar finnas till svenska lagar och som ingående utvecklar hur departementschefen ser på olika tolkningsfrågor. Det förarbetsmaterial som kan finnas i form av publicerade kommissionsrapporter (bl a så kallade grön- och vitböcker; se 4.4.2) och förklarande memoranda till framlagda kommissionsförslag, material från utskottsbehandlingen i Europaparlamentet m m är i regel ganska splittrat och inte så detaljerat och brukar hur som helst vanligen ägnas begränsat intresse från juristers sida sedan rättsakten antagits. Det beror bland annat på att materialets kvalitet är rätt växlande[69] och att slutprodukten ofta är resultatet av många ändringar under vägen men också på att traditionen är annorlunda eftersom förarbeten brukar spela mindre roll i nationell rätt utanför Norden. Förarbetena till Romfördraget av 1957 har aldrig publicerats och är i huvudsak okända.[70] EG-domstolen gör ibland en s k *historisk tolkning* av en bestämmelses innebörd, men det sker då vanligen på grundval av en mer allmän bedömning av dess förhistoria. Gemenskapsrätten står alltså främmande inför den svenska lagtolkningstraditionen att fästa stor vikt vid detaljerade förarbetsuttalanden (särskilt i regeringens propositioner till riksdagen) om nya lagbestämmelsers avsedda tolkning på olika särskilda punkter. Detta måste självfallet beaktas också när svenska domstolar och myndigheter tillämpar EG-rätt.[71]

Vad som noga bör beaktas är emellertid den *ingress*, eller med en annan term *preambel*,[72] som inleder varje förordning eller direktiv och där syftet preciseras i form av korta satser (skälen) som anger vad som har

69. EG:s lagstiftningsarbete diskuterades (delvis kritiskt) vid det i SvJT 2003 s 405 ff dokumenterade symposiet Europeisk rättsbildning/berednings- och implementeringsprocessen – hur går det med kvaliteten?

70. Undantaget är den grundläggande men kortfattade Spaakrapporten, 1956 (Comité intergouvernemental créé par la conférence de Messine. Rapport des chefs de délégation aux ministres des affaires etrangères), Bruxelles 1956.

71. Se prop 1994/95:19 s 529, L Pehrson, EG-samarbetet och den svenska rättskälleläran, JT 1991-92 s 626 ff, S Norberg, Reflektioner över svenska rättstraditioner i en europeisk rättsmiljö, JT 1994-95 s 369 ff., U Bernitz, Sverige och europarätten, 2002 s 29 ff, U Öberg, Några anteckningar om användningen av förarbeten inom gemenskapsrätten, JT 2000-01 s 492 ff , dens., Tre lösa trådar: mer om förarbeten etc., SvJT 2003 s 169 ff (delvis annan åsikt), J Hettne & I Otken Eriksson (red), EU-rättslig metod, 2005 s 66 ff.

72. Engelska: recital.

tagits i beaktande vid rättsaktens utfärdande (artikel 253 EGF). Dessa är i de olika språkversionerna normalt utformade som löpande att-satser, åtskilda med semikolon,[73] men har i den svenska versionen av språkförenklingsskäl givits formen av självständiga meningar. De utgör likväl en del av själva rättsakten. Man brukar hänvisa till dem med angivande av skälets (övervägandets) nummer. Ibland kan en eller flera skäl i ingressen ge högst väsentlig tolkningshjälp. Problemet är dock att ingresserna ofta är rätt allmänt hållna och gärna omnämner alla i sammanhanget relevanta intressen. Vid tolkning av primärrätten, där ju ingresser saknas, fäster man på liknande sätt, där så är möjligt, särskild vikt vid de målangivelser som finns i de grundläggande fördragen.[74]

Föreligger *tidigare avgöranden från EG-domstolen*, eller - i viss mån - från Förstainstansrätten, som är ägnade att belysa en tolkningsfråga är detta självfallet mycket betydelsefullt. EG-domstolen åberopar i domsmotiveringarna i påtagligt stor utsträckning sin egen tidigare praxis; däremot åberopar EG-domstolen inte avgöranden av underinstansen Förstainstansrätten. Även domar i gemenskapsrättsliga frågor från *domstolar i olika medlemsländer*, främst i högsta instans, kan vara belysande och därigenom av visst intresse, även om tolkningen av europarätt i sista hand givetvis ankommer på EG-domstolen.

En ytterligare rättskälla är den livaktiga juridiska *doktrinen* (rättsvetenskapen). Det är känt att den utnyttjas av EG-domstolen, även om detta inte kommer till explicit uttryck i domarna.[75] Mer än vad som är brukligt inom andra juridiska discipliner arbetar den europarättsliga doktrinen med problemställningar knutna till gemenskapsrättens pågående och kommande utveckling (*de lege ferenda* och *de sententia ferenda*). Analyser av domstolens aktuella praxis spelar stor roll. Här märks läroböcker, lagkommentarer, artiklar i ledande tidskrifter, festskrifter m m. EG-domstolens hemsida har en särskild avdelning med rubriken Kommentarer i doktrinen avseende domar.[76] Språkbarriärer hämmar dock ofta materialets tillgänglighet på den europeiska arenan; mycket stannar inom det egna språkområdet.

73. Inleds i engelsk språkversion med "whereas" och i fransk med "attendu que".

74. Europaparlamentet, rådet och kommissionen antog den 22 december 1998 ett interinstitutionellt avtal om gemensamma riktlinjer för gemenskapslagstiftningens *redaktionella kvalitet*, EGT 1999 C 73/1. Här understryks att rättsakterna skall vara klart, enkelt och exakt formulerade, med beaktande av lagstiftningens flerspråkighet. Begrepp och terminologi som särskilt hänför sig till ett nationellt rättssystem skall användas med försiktighet. Skälen i ingressen skall ge en kortfattad motivering men inte innehålla några bestämmelser av normativ karaktär.

75. Däremot citeras litteratur i generaladvokatyttranden i relativt stor omfattning. Se även J Hettne & I Otken Eriksson (red), EU-rättslig metod 2005 s 72 f.

76. Nordiskt material är rätt sparsamt representerat i dessa doktrinöversikter som är kronologiskt uppställda efter rättsfallens nummer. För t ex målet C-189/95, Franzén angående Systembolaget noteras totalt 15–20 referenser.

## 3.5 *Språkregimen i EU – "Babels torn"*

De ursprungliga fördragsspråken i EG var fyra; franska, italienska, nederländska och tyska. Genom att nya medlemsstater successivt anslutit sig har EU i dag tjugotre officiella språk, nämligen danska, engelska, finska, franska, grekiska, italienska, nederländska, portugisiska, spanska, svenska, tyska, tjeckiska, estniska, lettiska, litauiska, ungerska, maltesiska, polska, slovakiska, slovenska, rumänska, bulgariska och iriska.

Alla rättsakter från samtliga institutioner inom EU måste upprättas på alla de officiella språken. Samtliga författningar och EG-domstolens och Förstainstansrättens domar publiceras således fortlöpande på alla dessa språk. Detsamma gäller normalt även rapporter, meddelanden m m från olika institutioner och andra EU-organ. Alla officiella språk är likvärdiga, det vill säga *autentiska*, vilket gör att det inte finns något språk som har ett rättsligt tolkningsföreträde framför de andra.[77] Beslut och administrativa rättsakter som är adresserade till en särskild medlemsstat behöver dock endast utfärdas på adressatens språk. En unionsmedborgare har rätt att skriftligen vända sig till en EU-institution på vilket som helst av de officiella språken, t ex svenska, och få svar på samma språk (artikel 21.3 EGF). Språkregimen skall ses mot bakgrund av gemenskapens skyldighet att respektera medlemsstaternas "kulturella och språkliga mångfald" (artikel 149.1 EGF). Språkregler för institutionerna måste bestämmas med enhällighet av rådet (artikel 290 EGF).

Franskan har länge varit det dominerande arbetsspråket inom EU men det engelska språkets betydelse i arbetet inom EU har successivt stärkts väsentligt under senare år och frågan är om inte engelskan nuförtiden har tagit täten. (EG-domstolen arbetar dock fortfarande internt helt på franska.) Eftersom engelskan och franskan dominerar så kraftigt som arbetsspråk är i praktiken texterna på övriga språk normalt översättningar från något av dessa.

Det är inte ovanligt att det uppstår tvister på grund av nyanser i betydelsen mellan olika texter.[78] När det föreligger en skillnad mellan de olika språkversionerna brukar EG-domstolen vid tolkning av författningstext jämföra de olika versionerna för att fastställa lagstiftarens syfte och ändamål med rättsakten.[79] Kravet på enhetlig tolkning och tillämpning av gemenskapsrätten i medlemsstaterna utesluter alltså att endast en språkversion av en bestämmelse analyseras när det råder tvivel om innebörden.[80]

77. Artikel 53 EUF slår fast att fördragstexten är lika giltig på alla språken.
78. Se för ett exempel 8.3 nedan om tolkningen av uttrycket "domstol i en medlemsstat" i artikel 234.2 EGF.
79. Det händer att man använder latin för att få en enhetlig term, t ex societas europea såsom benämning på europabolaget.
80. Mål 19/67, Sociale Verzekeringsbank mot van der Vecht (REG 1967, s 345).

Som exempel kan nämnas målet *Björnekulla* som gällde frågan om varumärket Bostongurka degenererat i Sverige till en allmän beteckning för inlagd hackad gurka. Avgörande var enligt EG:s varumärkesdirektiv hur märket uppfattades "i handeln".[81] Svea hovrätt frågade EG-domstolen om därmed endast avsågs näringsidkare som sålde varan eller även konsumenterna. EG-domstolen slog fast att tolkningen enligt fast praxis skall ske på ett enhetligt sätt mot bakgrund av de olika versionerna på samtliga gemenskapens språk. EG-domstolen gick igenom lydelsen av termen och dess innebörd på samtliga EU-språk och kom fram till att den i flertalet språkversioner även innefattade konsumenterna, något som Domstolen fann bekräftas av direktivets allmänna systematik och syfte. Domstolen hänvisade till flera liknande tidigare avgöranden.[82]

EG-domstolen har slagit fast att alla språkversioner inom gemenskapsrätten är lika autentiska.[83] När en bestämmelse tolkas måste således de olika språkversionerna jämföras. Avviker språkversionerna från varandra skall de tolkas enhetligt och bestämmelsen ifråga därför "tolkas mot den allmänna uppbyggnaden av och syftet med den reglering i vilken bestämmelsen ingår".[84]

Belysande är ett mål om privatimport av tobak genom ombud, där de danska och grekiska versionerna av den relevanta artikeln i EG:s punktskattedirektiv hade en tydligare utformning än de övriga. EG-domstolen avvisade invändningen att dessa versioner borde tillmätas mindre vikt, då de två språken endast användes i två mindre medlemsstater och ej var mera allmänt förstådda, och uttalade att alla språkversioner av principiella skäl skall tillmätas lika värde vid tolkning av gemenskapens rättsakter.[85]

Det sagda leder till några viktiga slutsatser för *tolkning av EG-rättsliga texter på svenska.* Även om dessa är autentiska är de i praktiken alltid översättningar från franska eller engelska. Uppkommer tolkningsproblem är det därför en dålig metod att vrida och vända på den svenska formuleringen; i stället bör man söka ledning genom att *jämföra* med åtminstone någon av de engelska eller franska språkversionerna.

Visar det sig finnas en *felöversättning* i den svenska texten – något har utelämnats eller missförståtts – brukar inte detta medföra formell rättelse utan texten skall tolkas och tillämpas med bortseende från felet.

81. Mål C-371/02, Björnekulla Fruktindustrier mot Procordia Food (REG 2004 s I-5791) främst punkterna 16–19. Se även t ex C-152/01, Kyocera Electronics Europe mot Hauptzollamt Krefeld (REG 2003, s I-13821), punkterna 31–33.

82. När hovrätten härefter avgjorde sakfrågan på basen av detta förhandsavgörande fann den att bostongurka hade degenererat till en allmän beteckning. Förhandsavgöranden behandlas i kapitel 8.

83. Mål 283/81, CILFIT mot Ministero della Sanità (REG 1982, s 3415; svensk specialutgåva, volym 6), punkterna 18-20.

84. Mål C-420/98, W N mot Staatssecretaris van Financien (REG 2000, s I-2847) punkt 32.

85. Mål C-296/95, EMU Tabac SARL m fl (REG 1998, s I-1605), se särskilt punkt 36 i domen.

Kritik har ofta riktats mot det stora antalet officiella språk i EU[86] som leder till problem avseende precision och språklig klarhet i översättningarna samtidigt som de tekniskt komplexa juridiska och ekonomiska termerna ställer höga krav på fack- och språkkunskaper hos översättarna.[87] Det stora antal översättningar som krävs medför också att verksamheten blir tungrodd. Att EU accepterat mindre språk, såsom till exempel danska och svenska, som officiella språk beror på principen om medlemsstaternas likaberättigande men även på viktiga praktiska skäl som hänger samman med EG-rättens juridiska ställning och genomslagskraft i alla medlemsstater samt med möjligheterna för politiker och andra att delta i och ta del av EU:s arbete. Inte minst på grund av den stora symboliska betydelse som frågan om språkens officiella status har förefaller det inte som den grundläggande språkregimen i EU kommer att ändras. Även om praktiska överväganden i dag i många fall medför att vissa översättningar får anstå till, exempelvis, senare skeden av beslutsprocesserna säger det sig själv att språkadministrationen förblir en tung börda för EU.[88]

86. Det görs gällande att översättningarna mellan de olika språken utgör 40 % av samtliga administrativa kostnader inom EU eller ca 1 % av EU:s årliga budget.

87. Se t ex H Paulander, Översättning av juridiska texter i EU, JFT 1998 s 426 ff, C Wakter, Den flerspråkiga dimensionen inom EG, JT 1990-91 s 750 ff, SOU 1998:114, Svenskan i EU, Svenska som EU-språk (ed B Melander, 2000), J Olsson & M Schmauch, Översättningsarbetet vid EG-domstolen, ERT 2007 s 352 ff. Statsrådsberedningen har givit ut promemorian Redaktionella och språkliga frågor i EU-arbetet, SB PM 2005:3.

Motsvarande problem uppkommer vid tolkning. Det är inte ovanligt med tolkning i två led, relätolkning, exempelvis så att man vid tolkning av ett anförande från svenska till grekiska utgår från t ex den franska tolkningen av det svenska anförandet.

88. Det kan noteras att OHIM (Kontoret för Harmonisering i den Inre marknaden) tillämpar en ordning med fem verksamhetsspråk vid behandling av ansökningar om registrering av gemenskapsvarumärken och gemenskapsmönster, nämligen engelska, franska, italienska, spanska och tyska.

# 4. Institutionerna

## *4.1 EU:s institutioner*

EU har fem institutioner,[1] nämligen (i den ordning de här skall behandlas)

- rådet
- kommissionen
- Europaparlamentet
- domstolen och
- revisionsrätten

Fördelningen av befogenheter mellan rådet, kommissionen och parlamentet är komplicerad och bygger inte på någon konsekvent maktfördelningsfilosofi. Det föreligger också viktiga skillnader mellan de olika pelarna.

Allmänt kan sägas att beslutsmakten främst ligger hos rådet. Lagstiftnings- och budgetmakten är dock till stor del delad mellan Europaparlamentet och rådet.

Kommissionen är det administrativa och exekutiva organet men har också ett huvudsakligt förslagsmonopol och rollen som väktare när det gäller efterlevnaden av fördragen och träffade beslut.

Europaparlamentet har inte en lika central ställning som nationella parlament i en demokratisk stat men utgör å andra sidan en mycket väsentlig del av den politiska processen inom EU och har inte minst en betydande budgetmakt och en central roll i lagstiftningsprocessen.

Domstolen är helt oavhängig och skild från de övriga institutionerna och utövar den dömande makten, delvis med ställning liknande en författningsdomstol. Till domstolen är knuten en underinstans, Förstainstansrätten, som dock endast har behörighet att pröva vissa typer av mål.

1. Artikel 7.1 EGF. Se till detta kapitel bl a T C Hartley, The Foundations of European Community Law, 6 ed, Oxford 2007, K Lenaerts & P van Nuffel, Constitutional Law of the European Union, 2 ed, London 2005 part III, D Chalmers, C Hadjiemmanuil, G Monti & A Tomkins (i det följande D Chalmers m fl), European Union Law, Cambridge 2006, S Hix, The Political System of the European Union, 2 ed, London 2005, J Tallberg, EU:s politiska system, 3 uppl, 2007.

EU:s institutionella system är i första hand uppbyggt med sikte på första pelarens struktur och behov. När det gäller såväl andra som tredje pelaren föreligger betydelsefulla skillnader i beslutsstrukturen och institutionernas roll. I båda fallen ligger tyngdpunkten i rådet medan Europarlamentets roll är begränsad. Andra pelarens struktur och beslutsordning behandlas i avsnitt 9.6, tredje pelaren i kapitel 10.

## 4.2 *Rådet*

### 4.2.1 Uppgifter och arbetsformer

Rådet är EU:s främsta, och allmänt sett mest betydelsefulla, politiska och beslutande organ (artiklarna 202–210 EGF). Dess officiella benämning är Europeiska unionens råd (EU-rådet). Det har att fatta de grundläggande besluten och fyller en viktig lagstiftande funktion genom att utfärda följdförfattningar till EG-fördraget och de övriga grundläggande fördragen, främst förordningar och direktiv. Rådet har också till uppgift att samordna de olika medlemsstaternas ekonomiska politik.

Rådet sammanträder huvudsakligen i Bryssel, där också dess generalsekretariat är beläget.[2] Besluten fattas i regel på förslag av kommissionen, och företrädare för kommissionen deltar i allmänhet i rådets möten.

Förslagen bereds inom rådet normalt av olika arbetsgrupper med expertis i sakfrågorna[3] under medverkan av rådets generalsekretariat som har egna administrativa resurser (*arbetsgruppsnivån*).

Härefter behandlas förslagen vanligen i de ständiga representanternas kommitté, COREPER,[4] som består av medlemsstaternas permanenta representanter (ambassadörer) vid EU (*ambassadörsnivån*).[5]

COREPER är sammansatt av diplomater (alltså inte sakexperter) med uppgift att underlätta beslutsfattandet inom rådet genom att jämka samman medlemsstaternas ståndpunkter och garantera ett samlat ”horisontellt” perspektiv över de många olika sakområden som arbetsgrupperna behandlar.

2. Under tre av årets månader sammanträder dock rådet (på ministernivå) i Luxemburg.

3. Det finns cirka 250 stycken sådana arbetsgruppskonstellationer. Jfr, beträffande dynamiken i rådets arbetsformer, t ex S Hagemann & J De Clerck-Sachsse, Old Rules, New Game: Decision-making in the Council of Ministers after the 2004 Enlargement, Special CEPS (Centre for European Policy Studies) Report 2007, samt J Beyers & G Dierickx, The Working Groups of the Council of the European Union: Supranational or Intergovernmental Negotiations?, (1998) 36 JCMS 289.

4. Akronym för kommitténs franska benämning Comité des Représentants Permanents (ständiga representanternas kommitté).

5. Medlemsstaterna har alla permanenta representationer (närmast ambassader) vid EU, ledda av en ambassadör.

COREPER brukar sammanträda varje vecka och arbetar i två sammansättningar, COREPER I och COREPER II. COREPER I behandlar främst frågor som rör den inre marknaden, energipolitik, transporter och andra frågor som typiskt hör till den första pelaren. COREPER II behandlar främst frågor som faller inom den andra och tredje pelaren (t ex relationer till utomstående länder) samt ekonomi- och budgetfrågor.[6] Vissa frågor behandlas i speciella kommittéer som fyller samma rådsförberedande funktion som COREPER: ett par kända exempel är den s k 133-kommittén (för internationella handelsfrågor) och den speciella jordbrukskommittén (jordbruk och fiskefrågor).

Först härefter förs förslagen upp för ställningstagande i själva rådet (*rådsnivån*). Rådet består av en företrädare för varje medlemsstat på ministernivå, alltså 27 personer. Sammansättningen motiverar den ofta använda benämningen ministerrådet. Företrädarna skall vara bemyndigade att fatta bindande beslut för sin medlemsstats regering. Rådsledamöterna handlar på grundval av instruktioner från sina respektive regeringar. Rådets aktivitet speglar därför bakomliggande nationella intressen, även om rådet som EU-institution har att tillvarata gemenskapsintresset. Särskilt viktiga beslut brukar träffas på regeringschefsnivå.

Minst en ledamot av kommissionen är i allmänhet alltid närvarande vid rådets möten. Kommissionens roll är härvid att agera "neutralt" med det gemensamma EU-intresset som ledstjärna. Kommissionen kan i praktiken spela en mycket viktig roll, även om den saknar rösträtt i rådet. Lagstiftningsfrågor löses i rådet ofta redan på arbetsgruppsnivån och kvarstående frågor om möjligt på ambassadörsnivån. På rådsnivån sakbehandlas normalt därför endast ett fåtal kvarstående frågor; vanligen sådana där medlemsstaterna har särskilda intressen eller som är av särskild politisk betydelse.

Allmänt gäller att medlemsländerna företräds av den minister som bäst täcker in de frågor som behandlas. Rådet har således inte någon fast sammansättning, utan det beror på sakfrågornas karaktär vilken regeringsledamot som deltar från respektive land. Rådet kan härigenom sammanträda samtidigt i olika sammansättningar, något som ofta sker. Vissa av rådets i dag nio olika sammansättningar framstår som särskilt betydelsefulla. En central ställning har det s k *allmänna rådet*, som sammanträder kontinuerligt cirka en gång per månad, består av medlemsstaternas utrikesministrar (vilka också möts i särskilda möten om just utrikespolitik) och som skall samordna övriga rådskonstellationers arbete, förbereda och följa upp Europeiska rådets möten samt hantera vissa mer horisontella frågor såsom budget och utvidgning. Vidare kan särskilt

6. I COREPER I deltar ambassadörernas ställföreträdare, i COREPER II ambassadörerna själva. Ärendena delas upp i s k A- respektive B-punkter. Ärenden där man redan enats under beredningsarbetet förs upp som A-punkter på rådets dagordning och antas utan diskussion. De ärenden som behöver diskuteras förs upp som B-punkter. Företrädare för kommissionen deltar i allmänhet även i COREPER:s möten.

nämnas det s k ekofin-rådet, som består av medlemsstaternas ekonomi- eller finansministrar. På andra områden utgörs rådet i regel av medlemsstaternas ministrar på respektive fackområde, s k sektorsråd, t ex konkurrenskraftsrådet (staternas näringsministrar eller motsvarande), jordbruksrådet (staternas jordbruksministrar) och miljörådet (staternas miljöministrar eller motsvarande). Eftersom EU:s verksamhet spänner över så stora områden möter i praktiken en mycket stor del av EU-ländernas regeringsledamöter regelbundet sina regeringskolleger från de övriga medlemsstaterna inom ramen för rådets verksamhet.

*Ordförandelandet*[7] spelar en viktig roll för ledningen av arbetet i rådet. Ordförandeskapet (presidentskapet) roterar mellan medlemsländerna halvårsvis efter en i fördraget fastlagd ordningsföljd (artikel 203.2 EGF). Sverige var ordförandeland under första halvåret 2001 och blir det ånyo under andra halvåret 2009.[8] Ordförandelandets minister är ordförande i respektive rådskonstellation och fungerar även som ordförande vid rådets möten. Ordförandeskapet utarbetar förslag till rådets dagordning och ansvarar för rådsmötena. Rådets alla kommittéer (inklusive COREPER) och arbetsgrupper leds också av en ordförande från ordförandelandet, en mycket omfattande uppgift. Ordförandeskapet brukar se som sin uppgift att driva fram olika aktuella ärenden till slutligt beslut genom att finna samlande lösningar. Härvid anses ordförandeskapet böra agera med viss objektivitet men kan samtidigt ha möjlighet att föra fram ärenden till beslut som är av särskilt intresse för landet. Ett exempel var Sveriges starka fokusering under ordförandeskapet 2001 på öppenhetsprincipens genomförande.

Utåt, t ex i utrikespolitiska frågor, företräds EU av innevarande och närmast efterföljande ordförandeland samt rådets generalsekreterare såsom ”hög representant” (se 9.6.2).[9]

### 4.2.2 Beslutsformer

Rådets beslut skall, beroende på frågans art, fattas genom

- enkel majoritet (ovanligt)
- kvalificerad majoritet (vanligast) eller
- enhällighet.

7. Engelska: the precidency, franska: la présidence.

8. Se t ex J Tallberg, The Power of the Presidency: Brokerage, Efficiency, and Distribution in EU negotiations, Journal of Common Market Studies [JCMS] 2004, Vol 42, No 4 samt C F Bergström, Fåfängans fyrverkeri? EU:s ordförandeskap och Sveriges chans till en plats i rampljuset, ERT 1999 s 221 ff.

9. Denna konstellation, den s k *trojkan* (innevarande och nästkommande ordförandeland jämte kommissionen, samt rådets generalsekretariat) utnyttjas ofta även i andra rådssammanhang för att bistå ordförandelandet och underlätta kontinuiteten mellan de olika ordförandeskapen.

Fördragen anger i sina olika bestämmelser när enhällighet eller kvalificerad majoritet krävs. Enhällighet krävs sålunda för beslut att uppta en ny stat som medlem i EU och för beslut om att ingå avtal om associering av en stat till EG (artiklarna 49 EUF respektive 310 EGF) men även i en del andra fall. *Enhällighet* krävs i regel för att rådet – mot kommissionens vilja – skall kunna göra ändring i ett förslag som lagts fram av kommissionen (artikel 250.1 EGF). Enhällighet krävs t ex också för beslut med utnyttjande av restkompetensen enligt artikel 308[10] och beslut om harmonisering av indirekta skatter (artikel 93 EGF). Det sistnämnda är ett uttryck för medlemsstaternas särskilda obenägenhet att avstå suveränitet på skatteområdet.[11]

Rådet söker i regel lösa omstridda frågekomplex genom förhandlingar, ibland i form av ”paketuppgörelser.” Ökade möjligheter att besluta med kvalificerad majoritet i rådet har emellertid införts successivt genom fördragsändringar. Formella omröstningar är fortfarande mindre vanliga i rådet: Man strävar gärna efter konsensus, men når numera oftast fram till beslut mot bakgrund av vad som skulle ha blivit resultatet vid en omröstning. Arbetsformerna innebär att ansvarsordningen för de beslut som manglats fram i rådet ofta är ganska otydlig, något som kan göra det svårt i medlemsländerna att kräva ut politiskt ansvar för träffade rådsbeslut.

När rådet skall fatta *beslut med kvalificerad majoritet* gäller ganska komplicerade regler om röstfördelningen m m (artikel 205.2 EGF). Länderna har olika röstetal men de mindre länderna har betydligt fler röster än vad som skulle följa av folkmängden, med andra ord en demografisk överrepresentation.[12] Detta är till för att ge de mindre medlemsstaterna ett visst skydd mot att kunna köras över av de stora men understryker samtidigt att rådet speglar medlemsstaternas intressen. Sedan 2007 krävs 255 röster av totalt 345 för kvalificerad majoritet, dvs. ca 3/4 majoritet (73,9 %, för att vara exakt). Röstfördelningen mellan länderna framgår av vidstående tablå; Sverige har 10 röster. Härutöver krävs att en majoritet av staterna står bakom beslutet, förutsatt att det bygger på kommissionens förslag. I andra fall krävs att 2/3 av staterna står bakom beslutet.[13]

10. Se avsnitt 6.2.

11. Se 14.4. Frankrike genom sin dåvarande president de Gaulle drev 1966 igenom den s k *Luxemburgkompromissen*. Enligt denna politiska kompromiss mellan medlemsländerna skulle majoritetsbeslut inte tillgripas, när ett medlemsland bedömde en fråga röra ett för landet väsentligt intresse. Luxemburgkompromissen har aldrig givits någon fördragsreglerad form, men den har tidigare i huvudsak iakttagits i praktiken. Det är omstritt vilken roll Luxemburgkompromissen eventuellt fortfarande kan anses spela. Inom andra pelaren angående utrikes- och säkerhetspolitiken finns nu en preciserad beslutsordning som anger hur viktiga nationella intressen skall beaktas, se 9.6.2.

12. De femton minsta medlemsstaterna, med en samlad befolkning som uppgår till 80 % av Tysklands, har tillsammans nästan fyra gånger fler röster än Tyskland.

13. Förklaringen till skillnaden är att kommissionen antas ha vägt in alla medlemsstaters intressen, även de mindres.

Som en ytterligare balanserande spärr närmast i de stora staternas intresse kan en stat kräva att det kontrolleras att den kvalificerade majoriteten motsvarar minst 62 % av unionens befolkning; skulle så inte vara fallet skall beslutet inte antas.[14]

Denna tabell visar befolkningen, representationen i Europaparlamentet (EP) och antalet röster i rådet för medlemsstaterna från och med 2007:[15]

| | Antal invånare (miljoner) | EP (platser) | Rådet (röster) |
|---|---|---|---|
| Belgien | 10,51 | 24 | 12 |
| Danmark | 5,42 | 14 | 7 |
| Tyskland | 82,43 | 99 | 29 |
| Grekland | 11,12 | 24 | 12 |
| Spanien | 43,75 | 54 | 27 |
| Frankrike | 62,88 | 78 | 29 |
| Irland | 4,20 | 13 | 7 |
| Italien | 58,75 | 78 | 29 |
| Luxemburg | 0,45 | 6 | 4 |
| Nederländerna | 16,33 | 27 | 13 |
| Österrike | 8,26 | 18 | 10 |
| Portugal | 10,56 | 24 | 12 |
| Finland | 5,25 | 14 | 7 |
| Sverige | 9,04 | 19 | 10 |
| Storbritannien | 60,42 | 78 | 29 |
| Bulgarien | 7,71 | 18 | 10 |
| Cypern | 0,76 | 6 | 4 |
| Estland | 1,34 | 6 | 4 |
| Ungern | 10,07 | 24 | 12 |
| Lettland | 2,29 | 9 | 4 |
| Litauen | 3,43 | 13 | 7 |
| Malta | 0,40 | 5 | 3 |
| Polen | 38,15 | 54 | 27 |
| Tjeckien | 10,25 | 24 | 12 |
| Rumänien | 21,61 | 35 | 14 |
| Slovakien | 5,38 | 14 | 7 |
| Slovenien | 2,00 | 7 | 4 |
| **Totalt:** | 492,88 | 785 | 345 |

När enhällighet krävs i rådet har i praktiken varje medlemsstat en vetorätt genom att den kan stoppa att beslut fattas. Detta kan sägas innebära att medlemsstaterna har bibehållit viss suveränitet vad gäller beslutsfattandet på området i fråga. Nackdelen med enhällighetskrav är emellertid

14. Artiklarna 23.3 och 34.3 EGF. Beslutsfattandet inom ramen för samarbetet i tredje pelaren behandlas i kapitel 10.

15. Befolkningssiffrorna (här något avrundade) bygger på statistik från Eurostat och är de som, enligt rådets arbetsordning, under år 2007 skall användas vid ev "befolkningsprocentskontroller" vid omröstningar (artiklarna 23.3 och 34.3 EGF). 62 % – gränsen innebär då ett befolkningsantal på cirka 305,6 miljoner.

att de kan försvåra eller omöjliggöra möjligheterna att komma till beslut, i vart fall inom rimlig tid och särskilt sedan medlemskretsen blivit så mycket större. En medlemsstat kan också tänkas utnyttja enhällighetskravet till att tvinga till sig fördelar – kanske på ett helt annat område – mot att landet ger upp sitt motstånd mot ett visst beslut; sådant har inträffat.[16] En ordning där beslut fattas med kvalificerad majoritet ger väsentligt ökade möjligheter att nå resultat i arbetet och undvika dödlägen. Den har emellertid ett klart överstatligt drag; en medlemsstat får finna sig i en skyldighet att följa beslut som den har motsatt sig men där den blivit överröstad. En medlemsstat är t ex skyldig att lojalt genomföra direktiv relaterade till den inre marknaden som kommit till på detta sätt.

Som strax skall närmare beröras finns det särskilda regler om samarbete mellan Europaparlamentet och rådet som påverkar rådets beslutsprocedurer.[17]

## 4.2.3 Delegation och kommittologi

Redan av artikel 202 EGF framgår att rådet förutsätts delegera genomförandet av de politiska besluten till kommissionen. Detta betyder bland annat att kommissionen kan anförtros rätten att själv utfärda sekundärlagstiftning inom ramen för delegationen. Detta sker också i betydande utsträckning.

Vad beträffar denna och andra former av delegation (från en institution till, exempelvis, organ upprättade genom sekundärlagstiftning eller till en medlemsstat) har EG-domstolen i sin praxis slagit fast de villkor som gäller.[18] Sådan delegation får inte gå utöver mer mekaniska och klara tillämpningar av fattade beslut.[19] Delegationen måste vara uttrycklig och utövas inom ramen för samma villkor som den delegerande institutionen själv skulle ha varit skyldig att iaktta (t ex skyldigheten att motivera beslut och liknande; jfr artikel 253 EGF). Det är således endast

16. Ett modifierat enhällighetskrav, som försvårar det sistnämnda, är den ordning med konstruktiva avståenden som tillämpas inom andra pelaren, se 9.6.2.

17. Reformfördraget torde komma att slå fast ordningen med beslut med kvalificerad majoritet som den normala i rådet och göra vissa förändringar i omröstningsreglerna.

18. Se främst målen 9/56, Meroni mot Höga myndigheten (REG 1958, s 11; svensk specialutgåva, volym 1) och – beträffande delegation till kommissionen – 25/70, Einfuhr- und Vorratsstelle für Getreide und Futtermittel mot Köster, Berodt & Co (REG 1970, s 1161; svensk specialutgåva, volym 1), 41/69, Chemie Farma mot kommission (REG 1970, s 661; svensk specialutgåva, volym 1), 16/88, kommissionen mot rådet (kommittologi) (REG 1989, s 3457; svensk specialutgåva, volym 10) samt – beträffande delegation till medlemsstaterna – 23/75, Rey Soda mot Cassa Conguaglio Zucchero (REG 1975, s 1279; svensk specialutgåva, volym 2).

19. Jfr dock mål 98/80, Romano mot Institut National d'Assurance Maladie-Invalidité (REG 1981, s 1241), i vilket antyds att det är omöjligt för rådet – åtminstone inom EG-fördragets område – att delegera rätten att anta rättsligt bindande åtgärder till någon annan än kommissionen.

kommissionen som får anförtros vittgående uppgifter med större eller mindre inslag av egna skönsmässiga bedömningar.

I syfte att bibehålla kontroll över innehållet i kommissionens genomförandebeslut har rådet inrättat ett omfattande system av kommittéer – den s k *kommittologin* – vars uppfattningar kommissionen är skyldig att beakta. Kommittéerna består i princip av olika företrädare för medlemsstaterna och dess myndigheter och det finns för närvarande fyra huvudtyper; rådgivande, förvaltande, föreskrivande samt den nyligen tillkomna föreskrivande med kontroll. Särskilt de tre sistnämnda beskär starkt kommissionens beslutsbefogenheter. I princip får nämligen endast åtgärder som kommittéerna godkänt genomföras av kommissionen: Delegationen är således villkorad av att medlemsstaterna genom kommittéerna godkänner de åtgärder som kommissionen avser att vidta. Genom kommittologin bibehåller alltså medlemsstaterna en omfattande kontroll.[20]

Europaparlamentet, som länge saknat inflytande över kommittologin,[21] har sett sina ansträngningar att nå ökat inflytande bära frukt 2006. Parlamentet har genom en ingången överenskommelse mellan institutionerna fått ett visst kontrollinflytande över kommittologins resultat genom tillkomsten av den nya fjärde kommittétypen. Detta ger Europaparlamentet möjlighet att (med en majoritet av sina ledamöter) motsätta sig – och därmed hindra – antagandet av kommissionens utkast till åtgärder.

### 4.2.4 Den öppna samordningsmetoden

De traditionella arbetsformerna har på senare tid kompletterats med vad som kallas den öppna samordningsmetoden.[22] Metoden innebär i korta drag att medlemsländerna diskuterar och sätter upp gemensamma politiska mål som det sedan är tänkt att man skall sträva efter att förverkliga genom nationella åtgärder. Metoden används mest för frågor där den nationella kompetensen är stark, där fördragen inte ger gemenskapen någon större kompetens eller där det politiskt bedöms som alltför svårt att nå fram till (bindande) beslut eller lagstiftning. Ett exempel är genomförandet av gemenskapens sysselsättningspolitik: Även om det numera finns

20. För en närmare inblick i kommittologin och besläktade fenomen, se C F Bergström, Comitology, Delegation of Powers in the European Union and the Committee System, Oxford 2005, dens., Kommittologi - nära samarbete mellan kommissionen och den nationella förvaltningen, Europaperspektiv. Årsbok 2002 s 159 ff. De processuella regler som styr kommissionens samarbete med kommittéerna finns angivna i rådets beslut 2006/512/EG av den 17 juni 2006 om ändring av beslut 1999/468/EG av den 28 juni 1999 om de förfaranden som skall tillämpas vid utövandet av kommissionens genomförandebefogenheter, EUT 2006 L 200/11.

21. Parlamentets inflytande upphörde när lagstiftningsbeslutet var fattat och kommissionens genomförande tog vid, även när detta innebar utfärdande av ytterligare lagstiftning.

22. Även benämnd den öppna samarbetsmetoden.

ett särskilt avsnitt om just detta i EG-fördraget[23] är den bärande tanken att målen skall uppnås genom att medlemsländerna bedriver nationell sysselsättningspolitik på ett (någorlunda) samordnat vis och över huvud taget betraktar sysselsättningen som en fråga av gemensamt intresse. Det är alltså inte frågan om utarbetandet av några gemensamma, bindande regler eller någon egentlig harmonisering av ländernas nationella åtgärder utan mer en politisk samordningsprocess som syftar till att uppnå politiska (icke-bindande) målsättningar. Kommissionens roll är ofta starkt begränsad när den öppna samordningsmetoden tillämpas och Europaparlamentet oftast helt utan direkt inflytande: maktbefogenheterna ligger i allt väsentligt kvar hos medlemsländerna själva.

Det är omdiskuterat hur pass effektiv den öppna samordningsmetoden är i praktiken. Åtminstone hittills har den haft svårt att leverera resultat, inte minst när det gäller genomförandet av den s k *Lissabonstrategin*, som har det ambitiösa målet att göra EU till världens mest konkurrenskraftiga och dynamiska ekonomi till år 2010.[24]

## *4.3 Europeiska rådet*

Europeiska rådet är EU:s högsta politiska organ. Där träffas i regel de särskilt viktiga politiska ståndpunktstagandena. Europeiska rådet består av medlemsstaternas stats- eller regeringschefer samt kommissionens ordförande, biträdda av medlemsstaternas utrikesministrar och en ytterligare medlem av kommissionen. Dess uppgift är enligt unionsfördragets formulering att ”ge unionen de impulser som behövs för dess utveckling och fastställa allmänna politiska riktlinjer för denna utveckling” (artikel 4 EUF). I praktiken är uppgiften att forma de strategiska riktlinjerna för EU:s utveckling inåt och utåt och inte minst att jämka samman medlemsstaternas uppfattningar på politisk toppnivå.[25]

Europeiska rådet verkar främst inom ramen för de inom EU regelbundet återkommande s k toppmötena. Dessa skall anordnas minst fyra gånger om året och hålls numera normalt i Bryssel. Ytterligare toppmöten för informella överläggningar eller behandling av särskilda problemområden är vanliga. Toppmötena inom Europeiska rådet har stor betydelse för den politiska ledningen och vidareutvecklingen av EU. Uppgiften är särskilt att lägga fast visioner och långsiktiga målsättningar.

23. Artiklarna 125–130 EGF.

24. Se bl a ett flertal artiklar i Europaperspektiv 2005 (red S Gustavsson m fl), Lissabonstrategin i halvtid, däribland M Bergström, EU:s lagstiftningskompetens inom Lissabonstrategin – befintliga alternativ till den öppna samordningsmetoden s 113 ff. Om tilllämpningen på kapitalmarknadens område (Lamfalussymodellen) se 14.2.

25. Om Europeiska rådets arbetssätt, se J Tallberg, Bargaining Power in the European Council, SIEPS 2007:1.

Europeiska rådets ställningstaganden har främst formen av politiska, icke bindande riktlinjer och deklarationer (europeiska rådsslutsatser) avsedda att vara vägledande för det fortsatta handlandet och omsättas i handling inom ramen för de vanliga institutionerna (kommissionen, rådet och parlamentet). Dess verksamhet är rättsligt sett i huvudsak oreglerad. Europeiska rådet kan emellertid även vara formellt beslutsfattande (förekommer särskilt inom andra pelaren). I så fall sker detta i egenskap av ministerrådet i särskilt kvalificerad sammansättning och enligt de fördragsregler som gäller för detta.[26]

## 4.4 *Kommissionen*

### 4.4.1 Sammansättning och organisation

Kommissionen är EU:s mest centrala organ med verksamheten i huvudsak förlagd till Bryssel[27] (artiklarna 211–219 EGF). Dess officiella benämning är *Europeiska kommissionen.* I spetsen står de 27 kommissionsledamöterna (kommissionärerna), en från varje medlemsstat, som bildar ett kollegialt beslutsorgan, där beslut fattas inom kollegiet med enkel majoritet. Mandatperioden är fem år och kommissionärerna kan omväljas.

När ny kommission utses skall först medlemsstaternas regeringar i samförstånd nominera kommissionens ordförande (president). Dennes nominering skall godkännas av Europaparlamentet. Därefter skall medlemsstaternas regeringar i samförstånd med den nominerade presidenten nominera övriga kommissionärer. I praktiken utpekar varje medlemsstat en kommissionär. Nomineringen av kommissionens ordförande och övriga ledamöter skall härefter i klump godkännas av Europaparlamentet (artikel 214 EGF). Genom att hota att fälla hela kommissionen har dock Europaparlamentet kunnat genomdrivna att föreslagna ledamöter bytts ut.[28] Parlamentets möjlighet att rikta misstroende mot den sittande kommissionen berörs i det följande.

Kommissionen är i princip en tjänstemannaorganisation och saknar som sådan någon viss politisk färg. Kommissionens verksamhet har dock

26. Se 13.2 EUF angående beslut av Europeiska rådet om gemensamma strategier inom utrikes- och säkerhetspolitiken. Reformfördraget förväntas ge Europeiska rådet fastare legal struktur och position som egen institution. Europeiska rådet förväntas även få en egen vald ordförande med stark position och som saknar ett nationellt mandat; ett slags EU-president.

27. Vissa delar av kommissionen är dock lokaliserade till Luxemburg.

28. Så skedde vid Barroso-kommissionens tillträde 2004. Notera också att kommissionens president, med samtycke av kommissionskollegiet, kan kräva att en kommissionär avgår från sin post.

stor politisk betydelse och såväl ordförande som övriga kommissionärer har i regel en bakgrund som politiker. De skall emellertid vara fullt oavhängiga av medlemsstaterna och får varken begära eller ta emot instruktioner från någon regering eller annat organ (artikel 213.2 EGF). Kommissionen skall alltså endast arbeta i EU:s allmänna intresse, något som också skall genomsyra hållningen bland kommissionens tjänstemän. Kommissionens starka ställning och oberoende är ett för EU karaktäristiskt drag, som går tillbaka ända på den ursprungliga utformningen av EKSG och medvetet uttrycker ett visst övernationellt synsätt.[29] Ordningen har många gånger kritiserats för att vara teknokratisk men har i huvudsak visat sig effektiv.

Arbetet i kommissionen drivs under kommissionsordförandens ledning och är uppdelat på ett tjugutal generaldirektorat. Ansvaret för dessa är fördelat på kommissionens ledamöter och i regel är en kommissionär ansvarig för ett generaldirektorat (GD).[30] Varje sådant svarar för ett eller flera sakområden och kan i viss mån liknas vid ett ministerium. Så finns exempelvis generaldirektorat för jordbruk, konkurrens, utrikeshandel, regionalpolitik, miljö- och inre marknadsfrågor. Under kommissionären leds ett generaldirektorat av en generaldirektör. Kommissionärerna fattar de formella besluten tillsammans (kollegialt); man har ej "ministerstyre". Beslutssammanträden i kommissionskollegiet hålls vanligen varje vecka. En omfattande beslutsdelegation förekommer dock.

EG-domstolen har understrukit att *kollegialitetsprincipen* styr kommissionens arbete och är ett viktigt uttryck för gemenskapens och unionens institutionella filosofi. Principen innebär att kommissionsledamöterna är jämbördiga i beslutsfattandet, att besluten och deras motivering skall fattas gemensamt och att alla ledamöterna i kommissionen är kollektivt ansvariga för de beslut som fattas.[31]

I kommissionen ingår vid sidan av generaldirektoraten även vissa särskilda avdelningar. Här märks rättssekretariatet (*rättstjänsten*, legal service) som har särskild juridisk kompetens och samarbetar med generaldirektoraten. Rättstjänsten granskar generaldirektoratens förslag till rättsakter och beslut i enskilda fall, medverkar vid övervakningen av fördragsbrott och företräder kommissionen inför EG-domstolen och WTO:s judiciella förfaranden.[32] Rättstjänsten är direkt underställd kommissionens ordförande och arbetar horisontellt, d v s för alla generaldirektorat.

29. Reformfördraget förväntas inte innebära några stora förändringar i kommissionens funktion och uppgifter. Man vill dock stärka kommissionspresidentens ställning och minska antalet kommissionärer.

30. Ofta används den franska förkortningen DG (direction générale).

31. Jfr målen C-137/92, kommissionen mot BASF m fl (REG 1994, s I-2555) och C-191/95, kommissionen mot Tyskland (REG 1998, s I-5449).

32. Om det sistnämnda se 9.3.1.

### 4.4.2 Funktioner

Kommissionen har fyra huvudsakliga funktioner, nämligen den

- initiativtagande,
- övervakande,
- verkställande och
- företrädande.

Den initiativtagande funktionen, *pådrivarrollen*, är särskilt grundläggande. Kommissionen kan karaktäriseras som gemenskapens motor i arbetet med att vidareutveckla integrationen. Kommissionen har i princip ensam initiativrätt ("förslagsmonopol") när det gäller förslag till nya rättsakter. Rådet får enligt huvudregeln endast fatta beslut om utfärdande av rättsakter på grundval av kommissionens förslag. Rådet kan visserligen, liksom parlamentet, begära att kommissionen skall lägga fram förslag inom ett visst område, men den rätten innebär inte att kommissionen kan åläggas av avfatta förslag med ett specifikt innehåll (artiklarna 208 respektive 192.2 EGF). Kommissionen får när som helst ändra sina förslag så länge rådet inte har fattat något beslut (artikel 250.2). Det krävs normalt enhällighet i rådet för att det skall kunna ändra kommissionens förslag (artikel 250.1).[33] Det konkreta arbetet med att vidareutveckla samarbetet ligger härigenom primärt i kommissionens hand.

Kommissionen lägger också fram åtgärdsförslag med vidare omfattning än specifika lagstiftningsprodukter, ofta i form av policydokument. Välkända sådana är kommissionens *grönböcker*, som brukar utgöra en inventering i resonerande och oförbindande form av problem och åtgärdsmöjligheter inom ett visst område. När en grönbok publiceras inbjuds vanligen medlemsstater och olika intresserade kretsar att framföra sina synpunkter. Ofta återkommer kommissionen med ett mera preciserat åtgärdsprogram inom ramen för en *vitbok*, som i sin tur många gånger följs av konkreta lagförslag. Grön- och vitböcker kan ses som en form av förarbeten till lagstiftning, men har inte den fyllighet och preciserade karaktär som vanligen kännetecknar svenska offentliga utredningar och propositioner.

Den övervakande funktionen, *väktarrollen*, är likaledes central och uttrycks ofta så att det är kommissionens uppgift att tillse att medlemsstaterna efterlever sina förpliktelser enligt fördragen och att påtala överträdelser härvidlag (artikel 211 EGF). I sista hand kan kommissionen göra detta genom att föra talan mot ett medlemsland inför EG-domstolen (artikel 226 EGF, se kapitel 7). Inom ramen för sin kompetens övervakar kommissionen också att enskilda inte bryter mot gemenskapsrätten, t ex på konkurrensområdet (se kapitel 16).

33. Undantag vid förlikningsförfarandet vid medbeslutande med parlamentet, se 4.5.2.

Den verkställande funktionen, *verkställarrollen*, innebär att det är kommissionens uppgift att i praktiken genomföra och administrera EG:s av rådet och Europaparlamentet beslutade politik inom olika områden. Kommissionen har härvid på vissa områden givits kompetens att utfärda följdförfattningar (så bl a på konkurrensområdet) och har befogenhet att utföra behövliga undersökningar och kontroller (artikel 284 EGF). Kommissionen omhänderhar också den närmare tillämpningen av gemenskapsrättsliga författningar och har alltså en betydande förvaltningsmakt. Inte minst på jordbruks-, utrikeshandels- och konkurrensområdena innefattar denna verksamhet beslut i en stor mängd enskilda ärenden av en typ som t ex i Sverige brukar ankomma på särskilda ämbetsverk. Man beviljar ansökningar, kontrollerar fakta, utfärdar förbud m m. En betydande del av verkställigheten sker inom ramen för kommittologisystemet, efter delegation från rådet (se ovan, 4.2.3)

Slutligen har kommissionen den viktiga befogenheten att representera unionen i internationella sammanhang, *företrädarrollen*, inte minst genom att föra de faktiska förhandlingarna med utomstående stater eller mellanfolkliga organisationer om sådant som faller inom EG:s kompetens (särskilt på det handelspolitiska området). Befogenheten att ingå internationella avtal på grundval av dessa förhandlingar ligger däremot hos rådet, under medverkan av parlamentet (artikel 300 EGF, se vidare 9.2). Kommissionen har också representationskontor runt om i världen som i praktiken fungerar som ett slags ambassader.

Kommissionen har i sin verksamhet omfattande kontakter inte endast med medlemsstater utan också med intressenter av många skilda slag. Det förekommer en omfattande lobbyverksamhet riktad mot kommissionen, liksom andra institutioner såsom Europaparlamentet. Ett mycket stort antal regioner, städer och kommunala organ, branschorganisationer, arbetsmarknadsorganisationer, andra intresseorganisationer, stora företag, advokatbyråer, public affairs-konsulter m fl är verksamma i Bryssel med uppgift att informera kommissionen och söka påverka besluten. Den utdragna och starkt förhandlingsbetonade lagstiftningsprocessen i EU ger stora möjligheter för lobbyister att påverka.

# 4.5 *Europaparlamentet*

## 4.5.1 Position och sammansättning

Europaparlamentet (EP) har successivt fått sin position framflyttad vid de olika fördragsrevisionerna. Parlamentet har numera en betydande budgetmakt och har fått en med rådet likställd, delad lagstiftningsmakt (rätt till medbeslutande) när det gäller huvuddelen av lagstiftningen, främst på inre marknadsområdet. Däremot är Europaparlamentets ställning fortfarande rätt svag inom andra och tredje pelarnas område. Europaparlamentet kan inte jämföras med det nationella parlamentet i en demokratisk stat men har utvecklats till en mycket viktig och aktiv aktör i europapolitiken.

Europaparlamentet består, alltsedan 1979, av direkt folkvalda politiker, som utses för en tidsperiod av fem år genom direktval i respektive medlemsstater. Nuvarande mandatperiod omfattar femårsperioden 2004–2009. Genom att europaparlamentarikerna är folkvalda har de en självständig politisk legitimitet. I parlamentet arbetar de vanligen inom ramen för gränsöverskridande, transnationella partigrupper. De svenska europaparlamentarikerna representerar således inte Sverige utan i första hand de respektive europeiska partigrupper som de tillhör. Fördraget slår fast att politiska partier på europeisk nivå är en viktig integrationsfaktor inom unionen som bidrar till att skapa ett europeiskt medvetande och till att uttrycka unionsmedborgarnas politiska vilja (artikel 191 EGF). Partigrupperna har delvis en ganska bred sammansättning men arbetet inom Europaparlamentet har gått mot en starkare partipolitisk inriktning. Det finns dock ingen tydlig politisk opposition och man eftersträvar ofta samförståndslösningar över partigränserna.

Huvudregeln i Europaparlamentet är att beslut skall fattas med *absolut majoritet* av de avgivna rösterna (artikel 198.1 EGF). Denna från svensk synpunkt något främmande regel innebär att mer än hälften av det totala antalet röstande måste stå bakom beslutet (ledamöter som avstår förs alltså samman med dem som röstar emot). Huvuddelen av arbetet bedrivs inom de ca 20 utskotten.

Antalet ledamöter i parlamentet är 785. Landsfördelningen framgår av tabellen ovan i 4.2.2. Även i Europaparlamentet förekommer, liksom i rådet, en överrepresentation för de mindre medlemsstaterna. Sverige väljer i nuläget (2007) 19 europaparlamentariker. De största partigrupperna i Europaparlamentet efter 2004 års val är, i nämnd ordning, Europeiska folkpartiet samt Europademokrater (Kristdemokrater och konservativa; EPP/ED), Socialdemokratiska gruppen (PSE) och liberala gruppen (Alliansen liberaler och demokrater för Europa, ELDR).

Parlamentets geografiska lokalisering har varit omstridd och föremål för processer. Rådande ordning är ett resultat av nationell dragkamp och kompromisser: Parlamentet håller till största delen sina sessioner i Strasbourg. Det löpande arbetet jämte flertalet utskottsmöten och vissa sessioner äger rum i Bryssel och parlamentets stora sekretariat är delvis beläget i Luxemburg. Det säger sig självt att denna ordning verkar fördyrande och inte är till fördel för effektiviteten i arbetet.

## 4.5.2 Uppgifter och befogenheter

Det lagstiftningsförfarande som föreskrivs inom de flesta samarbetsområden inom EG är den s k *medbeslutandeordningen.* Den bygger på principen att lagstiftningsmakten är delad mellan rådet och parlamentet (artikel 251, sc bild). Hit hör i huvudsak den lagstiftning som rör den inre marknaden, transportpolitiken, socialpolitiken, miljöpolitiken, konsumentpolitiken m m. Främst rör det sig om områden där rådet kan besluta med kvalificerad majoritet.

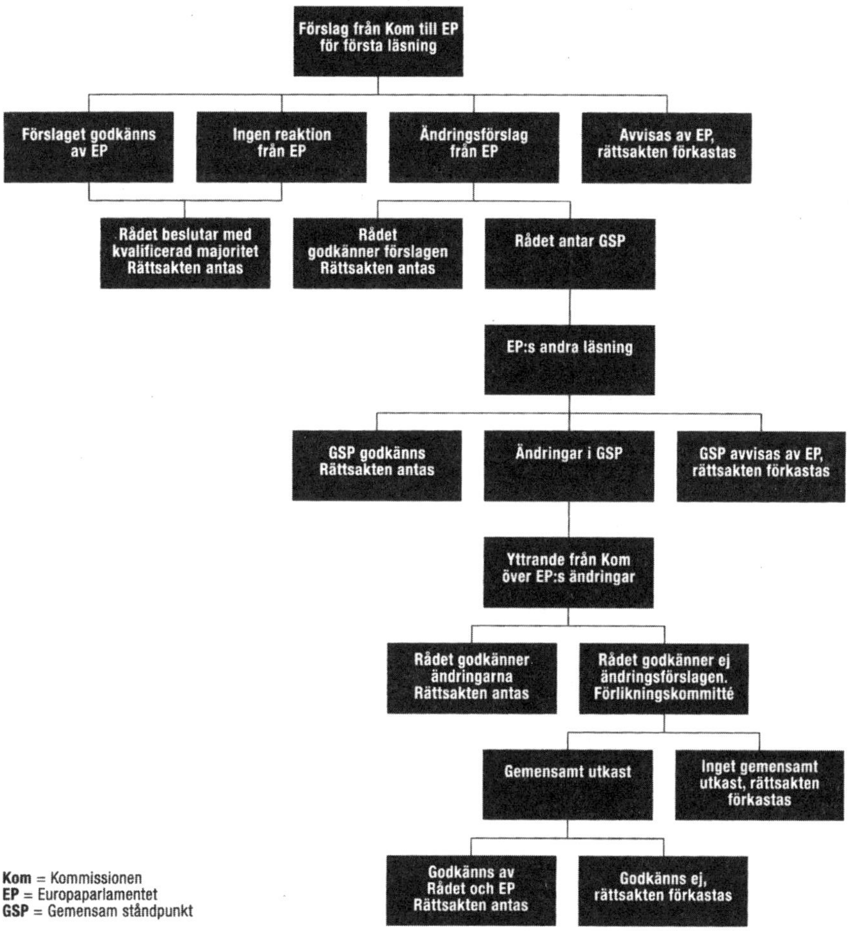


Huvuddragen i förfarandet enligt medbeslutandeordningen är följande. Ett förslag som förelagts rådet av kommissionen skall först lämnas till parlamentet, som yttrar sig efter utskottsbehandling (den s k första läsningen). Rådet skall därefter, om det har ändringsförslag, med kvalificerad majoritet anta en *gemensam ståndpunkt*[34] och redovisa grunderna för denna. Ärendet går sedan tillbaka till parlamentet, som tar ställning till rådets gemensamma ståndpunkt vid en s k *andra läsning* och då har möjlighet att besluta om ändringar. Kommissionen skall yttra sig över dessa eventuella föreslagna ändringar. Lagstiftningsärendet går i så fall tillbaka till rådet. Om rådet inte godkänner parlamentets ändringar, skall en särskild *förlikningskommitté* inom viss kortare tid söka sammanjämka rådets och parlamentets ståndpunkter. Lyckas inte förlikningskommittén nå fram till och godkänna något gemensamt utkast inom föreskriven tid har ärendet fallit. Har kommittén nått fram till ett *gemensamt utkast*, skall detta godkännas av *både* parlamentet och rådet. På detta stadium är ändringsförslag inte tillåtna. Om någon av institutionerna inte antar den föreslagna rättsakten inom föreskriven tid, skall den anses som icke antagen, d v s saken har fallit.[35] I praktiken förekommer omfattande kontakter mellan institutionerna utöver vad som följer av de nämnda formella stegen. Denna samarbetspraxis har i viss mån numera formaliserats.[36] Där medbeslutandeordningen tillämpas har sammanfattningsvis parlamentet en självständig lagstiftningsmakt, i princip likställd med rådets.

Ett karakteristiskt drag i Europaparlamentets lagstiftningsarbete är den starka ställning som tillkommer *rapportören.* I varje lagstiftningsärende utses en europaparlamentariker att leda arbetet med att ta fram en rapport. Rapportören söker vinna stöd för sin linje och för ofta förhandlingar både med företrädare för rådet och med parlamentets partigrupper. Rapporten ligger till grund för parlamentets vidare behandling av förslaget.

Den tidigare vanliga s k *medbestämmandeordningen*, som ger rådet en starkare ställning i förhållande till parlamentet (artikel 252 EGF) tillämpas numera i princip endast för lagstiftning som rör genomförande och tillämpning av EMU. Tillämpas medbestämmandeordningen kan rådet, om det inte vill godkänna parlamentets ändringar vid andra läsningen, gå emot parlamentet genom att enhälligt anta rättsakten. Alternativt kan rådet med kvalificerad majoritet anta ett nytt, omprövat förslag som framlagts av kommissionen.

Parlamentet måste samtycka med absolut majoritet till upptagande av en ny stat som medlem i EU och till att EG ingår associationsavtal med tredje land (artiklarna 49 EUF och 310 EGF), *samtyckesordningen.*

34. Engelska: "common position".

35. Ett exempel är det bolagsrättsliga direktivet om offentliga uppköpserbjudanden, där förlikningsförslaget blev dramatiskt nerröstat i Europaparlamentet 2001 med minsta möjliga majoritet, R Skog, Takeover-direktivet – en historia utan slut?, Nordisk Tidsskrift for Selskabsret 2001 s 407 ff. Ett nytt överarbetat direktiv på området har antagits 2004, se 14.3.

36. Se Europaparlamentets, rådets och kommissionens gemensamma förklaring om praktiska bestämmelser för medbeslutandeförfarandet (EUT 2007 C 145/02).

Också när EG ingår vissa andra typer av internationella avtal krävs parlamentets samtycke (artikel 300 EGF). På utrikeshandelns område har alltså parlamentet tillagts en omfattande vetorätt. Härutöver förekommer särskilda, avvikande lagstiftningsprocedurer inom vissa andra sektorer.

På andra viktiga områden har emellertid parlamentet en väsenligt svagare ställning och närmast enbart en *yttranderätt*. Hit hör den gemensamma utrikes- och säkerhetspolitiken, GUSP (se 9.6) och även tredje pelaren (se kapitel 10). Här som på andra områden kan dock parlamentet spela en viktig politiskt pådrivande roll genom att diskutera kontroversiella frågor och anta resolutioner och rekommendationer.

Europaparlamentet har en betydande *kontrollmakt*. Det kan bl a tillsätta särskilda undersökningskommittéer för undersökning av påstådda missförhållanden vid institutionernas tillämpning av gemenskapsrätten (artikel 193 EGF). Parlamentet kan också behandla framställningar och klagomål från enskilda i frågor som direkt berör dem, s k petitionsrätt (artikel 194 EGF). Parlamentet utövar vidare en politisk kontroll över främst kommissionen genom offentliga debatter och svar på frågor (interpellationer) ställda av dess ledamöter (artikel 197 EGF).

När ny kommission utses skall, som berörts i 4.4.1, parlamentet godkänna nomineringen av först kommissionens president och därefter kommissionen som helhet. Parlamentet har även en viss möjlighet att avsätta kommissionen. Parlamentet kan med en majoritet av två tredjedelar av de avgivna rösterna som samtidigt utgör en majoritet av ledamöterna besluta om misstroendevotum mot kommissionen som helhet. I så fall måste kommissionens ledamöter avgå, men de skall fortsätta att handlägga löpande ärenden tills ersättare utsetts (artikel 201 EGF).[37] Som princip gäller alltså att kommissionen måste ha parlamentets förtroende.[38]

### 4.5.3 Europeiska ombudsmannen

Det finns ett särskilt ämbete såsom Europeisk ombudsman, EO (artikel 195 EGF). Förebilden har närmast varit den svenske JO och dennes

37. Dessa befogenheter aktualiserades 1999 sedan missförhållanden avslöjats inom kommissionens ekonomiska förvaltning m m. Kommissionen under ordförandeskap av Jacques Santer klarade en misstroendeomröstning i parlamentet, men sedan en av parlamentet tillsatt undersökningskommitté påvisat ytterligare missförhållanden såg sig kommissionen nödgad att avgå, eftersom den inte kunde räkna med att klara en ny misstroendeomröstning.

38. Reformfördraget torde på vissa punkter antas stärka Europaparlamentets ställning, inte minst som en följd av förslaget om pelarkonstruktionens avskaffande. En intressant nyhet är att här skulle öppnas vissa möjligheter även för de nationella parlamenten i medlemsländerna att agera i relation till EU:s institutioner; en utveckling som (om än i relativt oförbindande former) i viss mån redan påbörjats i dag, t ex genom de nationella parlamentens samarbetskommitté Cosac (se vidare http://www.cosac.eu).

nordiska motsvarigheter, men ombudsmän av mer eller mindre liknande slag finns numera i många medlemsländer och även på sina håll regionalt eller lokalt. Den europeiska ombudsmannen utses av Europaparlamentet för en femårsperiod och skall rapportera till parlamentet. Ombudsmannen skall vara fullständigt oavhängig i sin ämbetsutövning.

Ombudsmannen har till uppgift att ingripa, på eget initiativ eller efter klagomål, mot missförhållanden inom verksamheten vid Gemenskapens institutioner eller andra organ, närmast då beträffande felaktig förvaltning. Ombudsmannen har rätt att företa de undersökningar han (eller hon) finner berättigade. Han har dock inga egentliga sanktionsmöjligheter och kan inte föra talan vid domstol. Betydelsen av hans bedömningar blir därför beroende av i vilken utsträckning de respekteras av institutionerna och leder till rättelse.[39] Hittills har ombudsmannen bl a agerat för ökad öppenhet inom EU:s institutioner samt för allmänt bättre administrativt bemötande från institutionernas sida gentemot allmänheten.[40]

## 4.6 *EU:s budget*

EU:s komplicerade budgetprocess skall här inte behandlas närmare.[41] Kommissionen utarbetar det årliga budgetförslaget och förvaltar EU:s budget med ansvar för medelsanvändningen. Beslutsmakten är delad mellan rådet och Europaparlamentet, där huvudansvaret är olika fördelat beroende på typ av utgifter. Ordningen ger parlamentet en stark roll i budgetfrågor, vilket ofta utnyttjas för att flytta fram dess positioner även på andra områden. Det är parlamentet som i sista hand antar eller förkastar budgeten.

EU saknar egen beskattningsrätt i förhållande till medlemsstaterna och deras medborgare. Detta är något som på en avgörande punkt skiljer unionen från en federal statsbildning. Fördraget slår emellertid fast att EU:s budget helt skall finansieras av egna medel (artikel 269.1 EGF). Budgeten får inte innehålla något underskott utan måste vara balanserad (artikel 268.3 EGF). Den helt övervägande delen av inkomsterna utgörs av den avgift som varje medlemsstat betalar till EU och som i princip beräknas efter ländernas olika bruttonationalinkomster.

Till viss del finansieras dock budgeten med tullar och avgifter som betalas direkt till EU vid import från tredje länder samt böter och viten m m som betalas in till EU (t ex för överträdelse av konkurrensreglerna) samt en viss

39. Ombudsmannen har hemsidan www.euro-ombudsman.europa.eu

40. Ombudsmannen har utarbetat Den europeiska kodexen för god förvaltningssed, som är juridiskt oförbindande. Återfinns på ombudsmannens hemsida.

41. De grundläggande reglerna återfinns i artiklarna 268–280 EGF.

mindre del av den mervärdeskatt (moms) som medlemsstaterna tar ut vid försäljning av varor och tjänster.[42]

EU:s budget omsluter ungefär 120 miljarder euro. På utgiftssidan svarar den gemensamma jordbrukspolitiken (jordbruksstöd) för cirka 45 %, strukturstöd till eftersatta regioner m m för cirka 35 %, bistånd till tredje länder för 5 % och administrationen något mindre än 5 %. Mycket av EU:s intäkter går alltså tillbaka till medlemsstaterna i form av olika stöd, forskningsfinansiering m m. Det kan noteras att EU:s administration endast svarar för en liten del av EU:s utgifter.

# 4.7 *Domstolen*

## 4.7.1 Uppgifter

Domstolen har som redan nämnts en framskjuten ställning. Dess kompetens är dock i huvudsak begränsad till första pelaren[43] och dess officiella namn är fortfarande *De europeiska gemenskapernas domstol.* Det är därför adekvat att benämna den EG-domstolen.[44]

Domstolens betydelse för europarättens utveckling och tillämpning är utomordentligt stor. Dess rättskällelära och tolkningsmetoder har redan behandlats i 3.4. Domstolens uppgift är enligt artikel 220 i EG-fördraget att säkerställa att lag och rätt följs vid tolkning och tillämpning av fördraget.[45] Som domstolen många gånger framhållit markerar artikeln domstolens självständiga roll och att rättstillämpningen inte endast skall avse fördragsbestämmelser och sekundärrätt utan rätten som sådan, inbegripet vedertagna allmänna rättsprinciper.

Domstolen ser EG-rätten som ett sammanhängande rättssystem, vars luckor det är en uppgift för domstolen att fylla ut. Det är främst genom domstolens, ibland banbrytande, domar som EG:s rättsliga struktur har etablerats. Det är domstolen som i sista hand suveränt avgör hur EG-fördraget, andra fördrag och utfärdade rättsakter jämte åtskilliga mellan medlemsstaterna särskilt ingångna konventioner skall tolkas. Medlemsstaterna är uttryckligen förhindrade att lösa tvister angående tolkningen

42. Momsreglerna är ingående harmoniserade genom EG-direktiv, se 14.4.

43. Angående domstolens begränsade kompetens inom tredje pelaren, se 10.2. Enligt Reformfördraget, som förväntas slopa pelarkonstruktionen, får domstolen breddad kompetens och föreslås omdöpt till Europeiska unionens domstol.

44. Se till det följande bl a L N Brown & T Kennedy, The Court of Justice of the European Communities, 5 ed, London 2000, A Arnull, The European Union and its Court of Justice, 2 ed, Oxford 2006, K Lenaerts & D Arts, Procedural Law of the European Union, 2 ed, London 2006, H Ragnemalm, EG-domstolen inifrån, JT 1998–99 s 283 ff. (omtryckt i H Ragnemalm & M Melin, EG-domstolen inifrån, 2006). Domstolen publicerar en fyllig Årsrapport som återfinns på dess webbsida (www.curia.europa.eu).

45. Detta kommer särskilt tydligt till uttryck i den franska versionen av artikeln som anger att domstolens uppgift är att "assure le respect du droit".

*EG-domstolens emblem samt (en del av) dess byggnad i glas och stål i staden Luxemburg.*

eller tillämpningen av EG-fördraget på annat sätt än som bestämts i fördraget (artikel 292 EGF).[46] Domstolen har även kompetens att avge *yttranden* beträffande avtal mellan gemenskapen och andra länder i fråga om sådana avtals fördragsenlighet (artikel 300.6 EGF).[47]

EG-domstolen har bl a centrala uppgifter av närmast författningsdomstolskaraktär. Domstolen kan sålunda pröva talan om kompetensöverskridande skett från en EU-institutions sida på talan av en annan EU-institution eller av en medlemsstat eller talan mot en medlemsstat om fördragsbrott. Det är EG-domstolen som har utvecklat gemenskapsrättens centrala principer om att EG-fördragets regler m m har direkt tilllämplighet och till stora delar direkt effekt i medlemsstaterna och om gemenskapsrättens allmänna företräde i förhållande till nationell rätt. Likaledes är det EG-domstolen som genom sina avgöranden givit de från början nakna och oklara reglerna i främst EG-fördraget ett konkret inne-

46. I mål C-459/03, kommissionen mot Irland (REG 2006, s I-4635) fälldes Irland för fördragsbrott därför att landet hade inlett ett internationellt skiljeförfarande enligt havsrättskonventionen mot Storbritannien. EG-domstolen fann de aktuella bestämmelserna ha gemenskapsrättslig karaktär och EG-domstolen var därför exklusivt behörig.

47. Vissa sådana yttranden berörs i sina respektive sammanhang i denna bok, se rättsfallsregistret för hänvisningar.

håll. Domstolen har härigenom successivt utvecklat bestämmelserna i de grundläggande fördragen till ett slags *konstitution* för EU.[48] Vad det sagda närmare innebär belyses i följande kapitel.

EG-domstolen hämtar i sin tolkningsverksamhet vägledning i fördragens grundläggande principer och har visat en benägenhet att ofta stanna för integrationsfrämjande tolkningar. Domstolen har inte väjt för att genom sina avgöranden söka undanröja knutar som inte har kunnat lösas upp på politisk väg inom ramen för rådets beslutsfattande.[49] Över huvud taget präglas EG-domstolens verksamhet av en stark oavhängighet och medvetenhet om den egna rollen i integrationsprocessen.[50]

De olika taleformerna inför EG-domstolen behandlas i kapitel 7 och 8.

## 4.7.2 Sammansättning och förfarande

EG-domstolen är placerad i Luxemburg. Den består efter den senaste utvidgningen av 27 domare; i praktiken en från varje medlemsland. Domarna utses av medlemsstaternas regeringar i samförstånd. Varje enskild domare måste alltså godtas av alla medlemsstater. Domarna utses för sex år, med partiell nytillsättning vart tredje år. Domarna kan utses för en ny period. Enligt fördraget skall domarna utses bland personer vars oavhängighet inte kan ifrågasättas och som uppfyller nödvändiga villkor för utövande av de högsta domarämbetena i hemlandet eller är jurister med allmänt erkända kvalifikationer (artikel 223 EGF). De har oftast en bakgrund såsom kvalificerade juridiska ämbetsmän, domare i medlemslandet eller professorer i juridik. Domarna utser inom sig domstolens president. Domstolens kansli leds av en justitiesekreterare[51] (artiklarna 221–224 EGF). Varje domare har till sitt förfogande ett mindre kansli ("kabinett") med europarättsligt kunniga medarbetare.

De grundläggande reglerna om domstolens organisation och procedur m m ges i domstolens stadga,[52] som har formen av ett till de grundläggande fördragen knutet protokoll. Härtill anknyter domstolens rättegångsregler[53](artikel 245.3 EGF). Presidenten utser i varje mål en av do-

48. Härom bl a G F Mancini, The Making of a Constitution for Europe, 26 CMLRev 1989 s 595 ff.

49. Viktiga aktuella exempel på detta är den banbrytande rättspraxis som domstolen väsentligen under de senaste fem–tio åren utvecklat på den direkta beskattningens område(se 14.4), de s k sjukvårdsdomarna om fri rörlighet på hälso- och sjukvårdsområdet (se 13.4) och erkännandet av möjligheten att ha EG-rättsliga straffsanktioner inom första pelaren (se 10.3).

50. Se, för en analys av domstolens roll och verksamhet, bl a R Dehousse, The European Court of Justice. The Politics of Judicial Integration, London 1998, A Arnull, The European Union and its Court of Justice, 2 ed, Oxford 2006.

51. Ofta benämnd med den franska termen, greffier.

52. Återfinns på domstolens hemsida www.curia.europa.eu

53. Av 1991 med många senare ändringar; finns på domstolens hemsida.

marna att vara *referent*[54] med särskilt ansvar för beredandet av målet och med uppgift att skriva ett förslag till dom. Domstolen arbetar normalt på avdelningar ("kamrar") med tre eller fem domare men mål som bedöms vara särskilt viktiga avgörs i *stor avdelning* med tretton domare. De sistnämnda anses generellt sett böra tillmätas en särskild tyngd. I vissa speciella fall, ofta av särskilt stor potentiell betydelse, sammanträder hela domstolen i *plenum*. Förfarandet är i huvudsak skriftligt och det är domstolen som avgör om, och i vilken omfattning, bevisupptagning behövs. Domstolen kan t ex ställa frågor till parterna om faktiska förhållanden eller begära kompletterande dokumentation. Vittnesförhör inför domstolen är mindre vanliga. Domstolen anordnar normalt en kort avslutande muntlig och offentlig förhandling av pläderingskaraktär, som också ger domarna tillfälle att ställa frågor till parterna. Medlemsstaterna och andra berörda med berättigat intresse i fallet har möjlighet att *intervenera* i målen genom att lämna yttranden och däri utveckla sin syn på rättsfrågan. Denna möjlighet utnyttjas i betydande utsträckning.[55] Kommissionen yttrar sig i princip alltid.

Efter främst fransk modell tjänstgör i EG-domstolen särskilda s k *generaladvokater* (artikel 222 EGF). Dessa är högt kvalificerade jurister som organisatoriskt ingår i domstolen, dock inte som domare. I flertalet mål[56] framlägger en generaladvokat ett offentligt, opartiskt och motiverat yttrande med förslag till avgörande sedan förhandlingen avslutats, men före domen. Yttrandena ger ofta en översikt av tidigare praxis och i målet framförd argumentation i förening med en genomarbetad och kvalificerad bedömning. Generaladvokatens yttrande kan inte bemötas av parterna. Det publiceras tillsammans med domstolens dom i domstolens rättsfallssamling och kan ge god vägledning för bedömningen av rättsfrågorna i domarna. I viktiga mål är det inte ovanligt att generaladvokatens yttrande innehåller en fylligare och friare argumentation än vad man kan finna i domsmotiveringen. Ordningen med generaladvokater som avger självständiga yttranden är betydelsefull från rättssäkerhetssynpunkt. EG-domstolen är emellertid helt fri att inta en annan ståndpunkt än generaladvokaten och så sker inte sällan.[57]

Domstolens domar innehåller ibland principiella uttalanden som sträcker sig väsentligt längre än vad som krävs för själva avgörandet av

54. Den franska termen är juge rapporteur.

55. Se bl a L Holm, Interventioner i EG-domstolen, ERT 2007 s 149 ff.

56. I mål där ingen ny rättsfråga är för handen finns enligt domstolens stadga (artikel 20) möjlighet att gå till doms utan ett yttrande av generaladvokaten. År 2005 utnyttjades denna möjlighet i 35 procent av fallen. Tidigare var det närmast obligatoriskt med generaladvokatyttranden.

57. Sålunda gick domstolen i t ex Franzénmålet om tillåtligheten av det svenska Systembolagets detaljhandelsmonopol på en annan linje i huvudfrågan än den som generaladvokaten förordat, mål C-189/95, Allmänna åklagaren mot Harry Franzén (REG 1997, s I-5909).

fallet. Överläggningarna i domstolen är hemliga (endast domarna själva är närvarande) och skiljaktiga meningar offentliggörs ej. Ibland kan man ana att det bakom en dom ligger meningsskiljaktigheter bland de deltagande domarna. Att EG-domstolen utåt alltid framstår som enig har fransk förebild och fördelen att risken minskar för att domarna skulle utsättas för nationella påtryckningar. Principiellt framstår dock ordningen som diskutabel och såväl Internationella domstolen i Haag som Europadomstolen i Strasbourg offentliggör domarnas avvikande meningar.

EG-domstolen har byggt upp en omfattande praxis, som i skrivande stund omfattar inemot 15 000 avgöranden. Numera avgör domstolen cirka 500 fall per år. Domarna har en betydande prejudikatverkan och domstolen hänvisar i domsmotiveringarna i påtagligt stor utsträckning till sina egna tidigare avgöranden och där gjorda uttalanden. Den anser sig dock inte bunden av sina egna prejudikat i den meningen att den skulle vara förhindrad att frångå en i tidigare mål intagen ståndpunkt. Det är ovanligt att domstolen uttryckligen ändrar sin rättsliga bedömning men i några avgöranden har domstolen markerat sin roll som högsta prejudikatbildande instans genom att uttryckligen ange att den ändrar tidigare praxis.[58] Vanligare är att man kan iaktta successiva förskjutningar i praxis.

Språkfrågan regleras i domstolens rättegångsregler. Utgångspunkten är att ett av de officiella EU-språken (se 3.5) är rättegångsspråket i målet. Normalt är detta det språk som sökanden väljer. I fråga om förhandsavgöranden enligt artikel 234 EGF tillämpas språket i det land där den nationella domstolen, som underställer domstolen en rättsfråga, är belägen.[59]

EG-domstolens interna arbetsspråk är emellertid franska. När ett annat språk än franska är rättegångsspråk översätter domstolen inom sig handlingarna i målet till franska. Inom domstolen skrivs domarna primärt på franska. Utåt framläggs dock domen på rättegångsspråket såsom det autentiska språket. Domarna översätts till alla de övriga offici-

58. Se t ex målet C-70/88, parlamentet mot rådet (Tjernobyl) (REG 1990, s I-2041; svensk specialutgåva, volym 10), där domstolen helt frångick sitt tidigare avgörande i målet 302/87, parlamentet mot rådet (kommittologi) (REG 1988, s 5615; svensk specialutgåva, volym 9), i vilket domstolen förvägrat Europaparlamentet talerätt enligt artikel 230 (förut artikel 173) i tidigare lydelse. Se vidare nedan vid not 72. Ett annat exempel på att domstolen uttryckligen ändrat praxis är det i 12.9 berörda Keck-målet.

59. När svaranden är en medlemsstat, eller en fysisk eller juridisk person med nationalitet i en medlemsstat, gäller det officiella språket i den staten. Har staten mer än ett officiellt språk får sökanden välja vilket av dessa språk som skall användas. Medlemsstater, som intervenerar i ett mål inför EG-domstolen, får använda sitt eget språk oberoende av det språk på vilket målet anhängiggjorts. Om en EG-institution intervenerar i ett fall, förutsätts den kunna plädera på alla de officiella språk som målet kan vara anhängiggjort på vid EG-domstolen, och måste därför anpassa sig till detta språk. Institutionerna förutsätts alltså kunna agera på alla medlemsstaternas språk. Se vidare domstolens rättegångsregler artikel 29.

ella språken av juristlingvister[60] inom domstolens översättningsavdelningar. Vid tolkning av oklarheter i uttryckssättet i en dom kan det av ovan nämnda skäl således vara lämpligt att fästa särskild uppmärksamhet vid den franska texten.[61]

### 4.7.3 Förstainstansrätten

Det finns sedan 1988 inom EG-domstolens organisatoriska ram en särskild underinstans för vissa typer av mål, Förstainstansrätten,[62] också den nu bestående av 27 domare (artikel 225 EGF). Dessa utses efter samma principer som för EG-domstolen. Förstainstansrättens målområde har efterhand utvidgats.[63] Domsrätten omfattar nu alla mål där en enskild, fysisk eller juridisk person för talan. En mycket central grupp utgörs av mål där en enskild överklagar och söker få ogiltigförklarat ett mot denne riktat beslut som fattats av kommissionen, bl a fall där kommissionen tillämpat konkurrensreglerna eller statsstödsreglerna eller beslutat om uttagande av antidumpningstull. Vidare märks skadeståndsmål riktade mot EU:s institutioner (7.6). En nyare viktig målkategori är överklaganden av beslut om registrering av europeiska varumärken och mönster (se 17.4.2). Observera att förhandsavgöranden i nuläget helt ligger utanför förstainstansrättens verksamhet, liksom fördragsbrottstalan mot medlemsstater. Normalt förekommer inga generaladvokater i förstainstansrätten. Språkregimen i förstainstansrätten är i huvudsak densamma som i EG-domstolen.[64]

Förstainstansrätten har primärt inrättats i syfte att lätta arbetsbördan för EG-domstolen, som länge haft problem med en tung administrativ ordning, långa handläggningstider och stor målbalans, och inte därför att man av principiella skäl velat gå över till ett tvåinstanssystem. Detta förklarar avgränsningen av Förstainstansrättens jurisdiktion.[65] Dess avgöranden kan överklagas till EG-domstolen endast såvitt gäller rättsfrågor (artikel 225.1 EGF). Några krav på prövningstillstånd eller liknande

60. Juristlingvisterna har i allmänhet både juridisk och språklig akademisk utbildning och översätter till sitt eget modersmål. Se om dessas arbete Klarspråksbulletinen 2005 nr 4 (Informationsblad från Klarspråksgruppen, Justitiedepartementet).

61. Även de engelska texterna är alltså översättningar.

62. Engelska Court of First Instance (vanligen förkortat CFI), franska Tribunal de première instance. Med utgångspunkt i den franska benämningen omtalas domstolen inte sällan som ”tribunalen”. Detta skulle enligt det konstitutionella fördraget också bli domstolens officiella namn.

63. Den arbetar i likhet med EG-domstolen på avdelningar och utser en av domarna att vara referent i varje mål.

64. Förstainstansrättens stadga och rättegångsregler återfinns under adressen www.curia.europa.eu

65. Genom Nicefördraget infördes ännu outnyttjade möjligheter att överföra ytterligare målkategorier till Förstainstansrätten. Se O Due, The Court of Justice after Nice, ERT 2001 s 360 ff.

finns därvid inte. Förstainstansrättens avgöranden har inte alls samma prejudikatvärde som EG-domstolens avgöranden men har likväl genom sina ofta ingående motiveringar väsentligt bidragit till att utveckla rättsläget, bl a när det gäller konkurrensrättsliga bedömningar och förvaltnings- och processrättsliga frågor.

Personalmål, d v s mål mellan EU:s institutioner och dess anställda (huvudsakligen av arbetsrättslig karaktär) har på grund av sin stora frekvens nyligen sammanförts i en egen specialdomstol med ställning som underinstans, *Personaldomstolen,* vilken påbörjade sin verksamhet 2005. I förlängningen torde ligga inrättandet av en ytterligare specialdomstol för mål om varumärkes- och mönsterregistrering.

## 4.8 *Andra EU-organ*

*Revisionsrätten* har fördragsmässig ställning som egen institution och är ett självständigt, helt oberoende organ för räkenskapsgranskning och revision av verksamheten inom EU, placerad i Luxemburg. Huvuduppgiften är att kontrollera de mycket stora belopp som Gemenskapen varje år betalar ut via olika fonder och bidragssystem, framför allt på jordbruksområdet. Revisionsrätten leds av helt oavhängiga ledamöter som skall vara särskilt kvalificerade för extern revisionsverksamhet, i praktiken en ledamot från varje medlemsstat. Revisionsrätten avlämnar en omfattande årlig granskningsrapport men utarbetar även andra särskilda rapporter (se vidare artiklarna 246–248 EGF). Den har bland annat uppmärksammat olika fall av fusk med EU-bidrag till näringsverksamhet. Med en franskinspirerad terminologi betecknas EU:s revisionsorgan som en "cour,"[66] men saknar andra sanktionsmedel än att offentliggöra sina rapporter.

Inom EU är vidare verksamma ett stort antal andra organ med inbördes växlande struktur. Vi ger här endast en kort översikt.

Ett organ av alldeles särskild betydelse är *Europeiska Centralbanken* (ECB) i Frankfurt am Main som har huvudansvaret för den gemensamma valutan och EG:s penning- och valutapolitik (se 14.5). Ett annat viktigt organ är Europeiska Investeringsbanken.

Det finns två centrala rådgivande organ med bred sammansättning. Den ena är Europeiska ekonomiska och sociala kommittén (*EESK*)[67] som består av företrädare för viktiga intressegrupper i det ekonomiska och sociala livet, främst arbetsgivar- och arbetstagarorganisationer samt näringslivsorganisationer, och som fungerar som språkrör för dessa. Den bakomliggande tanken är att engagera dessa centrala ekonomiska intres-

66. D v s domstol i en vidare bemärkelse.
67. Tidigare förkortad ECOSOC.

segrupper (s k sociala parter) i integrationsarbetet. Kommittén skall i stor utsträckning höras av kommissionen och rådet (artiklarna 257–262 EGF).

Den andra är *Regionkommittén*, som består av representanter för regionala och lokala organ. Kommittén är främst avsedd att fungera som kanal för regionala aspekter på bl a kulturella och sociala frågor (artiklarna 263–265 EGF). I medlemsstater, som är uppbyggda på delstater eller självstyrande regioner, fungerar regionkommittén framför allt som ett viktigt organ för dessa. Sverige, sedan gammalt en centralstat, saknar regioner i denna mening och representeras i regionkommittén av personer som företräder primärkommuner och landsting.

EU har byggt upp ett antal särskilda *EU-myndigheter*, som utgör fristående unionsorgan för specifika uppgifter.[68] De är placerade på olika håll i medlemsstaterna och kan närmast karakteriseras som självständiga ämbetsverk på europanivå. Det finns numera ett 25-tal sådana myndigheter, ofta med nära samarbete med nationella myndigheter för motsvarande uppgifter i medlemsländerna. Som exempel kan nämnas Europeiska miljöbyrån i Köpenhamn, Europeiska läkemedelsbyrån i London och Harmoniseringskontoret för inre marknaden,[69] som registrerar europeiska varumärken samt mönster (design) i Alicante i Spanien.[70]

## 4.9 *Några centrala drag i institutionsstrukturen*

Avslutningsvis skall vi beröra några centrala drag i EU:s institutionella struktur, särskilt med inriktning på första pelaren.[71]

Beslutsprocessen inom EU ter sig i allmänhet tung och tidskrävande och kritiseras ofta för ineffektivitet och bristande insyn. Delvis torde detta ha sin naturliga förklaring i verksamhetens karaktär. Det rör sig om ett oerhört stort projekt för djupgående samverkan mellan ett numera ganska stort antal stater.

Karaktäristiskt för verksamheten inom institutionerna och beslutsgången är EU:s markerat legala karaktär. Alla beslut som fattas måste som framgått ha en tydlig rättslig grund i de kompetenser som tillagts

68. Gemenskapens allmänna principer för delegation har berörts i 4.2.3.

69. Mest känd under sin engelska benämning Office for Harmonisation of the Internal Market, OHIM.

70. Den legala grundvalen för EU-myndigheternas upprättande har i allmänhet varit restkompetensen i artikel 308 EGF, som många gånger givits en ganska vidsträckt tillämpning. Se vidare C F Bergström & M Rotkirch, De fristående myndigheternas ställning i EU:s konstitution, ERT 2003 s 791 ff.

71. Några mera fundamentala förändringar i strukturen torde inte vara aktuella i Reformfördraget.

EU och i de beslutsformer som lagts fast i fördragen. Här föreligger i praktiken en skillnad i förhållande till beslutskulturen i medlemsstaterna, inte minst Sverige. Det ligger emellertid en styrka i att EU har en så fast beslutsstruktur och rättslig struktur i övrigt. Det gör det lättare för organisationen att klara påtryckningar och kriser. Regelverkets fasthet och styrka i förening med domstolens starka ställning ger de mindre medlemsstaterna inom EU, såsom Sverige, ett skydd mot att stora medlemsstater handlar egenmäktigt.

Institutionerna är inbördes helt självständiga. Strukturen präglas av en *maktbalans* mellan dem där – något förenklat – rådet, och än mer påtagligt Europeiska rådet, särskilt företräder medlemsstaterna och dessas intressen, kommissionen det på fördragen och de däri angivna målen grundade gemensamma europeiska intresset, Europaparlamentet allmänt europapolitiska intressen som inte behöver sammanfalla med medlemsstaternas politiska inriktningar och EG-domstolen värnandet om den europeiska rättsordningen och den legala kontrollen. Besluten framkommer ur ett komplicerat samspel mellan och inom institutionerna och mellan politiker och europeiska ämbetsmän. Man kan alltså inte urskilja någon klar maktdelning annat än att den dömande makten tydligt utskilts såsom en uppgift för EG-domstolen. Domstolen är ju den suveräne uttolkaren av europarättens innebörd, inbegripet grundläggande frågor om EG:s kompetensgränser och kompetensfördelningen mellan institutionerna.

I det kända avgörandet C-70/88, parlamentet mot rådet *(Tjernobyl)*[72] har EG-domstolen uttryckligen slagit fast att fördragen bygger på ett system med institutionell balans och maktfördelning mellan institutionerna. Fördragen tilldelar varje institution dess särskilda roll i den institutionella strukturen. Den institutionella balansen kräver att varje institution utövar sina maktbefogenheter med tillbörlig hänsyn till de andra institutionernas befogenheter. Balansen kräver också att det är möjligt att sanktionera överträdelser av denna regel. Mot denna bakgrund tillerkände domstolen parlamentet rätt att väcka ogiltighetstalan enligt artikel 230, trots att EG-fördraget vid denna tid inte angav parlamentet som taleberättigat.[73]

Domstolens analys får anses allmänt accepterad och innebär alltså att EU:s institutionella struktur bygger på balans och maktfördelning mellan rådet, kommissionen och parlamentet med EG-domstolen som författningsdomstol med ett slags skiljedomarfunktion. Systemet bygger på konstitutionalism (maktbalansordning) och skiljer sig i grunden från den i medlemsstaterna normala ordningen med parlamentarisk demokrati,

72. REG 1990, s I-2041; svensk specialutgåva, volym 10, se särskilt punkterna 21–25 i domskälen. Se även not 58 ovan.

73. Om ogiltighetstalan, se 7.3.

där (som i Sverige) makten utgår från parlamentet och regeringen är beroende av parlamentets fortsatta förtroende.

En grundläggande maktmässig motsättning är tydlig mellan medlemsstatsintressena och gemenskapsintresset. Generellt kan urskiljas att kommissionen, parlamentet och domstolen är mer integrationsbenägna, medan rådet och än mer medlemsstaterna slår vakt om nationella intressen och nationella möjligheter att blockera överstatliga initiativ. EU:s speciella uppbyggnad och karaktär gör att man bör vara mycket försiktig med att jämföra med den statsrättsliga strukturen i medlemsländerna. I Sverige är vi inställda på att ett lagförslag, som regeringen framlägger såsom proposition till riksdagen, normalt blir antaget utan större ändringar; regeringen lägger nämligen i regel inte fram andra propositioner än sådana för vilka den kan påräkna riksdagsmajoritetens stöd. Annorlunda förhåller det sig med kommissionens lagförslag. Dessa blir oftast föremål för ingående kritisk granskning i flera faser av både Europaparlamentet och rådet. Detta leder till att kommissionen vanligen återkommer, ofta i flera vändor, med omarbetade förslag som i sin tur kan föranleda nya ändringsförslag i parlamentet eller rådet. Den slutligt antagna produkten avviker ofta högst väsentligt från kommissionens ursprungliga förslag, inte sällan genom att ha blivit mer eller mindre urvattnad. Beslutsprocessen blir härigenom med nödvändighet komplicerad och utdragen med starka inslag av förhandlingar, både formella och informella, på skilda nivåer.

Vid en övergripande bedömning av maktförhållandena inom EU står det klart att den avgörande makten ligger hos rådet (och ytterst Europeiska rådet) och därigenom i medlemsstaternas samlade hand. Kommissionen, inbegripet dess ledande ämbetsmannaskikt, har en stark ställning särskilt när det gäller EU:s administration och utveckling, inte minst genom kommissionens ensamansvar för ärendeberedningen, men har över åren förlorat åtskilligt av den helt centrala position som EG-fördraget ger kommissionen, främst till rådet men även i viss mån till parlamentet. Det återstår att se ifall EU:s utvidgning, med det nu stora antalet medlemsstater som skall enas, kan innebära att kommissionens ställning som kompromissmakare kommer att stärkas. Europaparlamentets maktställning har flyttats fram väsentligt på senare år och parlamentet har uppnått en stark position vid antagande av ny lagstiftning på flertalet områden och framstår allmänt som en europapolitiskt pådrivande kraft, men dess formella ställning är fortsatt svag bl a inom andra och tredje pelaren. Domstolen har i praktiken en avsevärd integrationspolitisk betydelse genom att den i sin rättstillämpning slår vakt om de i fördragen angivna integrationsmålen.

Verksamheten inom EU har i huvudsak inte någon klar partipolitisk prägel. Kommissionen är i grunden ett ämbetsmannaorgan, om än lett av kommissionärer med skiftande politiska bakgrunder, och i rådets arbete balanseras vanligen de olika medlemsstatsregeringarnas politiska färg. Europaparlamentet är ett politiskt organ, men det saknas någon tydlig uppdelning i en politisk majoritet och en opposition. Även verksamheten i Europaparlamentet får härigenom en inriktning på samarbete i syfte att nå en huvudsaklig konsensus. Som helhet präglas EU:s institutionella system av svaga politiska ansvarighetsmekanismer.[74] Det är därför inte oberättigat att tala om ett ”demokratiskt underskott” i EU (se vidare 18.2.2).

74. Härom bl a C Harlow, Accountability in the European Union, Oxford 2002.

# 5. Europarättens förhållande till nationell rätt

## *5.1 Inledning*

I detta kapitel skall vi närmare undersöka sambandet mellan europarätten och medlemsstaternas rättsordningar. Av EG-domstolens rättspraxis framgår att gemenskapsrätten är en självständig rättsordning, skild från både folkrätt och nationell rätt. Samtidigt utgör gemenskapsrätten en del av varje medlemsstats rättsordning och medlemsstaterna är förpliktade att lojalt tillämpa och ge effekt åt dess regler och principer. Förhållandet mellan gemenskapsrätten och de nationella rättsordningarna behandlas inte uttryckligen i grundfördragen. Genom rättspraxis har emellertid gemenskapsrätten utvecklats till ett, i förhållande till de nationella rättsordningarna, överordnat rättssystem vilket utgör en integrerad del av dessa system och skapar rättigheter och skyldigheter även för enskilda medborgare inom de kompetensgränser som ytterst dragits upp av fördragen.[1] Rättigheter och skyldigheter som i många fall kan åberopas direkt inför nationella domstolar och myndigheter (s k direkt effekt). De olika principer som härvidlag vuxit fram (främst då principerna om gemenskapsrättens företräde, direkt effekt, indirekt effekt samt möjligheten att erhålla statsskadestånd) bör ses i ett sammanhang och mot bakgrund av EG-domstolens strävan att stärka gemenskapsrättens ställning och tillhandahålla effektiva rättsliga möjligheter för dem som önskar utnyttja de rättigheter som gemenskapsrätten erbjuder enskilda medborgare. Rent principiellt är dock frågan om huruvida staterna, genom sitt medlemskap i EU, har begränsat sin suveränitet eller endast delegerat vissa maktbefogenheter till gemenskapen alls inte okontroversiell.

1. Att klart söka avgöra var dessa gränser går är dock inte alltid så lätt: Se avsnitt 6.2 för en närmare diskussion av de rättsliga gränserna för EG:s kompetens.

## 5.2 Monism och dualism

Innan vi går in på den gemenskapsrättsliga utvecklingen av förhållandet mellan europarätt och nationell rätt skall frågan om hur internationella avtal i allmänhet blir del av nationell rätt kort beröras. Genom att underteckna och ratificera ett internationellt avtal blir den ratificerande staten folkrättsligt bunden i förhållande till andra stater. Skilda principer för hur konventionen sedan kan komma att bli en del av den nationella rättsordningen tillämpas därefter beroende av staternas olika konstitutionella system. I huvudsak finns här två synsätt: Det monistiska och det dualistiska. Deras huvuddrag skall här kort presenteras, men det bör påpekas att kombinationer och mellanformer förekommer.[2]

Enligt den *monistiska principen* blir ett internationellt avtal del av den nationella rättsordningen redan genom ratifikationen eller generella konstitutionella bestämmelser, d v s utan att några särskilda införlivandeåtgärder behöver vidtas. Denna princip tillämpas bl a i Nederländerna, Belgien och Frankrike. Den *dualistiska principen* innebär däremot att internationella överenskommelser inte blir en del av den interna rättsordningen i en stat redan härigenom, utan endast om och i den mån de i särskild ordning införlivas med den inhemska rätten. Detta sker normalt genom inkorporation eller transformation.

*Inkorporation* innebär att en konvention implementeras (genomförs) genom en lagstiftningsakt som förklarar att själva konventionstexten skall gälla som inhemsk författning. *Transformation* innebär att en konvention görs till en del av den inhemska rätten genom att den nationella lagstiftningen ges ett innehåll som tillgodoser konventionens krav. Till länder som tillämpar den dualistiska principen hör bl a Sverige (ehuru regeringsformen saknar någon bestämmelse i ämnet), Norge, Danmark, Tyskland och Storbritannien.

Effekterna av den dualistiska principen mildras av den vedertagna principen om *fördragskonform tolkning*. Den innebär, applicerad på Sverige, att man skall tolka svenska lagar och andra författningar mot bakgrund av våra internationella konventionsåtaganden. Det är en accepterad tolkningsprincip i Sverige att rättstillämpande organ presumerar (antar) att svensk intern rätt står i överensstämmelse med internationell rätt sådan den kommit till uttryck i internationella konventioner som Sverige ratificerat.[3] Detta medför att om en bestämmelse i svensk rätt som bygger på en konventionstext kan ges mer än en tolkning, skall det rättstillämpande organet välja den tolkning som överensstämmer

2. Se vidare bl a O Bring & S Mahmoudi, Sverige och folkrätten, 3 uppl, 2007.

3. Se t ex justitierådet Johan Linds uttalande i NJA 1992 s 532 (på s 538): "Vid tillämpning av svensk lag har emellertid domstolarna att så långt det över huvud taget är möjligt tolka lagen på det sätt som bäst överensstämmer med en av Sverige ratificerad konvention".

med landets internationella förpliktelser.[4] Principen om fördragskonform tolkning är dock knappast användbar om det föreligger en svensk författningsbestämmelse som står i uttrycklig strid med en ratificerad konventionstext.[5] Vad beträffar de fördrag som EG ingått med tredje land har EG-domstolen ett klart monistiskt synsätt (se 9.5). Domstolen har även slagit fast att EG-rätten utgör en direkt tillämplig del av medlemsstaternas nationella rättsordningar,[6] vilket fått viktiga konsekvenser för Sveriges del.[7]

## *5.3 Europarättens företräde*

### 5.3.1 Allmänt

Nationella rättsregler kan visa sig stå i konflikt med gemenskapsrättsliga bestämmelser och för att korrekt kunna avgöra tvistefrågorna måste i sådana fall någon av rättsordningarna ge vika. Denna fråga regleras inte (i vart fall inte uttryckligen) av fördragen men har genom domstolens försorg fått sin lösning genom principen om europarättens företräde framför nationell rätt, vilken först lanserades i det klassiska rättsfallet *Costa mot ENEL.*[8]

Fallet är ett exempel på en obetydlig tvist som givit upphov till ett principiellt viktigt avgörande: Den italienske advokaten Costa vägrade betala en mindre elräkning på 1195 lire (ungefär 5 euro) från det statliga elföretaget ENEL. Orsaken var att Costa – som var aktieägare i ett elbolag – ansåg att den italienska lagstiftningen om nationalisering av el-industrin stred mot vissa bestämmelser i Romfördraget. Den nationella domstolen som hade att avgöra tvisten om elräkningen begärde ett förhandsavgörande från EG-domstolen.

EG-domstolen förklarade att Romfördraget vid sitt ikraftträdande skapat en egen rättsordning som blivit en integrerad del av medlemsstaternas rättsordningar och vars regler de nationella domstolarna var skyldiga att tillämpa. Domstolen upprepade sina argument från *Van Gend*

4. Om fördragskonform tolkning i förhållande till Europakonventionen, se 11.5. Regeringsrätten och HD har i ett flertal avgöranden understrukit att svensk patentlagstiftning skall tolkas mot bakgrund av Europeiska patentkonventionen och därpå byggd praxis. Se bl a RÅ 1990 ref 84 , 1998 ref 55 och NJA 2000 s 497.

5. Se, för EG-rättens del, avsnitt 5.5 nedan om indirekt effekt.

6. Se mål 6/64, Costa mot ENEL (REG 1964, s 585; svensk specialutgåva, volym 1).

7. Se avsnitt 11.4 om Sveriges genomförande av EG-rätten; se även i slutet av 9.5.

8. Mål 6/64, Costa mot ENEL (REG 1964, s 585; svensk specialutgåva, volym 1). Se bl a O Wiklund, "Advokaten Costa och suveräniteten" i Rättsfall att minnas, 1997, s 153 ff. Förhållandet EG-rätt/nationell rätt behandlas ingående i O Wiklund, EG-domstolens tolkningsutrymme, 1997. Se vidare t ex A Arnull, The European Union and its Court of Justice, 2 ed, Oxford 2006, bl a s 179 ff.

*en Loos* (se nedan) genom att framhålla att medlemsstaterna har inskränkt sina suveräna rättigheter, låt vara på begränsade områden, och skapat en rättsordning som förpliktade såväl deras medborgare som dem själva. Den berömda formuleringen förtjänar att återges:

> "Genom EEG-fördraget upprättade medlemsstaterna en gemenskap med obegränsad varaktighet, utrustad med egna institutioner, rättssubjektivitet, rättskapacitet, behörighet att uppträda internationellt som ställföreträdare och, i synnerhet, med verksamma befogenheter som härrör från en kompetensbegränsning eller en överföring av staternas uppgifter till gemenskapen. Därigenom har staterna, fastän inom begränsade områden,[9] inskränkt sina suveräna rättigheter och skapat ett regelverk som är tillämpligt på deras medborgare och på dem själva."[10]

Domstolen fastslog att det av den anledningen inte var möjligt för medlemsstaterna att tillerkänna en ensidig, senare vidtagen nationell åtgärd, företräde framför den nya rättsordning till vilken de anslutit sig. Gemenskapsrätten kunde inte variera från en stat till en annan; detta skulle äventyra fördragets mål och leda till diskriminering på grund av nationalitet. Stadgandet om förordningars direkta tillämplighet i artikel 249 EGF skulle vidare sakna mening om en medlemsstat kunde omintetgöra dess verkan genom att vidta ensidiga lagstiftningsåtgärder. Oavsett vilken utformning nationella föreskrifter gavs kunde sådana inte sätta gemenskapsrätten åt sidan utan att själva den rättsliga grunden för gemenskapen skulle hotas.

EG-domstolen förtydligade sig ytterligare i fallet *Internationale Handelsgesellschaft*[11] och slog där fast att gemenskapsrätten har företräde framför alla former av nationell rätt, inklusive nationella författningar och grundlagar.

I *Simmenthal II*[12] vidareutvecklade domstolen principen från Costa mot ENEL genom att framhålla att gemenskapsrättens företräde logiskt sett även måste medföra en begränsning av den nationella lagstiftningsmakten. Simmenthal importerade nötkött från Frankrike till Italien och ålades att betala en avgift för en hälsoskyddsundersökning i enlighet med en italiensk lag från 1970. Denna lag stred emellertid mot Romfördraget och två därpå grundade förordningar utfärdade 1964 och 1968. Målet började i italiensk domstol som begärde ett förhandsavgörande från EG-domstolen. De italienska myndigheterna hävdade att den italienska lagen

9. Notera dock EG-domstolens ännu djärvare formulering i Yttrande 1/91, EES I (REG 1991, s I-6079; svensk specialutgåva, volym 11), punkt 21: "... har begränsat sina suveräna rättigheter, *inom allt större områden* ..." (vår kursivering).

10. Ibid, s 217 i den svenska specialutgåvan.

11. Mål 11/70, Internationale Handelsgesellsehaft mot Einfuhr- und Vorratsstelle Getreide (REG 1970, s 1125; svensk specialutgåva, volym 1).

12. Mål 106/77, Amministrazione delle Finanze dello Stato mot Simmenthal (REG 1978, s 629; svensk specialutgåva, volym 4).

måste ha företräde eftersom den antagits senare än de två förordningarna. Vidare hävdade de att även om den italienska lagen stod i strid med fördraget, så måste den italienska domstolen enligt författningen tillämpa lagen tills dess denna ogiltigförklarats av den italienska författningsdomstolen. EG-domstolen avfärdade båda argumenten och slog fast att det var varje nationell domstols skyldighet att ge full effekt åt gemenskapsrättsbestämmelser och att inte tillämpa motstridande nationella bestämmelser, även om dessa antagits senare i tiden. Den nationella domstolen behövde därvid heller inte begära eller avvakta att sådana nationella bestämmelser skulle undanröjas genom lagstiftning eller andra nationella, konstitutionella åtgärder. Italienska domstolar skulle således inte följa den italienska författningen i den aktuella situationen. Domstolen uttalade vidare att gemenskapsrättens företräde förhindrade nya nationella lagstiftningsåtgärder som var oförenliga med gemenskapsrätten eller som i övrigt inkräktade på områden där gemenskapen utövade sin lagstiftande makt. Sådana nationella bestämmelser skulle alltså inte tillämpas, och även om de inte skulle anses ogiltiga var medlemsstaterna likväl skyldiga att upphäva eller ändra dem. Senare har domstolen slagit fast att skyldigheten att ge företräde för europarätt även gäller vid interimistiska beslut.[13]

I Sverige har HD och Regeringsrätten tydligt erkänt principen om gemenskapsrättens företräde, se 11.4.

I några domar[14] har EG-domstolen även framhållit att nationella domstolar kan vara skyldiga att ex officio beakta vissa gemenskapsrättsliga bestämmelser med direkt effekt: något som i vart fall knappast kan anses förändra situationen i förvaltningsprocesser och indispositiva mål, där ju huvudprincipen i svensk rätt även tidigare varit *jura novit curia*.[15] Beträffande dispositiva mål, där det ankommer på parterna att åberopa grunderna för målet, t ex i civilrättsliga konsumenttvister, torde däremot

13. Mål C-213/89, R mot Secretary of State for Transport, ex parte Factortame (II) (REG 1990, s I-2433; svensk specialutgåva, volym 10), se även avsnitt 5.7.

14. Målen C-72/95, Aannemersbedrijf P K Kraaijeveld BV m fl mot Gedeputeerde Staten van Zuid-Holland (REG 1996, s I-5403) samt C-430 och 431/93, Jeroen van Schijndel och Johannes Nicolaas Cornelis van Veen mot Stichting Pensionenfonds voor Fysiotherapeuten (REG 1995, s I-4705), kommenterade av S Prechal, Community law in national courts: The lessons from Van Schijndel, 35 CMLRev 1998 s 681 ff.

15. "Domstolen känner lagen"; vilket innebär att parterna inte skall behöva klargöra rättsläget för domstolen.

EG-domstolens krav kunna komma att leda till vissa avvägningsproblem.[16]

Det måste slutligen noteras att EG-domstolen mot bakgrund av den generella principen om företrädet i några avgöranden ansett nationella domstolar skyldiga att inte verkställa nationella bestämmelser även i fall där kriterierna för s k direkt effekt (se nedan) av de relevanta EG-bestämmelserna inte förelegat. Se vidare nedan, avsnitt 5.4.4.

## 5.3.2 Ett oinskränkt företräde framför all nationell rätt?

Tanken att nationell rätt rent logiskt måste träda tillbaka från områden där landet ifråga har lämnat ifrån sig beslutskompetensen till gemenskapen kan te sig bestickande självklar, men är vid närmare begrundan alls inte okontroversiell. Principen om europarättens företräde var också till en början svår att acceptera för författningsdomstolarna i särskilt Italien och Tyskland. Dessa två länder har båda ett starkt grundlagsskydd för grundläggande fri- och rättigheter och domstolarna där kunde inte utan vidare acceptera att det nationella grundlagsskyddet riskerade att sättas ur spel, utan att gemenskapen själv garanterade ett godtagbart skydd för dessa rättigheter. Gemenskapen har härefter också utvecklat allmänna rättsprinciper till skydd för grundläggande mänskliga rättigheter; en utveckling som till stor del får anses motiverad av EG-domstolens strävan att säkra principen om gemenskapsrättens företräde (se vidare avsnitt 6.9).

Numera får gemenskapsrättens överhöghet anses praktiskt accepterad så länge (på tyska "solange"; se nedan) den säkerställer ett fullgott rättighetsskydd för medlemsstaternas medborgare. Det bör dock framhållas att den oinskränkta överhögheten som princip ingalunda är accepterad fullt ut. Den tyska författningsdomstolen har i sin berömda dom rörande Maastrichtfördragets förenlighet med tysk grundlag djupgående analyserat förhållandet mellan Unionen, gemenskapsrätten och medlemsstaterna. Författningsdomstolen framhöll där att överlåtelserna av kompetens till unionen är begränsade och att unionen heller inte har rätt att själv tilldela sig ytterligare kompetens.[17] EU:s befogenheter härrör alltså från medlemsstaterna, vilka förblir "fördragens herrar". Av detta följer bland annat att en medlemsstat förblir en suverän stat med en härpå

16. Se främst förenade målen C-240-244/98, Océano Grupo Editorial SA mot Roció Murciano Quintero m fl (REG 2000, s I-4941), där EG-domstolen först ställde upp möjligheten för nationella domstolar att bedöma oskäliga avtalsvillkor i konsumentförhållanden ex officio. Se rättsfallskommentar av T Andersson i ERT 2001 s 565 ff. Genom avgörandet i C-168/05, Mostaza Claro (REG 2006, s I-10421) klargjordes vad många redan anade efter tolkning av Océano Grupo, nämligen att det är frågan om en förpliktelse, inte endast en möjlighet, för nationella domstolar att göra ex officio-prövning, då annat skulle äventyra de bakomliggande konsumentskyddshänsyn som gemenskapsrätten söker stärka.

17. Se 3.1 om kompetens-kompetens.

grundad likaställning i förhållande till andra stater i enlighet med artikel 2 p 1 i Förenta Nationernas stadga, och som genom eget, självständigt beslut ytterst kan lämna Unionen. Författningsdomstolen förklarade vidare att den själv har befogenhet att bedöma om de rättsakter som EU-institutionerna beslutat håller sig inom de kompetensgränser som dragits upp för EU. Fann författningsdomstolen därvid att ett kompetensöverskridande förelåg skulle rättsakten inte vara bindande i Tyskland.[18]

Den tyska författningsdomstolens principiella uppfattning går, som framgår av det ovanstående, inte att förena med EG-domstolens anspråk på rätten att exklusivt pröva såväl frågan om kompetensgränserna mellan EU och medlemsstaterna som giltigheten av utfärdade gemenskapsrättsakter. I praktiken deklarerade emellertid författningsdomstolen redan 1986, i *Solange II-målet*,[19] att den fortsättningsvis inte i enskilda fall skulle granska gemenskapslagstiftningen i förhållande till de tyska konstitutionella rättigheterna så länge EG-domstolen på ett tillfredsställande sätt kunde anses skydda de grundläggande fri- och rättigheterna.[20]

Även om den principiella frågan om företrädesrätten sammanfattningsvis kan sägas bestå, torde den rent praktiskt i dag vara långt mindre laddad än tidigare, inte minst sedan principen om att gemenskapsrätten skall respektera Europakonventionen fördragsfästs (artikel 6.2 EUF). [21] Sannolikt är hela frågan i praktiken alltför komplex för enkla svar i den ena eller andra riktningen: Gemenskapen utgör i dagens läge inte någon fullfjädrad federation och förhållandet mellan de nationella domstolarna och EG-domstolen är i vart fall principiellt ännu en fråga om interaktion mellan *parallella hierarkier*. Som anförts av bl a MacCormick[22] kan under dessa förhållanden vare sig EG-domstolen eller de nationella högsta domstolarna gärna ge upp sina tolkningsprerogativ, även om detta medför logiska bekymmer. Lösningen torde i praktiken i stället få sökas på

18. Brunner mot Unionsfördraget, NJW (Neue Juristische Wochenschrift) samt, i engelsk översättning [1994] 1 CMLR s 57. Domen finns vidare publicerad i engelsk översättning med kommentarer i skriften Maastrichtfördraget och den tyska grundlagen, Utrikesdepartementets handelsavdelning 1994. Se vidare t ex H H Vogel i JT 1993-94 s 553 ff, J Nergelius i FT 1994 s 55 ff med hänvisningar samt M Melin & G Schäder, EU:s konstitution, 6 uppl s 156 ff. Se även prop 1993/94:114 ang grundlagsändringar inför ett svenskt EU-medlemskap s 18 f.

19. Wünsche Handelsgesellschaft, avgörande av den 22 oktober 1986, [1987] 3 CMLR 225.

20. Detta synes exempelvis har lett till accepterandet av EG-domstolens dom i målet C-285/98, Tanja Kreil mot Tyskland (REG 2000, s I-69) , där den tyska grundlagsbestämmelse som förbjöd kvinnor att göra väpnad tjänst inom militären förklarades strida mot EG-rättens diskrimineringsförbud.

21. Den danska Højesteret har, vid prövning av Maastricht-fördragets förenlighet med den danska grundlagen, kommit fram till ungefär liknande slutsatser som den tyska författningsdomstolen vad beträffar sista ordet vid en eventuell bedömning av kompetensfördelningen mellan Danmark och gemenskapen, målet Carlsen m fl mot Rasmussen (danske statsministern), UfR 1998 s 800 H.

22. N MacCormick, The Maastricht-Urteil: Souvereignty Now, (1995) 1 ELJ s 259.

mer pragmatisk-politiska grunder: EG-domstolen gör bäst i att noga beakta de följder dess tolkningar kan få för medlemsstaterna och de nationella domstolarna bör beakta de förpliktelser som i vid mening får anses följa av deltagandet i EU och den fortgående integrationen.[23]

I det konstitutionella fördraget har man uttryckligen tagit in principen om gemenskapsrättens företräde såsom ett särskilt stadgande; det återstår att se om detta kvarstår när den pågående fördragsrevisionen avslutats.[24]

# 5.4 *Direkt effekt*

## 5.4.1 Allmänt

Begreppen direkt tillämplighet och direkt effekt[25] används (i vissa fall även av EG-domstolen) ibland synonymt. Här kommer dock *direkt tillämplighet* att användas för att uttrycka att bestämmelser som stammar från bindande internationella avtal (t ex Romfördraget) även utan någon speciell nationell implementering/inkorporering utgör en del av den nationella rättsordningen. Med *direkt effekt* avses att vissa av dessa bestämmelser kan ge upphov till individuella rättigheter och skyldigheter, vilka kan göras gällande av enskilda inför nationella domstolar och myndigheter. Det är nämligen inte så att alla gemenskapsrättsliga regler som har direkt tillämplighet också har direkt effekt. Vissa regler (eller delar av dem) är t ex bara riktade till stater eller andra offentliga organ och binder dessa men ger inga individuella, självständiga rättigheter till några enskilda (se t ex artiklarna 91, 185, 242 EGF).[26]

Artikel 249 stadgar att *förordningar* (se 3.3.7) skall ha allmän giltighet, vara till alla delar bindande samt direkt tillämpliga i varje medlemsstat. Användandet av termen direkt tillämplighet i artikeln har vållat visst huvudbry inom doktrinen. Troligen avsåg fördragets författare med uttrycket direkt tillämplighet vad som här definierats som direkt effekt.

23. I samma riktning M Kumm, Who is the final arbiter of constitutionality in Europe?, 36 CMLRev 1999 s 351 ff. beträffande just förhållandet mellan EG-domstolen och de nationella domstolarna: Frågan har fått förnyad aktualitet genom avgörandet i *Köbler*, se 5.6.

24. Artikel I-6 i det konstitutionella fördraget lyder: ”Konstitutionen och den rätt som antas av unionens institutioner genom utövande av de befogenheter som den har tilldelats skall ha företräde framför medlemsstaternas rätt”. Enligt en bifogad förklaring återger bestämmelsen gällande rätt; det är dock en omdiskuterad fråga om den genom sin kategoriska formulering går längre, se t ex J Nergelius, EU:s nya grundlag – Från maktbalans till rådsbalans i En konstitution för Europa? Reflektioner, SIEPS 2004:3–7 s 27 ff.

25. På engelska ”direct applicability” respektive ”direct effect”.

26. Jfr dock avsnitt 5.4.4. För en alternativ beskrivning av begreppet "direkt effekt" se J Hettne & I Otken Eriksson (red), EU-rättslig metod, s 115 ff.

Förordningar, och måhända endast förordningar, skulle då enligt artikel 249 ha direkt effekt. Domstolen har emellertid i ett antal mål gjort klart att alla typer av gemenskapsakter som innehåller någon form av bindande rättslig förpliktelse (och därmed en korresponderande rättighet) i princip kan komma ifråga för direkt effekt förutsatt att de uppfyller kriterierna tydlighet, precision och ovillkorlighet. Av praxis framgår således att såväl fördragsartiklar som bestämmelser i förordningar, direktiv (se mer om detta i 5.4.2 nedan), beslut och internationella avtal kan ha direkt effekt.

Ett exempel utgör målet *Van Gend en Loos*[27] från 1963, vilket också är ett av de tidiga, banbrytande rättsfallen inom europarätten. En holländsk domstol hade begärt ett förhandsavgörande från EG-domstolen rörande tolkningen av artikel 25 i Romfördraget. Enligt denna artikel skall medlemsstaterna avstå från att sinsemellan skärpa eller införa nya tullar eller avgifter med motsvarande verkan. Företaget Van Gend en Loos importerade kemikalier och vägrade att erlägga den förhöjda tulltaxa som blivit följden genom att kemikalierna ifråga placerats i en annan tullkategori. I förhandsavgörandet besvarades den principiellt oerhört viktiga frågan om en medlemsstats enskilda rättssubjekt med stöd av artikel 25 kunde göra gällande rättigheter som en nationell domstol måste skydda. Domstolen slog därvid fast att[28]

> /.../ gemenskapen utgör en ny rättsordning inom folkrätten till vars förmån staterna, låt vara på begränsade områden, har inskränkt sina suveräna rättigheter och som inte enbart medlemsstaterna utan även dessas medborgare lyder under.

Artikel 25 hade enligt EG-domstolen direkt effekt: Artikeln innehöll ett klart och ovillkorligt förbud som inte var begränsat av något förbehåll från medlemsstaternas sida, som skulle ha gjort förbudets genomförande beroende av någon ytterligare åtgärd enligt nationell rätt. Artikeln var därför mycket väl lämpad att ge upphov till direkt effekt i det rättsliga förhållandet mellan medlemsstaterna och dess medborgare. Det faktum att artikeln riktade sig till medlemsstaterna och inte till enskilda rättssubjekt utgjorde inte något hinder mot direkt effekt.

För att en gemenskapsrättslig bestämmelse skall ha direkt effekt krävs i princip:

- att den är *ovillkorlig*, d v s att den kan tillämpas utan att några kompletterande åtgärder behöver vidtas eller kompletterande regler utfärdas av vare sig EG eller medlemsstat,

27. Mål 26/62, Van Gend en Loos mot Nederlandse Administratie der Belastingen (REG 1963, s 1; svensk specialutgåva, volym 1).

28. Ibid, s 166 i den svenska specialutgåvan; jfr det i 5.3.1 återgivna uttalandet av domstolen i Costa mot ENEL.

- att eventuella övergångsperioder gått till ända samt
- att regelns innebörd är *klar* och *precis*. Regelns tillämpning får alltså inte vara beroende av en lämplighetsbedömning.[29] Tolkningsproblem är dock inget hinder för att anse en artikel vara klar och precis.

Inte minst i ljuset av EG-domstolens alltmer tillåtande praxis står det klart att kriterierna främst syftar till att skilja ut och ge direkt effekt åt bestämmelser där detta juridiskt-praktiskt låter sig göras utan alltför svåra problem. Denna pragmatiska linje stöder gemenskapsrättens allmänna genomslag och har i förekommande fall ofta tillgripits i syfte att få till stånd en viss önskad rättsutveckling.[30] I denna anda har t ex en mycket stor del av EG-fördragets centrala regler om fri rörlighet för varor, personer, tjänster och kapital tillerkänts direkt effekt. Mycket viktiga stadganden med direkt effekt är den allmänna likabehandlingsprincipen (artikel 12.1), unionsmedborgarskapet och dess rättigheter (artikel 18), förbudet mot kvantitativa handelsrestriktioner m m (bl a artiklarna 28 och 30), reglerna om fri rörlighet för arbetstagare (artikel 39) och om icke diskriminerande etableringsrätt (artikel 43), den fria rörligheten för kapital (artikel 56) samt förbuden mot konkurrensbegränsande avtal och missbruk av dominerande ställning (artiklarna 81 och 82).

Van Gend en Loos-fallet utgör ett exempel på s k *vertikal* direkt effekt: En gemenskapsbestämmelse som ger enskilda rättigheter, vilka kan åberopas gentemot staten. Detta skall jämföras med s k *horisontell* direkt effekt, som innebär att en enskild kan åberopa sådana rättigheter även gentemot en annan enskild part. Ett exempel på detta är fallet *Defrenne*,[31] där domstolen fann att likalönsprincipen i artikel 141 hade sådan effekt.

Defrenne var anställd som flygvärdinna hos flygbolaget Sabena. Hon väckte talan mot sin arbetsgivare inför belgisk domstol för brott mot artikel 141 på grund av att hon erhöll lägre lön än sina manliga kollegor trots att de utförde samma arbetsuppgifter. I sitt förhandsavgörande uttalade EG-domstolen att artikel 141 – trots att den riktar sig till medlemsstaterna – kunde åberopas inför nationell domstol i en talan mot ett enskilt rättssubjekt.

29. Jfr dock mål C-127/02, Landelijke Vereniging tot Behoud van de Waddenzee, Nederlandse Vereniging tot Bescherming van Vogels mot Staatssecretaris van Landbouw, Natuurbeheer en Visserij (Livsmiljödirektivet) (REG 2004, s I-7405), där EG-domstolen slog fast att en nationell domstol visst kunde pröva ifall nationella myndigheter vid sin lämplighetsbedömning verkligen kunde anses ha hållit sig inom ramarna för vad (det i målet icke implementerade) direktivet medgav: ett exempel på hur EG-domstolen praxis tenderat att ta allt lättare på de egna uppställda kriterierna för direkt effekt.

30. Jfr t ex målen 2/74, Reyners mot Belgien (REG 1974, s 631; svensk specialutgåva, volym 2) och 43/75, Defrenne mot Sabena (REG 1976, s 455; svensk specialutgåva, volym 3). Se, om den generella utvecklingen av begreppet, även T C Hartley, The Foundations of European Community Law – An Introduction to the Constitutional and Administrative Law of the European Community, 5 ed., Oxford 2003, s 202.

31. Mål 43/75, Defrenne mot Sabena (REG 1976, s 455; svensk specialutgåva, volym 3). Se även avsnitt 6.4 om likabehandlingsprincipen.

Både Van Gend en Loos och Defrenne handlade om fördragsartiklar men även förordningar kan ha direkt effekt.[32]

## 5.4.2 Direkt effekt av direktiv

Frågan om bestämmelser i direktiv (se 3.3.8) kan ha direkt effekt är mer komplicerad. Enligt artikel 249 EGF är direktiv bindande för medlemsstaterna endast med avseende på de resultat som skall uppnås, men överlåter åt de nationella myndigheterna att bestämma form och tillvägagångssätt för genomförandet. Uppenbarligen avsåg inte fördragets författare att direktiv skulle ha direkt effekt, och måhända är inte det så konstigt: Direktiv förutsätts ju generera nationella bestämmelser, vilka i sin tur skall kunna åberopas av eventuella berättigade rättssubjekt. Emellertid är det inte ovanligt att medlemsstater genomför direktiv på ett ofullständigt eller felaktigt sätt eller rent av underlåter att alls införliva direktiv; i vart fall inom utsatt tid. I sin strävan att slå vakt om en effektiv tillämpning av gemenskapsrätten har därför domstolen i en serie rättsfall utvidgat doktrinen om direkt effekt till att omfatta även direktiv i de fall där korrekt implementering av olika skäl inte skett.[33]

Ett av de viktigaste av dessa rättsfall är *Van Duyn*.[34] Van Duyn hade vägrats inresetillstånd till Storbritannien på grund av sitt samröre med Scientologikyrkan. Hon klagade på beslutet och gjorde gällande att det stred mot den fria rörligheten för arbetstagare i artikel 39 EGF samt ett därtill hörande direktiv. Direktivet innehöll vissa bestämmelser om medlemsstaternas rätt att begränsa den fria rörligheten, bl a av omsorg om den allmänna ordningen, men stadgade vidare att sådana begränsningar måste vara grundade uteslutande på individuellt uppförande hänförligt till individen i fråga. Van Duyn hävdade att så inte var fallet, utan att beslutet enbart grundade sig på hennes medlemskap i Scientologikyrkan.

Tillfrågad därom av den nationella domstolen uttalade EG-domstolen att direktiv kunde ha direkt effekt. Till stöd för detta anfördes bl a att det skulle vara oförenligt med ett direktivs bindande rättsverkan enligt artikel 249 att utesluta möjligheten till direkt effekt, vilket nog inte kan sägas vara ett särskilt övertygande juridiskt argument. Avgörandet var sannolikt mer dikterat av önskan att stärka gemenskapsrätten: Direkti-

32. Se t ex mål C-253/00, Antonio Muñoz y Cia SA, Superior Fruiticola SA och Frumar Ltd, Redbridge Produce Marketing Ltd (REG 2002, s I-7567), rättsfallskommentar av J Engström i ERT 2003 s 167 ff.

33. V Skouris, *Effet utile* versus Legal Certainty: The Case-law of the Court of Justice on the Direct Effect of Directives, EBusLRev 2006 s 241 ff belyser Domstolens syn på den rättsutveckling som behandlas i det följande. Se även K Lenaerts & T Corthaut, Of Birds and Hedges: The Role of Primacy in Invoking Norms of EU Law, ELRev 2006 s 287 ff (företrädesrätt och direkt effekt).

34. Mål 41/74, Van Duyn mot Home Office (REG 1974, s 1337; svensk specialutgåva, volym 2).

vets effektivitet ("effet utile" på franska) skulle bli större ifall det kunde göras gällande av individer direkt inför nationell domstol.

I senare rättsfall[35] har domstolen hänvisat till ett juridiskt sett starkare argument (baserat på en anglosaxisk rättsprincip), nämligen att ingen medlemsstat skall tillåtas att dra nytta av sin egen försummelse: Den medlemsstat som underlåter att i rätt tid genomföra ett direktiv skall inte gentemot en enskild (som kan antas ha förlitat sig på att direktivet verkligen införs korrekt) kunna åberopa sin egen försummelse till sitt försvar. Av detta följer att tidsfristen för genomförandet av ett direktiv är avgörande för om det kan få direkt effekt (se dock nedan, 5.4.3, om direktivs "spärrverkan" redan dessförinnan).

Sannolikt mot bakgrund av att direktiv faktiskt riktar sig till medlemsstater och inte till enskilda finns också en mycket viktig skillnad från andra typer av bestämmelser: Medan både fördragsartiklar och förordningar kan ha horisontell direkt effekt kan direktiv *endast* ha s k *vertikal direkt effekt*,[36] d v s åberopas av enskilda gentemot staten. Att så är fallet tycks stå klart efter domstolens avgörande i *Faccini Dori*.[37]

Fallet rörde tolkningen av det då gällande rådsdirektivet 85/577/EEG om hemförsäljning och konsumenters rätt till ångervecka. Fröken Dori hade ingått ett avtal på Milanos centralstation om köp av en korrespondenskurs i engelska men ångrade sig några dagar senare. Hon skrev till företaget och hävde avtalet, under åberopande av sina rättigheter enligt det ovannämnda direktivet. Vid avtalets ingående hade emellertid inte Italien implementerat direktivet och Doris hävning accepterades inte. Kravet fördes vidare till nationell domstol. I sitt förhandsavgörande uttalade EG-domstolen visserligen att direktivet var tillräckligt klart och ovillkorligt för att i princip kunna ha direkt effekt men att Dori inte kunde åberopa direktivet horisontellt, gentemot bolaget.

35. Mål 148/78, Publico Ministero mot Ratti (REG 1979, s 1629; svensk specialutgåva, volym 4).

36. Stater kan dock inte åberopa direkt effekt av direktiv gentemot enskilda, bara det motsatta är möjligt. Se t ex mål C-168/95, Luciano Arcaro (REG 1996, s I-4705). Notera dock att redan företrädesprincipen - oavsett frågan om direkt effekt – i vissa situationer har ansetts ålägga nationella domstolar att inte tillämpa mot EG-rätten stridande nationella bestämmelser: se vidare avsnitt 5.4.4.

37. Mål C-91/92 Faccini Dori mot Recreb S.r.l. (REG 1994, s I-3325; svensk specialutgåva, volym 16). Detta rättsfall var visserligen inte det första som behandlade frågan om horisontell direkt effekt av direktiv, utan snarare det rättsfall som tydligt klargjorde Domstolens obenägenhet att ändra sin praxis på denna viktiga punkt. (I målet hade generaladvokaten Lenz i sitt läsvärda yttrande kraftfullt argumenterat till förmån för horisontell direkt effekt). Denna obenägenhet har sedermera bekräftats i t ex förenade målen C-397-403/01, Bernhard Pfeiffer m fl mot Deutsches Rotes Kreuz, Kreisverband Waldshut eV (REG 2004, s I-8835).

Om nu direktiv endast kan ha direkt effekt i förhållande till staten har dock begreppet ”*staten*” givits en vid, gemenskapsrättslig definition av domstolen i målet *Foster*:[38]

/.../ett organ som, oavsett sin rättsliga form, i enlighet med en av staten antagen rättsakt har fått i uppdrag att utöva offentlig serviceverksamhet under statens tillsyn och som med anledning härav har särskilda befogenheter utöver dem som följer av de rättsregler som gäller i förhållandet mellan enskilda [ingår under alla förhållanden bland de organ gentemot vilka sådana bestämmelser i ett direktiv som kan ha direkt effekt kan åberopas].”

I det ovan citerade avgörandet befanns t ex det vid denna tid statliga företaget British Gas rymmas under definitionen. Det är oväsentligt i vilken specifik egenskap (exempelvis som arbetsgivare eller offentlig myndighet) som staten uppträder i den aktuella tvisten. Definitionen har visat sig omfatta bl a skattemyndigheter, lokala myndigheter och (författningsmässigt självständiga) polismyndigheter. ”Staten” innefattar alltså det allmänna i vid mening.[39]

Trots det vida statsbegreppet går det inte att komma ifrån att det kan uppstå vissa olyckliga situationer, där enskildas möjligheter att t ex åberopa rättigheterna i ett arbetsrättsligt direktiv kan bli beroende av ifall de har en offentlig eller privat arbetsgivare. Som strax skall beröras har emellertid domstolen sökt att även på andra vägar säkra europarättens genomslag och enhetliga tillämpning genom doktrinerna om indirekt effekt och statsskadestånd.

## 5.4.3 Spärrverkan av direktiv

Som nämndes ovan är en förutsättning för att ett direktiv skall tillerkännas direkt effekt att den utsatta tiden för dess implementering i medlemsländerna har gått ut. EG-domstolen har emellertid i ett rättsfall med miljörättslig bakgrund, *Wallonie*,[40] slagit fast att direktiv kan få en viss legislativ ”spärrverkan” även innan den tid inom vilken medlemsstaten skall implementera direktivet gått till ända.

*Wallonie,* en ideell förening, sökte få en belgisk, nationell förordning rörande giftigt avfall ogiltigförklarad. Den nationella förordningen ställde inte samma

38. Mål C-188/89, Foster mot British Gas plc (REG 1990, s I-3313; svensk specialutgåva, volym 10), punkt 20.

39. För svenskt vidkommande kan här erinras om RF 11:6 st 3, av vilken framgår att även enskilda rättssubjekt kan anförtros offentliga förvaltningsuppgifter och därigenom falla under det vida EG-rättsliga statsbegreppet. S k särskilda offentligrättsliga subjekt (t ex Advokatsamfundet) fullgör också vissa förvaltningsuppgifter, trots att det här inte är frågan om någon formell delegation. I vilken mån dessa rättssubjekt omfattas av statsbegreppet torde främst bero på vilka befogenheter de tilldelats.

40. Mål C-129/96, Inter-Environnement Wallonie ASBL mot Région Wallonne (REG 1997, s I-7411).

krav på tillstånd för viss avfallshantering som det aktuella EG-direktivet på området. Belgien medgav detta, men anförde att direktivets införlivandefrist ännu inte löpt ut när den belgiska förordningen antogs. EG-domstolen slog i sitt förhandsavgörande fast att medlemsstaterna, trots att de inte är skyldiga att besluta om införlivandeåtgärder före fristens utgång, i enlighet med lojalitetsprincipen i artikel 10 samt artikel 249.3 EGF likväl är förpliktade att avhålla sig från åtgärder som – om än vidtagna före införlivandefristens utgång – allvarligt skulle äventyra direktivets föreskrivna resultat.

EG-domstolen har återkommit till, och bekräftat, spärrverkansdoktrinen i *Mangold* samt *Adeneler:*[41] i det senare fallet kopplat till principen om s k indirekt effekt (se vidare 5.5).

Principen är alltså att medlemsländerna inte får vidta lagstiftningsåtgärder under tidsfristen för genomförande av ett direktiv som allvarligt skulle strida mot direktivet.

## 5.4.4 Bortom direkt effekt? Vidareutvecklat genomslag av EG-rätten

Som framgått ovan är det inte alla EG-rättsliga bestämmelser som har direkt effekt. Inte heller har enskilda personer (fysiska eller juridiska) medgivits rätten att åberopa direkt effekt av direktiv gentemot andra än (den felande) staten i vid mening (s k vertikal direkt effekt).

I några avgöranden[42] har emellertid domstolen, utan att principiellt göra några avsteg från doktrinen om direkt effekt, likväl öppnat för en typ av laglighetsprövning som i praktiken kan leda till samma praktiska konsekvenser. I doktrinen används härvidlag ofta begreppet *triangulär direkt* effekt (d v s en kombination av horisontell och vertikal effekt). Även termerna ”diagonal effekt” eller ”tillfällig, oförutsedd (incidental) direkt effekt” förekommer). Som kommer att framgå präglas inte avgörandena av någon större principiell klarhet, men praxis kan möjligen förstås bäst som en vidareutveckling av den allmänna doktrinen om EG-rättens företräde. Redan av denna grundläggande princip följer, som nämnts ovan, att nationella domstolar anses skyldiga att vägra tillämpning av olika nationella regler som annars skulle komma att stå i strid med EG-rätten. Det i någon mening nya som skett är att EG-domstolen gjort motsvarande bedömningar i situationer där de EG-rättsliga bestämmelserna inte uppfyllt de gängse kraven på direkt effekt, där inga EG-

41. Målen C-144/04 (REG 2005, s I-9981) samt C-212/04 (REG 2006, s I-6057). Se även M Derlén & J Lindholm, Direktivs verkan före genomförandefristens utgång – preliminär, begränsad eller fullständig indirekt effekt?, ERT 2007 s 83 ff.

42. Se t ex målen C-194/94, CIA-Security (REG 1996, s I-2201), följt av C-443/98, Unilever Italia SpA mot Central Food SpA (REG 2000, s I-7535). Jfr även C-72/95, Aannemersbedrijf P K Kraaijeveld B V m fl mot Gedeputeerde Staten van Zuid-Holland (REG 1996, s I-5403) samt C-430 och 431/93, Jeroen van Schijndel och Johannes Nicolaas Cornelis van Veen mot Stichting Pensionenfonds voor Fysiotherapeuten (REG 1995, s I-4705).

rättsregler har ”satts i stället” för de nationella men konsekvenserna likväl har fått avgörande betydelse för utgången i tvister mellan enskilda parter (d v s om man så vill en slags horisontell effekt i praktiken, om än inte i teorin).

Det ledande fallet torde vara förhandsavgörandet i *Unilever:*[43] Fallet rörde två italienska företag som tvistade om betalningen för en leverans olivolja. Till bakgrunden hörde att Italien infört nationella regler om ursprungsmärkning av olivolja – utan att först ha notifierat kommissionen om detta potentiella tekniska handelshinder, vilket borde ha skett enligt ett EG-direktiv (om detta, se vidare avsnitt 12.5.2). Den omtvistade olivoljan uppfyllde inte dessa italienska ursprungsmärkningskrav, och köparen vägrade av detta skäl att betala för leveransen. Leverantören påpekade att märkningsbestämmelserna inte notifierats såsom borde ha skett och således heller inte kunde anses tillämpbara. I detta ljus, menade leverantören, fick olivoljan anses uppfylla alla (giltiga) nationella regler och krävde köparen på betalning.

EG-domstolen fann att de nationella tekniska föreskrifterna borde ha notifierats, att underlåtenheten innebar att de inte kunde tillämpas och att detta förhållande kunde åberopas i en tvist mellan enskilda parter. Domstolen noterade vidare att detta inte förändrade doktrinen om direkt effekt, då direktivet i den aktuella situationen inte kunde anses skapa ”varken rättigheter eller skyldigheter för enskilda”.

En praktisk konsekvens av EG-domstolens bedömning torde dock med största sannolikhet likväl bli att den aktuelle (enskilde) köparen förlorar den aktuella tvisten mot (den enskilde) säljaren, och åläggs att betala för den levererade olivoljan.

Att fokus inte ligger på någon universell rättighet till direkt effekt i största allmänhet hade emellertid redan tidigare kommit fram i *Lemmens.*[44] Där sökte en person undgå ansvar för rattfylleri genom att hänvisa till att de tekniska kraven på polisens alko-testar-apparatur inte notifierats. EG-domstolen begränsade där sin omnämnda notifierings-ogiltighetspraxis till att enbart gälla situationer där de icke-notifierade nationella tekniska reglerna äventyrade försäljning eller marknadsföring av produkter med avvikande utformning (vilket ju senare kom att vara fallet i Unilever).

Domstolens resonemang om EG-bestämmelser som varken skapat rättigheter eller skyldigheter för enskilda tyder på att det här främst skulle vara frågan om en slags legalitetskontroll, där EG-domstolen ålägger medlemsstaterna skyldigheten att följa gemenskapsrätten oavsett om denna i de aktuella fallen innehåller några uttryckliga rättigheter för enskilda (annars vanligen utkrävbara via doktrinerna om direkt eller indirekt effekt). EG-domstolens primära syfte torde alltså vara att hävda EG-

43. Mål C-443/98, Unilever Italia SpA mot Central Food SpA (REG 2000, s I-7535). Notera emellertid de begränsningar som tidigare ställts upp i C-226/97 (se nedan) för i vilka situationer underlåten notifiering kunde leda till ogiltighet.

44. Mål C-226/97, Martinus Lemmens (REG 1998, s I-3711).

rättsliga bestämmelsers generella företräde i situationer där gemenskapsstridiga nationella regler annars skulle komma att bestå, och därmed äventyra EG-rättens effektiva genomslag.

När så EG-domstolen slår ned på de gemenskapsstridiga nationella bestämmelserna (utan att göra någon vidare bedömning av frågorna om direkt eller indirekt effekt), blir konsekvenserna för de enskilda parter som "råkar" vara inblandade i de aktuella situationerna därför närmast att betrakta som en sidoeffekt av en generell legalitetsprövning snarare än som resultatet av en bedömning av enskildas individuella rättigheter.

I *Wells*,[45] där en tillåten direkt effekt i praktiken skulle komma att innebära att nationella myndigheter, på talan av en enskild, skulle tvingas se till att en annan enskild upphörde med pågående gruvdrift, i avvaktan på upprättande av en s k miljökonsekvensbeskrivning (ett i målet underlåtet miljödirektivkrav). EG-domstolen kommenterade saken på bl a följande sätt:

"Negativa återverkningar för tredje mans rättigheter motiverar /.../ inte i sig att enskilda förvägras rätten att åberopa bestämmelserna i ett direktiv gentemot den berörda medlemsstaten, även om det är säkert att sådana återverkningar uppstår".[46]

Avgörandena beträffande triangulär direkt effekt är likväl svåra att förklara principiellt. Vissa bedömare har argumenterat för att det kan vara dags att ifrågasätta nyttan med gängse direkt effekt-bedömningar. Det har i stället föreslagits att man med utgångspunkt i doktrinen om företrädet bör se frågan om EG-reglerna "tar över" (i meningen att de positivt skall tillämpas före eventuella nationella regler) eller "enbart blockerar" (i meningen hindrar tillämpning av nationella regler) på motsvarande vis som när normkonflikter löses inom nationella rättssystem. I dessa fall anses det ju inte vara något konstigt med att domstolar – beroende på vad som lämpar sig bäst i det enskilda fallet – har möjlighet att göra båda dessa typer av bedömningar. Detta skulle betyda att gränsen mellan "direkt effektiva" och "direkt tillämpliga" EG-bestämmelser skulle komma att luckras upp, och bedömningen i de konkreta fallen bli mer beroende av omständigheterna, typen och innehållet i de olika inblandade bestämmelserna (såväl de nationella som de EG-rättsliga), de eventuella förekommande individuella skyddsintressena och graden av EG-domstolens benägenhet att slå vakt om EG-rättens generella företräde.[47]

45. Mål C-201/02, Delena Wells (REG 2004, s I-723).

46. Ibid, punkt 57.

47. Se t ex S Prechal, Does Direct Effect still matter?, 37 CMLRev 2000 s 1047 ff, dens., Directives in EC Law, 2 ed, Oxford 2005 s 180 ff. I liknande riktning, förordande betoning av företräde och indirekt effekt i stället för ensidig fokusering på direkt effekt, K Lenærts & T Corthaut, Of birds and hedges: the role of primacy in invoking norms of EU law", 31 ELRev 2006 s 287 ff. Se vidare A Ward, From Direct Effect to Review of Discretion: the Impact of Directives in National Law and the End of Individual Rights? ERT 2007 s 113 ff.

Senare avgöranden har bidragit till att komplicera bilden ytterligare. I *Mangold*[48] förklarade t ex EG-domstolen att det i målet aktuella direktivet endast speglade en allmän EG-rättsprincip (förbudet mot åldersdiskriminering), varför det var rättsprincipen som sådan, snarare än det i målet aktuella men ännu inte implementerade direktivet, som skulle ges effekt: något som de facto torde ha lett till samma resultat som om direktivet givits just horisontell direkt effekt. Avgörandet synes öppna för ett ökat bruk av föregivet överträdda allmänna rättsprinciper i tvister mellan enskilda.[49]

Nuvarande praxis, som principiellt vidhåller att direktiv inte kan ha horisontell direkt effekt, har kritiserats för att härvidlag vara både hycklande och en fara ur enskildas rättssäkerhetssynpunkt.[50] Det står klart att EG-domstolen gett företräde för intresset av att pragmatiskt säkra ett fullt och effektivt genomslag av gemenskapsrätten och härigenom urholkat den doktrinära klarheten på området direkt effekt betydligt.

## 5.5 *Indirekt effekt (direktivkonform tolkning)*

Redan före vårt inträde i EU var det en accepterad tolkningsprincip i Sverige att rättstillämpande organ skulle presumera (anta) att svensk nationell rätt stod i överensstämmelse med internationell rätt sådan den kommit till uttryck i de internationella konventioner som Sverige ratificerat. Detta innebar att om en bestämmelse i svensk rätt kunde ges mer än en tolkning, skulle det rättstillämpande organet välja den tolkning som överensstämde med våra internationella förpliktelser.[51] Principen om fördragskonform tolkning är dock knappast användbar om det föreligger en svensk författningsbestämmelse som står i uttrycklig strid med en ratificerad konventionstext.

EG-domstolen har slagit fast att nationella domstolar och myndigheter är *skyldiga att tolka nationell lagstiftning med hänsyn tagen till relevanta bestämmelser i gemenskapsrätten oberoende av om dessa har direkt effekt eller ej*: en förpliktelse som i början grundades på lojalitets-

48. Mål C-144/04 (REG 2005, s I-9981).

49. Mer om detta i avsnitt 6.4.

50. Se t ex "Horizontal direct effect – A law of diminishing coherence?" (editorial), 43 CMLRev 2006 s 1 ff samt S Weatherill, "Breach of Directives and Breach of Contract", (2001) 26 ELRev 177, s 177 ff. Jfr dock även M Ross, Effectiveness in the European Legal Order(s); beyond supremacy to constitutional proportionality, 31 ELRev 2006 s 476 ff, särskilt s 487 ff.

51. Se vidare avsnitt 5.2 och i förhållande till Europakonventionen 11.5.

plikten i artikel 10 men som i senare rättspraxis[52] upphöjts till en allmän förpliktelse som stammar ur själva fördraget som sådant ("inherent in the Treaty").

Denna tolkningsprincip kallas ofta von *Colson-principen* efter det rättsfall[53] där principen först utvecklades men betecknas ibland även som *principen om indirekt effekt.*

Von Colson-fallet rörde det s k jämställdhetsdirektivet (76/207/EEG). Enligt artikel 6 i direktivet hade medlemsstaterna en skyldighet att garantera effektiva rättsmedel för dem som utsatts för diskriminering. Von Colson, som gjort gällande att hon vägrats anställning vid ett fängelse på grund av sitt kön, menade att direktivet gav henne rätt att kräva att domstolen skulle ålägga arbetsgivaren att anställa henne. EG-domstolen fann dock att bestämmelsen inte var tillräckligt ovillkorlig för att kunna tillerkännas direkt effekt: Medlemsstaterna kunde ju uppfylla sin skyldighet på flera olika sätt, t ex genom att införa en rätt till skadestånd i fall av diskriminering, och någon specifik rätt att erhålla en anställning som man förvägrats kunde därför inte grundas på direktivet. Domstolen uttalade emellertid vidare att[54]

> skyldigheten för medlemsstaterna till följd av ett direktiv att uppnå det resultat som föreskrivs i detta direktiv och deras förpliktelse enligt artikel 10 i fördraget att vidta alla lämpliga åtgärder, både allmänna och särskilda, för att säkerställa att denna skyldighet fullgörs, åligger alla myndigheter i medlemsstaterna, även domstolarna inom ramen för deras behörighet. Härav följer att den nationella domstolen, vid tillämpningen av nationell rätt och i synnerhet de bestämmelser i en nationell lag som har införts särskilt för genomförandet av ett direktiv, är skyldig att tolka den nationella rätten mot bakgrund av direktivets ordalydelse och syfte så att det resultat som avses i artikel 249 tredje stycket uppnås.

Innebar detta att endast specifik implementeringslagstiftning skulle tolkas i enlighet med gemenskapsrätten eller gällde regeln all nationell rätt? Och hur långt skulle den nationella domstolen gå i sina tolkningssträvanden om det till exempel visade sig att nationella regler stod i uppenbar strid med gemenskapsrättsreglerna?

52. Se förenade målen C-397-403/01, Pfeiffer m fl mot Deutsches Rotes Kreutz, (REG 2004, s I-8835, berört nedan) samt mål C-105/03, Pupino (REG 2005, s I-5285, berört i 10.2). Se, till det följande, S Drake, Twenty Years after Von Colson: The Impact of "Indirect Effect" on the Protection of the Individual's Community Rights, 30 ELRev 2005 s 329 ff.

53. Mål 14/83, Von Colson och Kamann mot Land Nordrhein Westfalen (REG 1984, s 1891; svensk specialutgåva, volym 7). För en översikt av praxisutvecklingen, se t ex S Drake, a a.

54. Ibid, punkt 26.

I fallet *Marleasing*[55] handlade den nationella tvisten om tolkningen av det första bolagsdirektivet, vilket inte hade implementerats av Spanien. Företaget Marleasing hade väckt talan om att ett annat bolag, La Comercial, skulle förklaras ogiltigt och upplösas i enlighet med spansk civilrätt. La Comercial bestred yrkandena med hänvisning till att dessa stöddes på skäl som saknade stöd i EG:s första bolagsdirektiv.[56] Eftersom båda parterna var enskilda rättssubjekt (och direktiv inte har horisontell direkt effekt) kunde inte La Comercial direkt åberopa direktivet. EG-domstolen, som omformulerade den spanska domstolens fråga, uttalade emellertid följande:[57]

> ”den nationella domstolen vid tillämpningen av nationell rätt, oavsett om det rör sig om bestämmelser som antagits före eller efter direktivet, är skyldig att i den utsträckning det är möjligt tolka den nationella rätten mot bakgrund av direktivets ordalydelse och syfte så att det resultat som avses i direktivet uppnås och därmed agera i överensstämmelse med artikel [249] tredje stycket i fördraget.

I *Pfeiffer*[58], som ägnar stort utrymme åt frågan om tolkningsskyldigheten, noterar EG-domstolen bl a att den nationella domstolen ska beakta *hela* den nationella rätten för att avgöra ifall denna på något vis kan tolkas och tillämpas så att resultatet ligger i linje med vad som eftersträvas i gemenskapsrätten.

Nationella domstolar i medlemsländerna är alltså skyldiga att *så långt möjligt* tolka nationell rätt i ljuset av innehåll och syfte i de på området gällande direktiven (och annan relevant gemenskapsrätt).[59] Till skillnad från vad som gäller beträffande direkt effekt kan även direktiv som inte implementerats eller som i övrigt saknar direkt effekt likväl ha indirekt effekt.[60] I ett färskt avgörande med rötter i den s k spärrverkansdoktrinen (se ovan, 5.4.3) har EG-domstolen slagit fast att det visserligen inte finns något krav att tolka direktivkonformt förrän införlivandefristen löpt ut, men att nationella domstolar även innan dess – i den utsträckning det är möjligt – skall avhålla sig från att tolka nationell rätt på ett

55. Mål C-106/89, Marleasing SA mot La Comercial Internacional de Alimentacion (REG 1990, s I-4135; svensk specialutgåva, volym 10).
56. Se om EG:s bolagsrätt avsnitt 14.3.
57. Marleasing, punkt 8.
58. Förenade målen C-397–403/01 (REG 2004, s I-8835). Se särskilt p 114–116 i domskälen. Målet gällde arbetstidsdirektivet, 93/104/EG. Kommentar i SvJT 2005 s 291 ff.
59. I mål C-105/03, Pupino (REG 2005, s I-5285) har EG-domstolen slagit fast att även rambeslut enligt tredje pelaren ställer krav på konform tolkning av den nationella rätten, se 10.2.
60. Mål 80/86, Kolpinghuis Nijmegen BV (REG 1987, s 3969; svensk specialutgåva, volym 9), punkterna 15–16.

sätt som, efter utgången av införlivandefristen, riskerar att allvarligt äventyra det mål som eftersträvas med direktivet.[61]

Skyldigheten att tillämpa *direktivkonform tolkning* får anses omfatta alla nationella rättsregler som har en utformning som är öppen för tolkning. Det finns däremot inte någon skyldighet för domstolar att tolka nationell lagstiftning på ett sätt som klart står i strid med dess faktiska lydelse (contra legem);[62] i sådant fall torde man ju heller rent principiellt inte längre ägna sig åt tolkning. Vidare måste respekten för rättssäkerhet och andra allmänna rättsprinciper beaktas vid tolkningen, vilket bland annat innebär att olika typer av för den enskilde betungande lagstiftning i många fall inte kan tolkas strängare än vad som annars skulle bli fallet.[63] Det bör också noteras att EG-domstolen fastslagit att nationella domstolar i vilket fall som helst är förpliktade att inte tillämpa nationella bestämmelser som står i strid med gemenskapsrätten,[64] varmed i detta avseende får avses just sådana nationella regler som inte lämpar sig för (om-)tolkning. Skulle man tolkningsvägen inte kunna säkra sina rättigheter har emellertid domstolen även betonat möjligheten att utkräva statsskadestånd såsom ett alternativ.

## 5.6 *Enskildas rätt till statsskadestånd (Francovich-principen)*

Principerna om företräde och om direkt och indirekt effekt är viktiga byggstenar när det gäller att säkra en effektiv tillämpning av gemenskapsrätten och försäkra sig om att de rättigheter som ges faktiskt också kan utkrävas. Det finns emellertid situationer när dessa principer inte är tillräckliga. Antag t ex att ett direktiv som ger vissa rättigheter för enskilda arbetstagare inte implementerats i tid, att motparten i en eventuell process skulle vara ett privat rättssubjekt (vilket ju utesluter direkt effekt av direktivet) samt att det inte heller finns någon nationell lagstiftning att

61. Mål C-212/04, Adeneler (REG 2006, s I-6057), punkterna 121-123.

62. Se t ex mål C-334/92, Wagner-Miret mot Fondo de Garantia Salarial (REG 1993, s I-6911).

63. Se t ex målen 80/86, Kolpinghuis Nijmegen BV (REG 1987, s 3969; svensk specialutgåva, volym 9), punkterna 13–14 och C-168/95, Luciano Arcaro (REG 1996, s I-4705) och C-453/00, Kühne & Heitz (REG 2004 s I-837).

64. Mål C-213/89, R mot Secretary of State for Transport, ex parte Factortame (II) (REG 1990, s I-2433; svensk specialutgåva, volym 10). Se vidare avsnitt 6.7 nedan. Se även målen C-262/97, Rijksdienst voor Pensioenen mot Robert Engelbrecht (REG 2000, s I-7321) samt förenade målen C-240-244/98, Océano Grupo Editorial SA mot Rocío Murciano Quintero m fl (REG 2000, s I-4941). Kravet på icke-tillämpning gäller också i s k spärrverkanssituationer; se 5.4.3.

tolka gemenskapsrättsligt. Så var fallet i målet *Francovich*,[65] där domstolen lade fast en ny och mycket viktig princip om rätt till skadestånd i sin strävan att säkra en effektiv tillämpning av gemenskapsrätten.

Målet rörde det s k lönegarantidirektivet (80/987/EEG) som innehåller bestämmelser enligt vilka medlemsstaterna bl a är skyldiga att införa lönegarantisystem till skydd för de anställda. Italien hade redan tidigare förlorat ett mål om fördragsbrottstalan eftersom staten inte hade implementerat detta direktiv. Francovich och Bonifaci var anställda vid två företag som ställde in sina betalningar. Då de inte kunde få ut någon lön stämde de den italienska staten och krävde ersättning i enlighet med direktivet, alternativt skadestånd på grund av statens underlåtenhet att implementera direktivet. Den italienska domstolen begärde ett förhandsavgörande från EG-domstolen huruvida direktivet hade direkt effekt eller – om så inte var fallet – huruvida en medlemsstat kunde bli skadeståndsskyldig för sin underlåtenhet att implementera ett direktiv.

Beträffande frågan om direkt effekt slog EG-domstolen först fast att direktivet inte var tillräckligt klart och ovillkorligt beträffande vilken instans som de facto skulle betala ut lönegarantin: Direktivet lämnade till medlemsstaterna att inrätta en administrerande myndighet (som inte behövde vara statlig) och den italienska staten kunde inte anses vara en sådan institution enbart på grund av sin underlåtenhet att implementera direktivet. Domstolen konstaterade emellertid därefter att en medlemsstat i princip kunde bli skadeståndsskyldig och förpliktas att utge ersättning för skador som den kunde ha orsakat enskilda genom åsidosättande av gemenskapsrätten. Enligt domstolen var en sådan princip en väsentlig del av fördragets systematik ("inherent in the system of the Treaty") och var nödvändig för att garantera europarättens fulla effektivitet. Domstolen hänvisade i dessa delar också till lojalitetsprincipen i artikel 10 EGF. I domen slogs även fast att nationell domstol i en fråga rörande medlemsstatens skadeståndsskyldighet gentemot enskild hade att tillämpa den nationella rättens forum- och förfaranderegler. Sådana regler fick inte vara mindre förmånliga än vad som i allmänhet gällde för den aktuella typen av anspråk, och heller inte vara sådana att de i praktiken gjorde det omöjligt eller överdrivet svårt att få ut ersättning.

65. Mål C-6, 9/90, Francovich och Bonifaci mot Italien (REG 1991, s I-5357; svensk specialutgåva, volym 11). Se härtill bl a L Pehrson, Strängt skadeståndsansvar för medlemsstaterna vid överträdelse av EG-rätten, JT 1996–97 s 441 ff.

Avgörandet i Francovich har följts av ytterligare rättspraxis,[66] i vilken domstolen utvecklat skadeståndsdoktrinen, dess förhållande till principerna om direkt och indirekt effekt samt även gjort betydelsefulla kopplingar till vad som gäller vid gemenskapens eget skadeståndsansvar.[67] Rättsläget i dag kan sammanfattas på följande sätt:

Möjligheten till statsskadestånd betonas särskilt starkt i de fall där den enskilde inte kan utnyttja direkt eller indirekt effekt. Skadeståndstalan kan dock väckas även i sådana fall där det i och för sig finns möjligheter att åberopa direkt eller indirekt effekt. Samtliga tänkbara typer av medlemsstaters (i den vida, ovan beskrivna, meningen) överträdelser av gemenskapsrätten kan i princip leda till skadeståndsskyldighet gentemot drabbade enskilda, och oavsett vilken myndighetsnivå som orsakat skadan.[68] Skadestånd kan således komma ifråga inte bara vid icke-implementering av direktiv, utan även vid felaktig implementering eller felaktig tillämpning av gemenskapsregler i allmänhet. Även existensen av nationell lagstiftning som står i strid med gemenskapsrättsliga regler kan leda till skadestånd. I *Brasserie du Pêcheur* gällde frågan Tysklands skadeståndsansvar för sina medeltida s k renhetslagar för öltillverkning, vilka i praktiken kommit att stänga marknaden för många utländska ölsorter.[69]

Även nationella domstolars felaktiga rättstillämpning kan i linje med det sagda grunda rätt till statsskadestånd. I det uppmärksammade målet

66. Se främst förenade målen C-46/93 och C-48/93, Brasserie du Pêcheur SA mot Tyskland (Brasserie) och R v Secretary of State for Transport, ex parte Factortame Ltd m fl (Factortame III) (REG 1996, s I-1029), C-178-9/94, 188-90/94, Dillenkofer m fl mot Tyskland (REG 1996, s I-4845), C-5/94, R mot Ministry of Agriculture, Fisheries and Food, ex parte Hedley Lomas (REG 1996, s I-2553), C-424/97, Salome Haim mot Kassenzahnärtliche Vereinigung Nordrhein (Haim II) (REG 2000, s I-5123) samt C-224/01, Bernhard Köbler mot Österrike (REG 2003, s I-10239).

67. En översikt av den grundläggande rättsutvecklingen lämnas i SOU 1997:194, Det allmännas skadeståndsansvar vid överträdelse av EG-rätten. Se även C M Quitzow, "Private Enforcement" i EG-rätten – en studie av medlemsstaternas skadeståndsansvar i samband med överträdelse av gemenskapsregler, JT 1996–97 s 682 ff. För en genomgång även av nyare praxis, se T Tridimas, Liability for Breach of Community Law: Growing up and Mellowing Down?, 38 CMLRev 2001 s 301 ff., C Vadja, Liability for Breach of Community Law: A Survey of the ECJ Cases Post Factortame, EBusLRev 2006 s 257 ff.

68. För svenskt vidkommande skulle t ex även kommuner och landstings agerande kunna medföra ansvar för staten. Se mål C-173/03, Traghetti del Mediterraneo SpA mot Italien (REG 2006, s I-5177). Jfr också mål C-129/00, kommissionen mot Italien (REG 2003, s I-14637), punkterna 29–33 (myndighets- och domstolspraxis, även från högsta instans, som på EG-rättsligt otillåtligt sätt försvårade återbetalning av skatt). Handlanden eller uttalanden från enskilda offentliga tjänstemän kan – i den mån deras agerandet får anses tillskrivas staten – också grunda rätt till statsskadestånd; se mål C-470/03, AGM-COS.MET Srl mot Suomen Valtio och Tarmo Lehtinen (dom av den 17 april 2007) där finska staten bedömdes skadeståndsskyldig för uttalanden av en statstjänsteman att en maskin, som uppfyllde en harmoniserad EG-standard, var farlig att använda.

69. Om det rättsliga förspelet till denna skadeståndstalan, se avsnitt 12.7.

*Köbler*[70] har EG-domstolen slagit fast att detta också gäller för domstolar som dömer som sista instans.

Målet gällde en österrikisk professor som krävde skadestånd av österrikiska staten därför att Österrikes högsta förvaltningsdomstol felaktigt hade beslutat att de år han arbetat vid ett universitet i Tyskland inte skulle tillgodoräknas vid beräkning av tjänsteårsrelaterat lönetillägg. Denna dom stred klart mot grundläggande EG-rättsliga regler om icke-diskriminering och rätt att arbeta i annan medlemsstat. En annan österrikisk domstol begärde förhandsavgörande i skadeståndsfrågan. EG-domstolen fann att en medlemsstat kan bli skadeståndsansvarig när en högsta domstol i medlemsstaten tillämpar EG-rätten felaktigt, dock endast om felet är uppenbart. Med en välvillig bedömning fann dock EG-domstolen att felet i det aktuella fallet inte var uppenbart. Man kan dock inte utgå från att EG-domstolen förblir lika välvillig i framtiden.[71]

EG-domstolen har ställt upp tre krav som måste uppfyllas för att skadestånd skall utgå:

- Den överträdda (gemenskaps)rättsregeln skall ha ställts upp till skydd för enskildas rättigheter.
- Den aktuella överträdelsen av gemenskapsrätten skall vara tillräckligt klar.[72]
- Det måste föreligga ett kausalsamband mellan överträdelsen och den skada som den enskilde lidit.

Det kan inledningsvis noteras att domstolen således inte har ställt upp något självständigt krav på att en medlemsstat skall ha förfarit vårdslöst för att skadestånd skall kunna utgå: Ifall de tre förutsättningarna ovan är uppfyllda skall också skadestånd i princip utgå. Bedömningen av förutsättningarna är beroende av vilken situation det är frågan om. Normalt torde den största svårigheten för skadelidanden ligga i att visa på en tillräckligt klar överträdelse i fall då exempelvis en medlemsstat på ett otillräckligt eller felaktigt sätt införlivat eller genomfört ett direktiv. Avgörande blir här ifall medlemsstaten haft stor handlingsfrihet att utforma eller tillämpa de regler som påstås strida mot gemenskapsrätten, eller, med EG-domstolens uttryckssätt, ifall medlemsstaten uppenbart och allvarligt har missbedömt gränserna för sitt utrymme för skönsmässig bedömning. Framstår det t ex som ursäktligt att en medlemsstat tolkat ett komplicerat direktiv på sådant vis att implementeringen därefter blivit felaktig kan detta innebära att överträdelsen inte anses tillräckligt klar

70. Mål C-224/01, Bernhard Köbler mot Österrike (REG 2003, s I-10239), kommentar av I Otken Eriksson i ERT 2004 s 199 ff.

71. EG-domstolen har bekräftat principen att nationella högsta domstolars felaktiga tillämpning av EG-rätten kan grunda skadeståndsansvar i målet C-173/03, Traghetti del Mediterraneo mot Italien (REG 2006, s I-5177).

72. På engelska "sufficiently serious breach".

för att ge rätt till skadestånd.[73] Det blir här frågan om en helhetsbedömning där många olika aspekter kan vägas in: Hur tydlig och exakt har den överträdda regeln varit? Vilken handlingsfrihet – om någon alls – har lämnats de nationella myndigheterna? Har överträdelsen varit medveten eller oavsiktlig? Ursäktlig eller oursäktlig? Kan någon gemenskapsinstitution ha agerat på ett sätt som bidragit till överträdelsen?[74] Vissa mer flagranta överträdelser, som när en medlemsstat underlåtit att i tid implementera direktiv eller bryter mot klar rättspraxis, skall, i linje med det ovanstående, och enligt EG-domstolen per definition alltid anses som tillräckligt klara.[75] Den faktiska bedömningen av skadeståndsfrågan görs av den nationella domstolen och i enlighet med de gängse nationella skadeståndsreglerna (se dock nedan). EG-domstolen har emellertid betonat att den nationella domstolen inte får ställa upp fler krav än de tre ovanstående vid bedömningen av den principiella rätten till skadestånd. Däremot är det tillåtet att tillämpa eventuella nationella regler beträffande jämkning på grund av medvållande eller den skadelidandes underlåtenhet att begränsa sin skada. Franchovichdoktrinen har blivit aktuell och praktiskt tillämpad i Sverige i åtskilliga fall, se 11.4.

Att EG-domstolen har bedömt något som principiellt skadeståndsgrundande innebär dock ingalunda alltid att nationell domstol verkligen dömer ut ett skadestånd. I Francovichs fall fann t ex italiensk domstol att Francovich som person inte omfattades av lönegarantidirektivets skyddsregler. Som nämnts ovan är det även de nationella domstolarnas sak att ytterst bedöma huruvida en aktuell överträdelse varit tillräckligt klar för att grunda rätt till skadestånd (notera dock här att EG-domstolen som nämnts ovan fastslagit att vissa typer av överträdelser per definition alltid skall anses vara tillräckligt klara). Även kravet på kausalitet och bevisfrågor rörande den lidna skadan kan verka hindrande. I Brasserie du Pêcheur fann t ex tysk domstol att det franska företaget inte kunde styrka att de tyska renhetslagarna orsakat det någon skada.

73. Jfr mål C-392/93, R mot H M Treasury, ex parte British Telecommunications plc (REG 1996, s I-1631) och målen C-283, 291 & 292/94, Denkavit International mot Bundesamt für Finanzen (REG 1996, s I-5063).
74. Brasserie, punkt 56.
75. Dillenkofer, punkterna 21–23 samt Brasserie, punkt 57.

## 5.7 *Kravet på effektiva nationella rättsmedel*

Grundläggande är att medlemsstaternas egna processuella regler tillämpas vid genomdrivande av EG-rätten, eftersom denna i regel saknar egna sanktions- och processregler.[76] Nationell processrätt måste emellertid tillämpas på ett sätt som säkrar EG-rättens genomslag. Detta kan kräva åsidosättande av begränsningar i tillgängliga rättsmedel som finns i den nationella rätten.[77] Även om alltså sådant som den faktiska skadeståndsberäkningen i princip skall ske i enlighet med de relevanta nationella bestämmelserna om skadestånd har EG-domstolen ställt upp vissa minimikrav på nationella rättsmedel, vilka benämnts *likvärdighets-* samt *effektivitetsprincipen.* Dessa går i korthet ut på att enskilda måste garanteras icke-diskriminerande och effektiva möjligheter att ta tillvara sina gemenskapsrättigheter. I ett fall där man har sådana rättigheter får förfarandena som ställs till buds inte vara mindre förmånliga än vad som gäller för en liknande talan som grundas på nationell rätt, och de nationella bestämmelserna (eller bristen därpå) får heller inte göra det i praktiken omöjligt eller orimligt svårt att utöva gemenskapsrättigheterna.

I fallet *Factortame II*[78] hade Storbritannien antagit en lag som i praktiken kom att hindra spanska fiskare från att fiska i engelska vatten. Factortame var ett av de spanska fiskebolag som förde talan mot lagen inför engelsk domstol. Då det kunde antas ta nära två år att få ett förhandsavgörande från EG-domstolen begärde Factortame ett interimistiskt förbud för brittiska staten att tillämpa de aktuella reglerna. Eftersom brittisk sedvanerätt (common law) inte gav någon möjlighet att få interimistiska beslut riktade mot staten tillfrågades till slut EG-domstolen om huruvida gemenskapsrätten fordrade att sökanden som åberopade sig på gemenskapsrättigheter måste ha möjlighet att begära interimistiska åtgärder mot staten. EG-domstolen uttalade att en nationell domstol som anser sig förhindrad att meddela ett interimistiskt beslut i ett mål rörande gemenskapsrätt enbart på grund av en nationell regel måste kunna sätta en sådan regel åt sidan.[79]

Ett annat exempel på de krav som kan ställas på nationella rättsregler utgör de vidare turerna kring fru *Marshall*, som i ett tidigare förhandsav-

76. Notera dock den EU-drivna rättsmedelsharmonisering som faktiskt skett inom flera viktiga områden, t ex beträffande offentlig upphandling, diskriminering samt generellt inom ramen för den tredje pelaren; mer om det senare i kapitel 10.

77. Se för en ingående behandling av hithörande frågor T Andersson, Rättsskyddsprincipen, 1997. Se vidare A Ward, Judicial Review and the Rights of Private Parties in EC Law, 2 ed, Oxford 2007.

78. Mål C-213/89, R mot Secretary of State for Transport, ex parte Factortame (II) (REG 1990, s I-2433; svensk specialutgåva, volym 10).

79. Om EG-rättens effektiva genomslag i Sverige, se 11.4 och Regeringsrättens där behandlade avgörande Lassagård, RÅ 1997 ref 65. Se även avsnitt 6.9.3.

görande från EG-domstolen[80] befunnits vara utsatt för otillåten könsdiskriminering genom att ha tvångspensioneras vid 62 års ålder. Fråga uppstod därefter om hennes rätt till ersättning för det inträffade. Den engelska arbetsdomstolen som skulle döma i frågan ansåg att skälig ersättning borde uppgå till 19 405 engelska pund inklusive ränta men ställdes därvid inför två problem: I engelsk rätt fanns en övre beloppsgräns på 6 250 pund för ersättning i fall som detta och dessutom var det tveksamt om domstolen hade möjlighet att bevilja någon ränta på beloppet. Arbetsdomstolen begärde ett förhandsavgörande och i *Marshall II*[81] slog EG-domstolen fast att ingen av dessa begränsningar kunde gälla vid krav som grundade sig på gemenskapsrätten.

Av detta och andra rättsfall kan man dra slutsatsen att man vid gemenskapsrättsligt grundade krav har rätt att få en, i proportion till den lidna skadan, adekvat ersättning. Varken skadeståndsberäkningen som sådan eller de praktiska möjligheterna att kräva skadestånd får innebära att det blir praktiskt omöjligt eller överdrivet svårt att få ut skadestånd. Grundprincipen är här att man skall behandlas på ett sätt som motsvarar vad som gäller vid framställande av nationella anspråk av liknande slag.[82] Även om skadeståndets storlek alltså får sägas ha erhållit ett starkt skydd har EG-domstolen visat en klar tolerans mot nationella preskriptionsfrister som, om än korta, i vart fall inte gjort det praktiskt omöjligt att få ut ersättning, varit oskäliga eller sämre än vad som gällt i motsvarande nationella situationer.[83]

Avslutningsvis kan frågan ställas om inte EG-rätten alltmer är på väg mot utveckling av ett eget gemenskapsrättsligt sanktionssystem som alltså inte är beroende av att medlemsländernas rättssystem tillhandahåller effektiva nationella sanktioner för att upprätthålla EG-rätten. Inom konkurrensrätten finns sålunda sedan länge möjlighet för kommissionen att besluta om höga administrativa böter (se 16.8.1) och domstolen har öppnat för möjligheten att sanktionera direktiv enligt första pelaren med straffrättsliga bestämmelser, något som är aktuellt inom miljörätten.[84] En möjlig vidareutveckling av praxis synes ha skett i *Courage*, ett för-

80. Mål 152/84, Marshall mot Southampton and South West Hampshire Area Health Authority (I) (REG 1986, s 723; svensk specialutgåva, volym 8).

81. Mål C-271/91, Marshall mot Southampton and South West Hampshire Area Health Authority (II) (REG 1993, s I-4367; svensk specialutgåva, volym 14).

82. EG-domstolen har dock godtagit att ränta inte utbetalats på sociala bidrag, då dessa inte kunde likställas med skadestånd (som ju var fallet i Marshall II); se mål C-66/95, R mot Secretary of State for Social Security, ex parte Eunice Sutton (REG 1997, s I-2163), vilket kan tydas som en öppning mot mer mångfacetterade bedömningar där såväl typen av regelöverträdelse som typen av rättighet kan spela in (se P Craig & G de Búrca, EC-law – Text, Cases and Material, 3 ed, Oxford 2003 s 246 f).

83. Se framförallt mål C-188/95, Fantask A/S mot Industriministeriet (REG 1997, s I-6783). Jfr dock den individualiserade bedömning av omständigheterna som anbefalls i målet C-326/96, B S Levez mot T H Jennings (Harlow Pools) Ltd (REG 1998, s I-7835).

84. Se 10.3 angående C-176/03, kommissionen mot rådet (REG 2005, s I-7879).

handsavgörande i ett engelskt konkurrensrättsmål.[85] Domstolen förbjöd tillämpning av en engelsk rättsregel som hindrade en avtalsparts möjligheter att begära skadestånd därför att detta motverkade den fulla verkan av förbudet mot konkurrensbegränsande avtal i artikel 81. Frågan är om avgörandet bör ses enbart som en utlöpare av kravet på att nationella regler skall skydda rättigheter givna av EG-rätten. Man kan nämligen spekulera om EG-domstolen här sökt grundlägga en självständig EG-rättslig grund för skadestånd vid överträdelser av EG-rättsliga bestämmelser även i förhållanden mellan enskilda parter. Svaret på frågan får sökas i kommande praxis.

85. Mål C-453/99, Courage Ltd mot Bernard Crehan och Bernard Crehan mot Courage Ltd m fl (REG 2001, s I-6297), se närmare om fallet 16.8.3.

# 6. Grundläggande rättsprinciper

## 6.1 *De allmänna rättsprinciperna*

En viktig och ofta åberopad rättskälla inom EG-rätten är allmänna rättsprinciper.[1] Dessa har en väsentligt större betydelse än vad fallet brukat vara i svensk och annan nordisk rätt, där det i rättstillämpningen traditionellt funnits ett markant drag av lagpositivism, d v s en benägenhet att om möjligt söka efter lagstöd som uttryck för rättsläget. EG-rätten bygger här vidare på en kontinentaleuropeisk rättstradition, t ex fransk och tysk rätt, där allmänna rättsprinciper tillmäts större betydelse. Den vikt som de allmänna rättsprinciperna kommit att få i gemenskapsrätten har emellertid också sin förklaring i att det funnits ett markant behov av att fylla ut luckorna i de knappa och ofullständiga fördragsreglerna för att kunna få till stånd en fungerande europeisk rättsordning. I sökandet efter fungerande allmänna rättsprinciper att passa in i EG-rätten har EG-domstolen visat prov på en betydande kreativitet.[2]

Vissa allmänna rättsprinciper är numera kodifierade, andra framgår endast av EG-domstolens praxis. EG-domstolen har uttolkat principerna under hänvisning till domstolens grundläggande skyldighet enligt artikel 220 EGF att värna om lag och rätt. Principerna intar en i många hänseenden överordnad position i förhållande till andra rättskällor och får närmast hänföras till primärrätten, även om man på detta område knappast kan dra någon klar gräns mellan primärrätt och sekundärrätt. Finner EG-domstolen en sekundärrättslig regel vara oförenlig med en allmän rättsprincip, är det den sekundärrättsliga regeln som får stå tillbaka. Detta innebär att de allmänna rättsprinciperna också måste beaktas av institutionerna vid utformning av ny lagstiftning. Även medlemsstaterna

1. Engelska: general principles of law, franska: principes généraux du droit.
2. Se bl a P Craig, EU Administrative Law, Oxford 2006, T C Hartley, The Foundations of European Community Law, 6 ed, Oxford 2007, J Schwarze, European Administrative Law, revised 1st ed, London & Luxembourg 2006, T Tridimas, The General Principles of EC Law, 2 ed, Oxford 2006, U Bernitz & J Nergelius (eds), General Principles of European Community Law, The Hague 2000, X Groussot, General Principles of Community Law, Groningen 2006, J Usher, General Principles of EC Law, London 1998.

och dessas domstolar har att beakta de allmänna rättsprinciperna när de agerar inom gemenskapsrättens områden.

Domstolen har härlett de allmänna rättsprinciperna ur fördragen, men även grundat dessa på gemensamma rättstraditioner i medlemsstaterna. Hänvisningen till "gemensamma rättstraditioner" är ett uttryck för den komparativa metod som ofta kännetecknar EG-domstolens sökande efter allmänna rättsprinciper. Denna metod stöds också av unionsfördragets hänvisningar till medlemsstaternas gemensamma *rättsstatsprincip* och *gemensamma konstitutionella traditioner* (artiklarna 6.1 och 6.2 EUF). Man kan också erinra om hänvisningen i artikel 288.2 EGF angående utomobligatoriskt skadeståndsansvar till allmänna rättsprinciper som är gemensamma för medlemsstaternas rättsordningar. Det krävs inte att en viss princip erkänts i samtliga medlemsstater. Det är domstolen som själv lägger fast en princips närmare innebörd och det torde vara tillräckligt att en princip mera generellt betraktat bedöms ha stöd i medlemsstaternas rättsuppfattning.[3] Inte sällan har tysk och i viss mån fransk förvaltningsrätt verkat inspirerande. Domstolen kan även söka ledning i internationella överenskommelser såsom Europakonventionen och Wienkonventionen om traktaträtten och i allmänna folkrättsliga principer.

De allmänna rättsprinciperna är bindande för gemenskapen och dess institutioner samt även, inom de områden där gemenskapen har kompetens, för medlemsstater och individer. Principerna innehåller grundläggande värderingar som anses prägla och genomsyra gemenskapsrätten. De kan därför användas såväl vid tolkning av rättsregler som vid utfyllnad av skriven lag. De allmänna rättsprinciper som EG-domstolen tillämpar anser domstolen vara av gemenskapsrättslig natur, oberoende av principernas ursprung, och som sådana underkastade domstolens tolkningsföreträde. Principerna betraktas som tvingande. De bildar grundval för en framväxande europeisk förvaltningsrätt.[4]

Den betydelse som gemenskapsrätten tillmäter allmänna rättsprinciper har ändrat det svenska rättsläget. Gemenskapsrättens genomslag i svensk lagstiftning och direkta tillämpning i svenska domstolar gäller också rättsprinciperna.

3. Att domstolen ser saken på detta sätt framgår uttryckligen av dess uttalanden i C-36/02, Omega Spielhallen (REG 2004, s I-9609), se punkterna 33–39 i domskälen.

4. Härom bl a P Craig, European Administrative Law, Oxford 2006, J Hettne, Gemenskapsdomstolarnas rättskontroll och allmänna förvaltningsrättsliga principer, ERT 2002 s 239 ff. samt J Reichel, God förvaltning i EU och i Sverige, 2006, speciellt s 339 ff.

Nedan behandlas först de allmänna principer som kan härledas från fördragen: legalitets-, lojalitets-, likabehandlings-, subsidiaritets- och proportionalitetsprinciperna. Framställningen fortsätter med de principer som domstolen utvecklat därutöver. De viktigaste av dessa är principerna om rättssäkerhet och rätt till försvar. Härefter behandlas det europarättsliga skyddet för de mänskliga rättigheterna. Slutligen berörs öppenhetsprincipen, frågan om allmänna handlingars offentlighet.

## 6.2 *Legalitetsprincipen och kompetensgränserna*

Verksamheten inom EU vilar, som redan framhållits, på fasta rättsliga principer. Denna fasta legala grundval och arbetsmetodik, som skiljer EU från internationella organisationer i allmänhet, har delvis sin förklaring i kontinentaleuropeisk tradition men också i samarbetets vittgående och långsiktiga karaktär, som gör det nödvändigt med precisa rättsregler. En grundläggande utgångspunkt är därvid den legalitetsprincip som möter redan i fördragsverkets inledande bestämmelser och som gäller övergripande för verksamheten inom EU.

I unionsfördragets artikel 5 läggs fast att Europaparlamentet, rådet, kommissionen, domstolen och revisionsrätten skall utöva sina befogenheter på de villkor och för de syften som har fastställts genom de olika fördragsbestämmelserna. På liknande sätt anges i EG-fördraget att varje institution skall handla inom ramen för de befogenheter som den har tilldelats genom fördraget (artikel 7.1 EGF). Unionsfördraget slår även fast att unionen bygger på rättsstatsprincipen såsom en för medlemsstaterna gemensam princip (artikel 6.1 EUF). Det är EG-domstolens centrala uppgift att säkerställa att lag och rätt följs vid tolkning och tillämpning av fördraget (artikel 220 EGF).[5]

Legalitetsprincipen har betydelse för såväl gemenskapens interna som externa beslutsfördelning. Internt innebär den bl a att de olika institutionerna måste respektera varandras befogenheter och den därpå baserade maktbalansen.[6] Rådet måste exempelvis respektera Europaparlamentets rätt att delta i lagstiftningsprocessen[7] och kommissionen måste respek-

5. Bredden i denna uppgift kommer särskilt tydligt till uttryck i den franska språkversionen som säger att domstolen skall "assure le respect du droit". Se även 7.3.1 med citatet ur rättsfallet Les Verts.

6. Se 4.9, bl a avgörandet Tjernobyl.

7. Se t ex målen 138/79, Roquette Frères mot rådet (REG 1980, s 3333; svensk specialutgåva, volym 5) samt 139/79, Maizena mot rådet (REG 1980, s 3393).

tera de inskränkningar som kommittologisystemet (se 4.2.3) kan medföra för dess beslutsrätt.[8]

Externt innebär principen att gemenskapen inte skall verka på andra områden än där fördragen såsom de tolkats av EG-domstolen så medger och påverkar alltså kompetensfördelningen i förhållande till medlemsstaterna. Som redan nämnts saknar EU (inbegripet EG) s k *kompetens-kompetens*, d v s kompetens att tilldela sig ytterligare kompetens utöver den som framgår av fördragen.[9] Man har alltså i princip endast den kompetens som blivit tillerkänd. En rättsakt måste bygga på en korrekt rättslig grund. Valet av *rättslig grund* är ofta både viktigt och politiskt känsligt med hänsyn till de många olika beslutsformer som förekommer inom EU, bland annat i fråga om Europaparlamentets roll och möjligheterna till majoritetsbeslut i rådet. Det ankommer på EG-domstolen att avgöra om Gemenskapens institutioner har överskridit sina befogenheter, något som i så fall kan föranleda att en viss rättsakt eller åtgärd förklaras ogiltig (artikel 231 EGF, se avsnitt 7.3). EG-domstolen har slagit fast att valet av rättslig grund skall ske utifrån objektiva kriterier som kan bli föremål för domstolsprövning.[10]

Flera avgöranden om tobaksreklamdirektivet belyser det sagda. EG-domstolen biföll i sitt första avgörande Tysklands talan om ogiltigförklaring av direktivet.[11] Domstolen åberopade den nyssnämnda artikel 5 EGF och förklarade att den hade att pröva om en rättsakt faktiskt vilade på de överväganden som lagstiftaren åberopat. Domstolen fann att direktivets huvudsyfte till stor del inte var vad lagstiftaren uppgivit, nämligen att motverka handelshinder genom lagharmonisering[12] utan att tillgodose folkhälsosynpunkter genom ett heltäckande reklamförbud. Sedan direktivet antagits i omarbetat skick, i viss mån uppmjukat men fortfarande baserat på reklamförbud, fick dock senare mål om ogiltigförklaring motsatt utgång. Domstolen fann behovet av harmo-

8. Se t ex mål T-120/96, Lilly Industries Ltd m fl mot kommissionen (REG 1998, s II-2571).

9. Se 3.1 och 5.3.2 ovan.

10. Se bl a C-269/97, kommissionen mot rådet (REG 2000, s I-2257) ang korrekt rättslig grund för märkningsregler för nötkött m m.

11. Mål C-376/98, Tyskland mot Europaparlamentet och rådet (REG 2000, s I-8419), tobaksreklam I, se särskilt punkt 83 i domskälen. Om fallet J Usher, Case law comment, CMLRev 2001 s 1519 ff, samt M Byström (numera Bergström), Precisering av EG:s kompetens: formulering av problem utan lösning i sikte, ERT 2001 s 92 ff. Om uppföljningen från gemenskapslagstiftarens sida, se M Bergström, Gemenskapslagstiftaren kvitterar i det andra tobaksmålet", ERT 2004 s 353 ff, vilket behandlar målen med annan utgång (tobaksreklam II), C-491/01, The Queen och Secretary of State for Health, ex parte: British American Tobacco (Investments) Ltd och Imperial Tobacco Ltd (REG 2002, s I-11453). Se även 6.5 angående subsidiaritetsprincipen. En ogiltighetstalan förd av Tyskland mot det modifierade tobaksreklamdirektivet (tobaksreklam III) har ej lett till framgång, C-380/03, Tyskland mot Europaparlamentet och rådet (REG 2006, s I-11573).

12. Direktivet åberopade såsom rättslig grund artikel 95.1, enligt vilken beslut i rådet kan fattas med kvalificerad majoritet (Tyskland hade blivit nerröstat), se 17.1.

niserade regler om tobaksreklam vara tillräcklig rättslig grund, även om reglerna också tillgodosåg folkhälsoskäl.

För att legalitetsprincipen skall kunna tillämpas inom gemenskapen krävs att dess befogenheter på något sätt kan avgränsas. Detta är inte helt enkelt. EG-fördraget innehåller ett mycket stort antal bestämmelser som, ofta i vaga termer, anger kompetensen. På vissa viktiga områden har EG *exklusiv kompetens*. Hit hör strukturen av den inre marknaden, jordbrukspolitiken, valutaunionen och utrikeshandeln. Här sker även detaljregleringen på EU-nivå. På andra områden har gemenskapen och medlemsstaterna *delad kompetens* enligt regler vars närmare utformning varierar åtskilligt.

De olika särskilda bestämmelser i EG-fördraget som anger omfattningen av EG:s lagstiftningskompetens är emellertid inte uttömmande. Rådet har härutöver genom artikel 308 EGF givits en generell utfyllande kompetens, s k *restkompetens*, att på förslag av kommissionen och efter hörande av Europaparlamentet utfärda bestämmelser för att tillgodose EG:s mål också på områden där fördraget inte förutsett erforderliga handlingsbefogenheter. Fördragstexten anger att åtgärden skall visa sig nödvändig för att inom den gemensamma marknadens ram förverkliga något av gemenskapens mål; självfallet en ganska vag avgränsning.[13] Tillämpning av artikel 308 förutsätter dock enhälligt beslut i rådet.[14]

Vidare har EG-domstolen i sin rättspraxis tillämpat principen om *underförstådda* eller förutsatta befogenheter.[15] Kommissionen anses t ex implicit ha givits de befogenheter som kan anses nödvändiga för att den skall kunna utföra de olika uppgifter som den har anförtrotts[16] och detsamma gäller även gemenskapen själv.[17] I ett principiellt mycket uppmärksammat avgörande[18] har EG-domstolen konstaterat att det, för att säkerställa gemenskapsrättens effektivitet på miljöområdet, var kompetensenligt att lagstifta om harmoniserade straffbestämmelser även inom ramen för en EG-rättsakt. Harmonisering av straffrättsliga bestämmelser hade, med beaktande av fördragets bestämmelser, dittills inte ansetts möjlig att göra annat än inom ramen för förfarandena inom den tredje

13. Om artikel 308, med tidigare numrering artikel 235 EGF, se vidare avsnitt 17.1.

14. Danska Højesteret underströk i sin dom om Maastrichtavtalets grundlagsenlighet att artikel 308 anger vissa yttre kompetensgränser för EG, UfR 1998 s 800 H. EG-domstolen fann i sitt i 6.9.2 berörda yttrande om möjligheterna för EG att tillträda Europakonventionen att artikel 308 ej gav kompetens för detta.

15. På engelska "doctrine of implied powers". Se särskilt 10.2 nedan om AETR-målet och EG:s externa befogenheter (parallelldoktrinen).

16. Se målen 281, 283–285, 287/85, Tyskland mot kommissionen (REG 1987, s 3203; svensk specialutgåva, volym 9).

17. Se t ex EG-domstolens yttrande 2/94 över Gemenskapens tillträde till Europakonventionen, (REG 1996, s I-1759) punkterna 24–26.

18. Mål C-176/03, kommissionen mot rådet (REG 2005, s I-7879). Fallet berörs närmare i 10.3.

pelaren (se vidare 10.3). Domstolen underströk i domen den grundläggande och tvärgående betydelse som miljöskydd numera har bland gemenskapens målsättningar, men samma resonemang torde även kunna föras beträffande andra målsättningar.[19]

## 6.3 *Lojalitetsprincipen*

EG-rätten bygger på en allmän lojalitetsprincip eller med en annan term solidaritetsprincip som lagts fast i artikel 10 EGF[20] men numera likväl också gäller för hela unionen.[21] Medlemsstaterna och gemenskapens institutioner är alla förpliktade att lojalt samarbeta med varandra. Den folkrättsliga principen om staters rätt till självhjälp (retorsion) gäller helt klart inte inom EU. Medlemsländerna måste respektera varandras och gemenskapens intressen, liksom institutionerna måste beakta viktiga nationella intressen. Som sammanfattande beteckning används ofta *samarbetsförpliktelsen.*

Artikel 10 slår fast att medlemsstaterna skall säkerställa att de skyldigheter fullgörs, som följer av fördraget och institutionernas åtgärder. De skall underlätta att gemenskapens uppgifter fullgörs och skall avstå från varje åtgärd som kan äventyra uppnåendet av fördragets mål. Dessa allmänt hållna förpliktelser har fått stor betydelse som grundläggande normer genom att EG-domstolen tillämpar artikel 10 som en självständig grund för medlemsstaternas skyldigheter inom gemenskapen, ibland i förening med mer explicita regler.[22] Förpliktelserna kan innebära både skyldigheter för medlemsstaterna och dessas organ att vara positivt verksamma och skyldigheter att avhålla sig från vissa åtgärder. EG-domstolen har sålunda utvecklat lojalitetsprincipen till en central konstitutionell princip.

Medlemsstaterna måste vidta alla åtgärder som är nödvändiga för att uppfylla sina förpliktelser enligt fördraget eller sekundärrätten. De har således en skyldighet att anpassa sina nationella bestämmelser och nationella myndigheters och institutioners ageranden så att de står i överensstämmelse med gemenskapsrätten. Domstolen har slagit fast att denna skyldighet åvilar alla statliga organ, såväl lagstiftande, verkställande och dömande som statliga företag, myndigheter på alla nivåer samt enskilda

19. Reformfördraget förmodas behandla frågan om unionens kompetensgränser, bl a genom att på olika vis tydligare understryka principen om tilldelade befogenheter.

20. Tidigare artikel 5 EGF. Se, för en genomgång av de många olika förpliktelser som kan härledas ur artikel 10, bl a J Temple Lang, Community Constitutional Law: Article 5 EEC Treaty, 27 CMLRev 1990 s 645 ff.

21. Se mål C-105/03, Pupino (REG 2005, s I-5285).

22. Se mål C-374/89, kommissionen mot Belgien, (REG 1991, s I-367).

organ till vilka staten delegerat myndighetsutövning.[23] Nationella domstolar har som nämnt en skyldighet att, så långt det är möjligt, tolka nationella regler avsedda att genomföra ett gemenskapsdirektiv i enlighet med direktivets syfte (direktivkonform tolkning).[24] Lojalitetsprincipen har också använts av Domstolen som rättsligt fundament för den viktiga principen om statsskadestånd (se 5.6) och har ofta åberopats som rättsligt stöd för att medlemsstaterna bör godta utbildningsdiplom och olika kontroll- och hälsointyg m m från andra medlemsländer inom ramen för principen om ömsesidigt erkännande som led i de fria rörligheterna (se 12.7 och 13.5).

Handlande i strid med lojalitetsprincipen kan i sig utgöra ett självständigt fördragsbrott. Medlemsstaterna är skyldiga att underlätta gemenskapsinstitutionernas verksamhet. Detta gäller generellt på alla de områden där institutionerna är verksamma. Av detta följer att medlemsstaterna bland annat är skyldiga att medverka vid en undersökning rörande fördragsbrott och förse kommissionen med information.[25]

I det uppmärksammade fallet *Franska bönder*[26] fälldes Frankrike för brott mot artikel 28 om fri rörlighet för varor, jämförd med artikel 10, då domstolen funnit att landet underlåtit att vidta tillräckliga och lämpliga åtgärder för att hindra enskilda franska bönder, vilka under flera års tid bl a vandaliserat och förstört lastbilstransporter med utländska jordbruksprodukter till Frankrike (t ex spanska jordgubbar), misshandlat chaufförerna och hotat grossister och handlare i syfte att få dem att endast köpa in franska varor.

Lojalitetsplikten har av EG-domstolen ansetts vara ömsesidig och gälla även för gemenskapens institutioner i förhållande till nationella myndigheter. Kommissionen har således ansetts vara skyldig att vid förfrågan därom bistå nationella domstolar med information samt vittnesmål av kommissionens tjänstemän.[27]

23. Se t ex målen C-188/89, Foster mot British Gas plc (REG 1990, s I-3313; svensk specialutgåva, volym 10) och C-224/01, Köbler mot Österrike (REG 2003, s I-10239) samt vidare avsnitt 5.4.2.

24. Principen om s k indirekt effekt, se avsnitt 5.5.

25. Se mål C-33/90, kommissionen mot Italien (REG 1991, s I-5987) samt 240/86, kommissionen mot Grekland (REG 1988, s 1835).

26. Mål C-265/95, kommissionen mot Frankrike (REG 1997, s I-6959). Rättsfallet ledde till antagandet av en rådsförordning (2679/98/EG, EGT 1998 L 337/8) som syftar till att kodifiera avgörandet i domen och bl a sätta upp ett speciellt förfarande som kommissionen och medlemsstaterna fortsättningsvis skall tillämpa i liknande fall.

27. Så gäller t ex i förhållande till nationella konkurrensmyndigheter och domstolar, se 16.9. I mål C-2/88, Imm Zwartveld (REG 1990, s I-3365) skedde den nationella domstolens förfrågan inte inom ramen för förhandsavgörande-mekanismen. Trots att någon skyldighet för EG-domstolen att agera inte förekommer i fördragen gjorde man likväl detta, under åberopande av artikel 220 och artikel 10; således i praktiken en utvidgning av den jurisdiktion EG-domstolen anförtrotts i fördragen.

## 6.4 *Likabehandlingsprincipen*

Likabehandlingsprincipen, eller nondiskrimineringsprincipen, innebär att varje form av diskriminering grundad på nationalitetsskäl är förbjuden inom EG-fördragets tillämpningsområde (artikel 12.1 EGF).[28] Detta grundläggande *diskrimineringsförbud* kompletteras av mer precist utformade diskrimineringsförbud på olika särskilda områden, t ex anställning av arbetstagare (artikel 39.2 EGF), etablering av företag (artikel 43.2 EGF) och utformning av skattesystem (artikel 90). Annorlunda uttryckt innebär diskrimineringsförbudet att fysiska och juridiska personer från någon annan medlemsstat skall behandlas på samma sätt som det egna landets medborgare och företag. Detta kan ses som ett fundament för den gemensamma, inre marknaden byggd på ”principen om en öppen marknadsekonomi med fri konkurrens” (artikel 4.1 EGF) men också som en förutsättning för ett ”medborgarnas Europa” och en allt fastare sammanslutning mellan folken i Unionen (artikel 1 EUF).

EG-domstolen har slagit fast att likhet och likabehandling är viktiga allmänna rättsprinciper till ledning vid bedömningen av gemenskapsåtgärders laglighet. Fördraget förbjuder inte bara öppen diskriminering, utan även diskriminering som är dold (indirekt); d v s regler som skenbart ställer upp andra kriterier än nationalitet för särbehandling, men som i praktiken medför samma resultat som en sådan. Hit hör bl a oberättigade bosättnings- och språkkrav.[29]

Medan direkt diskriminering oftast endast kan rättfärdigas där det enligt gemenskapsrätten föreligger uttryckliga undantagsmöjligheter, kan indirekt diskriminering vanligen rättfärdigas om det kan visas att de uppställda kraven verkligen har objektivt godtagbara syften och att diskrimineringen endast är att se som en olycklig bieffekt av kravens tilllämpning.

I *Phil Collins/Cliff Richard*-fallet[30] angående tysk upphovsrättslagstiftning tillerkände EG-domstolen för första gången uttryckligen artikel 12.1 EGF självständig direkt effekt. Domstolen har emellertid betonat i senare avgöranden att detta endast kan ske där några särskilda regler om icke-diskriminering inte föreskrivits i fördraget.[31] En sådan situation av praktisk betydelse kan vara fallet där unionsmedborgare diskrimineras

28. Artikeln har omnumrerats två gånger. Den var från början artikel 7.1 EGF, men fick nytt artikelnummer enligt Maastrichtfördraget och var 1993–1999 artikel 6.1 EGF.

29. Se bl a mål C-213/89, The Queen mot Secretary of State for Transport, ex parte Factortame m fl (REG 1990, s I-2433; svensk specialutgåva, volym 10), ytterligare behandlat i 5.7.

30. Förenade målen C-92/92, Collins mot Imtrat Handelsgesellschaft GmbH och C-326/92, Patricia Im-Und Export Verwaltungsgesellschaft GmbH mot EMI Electrola GmbH (REG 1993, s I-5145; svensk specialutgåva, volym 14).

31. Mål C-55/98, Skatteministeriet och Bent Vestergaard (REG 1999, s I-7641).

utan att det går att tillämpa någon annan, mera specifik diskrimineringsartikel.[32]

Principen om icke-diskriminering har i rättspraxis utökats till att även omfatta krav på *likabehandling mellan könen*. Utifrån den dåvarande enda fördragsbestämmelse som behandlade förhållandet mellan män och kvinnor har EG-domstolen slagit fast att principen om likabehandling oavsett kön utgör en allmän rättsprincip som skyddas av EG-rätten.[33] På jämställdhetsområdet finns numera även en hel del sekundärlagstiftning (se 17.3). Av domstolens avgörande i bl a *Grant* samt det nyligen ikraftträdda s k rörlighetsdirektivet[34] framgår emellertid att homosexuella förhållanden enligt gemenskapsrätten hittills inte likställs med heterosexuella. Nya möjligheter till en vidgad lagstiftning i syfte att motverka rasism och främlingsfientlighet m m har emellertid öppnats genom den nya artikel 13 EGF, enligt vilken rådet kan vidta lämpliga åtgärder för att bekämpa diskriminering på grund av kön, ras, etniskt ursprung, religion eller övertygelse, funktionshinder, ålder eller sexuell läggning.[35]

EG-domstolen har i sitt uppmärksammade avgörande *Mangold*[36] förklarat att rätten till skydd mot åldersdiskriminering utgör en allmän rättsprincip (därmed självständig i förhållande till eventuell sekundärrätt och även kapabel till horisontell direkt effekt) – något som lett flera bedömare till slutsatsen att detsamma rimligen då också måste antas gälla

32. Jfr mål C-184/99, Rudy Grzelczyk och Centre public d'aide sociale d'Ottignies-Louvain-la-Neuve (REG 2001, s I-6193). Domstolen fann det strida mot likabehandlingsprincipen att vägra en fransk medborgare som studerade i Belgien ett existensminimumbidrag som i motsvarande situation utgick till belgiska medborgare. Det sedermera ikraftträdda rörlighetsdirektivet (se 15.4) innehåller en distinkt (sekundärrättslig) bestämmelse som påbjuder likabehandling för unionsmedborgare.

33. Artikel 141.1 EGF (dåvarande artikel 119.1) om rätten till lika lön för lika arbete oavsett kön, målet 43/75, Defrenne mot Sabena (REG 1976, s 455; svensk specialutgåva, volym 3), ang en belgisk flygvärdinna (målet berörs även i 5.4.1 utfrån aspekten direkt effekt). Se vidare bl a mål C-13/94, P mot S och Cornwall County Council (REG 1996, s I-2143). I målet, som rörde uppsägning av en transsexuell, uttalade domstolen att rätten att inte bli diskriminerad p g a sitt kön utgör en av de grundläggande mänskliga rättigheter som domstolen har att säkerställa respekten för (punkt 19 i domen).

34. Mål C-249/96, Lisa Jacqueline Grant mot South-West Trains Ltd (REG 1998, s I-621) samt direktiv 2004/38/EG. Se vidare 15.4.

35. På grundval av artikel 13 har två direktiv antagits av rådet. Direktiv 2000/43/EG, ERT 2000 L180/22 om genomförandet av principen om likabehandling av personer oavsett deras ras eller etniska ursprung samt direktiv 2000/78/EG, ERT 2000 L 303/16 om inrättandet av en allmän ram för likabehandling i arbetslivet. Se D Chalmers m fl, European Union Law, Cambridge 2006 s 872 med vidare hänv, E Ellis, EU Anti-Discrimination Law, Oxford 2005.

I Sverige gäller ett grundlagsstadgande om allmänt diskrimineringsförbud på grund av kön, hudfärg, ursprung, funktionshinder, sexuell läggning m m, 1:2 RF, prop 2001/02:72 s 15 ff och med konkreta regler i 2003 års lag om förbud mot diskriminering.

36. Mål C-144/04 (REG 2005, s I-9981). Vidare om målet, se bl a 5.4.4.

de övriga, ovan nämnda, diskrimineringsområdena i artikel 13 EGF. Avgörandet innebär en viktig vidareutveckling och torde öppna för en starkt ökad möjlighet för enskilda att åberopa diskrimineringsförbuden på de nämnda områdena även utan sekundärlagstiftning och också visavi privata rättssubjekt.

Likabehandlingsprincipen spelar en viktig roll även inom den gemensamma jordbrukspolitiken. Artikel 34.2 EGF stadgar att ordningen för EG:s gemensamma jordbrukspolitik "skall utesluta varje form av diskriminering mellan producenter eller konsumenter inom gemenskapen". Det finns många rättsfall där denna likabehandlingsprincip framgångsrikt lagts till grund för en talan mot en rättsakt på jordbruksområdet.[37] Domstolen har uttalat att artikel 34.2 ger uttryck för en allmän likabehandlingsprincip inom gemenskapsrätten – lagstiftningen inom EU får inte behandla likartade situationer olika, såvida detta inte vore objektivt sett försvarbart.

Här kan nämnas ett par exempel ur rättspraxis från olika områden. I *Cowan*[38] uttalade domstolen att en brittisk turist som rånats och skadats under en semester i Paris hade samma rätt till nationell brottsoffersättning som franska medborgare. Såsom mottagare av en tjänst (turism) omfattades nämligen Cowan av EG-fördraget och hade därför rätt till likabehandling enligt artikel 12.1 EGF. Domstolen framhöll att nationella bestämmelser inte får diskriminera mot personer eller inskränka de grundläggande friheter som gemenskapsrätten garanterar. I *Data Delecta* fann domstolen det utgöra otilllåten diskriminering att kräva säkerhet för rättegångskostnader av kärande från annat EU-land när detta inte krävdes av inhemska (här svenska) käranden.[39]

Likabehandlingsprincipen anses inte överträdd enbart på grund av att de olika medlemsstaterna har olika rättsregler. Det utgör ju inte någon diskriminering att staterna tillämpar olika regler för sina befolkningar, förutsatt att de tillämpar sina regler icke-diskriminerande i förhållande till medborgare och företag i andra EU-länder på de områden där gemenskapsrätten ger enskilda rättigheter. Utanför detta område bedöms situationen som intern och EG-rätten ej tillämplig. De allmänna rättsprinciperna (liksom all övrig gemenskapsrätt) kan alltså inte tillämpas på andra områden än dem där EG har kompetens, vilket i praktiken utesluter stora områden där medlemsstaterna själva behållit beslutanderätten. Av detta följer även att gemenskapsrätten i dylika fall inte hindrar att

37. Se t ex mål 114/76, Bela Mühle Josef Bergman mot Grows-Farm (REG 1977, s 1211).

38. Mål 186/87, Cowan mot Le Trésor public (REG 1989, s 195; svensk specialutgåva, volym 10). Målet behandlas ytterligare i 13.4.

39. Mål C-43/95, Data Delecta Aktiebolag och Ronny Forsberg mot MSL Dynamics Limited (REG 1996, s I-4661), se även NJA 1996 s 668 (Kritisk till HD:s beslut U Bernitz, Sverige och europarätten s 129 f).

medlemsstaterna behandlar de egna medborgarna sämre än andra EU-medborgare; s k omvänd diskriminering (se vidare 15.7).

## 6.5 *Subsidiaritetsprincipen*

Subsidiaritetsprincipen innebär att åtgärder inte skall vidtas på högre beslutsnivå än vad som är behövligt. Principen bygger på tanken att gemenskapen endast skall vidta åtgärder om och i den mån målen med en föreslagen åtgärd inte i tillräcklig utsträckning kan uppnås av medlemsstaterna.[40] Den har fördragsfästs i artikel 5.2 EGF, närmast som en reaktion mot vad som ansetts utgöra överdriven detaljreglering på EU-planet. Det finns emellertid ett nära sakligt samband mellan subsidiaritetsprincipen och lojalitetsprincipen: EU:s effektiva funktion kräver att en tillämpning av subsidiaritetsprincipen från EU:s sida i förhållande till medlemsstaterna balanseras av att medlemsstaterna lojalt genomför EU-lagstiftningen.

Subsidiaritetsprincipen har något oegentligt även kommit att kallas närhetsprincipen. Detta knyter an till portalbestämmelsen i artikel 1.2 EUF, där det uttalas att besluten skall fattas så nära medborgarna som möjligt.[41] Grundtanken är att där det finns möjlighet till olika beslutsnivåer skall beslut fattas på så låg nivå som sakfrågan tillåter. Högre nivåer skall stödja de lägre. I huvudsak kan man urskilja tre nivåer, EU-nivån, medlemsstatsnivån och regional nivå. Den sistnämnda är tydlig i EU-länder med förbundsstatskaraktär, framför allt Tyskland, men även i t ex Spanien och Österrike.[42]

Subsidiaritetsprincipen rör ansvarsfördelningen mellan gemenskapen och medlemsstaterna utanför områden där EG har exklusiv kompetens och där alltså både EG och medlemsstaterna har lagstiftningskompetens (s k delad kompetens). Principen är däremot inte tillämplig på områden där EG har exklusiv kompetens och där även detaljregleringen sker på EU-nivå, t ex jordbruket (se 6.2 ovan).

I artikel 5.2 EGF anges två grundläggande rekvisit som skall vara uppfyllda för att gemenskapen skall ha kompetens att vidta åtgärder, t ex utfärda direktiv, på områden *där kompetensen är delad*, nämligen

40. Lat. subsidium = förstärkning, reserv.

41. Engelska: "as closely as possible to the citizen".

42. Subsidiaritetsprincipen har ett ursprung i kanonisk rätt och är central i tysk konstitutionell rätt. Enligt tyska grundlagen gäller att "Bundesrecht geht vor Landesrecht", förbundsrätt går före delstatsrätt. Se vidare J Hettne, Subsidiaritetsprincipen: Politisk granskning eller juridisk kontroll?, SIEPS 2003:4.

- att målen för den planerade åtgärden inte i tillräcklig utsträckning kan uppnås av medlemsstaterna och
- att målen för den planerade åtgärden på grund av dess omfattning eller verkningar bättre kan uppnås på gemenskapsnivå.

Härutöver uttalar fördragstexten att gemenskapen inte skall vidta någon åtgärd som går utöver vad som är nödvändigt för att uppnå målen i fördraget (artikel 5.3 EGF).

Subsidiaritetsprincipen har fått något fastare konturer genom att ett särskilt protokoll om dess tillämpning har fogats till EG-fördraget genom Amsterdamfördraget, *subsidiaritetsprotokollet.*[43] Bland de handlingsregler som slås fast i protokollet kan nämnas skyldighet för kommissionen och rådet att *motivera* varför gemenskapsåtgärder är berättigade (se även artikel 253 EGF). Enligt protokollet bör lagstiftning på gemenskapsnivå bara tillgripas när det är nödvändigt och man bör såvitt möjligt föredra direktiv framför förordningar och ramdirektiv framför detaljerade åtgärder. Gemenskapslagstiftningen bör visa respekt för utformningen av medlemsstaternas rättssystem.

Det är tydligt att subsidiaritet utgör en politiskt viktig och vägledande princip inför och i lagstiftningsarbetet men kan den också utgöra ett verktyg för juridisk "efterhandskontroll"? EG-domstolen har prövat om subsidiaritetsprincipen satts åt sidan i några mål där medlemsstater fört talan om ogiltigförklaring av beslutade rättsakter. Något avgörande där EG-domstolen funnit principen vara tillämplig och på den grunden ogiltigförklarat någon rättsakt helt eller delvis finns emellertid ännu inte. Praxis synes bekräfta att EG-domstolen i allmänhet tenderar att respektera lagstiftarnas bedömningar, och möjligheten att domstolen skulle ogiltigförklara rättsakter med hänvisning till subsidiaritetsprincipen torde i praktiken vara begränsad till uppenbart kompetensvidriga fall.

I mål C-233/94 begärde Tyskland ogiltigförklaring av ett direktiv om ett system för garanti av insättningar hos kreditinstitut. Tysklands talan ogillades.[44] Domstolen fann direktivet främja etableringsrätten och tjänsters fria rörlighet och krävde ingen detaljerad motivering om direktivets berättigande med hänsyn till subsidiaritetsprincipen. I mål C-377/98 yrkade Nederländerna ogiltigförklaring av ett direktiv om rättsskydd för biotekniska uppfinningar.[45] Härvid gjordes gällande bland annat att direktivet stred mot subsidiaritetsprincipen. EG-domstolen fann direktivet syfta till att undanröja skillnader i rättsskyddet för biotekniska uppfinningar mellan medlemsländerna för att säkerställa en välfungerande inre marknad och att detta syfte inte kunde upp-

43. Protokoll om tillämpning av subsidiaritets- och proportionalitetsprinciperna.
44. Mål C-233/94, Tyskland mot parlamentet och rådet, (REG 1997, s I-2405), se punkterna 22–29.
45. Mål C-377/98, Nederländerna mot parlamentet och rådet (REG 2001, s I-7079), se punkterna 30-34. Målet berörs även i 17.1.

nås enbart genom åtgärder på medlemsstatsnivå. Någon detaljerad motivering för att subsidiaritetsprincipen beaktats krävde domstolen inte heller i detta fall. Talan ogillades. I mål C-491/01 om giltigheten av det reviderade direktivet om marknadsföring av tobaksvaror fann EG-domstolen uttryckligen att målen för de planerade åtgärderna bättre kunde uppnås på gemenskapsnivå.[46]

EG-domstolen har dock klart uttalat att subsidiaritetsprincipen (liksom övriga allmänna rättsprinciper) kan användas för att tolka sekundärlagstiftning.[47]

## 6.6 *Proportionalitetsprincipen*

Proportionalitetsprincipen är en allmän rättssäkerhetsprincip som kan sägas genomsyra nära nog alla delar av gemenskapsrätten. Den har utvecklats av EG-domstolen och har sin bakgrund främst i tysk rätt och Europakonventionen. Principen kommer tydligt till uttryck i artikel 5.3 EGF som anger att gemenskapen inte skall vidta någon åtgärd som går utöver vad som är nödvändigt för att uppnå målen i fördraget. Som regelns placering antyder finns det ett nära samband mellan subsidiaritets- och proportionalitetsprinciperna. Subsidiaritetsprotokollet behandlar också proportionalitetsprincipen.

Proportionalitetsprincipen innebär att de åtgärder gemenskapens institutioner använder sig av för att uppnå ett visst syfte inte får vara mer betungande eller långtgående än som kan anses nödvändigt för att uppnå det eftersträvade syftet. Det skall råda en balans mellan mål och medel och vara sannolikt att målet kan uppnås genom vidtagna åtgärder. ”Appropriate and necessary” är uttryck som använts av domstolen. Om det finns möjlighet att välja mellan flera verksamma åtgärder, t ex sanktioner, skall man välja den minst tyngande. Man kan i princip[48] uppställa ett proportionalitetstest bestående av tre kriterier som skall vara uppfyllda för att åtgärden skall anses proportionell:

46. Mål C-491/01, British American Tobacco m fl (tobaksreklam II) (REG 2002, s I-11453), se 6.2.
47. Mål C-114/01, AvestaPolarit Chrome Oy (REG 2003, s I-8725), punkterna 55–57.
48. Om principen T Tridimas, The General Principles of EC Law, 2 ed, Oxford 2006. Jfr t ex W van Gerven i The principle of proportionality in the laws of Europe (ed E Ellis), Oxford 1999, som pekar på att Domstolen i sin rättspraxis använt sig av flera olika varianter av proportionalitetsprincipen. Om detta samt vidare om proportionalitetsprincipen, se även J Hettne & I Otken Eriksson (red), EU-rättslig metod, 2005, s 150 ff.

- Är åtgärden ägnad att tillgodose ändamålet?
- Är åtgärden nödvändig för att uppnå ändamålet eller finns det mindre inskränkande alternativ?
- Står den fördel åtgärden tillgodoser i rimlig proportion till den skada som åtgärden kan förorsaka för de berörda?

Prövningen innefattar alltså först en bedömning av den aktuella åtgärdens ändamålsenlighet, därefter dess nödvändighet och sist görs en avbalansering. Vid prövningen kan det ofta bli fråga om en helhetsbedömning av den föreliggande situationen, men det förekommer också exempel på mycket ingående bedömningar av olika enskildheter i fallen.

Proportionalitetsbedömning mellan mål och medel är i rättspraxis grundläggande bland annat när det gäller att avgöra om en medlemsstat har tillräckligt angelägna skäl för att upprätthålla en åtgärd som verkar handelshindrande för import från andra länder inom EU.[49] Principen utgör även en viktig faktor vid bedömningen i övrigt av nationella begränsningar av de fria rörligheterna. Proportionalitetsprincipen har också med framgång använts för att undanröja alltför betungande gemenskapsåtgärder och nationella genomförandeåtgärder på tull- och jordbruksområdena. Det bör dock noteras att de faktiska proportionalitetsbedömningarna i praxis ibland kommit att skifta beroende av t ex vilka typer av åtgärder som granskas: gemenskapslagstiftaren ges t ex generellt ett vidsträckt utrymme för skönsmässiga bedömningar inom områden där komplexa politiska, ekonomiska och sociala val måste göras. Prövningen handlar där närmast om det kan anses vara frågan om uppenbart olämpliga åtgärder eller inte.[50] Nationella bestämmelser som t ex inskränker de fria rörligheterna har däremot ofta bedömts mycket ingående och strängt, även om det också här finns varierande tendenser i praxis (se vidare 13.6).

Proportionalitetsprincipen har numera fått genomslag i svensk nationell rätt under intryck av europarätten, se 11.4.

49. Se särskilt 12.6 och 12.8 angående tillämpningen av undantagen i artikel 30 resp doktrinen om tvingande hänsyn.

50. Se förenade målen C-453/03, C-11/04, C-12/04 och C-194/04, ABNA Ltd m fl (REG 2005, s I-10423), punkterna 68–69.

# 6.7 *Rättssäkerhetsprincipen*

## 6.7.1 Inledning

EG-domstolen har i sina avgöranden många gånger hänvisat till den övergripande principen om enskildas rättssäkerhet.[51] Denna är en mycket generell princip, vars grundelement är att rättstillämpningen måste vara förutsägbar. Ur denna övergripande princip har domstolen utbildat vissa andra allmänna principer, som kan sägas utgöra underprinciper till rättssäkerhetsprincipen eftersom de utvecklats ur denna. Bland dessa principer märks principen om skydd för välförvärvade rättigheter,[52] principen om skydd mot retroaktiv lagstiftning samt principen om skydd för berättigade förväntningar. Som framhållits är också proportionalitetsprincipen en rättssäkerhetsprincip.

I *Kühne & Heitz* noterade Domstolen att det, med hänsyn till rättssäkerhetsprincipen, i princip inte krävs att nationella förvaltningsorgan skall behöva ändra i (gemenskapsrättsligt felaktiga men) definitivt fattade förvaltningsbeslut (där rimliga talefrister löpt ut eller rättsmedlen uttömts). Ifall den nationella lagstiftningen emellertid medger att även sådana beslut kan omprövas så följer det av lojalitetsprincipen (se 6.3) att en sådan omprövning likväl kan komma att krävas.[53]

## 6.7.2 Förbudet mot retroaktiv lagstiftning

EG-rätten har en sträng syn på retroaktiv lagstiftning i egentlig mening, d v s lagstiftning som avser att reglera redan företagna handlingar. Huvudprincipen är att det råder förbud mot sådan lagstiftning av materiellrättslig karaktär som verkar till nackdel för enskilda rättssubjekt.[54] Domstolen har särskilt understrukit att förbudet mot retroaktiv strafflagstiftning utgör en del av gemenskapens allmänna rättsprinciper.[55] Däremot har EG-domstolen intagit en mera tolerant hållning till lagstiftning som ändrar de rättsliga förutsättningarna för en påbörjad verksamhet som ännu inte lett till ett slutfört handlande, till förändringar i kort-

51. På engelska "legal certainty".
52. På engelska "vested rights".
53. Mål C-453/00, Kühne & Heitz NV och Productschap voor Pluimvee en Eieren (REG 2004, s I-837). Jfr här, för svenskt vidkommande, 27 § förvaltningslagen (1986:22) om gynnande förvaltningsbesluts rättskraft.
54. Se bl a U Bernitz, Sverige och europarätten, kap 7 med vidare hänv.
55. Mål 63/83, Drottningen mot Kent Kirk (REG 1984, s 2689; svensk specialutgåva, volym 7). Domstolen har också tillämpat principen att lindrigare strafflagstiftning skall tillämpas retroaktivt; se mål C-387/02, brottmål mot S Berlusconi m fl (REG 2005, s I-3565).

variga regler om kompensation till jordbruksproducenter eller till av kommissionen ändrad påföljdspolitik på konkurrensområdet.[56] Retroaktiv tillämpning av, för den enskilde, gynnsammare bestämmelser hindras inte av EG-rätten.

Avgörande för bedömningen av frågan om retroaktivitet föreligger är i EG-rätten tidpunkten för lagstiftningens ikraftträdande. Enligt artikel 254.1 EGF träder förordningar, direktiv och beslut i kraft den dag som anges i rättsakterna eller, i annat fall, den tjugonde dagen efter offentliggörandet, d v s dagen då det häfte av EGT som innehåller rättsaktens text blir tillgänglig.

EG-domstolen har slagit fast att myndigheter dessförinnan inte kan göra gällande lagstiftningsåtgärder mot enskilda.[57]

Som exempel ur praxis kan nämnas målet *Meiko-Konservenfabriek*[58] som gällde en jordbruksförordning om ekonomiskt stöd för tillverkning av körsbärssaft. Stödet utgick för inköp av bär som skett före en viss tidpunkt varje år och för vilket stöd söktes hos behörig myndighet före en viss angiven dag. I detta fall hade slutdatum för sökande av stöd tidigarelagts retroaktivt. EG-domstolen fann att den förordningsbestämmelse, genom vilken ansökningsdatum tidigarelagts, var ogiltig.

I det kända fallet *Defrenne II*[59] angående likalönsprincipen användes rättssäkerhet som skäl för införandet av en begränsning av den retroaktiva verkan av ett förhandsavgörande enligt artikel 234 EGF. Domstolen slog fast, oväntat för många, att artikel 141 (likalönsprincipen) hade direkt effekt, men i princip endast med framtida verkan. De som inte redan inlett processer vid tidpunkten för avgörandet kunde således inte kräva ersättning för förfluten tid. Domstolen har emellertid gjort klart att sådana begränsningar som följer av en uttolkning av rättsläget endast kan ske i undantagsfall.

56. Om det senare, se förenade målen C-189/02 P, C-202/02 P, C-205/02 P, C-206/02 P och C-213/02 P, Dansk Rørindustri A/S m fl mot kommissionen (REG 2005, s I-5425), punkterna 198-233.

57. Mål 98/78, Racke mot Hauptzollamt Mainz (REG 1979, s 69; svensk specialutgåva, volym 4), punkt 15.

58. Mål 224/82, Meiko-Konservenfabriek mot Tyska förbundsrepubliken (REG 1983, s 2539). Målet är ett förhandsavgörande.

59. Mål 43/75, Defrenne mot Sabena (REG 1976, s 455; svensk specialutgåva, volym 3). Ang retroaktiva effekter av avgöranden i EG-domstolarna, T Andersson, Domarskapad rätt och retroaktivitet, JFT 2001 s 164 ff.

### 6.7.3 Skyddet för berättigade förväntningar

Principen om skydd för berättigade förväntningar[60] har nära samband med förbudet mot retroaktiv lagstiftning.[61] Principen innebär att en person skall vara tillåten att handla och bedriva sin näringsverksamhet i berättigad förväntan om att den existerande gemenskapslagstiftningen skall fortsätta att gälla. Detta gäller i all synnerhet om uttryckliga eller underförstådda försäkringar härom givits av företrädare för en gemenskapsinstitution. En EG-rättslig åtgärd får inte kränka dessa förväntningar såvida det inte finns ett överordnat skäl av allmänt intresse. Förväntningen måste dock vara skälig och inte av en ekonomiskt spekulativ karaktär. Praxis på området har emellertid varit snäv, och EG-domstolen finner sällan att skyddet för berättigade förväntningar trätts för när.[62]

Gemenskapen kan skapa berättigade förväntningar bl a genom sin aktivitet på tull- och jordbruksområdet avseende priser och avgifter. Detta illustreras av *CNTA-fallet.*[63] Domstolen uttalade att kommissionen inte hade rätt att utan förvarning avskaffa s k monetära utjämningsbelopp som tidigare hade tillerkänts exportörer av jordbruksprodukter för att kompensera dem för fluktuationer i växelkurserna. Domstolen menade att en näringsidkare som ingått bindande avtal som angivit en viss bestämd återbäring var berättigad att förvänta sig att detta inte skulle förändras; i vart fall då en sådan förändring framstod som oförutsebar och dessutom skulle kunna orsaka näringsidkaren en oundviklig skada.[64]

60. På engelska "legitimate expectations", på franska "protection de la confiance légitime".

61. Gynnande (men rättsstridiga) förvaltningsbeslut av gemenskapen kan – med hänsyn till principen om berättigade förväntningar – t ex endast återkallas retroaktivt från gynnade i god tro ifall så sker inom en rimlig tidsfrist, beräknad från när de gynnade fick del av den aktuella rättsakten: Se mål C-90/95 P, De Compte mot Europaparlamentet (REG 1997, s I-1999). Beträffande administrativa besluts slutgiltighet, se även mål C-453/00, Kühne & Heitz NV (REG 2004, s I-837) ovan i 6.7.1

62. Förstainstansrätten har i ett belysande avgörande noterat tre krav som måste vara uppfyllda för att man skall få åberopa skyddet: För det första skall det föreligga preciserade, ovillkorliga och samstämmiga garantier från behöriga och tillförlitliga källor och som meddelats den berörde av gemenskapsinstitutionerna. Garantierna skall för det andra leda till en berättigad förväntning hos mottagaren. Garantierna skall för det tredje vara förenliga med tillämpliga bestämmelser (mål T-282/02, Cementbouw Handel & Industrie BV mot kommissionen (REG 2006, s II-319) punkt 77. En rättsvetenskaplig monografi på området är J Raitio, The Principle of Legal Certainty in EC Law, Helsinki 2003.

63. Mål 74/74, CNTA mot kommissionen (REG 1975, s 533; svensk specialutgåva, volym 2).

64. I svensk rätt har intill nyligen förekomsten av okodifierade rättssäkerhetsprinciper varit rätt litet uppmärksammad. Regeringsformen ger skydd mot retroaktiv straff- och skattelagstiftning (2:10 RF) men berör inte i övrigt frågan om tillåtligheten av retroaktiv lagstiftning till nackdel för enskilda. Också på detta område torde nu ske en rättsutveckling under intryck av gemenskapsrätten. Regeringsrätten har sålunda uttryckt en skärpt syn på retroaktiv lagstiftning i pleniavgörandet RÅ 1996 ref 57 ang Klippans Finpappersbruk, se U Bernitz, Sverige och europarätten s 176 ff med vidare hänv.

Ett annat exempel är fallet *Opel Austria*, där det befanns strida mot principen om skydd för berättigade förväntningar m m att rådet endast några veckor före EES-avtalets ikraftträdande belade import av bilväxellådor från Österrike med antidumpningstull.[65]

## 6.8 *Processuella rättssäkerhetsgarantier*

### 6.8.1 Inledning

I ett stort antal rättsfall har EG-domstolen och även förstainstansrätten utvecklat ett flertal rättsprinciper som rör processuella rättssäkerhetsgarantier och som kan sammanfattas som en princip om *rättvis rättegång*.[66] Denna princip är av särskild betydelse inom de områden där EG-rätten tillämpas direkt mot individer, såsom inom t ex konkurrensrätten och antidumpningsåtgärder. Bakgrunden är att finna i det faktum att processen inför förstainstansrätten och EG-domstolen till största delen är oreglerad; domstolarna har haft att själva utveckla sina processuella handläggningsprinciper. Dessa har väsentligen hämtats från medlemsstaternas rättsordningar och Europakonventionen. I en vidare mening ställer principen även krav på myndigheters och institutioners administrativa agerande och har, i dessa sammanhang, kommit att gå under benämningen omsorgsprincipen eller *rätten till god förvaltning*.[67]

### 6.8.2 Rätten till försvar

Gemenskapsrätten upprätthåller den välkända processuella principen *audi alterem partem*, hör andra parten. En enskild person, fysisk eller juridisk, har rätt att bli hörd och på ett meningsfullt sätt lämna sina synpunkter på vad som har åberopats gentemot honom innan han åläggs en bestraffning eller en åtgärd vidtas som är till skada för hans intresse. Det är en nödvändig förutsättning att han informeras om vad saken rör innan han åläggs att föra fram sina synpunkter. En person har rätt att anlita advokat och att företrädas av en sådan. Advokaten har härvid rätt att ta del av alla relevanta handlingar som inte är sekretessbelagda, rätt till *aktinsyn*. Dessa grundsatser om rätten att inte dömas ohörd och rätten att yttra sig brukar i EG-rätten sammanfattande benämnas rätten till

65. Mål T-115/94, Opel Austria mot rådet (REG 1997, s II-39), se även 9.3.3.
66. Se bl a T Andersson, Rättsskyddsprincipen, 1997.
67. Se t ex målen C-269/90, Technische Universität München (REG 1991, s I-5469; svensk specialutgåva volym 11) samt T-167/94, Nölle mot rådet och kommissionen (REG 1995, s II-2589). Rätten till god förvaltning är nu fastlagd i art 41 i EU:s rättighetsstadga, se 6.9.3.

försvar.[68] I praktiken tillgodoser beslutsmyndigheten ofta detta krav genom att i ett relativt sent skede av förfarandet tillställa parten sina preliminära slutsatser och motiveringen härför och ge parten tillfälle att yttra sig över detta.

*Transocean-fallet*[69] ger ett exempel på hur EG-domstolen har utvecklat den principiella rätten för part att yttra sig. Domstolen uttalade att "adressater av ett av de offentliga myndigheterna fattat beslut som märkbart påverkar deras intressen skall lämnas tillfälle att vederbörligen framföra sina synpunkter".[70] Detta innebär att myndigheten i förväg måste informera den berörda parten om de åtgärder som myndigheten avser att vidta. Målet *Al-Jubail*[71] har utvidgat denna princip till att omfatta även företag som ålagts att betala antidumpningsavgifter avseende subventionerad import till gemenskapen.

Ett företag kan dock inte tvingas att lämna upplysningar som direkt skulle innebära att det erkände brott mot gemenskapsbestämmelser, t ex konkurrenslagstiftningen (förbudet mot *self-incrimination*).[72]

## 6.8.3 Rätten till förtrolig skriftväxling mellan advokat och klient

EG-domstolen har utvecklat den inte minst för advokater viktiga rättsprincipen om skydd för förtrolig skriftväxling. Grundläggande är målet *AM & S*,[73] som hade sin upprinnelse i en platsundersökning som kommissionen företagit hos ett företag för att utröna eventuell överträdelse av konkurrensreglerna (se 16.8.1). Företaget vägrade lämna ut skriftväxling till och från dess advokater under hänvisning till den särskilt i engelsk rätt välutvecklade principen om "*legal privilege*". EG-domstolen fann att skriftväxling mellan klient och advokat, upprättad för att tillvara klientens rätt, var fredad såsom konfidentiell. Det är att märka att

68. Se bl a J Hettne, Gemenskapsdomstolarnas rättskontroll och allmänna förvaltningsrättsliga principer, ERT 2002 s 243 ff. Den närmaste motsvarigheten i svensk förvaltningsrätt är kommunikationsprincipen i 17 § förvaltningslagen, se även lagens 16 § om aktinsyn.

69. Mål 17/74, Transocean Marine Paint mot kommissionen (REG 1974, s 1063; svensk specialutgåva, volym 2).

70. Ibid, punkt 15.

71. Mål C-49/88, Al-Jubail Fertiliser mot rådet (REG 1991, s I-3187).

72. Se mål 374/87, Orkem mot kommissionen (REG 1989, s 3283; svensk specialutgåva, volym 10) samt, än tydligare, förenade målen C-238/99 P, C-244/99 P, C-245/99 P, C-247/99 P, C-250/99 P, C-252/99 P och C-254/99 P: Limburgse Vinyl Maatschappij NV (LVM) m fl (REG 2002, s I-8375). Se även C-301/04 P, kommissionen mot SGL Carbon (REG 2006, s I-5915).

73. Mål 155/79, AM & S mot kommissionen (REG 1982, s 1575; svensk specialutgåva, volym 6).

detta undantag endast avser skiftväxling med oberoende advokat, inte bolagsjurister och inte heller ombud utanför EU.[74]

### 6.8.4 Rätten till korrekt juridisk handläggning och effektiva rättsmedel

EG-domstolen har i ett antal fall betonat vikten av vissa processuella rättigheter knutna till vad som kan kallas rätten till korrekt juridisk handläggning.[75] Dessa kan ses som ett utflöde av den inledningsvis berörda principen om god förvaltning. Gemenskapsrätten tillämpar sålunda principen *non bis in idem*, ingen får prövas två gånger för samma överträdelse och ingen får utsättas två gånger för bestraffning för samma överträdelse.

Den enskilde måste ges tillgång till vederbörliga rättsmedel för att kunna åberopa sina gemenskapsrättigheter. I fallet *Johnston*[76] uttalade domstolen att en person som påstår sig ha utsatts för könsdiskriminering och som åberopar rättigheter enligt det s k jämställdhetsdirektivet inte kunde vägras tillgång till vederbörliga rättsmedel genom ett regeringsbeslut. Detta och andra rättsfall ger uttryck för en allmän princip att individer måste garanteras *effektiva rättsmedel*, så att de kan göra gällande sina rättigheter enligt gemenskapsrätten inför nationell domstol (se vidare 5.7). Nationella myndigheters beslut som rör tillämpning av enskildas rättigheter enligt gemenskapsrätten måste även vara tillräckligt motiverade, så att besluten kan överklagas till domstol på ett tillräckligt underlag.[77]

I *Heylens*[78] hade Heylens ansökan om ett franskt godkännande av hans belgiska diplom som fotbollstränare blivit underkänt helt utan motivering av den särskilda kommitté som var behörig i sådana frågor. Utan ett sådant god-

74. Jämför för svensk rätt 36:5 RB, 54 § konkurrenslagen. Den omdiskuterade olikabehandlingen av advokater och bolagsjurister har motiverats av att de senare inte på samma sätt som advokater har att följa professionens etiska koder.

75. På engelska "due process".

76. Mål 222/84, Johnston mot Chief Constable of the Royal Ulster Constabulary (REG 1986, s 1651; svensk specialutgåva, volym 8). Se även bl a mål C-97/91, Oleificio Borelli mot kommissionen (REG 1992 s I-6313); av avgörandet framgår att enskild har rätt att kunna få anspråk enligt gemenskapsrätten på ekonomiskt stöd överprövade av domstol.

77. Se t ex målen C-271/91, Marshall mot Southampton and South West Hampshire Area Health Authority (Marshall II) (REG 1993, s I-4367; svensk specialutgåva, volym 14), C-208/ 90, Emmott mot Minister for Social Welfare (REG 1991, s I-4269; svensk specialutgåva, volym 11) samt C-213/89, R mot Secretary of State for Transport, ex parte Factortame (REG 1990, s I-2433; svensk specialutgåva, volym 10). Jämför även artikel 10 EKMR.

78. Mål 222/86, UNECTEF mot Heylens (REG 1987, s 4097; svensk specialutgåva, volym 9).

kännande kunde Heylens inte arbeta i Frankrike. Det negativa beslutet påverkade en grundläggande rättighet enligt fördraget, nämligen rätten till fri rörlighet för arbetskraft och EG-domstolen uttalade att ett sådant beslut måste motiveras för att möjliggöra en effektiv överprövning.

Fallet Heylens illustrerar vad som sagt ovan i 6.1 om att de allmänna rättsprinciperna skall iakttas också av nationella myndigheter och domstolar när dessa tillämpar gemenskapsrätt.

## 6.9 *Skyddet för de mänskliga rättigheterna*

Skyddet för de mänskliga rättigheterna utgör en central rättsprincip inom EU. Det är numera uttryckligen fastslaget i artikel 6.2 i unionsfördraget att unionen skall som allmänna principer för gemenskapsrätten respektera de grundläggande rättigheterna såsom de garanteras i Europakonventionen och såsom de följer av medlemsstaternas gemensamma konstitutionella traditioner. Man har härigenom kodifierat och preciserat en rättsprincip som redan tidigare utvecklats av EG-domstolen. På detta område har EG-domstolen numera behörighet att pröva institutionernas verksamhet inom hela EU, i princip även andra och tredje pelaren[79] (artikel 46 d EUF). I EG-domstolens färska rättspraxis har rättighetsskyddet kommit att tillmätas en allt större vikt.

### 6.9.1 Europakonventionen

Rättighetsskyddet inom EU bygger som nämnt på det rättssystem som utbildats inom Europarådet[80] genom Europakonventionen; *Europeiska konventionen av 1950 om skydd för de mänskliga rättigheterna och de grundläggande friheterna* (EKMR), successivt utbyggd genom fjorton tilläggsprotokoll.[81]

Europakonventionen med tilläggsprotokoll slår fast de fri- och rättigheter som konventionsstaterna (däribland alla EU:s medlemsländer) har enats om skall vara tillförsäkrade *varje person som befinner sig under deras jurisdiktion* – helt oberoende av medborgarskap (artikel 1 i kon-

79. Dock endast så långt EG-domstolens generella kompetens sträcker sig.

80. Europarådet, upprättat 1949, är som nämnt i 2.1 en från EU helt fristående mellanstatlig organisation, placerad i Strasbourg.

81. Även benämnd människorättskonventionen. Tryckt i ny svensk översättning i SFS 1998:712, återfinns med rättsfallshänvisningar i lagboken Sveriges rikes lag efter regeringsformen.

ventionen).[82] Konventionen tillämpas av den europeiska domstolen för de mänskliga rättigheterna, ofta benämnd *Europadomstolen.*[83] Den fungerar som en eninstansdomstol med heltidsarbetande domare, en från varje konventionsstat.[84] Normalt dömer domstolen i en sammansättning av tre eller sju domare, men målen kan också handläggas av en s k stor kammare med sjutton domare. Det finns en viss möjlighet att få mål som prövats i en mindre sammansättning omprövade i stor kammare. Medlemsstaternas åtgärder för genomförande och uppföljning av Europadomstolens domar övervakas av en särskild ministerkommitté och Europarådets kommissionär för mänskliga rättigheter.

Europakonventionen ger enskilda – både fysiska och juridiska personer – möjlighet att klaga direkt vid en internationell domstol (Europadomstolen) över ett medlemslands bristande efterlevnad av konventionens krav, såväl genom lagstiftning som genom myndigheternas tillämpning. Målen rör alltså enskild (fysisk eller juridisk person) mot stat; däremot prövar Europadomstolen inte mål enskilda emellan. För att ett fall skall tas upp till behandling är det i regel ett krav att alla inhemska rättsmedel först har uttömts, annars avvisas framställningen (artikel 35.1 EKMR). Målen måste alltså först ha processats nationellt till högsta möjliga instans; det finns ingen motsvarighet till möjligheten att begära förhandsavgörande av EG-domstolen. En annan viktig begränsning är den s k sexmånadersfristen. Den klagande måste vända sig till Europadomstolen inom sex månader från dagen för det slutliga inhemska avgörandet; annars avvisas framställningen såsom inkommen för sent (artikel 35.1 EKMR). Ärenden om kränkning av konventionen kan också anhängiggöras av en konventionsstat mot en annan konventionsstat, en möjlighet som dock endast utnyttjats i några flagranta undantagsfall.

82. Om Europakonventionen se bl a C-H Ehrenkrona i Karnov, Svensk lagsamling med kommentarer, del 1 (rikliga kommentarer och praxishänvisningar), H Danelius, Mänskliga rättigheter i europeisk praxis, 3 uppl 2007, Danelius fortlöpande översikter av ny rättspraxis från Europadomstolen i SvJT, I Cameron, An Introduction to the European Convention on Human Rights, 4 ed, Uppsala 2002, D Tarschys, Europarådet, EU och de mänskliga rättigheterna, JT 2000–01 s 511 ff, E Palm, Rättspraxis och tolkningsmetoder i Europadomstolen, JT 2003–04 s 739 ff. Välkända arbeten är Jacobs & White, The European Convention on Human Rights, 4 ed, Oxford 2006 och P van Dijk m fl, Theory and Practice of the European Convention on Human Rights, 4 ed, Deventer 2006.

83. Benämns även människorättsdomstolen. Europarådets webbportal är: www.echr.coe.int. Domarna publiceras fr o m 1996 i Europadomstolens Reports of Judgements and Decisions.

Domstolen för de mänskliga rättigheterna i Strasbourg är fullkomligt fristående från EG-domstolen i Luxemburg och sammansatt av domare från ett fyrtiotal stater. Termen Europadomstolen är alltså inte entydig.

84. Förfarandet har genomgått en grundläggande omorganisation, i kraft från 1 november 1998. Tidigare fanns europeiska kommissionen för de mänskliga rättigheterna, som i första hand bedömde inkomna klagomål och som fungerade som sållningsorgan i förhållande till Europadomstolen, se t ex prop 1997/98:107, En ny Europadomstol.

Europadomstolen har över åren utvecklat en omfattande och synnerligen betydelsefull rättspraxis, som kommit att i mycket stor utsträckning sätta standarden i Europa för fri- och rättighetsskyddet. Bland artiklar i konventionen som fått särskilt stor betydelse i rättspraxis märks artikel 5 om rätt till frihet och säkerhet, artikel 6 om rätt till rättvis rättegång ("due process"), artikel 8 om rätt till skydd för privat- och familjeliv, artikel 10 om yttrandefrihet och artikel 1 i första tilläggsprotokollet om skydd för egendom (äganderätten). Medlemsstaterna är skyldiga att rätta sig efter domstolens utslag i alla mål där de är parter. Domstolen har möjlighet att utdöma gottgörelse till förfördelad part (artikel 41). Europarådet har sålunda på fri- och rättighetsskyddets område etablerat ett överstatligt system, uppbyggt på klagorätt för enskilda.

Detta system står i nuläget inför en verklig utmaning. Europakonventionen gäller numera även i de allra flesta central- och östeuropeiska stater och Europadomstolen har utökats med nya domare från dessa länder. Utvidgningen har lett till mycket stor måltillströmning från öststater som tidigare haft en låg rättsskyddsnivå och saknar en egentlig rättsstatstradition.[85] Europadomstolen knäar i nuläget under målbalanserna. En sållning sker dock genom restriktiv tillämpning vid den inledande prövningen av om ett klagomål uppfyller villkoren för att tas upp till sakprövning (artikel 35).

Europakonventionens ställning och tillämpning i Sverige behandlas i 11.5.

## 6.9.2 EU och Europakonventionen

EG-domstolen var till en början ganska kallsinnigt inställd till grundläggande fri- och rättigheter och avfärdade sådana argument med motiveringen att den endast hade att tillämpa gemenskapsrätt.[86] Domstolen tvingades dock att ändra sin attityd på grund av vissa nationella domstolars motvilja att erkänna gemenskapsrättens företräde framför nationell rätt.

Särskilt de tyska och italienska domstolarna hade svårt att acceptera att de var förhindrade att pröva gemenskapsbesluts tillåtlighet i förhållande till sina nationella, grundlagsfästa fri- och rättigheter (se 5.3.2). Den tyska författningsdomstolen uttalade i fallet *Internationale Handels-*

85. Cirka hälften av fallen kommer från de fyra länderna Ryssland, Turkiet, Rumänien och Polen.

86. Se mål 1/58, Stork mot Höga myndigheten (REG 1959, s 17). Se till det följande bl a U Bernitz, Sverige och europarätten s 144 ff.

*gesellschaft*[87] att så länge som gemenskapen saknade ett med den tyska konstitutionen jämförbart rättighetsskydd ansåg sig domstolen oförhindrad att pröva gemenskapsrättsakters förenlighet med tyska grundläggande rättigheter samt, om nödvändigt, förklara rättsakterna ogiltiga eller icke tillämpbara inom Tyskland.

Det första steget i utvecklingen av skyddet för mänskliga rättigheter inom gemenskapen togs år 1969 i *Stauder*,[88] där EG-domstolen bekräftade att de grundläggande mänskliga rättigheterna innefattades i gemenskapsrättens allmänna rättsprinciper och skyddades av domstolen. Utvecklingen fördes framåt året därpå i det redan nämnda fallet *Internationale Handelsgesellschaft*. EG-domstolen konstaterade att dessa gemenskapliga mänskliga rättigheter visserligen var inspirerade av författningstraditioner gemensamma för medlemsstaterna, men måste tryggas inom ramen för gemenskapens struktur och målsättning. EG-domstolen utökade i *Nold*[89] sina inspirationskällor till att även avse internationella konventioner om skydd för de mänskliga rättigheterna som medlemsstaterna hade medverkat till eller undertecknat. I *Hauer*[90] gjorde domstolen en omfattande undersökning av rätten till egendom i flera medlemsstaters författningar och enligt Europakonventionen.

Över åren har EG-domstolen tolkat och tillämpat Europakonventionen i ett stort antal fall, inte minst med anknytning till egendomsskyddet och rätten att utöva näringsverksamhet men även i processuella frågor. EG-domstolen har också hänfört sig till konstitutionell sedvana gemensam för medlemsländerna. Numera förekommer ofta hänvisningar till Europakonventionen i EG-domstolens avgöranden; den läser in en oskriven rättighetskatalog i gemenskapsrätten.

I *Baustahlgewebe*[91] ändrade EG-domstolen en dom av förstainstansrätten i ett stort konkurrensmål (genom att reducera böterna) på grund av att rättegången (som varade cirka 5 1/2 år) inte slutförts inom skälig tid. EG-domstolen stödde sig främst på artikel 6.1 i Europakonventionen, enligt vilken förhandling skall hållas ”inom skälig tid”.

87. Internationale Handelsgesellschaft mot Einfuhr- und Vorratsstelle Getreide, Bundesverfassungsgerichts dom av den 29 maj 1974, 2 CMLR 1974 s 540; en inhemsk uppföljare till förhandsavgörandet i mål 11/70, Internationale Handelsgesellschaft mot Einfuhr- und Vorratsstelle Getreide (REG 1970, s 1125; svensk specialutgåva, volym 1).

88. Mål 29/69, Stauder mot Ulm (REG 1969, s 419; svensk specialutgåva, volym 1).

89. Mål 4/73, Nold mot kommissionen (REG 1974, s 491; svensk specialutgåva, volym 2).

90. Mål 44/79, Hauer mot Land Rheinland-Pfalz (REG 1979, s 3727; svensk specialutgåva, volym 4). Gemenskapen hade i detta fall utfärdat en förordning som förbjöd plantering av vinrankor under tre år. Domstolen uttalade att äganderätten inte kunde anses vara absolut utan kunde begränsas av hänsyn till allmänna intressen. Förordningen stred därför inte mot de mänskliga rättigheterna.

91. Mål C-185/95 P, Baustahlgewebe GmbH mot kommissionen (REG 1998, s I-8417), härtill kommentar av H Danelius i ERT 1999 s 721 ff.

EG-domstolen har gjort klart att gemenskapens skydd för de mänskliga rättigheterna inte sträcker sig till områden som faller inom medlemsstaternas exklusiva jurisdiktion.[92] Medlemsstaterna är dock skyldiga att respektera de grundläggande rättigheterna inom gemenskapsrätten vid implementering av gemenskapens rättsakter.[93] Ett "landmark case" i den aktuella rättsutvecklingen är *Schmidberger*,[94] där EG-domstolen lät yttrande- och mötesfriheten med bas i Europakonventionen väga tyngre än den fria rörligheten.

En demonstration hade föranlett österrikiska myndigheter att under ett drygt dygn stänga av motorvägen över Brennerpasset. Domstolen erinrade om att det såväl av praxis som av EU-fördraget följde att gemenskapen var förbjuden att vidta åtgärder som stred mot erkända mänskliga rättigheter och att skyddet därav därför också kunde legitimera inskränkningar av gemenskapsrätten. Domstolen konstaterade vidare att rätten till fri rörlighet under vissa förutsättningar kunde inskränkas (jfr 12.5.1), men att detsamma kunde sägas beträffande utövandet av yttrande- och mötesfriheten (i motsats till absoluta rättigheter som rätten till liv eller förbudet mot tortyr). De aktuella respektive intressena skulle därför vägas mot varandra för att fastställa huruvida en riktig balans mellan dem uppnåtts, med beaktande av samtliga omständigheter i det enskilda fallet. I det aktuella fallet, och med beaktande av de österrikiska myndigheternas stora utrymme för skönsmässiga bedömningar, konstaterade EG-domstolen sammanfattningsvis att beslutet att stänga av motorvägen skäligen fick anses proportionerligt och därmed förenligt med gemenskapsrätten.

En ännu pågående process, som tilldragit sig stor uppmärksamhet och rör principiellt centrala frågor, är fallet rörande de s k *Somalie-svenskarna*[95] som fått sina ekonomiska tillgångar frysta.

Fallet gäller frågan om de rättsliga effekterna av en sanktionslista, ytterst upprättad på mandat från FN:s säkerhetsråd, med syfte att frysa tillgångar för talibanerna i Afghanistan och till dem anknutna personer och organisationer. EU genomförde sanktionerna ifråga genom antagandet av några förordningar, vilket bl a drabbade de i målen aktuella personerna. Dessa, vilka själva helt saknade möjligheter att få till stånd någon form av rättslig pröv-

92. Se t ex målen 60–61/84, Cinéthèque mot Fédération nationale des cinémas français (REG 1985, s 2605; svensk specialutgåva, volym 8).

93. Mål 5/88, Wachauf mot Tyskland (REG 1989, s 2609). Jfr även C-276/01, Joachim Steffensen (REG 2003, s I-3735).

94. Mål C-112/00 (REG 2003, s I-5659). Härtill V Skouris, Fundamental Rights and Fundamental Freedoms: The Striking of a Delicate Balance, EBusLRev 2006 s 225 ff.

95. T-306/01, Yusuf och Al Barakaat International Foundation mot rådet och kommissionen (REG 2005, s II-3533), överklagad (C-415/05 P, ännu ej avgjord). Frågeställningarna har kommenterats bl a av I Österdahl, FN, EU, sanktioner och mänskliga rättigheter – domen i EU:s förstainstansrätt, SvJT 2006 s 345 ff, J Christoffersen, FN sanktioner og den internationale menneskeret, ERT 2006 s 335 ff samt A Kruse, Internationella sanktioner mot enskilda och rättssäkerhet, ERT 2007 s 441 ff. Om målets bakgrund T Andersson, I Cameron & K Nordback, EU Blacklisting: The Renaissance of Imperial Power, but on a Global Scale, E BusLRev 2003.

ning av FN-besluten, förde ogiltighetstalan mot de av EU antagna förordningarna. Saken komplicerades ytterligare av att EU, till skillnad från sina medlemsstater, inte är FN-medlem och därmed heller inte formellt och direkt bunden av några FN-förpliktelser. Sammanfattningsvis kom målet i praktiken främst att röra förhållandet mellan gemenskapsrätt (mänskliga rättigheter) och bindande internationella normer baserade på FN-stadgan.

Förstainstansrätten kom, efter utförligt resonemang, fram till dels att gemenskapen varken fick åsidosätta de skyldigheter som åligger medlemsstaterna enligt FN-stadgan eller hindra fullgörandet av dessa, dels att gemenskapen enligt EG-fördraget var skyldig att med utövande av sin behörighet anta de nödvändiga bestämmelserna (här sanktionerna) för att medlemsstaterna skulle kunna fullgöra dessa skyldigheter. Förstainstansrätten noterade emellertid speciellt att gemenskapens skyldighet vilade på EG-fördragets grund, inte den allmänna folkrätten. I princip var inte Säkerhetsrådets resolutioner underkastade förstainstansrättens prövning, och förstainstansrätten ansåg sig inte ha behörighet att ifrågasätta – om än indirekt – resolutionernas lagenlighet på grundval av gemenskapsrätten. Tvärtom var förstainstansrätten skyldig att i största möjliga utsträckning tolka och tillämpa gemenskapsrätten på ett sätt som var förenligt med medlemsstaternas skyldigheter enligt Förenta nationernas stadga: den enda gränsen ansågs vara ifall FN-resolutionerna skulle stå i strid med *jus cogens*.[96] Att sökandena här saknade tillgång till några rättsmedel ansågs dock inte i sig strida mot jus cogens.[97]

Avgörandet har blivit mycket diskuterat och är överklagat till EG-domstolen. Målen belyser bristen på rättssäkerhet för enskilda som blir föremål för FN-beslutade, bindande sanktioner. Vid sanktioner som EU däremot på egen hand beslutar om skall däremot i princip de ovan nämnda rättssäkerhetsprinciperna iakttas.[98]

Även bortsett från frågan om förhållandet till bindande FN-normer (vilket trots allt får betraktas som ett specialfall) anses det gängse rättighetsskyddet inom EU inte helt tillfredsställande. EU:s institutioner är inte direkt bundna av Europakonventionen som bara är öppen för stater att tillträda. Domar av EG-domstolen kan inte överprövas av Europadomstolen i Strasbourg. EG-domstolen är å andra sidan inte bunden av de ställningstaganden som gjorts av Europadomstolen i olika rättsliga frågor och det föreligger risk för att de två domstolarna kan hamna i olika ståndpunkter vad gäller tolkning av Europakonventionen.

96. D v s folkrättens fundamentala tvingande allmänna principer.
97. T-306/01, punkterna 254–257, 276, 281 och 340–341.
98. Se T-228/02, Organisation des Modjahedines du peuple d'Iran mot rådet (dom av den 12 december 2006); skyldigheten avsåg särskilt iakttagande av de processuella rättssäkerhetsprinciperna som berörts i 6.8.2 och 6.8.4, inklusive skyldigheten att motivera beslut.

Europadomstolen har å sin sida slagit fast att medlemsstaterna är ansvariga för att Europakonventionens krav uppfylls även när de har överfört kompetens till Gemenskapen. I det uppmärksammade målet *Matthews* har Europadomstolen funnit att Storbritannien brutit mot Europakonventionen när landet inte tillät invånarna i Gibraltar att rösta i val till Europaparlamentet trots att de var unionsmedborgare.[99] Medlemsländerna är alltså på konventionsrättslig grund ansvariga för att tillse att de följer Europakonventionen också när de tillämpar gemenskapsrätten.[100] Här finns en latent risk för att medlemsstaterna kan bli klämda mellan inte helt överensstämmande krav.[101]

Det kan noteras att EG-domstolen på senare tid kritiserats för att, i praktiken, ofta överföra och tillämpa Europadomstolens praxis alltför okritiskt samt för ett bristande djup i sina analyser av grundläggande rättigheter i allmänhet.[102] Kommentatorer har bl a pekat på att EG-domstolen sällan ger sig in på någon närmare självständig och innehållsmässig prövning av grundläggande rättigheter, vilket i synnerhet skulle gå ut över den – med nödvändighet – värdeladdade prövningen när olika rättigheter skall balanseras mot varandra.

EG-domstolen fann 1994 i ett av rådet begärt yttrande[103] att fördragen inte gav EG eller EU kompetens att tillträda Europakonventionen, bland annat med hänsyn till problem vad gäller EG-domstolens egen ställning. Reformfördraget förväntas dock ge EU erforderligt bemyndigande.

Vad kan EU göra om den starkt negativa situationen inträffar att en medlemsstat allvarligt åsidosätter EU:s i artikel 6.1 EUF fastlagda grundläggande principer om frihet, demokrati och respekt för fri- och rättigheter och rättsstaten? EU-fördraget innehåller här den sanktionsmöjligheten att rådet tillfälligt kan upphäva rösträtten i rådet och vissa andra rättigheter för en sådan medlemsstat, *suspension*. För att ett sådant be-

99. Matthews mot Förenade Konungariket, Reports of Judgements and Decisions 1999-I. Europadomstolen fann att Europaparlamentet, trots sin övernationella karaktär, är en sådan lagstiftande församling som avses i konventionens första tilläggsprotokoll art 3 om rätt till fria val. Härom H Danelius, Rösträtt i Gibraltar, ERT 2001 s 88 ff.

100. Detta följer också av Europadomstolens avgörande i målet Bosphorus mot Irland, Reports of Judgements and Decisions 2005-VI ang ett flygplan som beslagtagits sedan det utnyttjats i trafik på Jugoslavien i strid mot FN-sanktioner implementerade av EU, rättsfallskommentar av C Lebeck i ERT 2006 s 543 ff.

101. Om interaktionen, S Douglas-Scott, A Tale of Two Courts: Luxembourg, Strasbourg and the Growing European Human Rights *Acquis*, CMLRev 2006 s 629 ff.

102. Se t ex O Abrahamsson, The Relation between National Courts and the European Courts, ERT 2006 s 286 ff (kritisk) samt D Chalmers m fl, European Union Law, Cambridge 2006, s 239 ff samt 259 ff. med vidare hänv. Om utvecklingen M Hellner, Skyddet av grundläggande fri- och rättigheter i framtidens EU, SIEPS 2003:11, M Melin, Så länge skutan kan gå – om Europeiska unionen på kryss mot ett konstitutionellt fri- och rättighetsskydd, Festskrift till Hans Ragnemalm, 2005 s 217 ff (omtryckt i H Ragnemalm & M Melin, EG-domstolen inifrån, 2006 s 223 ff).

103. Yttrande 2/94, (REG 1996, s I-1759). Bedömningen är inte oomstridd.

slut skall kunna fattas krävs att rådet med Europaparlamentets samtycke först varnar genom att slå fast att det finns en klar risk för att en medlemsstat allvarligt åsidosätter de i artikel 6.1 EUF angivna principerna. I ett andra steg kan rådet, med parlamentets samtycke, slå fast att medlemsstaten allvarligt och ihållande åsidosätter de nämnda principerna. Därefter får rådet med kvalificerad majoritet fatta beslut om upphävande av vissa av medlemsstatens rättigheter. Den berörda medlemsstaten förblir trots sina upphävda rättigheter bunden av alla sina skyldigheter som EU-medlem (artikel 7 EUF). Man står här inför en kraftfull påtryckningsåtgärd, som i första hand är avsedd att verka avskräckande och förhoppningsvis aldrig skall behöva tas i bruk.

### 6.9.3 EU:s rättighetsstadga

Vid regeringskonferensen i Nice 2000 antog EU en egen särskild stadga om skydd för de grundläggande rättigheterna.[104] Denna är inte juridiskt bindande men högtidligt proklamerad av Europaparlamentet, rådet och kommissionen samt medlemsstaterna. Enligt det konstitutionella fördraget skulle stadgan göras bindande och placeras mycket prominent som en huvuddel av fördraget. Reformfördraget förväntas fastställa stadgans bindande natur, dock medelst betydligt lägre profil samt med möjlighet till undantag för främst Storbritannien.

Rättighetsstadgan riktar sig till EU:s institutioner och till medlemsstaterna till den del dessas domstolar och andra organ tillämpar EG-rätt eller annan unionsrätt. Skyddsnivån enligt Europakonventionen skall alltid iakttas enligt stadgan. Den slår dock fast ett antal rättigheter som går härutöver, framför allt på grundval av EG-rättens redan etablerade principer. Rättigheterna har också i åtskilliga fall givits en modernare och delvis fylligare formulering än i Europakonventionen. Av stor betydelse blir i vilken utsträckning EG-domstolarna kommer att betrakta rättighetsstadgan såsom ett uttryck för medlemsstaternas konstitutionella traditioner och därigenom aktivt utnyttjar stadgan såsom ett viktigt tolk-

104. Publicerad i EGT 2000 C 364/1. Till stadgan har utarbetats kortfattade förklaringar. Stadgan utarbetades under år 2000 inom ramen för ett konvent under ledning av tidigare tyske förbundspresidenten och ordföranden i författningsdomstolen Roman Herzog. Se bl a K Lenaerts & E de Smijter, A "Bill of Rights" for the European Union, 38 CMLRev 2001 s 273 ff, G de Búrca, The Drafting of the European Union Charter of Fundamental Rights, 26 E LRev 2001 s 126 ff, P Eekhout, The EU Charter of Fundamental Rights and the Federal Question, CMLRev 2002 s 945 ff, S Peers & A Ward (eds), The EU Charter of Fundamental Rights, Oxford 2004, L Gunvén, EU:s stadga om de mänskliga rättigheterna – arbetet med att ge EU en "själ", ERT 2001 s 511 ff., U Bernitz, EU:s rättighetsstadga – hur knyts den till EU- och EG-fördragen?, ERT 2002 s 472 ff.

ningsunderlag. Så har i viss utsträckning redan skett.[105] EG-domstolarna har dock hittills varit återhållsamma, med all sannolikhet i avbidan på slutresultatet av pågående fördragsreformer.

## 6.10 *Öppenhetsprincipen*

I Sverige gäller som bekant en grundlagsfäst princip om allmänna handlingars offentlighet. Tryckfrihetsförordningen 2:1 föreskriver – till främjande av ett fritt meningsutbyte och en allsidig upplysning – att varje svensk medborgare skall ha rätt att ta del av allmänna handlingar. Sekretesslagen innehåller detaljerade regler om vilka begränsningar i denna rätt som är tillåtna.[106] Denna grundläggande offentlighetsprincip har huvudsakliga motsvarigheter i de övriga nordiska länderna men i ganska få andra stater inom EU. Inom EU har huvudprincipen varit att handlingar hos institutionerna och andra organ är hemliga i den mån dessa inte själva bestämmer att de skall offentliggöras (sekretessprincipen). Sverige har sett det som en viktig uppgift att driva fram en ökad öppenhet (transparens) inom EU. En utveckling i denna riktning har också kommit till stånd.[107]

Enligt portalstadgandet i artikel 1 i unionsfördraget skall besluten fattas så öppet och nära medborgarna som möjligt. Artikel 255.1 EGF slår fast att öppenhet skall vara huvudprincipen. Alla fysiska och juridiska personer som bor respektive har sitt säte inom EU skall enligt huvudregeln ha rätt till rådets, kommissionens och Europaparlamentets handlingar.

Länge var dock de enda regler som förekom på området i princip rådets respektive kommissionens arbetsordningar, och EG-domstolens och förstainstansrättens praxis kom därför att fokusera på tillämpningen av dessa. Sammanfattningsvis har domstolen betonat den generella skyldig-

105. Förstainstansrätten hänvisade tidigt till stadgan (se t ex mål T-54/99, max.mobil Telekommunikation Service GmbH mot kommissionen (REG 2002, s II-313) angående motiveringsskyldighet för kommissionsbeslut). Det dröjde till 2006 innan EG-domstolen för första gången refererade till stadgan (mål C-540/03, Europaparlamentet mot rådet (REG 2006, s I-5769), punkt 38). Detta rättsliga "erkännande" av stadgan får anses vara av stor principiell betydelse, och har följts upp i senare avgöranden (se t ex C-432/05, Unibet (London) Ltd, Unibet (International) Ltd mot Justitiekanslern (dom av den 13 mars 2007).

106. I förhållande till EU är det här närmast frågan om sekretesslagen (1980:100) 2 kap 1 §, den s k utrikessekretessen: "Sekretess gäller för uppgift som angår Sveriges förbindelser med annan stat eller i övrigt rör annan stat, mellanfolklig organisation, myndighet, medborgare eller juridisk person i annan stat eller statslös, om det kan antas att det stör mellanfolkliga förbindelser eller på annat sätt skadar landet om uppgiften röjs".

107. För en översikt av rättsutvecklingen i EU se t ex D Chalmers m fl, European Union Law, 2006 s 317 ff. Se även bl a I Österdahl, Openness and Secrecy, 23 ELRev 1998 s 336 ff.

heten att motivera beslut, och har också i flera fall upphävt otillräckligt motiverade avslagsbeslut.[108] Domstolen har även framhållit att institutionerna varit skyldiga att göra konkreta, individualiserade bedömningar vid förfrågningar om att få ut handlingar (något som t ex inte medger att man generellt söker undanta vissa kategorier av handlingar från offentligheten) och därvid också pröva om det är möjligt att lämna ut i vart fall delar av handlingar som inte kan lämnas ut i sin helhet (s k maskning).[109] Domstolen har även slagit fast att undantag från allmänhetens tillgång till handlingar skall tolkas och tillämpas restriktivt.[110]

Under det svenska ordförandeskapet i rådet 2001 antogs emellertid en *förordning om allmänhetens tillgång till rådets, Europaparlamentets* och *kommissionens handlingar*; något som – mot bakgrund av de andra medlemsstaternas positioner – var en klar framgång för den svenska linjen.[111] Förordningen, vilken i flera avseenden kodifierar domstolens ovannämnda praxis, fastställer de närmare bestämmelserna för hur allmänhetens tillgång till institutionernas handlingar skall hanteras. Förordningen fastslår att varje unionsmedborgare och varje fysisk eller juridisk person som är bosatt eller har sitt säte i en medlemsstat skall ha rätt till tillgång till institutionernas handlingar enligt vad som följer av förordningens närmare bestämmelser.

Den innehåller även ett antal relativt generellt formulerade undantagsgrunder, enligt vilka tillgången till handlingar kan vägras. Här märks främst skyddet för det allmänna samhällsintresset i fråga om allmän säkerhet, försvar och militära frågor, internationella förbindelser, gemenskapens eller en medlemsstats finansiella ekonomiska politik. Ifall det inte föreligger ett övervägande allmänintresse av utlämnandet kan även skyddet för fysiska och juridiska personers affärsintressen, rättsliga förfaranden och juridisk rådgivning samt syftet med inspektioner, utredningar och revisioner leda till en vägran att lämna ut handlingar. Handlingar som upprättats av en institution för internt bruk får inte lämnas ut ifall detta skulle undergräva institutionens beslutsfattande och det inte föreligger något övervägande allmänintresse av utlämnandet. För hand-

108. Se t ex målen T-105/95, WWF UK mot kommissionen (REG 1997, s II-313), T-124/96, Interporc Im und Export GmbH mot kommissionen (REG 1998, s II-231).

109. Se t ex målen T-174/95, Svenska Journalistförbundet (REG 1998, s II-2289), T-211/00, Aldo Kuijer mot rådet (REG 2002, s II-485), C-353/99 P, Rådet mot Heidi Hautala (REG 2001, s I-9565) och C-353/01 P, Olli Mattila (REG 2004, s I-1073).

110. Se t ex förenade målen C-174/98 P och C-189/98 P, Nederländerna och Gerard van der Wal mot kommissionen (REG 2000, s I-1).

111. Europaparlamentets och rådets förordning (EG) nr 1049/2001 om allmänhetens tillgång till Europaparlamentets, rådets och kommissionens handlingar, EGT 2001 L 145/4. Frågan om hur framgångsrikt Sverige var genom att driva fram denna förordning har diskuterats livligt; se t ex debatten som förts i ERT 2001 mellan O Abrahamsson (Obefogad ängslan för den svenska offentlighetsprincipen, s 391 ff) och U Öberg (Sura svenska krusbär, s 234 ff samt Slutreplik från stenbrottet, s 396 ff).

lingar som härrör från tredje part skall samråd ske med denna för att bedöma om någon undantagsgrund föreligger, om det inte kan anses uppenbart att handlingen skall/inte skall lämnas ut. Ett liknande förfarande har fastställts beträffande handlingar från en institution vilka innehas av en medlemsstat.[112] Om enbart delar av den begärda handlingen omfattas av något undantag skall övriga delar lämnas ut.

Ansökningar, vilka skall inlämnas skriftligen (inklusive i elektronisk form), kan göras på de olika EU-språken, och skall vara tillräckligt utförliga för att institutionen skall kunna identifiera handlingen. Ansökningar skall behandlas skyndsamt, vilket betyder att man i princip skall få ut handlingen eller ett avslagsbeslut inom 15 arbetsdagar. Att ta del av en handling på stället, erhålla kopior på färre än 20 sidor eller via direkt tillgång i elektronisk form eller via register skall vara kostnadsfritt.

Varje institution skall upprätta register över handlingar som skall stå till allmänhetens förfogande. Förordningen fastställer emellertid även en särskild ordning för s k känsliga handlingar. Härmed avses handlingar som klassificerats som hemliga[113] och som skyddar EU:s eller en eller flera av dess medlemsstaters väsentliga samhällsintressen, i synnerhet allmän säkerhet,[114] försvar och militära frågor. Känsliga handlingar skall registreras eller lämnas ut endast om den varifrån handlingen härrör givit samtycke därtill.

Institutionernas arbetsordningar har ändrats för att spegla förordningens bestämmelser. Förstainstansrätten har ändrat sina rättegångsregler, så att en påskyndad handläggning kan ske av bl a mål rörande begäran om tillgång till institutionernas handlingar.[115]

Vid en jämförelse med de svenska reglerna om allmänna handlingars offentlighet står det klart att förordningens regler är mer begränsande och möjligheterna att hävda sekretess större. Till exempel saknas i svensk rätt helt den typ av ”upphovsmannainflytande” som kan komma att bestämma frågan om utlämnande i fall rörande handlingar som härrör från tredje part eller beträffande s k känsliga handlingar. Någon längsta absolut tidsgräns för sekretessundantagen sätts heller inte, även om normalfallet anges vara högst 30 år. Den i Sverige grundlagsfästa (men tämligen unika) meddelarfriheten i förhållande till tidningar och vissa andra media saknar helt motsvarighet inom EU.

112. Huruvida detta innebär en faktisk vetorätt mot utelämnande för berörda medlemsstater är f n under prövning; jfr Förstainstansrättens dom i mål T-168/02, IFAW Internationaler Tierschutz-Fonds GmbH mot kommissionen (REG 2004, s II-4135), vilket överklagats till EG-domstolen av Sverige (mål C-64/05 P).

113. De exakta klassificeringarna är ”Très secret/Top Secret”, ”Secret” eller ”Confidentiel”.

114. Beträffande terrorism, se Förstainstansrättens dom i förenade målen T-110/03 och T-405/03, Sison mot rådet (REG 2005, s II-1429); kommenterad i SvJT 2005 s 999 ff.

115. EG-domstolen hävdar än så länge en sträng sekretess och har inte några interna regler om allmänhetens tillgång till handlingar.

Det förefaller som att en förhållandevis restriktiv tillämpning av öppenhetsprincipen ännu förblivit förhärskande inom EU:s institutioner.[116] Kommissionen utvärderar emellertid för närvarande (2007) hur väl förordningen egentligen fungerat.

Finns det en risk att EG-förordningen och dess regler kan komma att påverka den svenska offentlighetsprincipen negativt? I ingressen till förordningen anges att den varken har till syfte eller effekt att ändra nationell lagstiftning om tillgång till handlingar, men även att medlemsstaterna på grund av lojalitetsprincipen bör se till att inte hindra en korrekt tillämpning av förordningen samt respektera institutionernas säkerhetsbestämmelser. Det råder delade meningar om vilken betydelse som bör tillmätas dessa texter,[117] inte minst vid den praktiska hanteringen av utlämnandefrågor i Sverige.

Regeringsrätten har 2005 haft att bedöma en gemenskapsrättslig sekretessbestämmelse (i ett direktiv om genetiskt modifierade organismers utsläppande på marknaden). Där konstaterade majoriteten endast att direktivets genomförande i svensk rätt inte medfört några sådana ändringar i den svenska sekretesslagstiftningen att svenska myndigheter haft rätt att avstå från att göra en egen, självständig bedömning av frågan om utlämnandet. Inte heller ansågs det finnas någon annan omständighet som skulle givit de svenska myndigheterna en sådan rätt.[118] Avgörandet kan tolkas som en markering av Regeringsrätten att den ämnar slå vakt om det svenska offentlighetsregelverket, så länge detta inte uttryckligen ändrats av den nationelle lagstiftaren.

Problemet med den grundläggande oöverensstämmelsen mellan rättsläget i EU och Sverige kvarstår dock.

116. P Cabral, Access to Member States Documents in EC Law, ELRev 2006 s 378 ff (kritisk), J Helikoski & P Leino, Darkness at the Break of Noon: The Case Law on Regulation No 1049/2001 on Access to Documents, CMLRev 2006 s 735 ff (kritiska), S Hedstad, Öppenhet och insyn i myndigheters EU-arbete. Den svenska traditionen om en transparent förvaltning kontra EU: ett förenlighetsproblem?, ERT 2004 s 424 ff. Kommissionens rapport KOM (2004) 45 slutlig ger en från öppenhetssynpunkt negativ bild av läget. En översikt av aktuell utveckling och praxis från förstainstansrätten ges i D Chambers m fl, European Union Law, 2006 s 317 ff.

117. Jfr den ovan nämnda debatten mellan O Abrahamsson och U Öberg i ERT 2001.

118. RÅ 2005:87. Målet rörde artikel 25 i direktiv 2001/18. Ett problem i sammanhanget är att den svenska tillämpningen öppnar möjligheter att få ut dokument i Sverige som är hemliga i Bryssel.

# 7. Processordningen

## 7.1 *Inledning: De olika möjligheterna att föra talan*

För att en rättsordning skall fungera är det en grundläggande förutsättning att de som omfattas av olika regler normalt också följer dessa och detta gäller även inom gemenskapsrätten. Detta är kärnan i legalitetsprincipen (se 6.2). Medlemsstaterna är enligt lojalitetsprincipen i artikel 10 EGF förpliktade att lojalt genomföra och tillämpa gemenskapsrätten (se vidare 6.3). Gemenskapsrätten innehåller särskilda förfaranden för de fall uppställda regler och principer överträds eller negligeras. Bestämmelserna är utomordentligt viktiga, i synnerhet då EG-domstolen slagit fast[1] att en medlemsstat inte ensidigt har rätt att vidta motåtgärder som syftar till att undanröja en annan medlemsstats eventuella överträdelser av gemenskapsrätten, t ex genom att "svara med samma mynt".

Enligt fördragen finns det principiellt två sätt att rättsligt framtvinga medlemsstaternas efterlevnad av gemenskapsrätten.[2] För det första kan enskilda fysiska och juridiska personer föra talan inför *nationell* domstol i en medlemsstat och där stödja sig på europarätten (se 5.4 om direkt effekt, 5.5 om indirekt effekt och 5.6 om statsskadestånd). Sådana nationella processer kan antingen initieras rättsligt av den enskilde själv (t ex genom överklagande av nationella myndigheters beslut eller väckande av skadeståndstalan mot staten) eller genom att provocera staten att agera och t ex väcka åtal (den s k *Franzén-metoden*; om fallet se slutet av 12.9) när den enskilde bryter mot nationella regler som denne gör gällande står i strid med gemenskapsrätten. För enskilda framstår möjligheten att via nationell domstol söka ett förhandsavgörande (härom kapitel 8) som den i praktiken nästan enda möjligheten att få saken bedömd av EG-domstolen eftersom enskilda personer (såväl fysiska som juridiska) i allmänhet saknar rätt att själva väcka direkt talan inför EG-domstolen.[3] Till skill-

1. Se t ex C-265/95, kommissionen mot Frankrike, "Franska bönder" (REG 1997, s I-6959), se 6.3.
2. Ett grundläggande arbete är A Ward, Judicial Review and the Rights of Private Parties in EU Law, Oxford 2007.
3. Se nedan, 7.3.5 och följande.

nad från vad som gäller t ex beträffande Europakonventionen (se 6.9.1) kan enskilda således inte överklaga till eller på annat sätt begära någon överprövning av nationella domstolars avgöranden vid EG-domstolen.

För det andra kan talan mot medlemsstater för överträdelser av EG-rätten väckas direkt inför EG-domstolen av kommissionen eller en annan medlemsstat, däremot aldrig av enskild. Kommissionen har exklusiv talerätt för gemenskapens räkning och ges genom artikel 226 möjlighet att väcka talan om fördragsbrott mot medlemsstater som inte uppfyller sina skyldigheter.[4] Medlemsstaterna ges en liknande möjlighet att väcka talan mot varandra inför domstolen enligt artikel 227; en möjlighet som dock mycket sällan utnyttjats. EG-domstolen fastställer genom dom huruvida fördragsbrott föreligger.

Inte minst på grund av legalitetsprincipen är det viktigt att Unionens egna institutioner och organ följer de regler och principer som reglerar deras verksamheter. Även här finns möjligheter för såväl medlemsstaterna som EG:s olika institutioner att väcka talan mot berörda institutioner. I de fall institutionernas ageranden orsakat enskilda skada finns även vissa möjligheter att stämma en institution och yrka skadestånd. Dessa regler, och hur de utvecklats av EG-domstolen i syfte att säkra en effektiv tillämpning av europarätten inom hela gemenskapen behandlas i det följande.[5]

## 7.2 *Talan om fördragsbrott*

### 7.2.1 Allmänt

Kommissionen har genom artikel 211 tilldelats uppgiften att övervaka tillämpningen av fördragets bestämmelser och de bestämmelser som antagits av institutionerna med stöd av fördraget. Kommissionen är m a o fördragets väktare. Vid denna övervakning kan kommissionen genom proceduren i artikel 226 ytterst väcka talan vid EG-domstolen mot en medlemsstat för fördragsbrott. Många tvister går dock aldrig längre än till det administrativa förfarandet och klaras upp utan väckande av talan. Det är också vanligt att mål som kommissionen drivit till domstolen görs upp under processens gång och avslutas utan att någon dom ges.

4. Utöver den allmänna bestämmelsen rörande fördragsbrott i artikel 226 anges även vissa särskilda förfaranden i artiklarna 88, 95 och 298, vilka ger kommissionen möjlighet att i särskilt angivna fall (bl a beträffande otillåtet statsstöd) anhängiggöra talan om fördragsbrott vid domstolen utan att iaktta de särskilda procedurregler som anges i artikel 226.

5. Ett grundläggande arbete är K Laenerts & D Arts, Procedural Law of the European Union, 2 ed, London 2006.

Domstolen har trots detta årligen att ta ställning till ett betydande antal mål där kommissionen för talan om fördragsbrott. År 2006 anhängiggjordes t ex 193 sådana fall.[6]

Bakom fördragsbrotten har ofta legat inrikespolitiska svårigheter att ändra den nationella lagstiftningen i medlemsstater, såsom påtryckningar från berörda intressegrupper och det förhållandet att ansvaret för genomförandet i några länder ofta inte vilar på den centrala statsmakten. (I Tyskland ansvarar exempelvis de olika delstaterna för stora delar av lagstiftningen).[7] Det kan också röra sig om fall där kommissionen och en medlemsstat har skilda meningar om hur rättsläget skall uppfattas, t ex när det gäller innebörden av ett direktiv. Bifaller domstolen talan och alltså finner att en medlemsstat har begått fördragsbrott är staten i fråga skyldig att omgående vidta behövliga åtgärder för att så snart som möjligt efterkomma domstolens utslag (artikel 228 EGF).[8]

Som ett exempel bland många kan nämnas ett mål *kommissionen mot Storbritannien.*[9] Detta land hade underlåtit att anpassa sin nationella lagstiftning till en förordning som kräver att långtradare skall vara försedda med färdskrivare, utan hade, sannolikt på grund av motstånd inom branschen, behållit äldre regler om förande av körjournal (som gav större möjligheter till fusk). Domstolen förklarade att Storbritannien underlåtit att uppfylla sina förpliktelser enligt Romfördraget och erinrade bl a om att förordningar enligt artikel 249 EGF är till alla delar bindande i varje medlemsstat.

## 7.2.2 Sanktioner mot tredskande medlemsstat

Enligt artikel 228.2 kan kommissionen, om en medlemsstat underlåter att efterkomma en fällande dom, föra en ny talan mot den tredskande medlemsstaten om att domstolen skall förelägga staten ifråga att betala ett standardbelopp eller ett vite, eventuellt båda. Trots att denna sanktion hittills endast har dömts ut i några enstaka fall får denna relativt nya möjlighet att stärka efterlevnaden av gemenskapens regelverk anses vara av mycket stor betydelse, inte minst genom sin förmodade preventiva ef-

6. EG-domstolens verksamhetsstatistik för år 2006. Siffrorna varierar en aning år från år men grovt räknat brukar ungefär hälften av fördragsbrottsärendena faktiskt initieras genom anmälningar av privata intressenter av olika slag.

7. Detta förändrar dock inte att medlemsstaten som sådan likväl hålls ansvarig gentemot gemenskapen: statens interna organisation och kompetensfördelning är således inget som befriar från ansvar. Finland svarar sålunda inför EU för Åland. Se t ex C-388/01, kommissionen mot Italien (REG 2003, s I-721).

8. Se även mål C-387/97 kommissionen mot Grekland (REG 2000, s I-5047) och däri citerad praxis. Kommissionen hade vid utgången av 2006 fört fördragsbrottstalan mot Sverige i sammanlagt 29 fall, se härom närmare 11.6.

9. Mål 128/78, kommissionen mot Storbritannien (REG 1979, s 419).

fekt och som markering av att medlemsstaterna verkligen är skyldiga att efterleva gemenskapsrätten.[10]

I det första avgörandet, *Grekiska bötesfallet* dömde domstolen Grekland att betala ett vite om 20 000 euro per dag till dess den i målet aktuella överträdelsen upphörde.[11] Domstolen uttalade därvid att huvudsyftet med vitet är att medlemsstaten så snabbt som möjligt skall upphöra med sitt fördragsbrott och att vitets belopp därför i princip skall fastställas utifrån tre grundkriterier: överträdelsens varaktighet, dess svårighetsgrad samt den berörda medlemsstatens betalningsförmåga.

I *Franska fiskebötesfallet*[12] hade Frankrike, trots en tidigare fällande dom i frågan och ett antal därpå följande påstötningar från kommissionen, underlåtit att uppfylla ett antal förpliktelser inom fiskeriområdet (som syftade till att motverka utfiskning). EG-domstolen vidareutvecklade här sin praxis genom att samtidigt döma ut både ett vite och ett standardbelopp. Beträffande standardbeloppet noterade Domstolen vikten av att ta hänsyn till fördragsbrottets svårighetsgrad, och speciellt dess effekter på privata och offentliga intressen. Frankrike dömdes att betala ett vite på nära 58 miljoner euro per sexmånadersperiod samt ett standardbelopp på 20 miljoner euro.

## 7.2.3 Fördragsbrottstalan enligt artikel 226

Kommissionen har fullständig handlingsfrihet i frågan om ett fördragsbrottsförfarande enligt artikel 226 över huvud taget skall inledas eller inte. Kommissionen har också rätt att när som helst avbryta ett igångsatt förfarande, oavsett om medlemsstaten verkligen vidtagit rättelse eller ej. Av detta följer att kommissionen inte heller kan tvingas att inleda en för-

10. Se t ex P Wennerås, "A New Dawn for Commission Enforcement under 226 and 228 EC: General and Persistent (GAP) Infringements, lump sums and penalty payments", 43 CMLRev 2006 s 31 ff samt C Harlow & R Rawlings, Accountability and law enforcement , 31 ELRev 2006 s 447 ff, speciellt s 460 ff.

11. Mål C-387/97 kommissionen mot Grekland (REG 2000, s I-5047). Fallet rörde en grekisk soptipp vars existens stod i strid med ett par sophanteringsdirektiv. Vitet kom i detta fall att utgå i nära sju månader. Målet har kommenterats av P Hallström, Viten för att framtvinga åtlydnad av EG-domstolens dom i talan om fördragsbrott, ERT 2001 s 75 ff. Se även H-H Vogel, Om fördragsbrott och sanktioner i Europeiska unionen, Festskrift till Hans Ragnemalm, 2005 s 387 ff.

12. Mål C-304/02, kommissionen mot Frankrike (REG 2005, s I-6263), kommenterat i SvJT 2005, s 978 ff. Kommissionen har utfärdat en reviderad (icke-bindande) kommunikation som beskriver dess metod att beräkna storleken på sanktionsyrkandena (KOM (2005) 1658; Tillämpning av Artikel 228 i EG-fördraget) vari även görs klart att kumulerade yrkanden på såväl vite som standardbelopp framledes kommer att vara kommissionens generella linje beträffande artikel 228.2.

dragsbrottstalan, och dess underlåtenhet att göra det kan heller inte angripas enligt artikel 232.[13]

Förfarandet enligt artikel 226 är indelat i två steg: Ett administrativt och ett judiciellt. Det administrativa förfarandet kan även det indelas i två steg – det informella och det formella. Om kommissionen anser att en medlemsstat förefaller ha brustit i sina skyldigheter tas först informella underhandskontakter mellan representanter för kommissionen och medlemsstaten, i syfte att utreda de faktiska omständigheterna och nå en överenskommelse.[14] Om ingen uppgörelse nås och kommissionen vidhåller sina invändningar följer nästa steg: Kommissionen skickar nu en *formell underrättelse*,[15] i vilken medlemsstaten uppmanas att inom en viss angiven tidsfrist inkomma med sina synpunkter på det påstådda fördragsbrottet. Det är viktigt att kommissionen klart och tydligt anger på vad sätt den anser att brott mot gemenskapsrätten föreligger, eftersom underrättelsen kommer att bestämma ramen för en eventuell process och därmed anger vad en medlemsstat har att förbereda sitt försvar emot (kommissionen kan därför inte senare vidga sin talan utöver vad som angivits i den formella underrättelsen).

Om kommissionen inte anser att medlemsstatens svar är tillfredsställande avslutas det administrativa förfarandet med att kommissionen avger ett *motiverat yttrande* i ärendet. Detta yttrande skall klart ange det påstådda fördragsbrottet, och bestämmer även de grunder som kommissionen sedan får åberopa till stöd för sina påståenden i en process. Det motiverade yttrandet skall även innehålla en skälig tidsfrist (vilken kan variera beroende på omständigheterna men vanligen uppgår till fyra veckor) inom vilken medlemsstaten anmodas att upphöra med det påstådda fördragsbrottet. Om medlemsstaten inte rättar sig efter yttrandet inom den angivna tidsfristen framgår av artikel 226.2 att kommissionen får föra *fördragsbrottstalan* inför EG-domstolen.

Kommissionens motiverade yttrande kan inte angripas genom en ogiltighetstalan under artikel 230, eftersom yttrandet utgör en förberedande åtgärd och anses sakna självständig rättsverkan. Eventuella formella fel-

13. Se mål 247/87, Star Fruit mot kommissionen (REG 1989, s 291). Till följd av kritik från den europeiske ombudsmannen har kommissionen numera i ett meddelande (KOM 2002 (141) slutlig; EUT 2002 C 244/05, tagit på sig vissa administrativa förpliktelser gentemot klaganden som hör av sig för att påtala påstådda fördragsbrott, såsom att t ex diarieföra klagomålen, hålla de klagande underrättade om vad som sker och meddela dem ifall kommissionen inte ämnar vidta några åtgärder.

14. Ifall en medlemsstat inte samarbetar med kommissionen under det administrativa förfarandet genom att t ex vägra bistå med information som kommissionen efterfrågar kan staten dömas för brott mot lojalitetsprincipen (se 6.3): Exempelvis kan nämnas mål 240/86, kommissionen mot Grekland (REG 1988, s 1835), där Grekland visserligen vann i sak men likväl fälldes för sin ovillighet att lojalt bistå kommissionen i dess undersökning. Jfr, för liknande lojalitetsresonemang, EG-domstolens dom i mål C-494/01 (se nedan).

15. På engelska ”letter of formal notice”.

aktigheter under det administrativa förfarandet kan emellertid senare åberopas inför domstolen, vilket kan leda till att målet då avvisas. Om medlemsstaten upphör med fördragsbrottet inom den angivna tiden får talan inte väckas. Om fördragsbrottet däremot upphör först efter det att talan väckts utgör detta inte ett hinder mot att saken prövas – en dom kan ju i sådana fall komma att få betydelse inte minst för frågor om medlemsstatens eventuella skadeståndsskyldighet gentemot enskilda (se vidare 5.6). Bevisbördan för det påstådda fördragsbrottet ligger på kommissionen. Lyckas kommissionen emellertid presentera ett *prima facie*-fall (genom att t ex peka på enskilda överträdelser som synes indikera en upprepad och varaktig fördragsbrottspraxis) har EG-domstolen konstaterat att det åligger medlemsstaten att motbevisa detta.[16] Finner domstolen att medlemsstaten har brustit i sina skyldigheter enligt gemenskapsrätten meddelas en dom mot medlemsstaten. I domen fastställs att staten har underlåtit att uppfylla sina förpliktelser enligt fördraget och som nämnts ovan är medlemsstaten därefter skyldig att vidta de åtgärder som krävs för att följa domstolens dom. Kommissionen är inte bunden av några tidsfrister inom vilka det motiverade yttrandet måste avges eller fördragsbrottstalan väckas, utan har full frihet att själv bestämma när åtgärder bör vidtas.

I målet *kommissionen mot Frankrike* fastslog domstolen att det stod kommissionen fritt att själv välja de medel och tidsfrister som kunde anses lämpliga för att förmå en stat att upphöra med ett fördragsbrott och biföll kommissionens talan, trots att det i detta fall gått fem år mellan avgivandet av det motiverade yttrandet och väckandet av talan. [17]

## 7.2.4 Interimistiska åtgärder

I artikel 243 stadgas att domstolen får föreskriva nödvändiga interimistiska åtgärder i anhängiggjorda mål. Ett bifall till en ansökan om interimistiska åtgärder förutsätter dock att den sökande (vanligen kommissionen) kan visa dels att dess sak inte är uppenbart ogrundad, dels att saken är brådskande och att risk föreligger för allvarlig och obotlig skada för den sökandes (i kommissionens fall gemenskapens) intressen ifall ett interimistiskt beslut inte fattas. Det kan noteras att risken för ekonomiska förluster i sig sällan uppfyller kriteriet allvarlig och obotlig skada, efter-

16. Mål C-494/01, kommissionen mot Irland (avfallshantering) (REG 2005, s I-3331). Detta måls betydelse, i synnerhet i samband med framtida appliceringar av påföljder i artikel 228.2 (se ovan), diskuteras i P Wennerås, "A New Dawn for Commission Enforcement under 226 and 228 EC: General and Persistent (GAP) Infringements, lump sums and penalty payments", 43 (2006) CMLRev 31 ff.

17. Mål 7/71, kommissionen mot Frankrike (REG 1971, s 1003; svensk specialutgåva, volym 1). Samma slutsats drogs i kommissionen mot Tyskland, mål C-422/92 (REG 1995, s I-1097), trots att tiden som förlupit där uppgick till mer än sex år.

som sökanden i allmänhet torde ha rätt till motsvarande ersättning för det fall att talan i huvudsak vinner bifall.[18]

Det är intressant att konstatera att domstolen har vidare befogenheter beträffande interimistiska beslut än ifråga om den slutliga domen i målet: En medlemsstat kan exempelvis interimistiskt förbjudas att tillämpa en viss nationell bestämmelse som kan antas stå i strid med gemenskapsrätten – något som inte är möjligt att göra i en dom.

### 7.2.5 Fördragsbrottstalan enligt artikel 227

Enligt artikel 227 kan en medlemsstat som anser att en annan medlemsstat har underlåtit att uppfylla en skyldighet enligt fördraget anhängiggöra ett mål vid domstolen. Innan detta sker måste dock saken läggas fram för kommissionen, som skall avge ett motiverat yttrande efter det att den berörda staten beretts tillfälle att yttra sig (skulle kommissionen inte ha yttrat sig inom tre månader kan dock talan väckas ändå). Artikel 227 utnyttjas mycket sällan, eftersom bruket av den nog oftast torde förvärra en pågående konflikt mellan två stater.[19] Det är vanligen i stället så, att medlemsstaterna söker förmå kommissionen att agera. I en följande process kan de berörda staterna intervenera på kommissionens sida.

## 7.3 *Ogiltighetstalan*

### 7.3.1 Allmänt

EG-domstolen har enligt artikel 220 till uppgift att säkerställa efterlevnaden av lag och rätt vid tolkning och tillämpning av fördragen. Domstolen skall inte bara pröva frågan om gemenskapsrättsakters giltighet utan även om någon EU-institution i strid med fördragen underlåtit att vidta åtgärder eller orsakat ersättningsgill skada. I rättsfallet *Les Verts*[20] uttalade domstolen att gemenskapen är en rättslig gemenskap;[21]

18. Se t ex målet 113/77 R, NTN Toyo Bearing mot kommissionen (REG 1977, s 1721; svensk specialutgåva volym 4). Se vidare bl a K Nordback, Interimistiska åtgärder i EG-rättsliga mål, 2005.

19. Se dock mål 141/78, Frankrike mot Storbritannien (REG 1979, s 2923; svensk specialutgåva, volym 4), där Storbritannien fälldes för fördragsbrott avseende sina nationella bestämmelser för fiskerinäringen.

20. Mål 294/83, Parti Ecologiste "Les Verts" mot parlamentet (REG 1986, s 1339; svensk specialutgåva, volym 8). Vi återkommer till sakförhållandena i målet i 7.3.5.3, fotnot 43.

21. Ibid, punkt 23. I citatet har äldre fördragsartikelnummer ändrats till de nya. Om legalitetsprincipen, se avsnitt 6.2.

"av sådant slag att varken medlemsstaterna eller gemenskapsinstitutionerna kan undgå kontroll av om deras rättsakter står i överensstämmelse med gemenskapens grundläggande konstitutionella urkund, d v s fördraget. Särskilt genom artiklarna 230 och 241 å ena sidan och artikel 234 å den andra, har genom fördraget ett fullständigt system med talemöjligheter och förfaranden upprättats som är avsett att göra det möjligt för domstolen att granska lagenligheten av de rättsakter som antas av institutionerna. Fysiska och juridiska personer är således skyddade mot att det gentemot dem tillämpas rättsakter med allmän giltighet som de inte kan angripa direkt vid domstolen på grund av de särskilda villkor för upptagande till sakprövning som anges i artikel 230 fjärde stycket i fördraget. När det administrativa genomförandet av dessa rättsakter åligger gemenskapsinstitutionerna, kan fysiska och juridiska personer väcka talan direkt vid domstolen mot de rättsakter angående genomförandet som är riktade till dem eller som direkt och personligen berör dem och till stöd för sin talan åberopa att den grundläggande allmänna rättsakten är rättsstridig. När genomförandet åligger de nationella myndigheterna kan de berörda personerna vid de nationella domstolarna göra gällande att rättsakter med allmän giltighet är ogiltiga och förmå de nationella domstolarna att i detta avseende ställa frågor till EG-domstolen inom ramen för en begäran om förhandsavgörande."

Vid ogiltighetstalan är det uteslutande frågan om en ren *laglighetsprövning*, och EG-domstolen gör således ingen lämplighetsprövning vid sin bedömning av om en viss åtgärd skall anses ogiltig eller inte. Gemenskapens rättsakter kan i princip angripas antingen direkt eller indirekt. Syftet med att föra en *direkt* ogiltighetstalan är att erhålla en formell ogiltighetsförklaring.

Vid en *indirekt* talan är emellertid frågan om rättsaktens giltighet endast en del i processen. Den som inför nationell domstol exempelvis önskar rättfärdiga sin bristande åtlydnad av någon viss nationell föreskrift, vilken i sin tur följer av ett implementerat direktiv, kan hävda att den nationella föreskriften är ogiltig eftersom direktivet som den ytterst baseras på brister i laglighet. Trots att detta formellt sett inte är processens huvudfråga kommer ju ändå i ett sådant fall direktivets lagenlighet att prövas. En direkt talan kan endast föras inför EG-domstolen, medan en indirekt talan även kan föras inför nationell domstol. Frågan om gemenskapsrättsaktens laglighet måste emellertid även i det senare fallet underställas EG-domstolen, då det endast är EG-domstolen som har rätt att ogiltigförklara gemenskapsrättsakter. Detta sker då genom förfarandet med förhandsavgöranden (se 7.5.1 samt 8.8).

## 7.3.2 De olika ogiltighetsgrunderna

EG-fördraget anger i artikel 230 fyra grunder på vilka domstolen kan ogiltigförklara en rättsakt, nämligen bristande behörighet, åsidosättande av väsentliga formföreskrifter, åsidosättande av EG-fördraget samt maktmissbruk (illojal maktanvändning). Det är som nämnt viktigt att notera att det här rör sig om en laglighetsprövning och inte något slags lämplighetsprövning.

*Bristande behörighet* föreligger t ex i de fall då en institution utfärdar rättsakter som det ankommer på annan institution att anta, eller där gemenskapen över huvud taget saknar tillräcklig behörighet att agera.[22]

*Åsidosättande av väsentliga formföreskrifter* kan t ex vara de fall där berörda parter inte hörts i vederbörlig ordning innan en rättsakt antagits (se t ex fallet *Roquettes Frères*,[23] där domstolen ogiltigförklarade en rättsakt på jordbruksområdet som rådet felaktigt hade utfärdat utan att invänta parlamentets yttrande i ärendet), är rättsakter antagits på felaktig rättslig grund[24] eller andra, mer procedurbetonade brister såsom avsaknad av vederbörlig motivering (jämför artikel 253 EGF).

*Åsidosättande av EG-fördraget* eller relaterade rättsregler inkluderar bl a brott mot de allmänna rättsprinciperna (se kapitel 6) och täcker på sätt och vis in alla andra ogiltighetsgrunder. Av denna anledning brukar denna ogiltighetsgrund regelmässigt åberopas tillsammans med eventuella övriga grunder.

*Maktmissbruk* torde vara den ogiltighetsgrund som haft minst praktisk betydelse men kan anses föreligga i fall där maktutövning skett med andra (illojala) syften än de som avsågs då makten tilldelades den agerande eller där beslut eller andra rättsakter visar sig ha antagits huvudsakligen för att uppnå andra syften än de åberopade.[25]

## 7.3.3 Direkt ogiltighetstalan

Direkt ogiltighetstalan kan föras mot rättsakter som utfärdas av de olika institutionerna samt Europeiska Centralbanken. I den mån andra EU-organ skulle utfärda denna typ av rättsakter torde dock även dessa, mot bakgrund av legalitetsprincipen, kunna bli föremål för prövning. Det är värt att notera att det inte bara är de bindande rättsakter som finns uppräknade i artikel 249 EGF som omfattas av artikel 230 utan även s k "sui-generis" rättsakter[26] kan bli föremål för domstolsprövning. Det av-

22. I det uppmärksammade målet C-376/98, Tyskland mot Europaparlamentet och rådet (tobaksreklam I) (REG 2000, s I-8419) ogiltigförklarade domstolen ett helt direktiv med motiveringen att de åberopade rättsliga grunderna inte gav EG kompetens att anta direktivets centrala bestämmelser (förbuden mot tobaksreklam). Se vidare avsnitt 6.2.

23. Mål 138/79, Roquettes Frères (REG 1980, s 3333; svensk specialutgåva, volym 5).

24. Se, beträffande vikten av korrekt rättslig grund, avsnitt 6.2.

25. På franska "détournement de pouvoir", på engelska "misuse of power" och på svenska ibland betecknat illojal maktanvändning. Att rättsakter som har sin grund i maktmissbruk inte får tillämpas är en välkänd förvaltningsrättslig princip. Beträffande EG-rättslig praxis, se t ex målen 105/75, Giuffrida mot rådet (REG 1976, s 1395) samt T-167/94, Nölle mot rådet och kommissionen (Nölle II) (REG 1995, s II-2589).

26. Se 3.3.11.

görande är ifall den ifrågasatta åtgärden kan anses ha rättsverkan – om åtgärden klart ändrar den klagandes rättsliga ställning kan den således tas upp till prövning. Det betyder bland annat att talan mot provisoriska och förberedande åtgärder vidtagna av kommissionen vanligen endast kan föras i samband med talan mot ett slutligt beslut i det aktuella ärendet.

### 7.3.4 De taleberättigade kategorierna

Det finns tre kategorier av taleberättigade i artikel 230. Rådet, Europaparlamentet, kommissionen och medlemsstaterna har alltid talerätt (s k *privilegierade taleberättigade*). Dessa behöver inte visa något särskilt intresse i saken, utan har en generell rätt att agera närhelst (inom föreskrivna tidsfrister) de så önskar. Enskilda fysiska och juridiska personer däremot har endast en begränsad, strängt villkorad rätt att föra talan enligt artikel 230, och brukar i detta sammanhang följdriktigt hänföras till kategorin *icke-privilegierade* taleberättigade.[27]

### 7.3.5 Enskildas rätt att föra ogiltighetstalan

Enskilda rättssubjekt har som nämnts vissa möjligheter att väcka ogiltighetstalan vid förstainstansrätten, vilken numera är behörig första instans i fall där icke-privilegierade rättssubjekt för talan mot gemenskapen. Detta är t ex normalt vägen att få till stånd en prövning av beslut fattade av de övriga institutionerna, alltså i det närmaste ett slags överklagande. Generellt kan sägas att möjligheterna att i praktiken utnyttja denna talerätt är mycket begränsade, förutom i mer klara fall av förvaltningsbeslut riktade till enskilda. Det kan tyckas vara en viktig del av gemenskapens demokratiska legitimitet att dess institutioner kan ställas till svars för sina åtgärder och beslut på talan även av enskilda personer som berörs av dessa. Ännu är dock huvudregeln att endast de som kan påvisa sig vara direkt och personligen berörda av rättsakterna ifråga har möjlighet att väcka talan inför domstolen. Dessa krav, som kan tyckas relativt rättframma, har på flera sätt kommit att ges mycket snäva tolkningar av domstolen (sannolikt i vart fall delvis betingat av en rädsla för att privatpersoner och företag annars skulle komma att söka angripa generella lagstiftningsåtgärder i alltför hög grad).

Enligt fjärde stycket i artikel 230 får varje fysisk eller juridisk person (klaganden) väcka talan mot:

- *beslut riktat till klaganden*, eller

27. En mellankategori som ursprungligen utvecklades i rättspraxis utgör de *semi-privilegierade*: Hit hör numera endast Revisionsrätten och Europeiska centralbanken, vilka har rätt att väcka talan, men endast för att tillvarata sina rättigheter.

- beslut som, även om det utfärdats i form av en förordning eller beslut riktat till annan, *direkt och personligen berör klaganden.*

I de fall där t ex ett företag får ett beslut från kommissionen riktat till sig är det relativt klart att det finns en rättsakt som är möjlig att angripa. Som exempel kan nämnas att kommissionen bötfällt ett företag för överträdelse av konkurrensreglerna. Ofta händer det emellertid att de rättsakter som faktiskt kommer att påverka privata rättssubjekt inte har formen av beslut riktade just till dem som i slutändan berörs. Vanligt är till exempel att medlemsstaterna via beslut eller direktiv anmodas att vidta diverse åtgärder eller införa bestämmelser som i sin tur kommer att påverka enskilda. Vid bedömningen av om det finns talerätt ser domstolen till innehållet i rättsakten, inte till dess formella beteckning. Ett enskilt rättssubjekt kan således föra talan mot en rättsakt som – oaktat sin formella benämning – till sitt faktiska innehåll utgör ett beslut och som antingen är riktat till honom eller – om så inte skulle vara fallet – ändå direkt och personligen berör denne.

En fråga som kan komma upp i detta sammanhang är huruvida en förordning verkligen är ”äkta” eller möjligen till sitt faktiska innehåll något annat (ett angripbart beslut, till exempel). Eftersom ”äkta” förordningar i princip inte kan angripas enligt artikel 230 kan detta vara helt avgörande för en enskilds talerätt. För att avgöra om det i sådana fall är frågan om en förordning eller ett beslut brukar domstolen tillämpa det s k *abstrakta uttryckstestet*:[28] Om rättsakten är uttryckt i abstrakta och generellt normgivande termer är det en ”äkta” förordning. Det spelar i så fall ingen roll om det i praktiken endast finns en enda person som berörs av rättsakten – den enskilde tillåts likväl inte att föra någon ogiltighetstalan.

Domstolen har generellt sett tillämpat testet restriktivt gentemot enskilda sökanden, men praxis är inte särskilt klar och tydlig: ibland har domstolen helt förbigått det abstrakta uttryckstestet och i stället endast prövat ifall den sökande kunde anses vara direkt och personligen berörd. Domstolen har i ett fåtal fall tillåtit en ogiltighetstalan avseende en förordning utan att först ha konstaterat att det i själva verket rört sig om ett beslut.[29] I dessa fall har domstolen utan närmare motivering hoppat över det abstrakta uttryckstestet och i stället avgjort målet utifrån frågan om sökanden tillhört en sluten kategori eller ej, d v s varit personligen och direkt berörd (se nedan).

Även i andra fall där beslutet inte är direkt riktat till den klagande krävs, som nämnts ovan, att denne likväl kan anses vara direkt och per-

28. På engelska ”the abstract terminology test”.
29. Detta har uttryckligt stöd i artikel 230.4.

sonligen berörd av beslutet. Dessa kriterier har av domstolen tolkats mycket snävt gentemot enskilda.

### 7.3.5.1 *Kriteriet "direkt berörd"*

En person anses vara direkt berörd av en rättsakt om det finns ett orsakssamband mellan åtgärden och dess verkan på personen. Vanliga situationer när detta aktualiseras är fall där besluten formellt riktats till medlemsländerna, men indirekt får stora konsekvenser för de enskilda personer som har med de nationella myndigheterna att göra. En avgörande fråga blir här om de nationella myndigheterna i sådana fall har givits möjlighet att själva påverka tillämpningen av beslutet. Om beslutet exempelvis givit en medlemsstat full valfrihet att utöva en viss befogenhet anses en person inte direkt berörd av beslutet – kausaliteten mellan gemenskapsbeslutet och de individuella återverkningarna är i dessa fall inte tillräckligt stark. Trots att man i rättspraxis finner flera fall där den påstådda bristande kausaliteten nog förtjänar att betecknas som närmast teoretisk, har domstolen (nästan) alltid ansett de sökande inte vara direkt berörda. Ett fall där den sökande verkligen ansågs direkt berörd är *Bock*.[30]

Bock hade hos de tyska myndigheterna ansökt om tillstånd att importera kinesiska champinjoner. Myndigheterna hade emellertid informerat honom om att hans ansökan skulle avslås så snart man erhållit ett nödvändigt bemyndigande från Kommissionen. Kommissionen fattade därefter ett beslut, riktat till de tyska myndigheterna, i vilket man i generella termer godkände att ansökningar som Bocks avslogs. Domstolen fann att detta beslut direkt berörde Bock, eftersom de tyska myndigheterna i förväg uttryckligen hade informerat Bock om att hans ansökan skulle komma att avslås och därefter sökt bemyndigande från kommissionen i just detta syfte.

Ett annat illustrativt exempel är *Fiskano-målet*[31] från Sveriges frihandelsavtalstid.

En svensk fiskebåt ("Lavön") hade fiskat i EU-vatten utan vederbörligt tillstånd. Sådana tillstånd erhölls genom att de svenska myndigheterna upprättade listor över de båtar som kunde komma ifråga för tillståndet och därefter sände dessa till kommissionen. Kommissionen utfärdade sedan i sin tur tillstånden. I förordningarna som reglerade de närmare villkoren för fisketillstånden angavs att nya tillstånd inte skulle beviljas dem som brutit mot bestämmelserna förrän efter, som längst, tolv månader. Med anledning av att "Lavön" upptäckts ha saknat erforderligt tillstånd tillskrev kommissionen de svenska myndigheterna och informerade dessa om att "Lavön" inte skulle komma ifråga för något tillstånd under den närmaste tolvmånadersperioden.

30. Mål 62/70, Bock mot kommissionen (REG 1971, s 897).
31. Mål C-135/92, Fiskano AB mot kommissionen (REG 1994, s I-2885).

Fiskano, som ägde "Lavön", förde talan mot vad bolaget ansåg vara kommissionens beslut. EG-domstolen fann att brevet informerat de svenska myndigheterna om att kommissionen beslutat om en sanktion mot "Lavön", och redan av denna anledning var Fiskano berört på ett direkt och individuellt sätt.

### 7.3.5.2 *Kriteriet "personligen berörd"*

Frågan om när en rättsakt personligen berör ett enskilt rättssubjekt har gett upphov till en omfattande rättspraxis. Utgångspunkten är det s k *Plaumann*-testet:

> "Andra personer än de som ett beslut är riktat till kan göra anspråk på att vara personligen berörda endast om beslutet angår dem på grund av vissa egenskaper som är utmärkande för dem eller på grund av en faktisk situation som särskiljer dem i förhållande till alla andra personer och därigenom försätter dem i en ställning som motsvarar den som gäller för en person som ett beslut är riktat till".[32]

Av senare rättspraxis framgår att domstolen i princip kräver att sökanden kan anses tillhöra en s k sluten kategori: En viss urskiljbar grupp speciellt berörda, vars sammansättning är fastställd och möjlig att utröna både teoretiskt och praktiskt vid tidpunkten för beslutet.[33] Att höra till en sluten kategori är emellertid inte alltid tillräckligt för att ge talerätt. Domstolen har betonat att kriteriet ska tolkas mot bakgrund av "rätten till ett verksamt rättsligt skydd och med beaktande av de omständigheter som kan särskilja en person".[34] I praxis har här i vissa fall ställts upp ett krav på att den talesökande närmast skall ha haft en särskild rättslig ställning som behövt beaktas vid antagandet av rättsakterna[35] (vilket framförallt förekommer vid antagandet av s k kvasi-judiciella avgöranden (se nedan, början av 7.3.5.3) och t ex kan bestå av en rätt att yttra sig innan antagandet.

### 7.3.5.3 *En vidgad talerätt för enskilda?*

Frågan om enskildas rätt att rättsligt angripa samhälleligt fattade beslut är komplicerad. Miljöorganisationer kan t ex anse sig ha rätt att ifråga-

32. Mål 25/62, Plaumann mot kommissionen (REG 1963, s 199; svensk specialutgåva, volym 1), s 185 i den svenska specialutgåvan.
33. Se t ex målen 41–44/70, International Fruit Company mot kommissionen (REG 1971, s 411), 138/79, Roquette Frères mot rådet (REG 1980, s 3333; svensk specialutgåva, volym 5), 232/81, Agricola Commerciale Olio mot kommissionen (REG 1984, s 3881) samt C-152/88, Sofrimport mot kommissionen (REG 1990, s I-2477).
34. Mål C-50/00 P, Unión de Pequeños Agricultores mot rådet (UPA) (REG 2002, s I-6677), punkt 44. Se vidare 7.3.5.3 om detta avgörande.
35. Jfr mål C-263/02 P, kommissionen mot Jégo-Quéré et Cie SA (REG 2004, s I-3425), punkterna 43–48, här speciellt punkten 47.

sätta beslut som har negativa miljökonsekvenser, samtidigt som dessa konsekvenser inte nödvändigtvis direkt behöver drabba organisationen eller dess medlemmar i mer än en allmän, medborgerlig mening. Motsvarande kan gälla exempelvis konsumentorganisationer eller handikapporganisationer. I en del länder ges även sådana ”allmänna” enskilda intressen talerätt (något som i allmänhet torde syfta till att öka legitimiteten i de beslut som slutligen fattas).

Som nämnts ovan har EG-domstolen i några fall utan närmare motivering hoppat över det abstrakta uttryckstestet och i stället avgjort målet utifrån frågan om sökanden tillhört en sluten kategori eller ej. I ljuset av senare rättspraxis förtjänar detta att närmare kommenteras.

Domstolen har i mål som gällt konkurrens, antidumpning och statsstöd (vad som ibland kallas *kvasi-judiciella avgöranden*) utvecklat mer generösa principer för enskildas talerätt. Avgörandena fattas i dessa fall efter processliknande, rättsliga förfaranden mer baserade på rättsregler och fakta än rena lämplighetsbedömningar. I flera fall kan man också tala om förekomsten av partsförhållanden, där det ter sig naturligt att tillåta att de inblandade övriga parterna får föra talan mot avgöranden som i praktiken gått dem emot.[36] Exempelvis kan nämnas målet *Air France.*[37]

Kommissionen hade – efter sedvanligt undersökningsförfarande – beslutat tillåta British Airways förvärv av DanAir. Beslutet ansågs beröra Air France direkt och personligen, med hänsyn till flygbolagets speciella faktiska ställning som marknadskonkurrent.

Av särskild betydelse i senare praxis är fallet *Codorniu*[38]. Här tilläts för första gången utanför det kvasi-judiciella området en icke-privilegierad sökande att föra talan mot en ”äkta” förordning. Codorniu, en spansk vinproducent, kom genom förordningen att förlora rätten till ett sedan länge inregistrerat varumärke, under vilket bolaget marknadsförde avsevärda delar av sin vinproduktion. Trots att Codorniu inte kunde sägas utgöra del av någon sluten kategori (utan snarare den mycket öppna kategorin ”alla vinproducenter inom gemenskapen”) uttalade domstolen följande:

”Även om den omtvistade bestämmelsen på grund av sin beskaffenhet och räckvidd och enligt de kriterier som anges i artikel 230 fjärde stycket i fördra-

36. Se t ex mål C-409/96, Sveriges Betodlares Centralförening och Henrikson mot kommissionen (REG 1997, s I-7531) samt T-86/96, Arbeitsgemeinschaft Deutscher Luftfart-Unternehmen och Hapag-Lloyd Fluggesellschaft mbH mot kommissionen (REG 1999, s II-179), främst beträffande talerätt för intresseorganisationer i fråga om beslut rörande statsstöd.

37. Mål T-2/93, Air France mot kommissionen (REG 1994, s II-323; svensk specialutgåva, volym 15). Kontrollen av företagsförvärv behandlas i 16.7.

38. Mål C-309/89, Codorniu SA mot rådet (REG 1994, s I-1853; svensk specialutgåva, volym 15).

get har karaktär av förordning i och med att den är tillämplig på näringsidkare i allmänhet, hindrar detta inte att vissa näringsidkare kan beröras personligen av den."[39]

Domstolen ansåg vidare att Codorniu främst genom sitt varumärkesinnehav var i en situation som särskiljde bolaget från alla andra näringsidkare och ogiltigförklarade den aktuella delen av förordningen ifråga.

Efter avgörandet i Codorniu förväntade sig många att domstolen nu i praktiken skulle vidga möjligheterna för enskilda att föra talan även mot "äkta" förordningar; något som också kraftfullt förespråkats från flera håll.[40] I och med EG-domstolens avgörande i *UPA*[41] tycks det dock stå klart att det även fortsättningsvis kommer att behövas mycket speciella omständigheter – närmast specifika rättigheter – för att enskilda skall tillåtas föra talan mot allmänt tillämpliga rättsakter (t ex, i Codornius fall, det mångåriga varumärkesinnehavet). Domstolen uttalade i UPA mycket tydligt att fördraget i dessa situationer inte medger talerätt för andra än sådana enskilda parter som kan anses personligen berörda av den aktuella, allmänt tillämpliga rättsakten "och således i förhållande till dem vara likvärdiga med ett beslut".[42]

EG-domstolen kommenterade i UPA även frågan om den snäva talerätten i förhållande till skyddet för enskildas (gemenskaps-)rättigheter. Efter att ha betonat att gemenskapen är en rättslig gemenskap, i vilken enskilda skall ha tillgång till verksamt rättsligt skydd för sina rättighe-

39. Ibid, punkt 19. Äldre fördragsnummer har ersatts av det nya.

40. Se t ex generaladvokat Jacobs yttrande av den 21 mars 2002 i mål C-50/00 P, Unión de Pequeños Agricultores mot rådet (se nedan), samt förstainstansrättens försök att ändra rådande praxis på området i dess dom i målet T-177/01, Jégo-Quéré et Cie SA mot kommissionen (REG 2002, s II-2365). Det senare avgörandet överklagades till EG-domstolen som vidhöll gängse praxis (se mål C-263/02 P (REG 2004, s I-3425): saken diskuteras bl a i J Hettne & I Otken Eriksson (red), EU-rättslig metod, s 190 f. Se även S Enchelmeier, No-One Slips Through the Net? Latest Developments and Non-Developments in the European Court of Justice Jurisprudence on Article 230 (4) EC, 24 Yearbook of European Law, London 2005 p 173 ff.

41. Mål C-50/00 P, Unión de Pequeños Agricultores mot rådet (UPA) (REG 2002, s I-6677).

42. Ibid, punkt 36. Samma logik har senare godtagits även beträffande direktiv; se målen T-135/96, UEAPME mot rådet (REG 1998, s II-2335) och T-172/98, Salamander AG m fl mot Europaparlamentet och rådet (REG 2000, s II-2487).

ter,[43] slog domstolen fast att enskilda som på grund av fördragets utformning var förhindrade att föra ogiltighetstalan direkt vid domstolen likväl hade möjlighet att åberopa indirekt ogiltighet av rättsakten, antingen inför EG-domstolen eller vid nationell domstol (och därvid få till stånd en ogiltighetsprövning via ett förhandsavgörande; se 7.5.2). EG-domstolen betonade därefter att det således ankom på medlemsstaterna att se till att de nationella systemen för rättslig prövning verkligen säkerställde rätten till ett verksamt rättsligt skydd för enskilda (brister i de nationella systemen skulle heller inte medföra någon självklar rätt för enskilda att i stället få föra sin talan direkt vid EG-domstolen).[44]

De bakomliggande anledningarna till domstolens ovilja att släppa fram enskilda klaganden har flera forskare spekulerat kring.[45] En förklaring skulle kunna vara att domstolen fruktar en svårbemästrad måltillströmning som till stora delar kommer att söka angripa "rena" lagstiftningsåtgärder (vilka ju som bekant kan vara till stor nackdel för enskilda grupperingar i samhället utan att för den skull vara möjliga att angripa rättsligt). En annan förklaring som föreslagits är att domstolen genom sin strikta hållning söker styra enskildas processande till de nationella domstolarna och således hellre bedömer rättsfrågorna i därpå följande förhandsavgöranden: En förklaring som vinner visst stöd av domstolens uttalanden ovan i *UPA*,[46] såväl som i det tidigare *Greenpeace-målet*,[47] i vilket det speciellt noterades att de sökande redan inlett nationella rättsliga förfaranden, i vilka de nationella domstolarna var förpliktade att skydda gemenskapsrättsliga rättigheter samt även hade möjlighet att begära förhandsavgöranden. En tredje, mer principiell, förklaring betonar skillnaden mellan politiskt och juridiskt ansvarsutkrävande och noterar

43. Här anknöt domstolen till ett annat av sina klassiska avgöranden, där förhållandena var mycket speciella: I *Les Verts* (294/83; REG 1986, s 1339; svensk specialutgåva, volym 8) tillerkände domstolen miljöpartiet "de Gröna" i Frankrike talerätt i ett mål som gällde giltigheten av ett visst parlamentsbeslut. Europaparlamentet hade i detta beslutat om fördelningen av stöd till politiska partier inför parlamentsvalet. De Gröna föreföll endast vara påverkade av detta beslut som medlem av den "öppna" kategorin "alla partier som kunde tänkas ställa upp i valet". Domstolen fann emellertid, på grund av vad som kan sägas utgöra särskilda hänsyn, att de Gröna var personligen berörda av beslutet: De partier som redan satt i Parlamentet hade genom beslutet tilldelat sig själva merparten av de tillgängliga medlen (vilket också var skälet till att de Gröna önskade angripa beslutet), och hade därför inget intresse av att föra någon talan mot det. Någon alternativ väg att angripa beslutet på fanns inte och rent materiellt förelåg starka skäl för att i sak bifalla de Grönas talan. Om domstolens principuttalande i Les Verts om EG som rättsgemenskap, se 7.3.1 ovan.

44. UPA, punkterna 40-43.

45. Se härtill t ex P Craig & G de Búrca, EU Law. Text, Cases and Materials, 3 ed, Oxford 2003, s 510 ff. samt D Chalmers m fl, European Union Law, Cambridge 2006, s 433 ff.

46. Mål C-50/00 P, Unión de Pequeños Agricultores mot rådet (UPA) (REG 2002, s I-6677). Se även senare praxis, t ex C-167/02 P, Rothley (REG 2004, s I-3149).

47. Mål C-321/95 P, Stichting Greenpeace Council m fl mot kommissionen och Spanien (REG 1998, s I-1651).

att det alls inte är självklart att t ex intressegrupper generellt bör ha rätt att juridiskt ifrågasätta politiskt fattade beslut. Det är sannolikt att flera olika förklaringar kan vara aktuella och inte minst kan domstolen känna sig manad att inte avvika från sin tidigare praxis på området.

Sammanfattningsvis får det anses vara fortsatt svårt för enskilda klaganden att direkt angripa annat än beslut direkt riktade till dem själva.

### 7.3.6 Verkan av ogiltighetsförklaring

Enligt artikel 231 skall EG-domstolen, om en ogiltighetstalan är välgrundad, förklara den berörda rättsakten ogiltig.[48] Ogiltighetsförklaringen har retroaktiv verkan. Beträffande förordningar kan domstolen, enligt artikelns andra stycke, förklara enbart vissa bestämmelser ogiltiga utan att förordningen i sin helhet behöver bli ogiltig. Enligt artikel 233 är den institution vars rättsakt förklarats ogiltig skyldig att vidta de åtgärder som är nödvändiga för att efterkomma domen. Domstolen fattar således i regel inte något beslut om vad som positivt skall gälla i stället för innehållet i kasserade ("annullerade") rättsakter. Att domstolen inte sätter ett nytt beslut i stället skiljer på ett viktigt sätt en ogiltighetstalan från ett överklagande av ett förvaltningsbeslut enligt exempelvis svensk rätt.

## 7.4 *Passivitetstalan*

Artikel 232 EGF stadgar att medlemsstaterna och gemenskapens övriga institutioner får väcka talan vid domstolen för att få överträdelsen fastslagen om Europaparlamentet, rådet eller kommissionen i strid med fördraget *underlåter* att vidta åtgärder.[49] En sådan talan får endast tas upp om den berörda institutionen dessförinnan anmodats att vidta åtgärder men inom vissa tidsfrister underlåtit att ta ställning till begäran. Fysiska eller juridiska personer får också föra passivitetstalan vid domstolen, om någon av gemenskapens institutioner underlåtit att till personen i fråga rikta någon annan rättsakt än rekommendationer eller yttranden. På samma villkor är domstolen behörig att pröva en talan som har väckts av ECB inom ECB:s kompetensområde eller som har väckts mot ECB.

48. EG-domstolen har emellertid i mål C-475/01, kommissionen mot Grekland (REG 2004, s I-8923) noterat att det härutöver också kan finnas extremfall med rättsakter som är så behäftade med uppenbart grova brister att de inte kan tolereras av gemenskapens rättsordning. I sådana fall skall de, även interimistiskt, anses sakna alla rättsverkningar och betraktas som nulliteter (mer om detta i avsnitt 8.8).

49. Det kan noteras att svensk nationell förvaltningsrätt ännu saknar några liknande möjligheter till passivitetstalan. Se H Leffler, Passivitetstalan – ett nödvändigt rättsmedel enligt EG-rätten, FT 1999 s 131 ff., se även A Bohlin & W Warnling-Nerep, Förvaltningsrättens grunder, 2004 s 384 f.

Möjligheterna att väcka ogiltighets- respektive passivitetstalan är avsedda att komplettera varandra: Att agera olagligt eller att olagligen låta bli att agera kan sägas vara två olika aspekter av samma sak (den s k enhetsprincipen). Det bör noteras att passivitetstalan endast kan föras mot rena underlåtenheter och således inte negativa beslut (t ex där en institution formellt fattar beslut om att inte agera). En institutions klara beslut att inte agera får i stället, om möjligt, angripas genom en ogiltighetstalan enligt artikel 230.

I likhet med artikel 230 anger artikel 232 i första stycket vissa privilegierade taleberättigade (gemenskapsinstitutionerna, inklusive Parlamentet och medlemsstaterna) samt i tredje stycket de icke-privilegierade taleberättigade (fysiska och juridiska personer). Domstolen har vidare slagit fast att artikel 232 inte får användas för att kringgå begränsningarna (troligen främst tidsfristerna) i artikel 230.

I *Eridania*[50] sökte en italiensk sockerproducent förmå kommissionen att upphäva tre beslut som beviljade stöd till bolagets konkurrenter. När detta inte lyckades väckte Eridania talan mot kommissionen enligt såväl artikel 230 som 232. Den förstnämnda talan avvisades på grund av bristande talerätt. Även passivitetstalan avvisades av domstolen med motiveringen att något annat skulle vara detsamma som att tillåta en ogiltighetstalan.

Skall enhetsprincipen upprätthållas måste rimligen de principer om icke-privilegierades talerätt som gäller vid ogiltighetstalan även tillämpas vid passivitetstalan: Även om det underlåtna beslutet skulle ha riktats mot någon annan borde en person som likväl skulle ha berörts direkt och personligen av (det nu underlåtna) beslutet ha rätt att föra passivitetstalan. Domstolen har också godtagit detta synsätt.[51] De två förfarandena skiljer sig emellertid från varandra. För att domstolen skall ta upp en passivitetstalan krävs att den sökande dessförinnan anmodat den anklagade institutionen att vidta åtgärder. Detta måste ske genom en formell begäran som inte bara klart skall ange vilka åtgärder som krävs utan också att anmodan görs enligt artikel 232 samt att den begärande parten anser att institutionen har en laglig skyldighet att agera. Om institutionen efter två månader underlåtit att svara eller agera får passivitetstalan väckas inom en ytterligare tidsfrist om två månader.[52]

Den eller de institutioner vars underlåtenhet att agera av domstolen förklaras strida mot fördraget måste, enligt artikel 233, vidta de åtgärder

50. Målen 10, 18/68, Eridania mot kommissionen (REG 1969, s 459).

51. Mål C-68/95, T Port GmbH & Co KG mot Bundesanstalt für Landwirtschaft und Ernährung (REG 1996, s I-6065).

52. Domstolen har slagit fast att ett förfarande enligt artikel 232 måste inledas inom en skälig tid: Det är dock oklart från vilken tidpunkt denna skäliga tid skall beräknas och vad som utgör "skälig tid". I ett fall, där den klagande (medlemsstaten) sänt en formell anmodan att agera till kommissionen först arton månader efter att denna lämnat ett slutligt besked om sin inställning till staten, avvisades emellertid talan.

som är nödvändiga för att följa domen. Det finns dock inte några påföljder att tillgripa om en institution underlåter att efterkomma en dom. Institutionerna är emellertid enligt artikel 288.2 i princip skyldiga att ersätta den skada som de kan ha åsamkat enskilda på grund av underlåtenheten.[53]

## 7.5 *Indirekt prövning av rättsakters giltighet*

### 7.5.1 Indirekt ogiltighetsprövning

Som nämnts i 7.3.1 kan en indirekt ogiltighetsprövning komma till stånd genom en invändning i ett mål om att en viss gemenskapsrättsakt av betydelse för utgången i målet är olaglig: Syftet är att förmå domstolen att avgöra tvisten med utgångspunkt från att gemenskapsrättsakten är ogiltig.

I enlighet med artikel 241 kan en sådan invändning om en rättsakts ogiltighet göras, under förutsättning att rättsakten verkligen är relevant i målet. Enligt sin ordalydelse är artikeln endast tillämplig på förordningar, men domstolen har tolkat detta så extensivt att varje normgivande rättsakt med liknande rättsverkningar torde omfattas av begreppet. Syftet med en indirekt ogiltighetsprövning är närmast att tillåta invändningar mot rättsakter som sökanden annars inte skulle ha haft möjlighet att direkt föra talan emot enligt artikel 230. Av detta följer att artikel 241 inte kan användas av den som haft möjlighet att rikta en direkt ogiltighetstalan mot rättsakten ifråga, eftersom tidsfristerna i det senare fallet annars skulle förlora sin betydelse. Indirekt ogiltighetsprövning gör det t ex möjligt för en enskild som träffats av ett annars fullt giltigt förvaltningsbeslut från kommissionen att angripa en olaglig förordning som bemyndigade kommissionen att fatta beslutet ifråga. Ogiltighetsprövning kan även ske vid skadeståndstalan (se nedan, 7.6.1).

### 7.5.2 Ogiltighetsprövning vid förhandsavgöranden

Genom artikel 234.1.b har man underförstått accepterat att indirekt ogiltighetsprövning även kan ske i processer som förs inför nationella domstolar. Prövningen måste dock underställas EG-domstolen, som ju har exklusiv rätt att ogiltigförklara gemenskapsåtgärder: den s k *Foto*

53. Se vidare 7.6.

*Frost-principen.*[54] I artikel 234 anges inte någon begränsning av vilka slags rättsakter som kan angripas: Även normgivande rättsakter kan således utsättas för indirekt ogiltighetsprövning genom förhandsavgörandeförfarandet. I rättspraxis har dock domstolen vägrat tillåta ogiltighetsinvändningar från personer som kunnat föra en direkt ogiltighetstalan (men som inte gjort det).[55]

Verkan av en framgångsrik indirekt ogiltighetsprövning är formellt sett endast att rättsakten inte skall tillämpas i det aktuella målet. I praktiken har emellertid domstolen ansett sina avgöranden ha generell rättskraft och varje nationell domstol bör därför betrakta rättsakten som ogiltig. Effekten av en framgångsrik indirekt ogiltighetsprövning är därför i praktiken densamma som en ogiltighetsförklaring enligt artikel 230, vilket i någon mån lindrar den inskränkta talerätten enligt den artikeln.

## 7.6 *Skadeståndstalan mot gemenskapen*

Enligt artikel 235 är EG-domstolen behörig att avgöra tvister om sådant skadestånd som avses i artikel 288 andra och tredje stycket. Där stadgas att gemenskapen vad beträffar utomobligatoriskt ansvar skall ersätta skada som orsakats av dess institutioner (i vid mening)[56] eller av dess anställda under tjänsteutövning, i enlighet med de allmänna principer som är gemensamma för medlemsstaternas rättsordningar.

Några begränsningar rörande vilka som kan väcka talan finns inte; däremot en femårig preskriptionstid. EG-domstolen slagit fast att det är möjligt att väcka en skadeståndstalan enligt artikel 288.2 även innan någon skada faktiskt har inträffat, förutsatt att skada är nära förestående och med hög grad av sannolikhet kommer att inträffa. Den största betydelsen av detta är att en enskild klagande eventuellt kan utverka en ogiltighetsförklaring genom att väcka skadeståndstalan mot en gemenskapsåtgärd så snart den utfärdats (även om någon ersättning inte skulle komma att utgå).

54. Se mål 314/85, Firma Foto-Frost mot Hauptzollamt Lübeck (REG 1987, s 4199; svensk specialutgåva, volym 9), bekräftat i senare praxis. Se vidare 8.8.

55. Se mål C-188/92, TWD Textilwerke Deggendorf mot Bundesrepublik Deutschland (REG 1994, s I-833; svensk specialutgåva, volym 15). Avgörandet har dock kritiserats för att inskränka de nationella domstolarnas rättighet att själva avgöra när de önskar få förhandsavgöranden samt för att i praktiken också beröva dessa möjligheten att få tolkningshjälp vid tvister som de ju likväl ytterst måste slita.

56. Även den Europeiske ombudsmannen har i praxis räknats hit; se mål C-234/02 P, Ombudsmannen mot Lamberts (REG 2004, s I-2803).

Bestämmelsen om gemenskapens skadeståndsansvar har historiskt sett givits en mycket restriktiv tolkning av domstolen[57] och skadestånd har endast dömts ut i ett fåtal fall. Sedan domstolen i *Brasserie du Pêcheur*[58] uttalat att principerna för medlemsstaters skadeståndsskyldighet i princip inte skulle avvika från vad som gällde för gemenskapens skadeståndsskyldighet har det dock spekulerats kring om detta kan komma att leda till en liberalare bedömning enligt artikel 288. Hur det än blir med detta så torde det dock stå klart att de tre skadeståndskriterierna från Brasserie numera skall tillämpas i båda situationerna,[59] d v s

- den överträdda (gemenskaps)rättsregeln skall ha ställts upp till skydd för enskildas rättigheter,
- den aktuella överträdelsen skall vara tillräckligt klar och
- det måste föreligga ett kausalsamband mellan överträdelsen och den skada som den enskilde lidit

Detta skulle bland annat innebära att det inte längre finns någon principiell anledning att bedöma skadeståndsansvaret olika ifall det handlar om ansvar för bindande rättsakter eller t ex felaktiga förvaltningsåtgärder.

Rent generellt, och med visst beaktande även av EG-domstolens äldre praxis, kan man notera att såväl felaktiga handlanden som underlåtenheter alltså torde kunna läggas gemenskapen till last. Både felaktiga förvaltningsåtgärder och lagstiftningsfel kan i princip ge upphov till skadeståndsskyldighet.

Ett av de mest kända skadeståndsmålen, och ett av de få där ett ansenligt skadeståndsbelopp faktiskt har utdömts, är *Adams-fallet.*[60] Stanley Adams arbetade för företaget Hoffman-La Roche (HLR) i Schweiz och försåg kommissionen med vissa dokument, vilket i sin tur ledde till att HLR fälldes för brott mot EG:s konkurrensregler. Kommissionen råkade under sin utredning avslöja Adams identitet för HLR, vilket resulterade i att Adams vid ett besök i Schweiz anhölls som misstänkt för industrispionage. Han placerades i häkte utan möjlighet att kommunicera med sin familj och en kort tid därefter begick hans hustru självmord. Adams dömdes även för industrispionage. EG-domstolen fann att kommissionen hade brustit i sina skyldigheter gentemot

57. Tidigare praxis tog sin utgångspunkt i den s k Schöppenstedt-formeln (Mål 5/71, Zuckerfabrik Schöppenstedt mot rådet (REG 1971, s 975; svensk specialutgåva, volym 1), enligt vilken gemenskapen inte ådrog sig skadeståndsansvar p g a lagstiftningsåtgärder som innefattade val avseende ekonomisk politik, såvida det inte förelåg "ett tillräckligt allvarligt brott mot en överordnad rättsregel till skydd för individen".

58. Förenade målen C-46/93 och C-48/93, Brasserie du Pêcheur SA mot Tyskland och R mot Secretary of State for Transport, ex parte Factortame Ltd m fl (REG 1996, s I-1029).

59. Se målet C-352/98 P, Laboratoires pharmaceutiques Bergaderm SA och Jean-Jacques Goupil mot kommissionen (REG 2000, s I-5291). Vidare om Brasserie-kriterierna, se 5.6 och 7.6.2.

60. Mål 145/83, Adams mot kommissionen (REG 1985, s 3539; svensk specialutgåva, volym 8).

Adams, särskilt då man inte varnat Adams trots kännedom om HLR:s planer på att låta åtala Adams. Det slutliga skadeståndet motsvarade, trots jämkning, flera miljoner kronor.

I praktiken är det mycket vanligt att en skadeståndstalan förs parallellt med eller föregås av en ogiltighetstalan. Prövningen enligt artikel 288.2 vad gäller bindande rättsakter har emellertid varit mycket restriktiv. Beträffande just ansvaret för lagstiftningsåtgärder kan det här särskilt noteras den stora betydelse som – beträffande kriteriet "tillräckligt klar överträdelse" – tillmäts frågan om den berörda gemenskapsinstitutionen uppenbart och allvarligt har missbedömt gränserna för sitt utrymme för skönsmässig bedömning. Vidare kan noteras att en rättsakts ogiltighet i sig inte nödvändigtvis ger rätt till skadestånd för enskilda. Här har domstolen betonat det första Brasserie-kriteriet (den överträdda rättsregeln skall ha ställts upp till skydd för enskildas rättigheter). Även om en lagstiftningsåtgärd som får anses ha vidtagits i det allmännas intresse inte utesluter att den även kan anses avsedd att skydda individuella intressen, bör noteras att rättsregler som närmast uteslutande syftar till att upprätthålla maktfördelningen mellan institutionerna (t ex formföreskrifter och inter-institutionella förfaranderegler) normalt sett inte anses syfta till att skydda individuella intressen, och därmed heller inte grundar skadeståndsansvar.[61] I linje med detta har bristen på motivering av en rättsakt (jfr artikel 190 EGF) inte heller ansetts utgöra grund för skadestånd.[62]

EG-domstolen har dock även gjort klart att skadestånd i princip skulle kunna utgå även på grund av effekterna av fullständigt lagenliga rättsakter, dock då sannolikt endast i mycket speciella fall.[63]

Frågor om gemenskapens skadeståndsskyldighet försvåras av att det ju ofta är medlemsstaternas myndigheter som genomför och verkställer gemenskapens lagstiftningsåtgärder och beslut. Mot vem skall då en skadelidande rikta sig, och vid vilken domstol skall en talan väckas? En enskild individ kan inte föra talan mot en medlemsstat inför EG-domstolen och inte heller stämma gemenskapens institutioner inför nationell domstol. Något solidarisk skadeståndsansvar gemenskapen/medlemsstat förekommer heller inte, även om många förordat ett sådant.

Rör det sig om en s k "äkta" skadeståndstalan – exempelvis ersättning för förlorad vinst – kan talan alltid föras direkt inför EG-domsto-

61. Se t ex målet C-282/90, Industrie- en Handelsonderneming Vreugdenhil BV mot kommissionen (REG 1992, s I-1937).

62. Se t ex målet T-167/94, Nölle mot rådet och kommissionen (Nölle II)(REG 1995, s II-2589).

63. Se mål C-237/98 P, Dorsch Consult Ingenieurgesellschaft mbH mot rådet och kommissionen (REG 2000, s I-4549), förenade målen T-69/00, FIAMM och FIAMM Technologies mot rådet och kommissionen (REG 2005, s II-5393) samt T-383/00, Beamglow Ltd mot Europaparlamentet, rådet och kommissionen (REG 2005, s II-5459).

len. Rör anspråken emellertid återbetalning av felaktigt inbetald skatt (alternativt utbetalning av utebliven subvention) har domstolen ställt upp ett krav på uttömmande av nationella rättsmedel i första hand: Har skatter eller avgifter betalats till en nationell myndighet måste den skadelidande i första hand föra talan mot den myndigheten vid nationell domstol. Samma sak torde gälla om en nationell myndighet felaktigt vägrat att utbetala en summa pengar, vilken skulle ha tagits från någon av EU:s fonder. Skulle det inte finnas några effektiva nationella rättsmedel som kan säkerställa skyddet för de berörda enskilda kan dock talan föras direkt inför EG-domstolen:[64] Något som kan aktualiseras i fall där nationella myndigheter formellt utfärdat ett visst beslut vilket i praktiken helt och hållet fattats av t ex kommissionen.

64. Jfr t ex mål 175/84, Krohn & Co Import – Export mot kommissionen (REG 1986, s 753).

# 8. Förhandsavgöranden

## *8.1 Inledning*

Eftersom företag och enskilda medborgare har rätt att åberopa gemenskapsrätten inför nationella domstolar (se kapitel 6) finns det en risk att dessa kommer att tolka gemenskapsrätten olika. Detta har man sökt undvika genom att införa ett särskilt underställningsförfarande (artikel 234 EGF), genom vilket nationella domstolar kan – och ibland skall – begära förhandsavgörande[1] från EG-domstolen. Eftersom gemenskapsrätten skall tillämpas i alla medlemsstater och i många fall också kan åberopas direkt inför nationella myndigheter och domstolar är det viktigt att söka säkra en enhetlig tolkning och tillämpning av de olika reglerna. EG-domstolen har också fastslagit att artikel 234 är helt nödvändig för att bevara europarättens särart och att syftet med förhandsavgöranden är att garantera att gemenskapsrätten är densamma i de olika medlemsstaterna.[2]

Under 2006 utnyttjade nationella domstolar denna tolkningshjälp i 251 olika mål, varav de svenska stod för 2.[3] Grovt räknat är cirka hälften av alla nya mål i EG-domstolen numera mål om förhandsavgörande. Domstolen har också lyckats använda förhandsavgörandena för att bygga upp en europarättslig struktur som starkt präglas just av enhetlighet i tolkning och tillämpning. EG-domstolen ger auktoritativa beslut som befrämjar enhetlighet och rättsutveckling i ett system som formellt sett annars saknar någon egentlig överprövningsmöjlighet. Skyldigheten för nationella domstolar att rätta sig efter EG-domstolens förhandsavgöranden följer ytterst av den allmänna lojalitetsplikten i artikel 10 EGF.[4] Mancini och Keeling har beskrivit förfarandet som ett kvasifederalt in-

1. Även termerna förhandsbesked, tolkningsbesked eller prejudiciellt beslut förekommer ibland. Jämför engelskans ”preliminary ruling”.

2. Mål 166/73, Rheinmühlen-Düsseldorf mot Einfuhr- und Vorratsstelle für Getreide und Futtermittel (REG 1974, s 33; svensk specialutgåva, volym 2).

3. EG-domstolens verksamhetsstatistik för 2006. Se vidare 11.7 om förhandsavgörande på begäran av svenska domstolar. För praxisöversikt, T Tridimas, Knocking on Heaven's Door: Fragmentation, Efficiency and Defiance in the Preliminary Reference Procedure, CMLRev 2003 s 9 ff.

4. Se avsnitt 6.3.

strument för bedömningar av nationella reglers förenlighet med europarätten.[5]

Förhandsavgörandena har givit Domstolen rika tillfällen att slå fast viktiga och grundläggande principer inom europarätten, och många av de mest betydelsefulla rättsfallen inom europarätten har just varit förhandsavgöranden. En annan aspekt av artikel 234 som visats i avsnitt 7.5.2 är emellertid också att enskilda personer därigenom indirekt kan angripa gemenskapsrättsakters giltighet inför nationell domstol, under förutsättning att frågan om ogiltigheten uppkommer i en verklig tvist vid den nationella domstolen.[6] Som framgått (se avsnitt 7.3.5) är det annars ofta mycket svårt för enskilda att väcka direkt ogiltighetstalan men genom att nationellt vända sig mot genomförandeåtgärder med argumentet att den grundläggande rättsakten är ogiltig måste i princip EG-domstolen ta ställning till denna fråga. Som vi kommer att se får resultatet av en sådan prövning i praktiken liknande rättsverkningar som en direkt ogiltighetsprövning.

Eftersom artikel 234 ger de nationella domstolarna, och inte de enskilda parterna i processen, en möjlighet att begära förhandsavgöranden är förfarandets framgång beroende av de nationella domstolarnas villighet att faktiskt vända sig med frågor till EG-domstolen och även respektera dess avgöranden. Här finns inget undantag för dispositiva tvistemål. EG-domstolen har betonat att artikel 234 bygger på en ömsesidig respekt för respektive domstols funktionsansvar: Av denna anledning avgör heller inte EG-domstolen – i vart fall inte rent formellt – den nationella tvisten, utan ger endast besked om hur tillämplig europarätt mer generellt skall tolkas. Det är emellertid ett känt faktum att EG-domstolen ofta levererar sina besked i sådan form att den nationella domstolen i praktiken ges föga eller inget utrymme att komma till annat än det av EG-domstolen mer eller mindre underförstådda slutet.

Den nationella domstolen utformar normalt särskilda frågor till EG-domstolen om gemenskapsrättens innebörd, men EG-domstolen har förklarat sig oförhindrad att tolka och även omformulera ställda frågor när den funnit lämpligt (vilket också skett i flera uppmärksammade fall). I *Costa mot ENEL*[7] uttalade Domstolen att ofullständigt formulerade frågor inte hindrade Domstolen från att själv lyfta fram relevanta omständigheter ur det aktuella fallet och utgå ifrån dessa vid sitt svar. Av

5. G F Mancini & D T Keeling, "Democracy and the European Court of Justice", Modern Law Review 1994 s 184 ff.

6. Se mål C-491/01, The Queen och Secretary of State for Health, ex parte: British American Tobacco (Investments) Ltd och Imperial Tobacco Ltd (tobaksreklam II) (REG 2002, s I-11453), punkt 40. Det är här således inte nödvändigt att några (angripbara) nationella genomförandeåtgärder vidtagits.

7. Mål 6/64, Costa mot ENEL (REG 1964, s 585; svensk specialutgåva, volym 1).

*Deutsche Grammophon*[8] framgår också att domstolen kan ta i beaktande de bestämmelser i europarätten som den anser vara tillämpliga, även om dessa inte nämnts av den nationella domstolen. I *Melkunie*[9] förklarade EG-domstolen vidare att det förhållandet att den saknade behörighet att direkt avgöra huruvida nationella bestämmelser var förenliga med fördraget (vilket ju är de nationella domstolarnas sak) likväl inte hindrade att den nationella domstolen i förhandsavgörandet försågs med alla de tolkningsrelevanta, europarättsliga kriterier som behövdes för att lösa den nationella tvisten. EG-domstolens sätt att tolka och besvara ställda (och inte ställda) frågor har sammanfattningsvis åtskilliga gånger resulterat i förhandsavgöranden där den ovan nämnda respekten för de nationella domstolarnas exklusiva behörighet att avgöra tvisten i praktiken får anses ha varit i det närmaste helt illusorisk.[10]

## 8.2 *Rättsakter som kan bli föremål för förhandsavgöranden*

Såväl bindande som icke-bindande rättsakter kan bli föremål för tolkning.[11] Då rådet sluter avtal med länder utanför Unionen har EG-domstolen heller inte haft några problem med att rättfärdiga tolkandet av sådana.[12] Om domstolens behörighet att tolka internationella överenskommelser, se 9.5. EG-domstolen är inte behörig att besvara frågor som rör nationell lagstiftning; detta hör till de nationella domstolarnas kompetens. Måhända inte helt överraskande har, trots detta, EG-domstolen ansett sig kunna besvara frågor rörande vissa begrepp inom rent nationell lagstiftning, vilka (enligt den nationella lagstiftaren) avsetts ha samma innebörd som motsvarande gemenskapsrättsliga begrepp.

8. Mål 78/70, Deutsche Grammophon mot Metro-SB-Grossmärkte (REG 1971, s 489; svensk specialutgåva, volym 1). För ett färskt avgörande i denna anda, se t ex C-152/03, Ritter-Coulais (REG 2006, s I-1711).

9. Mål 97/83, Melkunie (REG 1984, s 2367).

10. Se t ex mål C-312/89, CGT mot Conforama (REG 1991, s I-997) samt mål 32/75, Cristini mot SNCF (REG 1975, s 1085; svensk specialutgåva, volym 2).

11. Den särskilda tillämpningen av artikel 234 avseende avdelning IV EGF (visering, asyl, invandring och annan politik som rör fri rörlighet för personer) berörs i 8.11 nedan.

12. Se t ex mål 181/73, Haegeman mot Belgien (REG 1974, s 449; svensk specialutgåva, volym 2) samt mål 12/86, Demirel mot Stadt Schwäbisch Gmünd (REG 1987, s 3719; svensk specialutgåva, volym 9).

I ett avgörande som nu får anses ha markerat början på en kontroversiell vidareutveckling av rättsläget, *Leur-Bloem*,[13] rörde frågan tolkningen av ett skatterättsligt direktiv och förutsättningarna för att få uppskov med reavinstbeskattning vid en viss typ av företagsfusion. Det aktuella målet avsåg emellertid en inhemsk situation, där nationella regler (och alltså inte några införlivade gemenskapsregler) skulle tillämpas. Den nationella lagstiftaren hade dock åsyftat att den nationella regleringen skulle vara identisk med den EG-rättsliga. EG-domstolen menade att det i ett sådant fall fanns ett bestämt gemenskapsrättsligt intresse av att begrepp och bestämmelser som på detta sätt hämtats från gemenskapsrätten också blir tolkade på ett enhetligt sätt.[14]

EG-domstolens beslut att lämna förhandsavgörande i en situation som denna har inte något egentligt stöd i fördraget, och det kan diskuteras hur bundna nationella domstolar därför kan bli av innehållet i ett sådant förhandsavgörande. Likväl måste det hållas i minnet att det i detta (och följande) fall varit de nationella domstolarna som önskat den aktuella tolkningshjälpen. Redan i Leur-Bloem noterade också EG-domstolen att det helt hör till den nationella domstolens exklusiva kompetens att avgöra den mer exakta betydelsen av den nationella hänvisningen till gemenskapsrätten, eftersom hänvisningen i fall som detta ju grundas på rent nationell rätt och rör en i övrigt helt intern situation.

## *8.3 Domstolar och andra dömande organ som kan begära förhandsavgöranden*

Den svenska texten i artikel 234.2 talar om "domstol i en medlemsstat", men begreppet syftar på en betydligt större grupp av dömande organ än

13. Målen C-28/95 och C-130/95, A Leur-Bloem mot Inspecteur der Belastingdienst/ Ondernemingen Amsterdam 2 (REG 1997, s. I-4161); härtill N Wahl, EG-domstolen tolkar nationell rätt, JT 1997-98 s 499 ff. Avgörandet har följts av ytterligare utvidgande praxis, se t ex mål C-1/99, Kofisa Italia Srl mot Ministero delle Finanze, Servizio della Riscossione dei – Concessione Provincia di Genova – San Paolo Riscossioni Genova Spa (REG 2001, s I-207). Jfr även C-448/98, Guimont (REG 2000, s I-10633) punkterna 21, 24-25. Praxis diskuteras kritiskt i C Ritter, Purely internal situations, Reverse discrimination, Guimont, Dzodzi and Article 234, 2006 ELRev s 690 ff. Se även J Hettne & I Otken Erikssson (red.), EG-rättslig metod s 161 ff, C Bjerke, Överskjutande införlivande av direktiv, ERT 2006 s 644 ff.

14. Domstolen yttrade i domslutet (punkt 50) att den är behörig med stöd av art 234 "att tolka gemenskapsrätten när situationen i fråga inte direkt regleras av denna rätt, men då den nationella lagstiftaren vid införlivandet av direktivets bestämmelser med den nationella rätten har beslutat att rent interna situationer skall behandlas på samma sätt som de situationer som regleras i direktivet, varför han har anpassat den interna lagstiftningen till gemenskapsrätten".

de som i Sverige går under beteckningen domstol.[15] Helt klart hör samtliga svenska allmänna domstolar och förvaltningsdomstolar jämte specialdomstolar som Arbetsdomstolen och Marknadsdomstolen till gruppen. Det är emellertid inte beteckningen "domstol" utan organens faktiska funktioner och befogenheter som är avgörande. I princip har samtliga nationella organ som kan sägas utöva statens judiciella, beslutande makt på ett någorlunda domstolsliknande sätt rätt att begära förhandsavgöranden. De kriterier som härvidlag hittills ställts upp av EG-domstolen finns sammanfattade i *IJsselmij*:[16] Organet skall vara upprättat genom lag, vara självständigt, varaktigt och utgöra en obligatorisk prövningsinstans. Förfarandet inför organet skall vara kontradiktoriskt[17] och (juridiskt bindande) avgöranden skall träffas utifrån tillämpning av lag och inte skön.[18]

Att förfarandet står öppet för fler organ än traditionella domstolar kan exemplifieras av fallet *Broeckmeulen*.[19] En holländsk prövningsnämnd, som utgjorde slutlig instans i fråga om läkares rätt att registrera sig, befanns ha rätt att begära förhandsavgörande. Domstolen pekade i detta fall på att läkare – för att kunna praktisera – var tvungna att registrera sig, att det inte fanns någon nationell möjlighet till judiciell överprövning av nämndens beslut samt att prövningen skedde i processuellt domstolsliknande former och i samarbete och samförstånd med offentliga myndigheter. Från Sverige kan nämnas att Överklagandenämnden för högskolan har ansetts behörig att begära förhandsavgörande.[20]

Däremot har den svenska Skatterättsnämnden, som ger förhandsbesked i skatteärenden i avgörandet *Victoriafilm*[21] inte ansetts uppfylla de nödvändiga kraven. Det kan nämnas att Regeringsrätten i Sverige bedömt att vare sig länsstyrelser eller regeringen utgör nationella domstolar i den mening som avses i artikel 234;[22] ett avgörande som synes fullkomligt korrekt. Motsva-

15. Jämför den engelska fördragstexten, som lyder "court or tribunal" och den franska som talar om "juridiction". Här föreligger ett tydligt exempel på betydelseskillnader mellan olika autentiska språkversioner.

16. Mål C-393/92, Gemeente Almelo m fl mot Energiebedriif IJsselmij NV (REG 1994, s I-1477; svensk specialutgåva, volym 15).

17. Detta är dock, enligt EG-domstolen, inte något absolut krav; se mål C-54/96, Dorsch Consult Ingenieurgesellschaft mbH mot Bundesbaugesellschaft Berlin mbH (REG 1997, s. I-4961).

18. J Paju & H Paulander, Begreppet domstol i artikel 234 i EG-fördraget, ERT 2001 s 580 ff.

19. Mål 246/80, Broeckmeulen mot Huisarts Registratie Commissie (REG 1981, s 2311; svensk specialutgåva, volym 6).

20. Bl a mål C-407/98, Katarina Abrahamsson och Leif Anderson mot Elisabet Fogelqvist (REG 2000, s I-5539).

21. Mål C-134/97, Victoria Films A/S mot Riksskatteverket (REG 1998, s I-7023). Victoriamålet har diskuterats av K Bratthall, L Mutén och J-M Bexhed i ERT 1999 s 180 ff, 189 ff respektive 339 ff. Däremot har (givetvis) Regeringsrätten möjlighet att inhämta förhandsavgörande vid överklagande av beslut från Skatterättsnämnden.

22. RÅ 1998 not 128, refererat av U Bernitz, Länsstyrelse eller regeringen kan ej begära förhandsavgörande från EG-domstolen, ERT 2000 s 120 f.

rande gäller förvaltningsbeslut av ämbetsverk, t ex Konkurrensverket eller Patentverket.

Privata skiljeorgan har i regel inte rätt att begära förhandsavgöranden.[23] De fåtal undantag som förekommit har betingats av att skiljeorganen i dessa fall i praktiken verkat under olika former av offentligt inflytande och även fungerat på domstolsliknande sätt (parterna har t ex inte påverkat sammansättningen).[24] I skiljeförfaranden enligt den svenska lagen om skiljeförfarande, där parterna utser skiljemän, kan skiljemännen alltså inte vända sig till EG-domstolen för förhandsbesked. Skulle däremot en skiljedom klandras vid allmän domstol (i Sverige Svea hovrätt) är däremot den senare oförhindrad att begära ett förhandsavgörande i saken.[25]

## 8.4 *Rätten att begära förhandsavgörande*

Fördragstexten ställer endast upp två villkor för att en nationell domstol skall ha rätt att begära förhandsavgörande: Dels skall en gemenskapsrättslig tolkningsfråga uppkomma och dels skall den nationella domstolen bedöma att ett klarläggande i denna del är nödvändigt för att kunna döma i saken (artikel 234.2).[26] Rätten att begära förhandsavgörande är med andra ord mycket vidsträckt: Även om en viss fråga t ex varit uppe till bedömning tidigare föreligger inget hinder mot att en annan domstol senare begär förhandsavgörande i samma fråga.[27] Det är inte heller tillåtet att genom olika nationella bestämmelser eller instruktioner för domstolsväsendet söka begränsa exempelvis lägre instansers rätt att begära förhandsavgöranden. Av detta följer vidare att inget hindrar den lägre

23. Se mål 102/81, Nordsee mot Reederei Mond (REG 1982, s 1095; svensk specialutgåva, volym 6) samt t ex C-125/04, Denuit and Cordenier (REG 2005 s I-923)

24. Se t ex målen 109/88, Handels- og Kontorfunktionærernes Forbund i Danmark mot Dansk Arbejdsgiverforening ("Danfoss") (REG 1989, s 3199; svensk specialutgåva, volym 10) och 61/65, Vaassen mot Beambtenfonds Mijnbedrijf (REG 1966, s 377; svensk specialutgåva, volym 1).

25. Möjligheten att klandra skiljedomar som berör konkurrensrätt behandlas i avsnitt 16.8.3.

26. Se till det följande L Sévon, (How) should I make a reference? – The national judge and preliminary rulings, Festskrift till Ulf Bernitz, ERT s 209 ff och M Melin, När skall man fråga EG-domstolen?, JT 1999–2000 s 859 ff (omtryckt i H Ragnemalm & M Melin, EG-domstolen inifrån, 2006 s 139 ff, U Bernitz, När bör tingsrätt begära förhandsavgörande av EG-domstolen? I Till Minnet av Södra Roslags tingsrätt, 2007 s 244 ff. EG-domstolen har publicerat ett eget informationsmeddelande "Begäran om förhandsavgörande från nationella domstolar", EGT 2005 C 143/01; återfinns på domstolens hemsida www.curia.europa.eu

27. Domstolens rättegångsregler (artikel 104.3) ger emellertid domstolen rätt att i dessa fall i förenklad ordning endast utfärda motiverade beslut, eventuellt med hänvisning till tidigare praxis.

domstol som anser sig behöva det från att begära förhandsavgörande i frågor som tidigare avgjorts av nationella, prejudikatbildande instanser.

Systemet med förhandsavgöranden innehåller inga rättigheter för enskilda parter att begära överprövning av nationella domstolars avgöranden. Det är viktigt att komma ihåg att parterna inte disponerar över rätten att begära tolkningshjälp i pågående process, utan det är den nationella domstolen själv som beslutar härom. EG-domstolen kan t ex inte undersöka frågor som den nationella domstolen inte ställt, men som en part begärt skall prövas. Ett exempel på detta är avgörandet i *Franzén*, där Franzéns invändningar om att den svenska alkohollagen stred mot artikel 43 EGF och EG:s upphandlingsdirektiv inte togs upp till prövning eftersom den svenska domstolens frågor inte omfattat detta.[28]

Ifall de nationella processreglerna så tillåter har EG-domstolen emellertid slagit fast att en lägre domstols beslut att begära förhandsavgörande kan överklagas.[29] I sådana fall brukar EG-domstolen vanligen avvakta med sin prövning tills överinstansen gjort sin bedömning. Enligt svensk rätt kan inte en allmän domstols vägran att inhämta förhandsavgörande överklagas särskilt. Däremot kan ett beslut att inhämta förhandsavgörande överklagas av part med stöd av rättegångsbalken 49 kap 7 § (med åberopande av att målet onödigt uppehålls).

I Sverige har Marknadsdomstolen i ett fall[30] haft att ta ställning till detta. Då kärnfrågan vid bedömningen emellertid ansågs vara huruvida ett inhämtande kunde anses obehövligt ansåg MD, mot bakgrund av den frihet som artikel 234 ger den nationella domstolen att själv bedöma sitt behov av tolkningshjälp, att överklaganden måste bedömas restriktivt. Överklagandet av tingsrättens beslut att inhämta förhandsavgörande lämnades därför utan bifall.

Då förvaltningsprocesslagen inte innehåller någon bestämmelse motsvarande RB 49:7 torde det inte finnas någon möjlighet att särskilt överklaga en svensk förvaltningsdomstols beslut att begära respektive inte begära förhandsavgörande.

Frågan om i vilket stadium under processen som ett förhandsavgörande bör begäras ligger också helt inom den hänskjutande domstolens diskretion. Det finns emellertid ofta goda skäl till att inte göra detta i ett alltför tidigt skede av processen. EG-domstolen har uttalat att sakfrågor och rent nationella rättsfrågor bör ha klarlagts av den nationella dom-

28. Mål C-189/95, Allmänna åklagaren mot Harry Franzén (REG 1997, s I-5909), punkterna 78–79. Jämför även avsnitt 7.1.

29. Mål 166/73, Rheinmühlen–Düsseldorf mot Einfuhr- und Vorratsstelle für Getreide und Futtermittel (REG 1974, s 33; svensk specialutgåva, volym 2).

30. MD 1999:6, KO mot Gourmet International Products AB, behandlat bl a i avsnitt 12.9. MD:s beslut har kommenterats av H Matz, Överklagande av beslut om förhandsavgörande, ERT 1999 s 541 ff, se även dens i ERT 2002 s 313 ff ang AD 2001 nr 67.

stolen innan hänskjutandet sker, eftersom detta ökar EG-domstolens möjligheter att ta hänsyn till hela sammanhanget i målet.[31] Det bör i detta sammanhang också noteras att EG-domstolen i *Telemarsicabruzzo*[32] faktiskt vägrat att besvara vissa av de där ställda frågorna, eftersom den nationella domstolen inte ansågs ha lämnat tillräcklig information om de faktiska och rättsliga omständigheterna i målet. Betydelsen av detta, och efterföljande, avgöranden är omtvistad: Vissa menar att saken bör bedömas i ljuset av EG-domstolens i övrigt mycket liberala praxis när det gäller att besvara förhandsavgöranden, andra tar det som exempel på EG-domstolens ökande tendens att vägra besvara förhandsavgöranden. Viss senare praxis tyder även på möjligheten att EG-domstolen här tillämpar ett slags relevanskriterium, för att sålla förfrågningar där omständigheterna helt enkelt är alltför oklara och outredda, och där det antydda sambandet mellan tvisten och tillämpligheten av gemenskapsrätten framstår som alltför gåtfullt för att ett förhandsavgörande skall te sig meningsfullt.[33] Det kan noteras att Domstolens rättegångsregler numera tillåter den att inhämta förtydliganden från den nationella domstolen om så anses erforderligt.[34]

## *8.5 Begränsningar i rätten att begära förhandsavgöranden*

Som nämnts ovan innehåller artikel 234 inga andra begränsningar än att det skall vara frågan om en gemenskapsrättslig tolkningsfråga och att den nationella domstolen anser att ett klarläggande av denna är nödvändigt för att kunna döma i saken. EG-domstolen har också vägrat att lämna förhandsavgöranden i fall där frågorna inte rört sig om tolkning

31. Mål 36, 71/80, Irish Creamery Milk Suppliers mot Irländska regeringen (REG 1981, s 735; svensk specialutgåva, volym 6).

32. Mål C-320-322/90, Telemarsicabruzzo SpA mot Circostel och Ministero delle Poste e Telecomunicazioni och Ministero della Difesa (REG 1993, s I-393; svensk specialutgåva, volym 14). Jämför även Domstolens avvisningsbeslut i målen C-157/92, Pretura Circondariale di Genova mot Banchero (REG 1993, s I-1085) och C-386/92, Monin Automobiles mot Maison du deux-roues i konkurs (REG 1993, s I-2049) samt avgörandet i förenade målen C-51/96 och C-191/96, Christelle Deliège mot Ligue francophone de judo et disciplines associées ASBL, Ligue belge de judo ASBL, Union européenne de judo samt François Pacquée (REG 2000, s I-2549).

33. Se mål C-153/00, Paul der Weduwe (REG 2002, s I-11319) samt avvisningsbeslutet i mål C-190/02, Viacom Outdoor Srl (REG 2002, s I-8287).

34. Artikel 104.5.

av gemenskapsrättsliga bestämmelser utan om nationell rätt,[35] där frågorna inte ansetts ha haft något egentligt samband med förhållandena i den aktuella tvisten[36] eller varit "hypotetiska".[37] Förhandsavgöranden kan också vägras i fall där den nationella domstolens förfarande inte kommer att utmynna i något juridiskt bindande beslut[38] eller där det inte är frågan om någon rättstvist.[39]

Trots att det är den nationella domstolens sak att bedöma nödvändigheten av ett förhandsavgörande har EG-domstolen emellertid valt att ställa upp vissa ytterligare begränsningar, där begäran inte ansetts betingad av något tillräckligt genuint processintresse. Domstolens praxis i dessa fall kan dock inte sägas vara särskilt konsekvent.

I *Foglia mot Novello*[40] hade parterna sannolikt själva kommit överens om och konstruerat en tvist, i förhoppningen att den nationella (italienska) domstolen skulle begära ett förhandsavgörande rörande tillåtligheten av en fransk importskatt på vin. Så skedde också, men EG-domstolen vägrade besvara frågan. Motiveringen som gavs var att institutet förhandsavgörande inte var ämnat för att besvara frågor som uppkommit i konstruerade rättstvister: Tvisten inför den nationella domstolen måste vara genuin.

Avgörandet har kritiserats, då det allvarligt kan ifrågasättas med vilken rätt EG-domstolen på detta sätt inför begränsningar som inte finns i fördragstexten och även tar sig rätt att bedöma huruvida en nationell tvist är genuin nog.[41] Andra bedömare har menat att EG-domstolen velat hejda en utveckling där enskilda parter vänder sig till ett lands domstol för att den vägen söka ogiltigförklara ett annat lands lagstiftning.[42] Det finns en del som talar

35. Se mål 93/75, Alderblum mot Caisse Nationale d'Assurance Vieillesse des Travailleurs Salaries (REG 1975, s 2147), där frågan närmast gällde hur den franska sociallagstiftningen skulle tolkas. Att Domstolens förhandsavgöranden i många fall likväl i praktiken inkräktar på de nationella domstolarnas utrymme för bedömningarna är en annan sak. Notera dock numera Domstolens villighet att enligt principen i Leur-Bloem ge tolkningshjälp beträffande nationell lagstiftning som avsetts ha gemenskapsrättslig innebörd samt i vissa andra interna situationer (avsnitt 8.2). Att EG-domstolen likväl i allmänhet undviker rent nationella förhållanden torde framgå av t ex avvisningsbeslutet i mål C-328/04, Attila Vajnai (REG 2005, s I-8577), där frågan rörde ett ungerskt förbud mot "totalitära symboler" (i det aktuella fallet en röd stjärna) som tillämpats gentemot en ungersk politiker i Ungern.

36. Målen C-286/88, Falciola mot Comune di Pavia (REG 1990, s I-191) och C-143/94, Furlanis mot ANAS (REG 1995, s I-3633).

37. Mål C-83/91, Meilicke mot ADV/ORGA (REG 1992, s I-4871; svensk specialutgåva, volym 13).

38. Mål 138/80, Borker (REG 1980, s 1975; svensk specialutgåva, volym 5).

39. Mål C-111/94, Job Centre Coop Arl. (REG 1995, s I-3361).

40. Mål 104/79, Foglia mot Novello I (REG 1980, s 745; svensk specialutgåva, volym 5) samt uppföljaren 244/80, Foglia mot Novello II (REG 1981, s 3045; svensk specialutgåva, volym 6).

41. Se t ex A Barav, Preliminary censorship? The Judgement of the European Court in Foglio v Novello, 5 ELRev 1980 s 413 ff.

42. Jfr t ex T C Hartley, The Foundations of European Community Law. An Introduction to the Constitutional and Administrative Law of the European Community, 5 ed, Oxford 2003 s 290 ff och där refererade källor.

för sådana tolkningar eftersom domstolen något senare villigt meddelade ett förhandsavgörande i *Vinal mot Orbat*,[43] vilket endast skilde sig från Foglia mot Novello på så vis att parterna här önskade få en italiensk lagbestämmelse prövad inför en italiensk domstol. När en tysk domstol senare begärde förhandsbesked om en italiensk lags överensstämmelse med gemenskapsrätten i *Eau de Cologne*[44] förklarade EG-domstolen den underliggande tvisten vara genuin och lämnade ett förhandsavgörande. I *Dzodzi*[45] slog domstolen fast att dess skyldighet att lämna förhandsavgöranden inte gällde vid onaturligt framtvingade (”contrived”) tvister.

I *Angonese*[46] deklarerade EG-domstolen att en begäran från en nationell domstol bara kunde avvisas då det är uppenbart att den begärda tolkningen inte har något samband med de verkliga omständigheterna eller med föremålet för tvisten vid den nationella domstolen. Som nämnts ovan har EG-domstolen därefter valt att ytterligare markera relevanskriteriet genom att avvisa begäran om förhandsavgöranden i fall där de nationella domstolarnas framställningar av omständigheterna i de aktuella tvisterna framstått som alltför oklara och outredda för att visa på ett relevant samband med gemenskapsrätten och dess tillämpning.[47]

## 8.6 *Skyldigheten att begära förhandsavgörande*

Nationella dömande organ från vilkas beslut någon rättslig möjlighet till överprövning inte finns – d v s slutinstanser – är skyldiga att begära förhandsavgöranden om tolkningsbesked kan anses nödvändigt för att döma i målet (artikel 234.3). Bestämmelsen skall säkra enhetligheten i rättstillämpningen, i synnerhet då det i dessa fall inte finns någon överprövningsmöjlighet och då slutinstansernas avgöranden oftast kommer att ges prejudikatvärde i de nationella systemen.

43. Mål 46/80, Vinal mot Orbat (REG 1981, s 77).

44. Mål C-150/88, Eau de Cologne mot Provide (REG 1989, s 3891; svensk specialutgåva, volym 10).

45. Mål C-297/88, C-197/89, Dzodzi mot Belgien (REG 1990, s I-3763; svensk specialutgåva, volym 10).

46. Mål C-281/98, Roman Angonese mot Cassa di Risparmio di Bolzano SpA (REG 2000, s I-4139). Se även mål C-439/01, Libor Cipra, Vlastimil Kvasnicka och Bezirkshauptmannschaft Mistelbach (REG 2003, s I-745), punkten 19.

47. Se mål C-153/00, Paul der Weduwe (REG 2002, s I-11319) samt avvisningsbeslutet i mål C-190/02, Viacom Outdoor Srl (REG 2002, s I-8287).

I *Lyckeskog*[48] besvarade EG-domstolen nekande den för Sverige intressanta frågan om huruvida en hovrätt, som ju i praktiken blir slutinstans i de fall där prövningstillstånd inte meddelas, kan anses vara en sådan domstol som är skyldig att inhämta förhandsavgöranden.

Hovrätten för Västra Sverige hade ställt just denna fråga i ett brottmål rörande försök till varusmuggling av ris (vilket kunde aktualisera EG:s bestämmelser om tullar). EG-domstolen konstaterade att den omständigheten att det krävdes prövningstillstånd för att den högsta domstolsinstansen skulle ta upp överklagandet till prövning inte medförde att parterna saknade rättsmedel. Den konstaterade vidare att om fråga uppkommer rörande tolkningen eller giltigheten av en gemenskapsrättslig regel så är den högsta domstolsinstansen skyldig att – antingen när den överväger frågan om prövningstillstånd skall meddelas eller vid ett senare tillfälle – begära förhandsavgörande från EG-domstolen.

En de facto skyldighet att begära förhandsavgörande oavsett instans föreligger enligt *Foto-Frost-principen*[49] i de fall där den nationella domstolen önskar ifrågasätta giltigheten av en gemenskapsrättsakt. Då en sådan prövning är förbehållen EG-domstolen torde en nationell domstol i sådana fall alltid vara skyldig att begära förhandsavgöranden. Mer om detta nedan, 8.8.

## 8.7 Undantag från skyldigheten att begära förhandsavgörande

Det finns två typer av undantagssituationer där skyldigheten (dock inte möjligheten) att begära förhandsavgörande faller bort. Den ena gäller vid interimistiska beslut, under förutsättning att parterna senare har möjlighet att på nytt få en materiell prövning av den aktuella frågan och att förhandsavgörande därvid kan inhämtas.[50] Den andra undantagssituationen rör fall där något behov av gemenskapsrättslig tolkning inte kan

48. Mål C-99/00, Kenny Roland Lyckeskog, (REG 2002, s I-4839). Se vidare 11.7 om förhandsavgörande på begäran av svenska domstolar. Om problematiken, A Hagsgård, EG-rätten i nationell rättstillämpning, 1996, U Bernitz, Europarättens genomslag i svensk rätt: Begäran om förhandsavgörande av EG-domstolen som katalysator, Minnesskrift till Stockholmsfakultetens 100-årsjubileum, 2007, dens., O Zetterquist, Access to Justice in the EU – Knocking on Heaven's Door?"i Swedish Studies in European Law, volume 1, 2006 s 257 ff, speciellt s 269 f.

49. Mål 314/85, Firma Foto-Frost mot Hauptzollamt Lübeck (REG 1987, s 4199; svensk specialutgåva, volym 9). Jfr även 7.5.2.

50. Se mål 107/76, Hoffmann-La Roche mot Centrafarm (REG 1977, s 957; svensk specialutgåva, volym 3). Skälet härtill torde främst vara att interimistiska avgöranden normalt är brådskande. HD har i NJA 1995 s 635 funnit att nationell högsta instans inte är skyldig att begära förhandsavgörande från EG-domstolen innan interimistiskt beslut meddelas (det aktuella målet rörde tolkning av varumärkesdirektivet).

anses föreligga på grund av de aktuella reglernas klarhet. Denna senare situation behandlas av den s k *acte clair-doktrinen.*

Tanken bakom acte clair-doktrinen är att en tillräckligt klar bestämmelse inte lämnar något egentligt utrymme för tolkningar och därför inte omfattas av skyldigheten i artikel 234. Hit hör fall där en viss fråga redan besvarats i ett tidigare avgörande från Domstolen.[51] Det finns emellertid många situationer där något tidigare avgörande i just den aktuella frågan inte föreligger och acte clair-doktrinen har i dessa sammanhang orsakat mycket debatt då den nationella tillämpningen många gånger upplevts som kontroversiell.

EG-domstolen accepterade doktrinen i *CILFIT*[52] men definierade förutsättningarna for dess tillämpning så snävt att vissa kommentatorer ifrågasatt om domstolen inte snarare önskade strypa bruket av den.[53] EG-domstolen deklarerade visserligen att en nationell domstol inte hade skyldighet att begära förhandsavgörande i de fall där gemenskapsrättens tillämpning var så uppenbar att något utrymme för tvivel inte fanns om hur frågan skulle besvaras. Den nationella domstolen måste dock vara övertygad om att detta svar även skulle anses vara lika uppenbart för såväl övriga nationella domstolar som EG-domstolen. Kriterier som skulle vägas in vid denna bedömning var gemenskapsrättens karaktäristiska särdrag och de speciella tolkningsproblem som dessa medförde, de olika officiella språkversionerna av rättsakten samt terminologi och legaldefinitioner – vilka varierar såväl mellan olika medlemsstater som mellan nationell rätt och gemenskapsrätt. Slutligen betonade EG-domstolen att gemenskapsrätten måste tolkas i sitt sammanhang, med hänsyn tagen till dess syfte och ändamål. I praktiken innebär detta att acte clair-doktrinen, med EG-domstolens tolkning, i de allra flesta fall måste anses orealistisk och oanvändbar, då en samvetsgrann nationell domstol sällan skulle kunna bedöma dessa villkor som uppfyllda.

Det kan starkt ifrågasättas om nationella överinstanser vänder sig till EG-domstolen i den omfattning som skulle följa av en strikt tillämpning av acte clair-doktrinen. Sannolikt skulle å andra sidan EG-domstolen bli helt överlastad om de gjorde detta. EG-domstolen har dock valt att uttryckligen hålla fast vid CILFIT. Den har sålunda inte tagit upp den i ge-

51. Detta speciella fall av acte clair kallas ibland även acte éclairé-doktrinen (éclairé = klarlagt). Det grundläggande avgörandet är här mål 28–30/62, Da Costa en Schaake mot Nederlandse Belastingadministratie (REG 1963, s 31; svensk specialutgåva, volym 1).

52. Mål 283/81, CILFIT mot Ministero della Sanità (REG 1982, s 3415; svensk specialutgåva, volym 6). Se om målet även avsnitt 3.5.

53. Se t ex G Bebr, The reinforcement of the constitutional review of Community acts under Article 177 EEC, 25 CMLRev 1988 s 684 samt T C Hartley, The Foundations of European Community Law. An Introduction to the Constitutional and Administrative Law of the EC, 5 ed, Oxford 2003 s 296. Se även X Groussot, The Role of the National Courts in the European Union – A Future Perspective, SIEPS 2005:10; i huvudsak positiv till rådande praxis.

neraladvokatyttranden vid olika tillfällen framförda uppfattningen att doktrinen bör revideras. Ett skäl härtill kan vara att Domstolen finner det viktigt att kunna hålla ett grepp över tillämpningen inte minst i de nya medlemsländerna.[54]

Underlåtenhet att begära förhandsavgörande i de fall där detta är obligatoriskt utgör fördragsbrott och kan i princip utgöra grund för talan mot den felande staten enligt artikel 226. Någon möjlighet för individer att föra talan i sådana fall finns emellertid inte; de får nöja sig med att anmäla saken till kommissionen eller, där de anser sig ha lidit rättsförlust genom en domstols vägran att begära förhandsavgörande i en sådan situation väcka talan mot staten i enlighet med Francovich-doktrinen.[55] Det krävs dock att avgörandet är uppenbart felaktigt. Vi återkommer till den aktuella rättsutvecklingen i Sverige på denna punkt i 11.7.

## 8.8 Förhandsavgöranden om gemenskapsrättsakters giltighet

EG-domstolen är som nämnts den enda domstol som har rätt att förklara en gemenskapsrättsakt ogiltig, eftersom något annat skulle motverka syftet med garanterad enhetlighet inom gemenskapsrätten (den s k *Foto Frost-principen*).[56] Detta innebär att nationella domstolar som tvekar om en sådan rättsakts giltighet är skyldiga att begära förhandsavgörande – här råder alltså ingen ”acte clair”-doktrin.[57] I annat fall skulle ju ogiltighetsinvändningen inte kunna prövas. Även vad beträffar nationella domstolars interimistiska beslut har EG-domstolen vidhållit sin ensamrätt att ogiltigförklara.

Ifall det finns allvarliga tvivel på giltigheten av den bakomliggande gemenskapsrättsakten har dock den nationella domstolen (däremot inte

54. EG-domstolen har sålunda uttryckligen åberopat CILFIT-avgörandet i bl a Lyckeskog, Köbler (se nästkommande not) och Gaston Schul, mål C-461/03, Gaston Schul Douane-Expediteur BV mot Minister van Landbouw (REG 2005, s I-10513), rättsfallskommentar av J Lindholm & M Derlén i ERT 2006 s 377 ff.

55. Mål C-224/01, Bernhard Köbler mot Österrike (REG 2003, s I-10239), se vidare avsnitt 5.6.

56. Mål 314/85, Firma Foto-Frost mot Hauptzollamt Lübeck (REG 1987, s 4199; svensk specialutgåva, volym 9). Jfr även 7.5.2. Notera dock att EG-domstolen i målet C-475/01, kommissionen mot Grekland (REG 2004, s I-8923) öppnat för att vissa rättsakter (i mer extrema undantagsfall) ska kunna anses behäftade med så uppenbara brister/ocgentligheter att de inte kan tolereras av gemenskapens rättsordning, därför helt ska anses sakna rättsverkningar och rent av betraktas som rättsligt icke-existerande även i tiden före ett slutligt avgörande i frågan.

57. Se mål C-461/03, Gaston Schul Douane-Expediteur BV mot Minister van Landbouw, Natuur en Voedselkwaliteit (REG 2005, s I-10513), kommenterat i SvJT 2006, s 278 f samt ERT 2006 s 377 ff.

andra nationella myndigheter)[58] rätt att ogiltigförklara eventuella nationella genomförande- eller införlivandeåtgärder i avvaktan på ett förhandsavgörande. Det krävs dock att behovet av ett sådant beslut är brådskande och att den sökande parten hotas av allvarliga och irreparabla skador ifall den interimistiska åtgärden inte vidtas. Den nationella domstolen skall vidare, enligt EG-domstolen,[59] ta hänsyn till Gemenskapens intressen; något som bland annat angivits kunna innebära att domstolen skall beakta kumulativa effekter såsom vad som skulle bli följden av att flera sökanden skulle komma att begära interimistiska åtgärder.

Sökanden kan även tvingas ställa någon form av garanti för den ekonomiska skada som Gemenskapen kan komma att åsamkas genom det interimistiska beslutet. Dessa uppställda krav, i synnerhet det sistnämnda, torde kunna ställa nationella domstolar inför ett antal praktiskt svårlösta problem.

## 8.9 *Förhandsavgörandenas rättskraft och effekt*

EG-fördraget innehåller ingen uttrycklig bestämmelse om vilken rättslig betydelse förhandsavgöranden har. EG-domstolen har dock i flera rättsfall poängterat förhandsavgörandenas bindande, prejudicerande karaktär. Avgörs den nationella processen på basis av gemenskapsrätt binder därför förhandsavgörandets innehåll i första hand den hänskjutande domstolen.[60] Ett förhandsavgörande som ogiltigförklarar en rättsakt är emellertid tillräckligt för att andra nationella domstolar därefter kan tilllåta sig att betrakta rättsakten som icke existerande,[61] och nationella domstolar saknar även rätt att i fortsättningen tilllämpa (nationella) bestämmelser som grundats på en ogiltigförklarad gemenskapsrättsakt.[62] I alla praktiska avseenden kommer således förhandsavgörandena att bli prejudicerande. För att i någon mån söka undvika den rättsosäkerhet och de samhällsekonomiskt svåröverblickbara konsekvenser som annars skulle kunna komma att uppstå har EG-domstolen ibland tagit sig rätten

58. Förenade målen C-453/03, C-11/04, C-12/04 och C-194/04, ABNA m fl (REG 2005, s I-10423), kommenterat i SvJT 2006, s 291 f.

59. Målen C-143/88, C-92/89, Zuckerfabrik Süderdithmarschen mot HZA Itzehoe & Zuckerfabrik Soest mot HZA Paderborn (REG 1991, s I-415), vidareutvecklat i mål C-465/93, Atlanta Fruchthandelsgesellschaft Mbh m fl mot Bundesamt für Ernährung und Forstwirtschaft (REG 1995, s I-3761).

60. Mål 29/68, Milch- Fett und Eier-Kontor mot rådet och kommissionen (REG 1969, s 165).

61. Mål 66/80, International Chemical Corporation mot Amministrazione delle Finanze dello Stato (REG 1981, s 1191; svensk specialutgåva, volym 6).

62. Mål 162/82, Cousin (REG 1983, s 1101).

att fastslå vilka exakta rättsliga följder dess avgöranden skall få, t ex ifall rättsverkningarna skall begränsas tidsmässigt.[63] Domstolen har emellertid betonat att det endast är den själv som kan begränsa sina avgörandens rättseffekter.[64]

## 8.10 *Artikel 234 och framtiden*

Artikel 234 har beskrivits som ett uttryck för den ömsesidiga lojalitetsplikten som existerar mellan Gemenskapen och medlemsstaterna, vilken ytterst grundar sig på artikel 10. Det råder inte något tvivel om att EG-domstolen utnyttjat förhandsavgörandena för att bygga upp europarätten i många viktiga avseenden. Många av dess viktigaste domar har givits i form av förhandsavgöranden. Den viktigaste framgångsfaktorn har emellertid varit att de nationella domstolarna begärt förhandsavgöranden och även följt dem. Länge har artikelns framgång ironiskt nog utgjort det kanske största hotet mot förfarandet, med allt längre handläggningstider i takt med att förfrågningarna ökat i antal.

Sannolikt främst på grund av det reformerade arbetet vid EG-domstolen (se vidare 4.6) där Förstainstansrätten och Personaldomstolen axlat bördan inom en mängd viktiga rättsområden så har antalet slutbehandlade mål per år de senaste tre åren för första gången varit mindre än antalet nyinkomna mål: detta trots att det fortfarande endast är EG-domstolen som behandlar förhandsavgöranden.[65] I dag får en nationell domstol som tänker begära ett förhandsavgörande bereda sig på en, i genomsnitt, cirka 20 månaders lång väntan, vilket faktiskt är en klar förbättring jämfört med tidigare år.[66]

Förkortade handläggningstider förefaller naturligtvis vara en positiv utveckling och trenden ser relativt lovande ut för närvarande. Likväl har varnande röster höjts,[67] vilka just pekat på baksidan av en ökad målavverkning. Det ökade trycket på EG-domstolen att leverera avgöranden i allt snabbare takt riskerar, menar man, att leda till en generellt försämrad kvalitet i rättsskipningen. Härvidlag har man också pekat på en annan aspekt av domstolens reformerade arbetsmetoder, nämligen att allt-

63. Så skedde t ex i målen 43/75, Defrenne mot Sabena (REG 1976, s 455; svensk specialutgåva, volym 3) samt C-262/88, Barber mot Guardian Royal Exchange (REG 1990, s I-1889; svensk specialutgåva, volym 10).

64. Mål 61/79, Amministrazione delle Finanze mot Denkavit Italiana (REG 1980, s 1205; svensk specialutgåva, volym 5). Att sådana begränsningar i allmänhet endast kan komma ifråga i särskilt allvarliga fall har betonats av domstolen i mål C-184/99, Grzelczyk (REG 2001, s I-6193).

65. EG-domstolens verksamhetsstatistik år 2006.

66. Ibid.

67. Se t ex D Chalmers m fl, European Union Law, Cambridge 2006, s 308 ff.

fler mål, och då i synnerhet förhandsavgöranden, i dag till helt övervägande del avgörs av domstolen i dess mindre sammansättningar;[68] något som man menar också skulle kunna medföra en ökad risk för splittrad och motsägelsefull praxis.

## *8.11 Liknande tolkningsförfaranden*

EG-domstolen har en på olika sätt begränsad behörighet att meddela förhandsavgöranden på andra områden än vad som hittills behandlats. Särskilda regler om begränsad möjlighet till förhandsavgöranden gäller inom första pelaren på Schengenreglernas område (artikel 68, se avsnitt 15.3). EG-domstolens behörighet inom tredje pelaren är starkt begränsad, se 10.2. Inom andra pelaren saknar EG-domstolen behörighet. Brysselförordningarna inom den internationella privaträtten ger endast nationella slutinstanser rätt att begära förhandsavgöranden (se 17.6).

EG-domstolen har tillagts kompetens att avge tolkningsförklaringar efter mönster av artikel 234 EGF även enligt vissa särskilda fördrag som ingåtts mellan medlemsstaterna på grundval av artikel 293 EGF, t ex konventionen om ömsesidigt erkännande av juridiska personer. Avsikten med dessa bestämmelser om EG-domstolen som auktoritativt tolkningsorgan för de olika konventionerna är densamma som för artikel 234-förfarandet, d v s att stärka integrationen mellan medlemsstaterna samt förhindra att divergerande tolkningar hindrar utvecklingen av den gemensamma marknaden.

68. Av EG-domstolens avgjorda mål (alla kategorier) åren 2000–2006 beslutades knappt en halv procent av EG-domstolen i plenum (alla domare). Knappt 12.5 procent beslutades av s k stor avdelning (13 domare), drygt 62.5 procent av avdelningar om fem domare och knappt 24.5 procent av avdelningar om tre domare (EG-domstolens verksamhetsstatistik 2006). I den mån mönstret skulle vara detsamma för just förhandsavgöranden innebär detta att cirka 87 procent beslutades av fem eller tre domare.

# 9. EU som global aktör

## 9.1 *Utgångspunkter*

EU är en viktig internationell aktör. Utvecklingen har successivt givit EU allt större betydelse på det globala planet och EU är jämte USA världens största handelspolitiska enhet. EU som helhet är större än USA både vad gäller bruttonationalprodukt och som global handelspartner. EU har också blivit en viktig aktör på den internationella kapitalmarknaden genom euron, den jämte dollarn ledande världsvalutan. Svensk utrikes- och handelspolitik är numera i stor omfattning kanaliserad genom EU eller i vart fall föremål för samordning på EU-planet.

EU:s position skiljer sig dock väsentligt när det gäller handelspolitiken och utrikes- och säkerhetspolitiken.[1] På det handelspolitiska området är positionen mycket stark. Området ligger inom första pelaren och har till stor del överstatlig karaktär. EG utgör i botten en tullunion inom ramen för den globala handelspolitiska ordning som utvecklats inom GATT, numera *Världshandelsorganisationen* (World Trade Organisation, WTO). Som ett led i tullunionen tillämpar EG en gemensam handelspolitik mot tredje land. Den inre marknaden förutsätter att gemenskapen fungerar som en *handelspolitisk enhet* i förhållande till omvärlden. Så är också fallet (artikel 131 EGF). EG svarar ensamt för cirka 40 % av världshandeln, om även handeln medlemsstaterna emellan räknas in. För Sverige har utrikeshandeln inom ramen för den inre marknaden enorm betydelse och svarar för den helt övervägande delen av både vår export och import.[2]

EU:s gemensamma utrikes- och säkerhetspolitik, GUSP, å andra sidan, bildar EU:s andra pelare, och är utformat som ett mellanstatligt samarbete enligt en särskild samarbetsordning. Här har alltså medlemsstaterna i huvudsak behållit sin rörelsefrihet och EU agerar främst som

1. Ett grundläggande arbete över hela ämnesområdet är P Eeckhout, External Relations of the European Union. Legal and Constitutional Foundations, Oxford 2004.

2. EU:s dynamiska utveckling har inspirerat mer eller mindre långtgående och framgångsrika organisationer för frihandel och ekonomisk integration på andra håll i världen, såsom NAFTA (North American Free Trade Agreement) mellan USA, Canada och Mexico, och Mercosur (Common Market of the Southern Cone) mellan Argentina, Brasilien, Paraguay och Uruguay.

ett slags "soft power". Vi behandlar först handelspolitiken och därefter den allmänna utrikes- och säkerhetspolitiken.

EU består givetvis av de 27 medlemsstaterna (artikel 299 EGF) men frågan om EU:s exakta territoriella omfattning är komplicerad, främst i förhållande till vissa ögrupper och områden som anses ingå i en EU-stats moderland eller ha särskild anknytning dit. Azorerna, Madeira och Kanarieöarna, alla ögrupper i Atlanten, ingår i EU, liksom franska utomeuropeiska departement såsom Guadeloupe och Martinique i Västindien. Delvis gäller dock särskilda regler. Åland ingår i EU men har enligt det särskilda Ålandsprotokollet vissa speciella, permanenta undantag.[3] Kanalöarna och Isle of Man har i än högre grad särställningar. Färöarna och Grönland ingår inte i EU. Över huvud taget förekommer ett stort antal speciella arrangemang med växlande utformning för särskilda områden.

## 9.2 *EG:s externa befogenheter*

EG har *exklusiv kompetens* att ingå handelsavtal med utomstående stater och handelsorganisationer (artikel 133 EG-fördraget). På utrikeshandelspolitikens område har det alltså skett en i princip total kompetensöverföring från medlemsstaterna till gemenskapen. Det finns med andra ord inte längre utrymme för några separata svenska handelspolitiska överenskommelser med utomstående stater; sådana överenskommelser som Sverige ingått före EU-medlemskapet förblir dock gällande men skall så långt möjligt anpassas till EG:s ordning.[4] Det är kommissionen som för handelsförhandlingar med andra stater och organisationer för EG:s räkning. Samråd sker fortlöpande med medlemsstaterna inom ramen för en av rådet utsedd särskild kommitté, den s k 133-kommittén.[5] Utåt uppträder man emellertid som en enhet, t ex vid förhandlingar inom Världshandelsorganisationen. Inom EG företräder Sverige i allmänhet en frihandelsvänlig, icke protektionistisk linje.

Gemenskapen har också andra fördragsstadgade externa befogenheter. Här kan nämnas artikel 111.3 EGF angående internationella avtal om monetära frågor, artikel 174.4 om internationella miljöskyddsavtal och artikel 310 om associationsavtal. EG:s fördragsstadgade traktat-

3. Protokollet är knutet till anslutningsfördraget med Finland och tillåter att möjligheterna att bedriva näringsverksamhet och äga fast egendom på Åland begränsas för personer som saknar åländsk hembygdsrätt och att Åland bibehåller tax-free försäljning vid trafik inom EU (såsom passagerarfartyg mellan Sverige och Finland eller Estland som under färden lägger till vid åländsk hamn). Protokollet har sin bakgrund i Ålands särskilda folkrättsliga status och språkliga och geografiska förhållanden.

4. Artikel 307.2 EGF.

5. Se 4.2.1.

kompetens är emellertid otillräcklig eftersom den inte täcker alla områden där EG är verksam. Genom avgöranden i EG-domstolen har kompetensens räckvidd klarlagts och breddats. Grundläggande är den s k *parallelldoktrinen*, som innebär att det normalt skall råda parallellitet mellan gemenskapens interna och externa kompetens. Där gemenskapen har interna befogenheter och också har utnyttjat dessa bör den också ha externa befogenheter att etablera relationer och ingå avtal med tredje part.[6] Domstolen har här gått på principen om existensen av en underförstådd extern kompetens.

Ett domstolsavgörande som haft stor betydelse för rättsutvecklingen är målet *AETR* (eller *ERTA*),[7] där EG-domstolen slog fast att EG har exklusiv traktatkompetens i fråga om fördrag angående internationella transportförhållanden. Domstolen fann att medlemsstaterna inte var behöriga att själva förhandla om och ingå ett europe iskt fördrag om vägtransport. Domstolen uttalade generellt att gemenskapen såsom en juridisk person enligt artiklarna 281 och 282 EGF har behörighet att ingå inter nationella fördrag inom EG-fördragets hela område. När det gäller att bestämma om gemenskapen också har befogenhet till detta uttalade domstolen att ”såväl för dragets system som dess materiella bestämmelser (bör) tas i beaktande”.[8]

Räckvidden av EG:s underförstådda befogenheter (”implied powers”) att ingå internationella avtal har präglats av viss oklarhet. Klart är att EG har omfattande sådana befogenheter, men såsom domstolens praxis utvecklats täcker de inte fullt de interna befogenheterna. Befogenheterna omfattar dock sådana fall där interna åtgärder åsyftar gemensamma regler eller lagharmonisering och där internationella fördragsbestämmelser är nödvändiga för att uppnå särskilda syften som fördraget anger.[9] EG anses ha exklusiv extern kompetens på områden där EG har utfärdat bindande regler internt, normalt i form av förordningar eller direktiv. Detta har stor praktisk betydelse bland annat på miljörättens område.[10]

Ett exempel ger målen om tillåtligheten av bilaterala luftfartsavtal mellan USA och olika medlemsstater var för sig, bl a Sverige, de s k *Open skies-avtalen*.[11] EG-domstolen fann att medlemsländerna inte längre hade kvar rätten att sluta luftfartsavtal med tredje land utan att den rätten tillkom EG, efter-

6. Parallelldoktrinen har kommit till särskilt tydligt uttryck i artikel 101 Euratomfördraget.
7. Mål 22/70, kommissionen mot rådet (REG 1971, s 264; svensk specialutgåva, volym 1). Se även förenade målen 3, 4 och 6/76, Cornelis Kramer m fl (REG 1976, s 1279; svensk specialutgåva, volym 3).
8. Punkt 15 i domskälen. Målet berörs från andra aspekter (arten av rättsakt) i 3.3.10.
9. Här märks bl a domstolens yttrande 2/91 ang ILO-konvention 170 (REG 1993, s I-1061).
10. Domstolen har funnit EG ha exklusiv kompetens att ingå en ny Luganokonvention med EFTA-länderna om domstols behörighet m m, Yttrande 1/03, kommentar av C Saf i ERT 2006 s 531 ff.
11. Mål C-468/98, kommissionen mot Sverige (REG 2002, s I-9575) m fl avgöranden.

som EG antagit ett gemensamt internt regelverk på luftfartsområdet. Sverige fälldes för fördragsbrott.

Ett annat viktigt ställningstagande från EG-domstolens sida var dess bedömning av gemenskapens kompetens att ratificera *WTO-avtalet* om upprättande av Världshandelsorganisationen jämte ett större antal därtill hörande överenskommelser på särskilda områden.[12] Domstolen bedömde att vissa delar av avtalskomplexet angående WTO var av den omfattningen att det gick utöver EG:s exklusiva handelspolitiska behörighet enligt artikel 133 och krävde ratifikation av både EG och medlemsstaterna. Domstolen fann att medan internationella handelsavtal ligger inom ramen för EG:s exklusiva kompetens var kompetensen delad mellan EG och medlemsstaterna i fråga om den nya internationella regim som WTO-avtalet etablerade för tjänster och immaterialrättigheter.[13]

Har EG och medlemsstaterna gemensamt slutit ett internationellt avtal med andra stater eller internationella organisationer talar man om ett *blandat avtal* (mixed agreement). Sådana avtal reglerar i regel både frågor som ligger inom ramen för medlemsstaternas och EG:s respektive kompetens. Som exempel kan nämnas associationsavtal med utomstående länder, t ex EES-avtalet.[14] När det gäller att förhandla om och genomföra blandade avtal finns det, enligt vad EG-domstolen slagit fast, en skyldighet för EG:s institutioner och medlemsstaterna att samarbeta nära. Det krävs i princip dubbelratifikation, d v s avtalen skall godkännas både av rådet för EG:s räkning och av varje medlemsstat (i regel dess parlament). Sådana avtal gäller sedan både som EG-rätt och intern rätt.

## 9.3 *EG och Världshandelsorganisationen*

### 9.3.1 GATT-avtalet

Som framgått verkar EG som handelspolitisk organisation inom ramen för existerande globala överenskommelser om världshandeln. Det grundläggande instrumentet för handelns internationella frigörelse från 1930- och 1940-talens protektionistiska system med höga tullar och omfat-

12. Yttrande 1/94 ang Världshandelsorganisationen (REG 1994, s I-5267; svensk specialutgåva, volym 16), se bl a punkt 85.

13. Yttrandet har lett till en efterföljande fördragsändring som ger rådet möjlighet att genom enhälligt beslut utvidga EG:s exklusiva handelspolitiska kompetens enligt artikel 133 till att även gälla avtal om tjänster och immateriella rättigheter (Artikel 133.5 EGF).

14. Mål 12/86, Demirel mot Stadt Schwäbisch Gmünd, (REG 1987, s 3719; svensk special utgåva, volym 9).

tande andra handelspolitiska restriktioner har varit GATT-avtalet,[15] som undertecknades 1947 (GATT 1947) och varit i kraft sedan 1948. GATT-avtalet har utgjort en internationell konvention och har samtidigt haft ett sekretariat och fungerat som forum för omfattande, successiva förhandlingar om handelsliberalisering som bl a åstadkommit drastiska sänkningar av tullnivåerna. Verksamheten har präglats, och präglas fortfarande, av en markant frihandelsorientering. På GATT-avtalets grundval bildades Världshandelsorganisationen, WTO, år 1994. WTO:s medlemskrets är i huvudsak världsomfattande. GATT-avtalet lever vidare som bilaga inom ramen för WTO-avtalet (*GATT 1994*) men har kompletterats med ett större antal andra internationella, handelsrelaterade avtal, bl a om tjänster och immaterialrättigheter.[16] Nya förhandlingsrundor om ytterligare liberalisering av världshandeln är aktuella.[17]

En hörnsten i GATT-avtalet är kravet på *mest-gynnad-nations-behandling* (most favoured nation clause). Det innebär att varje förmån i fråga om tullar och andra bestämmelser rörande import och export, som ett land som är medlem i GATT beviljar ett annat, automatiskt blir gällande mot alla medlemsländerna (artikel I mom 1 GATT-avtalet). Det är sålunda i princip förbjudet att ge vissa medlemsländer speciella tullfördelar eller liknande, s k preferensavtal.

Som ett undantag från kravet på mest-gynnad-nations-behandling tillåter emellertid GATT-avtalet upprättande av regionala tullunioner och frihandelsområden (artikel XXIV GATT-avtalet). Detta har dragit upp den grundläggande ramen för det europeiska integrationsarbetet. En *tullunion* har intern tullfrihet och gemensam tulltariff utåt. EG är som framgått en tullunion. Ett *frihandelsområde* har också intern tullfrihet men varje medverkande land bibehåller i detta fall sin egen tulltariff mot utomstående stater. Detta kräver att tullfriheten begränsas till varor som enligt närmare regler har sitt ursprung inom området; de olika tulltarifferna utåt skulle annars lätt kunna kringgås genom att varor från tredje land först tas in i det land inom frihandelsområdet där tulltaxan är lägst. Viktiga exempel på frihandelsområden är EFTA och EES.

GATT-avtalet innefattar också andra grundläggande regler för internationell handel med syfte att främja en frihandel och motverka favorise-

15. General Agreement on Tarriffs and Trade, på svenska Allmänna tull- och handelsavtalet. GATT var från början avsett att ingå i en internationell handelsorganisation baserad på den s k Havannastadgan av 1948. Denna kom dock aldrig till stånd, främst p g a att den amerikanska kongressen intog ett protektionistisk synsätt och vägrade ratificera den.

16. GATS (General Agreement on Trade in Services) och TRIPs (Trade Related Aspects of Intellectual Property Rights). Ett orienterande arbete är T Seth, WTO och den internationella handelsordningen, 2004.

17. Den omfattande Doharundan om ytterligare liberaliseringar har mött stora svårigheter och förseningar på grund av protektionistiska hinder både i USA och EU. Om EU:s handelspolitik, A Ahnlid, EU vid handelspolitiskt vägskäl, EU som aktör i världen. Europaperspektiv 2007 s 19 ff.

ring i handelsutbytet. Avtalet innehåller ett principiellt förbud mot *kvantitativa restriktioner* för import och export (artikel XI p 1). Med kvantitativa restriktioner förstås i första hand nationella bestämmelser som begränsar storleken av tillåten import eller export, antingen mera generellt eller på ett specifikt område. GATT-avtalet ställer även upp ett allmänt krav på nationell behandling av utländska varor (artikel III p 1). Skatter och avgifter samt författningsbestämmelser rörande varors sammansättning, försäljning m m får enligt huvudregeln inte tillämpas så att nationell produktion bereds ett särskilt skydd. GATT-avtalet innehåller emellertid möjligheter till undantag (excape clauses) vars tillämpning ofta givit anledning till tvister. Ett viktigt undantag avser stater med betalningsbalanssvårigheter (artikel XII). GATT-avtalet öppnar också möjligheter för en stat att vidta skyddsåtgärder vid allvarlig marknadsstörning genom att ökade importkvaliteter allvarligt skadar inhemsk produktion (artikel XIX). Detta undantag har bl a utnyttjats som skydd mot lågprisimport på textilområdet.

Inom ramen för GATT och numera WTO har det utarbetats särskilda överenskommelser, s k koder, som ”tolkar” och fyller ut GATT-avtalet. Dessa rör bl a tekniska handelshinder, offentlig upphandling, dumpning och exportsubventioner. Dessa koder bildar grundvalen för motsvarande, i regel mera preciserade regler inom EG (se 9.3.3 om dumpning och 16.10 om offentlig upphandling).

GATT/WTO har utvecklat en viktig mekanism för tvistlösning mellan de deltagande parterna genom s k handelspaneler (trade panels) sammansatta av oavhängiga experter.[18] Inom WTO har panelsystemet byggts ut genom inrättande av en särskild Dispute Settlement Body och möjlighet att överklaga till en Appeal Board. Förfarandet har givits en fastare, mera markerat judiciell karaktär. Ett stort antal handelstvister handläggs numera inom WTO. EG är part i en mycket stor del av dessa tvister (ofta med USA som motpart), vilka på EG:s vägnar handläggs av kommissionen. Många av tvisterna är relaterade till EG:s jordbrukspolitik med dess starka protektionistiska inslag. Uppmärksammade tvister har bland annat rört EG:s bananregim och hinder mot amerikansk export av genetiskt modifierade födoämnen.

## 9.3.2 EG som tullunion

EG utgör såsom tullunion en enhet inom GATT/WTO. Att EG är en tullunion framgår redan av artikel 23.1 EGF. Tullunionen omfattar inte bara produkter med ursprung i medlemsländerna utan också produkter

18. P Hallström, The GATT Panels and the Formation of International Trade Law, Stockholm 1994, T Seth, Tvistlösning i WTO, 2000, M Matsushita & J Schoenbaum, The World Trade Organization. Law, Practice, and Policy, 2 ed, Oxford 2006.

från tredje land som har passerat EG:s yttre gränser. Dessa varor får fritt cirkulera mellan medlemsstaterna utan att bli föremål för tullar eller importhinder och är sålunda i fri omsättning eller med en annan term i *fri cirkulation* inom EU (artikel 24 EGF). Varor som importerats från tredje land till en medlemsstat får fritt föras vidare till annan medlemsstat och får alltså inte beläggas med tull m m i den senare staten.[19]

Som ett led i tullunionen tillämpar EG en av rådet beslutad gemensam tulltariff mot omvärlden. Förhandlingsrundorna inom GATT/WTO har medfört att tulltariffen i regel är ganska låg. EG:s omfattande tullförvaltningsrätt har väsentligen förordningsform och är sålunda direkt gällande i Sverige. Grundläggande är den s k tullkodexen.[20]

Regelverket inom GATT/WTO bildar över huvud taget en yttre ram för motsvarande EG-regelverk för utrikeshandeln. De gemenskapsrättsliga reglerna på här aktuella områden tar ofta sin utgångspunkt i GATT-reglerna men är i allmänhet mer preciserade och har längre gående effekter. Det är förbjudet att införa nya tullar eller avgifter med motsvarande verkan mellan medlemsstaterna (artikel 25 EGF). Likaledes är kvantitativa import- eller exportrestriktioner förbjudna mellan medlemsstaterna (artiklarna 28–30 EGF). Dessa får inte heller pålägga produkter från andra medlemsstater interna avgifter som är högre än dem som belastar liknande inhemska produkter eller som indirekt skyddar annan tillverkning (artikel 90 EGF). Detta är viktiga uttryck för EG:s likabehandlingsprincip. Nu berörda stadganden har direkt effekt i medlemsstaterna[21] och behandlas närmare i kapitel 12.

Export från och import till EG är i princip fri. EG har en grundläggande rådsförordning om gemensamma exportregler[22] som är baserad på att exporten från EU är fri men som medger beslut om skyddsåtgärder vid kritiska bristsituationer m m. Särskilda regler gäller om kontroll av export av produkter med dubbla användningsområden,[23] d v s varor som kan användas både för civila och militära ändamål (dual use). Det finns vidare en grundläggande rådsförordning om gemensamma importregler,[24] som bygger på principen om fri import men som mot bakgrund av WTO:s regler ger vissa möjligheter att tillgripa kortfristiga skyddsåt-

19. Mål C-233/97, KappAhl Oy (REG 1998, s I-8069) angående partier av kläder som förts från Sverige till Finland. Det finns undantagsmöjligheter för särskilt allvarliga störningar i ett medlemsland, artikel 297 EGF.

20. Rådets förordning (EEG) nr 2913/92, EGT 1992 L 302. Här finns regler om tullområdets omfattning, beräkning av tullvärde, regler om varors ursprung, tullprocedurer och betalning m m. Den tidigare gällande svenska tullagstiftningen har i huvudsak avskaffats, prop 1994/95:34. I svensk intern rätt märks särskilt lagarna (2000:1225) om straff för smuggling och (2000:1219) om internationellt tullsamarbete.

21. Om direkt effekt, se 5.4.

22. Rådets förordning (EEG) nr 2604/69, EGT 1969 L 324.

23. Rådets förordning (EG) nr 1334/2000, EGT 2000 L 159.

24. Rådets förordning (EG) nr 3285/94, EGT 1994 L 349.

gärder när produktion inom EU av en viss vara löper risk att allvarligt skadas genom en kraftig importökning från ett tredje land. Härutöver finns regleringar på särskilda områden.

### 9.3.3 Antidumpningsregler

En praktisk viktig del av EG:s handelspolitik mot omvärlden utgör tillämpningen av antidumpningsregler. *Dumpning*[25] betecknar i sin ursprungliga betydelse det förhållandet att en vara exporteras till lägre pris än det som tas ut i hemlandet.

De antidumpningsregler som tillämpas inom EG mot utomstående länder ansluter till normsystemet inom GATT/WTO och riktar sig endast mot dumpning i snäv mening som medför skadliga verkningar. Dumpning föreligger när ett lands produkter införs på marknaden i annat land till *lägre pris än varornas normala värde.* Detta är enligt huvudregeln priset på hemmamarknaden, men där detta ej kan fastställas (t ex i planekonomier) förekommer andra beräkningsgrunder såsom "constructed value" (produktionskostnad jämte skäligt tillägg för vinst och diverse kostnader). Ingripande mot dumpning i angiven bemärkelse får i enlighet med GATT/WTO-reglerna endast ske om importen förorsakar eller hotar att förorsaka *väsentlig skada* på industri inom EU eller avsevärt försenar upprättandet av sådan industri. Den enda sanktion som tillåts mot skadlig dumpning är uttagande av en särskild tull, *antidumpningstull.* Denna får dock inte uppgå till högre belopp än dumpningsmarginalen på varan. Dumpning får alltså inte mötas med kvantitativa restriktioner.[26]

EU kan endast vidta antidumpningsåtgärder mot utomstående stater (tredje land). *Inom* EU finns ingen antidumpningslagstiftning. Sedan tullunionen och den inre marknaden genomförts, skall konkurrensen på marknaden säkerställa en utjämning av prisnivåer medlemsländerna emellan. Remediet mot olika typer av missbruk är här EG:s konkurrenslagstiftning (se kapitel 16), bl a förbud mot avtal om marknadsuppdelning.

I EG gäller (mot utomstående stater) en *antidumpningsförordning* av 1996.[27] Förordningen innehåller, i nära anslutning till GATT-reglerna, ingående regler om beräkningen av en varas normala värde, dess exportvärde vid försäljning till EG, den däremellan liggande dumpningsmarginalen och sättet att fastställa om en väsentlig skada uppkommit. Beslut om påläggande av antidumpningstull fordrar härutöver att detta befinns

25. Engelska: dump = tippa eller stjälpa av. Om begreppet social dumpning, se 17.3.3.
26. Om sådana, se 12.5.
27. Rådets förordning (EG) nr 384/96, EGT 1996 L 56. Om det svenska genomförandet av EG:s antidumpningsregler och sanktioner vid överträdelse av dessa, se HD:s dom 4 april 2007 i mål B 86/05, RÅ mot P Landin m fl angående grovt tullbrott.

befogat med hänsyn till gemenskapens intresse. Beslut fattas av kommissionen och kan överklagas till förstainstansrätten genom ogiltighetstalan av den som är taleberättigad, normalt företag som direkt träffas av åtgärden (se 7.3). Antidumpningsmål är ofta omfattande och svårbedömda genom att de innefattar komplicerade ekonomiska beräkningar.

Kommissionen har sedan länge tillämpat antidumpningsreglerna aktivt, inte minst mot lågprisimport från asiatiska marknader. Bakom dessa ingripanden ligger i regel klagomål från EU-företag i branscher med ett ekonomiskt pressat läge. Den svenska hållningen till lämpligheten av antidumpningsingripanden är i allmänhet restriktiv; dessa kan rikta sig mot nyttig priskonkurrens och bidra till att hålla olönsamma företag i EU under armarna. Flertalet ingripanden leder till att företagen åtar sig att göra "frivilliga" åtaganden i form av prishöjningar varefter ärendet avskrivits. Ett viktigt skäl härtill är att företagen vid en "frivillig" uppgörelse själva får behålla den marginal som de vid ett fällande beslut annars hade måst betala i antidumpningstull. Å andra sidan har EG att söka agera inom ramen för WTO mot den aggressiva tillämpning av uttagande av antidumpningstullar som inte sällan tillämpas av USA, t ex på stålområdet.

## *9.4 Associations- och handelsavtal*

EG har ett synnerligen vitt nät av överenskommelser med stater i alla delar av världen. Särskilt omfattande är associationsavtalen, d v s avtal som innebär en *associering* mellan EG och andra stater eller organisationer med ömsesidiga rättigheter och skyldigheter, gemensamt uppträdande och särskilda förfaranden (artikel 310 EGF). Termen associering står dock inte för någon närmare definierad samarbetsform och associationsavtalens utformning och ambitionsnivå växlar betydligt.[28]

### 9.4.1 EES-avtalet

Mest avancerat till sin karaktär är associationsavtalet om *Europeiska ekonomiska samarbetsområdet*[29] (EES). Detta ingicks år 1993 mellan EG och de dåvarande EFTA-staterna (utom Schweiz, som ställde sig ut-

28. EU har sedan 1960-talet t ex en tullunion med Turkiet.

29. På engelska "European Economic Area" (*EEA*). För en närmare behandling av EES-avtalet och dess genomförande och tillämpning i Sverige, se bl a U Bernitz, Sverige och europarätten kap 4, prop 1991/92:170, Europeiska ekonomiska samarbetsområdet (sex delar), prop 1992/93:225, Justeringar av EES-avtalet, Dedichen, Eliasson, Hökborg & Norberg, EG-rätten i EES, 1994.

anför på grund av resultatet av en folkomröstning).[30] EES-avtalet har förblivit gällande efter det att Finland, Sverige och Österrike lämnade EFTA för att gå in i EU från och med 1 januari 1995. Sverige var alltså med på EFTA-sidan i EES i endast ett år, 1994. Avtalsparter på EFTA-sidan är numera Norge, Island och Liechtenstein. I praktiken fungerar EES-avtalet främst som en särordning för Norge.

Grundtanken i EES-avtalet är att de medverkande EFTA-länderna i huvudsak ingår i EG:s inre marknad samtidigt som de står utanför EG:s institutionella system och beslutsordning. De har övertagit EG:s materiella regelverk om fri rörlighet för varor (utom för jordbruksprodukter), tjänster, personer och kapital samt konkurrensreglerna och huvuddelen av den harmoniserade lagstiftningen. Avsikten är att det i materiellt hänseende så långt möjligt skall föreligga *homogenitet* mellan gemenskapsrätten och EES-rätten och bestämmelserna i EES-avtalet är därför mycket likartade motsvarande bestämmelser i EG-fördraget. EFTA-länderna anpassar sig också fortlöpande till EG-rättens utveckling genom nya direktiv m m. EES är dock begränsat till att utgöra ett frihandelsområde enligt GATT:s regler. Tullfriheten omfattar alltså bara varor med ursprung i EES och EFTA-länderna. De senare står utanför EG:s utrikeshandelspolitik med gemensam tulltaxa m m. På grund av sitt omfattande innehåll utanför frihandelns område har EES-avtalet bedömts vara ett blandat avtal, som på EG-sidan ingåtts gemensamt av EG och medlemsstaterna.

I institutionellt hänseende bygger EES-avtalet på en s k *tvåpelarmodell.* De gemensamma reglerna administreras inom gemenskapen av EG:s institutioner och inom EFTA-länderna av särskilda EFTA-organ, framför allt EFTA:s övervakningsmyndighet, ESA.[31] Rättstvister handhas på EFTA-sidan av *EFTA-domstolen* som består av tre domare och är placerad i Luxemburg med engelska som enda officiella språk.[32] EFTA-domstolens avgöranden är formellt sett inte bindande utan har karaktären av ”advisory opinions”. I EFTA-domstolens ställningstaganden till EES-avtalets tolkning kan man notera en påtaglig benägenhet att betona homogeniteten mellan gemenskapsrätten och EES-rätten genom upprätthållande av en enhetlig tolkning.[33] I linje härmed

30. Det gamla frihandelsavtalet av 1972 är fortfarande i princip grundläggande för förbindelserna mellan EG och Schweiz men har successivt byggts ut med ett stort antal specialavtal på olika områden.

31. EFTA Surveillance Authority.

32. EFTA-domstolen publicerar rättsfallssamlingen Report of the EFTA Court, webbsida www.eftacourt.lu

33. Under förhandlingarna om EES-avtalet avvisade EG-domstolen i ett infordrat yttrande den tilltänkta lösningen med en gemensam EES-domstol i syfte att undvika divergerande avgöranden med motiveringen att detta skulle strida mot EG-fördraget, gemenskapsrättens särskilda karaktär och EG-domstolens egen position, yttrande 1/91, EES I (REG 1991, s I-6079, svensk specialutgåva, volym 11). Den slutliga lösningen med en särskild EFTA-domstol godtog EG-domstolen i yttrande 1/92, EES II (REG 1992, s I-2821, svensk specialutgåva, volym 12).

har EFTA-domstolen funnit Francovich-principen om statsskadestånd (se 5.6) underförstått innefattad i EES-avtalet.[34]

## 9.4.2 Cotonouavtalet

Ett annat omfattande associationsavtal, men med markant annorlunda inriktning, är Cotonouavtalet av 2000, som ersatt den tidigare Lomékonventionen.[35] EG har med sig associerat ca 80 utvecklingsländer i Afrika, Karibien och Stilla havet.[36] Samarbetet har sin ursprungliga bakgrund i vissa medlemsstaters behov av att inom EG:s ram kunna vidmakthålla handelsrelationerna till f d kolonier och andra handelsmässigt beroende områden; något som saknat praktisk aktualitet för Sverige. De grundläggande reglerna har under rubriken Associering av utomeuropeiska länder och territorier, alltifrån början funnits intagna i EG-fördraget (artikel 182 ff EGF). Cotonouavtalet utgör ett blandat avtal.

Samarbetet har omförhandlats och byggts ut vid ett antal tillfällen. Det ger utvecklingsländerna fritt tillträde till EU-marknaden för de allra flesta av deras produkter, främst jordbruksprodukter och råvaror, utan krav på ömsesidighet.[37] Det finns härvid en grundläggande fördragsregel om tullfrihet (artikel 184.1 EGF). Länderna får också omfattande finansiellt och annat bistånd från EU:s sida. Cotonouavtalet lägger fast en för parterna gemensam värdegrund baserad på respekt för mänskliga rättigheter, demokratiska principer, rättsstaten och god samhällsstyrning. EU kan ifrågasätta och i sista hand suspendera biståndet till ett utvecklingsland som inte följer grundsatserna i avtalet. Genom politisk dialog med berörda länder söker EU främja rättighetsskydd och demokratisering. För tvistlösning finns ett obligatoriskt skiljedomsförfarande. Indirekt medför emellertid Cotonouavtalet i praktiken en vittgående utestängning av andra länder, inte minst i Latinamerika, som också har omfattande export av liknande agrarprodukter.

34. Sveinbjörnsdóttir mot Island, E-9/97, avgörande 10 december 1998, Karl K Karlsson mot Island, E-4/01, avgörande 30 maj 2002, F Arnesen, EFTA-domstolen statuerer erstattningsansvar, ERT 1999 s 357 ff. I NJA 2004 s 662, Andersson har HD följt denna uppfattning och funnit svenska staten skadeståndsskyldig för skada som tillfogats enskilda genom bristande införlivande av lönegarantidirektivet under år 1994, se U Bernitz, Skadeståndsskyldighet för svenska staten på grund av bristande implementering av EES-avtalet, ERT 2005 s 333 ff, M Johansson, Sveinbjörnsdóttir confirmed by Högsta domstolen, ERT 2005 s 507 ff.

35. Cotonou är den dominerande staden i Benin i Västafrika. Avtalet är under omförhandling.

36. De deltagande utvecklingsländerna betecknas ofta som AKS-länderna (Afrika, Karibien och Stilla havet, på engelska ACP-länderna; African, Carribean and Pacific).

37. De särskilda tullpreferenserna för AKS-ländernas bananexport till EG, som starkt missgynnade latinamerikanska länders bananexport, har av en panel inom GATT befunnits oförenliga med GATT-reglerna, vilket var bakgrunden till den uppmärksammade handelskonflikten kring EG:s bananimport.

### 9.4.3 Avtal med östeuropeiska stater

Som ett led i de central- och östeuropeiska staternas omställning till marknadsekonomi slöt EG under 1990-talet omfattande handelsavtal med flertalet av dessa länder, s k *Europaavtal.* Dessa har fungerat som en successivt vidareutvecklad övergångsordning för de central- och östeuropeiska länder som nu blivit medlemmar i EU. EU har nu partnerskaps- och samarbetsavtal med växlande ambitionsnivå med Ryssland och olika andra östeuropeiska länder.

## 9.5 *Internationella konventioners ställning inom EU*

### 9.5.1 Konventioners direkta effekt

EG-rättens förhållande till medlemsstaternas rättsordningar har behandlats i det föregående (se kapitel 5). Vad saken här gäller är vilken position internationella konventioner som EG har ingått intar inom gemenskapsrätten. Nära samband härmed har gemenskapsrättens syn på allmänna folkrättsliga principer.

EG ingår internationella avtal enligt de procedurregler som anges i artikel 300 EGF. Beslutanderätten ligger primärt hos rådet; formerna för Europaparlamentets medverkan växlar med avtalens karaktär. Associationsavtal och vissa andra typer av särskilt ingripande avtal kräver Europaparlamentets samtycke (artikel 300.3). Internationella avtal som ingåtts enligt artikel 300 är bindande för gemenskapen och dess medlemsstater. EG-domstolen har konsekvent slagit fast att bestämmelserna i sådana avtal utgör en integrerad del av gemenskapens rättsordning i och med ikraftträdandet.[38] Gemenskapsrätten präglas alltså av en monistisk syn på internationella konventioners ställning.[39]

I rättspraxis har bestämmelser i internationella konventioner i betydande omfattning tillerkänts *direkt effekt,* d v s kunnat ge upphov till rättigheter och skyldigheter som enskilda fysiska och juridiska personer kan göra gällande inför domstolar och myndigheter. De grundläggande krav som gemenskapsrätten ställer för att tillerkänna bestämmelser i internationella konventioner direkt effekt ligger nära dem som gäller i fråga om gemenskapens egna fördragsbestämmelser och rättsakter, d v s att bestämmelsen ifråga är ovillkorlig och tillräckligt klar och precis. För

38. Det första, grundläggande rättsfallet är mål C-181/73, Haegeman mot Belgien REG (1974 s 449; svensk specialutgåva, volym 2). Se vidare bl a Yttrande 1/91, EES I (REG 1991, s I-6079; svensk specialutgåva, volym 11) punkt 37.

39. Se 5.2.

att en konventionsbestämmelse skall ha direkt effekt fordras även att detta överensstämmer med avtalets syfte och art ("spirit and general scheme"). Domstolen sammanfattade rättsläget i *Racke*[40] och uttalade:

"En bestämmelse i ett avtal som gemenskapen har ingått med tredje land skall enligt fast rättspraxis anses vara direkt tillämplig om den, med hänsyn till dess ordalydelse samt till avtalets syfte och art, innebär en klar och precis skyldighet vars fullgörande eller verkningar inte är beroende av utfärdandet av ytterligare rättsakter."[41]

EG-domstolen har i stor omfattning ansett det överensstämma med internationella avtals syfte och art att tillerkänna ovillkorliga, klara och precisa bestämmelser i dem en direkt effekt inom gemenskapen. Det torde knappast råda någon tvekan om att associationsavtal är av en sådan karaktär att bestämmelser i dem kan grunda direkt effekt. Sålunda har ovillkorliga och precisa regler i EES-avtalet direkt effekt.[42]

Ett "landmark case" är *Kupferberg-avgörandet* angående de tidigare frihandelsavtalen med EFTA-länderna.[43] Fallet gällde import av starkvin från Portugal (då ett EFTA-land) till Tyskland. EG-domstolen fann att bestämmelser i frihandelsavtalet kunde grunda direkt effekt och att så var fallet med dess bestämmelse angående diskriminerande importavgifter. EG-domstolen har också bl. a. funnit att bestämmelser i partnerskaps- och samarbetsavtalet mellan EG och Ryssland kan ha direkt effekt.[44]

Det krävs dock att det internationella avtalet ifråga är av en sådan fasthet och karaktär att dess bestämmelser kan bära rättigheter och skyldigheter för enskilda. EG-domstolen har exempelvis vid flera tillfällen slagit fast att GATT- och WTO-avtalen inte har sådan stadga att de kan tilläggas direkt effekt.

EG-domstolen beslöt tidigt att inte tillerkänna bestämmelser i GATT-avtalet direkt effekt, eftersom det bedömdes vara alltför flexibelt i sin utformning.[45] Det har varit omdiskuterat om Domstolen skulle ändra sin hållning efter tillkomsten av WTO-avtalet med dess delvis mer precisa regler och fastare ordning för tvistlösning. Ett sådant ställningstagande skulle ha öppnat nya möjligheter att rättsligt pröva giltigheten av olika EG-regler på utrikeshandelsområdet. Domstolen har dock valt att inte ta

40. Mål C-162/96, A Racke GmbH & Co. mot Hauptzollamt Mainz, (REG 1998, s I-3655).
41. Punkt 31 i domen. Domstolen hänvisade särskilt till mål 12/86, Demirel mot Stadt Schwäbisch Gmünd, (REG 1987, s 3719; svensk specialutgåva, volym 9), punkt 14.
42. Mål T-115/94, Opel Austria mot rådet (REG 1997, s II-39).
43. Mål 104/81, Hauptzollamt Mainz mot C A Kupferberg & Cie KG, (REG 1982, s 3641; svensk specialutgåva, volym 6).
44. Mål C-265/03, Simutenkov mot bl a Real Federación Espanona de Fútbol (REG 2005, s I-257). En spansk regel som förbjöd klubbar att använda mer än ett visst antal fotbollsspelare från tredje land innebar otillåten diskriminering av ryssen Simutenkov.
45. Se bl a mål 21-24/72, International Fruit Co NV mot Produktschap voor Groenten en Fruit, (REG 1972, s 1219; svensk specialutgåva, volym 2).

detta steg, sannolikt under intryck av svåröverskådliga utrikeshandelspolitiska konsekvenser. Domstolen har pekat på EG:s behov av förhandlingsutrymme och framhållit att EG:s handelspartners inte torde ge avtalet direkt effekt.[46]

WTO-avtalet med bilagor (t ex TRIPs) ger alltså *inte* upphov till några rättigheter som enskilda kan göra gällande direkt inför domstol med stöd av gemenskapsrätten. Däremot har EG-domstolen funnit sig kunna meddela förhandsavgörande i frågan hur bestämmelser i WTO-avtalen bör tolkas inom EU med hänvisning till betydelsen av att en enhetlig tolkning tillämpas inom EU.[47]

## 9.5.2 Tolkning av internationella traktatbestämmelser

Bestämmelser i internationella traktater tolkas inte på samma sätt i gemenskapsrätten som EG:s egna fördragsbestämmelser. De förstnämnda har typiskt sett inte lika långtgående syften och det är därför naturligt att ge dem en mera försiktig och semantiskt förankrad tolkning. I det kända målet *Polydor* vägrade sålunda EG-domstolen att ge bestämmelser i det dåvarande frihandelsavtalet med Portugal om åtgärder med motsvarande verkan, som nästan ordagrant motsvarade artiklarna 28 och 30 EGF, samma innebörd som i gemenskapsrätten eftersom frihandelsavtalets syfte var betydligt mer begränsat.[48]

Vid tolkning av bestämmelser i internationella traktater åberopar EG-domstolen ofta tolkningsprinciperna i Wienkonventionen om traktaträtten,[49] såsom dess artikel 31.1, enligt vilken ”en traktat skall tolkas ärligt (”in good faith”) i överensstämmelse med den gängse meningen av traktatens uttryck sedda i sitt sammanhang och mot bakgrund av traktatens ändamål och syfte”. Domstolen är också benägen att vid tolkning av internationella avtal hänföra sig till allmänna folkrättsliga principer. I *Safe Hi-Tech* förklarade sålunda domstolen att ”gemenskapsrättsakter skall så långt möjligt tolkas mot bakgrund av folkrätten, i synnerhet när

46. Mål C-149/96, Portugal mot rådet (REG 1999, s I- 8377, punkterna 42-48). Se med ingående hänvisningar K Lenaerts & P Van Nuffel, Constitutional Law of the European Union, 2 ed., London 2005 s 744 ff. Se även M Cremona, Rhetoric and Reticence: EU External Commercial Policy in a Multilateral Context, CMLRev 2001 s 359 ff, P J Kuijper & M Bronckers, WTO Law in the European Court of Justice, CMLRev 2005 s 1313 ff.

47. Målen C-300/98 och 392/98, Dior mot Tuk m fl (REG 2000, s I-11307).

48. Mål 270/80, Polydor Ltd mot Harlequin Record Shops Ltd, (REG 1982, s 329; svensk specialutgåva, volym 6). I målet fann domstolen det tillåtet att hindra parallellimport från EFTA-landet Portugal i en situation där motsvarande parallellimport hade varit tillåten mellan EU-länder. I det ovannämnda Kupferberg-målet tolkade EG-domstolen på liknande sätt ett diskrimineringsförbud i frihandelsavtalet betydligt snävare än motsvarande förbud i EG-rätten. Se även U Bernitz, Sverige och europarätten s 72 ff.

49. Prop 1974:158 angående godkännande av Wienkonventionen, SÖ 1975:1. Konventionen är av 1969 och trädde i kraft 1980.

dessa rättsakter just syftar till att genomföra ett internationellt avtal som gemenskapen har ingått".[50]

I *Racke* prövade EG-domstolen rådets beslut om suspension av EG:s handelsavtal med Jugoslavien p g a landets sönderfall.[51] Domstolen fann att avtalet grundade direkt effekt för enskilda (trots dess rätt modesta ambitionsnivå) och prövade härefter beslutets förenlighet med internationella sedvanerättsliga regler och artikel 62 i Wienkonventionen om betydelsen av fundamentalt förändrade omständigheter. Domstolen fann att suspensionsbeslutet var giltigt. Domstolen framhöll att gemenskapens behörighet skall utövas med beaktande av folkrätten och att de internationellt sedvanerättsliga regler, som var aktuella i målet, hör till gemenskapens rättsordning.[52]

Domstolen har uttalat att av gemenskapen ingångna internationella traktater i händelse av bristande överensstämmelse har företräde framför rättsakter som tillhör gemenskapens sekundärrätt. Härav följer att sekundärrätten så långt möjligt skall tolkas i överensstämmelse med de internationella avtalen, d v s fördragskonformt.[53]

Vad gäller Förenta Nationernas stadga och därpå baserad *FN-rätt* är att märka att det är medlemsstaterna som är medlemmar i FN, inte EU eller EG.[54] Gemenskapen måste dock agera utifrån det faktum att medlemsstaterna är bundna av den rättsligt överordnade FN-stadgan. Detta har satts på sin spets i det i 6.9.2 behandlade fallet om Somalie-svenskarnas genom FN-beslut frysta tillgångar, där FN-rätten ansetts överordnad EG-rätten.

Såsom medlem i EU omfattas också Sverige av gemenskapsrättens monistiska princip (se 5.2) och de tolkningsprinciper EG-domstolen tilllämpar i fråga om internationella traktater. Har en bestämmelse i en sådan direkt effekt inom EU skall den på denna grund tillämpas också av svenska domstolar och myndigheter. Över huvud taget torde Sveriges traditionella, men aldrig klart preciserade dualistiska princip befinna sig i gungning genom medlemskapet i EU.[55]

50. Mål C-284/95, Safety Hi-Tech Srl mot s & T Srl, (REG 1998, s I-4301). Målet avsåg åtgärder till skydd för ozonskiktet. Se vidare O Due, EF-domstolens fortolkningsmetoder og Wienerkonventionen om traktatretten, Festskrift till Ulf Bernitz, ERT s 71 ff.

51. C-162/96, A Racke GmbH & Co mot Hauptzollamt Mainz (REG 1998, s I-3655).

52. Punkterna 45 och 46 i domen.

53. Mål C-61/94, kommissionen mot Tyskland, (REG 1996, s I-3989). Målet gällde förhållandet mellan ett av EG inom ramen för GATT-förhandlingar ingånget internationellt mejerivaruavtal och tyska importbestämmelser. Se vidare Wyatt & Dashwood's European Union Law, 5 ed., London 2006 s 193 ff.

54. Två medlemsstater, Storbritannien och Frankrike, är permanenta medlemmar i FN:s säkerhetsråd.

55. I nuläget får internationella avtal ingångna på EU-nivå normalt större rättsligt genomslag i Sverige än avtal som landet självt ingått. Se även 11.4 om EU-lagen. Om den dualistiska principen som utgångspunkt i svensk rätt, HD i NJA 2004 s 662.

## 9.6 *EU:s gemensamma utrikes- och säkerhetspolitik (Andra pelaren)*

### 9.6.1 Den gemensamma utrikespolitiken

EU:s *gemensamma utrikes- och säkerhetspolitik* (GUSP)[56] bildar som nämnt unionens andra pelare och återfinns i unionsfördragets avdelning V (artiklarna 11–28 EUF). EU-samarbetet på detta område kom i gång ganska sent, huvudsakligen genom Maastrichtfördraget 1992, som ju utarbetades kort efter det att kalla kriget upphört, Sovjetunionen upplösts och Jugoslaviens sönderfall inletts.[57] Det rättsliga ramverket har i viss mån byggts ut genom fördragsändringar i Amsterdam och Nice och ytterligare utbyggnader förutses i Reformfördraget.[58]

Samarbetet inom GUSP är – till skillnad från utrikeshandelspolitiken – i huvudsak mellanstatligt, har sin tyngdpunkt i rådet och kräver i princip att medlemsstaterna är ense. Det omfattar alla områden inom utrikes- och säkerhetspolitiken. Samarbetet har som mål att:

- skydda unionens gemensamma värden och grundläggande intressen,
- stärka unionens säkerhet,
- bevara freden och stärka den internationell säkerheten,
- främja det internationellt samarbetet och
- befästa demokratin och rättsstatsprincipen samt respekten för de mänskliga rättigheterna och de grundläggande friheterna (artikel 11 EUF).

Fördragstexten anger olika samarbets- och beslutsformer för samarbetets bedrivande inom GUSP. Här märks beslut om bestämmande av principer, allmänna riktlinjer och *gemensamma strategier* för GUSP i frågor som rör övergripande inriktning och prioriteringar (artikel 13 EUF). Gemensamma strategier lägger fast den allmänna ramen för EU:s agerande på ett visst område. Det kan t ex gälla strategier för politiken i relation

56. På engelska Common Foreign and Security Policy (CFSP), på franska Politique étrangère et de sécurité commune (PESC). Se t ex F Cameron, An Introduction to European Foreign Policy, London 2007.

57. Om utvecklingen bl a P Cramér, Neutralitet och politisk integration, 1998 s 399 ff.

58. EU har till skillnad från EG ingen tydlig status såsom juridisk person. Fördraget förutser dock situationen att internationella avtal kan behöva ingås som led i verksamheten inom GUSP och anvisar ordningen att sådana avtal får ingås genom ordförandelandet (se artikel 24 EUF ang förfarandet). I praktiken har EU ingått sådana avtal, vilket torde innebära att själva Europeiska unionen – avgränsad från EG – befunnits ha viss egen rättspersonlighet. P Cramér, Traktatskompetens inom unionens andra pelare, Festskrift till Ulf Bernitz, ERT s 53 ff, K Lenaerts & P van Nuffel, Constitutional Law of the European Union, 2 ed, London 2005 s 816 f. Reformfördraget förväntas ge EU uttrycklig status som juridisk person.

till Ryssland och för hållningen till internationell terrorism. För genomförandet använder man instrumenten gemensamma ståndpunkter och gemensamma åtgärder.

*Gemensamma ståndpunkter* anger unionens inställning till en särskild fråga av geografisk eller tematisk karaktär. Det kan t ex gälla gemensamma ståndpunkter i FN i vissa aktuella ärenden eller beslut om att vidta ekonomiska sanktioner mot ett visst land för att påverka landets regim i önskad riktning. Medlemsstaterna är skyldiga att se till att deras nationella politik stämmer överens med och stöttar gemensamma ståndpunkter som man har kommit överens om (artikel 15 EUF).[59]

*Gemensamma åtgärder* avser specifika situationer, där det anses nödvändigt med operativa insatser från unionens sida. Beslut om gemensamma åtgärder är förpliktande för medlemsstaterna vid deras ställningstaganden och handlande (artikel 14 EUF). Det kan t ex gälla säkerhetsnärvaro i ett oroligt utvecklingsland eller polisinsatser eller övervakningsåtgärder på Balkan.

Härutöver gör EU *gemensamma uttalanden* i många viktiga utrikespolitiska frågor. Sådana är formellt minst ingripande men kan vara betydelsefulla i känsliga lägen, t ex efter 11 september-attacken 2001 mot World Trade Center i New York. Det förekommer vidare en omfattande samordning av medlemsstaternas handlande inom ramen för andra internationella organisationer och konferenser, inte minst i förhållande till arbetet inom FN. Rent generellt är medlemsstaterna skyldiga att informera och samråda med varandra inom ramen för rådet om alla utrikes- och säkerhetspolitiska frågor av allmänt intresse i syfte att säkerställa att unionens inflytande kan utövas så effektivt som möjligt genom ett konvergent uppträdande[60] (artikel 16 EUF).

GUSP omfattar enligt fördraget i princip alla former av utrikes- och säkerhetspolitik. Det är dock långtifrån alltid som EU verkligen lyckas med någon samlad gemensam utrikespolitisk linje. Medlemsstaterna kan tvärtom vara oense. När USA år 2003 önskade europeisk medverkan vid invasionen i Irak splittrades sålunda EU-länderna kraftigt. Vissa av dem, med Storbritannien i spetsen, valde att medverka i aktionen, medan andra, med Frankrike och Tyskland i täten (och även Sverige) valde att ställa sig utanför och även ifrågasätta aktionens laglighet enligt FN-stadgan. Splittringen i Irak-frågan har otvivelaktigt försvagat samarbetet inom GUSP och försenat vidareutvecklingen. Detta betyder emellertid inte att GUSP skulle vara betydelselöst. I många fall fungerar samarbetet, som omfattar ett mycket stort antal olika ärenden och i huvudsak är in-

59. Andra exempel är bl a vapenembargo mot Afghanistan och hållningen till internationella brottsmålsdomstolen i Haag.

60. Den engelska språkversionen lyder: ”by means of concerted and convergent action”.

riktat på att få till stånd ett gemensamt agerande på områden av särskild betydelse för EU.

### 9.6.2 Den gemensamma säkerhets- och försvarspolitiken

EU saknar ett gemensamt försvar. Den stora västliga försvarsorganisationen är NATO (North Atlantic Treaty Organisation), som också har sitt högkvarter i Bryssel och som räknar det övervägande flertalet av EU:s medlemsländer bland sina medlemmar. Bortsett från Finland är Sverige numera omslutet av NATO-länder – en enorm skillnad jämfört med situationen före 1990. Sverige, Finland, Österrike, Irland och Malta (samt Cypern) bildar dock en alliansfri grupp inom EU. 1950-talets långt komna planer på att skapa en västeuropeisk försvarsgemenskap misslyckades väsentligen[61] och senare initiativ från främst fransk sida att åstadkomma någon form av europeisk försvarsgemenskap, oavhängig av USA och NATO, har i huvudsak saknat framgång.

På senare år har emellertid EU börjat bygga upp ett säkerhets- och försvarspolitiskt samarbete. Detta har stegvis fått förstärkt förankring i fördragstexterna. Fördraget har formuleringen ”den gradvisa utformningen av en gemensam försvarspolitik, som skulle kunna leda till ett gemensamt försvar, om Europeiska rådet beslutar det” (artikel 17.1.1 EUF). Utvecklingen har särskilt sin förklaring i erfarenheterna från uppblossande regionala kriser, främst på Balkan, och de ökade hoten från internationell terrorism. Syftet är att bygga upp en civil och militär krishanteringsförmåga som kan vara operativ utanför EU. EU har antagit en gemensam säkerhetsstrategi, som bland annat behandlar hållningen till sönderfallande stater, terrorism, spridning av massförstörelsevapen och illegal handel med vapen, narkotika och människor.

Den europeiska säkerhets- och försvarspolitiken har enligt artikel 17.2 EUF tre huvuduppgifter, nämligen militär krishantering, civil krishantering och konfliktförebyggande åtgärder, de s k *Petersbergs-uppgifterna.*[62]

Den militära krishanteringen avser operativa insatser med stridskrafter i fredsskapande syfte. Erfarenheterna från kriserna på Balkan, främst i Kosovo och Makedonien, men även i t ex Kongo, har varit betydelsefulla för utvecklingen. EU arbetar nu i samarbete med medlemsstaterna

61. Ett färdigt förslag till ett fördrag mellan de ursprungliga sex medlemsstaterna om en europeisk försvarsgemenskap med en gemensam europaarmé föll 1954 genom att franska nationalförsamlingen vägrade ratificera fördraget. Se P Hallström, Europeisk gemenskap och politisk union, 1987 s 56 ff. En viss ersättning blev Västeuropeiska unionen (VEU), en försvarsorganisation som förpliktar medlemsstaterna till kollektivt självförsvar. VEU har dock saknat överstatlig uppbyggnad och egna försvarsstyrkor. I praktiken har försvarssamarbetet koncentrerats till NATO.

62. Så benämnda efter den ort utanför Bonn i Tyskland där uppgifterna först formulerades vid en konferens 1992.

på att uppnå en förmåga att på frivillig basis sätta in en potentiell militär insatsstyrka i storleksordningen 50 000–60 000 personer för fredsbevarande uppgifter. Det skall alltid finnas två deltagande s k snabbinsatsstyrkor i beredskap, vilka skall vara insatsklara inom tio dagar. En gemensam sådan fransk-tysk styrka finns redan; Sverige har i samarbete med Finland, Norge, Estland och Irland åtagit sig att till 2008 sätta upp en snabbinsatsstyrka på ca 2000 personer som alltså kan komma att få stridande uppgifter, *Nordiska stridsgruppen* (Nordic Battlegroup).[63] Det rör sig emellertid inte om en "EU-armé" utan om EU-ledda resurser som medlemsstaterna tillhandahåller för viss tid (beredskapstiden för en snabbinsatsstyrka är sex månader) och för specifika insatser med kort varsel.[64] Eftersom det inte finns någon gemensam försvarsorganisation har man inom andra pelaren utvecklat en organisation för att samordna resurser från de olika medlemsländerna och dessas insatser.[65] Man har även inrättat Europeiska försvarsbyrån i syfte till att stärka unionens förmåga till krishantering. *Europeiska försvarsbyrån* är mellanstatlig och samordnar medlemsstaternas utvecklingsarbete samt frågor som rör industri, materiel och forskning inom försvarsområdet.

Den *civila krishanteringen* syftar till att ge EU förmåga att genomföra fredsbevarande insatser av polisiär karaktär, räddningstjänst, civil och judiciell förvaltning samt övervakningsuppdrag i krisområden, t ex av val. Betoningen på civil krishantering markerar en viktig skillnad i förhållande till NATO som ju primärt är en militär organisation. *Konfliktförebyggande åtgärder* har bland annat formen av diplomatiska åtgärder. EU använder i stor utsträckning även *ekonomiska sanktioner* mot tredje länder eller närmare definierade grupperingar som kränker internationell rätt eller demokratiska principer. De har normalt formen av gemensamma åtgärder och avser handelsrestriktioner, vapenembargon, restriktioner rörande tillträde till EU:s territorium m m.[66]

63. Se vidare J J Andersson, Armed and Ready? – The EU Battlegroup Concept and the Nordic Battlegroup, SIEPS 2006:2, dens., Hur vassa är EU:s tänder? EU som aktör i världen. Europaperspektiv 2007 s 219 ff.

64. Det kan t ex bli aktuellt att skilja stridande parter åt eller att ge militärt skydd åt civila hjälp- och biståndsinsatser.

65. Här märks särskilt KUSP (se 9.6.3), den militära kommittén (EUMC), kommittén för civila aspekter av krishantering (CivCom) samt ett antal särskilt inrättade enheter vid rådets generalsekretariat.

66. Genomförandet av ekonomiska sanktioner sker med användning av rådets befogenheter enligt första pelaren, artikel 301 EGF, se även artikel 60 EGF. Härtill anknyter i Sverige lagen om vissa internationella sanktioner (1996:95). Genom denna genomförs sanktioner som beslutats av FN:s säkerhetsråd enligt FN-stadgan eller av EU i freds- och säkerhetssyfte. Fallet om Somalie-svenskarna, som rör genomförandet i EU av FN-sanktioner om frysning av terroristanknutna tillgångar, behandlas i 6.9.2. Se vidare P Cramér, Europeiska unionen och FN-stadgans våldsförbud, EU som aktör i världen. Europaperspektiv 2007 s 243 ff.

### 9.6.3 Beslutsformer

De centrala beslutsorganen inom andra pelaren är i första hand europeiska rådet och ministerrådet i form av allmänna rådet. Också det medlemsland som innehar ordförandeskapet i rådet har tillagts en viktig roll.

*Europeiska rådet*, EU:s högsta politiska organ, bestående av medlemsländernas stats- eller regeringschefer och kommissionens ordförande (se 4.3) bestämmer de långsiktiga politiska målen och strategierna för GUSP-samarbetet och lägger fast principerna för EU:s utrikespolitiska ställningstaganden och riktlinjerna för genomförandet. Hit hör beslut om gemensamma strategier (artikel 13 EUF).

Allmänna rådet, sammansatt av EU-ländernas utrikesministrar, sammanträder kontinuerligt och fattar beslut om gemensamma åtgärder och antagande av gemensamma ståndpunkter (artiklarna 14 och 15 EUF). Den substantiella förberedande behandlingen av GUSP-frågor inför rådsmötena sker i *Kommittén för utrikes- och säkerhetspolitik (KUSP)*.[67] I allmänna rådet är konsensus ledstjärnan. Detta innebär att medlemsstaterna i princip inte röstar i GUSP-frågor, eftersom dessa normalt skall beslutas enhälligt. Ett medlemsland kan dock ställa sig vid sidan genom att avstå från att rösta ("konstruktivt avstående"), något som inte hindrar övriga medlemsländer från att genomföra beslutet. Beslut om genomförande av gemensamma åtgärder eller gemensamma ståndpunkter på grundval av tidigare träffade beslut kan fattas med kvalificerad majoritet, såvida inte ett medlemsland uttryckligen motsätter sig detta på grund av viktiga och uttalade skäl som rör nationell politik (artikel 23 EUF).[68] I så fall kan dock rådet med kvalificerad majoritet besluta att hänskjuta frågan till Europeiska rådet.

Det är primärt det sittande ordförandelandet i rådet som företräder EU i frågor som omfattas av den gemensamma utrikes- och säkerhetspolitiken. Detta ansvar medför att ordförandelandet i princip skall uttrycka unionens ståndpunkt inom internationella organisationer och vid internationella konferenser (artiklarna 18.1 och 2 EUF). Vid behov skall ordförandelandet biträdas av den medlemsstat som står närmast i tur att utöva ordförandeskapet. Ordförandelandet biträds även av rådets generalsekreterare för GUSP-området, som fungerar som "hög representant"

67. KUSP har också givits viktiga lednings-, samordnings- och kontrolluppgifter vid EU:s krishanteringsinsatser. Den höge representanten för GUSP deltar i allmänhet vid dessa möten.

68. Detta ligger i sak nära den gamla Luxemburgkompromissen, se 4.2.2. Möjligheten till beslut med kvalificerad majoritet får heller inte tillämpas på beslut som har militära eller försvarsmässiga konsekvenser.

för EU på den internationella scenen (artikel 18.3 EUF) och biträds av ett särskilt sekretariat.[69]

Kommissionen har inte samma starka ställning inom andra pelaren som inom första. Motsvarighet saknas till kommissionens ensamställning inom första pelaren när det gäller rätt att framlägga förslag. Det finns heller ingen motsvarighet till kommissionens övervakande funktion enligt första pelaren när det gäller EG-rättens efterlevnad. Kommissionen medverkar emellertid kontinuerligt i GUSP-samarbetet och har ett särskilt generaldirektorat för detta. Kommissionen kan på rådets anmodan framlägga lämpliga förslag om genomförandet av gemensamma åtgärder (artikel 14.4 EUF). Kommissionens ställning stärks av dess tillgång till utredningsresurser och möjligheter att arbeta kontinuerligt och långsiktigt med en viss fråga utan hänsynstagande till särskilda medlemsstatsintressen.

Europaparlamentets position inom andra pelaren är svag. Ordförandelandet i rådet och kommissionen skall regelbundet hålla parlamentet informerat och ordförandelandet skall höra parlamentet om de viktigaste aspekterna när det gäller utrikes- och säkerhetspolitiken och se till att vederbörlig hänsyn tas till parlamentets synpunkter. I övrigt verkar Europaparlamentet på detta område genom debatter, interpellationer och avgivande av rekommendationer (artikel 21 EUF).

Frågor under andra pelaren faller i princip utanför EG-domstolens kompetensområde (ar tikel 46 EUF).

Ett mycket stort antal länder, däribland medlemsstaterna, upprätthåller särskilda diplomatiska representationer vid EU och EU har också själv genom kommissionen en omfattande diplomatisk närvaro i många länder. Utvecklingen synes gå mot att EU successivt bygger upp en självständig diplomatisk representation.

### 9.6.4 Slutord

Jämfört med läget i slutet av 1990-talet har det skett en snabb utveckling av det utrikes- och säkerhetspolitiska samarbetet inom EU. Mycket tyder på att denna utveckling kommer att fortsätta. Från omvärlden finns många gånger ett tryck på EU att agera i olika internationella sammanhang. De möjligheter som nuvarande regelverk i andra pelaren ger härvidlag är ännu långtifrån fullt utnyttjade – om så kommer att ske beror på medlemsstaternas politiska vilja.

För Sveriges del har det under alla förhållanden skett en betydande utrikes- och säkerhetspolitisk positionsförskjutning jämfört med läget för

69. Det konstitutionella fördraget föreslog en ny befattning som unionens utrikesminister. Detta torde förverkligas i sak genom Reformfördraget, även om befattningens titel av politiska skäl tycks bli "Unionens höge representant för utrikes- och säkerhetspolitik".

10–15 år sedan, då neutraliteten betonades mycket starkare. Ett tydligt uttryck för detta är det svenska engagemanget för medverkan i EU:s militära snabbinsatsstyrka. Över huvud taget agerar numera Sverige i stor utsträckning utrikespolitiskt genom EU.

Vad gäller om den för Sverige känsliga frågan om ett europeiskt gemensamt försvar? Nuvarande fördragstext öppnar som nämnts möjligheten för en gradvis uppbyggnad av ett gemensamt försvar men detta fordrar enhälligt beslut i rådet. Reformfördraget förväntas inte ändra på detta: Områdets mellanstatliga beslutsfattande bibehålls sannolikt, trots det förväntade slopandet av EU:s pelarstruktur.

Utvecklingen, i synnerhet på det säkerhets- och försvarspolitiska området, är långt ifrån okontroversiell. Vissa välkomnar att EU skaffar sig förmåga att agera även militärt och anser detta ligga helt i linje med ett växande internationellt inflytande, där man ofta ser militär förmåga som ett nödvändigt komplement till EU:s övriga maktmedel. Andra menar att det vore olyckligt om militära frågor flyttas från den nationella nivån till den europeiska och att EU:s inflytande även i fortsättningen bäst bör utövas genom ekonomiska och andra icke-militära medel. Att dagens EU-samarbete främst karakteriseras av mellanstatlighet och koncentration på krishantering enligt Petersbergsuppgifterna framstår som tydliga uttryck för de olika spänningar som finns på området.

# 10. Tredje pelaren: Polis- och straffrättsligt samarbete

## 10.1 *Syften och inriktning*

Tredje pelaren (avdelning VI i Unionsfördraget) rör ett avgränsat sakområde: polissamarbete och straffrättsligt samarbete (artiklarna 29–42 EUF).[1] Utgångspunkten är att ett nära samarbete inom EU blivit nödvändigt också på detta område mot bakgrund av avskaffade inre gränskontroller och fördjupad ekonomisk integration. EU-samarbetet startade relativt sent, först genom Maastrichtfördraget 1992, men har utvecklats starkt, särskilt sedan 2000. Trycket på effektiva åtgärder mot internationell terrorism, ett i Europa manifesterat behov bland annat genom de kända terroristattackerna i Madrid och London, har verkat pådrivande. Från början hörde också gränskontrollfrågor m m med avseende på den fria rörligheten för personer (visa, asyl, invandring m m) till tredje pelaren[2] men dessa fördes genom Amsterdamfördraget över till första pelaren (se 15.3).[3]

Att förebygga och bekämpa brottslighet tillhör unionens grundläggande mål (artikel 2.1 EUF). Syftet med samarbetet i tredje pelaren är enligt fördraget att ge medborgarna en hög säkerhetsnivå genom gemensamma insatser när det gäller polissamarbete och straffrättsligt samarbete (artikel 29 EUF). Målet skall nås genom att förebygga och bekämpa brottslighet, vare sig den är organiserad eller ej, med tyngdpunkt på åtgärder mot grövre, gränsöverskridande brottslighet. Detta kan kräva harmonisering av straffrättsliga regler i medlemsstaterna när så bedöms nödvändigt. Samarbetet är också inriktat på att underlätta rättsliga förfaranden och verkställighet samt att undanröja behörighetskonflikter.

1. Ett grundläggande arbete på området är P Asp, EU & straffrätten, 2002. Se även G Persson, Gamla och nya lagstiftare – om EU och straffrätt, SIEPS 2005:2, P O Träskman, Vad gör vi med den europeiska kriminalpolitiken?, SvJT 2005 s 859 ff, F Wersäll, EU och straffrätten, SvJT 2004 s 665 ff., E Wennerström, Rättsstat och rättssäkerhet i EU, SvJT 2007 s 27 ff.

2. Vid denna tid benämnt samarbete om rättsliga och inrikes frågor (RIF).

3. H G Nilsson, Tredje pelaren mellan Maastricht och Amsterdam, SvJT 1999 s 709 ff. Ett centralt arbete på hela det ursprungliga tredje pelaren-området är S Peers, EU Justice and Home Affairs Law, 2 ed, Oxford 2006.

Detta har också visat sig kräva samordning vad gäller påföljderna, där strävan ofta varit att se till att dessa blir tillräckligt ingripande och avskräckande. Den utveckling som pågår för således successivt in viktiga delar av straffrätten och straffprocessrätten i det europarättsliga regelsystemet.

Fördraget pekar ut vissa viktiga brottstyper, som särskilt skall särskilt uppmärksammas, nämligen:

- terrorism,
- människohandel och brott mot barn,
- olaglig narkotikahandel och olaglig vapenhandel,
- korruption och
- bedrägeri.

Fördragstexten nämner tre huvudsakliga medel för att förverkliga målen: närmare samarbete mellan polis- och tullmyndigheter m fl i medlemsländerna, närmare samarbete mellan åklagarmyndigheterna i medlemsländerna samt harmonisering av straffrättsliga regler. Generellt kan sägas att EU-arbetet inom straffrätten och straffprocessrätten har haft (och fortfarande har) ett klart repressivt drag med primär inriktning på att uppnå en effektiv ordning för brottsbekämpning.[4]

Två särskilda organ har inrättats för det praktiska handhavandet av tredje pelar-samarbetet; Europol och Eurojust.

Polissamarbetet omfattar enligt artikel 30 EUF operativt samarbete och informationssamarbete mellan polis, tull och andra brottsbekämpande organ i medlemsstaterna samt samarbete angående utbildning, utrustning och kriminalteknik m m. Europeiska polisbyrån (*Europol*) med säte i Haag har hand om underrättelseverksamheten mellan polismyndigheterna i medlemsstaterna med huvudinriktning på att förebygga och bekämpa organiserad, gränsöverskridande brottslighet på prioriterade områden. Europol driver ett omfattande datoriserat informationssystem och arbetar med operativa analyser, strategirapporter och liknande.

För det rättsliga samarbetet inom brottsbekämpningen har EU upprättat Europeiska enheten för rättsligt samarbete, *Eurojust*, också med säte i Haag (artikel 31 EUF). Eurojusts uppgift är att främja utvecklingen av det straffrättsliga samarbetet, med tyngdpunkt på gränsöverskridande samarbete mellan åklagare, där Eurojust kan sägas fungera som en samordningscentral. I centrum står samordning av brottsutredningar och åtal med huvudinriktning på grov gränsöverskridande brottslighet.

4. P Asp, Går det att se en internationell trend? – om preventionismen i den moderna straffrätten, SvJT 2007 s 69 ff.

## 10.2 Beslutsformer

Beslutsformerna i tredje pelaren har inte en lika fast karaktär som i gemenskapspelaren och är i huvudsak mellanstatligt. Rådet har huvudansvaret för utvecklingen. Medlemsstaterna har varit obenägna att lämna ifrån sig beslutsbefogenheterna på tredje pelar-området, främst på grund av att polisiära och straffrättsliga frågor sedan gammalt anses ligga nära den nationella suveräniteten och att det tidigare har saknats någon tradition av mer djupgående internationellt samarbete på området. Det är belysande att fördragstexten särskilt slår fast att unionsrätten inte skall påverka medlemsstaternas ansvar för att upprätthålla lag och ordning och skydda den inre säkerheten (artikel 33 EUF).

Man arbetar i tredje pelaren med andra instrument än dem som används i gemenskapspelaren (vilka behandlas i kapitel 3). Rådet kan sålunda med enhällighet anta *gemensamma ståndpunkter*. Dessa är medlemsstaterna förpliktade att företräda inom andra internationella fora. Rådet kan också utarbeta *konventioner* med ställning av internationella överenskommelser i konventionellt folkrättslig mening, vilket innebär att de måste ratificeras av medlemsstaterna för att kunna träda i kraft. För ikraftträdande krävs i allmänhet ratifikation av minst hälften av medlemsstaterna och konventionen träder då i kraft bara mellan de stater som har ratificerat. Detta minskar givetvis konventionsmetodens effektivitet.

Rådet kan vidare – enhälligt – fatta s k *rambeslut* om tillnärmning av medlemsländernas lagstiftning (artikel 34 EUF). Dessa liknar direktiv inom första pelaren och är i likhet med dessa bindande för medlemsstaterna ifråga om resultatet men överlåter åt medlemsstaterna att bestämma formerna för genomförandet. Detta kräver normalt nationell lagstiftning.[5] Vidare kan rådet med kvalificerad majoritet besluta om *genomförandeåtgärder* för att verkställa rambesluten. Fördragstexten anger uttryckligen att rambeslut och genomförandeåtgärder inte skall ha direkt effekt.[6] Enskilda kan alltså inte själva grunda någon rätt på dessa. Bland de ämnen som antagna rambeslut behandlat kan som exempel nämnas penningtvätt, skydd för euron mot förfalskning, terroristbrott, människohandel (trafficking), narkotikahandel, korruption i privata sektorn och barnpornografi. Rambesluten har föranlett ändringar i svensk strafflagstiftning i den mån redan befintlig lagstiftning inte bedömts tillfyllest för att uppfylla rambeslutens krav. Den konkreta, åtgärdsinriktade utformning som kännetecknar rambesluten kan dock vara svår att

5. Regeringsformen ger riksdagen möjlighet att godkänna överenskommelser inom tredje pelaren redan innan dessa föreligger i slutligt skick, 10:2 fjärde stycket RF.
6. Artikel 34.2.b EUF. Direkt effekt inom EG-rätten behandlas i 5.4. Det är något anmärkningsvärt att fördragstexten här använder begreppet direkt effekt fastän detta begrepp, som ju helt utbildats i EG-domstolens praxis, inte återfinns i EG-fördragets text.

förena med den abstrakta och systematiska lagstiftningsteknik som normalt tillämpas i den svenska brottsbalken.

Kommissionen deltar aktivt i arbetet inom tredje pelaren, främst inom ramen för ett särskilt generaldirektorat för tredje pelar-frågor. Kommissionen är dock inte ensam om att kunna ta initiativ och lägga fram förslag på detta område och har över huvud taget en svagare ställning inom den tredje pelaren än inom den första pelaren. Som en konsekvens av tredje pelarens mellanstatliga prägel finns det ingen motsvarighet till fördragsbrottstalan enligt första pelaren (se 7.2) om ett medlemsland inte genomför ett rambeslut. Kommissionen är i sådana fall hänvisad till att agera genom övervakning och övertalning.

Europaparlamentet har en svag position inom tredje pelaren och verkar väsentligen politiskt genom interpellationer och debatter samt yttranden och rekommendationer till rådet (artikel 39 EUF).

EG-domstolen har behörighet att meddela förhandsavgöranden på tredje pelar-området om tolkningen av konventioner och rambeslut, men endast i den utsträckning en medlemsstat särskilt godtagit domstolens behörighet på detta område (artikel 35 EUF). Detta har Sverige gjort men åtskilliga andra medlemsstater har (i vart fall ännu) inte gjort detta. Enligt den svenska förklaringen angående EG-domstolens behörighet har alla svenska domstolar givits möjlighet att begära förhandsavgörande om tolkningen av konventioner och rambeslut.[7]

Fördragstexten anger även ett flertal andra särskilda begränsningar i domstolens kompetens på området. EG-domstolens möjligheter att agera rättsbildande på tredje pelar-området är alltså väsentligt beskurna.

EG-domstolen har emellertid i målet *Pupino*[8] kunnat göra viktiga klarlägganden och har närmat rambeslutens ställning till vad som gäller för direktiv enligt första pelaren: i linje med vad som gäller för direktiv skall nationella rättsregler i största möjliga utsträckning tolkas mot bakgrund av rambesluts ordalag och syfte. Domstolar och myndigheter i medlemsstaterna skall alltså tillämpa *rambeslutskonform* tolkning lika väl som direktivkonform tolkning. Detta är ägnat att kraftigt reducera betydelsen av den ovannämnda regeln att rambeslut saknar direkt effekt. I Pupino slog Domstolen också fast att även rambeslut skall tolkas mot

7. Prop 1997/98:58 s 33 ff. Sverige har alltså lämnat förklaring enligt artikel 35.3 b) EUF.

8. Mål C-105/03, Pupino (REG 2005, s I-5285). Målet gällde rådets rambeslut 2001 om brottsoffrets ställning i straffrättsliga förfaranden (2001/220/RIF). EG-domstolen fann att rambeslutet skulle tolkas så att det tillåter att barn som utsatts för övergrepp får avge sin utsaga i ett brottmål utom huvudförhandling. Se även avsnitt 5.5.

bakgrund av rättighetsskyddet enligt Europakonventionen, i det aktuella fallet artikel 6 EKMR om rättvis rättegång.[9]

Rättsutvecklingen på det straffrättsliga området går mot ett allt mer omfattande ömsesidigt erkännande. *Principen om ömsesidigt erkännande* innebär att ett straffprocessuellt beslut eller en dom i en medlemsstat skall erkännas av de andra medlemsstaterna, d v s tillerkännas samma rättsverkningar som ett inhemskt beslut eller en inhemsk dom. Den bakomliggande tanken är att EU-länderna bör kunna känna tillräckligt förtroende för varandras strafflagstiftning och straffprocessuella system för att göra detta möjligt.[10] I och för sig utgör Europakonventionen om de mänskliga rättigheterna en för medlemsstaterna gemensam grundläggande standard (se 6.9.1). Det kan dock ifrågasättas om alla medlemsstater i realiteten fyller de krav på rättssäkerhet som ställs i t ex de nordiska medlemsländerna.[11]

Principen om ömsesidigt erkännande ligger bl a bakom EU:s viktiga rambeslut av 2002 om en *europeisk arresteringsorder* och överlämnande mellan medlemsstaterna.[12] Den europeiska arresteringsordern ersätter inom EU den generella lagstiftningen om utlämning för brott. Principen är att en arresteringsorder utfärdad i en medlemsstat skall erkännas och verkställas i övriga medlemsstater. En arresteringsorder är en begäran att myndigheterna i ett annat EU-land skall gripa och överlämna en viss person endera för lagföring eller för verkställighet av frihetsstraff. Handläggningen är skyndsam, en arresteringsorder måste normalt verkställas senast inom 60 dagar. Det finns inte något undantag för det egna landets medborgare – svenska myndigheter överlämnar alltså även svenska medborgare till annat EU-land på grundval av en arresteringsorder. Detta är en viktig skillnad i förhållande till vad som normalt gäller om utläm-

9. EG-domstolen kunde inte stödja sig på lojalitetsprincipen i artikel 10 EGF, som ju inte gäller för tredje pelaren, utan fann förpliktelsen till konform tolkning stamma ur själva fördraget som sådant ("inherent in the Treaty"). Fallet kommenteras i SvJT 2005 s 974 ff. Se även H Goeters, New Criminal Law Developments in the Community Legal Order, SIEPS 2007:1u.

10. H G Nilsson, Ömsesidigt erkännande, SvJT 2005 s 887 ff.

11. Reformfördraget förväntas avskaffa den särskilda ordningen med en tredje pelare och kan antas komma att uttala att det straffrättsliga samarbetet inom unionen såsom huvudregel skall bygga på principen om ömsesidigt erkännande av domar och rättsliga avgöranden, dock med möjlighet till en s k nödbroms som skulle ge medlemsstat möjlighet att hänskjuta en straffrättslig lagstiftningsfråga av särskilt grundläggande vikt till behandling i Europeiska rådet. Se även A Suominen, Ömsesidigt erkännande av rättsliga beslut som hörnsten i det europeiska straffrättsliga samarbetet?, JFT 2006 s 607 ff.

12. Rambeslut 2002/584/RIF av 13 juli 2002, EUT 2002 L 190. Genomfört i Sverige genom lag (2003:1156) om överlämnande från Sverige enligt en europeisk arresteringsorder med anknytande regeringsförordning, se prop 2003/04:7, Europeisk arresteringsorder. Se även B Lindell m fl, Straffprocessen, 2005 s 162 ff, P Strömberg & C Bergman, Förhandlings- och lagstiftningsarbete om rambeslut inom EU:s tredje pelare, särskilt om den europeiska arresteringsordern, SvJT 2003 s 480 ff.

ning.[13] I ett i medierna uppmärksammat fall överlämnades sålunda den unge svensken Calle Jonsson, åtalad för mordförsök, till grekiska myndigheter för rättegång i Grekland. Överlämnande på grundval av en arresteringsorder får dock endast ske i fråga om brott av viss svårighetsgrad och, som huvudregel, endast under förutsättning att det är fråga om en gärning som är straffbar också i det överlämnande landet, d v s det krävs *dubbel straffbarhet*. För ett mycket stort antal brott, upptagna på en särskild lista, har man dock slopat kravet på dubbel straffbarhet. Listan upptar olika former av grova våldsbrott men återspeglar i övrigt i mycket de prioriteringar som görs inom tredje pelaren på brottsbekämpningens område. Här återfinns t ex terrorism, sabotage, människohandel, korruption, förfalskning, penningtvätt, flygplans- och fartygskapning och många former av olaglig handel.[14]

EG-domstolen har ogillat en talan som förts från belgiskt advokathåll om ogiltigförklaring av rambeslutet om europeisk arresteringsorder under åberopande av rättssäkerhetsskäl, särskilt de omfattande inskränkningarna i kravet på dubbel straffbarhet.[15]

HD har i ett beslut 2007 beviljat överlämnande av en person till Polen för lagföring i enlighet med en av polsk domstol utfärdad arresteringsorder.[16] Åtalet avsåg ett bedrägeribrott (där dubbel straffbarhet inte krävs) begånget för femton år sedan. HD framhöll att möjligheterna att vägra överlämnande är mycket begränsade; hovrätten hade dock vägrat överlämnandet med hänsyn till tveksamheter vad gäller det polska förfarandets förenlighet med Europakonventionen.

Principen om ömsesidigt erkännande ligger också bakom rambeslutet om erkännande och verkställighet av frysningsbeslut.[17] Med *frysning* förstås tillfälliga säkerhetsåtgärder för att hindra att egendom eller bevismaterial försvinner eller förstörs. Principen är att ett frysningsbeslut som meddelats i en EU-stat skall erkännas och verkställas skyndsamt också i övriga EU-stater.

13. Den svenska utlämningslagen, som gäller i förhållande till världen i övrigt, stadgar ett kategoriskt förbud mot utlämning av svenska medborgare (lagens 2 §). Särskilda regler gäller dock mellan de nordiska länderna. Utformningen av reglerna om arresteringsordern är på olika håll ifrågasatt från rättighetsskyddssynpunkt. Tyska författningsdomstolen har på konstitutionella grunder ogiltigförklarat den tyska implementeringen (dom 18 juli 2005, mål 2 BvR 2236/04).

14. Se i den svenska lagen om arresteringsorder särskilt 2 § och bilagan till lagen. Observera att texten i boken bara behandlar huvudprinciperna, lagstiftningen innehåller många närmare preciseringar.

15. Mål C-303/05, Advocaten voor de Wereld VZW mot Leden van de Ministerraad, dom av den 3 maj 2007.

16. HD:s beslut 21 mars 2007 i mål RÅ mot MB.

17. Rambeslut 2003/577/RIF av 22 juli 2003, EUT 2003 L 196, om verkställighet i EU av beslut om frysning av egendom eller bevismaterial, genomfört i Sverige genom lag 2005 om erkännande och verkställighet inom EU av frysningsbeslut, prop 2004/05:115. Frysningsbeslut verkställs i Sverige inom ramen för reglerna om kvarstad och beslag.

## 10.3 *Den aktuella utvecklingen*

Även om det straffrättsliga och straffprocessuella samarbetet inom tredje pelaren utvecklats snabbt på senare år har det också svagheter. Med hänsyn till områdets stora betydelse, inte minst från medborgerlig synpunkt, ter det sig problematiskt att lagstiftningsarbetet i så hög grad koncentrerats till rådet i nära samverkan med medlemsstaternas regeringar. Från demokratisk synpunkt är det diskutabelt att Europaparlamentets möjligheter till inflytande är svagt utvecklade inom tredje pelaren. Från rättsstatssynpunkt är det också tveksamt att kommissionen inte kan kontrollera medlemsstaternas åtgärder för genomförande av konventioner och rambeslut inom ramen för fördragsbrottstalan och att EG-domstolens möjligheter att klarlägga rättsläget genom sin prejudikatbildning är begränsade. Å andra sidan är medlemsstaterna som nämnts ofta angelägna att slå vakt om den nationella suveräniteten och den mellanstatliga ordningen[18] när det gäller straffrätt och straffprocess.

Reformfördraget torde innebära att den tredje pelaren försvinner och det straffrättsliga samarbetet förs in i nuvarande första pelaren. EU kan antas få en omfattande lagstiftningskompetens när det gäller gränsöverskridande allvarlig brottslighet och man torde ta bort de särskilda begränsningarna i EG-domstolens behörighet.[19] I och för sig har rådet redan i dag möjlighet att besluta om en sådan överföring till första pelaren genom en s k *passerelle* (brygga) i fördragstexten (artikel 42 EUF), men detta fordrar enhälligt beslut och medlemsstaterna har av flera olika skäl hittills inte kunnat enas härom.

Gränserna i kompetenshänseende mellan första pelaren och tredje pelaren finns inte klart angivna i fördragen och har varit en omdiskuterad fråga. Enligt en ofta omfattad uppfattning skulle EG (i första pelaren) sakna straffrättslig lagstiftningskompetens, varför medlemsstaternas straffrättsliga samarbete måste ske uteslutande inom ramen för de instrument tredje pelaren tillhandahåller. Denna uppfattning måste uppenbarligen modifieras väsentligt efter EG-domstolens dom 2005 om ogiltigförklaring av rådets rambeslut om skydd för miljön genom straffrättsliga bestämmelser.[20]

Kommissionen hade föreslagit antagandet av ett direktiv enligt första pelaren om skydd för miljön genom strafflagstiftning. Rådet (och medlemsstaterna) föredrog den mellanstatliga vägen och beslöt i stället att anta ett rambeslut

18. Vid den svenska ratifikationen av Amsterdamfördraget, där tredje pelaren fick sin nuvarande form, betonades starkt den mellanstatliga karaktären av detta samarbete, prop 1997/98:58 del 1 s 20 ff.

19. Jfr t ex F Wersäll, EU och straffrätten, SvJT 2004 s 665 ff.

20. Mål C-176/03, kommissionen mot rådet (REG 2005, s I-7879). Såsom nämnts i 6.2 anses det föreligga en underförstådd kompetens att med stöd av första pelaren vidta de åtgärder som är nödvändiga för att utföra de uppgifter som anförtrotts gemenskapen.

enligt tredje pelaren som föreskrev att medlemsstaterna i sin lagstiftning skulle ha straffrättsliga påföljder av viss stränghet mot miljöbrott. EG-domstolen biföll den ogiltighetstalan som kommissionen förde mot rambeslutet. Domstolen framhöll att de rättsakter som antas enligt tredje pelaren inte får inkräkta på den behörighet som gemenskapen tilldelats enligt EG-fördraget (artikel 29.1 EUF). Domstolen fann det ligga inom gemenskapens behörighet att anta miljöskyddslagstiftning (artikel 174–176 EGF) och då också att anta enligt första pelarens beslutsordning de straffrättsliga bestämmelser som bedömdes nödvändiga för att bekämpa allvarliga miljöhot.

Räckvidden av domen är omdiskuterad men det torde stå klart att den inte är begränsad till att gälla miljörätt utan sannolikt också är tillämplig på andra områden som är normerade under första pelaren.[21] Domen kan visa sig bli en murbräcka när det gäller att förse direktiv (antagna enligt första pelaren) med straffsanktioner.[22] Detta kan få stor praktisk betydelse för tredje pelaren, som mycket väl kan komma att få se sin betydelse väsentligt reducerad redan inom ramen för nuvarande ordning. Eventuellt öppnar domen även för möjligheten att direkt förse EG-förordningar med straffsanktioner; hittills har det endast ansetts möjligt att förse dessa med administrativa sanktioner såsom sanktionsavgifter.[23]

Å andra sidan har emellertid EG-domstolen på talan av parlamentet ogiltigförklarat rådets och kommissionens högst kontroversiella beslut under första pelaren att avtala med USA om skyldighet för flygbolag att i förväg delge amerikanska myndigheter namnen på passagerare på transatlantiska flygningar.[24] Behörighet fanns enligt domstolen endast under tredje pelaren, eftersom syftet var att tillgodose den allmänna säkerheten och möjliggöra lagföring. Gränsdragningen mellan pelarna är alltså långt ifrån oproblematisk och man kan hoppas att Reformfördragets föreslagna slopande av trepelarstrukturen rätar ut de flesta frågetecknen.

21. Rättsfallskommentarer av P Asp, Till frågan om EG:s straffrättsliga kompetens – banbrytande dom i EG-domstolen, JT 2005-06 s 396 ff och M Bergström, Straffrättsliga påföljder inom ramen för första pelaren, ERT 2006 s 135 ff. Se även M Bergström, Polis- och straffrättsligt samarbete på frammarsch, ERT 2006 s 569 ff.

22. Kommissionen har sålunda dragit tillbaka sitt förslag till ramlag om straffrättsliga sanktioner vid intrång i immaterialrättigheter och i stället föreslagit ett direktiv enligt första pelaren i ämnet, KOM (2006) 168 slutlig.

23. Här märks särskilt de beloppsmässigt ofta mycket stränga s k böter som används mot företag inom konkurrensrätten, se 16.8.1. EG:s kompetens att besluta om administrativa sanktioner har bl a slagits fast i målet C-240/90, Tyskland mot kommissionen (REG 1992, s I-5383) angående sanktioner på jordbruksområdet.

24. Mål C-317/04, parlamentet mot rådet och C-318/04, parlamentet mot kommissionen (REG 2005, s I-2457).

# 11. Sverige i EU

## *11.1 Sveriges långa väg till EU*

För Sverige har europafrågan utgjort ett av landets viktigaste och mest uppmärksammade ekonomiska och politiska problem alltsedan slutet av 1950-talet. Vi sökte länge att balansera mellan å ena sidan de starka ekonomiska realiteter som ansetts tala för medlemskap i eller i vart fall en nära anknytning till EG/EU, och å andra sidan utrikespolitiska betänkligheter och önskemål om bevarande av största möjliga interna handlingsfrihet i ekonomisk-politiska frågor. Man skall ha klart för sig att Sveriges utrikeshandel alltid varit i hög grad knuten till EU-länderna. Under år 1993, som var det sista år som 1972 års frihandelsavtal med EG gällde, svarade det dåvarande EU för nära 55 % av Sveriges totala export och import, medan handeln mellan de dåvarande EFTA-staterna svarade för 16 %. Totalt omfattade alltså EU/EFTA mer än 70 % av Sveriges samlade utrikeshandel. Några större förändringar har inte skett sedan dess.

Europarörelsen som ideologi har däremot spelat en mycket tillbakaskjuten roll i Sverige, framför allt jämfört med de ursprungliga medlemsländerna, och gör så fortfarande. Vi har också traditionellt i regel prioriterat mellanstatligt samarbete framför överstatligt.[1]

Under den första perioden, 1950-talet, då de europeiska gemenskaperna formades, intog Sverige en avvaktande hållning.[2] Något svenskt deltagande i EKSG eller EEG var vid denna tid inte aktuellt på allvar. Däremot verkade vi aktivt för mellanstatliga lösningar, såsom tillkomsten av det tilltänkta västeuropeiska frihandelsområdet och senare EFTA. Vid tillskapandet av EFTA spelade Sverige en ledande roll, något som bl a manifesterades genom att EFTA-

1. Det omfattande nordiska samarbetet på olika områden har sålunda förblivit mellanstatligt. Detta gäller såväl Nordiska rådet (parlamentens samarbetsorgan) och Nordiska ministerrådet (regeringarnas samarbetsorgan) som konventionsregleringen i övrigt inom ramen för nordiska samarbetsöverenskommelsen, det s k Helsingforsavtalet. Strävanden att upprätta en nordisk ekonomisk samarbetsorganisation av fastare slag, främst NORDEK-projektet i slutet av 1960-talet, ledde aldrig till något resultat, se t ex U Bernitz, Internationell marknadsrätt, 2 uppl, 1990 s 33 ff.

2. M af Malmborg, Den ståndaktiga nationalstaten. Sverige och den västeuropeiska integrationen 1945–1959.

avtalet undertecknades i Stockholm 1960.[3] De olika stegen som sedan följt i Sveriges långa väg mot EG/EU kan kort belysas i punktform.

1. 1961 års svenska ansökan om *associering* till EEG.[4]
Denna första ansökan anknöt till den första brittiska medlemskapsansökan, men ledde inte till några egentliga förhandlingar för Sveriges del, eftersom den tillämnade utvidgningen strandade 1963 på den franske presidenten de Gaulles veto mot brittiskt medlemskap.

2. 1967 års öppna ansökan, det s k *brevet från Sverige.*
Vi ansökte nu om en nära anslutning under hänsynstagande till neutralitetspolitiken, varvid ett svenskt medlemskap inte uteslöts såsom alternativ. Sedan Gemenskapen efter de Gaulles avgång ånyo fått en inriktning mot ökad integration och utrikespolitiskt samarbete och ett första förslag om monetär union lagts fram uteslöt dock i början av 1971 den dåvarande svenska ministären Palme ett svenskt medlemskap med neutralitetsförbehåll som en realistisk möjlighet.

3. 1971 års ansökan om en *tullunion.*
Denna ansökan tillkom sedan möjligheten till medlemskap uteslutits. Vår tullunionsansökan byggde på principen om ”omfattande, nära och varaktiga ekonomiska förbindelser” med EG under hänsynstagande till neutralitetspolitiken. EG-sidan avvisade den svenska tullunionslösningen, eftersom man inte ville se en särlösning för Sverige i förhållande till övriga kvarvarande EFTA-stater och en tullunion skulle ha krävt särskilda institutionella arrangemang mellan EG och Sverige.

4. *Frihandelsavtalet*
Resultatet av de svenska ansträngningarna blev det system av likartade frihandelsavtal, som ingicks 1972 mellan EG och de olika kvarstående EFTA-staterna och förblev i kraft t o m 1993 (se 2.3.1 ovan). Frihandelsavtalet byggde på en betydligt lägre ambitionsnivå i fråga om samarbetets omfattning än vad Sverige hade sökt uppnå och var väsentligen begränsat till en, gradvis genomförd, avveckling av tullar och kvantitativa restriktioner samt andra liknande handelshinder mellan EG och Sverige.[5] Sverige och övriga EFTA-länder uteslöts från all medverkan i EG:s beslutande och rådgivande organ.[6]

5. *EES-avtalet*
Sedan EG antagit enhetsakten 1986 och inlett arbetet på förverkligandet av den inre marknaden blev en längre gående samarbetslösning med EFTA-länderna nödvändig. Lösningen blev att EFTA-länderna associerades till EG genom tillskapandet av Europeiska ekonomiska samarbetsområdet (EES).[7]

3. M Bergquist, Sverige och EEC, 1970.
4. Enligt dåvarande artikel 238 i Romfordraget, nu artikel 310 EGF.
5. Se, för en närmare behandling av frihandelsavtalet, U Bernitz, Sverige och europarätten, 2002 s 56 ff, dens, Internationell marknadsrätt, 2 uppl 1990 s 78 ff.
6. EG-domstolens bedömning av frihandelsavtalet i det principiellt viktiga Kupferbergmålet har berörts i 9.5.1.
7. En översikt av vägen fram till EES-avtalet ges i D Viklund, Att förstå EU. Sverige och Europa, 4 uppl, 1997 kap VI. Om Sverige och EES-avtalet, U Bernitz, Sverige och europarätten s 82 ff.

EFTA-länderna övertog stora delar av EG:s materiella regelverk, framför allt reglerna för den inre marknaden och konkurrensen.[8] Genom EES blev Sverige i realiteten en del av EU:s inre marknad och nådde alltså en nära anknytning. EES-länderna hölls emellertid helt utanför EU:s institutionella system och ordning för beslutsfattande, något som uppfattades som klart otillfredsställande på svenskt håll. Medlemskapet i EES blev för Sveriges del av mycket kort varaktighet, endast ett år, året 1994. Sett i backspegeln framstår EES-året som ett slags övergångsfas inför EU-medlemskapet.[9]

Sveriges inträde i EU 1 januari 1995 var alltså slutpunkten på ett i vart fall 35-årigt utvecklingsskede, under vilket vägen varit allt annat än rak. Den svenska ansökan om medlemskap i EU överlämnades den 1 juli 1991 till rådet av den dåvarande regeringen Ingvar Carlsson.[10] Genom denna ansökan togs ett helt nytt steg i den svenska europapolitiken. Omsvängningen sammanföll i tiden med förhandlingarna om genomförandet av EES-avtalet. Kort före vår medlemskapsansökan hade Sveriges utrikespolitiska förutsättningar förändrats dramatiskt. Sammanbrottet för Sovjetunionen och det tidigare östblocket hade inletts med Berlinmurens fall i november 1989 och Östtysklands upphörande som stat 1990 och vid tiden för den svenska medlemskapsansökan såg man tydligt slutet på det kalla kriget med dess militära hotbild i Europa, inte minst det ryska militära uttåget ur Baltikum och Warszawapaktens upplösning.

Medlemskapet i EU är en händelse av stor vikt i Sveriges moderna historia. Man torde kunna peka på tre huvudorsaker som legat bakom förändringen. Den första orsaken var otvivelaktigt Sveriges radikalt förändrade utrikes- och militärpolitiska läge som gjorde gamla hotbilder inaktuella och medgav en helt annan rörelsefrihet i europapolitiken än vad landet i realiteten hade haft tidigare.[11]

Den andra orsaken var det faktum att det inte ens inom ramen för EES-avtalet visade sig möjligt att nå fram till en ordning som gav Sverige ett rimligt inflytande på EU:s beslutsprocess utan medlemskap.

Den tredje orsaken var den relativa försämring av Sveriges ekonomiska position i förhållande till omvärlden och inte minst det övriga Västeuropa som successivt hade ägt rum. Sverige hade på 1950- och 1960-talen (efterkrigstiden) en ekonomisk styrkeposition som vi senare tappat.[12] Regeringen åberopade vid omsvängningen i EU-frågan 1990-

8. Prop 1991/92:170 (sex delar) samt prop 1992/93:225 ang justeringar i EES-avtalet. Se vidare 9.4.1.

9. Om EES-avtalet i dag se 9.4.1.

10. En översikt av utvecklingen och förhandlingarna ges i prop 1994/95:19, Sveriges medlemskap i EU del 1.

11. Om förhållandet mellan svensk neutralitetspolitik och västeuropeisk integration, P Cramér, Neutralitet och europeisk integration, 1998, dens, Neutralitet och regional integration i ett dimhöljt säkerhetspolitiskt landskap, Europaperspektiv. Årsbok 1999 s 185 ff.

12. Medan Sverige vid denna tid låg i en ekonomisk topposition i Europa (jämte Schweiz) uppgår den svenska bruttonationalprodukten per invånare numera bara till vad som är genomsnittet för EU 15 (medlemsländerna utom de 12 nya länderna).

91 som skäl till sin ändrade uppfattning uttryckligen de långsiktiga ekonomiska svårigheter som Sverige hade råkat in i.

Grundläggande för Sveriges EU-anslutning är *anslutningsfördraget* med anknytande anslutningsakt av 1994.[13] Det bygger på den ovan berörda grundtanken att nya medlemsstater från och med tillträdet fullt ut ansluter sig till det gemensamma regelverket (l'acquis communautaire).[14] Den svenska anslutningen föranledde bara konsekvensändringar i EU:s institutionella och rättsliga system. I huvudsak fick Sverige heller inte några fördragsfästa permanenta undantag, sålunda vare sig i fråga om valutasamarbetet eller beträffande mera speciella frågor såsom alkoholdistribution eller bilavgasrening. Sverige uppnådde dock ett permanent undantag från EG:s förbud mot försäljning av vått snus[15] och fick också behålla särbestämmelser (främst av hänsyn till timmertransporterna) om längd och vikt på tunga lastbilar.

Riksdagsbeslutet om svenskt medlemskap i EU föregicks av en rådgivande folkomröstning den 13 november 1994. Inom nej-sidan kunde man inför folkomröstningen urskilja två huvudfraktioner, dels en fraktion som ansåg att Sverige borde hålla fast vid EES-avtalet och dels en mera hårdför fraktion som ansåg att även EES-avtalet innebar en alltför nära svensk anknytning till EU och som förordade återgång till någon, ej närmare preciserad, form av frihandelsavtal. Vid folkomröstningen röstade 52,1 % ja till medlemskap i EU på de framförhandlade villkoren och 46,9 % nej. Resten var blanka röster. Det var dock i huvudsak endast i storstadsregionerna och i Skåne som ja-sidan övervägde. I mindre städer och på landsbygden övervägde i allmänhet nej-sidan, särskilt starkt i Norrland och allra starkast i Jämtland.[16]

13. Fördraget om Österrikes, Finlands, (Norges) och Sveriges anslutning till EU ingicks på Korfu i Grekland den 24 juni 1994. Det slöts med EU:s medlemsstater och hade godkänts av Europaparlamentet med absolut majoritet och enhälligt av rådet (se artikel 49 EUF). Förhandlingarna hade förts inom ramen för en konferens mellan EU:s dåvarande medlemsländer och de länder som ansökt om medlemskap under medverkan av rådet och kommissionen. Fördraget återfinns i prop 1994/95:19, Sveriges medlemskap i EU, del 3.

14. Se om begreppet 4.3.1 ovan. I linje härmed slår anslutningsaktens artikel 2 fast att bestämmelserna i de grundläggande fördragen och i rättsakter som har beslutats av institutionerna bindande är för de nya medlemsstaterna och skall tillämpas i dessa på de villkor som fördragen och anslutningsakten anger. Av följande artiklar framgår att motsvarande även gäller särskilda konventioner som har ingåtts mellan medlemsstaterna och avtal och konventioner som gemenskaperna har ingått med tredje länder eller internationella organisationer (artiklarna 4 och 5). I de anslutande genomförandebestämmelserna (artikel 165) slås fast att direktiv och beslut riktade till alla tidigare medlemsstater, efter anslutningen skall anses vara riktade också till de nya medlemsländerna.

15. H H Lidgard, Swedish snus confronts basic EU principles, Essays in Honour of Lennart Pålsson, 1997 s 123 ff, E Karlsson, "Snus" and the Swedish integration into the EU, Liber Amicorum Sven Norberg, Bruxelles, 2007 s 301 ff.

16. M Gilljam & S Holmberg, Ett knappt ja till EU. Väljarna och folkomröstningen 1994, 1996.

Efter folkomröstningen ratificerade riksdagen anslutningsfördraget på grundval av en omfattande proposition[17] och Sverige inträdde som ny medlemsstat i EU från 1 januari 1995, samtidigt med Finland[18] och Österrike.[19]

## *11.2 Sveriges representation i EU*

Sverige är ett av 27 medlemsländer i EU. Vi har på jämställd fot med de andra medlemsstaterna representation i EU:s olika institutioner. Dessas uppbyggnad och inbördes relationer har behandlats i kapitel 4. Vi skall här kortfattat se på hur representationen ter sig ur svensk synvinkel.

I rådet är Sverige ett av länderna runt rådsbordet. Genom att rådet arbetar med så många olika frågor och i så många olika sammansättningar är huvuddelen av departementen i Regeringskansliet starkt engagerade i arbetet. Såsom utvecklats i 4.2.2 krävs i vissa fall att rådet fattar beslut med enhällighet; Sverige har då i praktiken ett slags vetorätt. I andra fall kan rådet fatta beslut med kvalificerad majoritet, beräknat med utgångspunkt dels i antalet deltagande länder och dels antalet röstande. Vid sådana omröstningar är ländernas röststyrka viktad efter ländernas befolkningsstorlek, men med överrepresentation för de mindre länderna. Sverige har 10 röster av 345. I praktiken arbetar Sverige, liksom andra medlemsländer, genom att söka bygga allianser med andra stater som har ett likartat synsätt på den aktuella frågan under behandling. Alliansernas inriktning varierar beroende på vad saken gäller – det är t ex långt ifrån alltid som de nordiska EU-länderna har överensstämmande intressen och agerar gemensamt.

I det europeiska rådets toppmöten på stats- och regeringschefsnivån deltar Sverige i första hand genom statsministern, ofta biträdd av utrikesministern.

I kommissionen ingår en kommissionär från varje medlemsstat; det finns alltså en svensk kommissionär.

I Europaparlamentet har Sverige 19 platser av totalt 785. Också här bestäms representationens storlek med utgångspunkt i befolkningsantalet men med överrepresentation för de mindre staterna. De svenska EU-

17. Prop 1994/95:19, Sveriges medlemskap i EU, sju delar. Se främst del 1, Grundläggande översikt.

18. Vid folkomröstningen i Finland röstade 57 % för medlemskap i EU. Vid den särskilda folkomröstningen på Åland, som rörde frågan om detta delvis självstyrande landskap skulle följa det övriga Finland in i EU, röstade 73 % för medlemskap.

19. Vid folkomröstningen i Norge, två veckor efter den svenska, röstade 52 % nej till medlemskap i EU, nästan exakt samma procentsiffra som vid den tidigare folkomröstningen om medlemskap 1972. Norge kom härigenom att stå kvar på EFTA-sidan i EES och gör så fortfarande.

parlamentarikerna ingår i de olika europeiska partigrupperna i parlamentet och utför huvuddelen av arbetet inom ramen för de utskott i parlamentet där de deltar.

I EG-domstolen respektive Förstainstansrätten är en domare utsedd på förslag av den svenska regeringen. Motsvarande gäller Revisionsrätten, EU:s oberoende organ för revision. Någon generaladvokat i EG-domstolen har Sverige ännu inte haft.

I Bryssel har Sverige en särskild Ständig representation vid EU under ledning av en ambassadör jämte en ställföreträdare. I praktiken fungerar EU-representationen i mycket som Sveriges största ambassad (EU-representationen sorterar dock under Statsrådsberedningen, inte UD). En huvuduppgift för representationen är att i båda riktningarna kanalisera det ständiga flödet av kontakter mellan regeringskansliet i Stockholm och arbetet inom EU:s institutioner. Framför allt är representationen inriktad på att samordna Sveriges insatser inom ramen för arbetet i rådet. Ambassadören och hans ställföreträdande deltar t ex i princip varje vecka i sammanträdena i Coreper.[20]

EU:s institutioner rekryterar sina tjänstemän från medlemsländerna. Ett relativt stort antal svenskar arbetar vid de olika institutionerna, de flesta i kommissionen men åtskilliga också i rådet, parlamentet, domstolen och andra EU-organ. Dessa är anställda vid EU och skall vara obundna av nationella intressen och ha sin lojalitet knuten till unionen. EU erbjuder en i princip livslång ämbetsmannakarriär. Härutöver finns tjänstemän som är "utlånade" på viss tid från sina hemländer för tjänstgöring i EU, t ex regeringskansliet eller ämbetsverk i Sverige, samt svenskar med kortare förordnanden och anställningar av olika slag.

Sverige bidrar med ca 3 % av EU:s budget och är en s k nettobidragsgivare, d v s vi bidrar med högre belopp till EU än återflödet till Sverige i form av jordbruksstöd, regionalstöd, forskningsbidrag m m. Sverige bidrar årligen med drygt 25 miljarder SEK och får ca 15 miljarder i återflöde i form av olika stöd från EU.[21] Sverige hör till de medlemsländer som står för en restriktiv budgetpolitik, i synnerhet inriktad på nedskärning i utgifterna för stöd till jordbruket och strukturfonderna.

Svenska är ett av de officiella språken i EU (se 3.5 om språkregimen). EU torde vara den enda internationella organisation utanför det nordiska samarbetet där svenskan har denna position.[22] Det är oerhört viktigt för unionsrättens genomslag att rättsakter och domar finns tillgängliga

20. Se 4.2.1.

21. Årsboken om EU 2006 s 88 (Regeringens skrivelse 2006/07:85, ingår i riksdagstrycket).

22. Artikel 169 i genomförandebestämmelserna till anslutningsakten anger att de svenska språkversionerna av rättsakterna är giltiga på samma villkor som texterna på de andra officiella språken och skall offentliggöras i EUT.

på svenska. I praktiken är de svenska texterna nästan alltid översättningar från engelska eller franska. I det löpande arbetet kan man heller inte alltid räkna med att det finns tillgång till svenska textversioner eller tolkar.

Inom landet är det i första hand Regeringskansliet som har ansvaret för EU-samarbetet och för genomförandet av EU:s rättsakter och beslut.[23] EU-samarbetet engagerar emellertid också en stor del av de statliga myndigheterna, dels inom ramen för kommittologin (se 4.2.3), dels genom direktkontakter med olika EU-organ och med motsvarande myndigheter i andra medlemsländer.

En viktig fråga är riksdagens möjligheter att delta aktivt i EU-arbetet. Såsom lagstiftande organ kommer riksdagen vanligen in först på ett sent stadium, då de viktiga besluten redan är fattade och uppgiften i huvudsak begränsad till att på ett korrekt sätt genomföra EU:s rättsakter inom ramen för svensk lagstiftning. För att möjliggöra aktiv medverkan från riksdagens sida innan de grundläggande policybesluten hunnit träffas inom EU, har det inrättats en särskild *riksdagens EU-nämnd.* Den fungerar såsom forum för fortlöpande information och dialog mellan regeringen och riksdagen inför Sveriges ställningstaganden i EU till olika policyfrågor, särskilt inför möten i EU:s råd. Nämnden sammanträder i princip varje vecka under huvuddelen av året, då regeringens ledamöter lägger fram olika frågor som är uppe för avgörande i EU till diskussion och överläggning.[24] Ställningstaganden i EU-nämnden binder dock inte regeringen, som ofta anses behöva rätt öppna förhandlingsmandat inför rådsöverläggningarna inom EU. Det har funnits en kritik mot att riksdagen i alltför hög omfattning centraliserat EU-frågorna till EU-nämnden och från 2007 har därför de ordinarie riksdagsutskotten i ökad utsträckning engagerats i den svenska beredningen av aktuella EU-initiativ.

23. Regeringen lämnar varje år till riksdagen en Berättelse om verksamheten i EU under föregående år. Den brukar benämnas Årsboken om EU och ger en omfattande översikt.

24. Denna informations- och samrådsskyldighet är grundlagsfäst i 10:6 första stycket RF. Om tillämpningen, H Hegeland, Nationell EU-parlamentarism. Riksdagens arbete med EU-frågorna, 2006. Se även M Blomgren & T Bergman (red), EU och Sverige – ett sammanlänkat statsskick, 2005.

## *11.3 Regeringsformen och EU*

Inför den svenska EU-anslutningen reformerades regeringsformens särskilda stadgande om överföring av beslutanderätt, 10:5 första stycket RF. Det täckte från början endast EG men ändrades 2002 till att täcka hela EU.[25] Stadgandet utformning har varit omdebatterad.[26] Det lyder numera:[27]

> "Inom ramen för samarbete i Europeiska unionen kan riksdagen överlåta beslutanderätt som inte rör principerna för statsskicket. Sådan överlåtelse förutsätter att fri- och rättighetsskyddet inom det samarbetsområde till vilket överlåtelsen sker motsvarar det som ges i denna regeringsform och i den europeiska konventionen angående skydd för de mänskliga rättigheterna och grundläggande friheterna. Riksdagen beslutar om sådan överlåtelse genom beslut, varom minst tre fjärdedelar av de röstande förenar sig. Riksdagens beslut kan också fattas i den ordning som gäller för stiftande av grundlag.[28] Överlåtelse kan beslutas först efter riksdagens godkännande av överenskommelse enligt 2 §."

Stadgandet utsäger som synes inte att Sverige är medlem i EU utan endast att landet kan vara det.[29] Vissa andra, mera tekniska stadganden i regeringsformen utgår dock från att Sverige är EU-medlem.[30]

Som framgår av grundlagstexten innehåller 10:5 RF två särskilda begränsningar av riksdagens rätt att överlåta beslutanderätt till EU: Överlåtelsen får för det första inte röra principerna för statsskicket och skall för det andra på angivet sätt säkra fri- och rättighetsskyddet. I lagförar-

25. E Holmberg m fl, Grundlagarna, 2 uppl 2006. Om 1994 års grundlagsändringar prop 1993/94:114, 1993/94:KU21, om 2002 års ändringar SOU 2001:19, Vissa grundlagsfrågor, prop 2001/02:72, 2001/02:KU18. Ett längre gående förslag till grundlagsändring hade lagts fram i SOU 1993:14, EG och våra grundlagar men genomfördes ej. Där hade föreslagits en lydelse som uttryckligen utsade att EG-rätten gäller framför svensk grundlag.

26. Om grundlagsdebatten se bl a K-G Algotson, Sveriges författning efter EU-anslutningen, 2000 s 273 ff, U Bernitz, Sverige och europarätten, 2002 s 109 ff, dens, Det europeiska konstitutionsprojektet och den svenska grundlagen, ERT 2006 s 66 ff, M Melin & G Schäder, EU:s konstitution, 6 uppl., 2004 s 171 ff, EG och de svenska grundlagen – förbundsstat i vardande? Red F Sterzel, Rättsfondens skriftserie nr 29, 1993, J Nergelius, Svensk statsrätt, 2006 s 267 ff, W Warnling-Nerep m fl Statsrättens grunder, 2005 s 261 ff.

27. Regeringen och Lagrådet har bedömt att det inte var nödvändigt att genomföra några grundlagsändringar i Sverige inför en eventuell svensk ratifikation av det konstitutionella fördraget, U Bernitz, Det europeiska konstitutionsprojektet och den svenska grundlagen, ERT 2006 s 66 ff.

28. D v s med enkel majoritet efter mellanliggande riksdagsval.

29. Som uttryck för ett annat förhållningssätt kan nämnas att den tyska grundlagen (Grundgesetz) i svensk översättning lyder: "Med målsättningen att genomföra ett förenat Europa skall Förbundsrepubliken Tyskland medverka i utvecklingen av Europeiska unionen" (art. 23.1).

30. Se t ex 8:4 andra stycket RF om val till Europaparlamentet och 10:2 fjärde stycket och 10:6 första stycket RF om riksdagsarbetet med EU-frågor.

betena framhålls vad gäller principerna för statsskicket att Sveriges ställning som en suverän stat med demokratiskt statsskick sätter gränser för den möjliga överföringen av beslutanderätt.[31] Vad som mera exakt ligger i "principerna för statsskicket" har inte klarlagts närmare och är omdiskuterat. Bestämmelsen torde knyta an till 1:1 RF som slår fast det svenska statsskickets grunder. Här nämns principerna om demokrati (makten utgår från folket) och parlamentarism, fri åsiktsbildning, allmän rösträtt, kommunal självstyrelse och rättsstat (makten utövas under lagarna). Bestämmelsen om principerna för statsskicket sätter knappast någon tydlig spärr för själva omfattningen av den beslutsöverföring som får ske till EU men kan med rätta kritiseras för att vara oklar.[32]

Enligt den andra begränsningen får beslutsöverföring till EU bara ske under förutsättning att unionen upprätthåller ett fri- och rättighetsskydd motsvarande det som ges i den svenska regeringsformen och i Europakonventionen angående skydd för de mänskliga rättigheterna. Med "motsvarande skydd" skall enligt ett utskottsuttalande förstås att de båda rättighetsskyddssystemen skall stå i nivå med varandra utan att de till alla delar behöver vara identiska.[33] Den reella betydelsen av detta förbehåll är högst begränsad. Europakonventionen gäller sedan 1995 såsom svensk lag och lagstiftning i strid med konventionen får inte meddelas i Sverige (2:23 RF, se 11.5 nedan). Fri- och rättighetsskyddet i Europakonventionen med därpå byggd praxis i Europadomstolen i Strasbourg är i de allra flesta hänseenden mera utbyggt än skyddet enligt regeringsformens fri- och rättighetskapitel (2 kap RF). Såsom behandlats i 6.9 tillämpas Europakonventionen inom EU som uttryck för allmänna rättsprinciper och iakttas av EG-domstolen.[34] Förklaringen till förbehållet om rättighetsskydd i 10:5 RF ligger däri att man i Sverige vid bestämmelsens tillkomst 1994 var påverkad av tyska författningsdomstolens då mycket aktuella dom i målet om Maastrichtavtalet, där det gjordes ett förbehåll om rättighetsskyddet.[35] Härigenom har den svenske lagstifta-

31. Prop 2001/02:72 s 34 f, KU 2001/02:KU 18, särskilt s 41 ff. Grundlagsändringen kan ses som ett lagfästande av förarbetsuttalanden som gjordes 1994, Bet 1993/94:KU 21 s 27, se även Bernitz, Sverige och europarätten s 113 f.

32. Se t ex U Bernitz i ERT 2006 s 69 ff. Jfr artikel 6.1 EUF som anger att unionen bygger på principerna om frihet, demokrati, rättighetsskydd och rättsstat.

33. 1993/94:KU21 s 27.

34. Rättighetsskyddet enligt tryckfrihetsförordningen och yttrandefrihetsgrundlagen, som i Sverige har en internationellt sett unikt detaljerad utformning och som inte har full täckning i EU-rätten, har hållits utanför begränsningsregeln i 10:5 RF.

35. Se 5.3.2 om Solangemålen.

ren anslutit sig till synsättet att EU:s kompetens ytterst härrör från medlemsstaterna.[36]

## 11.4 EG-rättens tillämpning i Sverige

Inför EU-anslutningen hade Sverige att säkra EG-rättens fulla genomslag i svensk rätt. Detta har skett genom en särskild anslutningslag, lag med anledning av Sveriges anslutning till Europeiska unionen, vanligen betecknad *EU-lagen.*[37] Den klargör att EG-rätten gäller generellt och fullt ut i Sverige med de rättsverkningar som tillkommer gemenskapsrätten enligt de rättsprinciper som EG-domstolen utvecklat eller kan komma att utveckla framgent i fråga om företrädesrätt, direkt tillämplighet, direkt effekt, skadeståndsansvar m m.[38] Lagstiftaren har medvetet valt att i lagtexten inte närmare precisera rättsverkningarnas omfattning och innebörd. Genom formuleringen i 3 § EU-lagen att gemenskaperna "får ... fatta beslut som gäller här i landet med den omfattning och med den verkan som följer av" fördragen markeras att dessa drar upp gränser för EG:s kompetens (se 4.1) och att beslut fattade inom EG skall ha samma rättsliga verkan i Sverige som i andra medlemsstater, d v s tolkas och tillämpas i enlighet med de EG-rättsliga principer som utvecklats av EG-domstolen och som har sin grund i domstolens tolkning av fördragen.

Detta innebär att fördragen har införlivats med svensk rätt och är att betrakta som en del av den svenska nationella rätten och gäller här i Sverige med den effekt de har enligt EG-rätten. Med denna lagstiftningsteknik har det inte funnits något behov av, eller ens ansetts vara möjligt, att i den svenska nationella rättsordningen ha särskilda bestämmelser om EG-rättens position i Sverige, t ex om dess företräde och verkningar eller om EG-domstolens ställning. Också sekundärrätten har införlivats generellt med svensk rätt genom att EU-lagen anger att rättsakterna gäller med den verkan de har enligt fördragen. Kort uttryckt: *Sverige lyder under EG-rätten.*

36. Prop 1993/94:114 s 18 f om författningsdomstolens dom ang Maastrichtfördraget, prop 2001/02:72 s 35, M Melin & G Schäder, EU:s konstitution, 6 uppl 2004 s 175 ff. Enligt ett motivuttalande skulle RF 10:5 inte vara avsedd att rikta sig till domstolarna, vilka således förutsätts inte pröva gemenskapsrättsliga reglers förenlighet med det svenska rättighetsskyddet på grundval av stadgandet, se Konstitutionsutskottets betänkande 1993/94:KU21, s 27 ff, se även 2001/02:KU18 s 43. Resonemanget är knappast hållbart med hänsyn till domstolarnas självständiga ställning.

37. SFS 1994:1500. Se SOU 1994:10, Anslutning till EU. Förslag till övergripande lagstiftning, prop 1994/95:19, prop 1994/95:36. Om svensk diskussion, D Johansson, Får svenska domstolar underlåta att tillämpa EG-rätt?, ERT 2007 häfte 3.

38. EU-lagen gör en numera onödig skillnad mellan EG-rätten sådan den förelåg vid Sveriges EU-inträde och vad som tillkommit senare, se lagens 2 och 3 §§. I 4 § EU-lagen görs en enumeration av alla de EU-fördrag som Sverige är anslutet till.

I förhållande till EG:s regelverk tillämpar alltså Sverige i praktiken ett monistiskt system, något nytt i förhållande till Sveriges traditionella syn på folkrättsliga förpliktelser (se 5.2).[39] Sådana *fördragsbestämmelser* i EG-fördraget som (enligt vad som närmare utvecklats i 5.4) har direkt tillämplighet och direkt effekt är som framgått omedelbart gällande i Sverige och skall alltså tillämpas av svenska domstolar och myndigheter såsom i landet gällande rättsregler.

*EG-förordningar* är i Sverige direkt gällande författningstext (se 3.3.7). De får lika litet som fördragstexten överföras till nationell svensk lagstiftning. De tas därför inte in i SFS (Svensk Författningssamling) och återfinns normalt inte heller i svenska lagböcker. Det är dock vanligt att de kompletteras med svenska tillämpningsbestämmelser om t ex administrativa frågor som inte tagits upp i förordningen .[40]

*Direktiv* måste däremot genomföras i nationell lagstiftning (se 3.3.8).[41] Bortsett från den i praktiken mindre vanliga situationen att direktivets bestämmelser redan har full täckning i redan gällande svensk rätt (normharmoni), sker detta genom ändring i svensk lagstiftning. Så sker ibland genom inkorporation (se 5.2), d v s direktivet genomförs genom en lagstiftningsakt som förklarar att själva direktivet gäller som svensk lagstiftning. Vanligare är transformation, d v s direktivet görs till en del av svensk rätt genom att man gör ändringar i svensk författningstext så att innehållet tillgodoser direktivets krav. Båda metoderna har för- och nackdelar. Inkorporationsmetoden är mera trogen originalet och enklare för lagstiftaren medan transformationsmetoden leder till en normal svensk författningstext, något som vanligen blir mer överskådligt och lättare för svenska jurister att tillämpa. Ofta framgår det dock inte av den svenska författningstexten att den är baserad på ett EG-direktiv.[42] Direktiven införlivas på den konstitutionella nivå som de materiella reglernas innehåll kräver. Det kan vara av riksdagen beslutad lag, regeringsförordningar eller myndighetsföreskrifter. De sistnämnda spelar mängdmässigt stor roll.[43]

Det är en viktig uppgift för Lagrådet att granska svenska lagförslags förenlighet med EG-rätten.[44]

39. Att svensk folkrätt fortfarande utgår från den dualistiska principen framgår av NJA 2004 s 662, Andersson (se s 672 mitten).

40. I vissa fall lämnar dock EG-förordningar åtskilliga frågor kvar att lösas genom anslutande nationell lagstiftning, t ex förordningen om europabolag (se 14.3).

41. Artiklar om implementering av EG-lagstiftning i Sverige har på grundval av ett symposium publicerats i SvJT 2003 s 405 ff. Se även bl a D Eliasson m fl, Community Directives, Effects, Efficiency and Justiciability in Sweden, SvJT 1998 s 212 ff.

42. Numera brukar detta dock anges först i en ny lag.

43. Se förordning om vissa skyldigheter för myndigheter vid ett medlemskap i EU (1994:2035) med förordningsmotiv (Fm 1994:2).

44. S Vängby, Lagrådet, grundlagarna, Europakonventionen och EG-rätten, Festskrift till Ulf Nordenson, 1999 s 449 ff, dens, Erfarenheter från Lagråd och utredningar av genomförande av EU:s rättsakter, SvJT 2003 s 499 ff.

De svenska *domstolarna* ingår vid tillämpningen av gemenskapsrätten i EG:s samlade domstolssystem.[45] Det är de svenska domstolarnas plikt att tolka och tillämpa svensk lagstiftning i överensstämmelse med den relevanta gemenskapsrättens innehåll och syfte.[46] Härvid bör de svenska domstolarna givetvis utgå från de tolkningsprinciper som allmänt tillämpas inom EG-rätten (se 3.4). De svenska domstolarna är således numera inte exklusivt ”svenska”; deras uppgift är också att fungera som den nationella armen i EG:s rättsliga system och lojalt säkerställa EG-rättens genomslag och tillämpning i Sverige. Det gäller även t ex principen att svenska lagar och andra författningar så långt möjligt skall tolkas i ljuset av direktivs ordalydelse och syfte, direktivkonform tolkning.[47]

Skyldigheten att följa gemenskapsrätten innebär att de svenska domstolarna kan behöva sätta svensk lagstiftning, etablerad rättspraxis eller tydliga förarbetsuttalanden åt sidan, antingen genom omtolkning eller genom direkt åsidosättande av svensk rätt som strider mot EG-rätten. Härvid utövar de svenska domstolarna en form av självständig lagprövning och domstolskontroll, som sträcker sig klart längre än vad som tidigare varit svensk statsrättslig tradition. Det har härigenom skett en uppgradering av de svenska domstolarnas konstitutionella position.[48]

Skyldigheten att tillämpa EG-rätten lojalt, även om detta fordrar omtolkning eller åsidosättande av intern rätt, gäller även för svenska myndigheter (även kommunala), något som kan försätta dessa i komplicerade situationer.[49]

*EG-rättens företräde* har behandlats i 5.3. Det kan konstateras att de svenska domstolarna, även de högsta instanserna, inte har haft några problem i praxis med att erkänna gemenskapsrättens företrädesrätt. Regeringsrätten lade redan 1996–1997 denna princip till grund i flera avgö-

45. Domstolsverket publicerar på sin webbplats ett Nyhetsbrev om EG-rätt med särskild inriktning på EG-rättens tillämpning av svenska domstolar och mål i EG-domstolen av särskilt intresse för Sverige, www.dom.se (klicka på Publikationer).

46. Detta har tydligt kommit till uttryck i motivuttalanden i prop 1994/95:19 s 524. Den fördragsmässiga basen är främst den generella lojalitetsplikten i artikel 10 EGF, se vidare avsnitt 6.3.

47. Principen om direktivkonform tolkning har uttryckligen knäsatts av HD i NJA 2003 s 82 ang offentlig upphandling. I NJA 2005 s 924, *Fixtures* har HD (efter att ha inhämtat förhandsavgörande av EG-domstolen) uttryckligen tolkat 49 § upphovsrättslagen i enlighet med EG:s databasdirektiv. I NJA 2005 s 361, *Lundsbergs skola*, har HD tillämpat personuppgiftslagen i överensstämmelse med EG:s bakomliggande personuppgiftsdirektiv. I Regeringsrättens praxis märks bl a RÅ 2002 ref 14, beräkning av vägavgift. Olika exempel på direktivkonform tolkning i Regeringsrättens skatterättsliga praxis ges i H Ragnemalm, EG-rätt i Regeringsrätten, Festskrift till Rune Lavin 2005 s 229 ff, (omtryckt i H Ragnemalm & M Melin, EG-domstolen inifrån, 2006 s 249 ff), se även RÅ 2005 ref 70, momsberäkning.

48. U Bernitz, Sverige och europarätten, 2002 s 122 ff.

49. Detta följer av lojalitetsprincipen i artikel 10 EGF, se bl a mål 66/86, Ahmeed Saeed Flugreisen m fl, (REG 1989, s 803; svensk specialutgåva vol X) och det i 6.8.4 behandlade målet Heylens. Se även J Reichel, God förvaltning i EU och Sverige, 2006 s 162 ff.

randen där EG-rättsstridiga svenska författningsbestämmelser sattes åt sidan.[50] Denna praxis har Regeringsrätten senare fört vidare, inte minst på skatteområdet.[51] HD har tydligt erkänt gemenskapsrättens företrädesrätt i förhållande till svensk lag med annan innebörd i ett avgörande angående lönegarantidirektivet, *Gharehveran*.[52]

Enligt svensk rätt saknade makan till en företagare, såsom närstående till företagets ägare, rätt till lönegaranti när företaget gick i konkurs. Efter att ha inhämtat förhandsavgörande från EG-domstolen, fann HD att denna inskränkning stod i strid med lönegarantidirektivet och slog fast att makan kunde grunda rätt till betalning direkt på direktivet trots att den svenska lagstiftningen uttryckligen undantagit arbetstagare i hennes situation från rätten till lönegaranti. Med stöd direkt av EG-direktivet och – som HD uttryckte det i domsmotiveringen - ”med bortseende från den mot gemenskapsrätten stridande undantagsregeln i förmånsrättslagen angående närstående” fann HD att makan omfattades av den svenska lönegarantin.

De svenska domstolarna har att ta ställning till enskildas krav på skadestånd av svenska staten (i vid mening) i enlighet med den i 5.6 behandlade Francovich-principen om enskildas rätt till statsskadestånd. HD tilllämpade Francovich när den dömde staten att betala ut ersättning i det nyss nämnda avgörandet.[53] Krav på skadestånd av staten på grund av att EG-rättsliga regler inte iakttagits handläggs i Sverige från statens sida av Justitiekanslern (JK) som haft att ta ställning till sådana krav i många fall.[54] JK har sålunda betalat ut skadestånd till fordonsägare i anledning av att svenska avgasbestämmelser stridit mot EG:s regler för privatimport av fordon.[55] I målet *Stockholm Lindöpark* har staten ålagts skadeståndsskyldighet för bristande överensstämmelse mellan mervärdes-

50. RÅ 1996 ref 50, Upplands Lokaltrafik (upphandlingslagen), RÅ 1997 ref 65, Lassagård (överklagandeförbud i jordbruksförfattning), RÅ 1997 ref 82 I–II, S.Ö. Buss och Ankarcrona (avgasreningsbestämmelser), se U Bernitz, Sverige och europarätten s 125 ff.

51. Översikt i H Ragnemalm, EG-rätt i Regeringsrätten, Festskrift till Rune Lavin, 2005 s 223 ff (omtryckt i H Ragnemalm & M Melin, EG-domstolen inifrån, 2006 s 241 ff), se även 13.3 ang Jessica Safir och 14.3 ang RÅ 2000 ref 40, Astra-Zeneca.

52. NJA 2002 s 75, angående förhandsavgörandet mål C-4441/99, Riksskatteverket mot Soghra Gharehveran (REG 2001, s I-7687). I NJA 2006 s 246, Lyckohjul, frikände HD (efter att ha inhämtat förhandsavgörande av EG-domstolen) en kioskägare, som åtalats för att ha anordnat spel i strid mot lotterilagen, eftersom han använt en ny typ av spelautomat som inte hade anmälts till kommissionen enligt bestämmelserna om tekniska föreskrifter fastän så skulle ha skett, se vidare 12.5.1.

53. NJA 2002 s 75. Till skillnad från situationen i Francovich hade Sverige infört ett lönegarantisystem. Se vidare O Wiklund, Lagstiftaren inför rätta, SvJT 1995 s 384 ff, H Sundberg, Lönegarantidirektivets tillämpning i Sverige, ERT 2002 s 113 ff.

54. JK tillämpar förordning (1995:1310) om handläggning av skadeståndsanspråk mot staten. Se G Lambertz, Skadestånd vid fel av lagstiftaren i Festskrift till Bill Dufwa 2006 s 695 ff, särskilt s 704 f, dens, Det allmännas skadeståndsansvar i framtiden – trender och utvecklingsmöjligheter, JT 2004–05 s 3 ff. Se även JK:s webbsida www.jk.se

55. Regeringsrätten fann i RÅ 1997 ref 82 att de svenska bestämmelserna stred mot EG-fördraget. JK har även bl a betalat ut skadestånd till följd av att Sverige under 1996–97 tog ut EG-rättsstridig sanktionsavgift på införsel av finsk röd diesel.

skattelagen och EG:s mervärdesskattedirektiv.[56] Den bristande implementeringen ansågs i sig konstituera en tillräckligt klar överträdelse.[57] JK:s kompetens omfattar emellertid bara fall där staten är part. I de fall de påstådda överträdelserna orsakats av kommunala organ eller andra institutioner som hänförs till ”staten” i vid EG-rättslig mening[58] torde anspråken få prövas direkt av allmän domstol.[59]

Den svenska skadeståndslagen täcker emellertid inte fullt ut statens ersättningsansvar enligt EG-rätten. Kravet på att det allmännas skadeståndsgrundande handlande enligt svensk lagstiftning skall ha skett ”vid myndighetsutövning” (3 kap 2 §) torde vara för snävt för att innefatta alla de olika typfall där det enligt gemenskapsrätten föreligger skadeståndsskyldighet.[60] Inte heller uppfyller skadeståndslagens förbud att föra skadeståndstalan mot beslut av de högsta statsmakterna och domstolarna (3 kap 7 §) kravet på effektiva nationella rättsmedel i de fall en skildas anspråk grundas på gemenskapsrätten. Stadgandet står i uppenbart strid med Köbler-domen (se 5.6) som ju klargör att staten kan bli skadeståndsskyldig för det fall Högsta domstolen eller Regeringsrätten skulle döma i uppenbar strid med EG-rätten. Även om det i och för sig står klart att på EG-rätten grundade skadeståndskrav tar över skadeståndslagens spärregler, ter det sig anmärkningsvärt att den nationella lagstiftningen inte har anpassats och därigenom verkar missledande.[61]

De svenska domstolarnas rätt till lagprövning enligt intern rätt, varom stadgas i 11:14 RF, är inte tillräckligt omfattande för att tillgodose gemenskapsrättens krav. Av bestämmelsen framgår att domstolar har rätt att underlåta tillämpning av lagar och föreskrifter beslutade av den svenska riksdagen eller regeringen endast om dessa uppenbart står i strid med grundlag eller annan överordnad författning. Eftersom något uppenbarhetskrav inte ställts upp av gemenskapsrätten kan begränsningen inte gälla krav som baseras på denna, t ex när svenska rättsregler angrips

56. Solna tingsrätts mål T 360/96, Stockholm Lindöpark AB. Domen överklagades till Svea hovrätt, som begärde förhandsavgörande av EG-domstolen; mål C-150/99 (REG 2001, s I-493). Efter det, för svenska staten negativa, förhandsavgörandet betalade staten ut skadestånd. Målet är kommenterat av L Pehrson, Staten ansågs ha begått en allvarlig överträdelse av EG-rätten, ERT 2001 s 413 ff.

57. Se 5.6 ovan i slutet (målet Dillenkofer).

58. Se 5.4.2 ovan, bl a målet C-188/89, Foster.

59. Det har diskuterats ifall staten, i sin egenskap av ytterst ansvarig för överträdelser av ingångna internationella förpliktelser, även bör anses vara part dessa fall. En sådan ordning har dock i dessa fall inte ansetts självklar; se SOU 1997:194, Det allmännas skadeståndsansvar vid överträdelse av EG-rätten s 151. Uttryckligt stöd för sistnämnda slutsats finns numera i C-424/97, Salome Haim mot Kassenzahnärtliche Vereinigung Nordrein (Heim II), (REG 2000, s I-5123).

60. Frågan behandlades i SOU 1997:194, Det allmännas skadeståndsansvar enligt EG-rätten, se s 141 f.

61. De förslag som lades fram i den i föregående not nämnda utredningen för att åtgärda situationen har ännu inte genomförts.

på den grunden att de bygger på en rättsakt som är ogiltig.[62] Någon ändring av bestämmelsen har dock inte skett, då lagstiftaren ansett att det i sådana fall inte längre är regeringen eller riksdagen – utan gemenskapen – som är den behöriga normgivaren.[63] Mot bakgrund av de ofta svåravvägda kompetensfrågor som i verkligheten kan uppstå ter sig denna motivering rätt krystad.[64]

Över huvud taget gäller att svensk nationell rätt har att tillhandahålla de rättsmedel som fordras för gemenskapsrättens nationella genomslag (se 5.7). Det får alltså inte finnas begränsningar i den nationella rätten som försvårar gemenskapsrättens effektiva verkan.[65] Det måste t ex finnas möjlighet att genomdriva europarätten med hjälp av interimistiska förbud.[66] I svensk rätt märks särskilt Regeringsrättens viktiga avgörande i *Lassagård*.[67]

Lassagård, ett jordbruksföretag, hade ansökt om arealersättning (en form av jordbruksstöd) enligt en EG-förordning men fått avslag av Jordbruksverket. Enligt svenska tillämpningsregler kunde verkets beslut inte överklagas i domstol. Regeringsrätten fann denna regel oförenlig med såväl artikel 6.1 i Europakonventionen som EG-rättens allmänna rättsprinciper (se 6.8.4). Med tillämpning av principen om EG-rättens företräde och krav på effektiva rättsmedel satte Regeringsförbud förbudet mot överklagande åt sidan och fann att Lassagård hade rätt att överklaga beslutet i svensk förvaltningsdomstol.

De allmänna rättsprinciper som utbildats i gemenskapsrätten och som närmast är primärrättsliga skall, som framhållits i 6.1, tillämpas också när svenska domstolar och myndigheter gör bedömningar med stöd av EG-rätten. Detta gäller bland annat lojalitetsprincipen, likabehandlingsprincipen, proportionalitetsprincipen, förbudet mot retroaktiv lagstiftning och de processuella rättssäkerhetsgarantierna.[68]

62. EG-domstolen har uttryckligen slagit fast (helt i linje med vad den svenska regeringen uttalade i målet) att uppenbarhetskravet enligt 11:14 RF inte är tillämpligt när domstol prövar om svenska lagar eller regeringsförordningar står i konflikt med gemenskapsrätten, mål C-432/05, Unibet mot JK, dom av den 13 mars 2007, punkterna 3 och 51. Se vidare 7.3.1 om indirekt ogiltighetstalan vid nationell domstol och 7.5.2 om ogiltighetsprövning vid nationell domstol. Skyldighet föreligger att begära förhandsavgörande enligt Foto Frost-principen.

63. Se prop 1993/94:114, Grundlagsändringar inför ett svenskt medlemskap i Europeiska unionen, s 27, U Bernitz, Sverige och europarätten s 119 ff (kritisk).

64. Jämför t ex den av EG-domstolen utvecklade doktrinen om icke implementerade direktivs spärrverkan, se 5.3.2.

65. Se för ett exempel det konkurrensrättsliga målet Courage, behandlat i 16.8.3, där EG-domstolen underkände en engelsk avtalsrättslig rättsregel som begränsade skadeståndsansvar vid överträdelse av EG-rätt.

66. Se 5.7 med fallet Factortame II, till frågan K Nordback, Interimistiska åtgärder i EG-rättsliga mål, 2005.

67. RÅ 1997 ref 65, jämför det äldre avgörandet RÅ 1995 ref 58, Stallknecht (annan utgång).

68. Se härom kapitel 6.

När det gäller *proportionalitetsprincipen* har det skett en intressant rättsutveckling. Fram till 1990-talets mitt var den knappast erkänd som en allmänt tillämplig rättsprincip i svensk rätt, även om den sedan länge tillämpats i vissa sammanhang (t ex vid interimistiska beslut). Rättsläget har nu ändrats under intryck av gemenskapsrätten och Europakonventionen. Regeringsrätten har sålunda åberopat och tillämpat proportionalitetsprincipen i en svit avgöranden som rört fastighetsrättsliga frågor i svensk intern rätt[69] och i Barsebäckdomen uttryckligen förklarat att principen vunnit erkännande i svensk nationell rätt.[70]

## *11.5 Europakonventionens tillämpning i Sverige*

Europakonventionens utformning och ställning inom EU har behandlats i avsnitt 6.9. Som där har framgått gäller Europakonventionen inom EU såsom uttryck för allmänna rättsprinciper och åberopas numera i stor omfattning av EG-domstolen som en del av gemenskapsrätten. I Sverige införlivades Europakonventionen med vår interna rätt ovanligt sent; först från och med 1995,[71] d v s samtidigt med att Sverige blev medlem i EU och otvivelaktigt under tryck av det förestående EU-inträdet. Europakonventionen har grundlagsförankring (2:23 RF)[72] och ställning såsom lag i Sverige och skall alltså direkt tillämpas av svenska domstolar och myndigheter. Införlivandet gjordes dock – anmärkningsvärt nog – på ett sätt som inte ger Europakonventionen något entydigt företräde framför lagar antagna av riksdagen.[73]

I de fall rättsfrågan har en gemenskapsrättslig förankring, så att Europakonventionen också kan åberopas såsom uttryck för en gemenskapsrättslig rättsprincip, har emellertid Europakonventionens bestämmelser samma anspråk på företrädesrätt i förhållande till nationell rätt som an-

69. RÅ 1996 ref 40, ref 44 och ref 56 samt RÅ 2000 ref 49.

70. RÅ 1999 ref 76, se särskilt avsnitt 5.5.1 i domen. Se bl a C Lundblad & M Wärnsby, Proportionalitetsprincipen inom förvaltningsrätten efter Barsebäcksdomen, ERT 2000 s 209 ff, W Warnling-Nerep, Barsebäck och proportionalitetsprincipens egentliga innebörd, Festskrift till Ulf Bernitz, ERT s 169 ff, X Groussot, General Principles of Community Law, Groningen 2006 s 394 ff.

71. SOU 1993:40 del B, Fri- och rättighetsfrågor – Inkorporering av Europakonventionen, prop 1993/94:117.

72. Grundlagsstadgandet föreskriver att lag eller annan föreskrift ej får meddelas i strid mot Sveriges åtaganden på grund av Europakonventionen.

73. Se härom bl a U Bernitz, Sverige och europarätten kap 6 (Införlivandet av Europakonventionen – en halvmesyr) s 137 ff, J Nergelius, Svensk statsrätt, 2006 s 150 ff, H Strömberg, Europakonventionens genomslag i svensk rätt, FT 1996 s 19 ff. Formerna för införlivandet var resultatet av en sakligt otillfredsställande politisk kompromiss. För en översikt se C H Ehrenkrona, Europakonventionens betydelse för den svenska rättsordningen, SvJT 1999 s 486 ff.

nan EG-rätt. Detta har också slagits fast genom Regeringsrättens nyssnämnda avgörande i *Lassagård*.[74] Formellt sett har Europakonventionen alltså en högre rättslig status i Sverige som del av gemenskapsrätten än som del av intern svensk rätt. Svenska domstolar förefaller hittills inte ha åberopat EU:s rättighetsstadga (se 6.9.3) som tolkningsunderlag, vilket givetvis är fullt möjligt.

Förhållandet nationell domstol/Europadomstolen i Strasbourg är som framgått (6.9.1) annorlunda utformat än förhållandet nationell domstol/EG-domstolen. Det saknas någon motsvarighet till systemet med förhandsavgörande. Först sedan ett mål har avgjorts av högsta möjliga nationella instans kan en part klaga till Europadomstolen. Man måste alltså först ha uttömt de ordinära rättsmedlen enligt svensk rätt genom att ha fört målet till högsta instans, d v s i allmänhet HD, Regeringsrätten, Arbetsdomstolen eller Marknadsdomstolen, eller utnyttjat befintliga möjligheter till överklagande av förvaltningsbeslut, inbegripet rättsprövning i Regeringsrätten.[75] Däremot fordras inte att den klagande utnyttjat de möjligheter som extraordinära rättsmedel, såsom resning och klagan över domvilla, skulle kunna ge.

När t ex en svensk domstol prövar om en viss lagbestämmelse eller lagtillämpning strider mot Europakonventionen, är domstolen alltså hänvisad till att själv bedöma saken mot bakgrund av Europadomstolens publicerade, i och för sig mycket omfattande, rättspraxis.[76]

Svenska domstolar synes numera tillämpa Europakonventionen lojalt. Detta sker i allmänhet genom en *konventionskonform* tillämpning, d v s svenska lagbestämmelser tolkas så att de uppfyller Europakonventionens krav även när detta innebär att man frångår tidigare rättspraxis eller en enligt förarbetena avsedd tolkning.[77] I praktiken närmar sig detta en företrädesrätt för Europakonventionen.

I det uppmärksammade avgörandet NJA 2005 s 805, *Pastor Green*, har HD frikänt en pingstpastor som var åtalad för hets mot folkgrupp genom att i en predikan ha fällt starkt negativa uttalanden om homosexuella. Dessa torde ha varit straffbara såsom hets mot folkgrupp enligt intern svensk rätt, men HD gjorde en prövning av hur uttalandena ”sannolikt” var att bedöma enligt

74. I RÅ 2001 ref 56 har Regeringsrätten grundat en rätt till domstolsprövning direkt på artikel 6 EKMR (Persbo jaktvårdsområde). En prövning mot EG-rätt och Europakonventionen gjordes i RÅ 1999 ref 76, Barsebäck.

75. Sådan prövning ansetts ha skett om högsta instans i målet inte meddelat prövningstillstånd. Klagomålen måste anhängiggöras vid Europadomstolen inom sex månader efter det att den slutgiltiga domen eller beslutet meddelades, artikel 35.1 EKMR.

76. För hänvisningar, se avsnitt 6.9.1. Domstolsverket publicerar på sin webbsida nyhetsbrevet Nytt från Europadomstolen med särskild inriktning på rättsfall som rör Sverige, www.dom.se

77. Denna metod bygger på lagförarbetena, se ang praxis t ex U Bernitz, Sverige och europarätten s 141 ff. En omfattande genomgång av svenska domstolars tillämpning av Europakonventionen görs i de av J Södergren årligen publicerade översikterna Axplock i ERT.

Europakonventionen mot bakgrund av Europadomstolens praxis när det gäller skyddet för religionsfriheten i artikel 9 EKMR och yttrandefriheten i artikel 10 EKMR. HD framhöll att domstolen gjorde en konventionsenlig tillämpning.[78]

I ett viktigt prejudikat har HD funnit staten vara skadeståndsskyldig gentemot en enskild person, vars rätt enligt Europakonventionen kränkts genom att åklagarmyndigheten inte väckt åtal mot honom (för allvarlig ekonomisk brottslighet) inom skälig tid (artikel 6.1 EKMR).[79] HD tillämpade primärt 3:2 skadeståndslagen om fel och försummelse vid myndighetsutövning med stöd av konventionskonform tolkning och utdömde ersättning för inkomstförlust, men utdömde även ideellt skadestånd direkt på grundval av artikel 41 EKMR som ger skadelidande rätt till skälig gottgörelse.[80] (Skadeståndslagen medgav ej ideellt skadestånd i denna situation).[81]

Skadeståndsansvaret är ägnat att ge konventionsskyddet "tänder".

## 11.6 *Fördragsbrottsmål mot Sverige*

Kommissionen övervakar enligt artikel 211 EGF att Sverige iakttar sina skyldigheter enligt EG-rätten (i likhet med vad som gäller i förhållande till alla medlemsstater). Kommissionen kontrollerar inte minst att Sverige fullt ut genomför nya direktiv inom föreskriven tidsfrist och på lojalt sätt vad gäller direktivens innehåll och räckvidd. I många fall agerar kommissionen på grundval av anmälningar från utomstående intressenter. Potentiella överträdelseärenden handläggs primärt i administrativ ordning, bl a vid underhandskontakter på svensk regeringsnivå. Nås ingen lösning kan kommissionen föra fördragsbrottstalan mot Sverige enligt artikel 226 EGF. Förfarandet och dess olika steg har behandlats i avsnitt 7.2.3.

Antalet mål där kommissionen fört fördragsbrottstalan mot Sverige har tenderat att öka och den totala summan uppgick vid utgången av 2006 till 29 fall.[82] Åtskilliga av dessa har gällt situationer där det stått

78. Se i Regeringsrättens praxis bl a RÅ 1996 ref 97 ang eftersökning i privatbostad vid taxeringsrevision.

79. NJA 2005 s 462, Lundgren. (Cirka sju år förflöt mellan delgivningen av misstanke om brott och tingsrättens friande, lagakraftvunna dom). Se även HD:s beslut 4 maj 2007 i mål Ö 2572-04, BHS mot JK.

80. Se bl a K Åhman, Skadestånd på grund av konventionsbrott, JT 2005–06 s 424 ff, I Cameron, Damages for Violations of ECHR Rights: the Swedish Example, Swedish Studies in European Law, Vol 1, 2006 p 97 ff, dens, Skadestånd och Europakonventionen för de mänskliga rättigheterna, SvJT 2006 s 553 ff.

81. Utvidgade lagstadgade möjligheter till skadestånd vid kränkningar av Europakonventionen har föreslagits i Ds 2007:10.

82. EG-domstolens verksamhetsstatistik 2006 (avseende tiden 1995–2006). Se närmare M Fritz & J Hettne, Sverige inför rätta – Kontrollen av medlemsstaterna i Europeiska Unionen, SIEPS 2006:3, speciellt s 37 ff samt däri refererade källor.

tämligen klart att Sverige inte genomfört ett visst direktiv i tid eller att det svenska rättsläget på annat sätt inte stämt överens med vad som gäller enligt EG-rätten. Vissa av fallen berörs i boken i sitt sakliga sammanhang.[83]

## 11.7. *Förhandsavgörande på begäran av svenska domstolar*

Begäran om förhandsavgörande från EG-domstolen har behandlats i kapitel 8. Som framgått spelar förhandsavgörandena en synnerligen central roll för EG-rättens utveckling och tillämpning. Svenska domstolar har dock hittills visat en påtaglig återhållsamhet när det gäller att begära förhandsavgörande. Under tolvårsperioden 1995–2006 har svenska domstolar begärt förhandsavgörande i drygt 60 fall, d v s i snitt fem fall per år. Endast ett fåtal fall har härrört från HD, klart fler från Regeringsrätten, men majoriteten av fallen har kommit från domstolar i lägre instans och i någon mån från domstolsliknande organ. [84]

Ett fall som kommit att få särskild betydelse för rättsutvecklingen är *Lyckeskog-målet*; hittills det sannolikt viktigaste förhandsavgörandet på begäran av svensk domstol.[85] Hovrätten för Västra Sverige riktade i detta mål (som nämnts i 8.6) en fråga till EG-domstolen om varusmuggling men frågade även om hovrätten utgjorde sista instans och alltså var skyldig att begära förhandsavgörande enligt artikel 234.3 EGF. EG-domstolen besvarade frågan nekande och förklarade att den omständigheten att det krävdes prövningstillstånd för att den högsta domstolsinstansen skulle ta upp ett överklagande till prövning inte medförde att parterna saknade rättsmedel.

83. Till och med år 2005 hade Sverige fällts i nio fall och friats i två; nio hade avskrivits utan att dom meddelats. Från den fällande gruppen av domar kan särskilt nämnas t ex Open Skies-målet (C-468/98, kommissionen mot Sverige (REG 2002, s I-9575) rörande internationell traktatkompetens (se 9.2) och badvattensmålet (C-368/00, kommissionen mot Sverige (REG 2001, s I-4605) rörande felaktig tillämpning av badvattendirektivet 76/160/EEG). Se även 12.6.1 ang tjurrasen Belgisk blå, C-162/97, Åklagaren mot Gunnar Nilsson m fl (REG 1998, s I-7477) och 14.4 ang reavinstbeskattning vid köp av permanentbostad i annat EU-land (mål C-104/06, kommissionen mot Sverige, dom av den 18 januari 2007). EG-domstolen har däremot godtagit att en (icke-bindande) bilaga till direktivet om oskäliga avtalsvillkor (93/13/EEG) hade genomförts endast genom förarbetsuttalanden och inte inom ramen för den svenska avtalsvillkorslagen för konsumentförhållanden (mål C-478/99, kommissionen mot Sverige (REG 2002, s I-4147); rättsfallskommentar av U Bernitz, Till frågan om lagförarbetens position, ERT 2003 s 155 ff.

84. Under åren 1995-2006 begärdes förhandsavgörande i 8 fall från HD, 19 fall från Regeringsrätten, 3 fall från Marknadsdomstolen och 3 fall från Arbetsdomstolen. Resterande fall härrörde från andra domstolar, ofta förvaltningsdomstolar.

85. Mål C-99/00, Kenny Roland Lyckeskog (REG 2002, s I-4839). Om problematiken, A Hagsgård, EG-rätten i nationell rättstillämpning, 1996.

Mot bakgrund av Lyckeskog-avgörandet uppmärksammade kommissionen att svenska domstolar i högsta instans, och därvid särskilt HD, sällan begärde förhandsavgörande och att beslut att inte meddela prövningstillstånd saknade motivering. Kommissionen kunde därigenom inte kontrollera i vad mån EG-rätten hade beaktats och hur HD eller Regeringsrätten hade resonerat i mål där prövningstillstånd vägrades. Kommissionen tillställde svenska regeringen ett motiverat yttrande och hotade därigenom med fördragsbrottstalan. I detta läge har en lagändring genomförts. Från 1 juli 2006 gäller att svenska domstolar i sista instans är skyldiga – om de vägrar prövningstillstånd i ett mål där det är aktuellt att tillämpa EG-rätt – att motivera varför prövningstillstånd inte lämnas.[86]

Lagändringen och dess förhistoria bör uppfattas som en signal om att svenska domstolar bör vara mindre återhållsamma med att begära förhandsavgörande. Systemet bygger på en dialog mellan EG-domstolen och de nationella domstolarna och det synes angeläget att svenska domstolar fullt ut respekterar denna ordning. Detta är viktigt inte bara för att säkerställa gemenskapsrättens genomslag i Sverige utan även för att föra in svenska problemställningar och svensk rättsuppfattning i den process av fortsatt utveckling som kännetecknar EG-rätten.[87] Härvid har givetvis de svenska prejudikatinstanserna ett särskilt ansvar, men om ett mål som innehåller en oklar EG-rättslig tolkningsfråga är tillräckligt berett synes det lämpligt att redan första instans frågar EG-domstolen, eftersom domen därifrån normalt blir grundläggande för fortsättningen.[88]

## *11.8 Slutord*

Trots att Sverige varit medlem i EU sedan 1995 verkar kunskapen om EU och hur Sverige fungerar inom EU ofta vara begränsad. Sveriges agerande i EU-samarbetet har ofta präglats av en relativt låg profil, något som delvis torde ha sin förklaring i den svaga segern för ja-sidan i folk-

86. 1 § lag med vissa bestämmelser om förhandsavgörande från EG-domstolen (2006:502), se prop 2005/06:157, Vissa frågor om förhandsavgörande från EG-domstolen. Efter lagändringen avskrev kommissionen ärendet. Om bakgrunden och genomförandet U Bernitz, Kommissionen ingriper mot svenska sistainstansers obenägenhet att begära förhandsavgöranden ERT 2005 s 109 ff, dens, The Duty of Supreme Courts to Refer Cases to the ECJ: The Commission's Action Against Sweden, 1 Swedish Studies in European Law 2006 p 37 ff, M, Johansson, Artikel 234 EG – en del av det svenska rättssystemet, SvJT 2007 s 216 ff, O Zetterquist, Access to Justice in the EU – Knocking on Heaven's Door?, 1 Swedish Studies in European Law s 257 ff.

87. Härom U Bernitz, Europarättens genomslag i Sverige: Begäran om förhandsavgörande av EG-domstolen som katalysator, En minnesskrift. Juridiska fakulteten i Stockholm 100 år, 2007 s 78 ff.

88. U Bernitz, När bör tingsrätt begära förhandsavgörande av EG-domstolen? i Till minne av Södra Roslags tingsrätt 2007 s 244.

omröstningen och det fördragsstridiga beslutet att hålla folkomröstning om anslutning till euron 2003, vilken nejsidan vann (se 14.7 nedan). Regeringen valde också att inta en avvaktande hållning vad gäller det konstitutionella fördraget, som inte lades fram för riksdagen för ratifikation.[89]

En viktig förklaring är antagligen att Sverige under så lång tid stod utanför uppbyggnaden och utvecklingen av EU. Vi gick in i en organisation, som redan i stort sett funnit sina former och lagt fast det mesta av sitt omfattande regelverk. Några huvudlinjer i det svenska agerandet är emellertid tydliga. Sverige har som medlem hävdat en positiv linje när det gällt EU:s utvidgning med nya medlemsstater, och gör så fortfarande. Från svensk synpunkt är det särskilt positivt att grannländerna på andra sidan Östersjön, de baltiska staterna och Polen, blivit EU-medlemmar. Hållningen till det konstitutionella fördraget och dess förslag har varit i huvudsak positiv. I EU företräder Sverige en frihandelsvänlig linje, såväl utåt när det gäller EU:s handelspolitik mot omvärlden som inåt, t ex när det gäller avreglering på jordbruksområdet och fri rörlighet. Sverige stödde aktivt tillkomsten av tjänstedirektivet. Drygt 70 % av svensk varuexport går till Europa, importen kommer till nära 85 % från övriga Europa.[90] Sverige har också kraftfullt verkat för öppenhetsprincipens genomslag i EU (se 6.10). Här spelade det svenska ordförandeskapet i rådet under första halvåret 2001 en starkt pådrivande roll.[91] Inom andra pelaren har Sverige aktivt engagerat sig i EU:s säkerhetspolitiska uppgifter genom att ta huvudansvar för upprättandet av Nordiska stridsgruppen (se 9.6.2).

Europarätten kom till Sverige sent. Milstolpen var som nämnt 1 januari 1995, då landet blev EU-medlem och Europakonventionen började gälla som svensk lag. Den svenska juristkåren synes ännu befinna sig i ett stadium av lärande och det kan inte uteslutas att europarättsliga problemställningar ibland blir förbisedda i rättstillämpningen. Det begränsade antal förhandsavgöranden i EG-domstolen som emanerat från Sverige, och som ju ledde till kommissionens i 11.7 berörda ingripande med hot om fördragsbrottstalan, torde få ses mot denna bakgrund. På sikt synes det väsentligt att man i Sverige inte endast ser sig som mottagare av utifrån kommande rättsregler utan också aktivt medverkar i den europeiska rättsutvecklingen. Huvuddelen av tillämpningen av europarätt sker trots allt inte på EU-planet utan nationellt.

89. Se 2.5. Härom U Bernitz, Det europeiska konstitutionsprojektet och den svenska grundlagen, ERT 2006 s 66 ff.

90. EFTA-länderna inkluderade.

91. J Tallberg (red), När EU kom till Sverige. Ordförandeskapet i EU 2001, 2001. Sverige innehar nästa gång ordförandeskapet i rådet under andra halvåret 2009.

# 12. Den inre marknaden för varor

## 12.1 *Inledning*

Den ekonomiska integration som den gemensamma marknaden syftar till bygger på tanken att stegrad och effektiv produktion, liksom en lämplig specialisering och fördelning av produktionsresurserna inom EU, skall uppnås genom att de olika nationellt avgränsade småmarknaderna transformeras till en samlad marknad med samordnad ekonomisk politik – baserad på principen om en öppen marknadsekonomi med fri konkurrens.[1] Vid EG:s tillkomst sågs den sedan gammalt integrerade marknaden i USA som en betydelsefull förebild. Den utvidgade EG-marknaden (EU-27) är med sina nära 490 miljoner människor till invånarantalet världens tredje största (efter Kina och Indien) och klart större än den amerikanska (ca 300 miljoner).

Den gemensamma, inre marknaden kännetecknas bland annat av ett avskaffande av handelshinder mellan medlemsstaterna och fri rörlighet inom hela unionen för varor, tjänster, personer och kapital.[2] Den fria rörligheten för dessa grundläggande faktorer brukar benämnas *"de fyra friheterna"*. Det finns stora likheter i uppbyggnaden av de fyra friheterna och de begränsningar i dessa som kan godtas. Grundläggande strävanden är här att säkerställa *likabehandling och likvärdiga möjligheter till marknadstillträde.* Rättspraxis kring den fria rörligheten för varor är särskilt rik och det är främst på detta område som domstolen utvecklat de grundläggande bedömningsprinciperna. De principer som utbildats i fråga om de övriga fria rörligheterna bygger delvis på principerna inom varuområdet. Även om man bör observera de (ökande) likheterna mellan

1. Se artikel 7 EGF.

2. Se artikel 3.1 c EGF samt avsnitt 4.1. Begreppen *"gemensam"* respektive *"inre marknad"* används ofta synonymt. Någon helt klar avgränsning finns heller inte, men i grova drag torde man kunna säga att begreppet den inre marknaden – enligt definitionen ett område utan inre gränser där de fyra friheterna säkerställs i enlighet med fördraget – mer fokuserar på just de inre aspekterna, medan den gemensamma marknaden därtill även inkluderar EG:s externa aspekter (den gemensamma tullunionen, den externa handelspolitiken och liknande). Den gemensamma marknaden får alltså anses vara ett vidare begrepp, vilket även förklarar dess popularitet som rättslig grund (artikel 308 EGF), där inre marknads-artikeln 95 EGF inte ansetts förslå.

de olika rörligheterna har varje område trots allt sina särdrag och de behandlas därför var för sig.

En annan mycket viktig aspekt är att de regler som syftar till att garantera de fyra friheterna i princip alla har tillerkänts *direkt effekt*, och alltså kan åberopas av enskilda inför nationella domstolar och myndigheter. Andra viktiga beståndsdelar av den gemensamma marknaden är EG:s konkurrensrätt,[3] reglerna om offentlig upphandling[4] och de olika harmoniseringssträvanden som förekommer på alltfler områden.[5]

Grundläggande för tillämpningen av de bestämmelser som behandlar de fyra friheterna, samt även EG:s konkurrensrätt, är det s k *samhandelskriteriet*: Handeln mellan medlemsstaterna måste påverkas (eller i vart fall riskera att påverkas) av de förmenta begränsningar som man önskar angripa. Ifall alla relevanta omständigheter i ett fall är begränsade till en medlemsstats rent inre förhållanden, utan några egentliga externa beröringspunkter till andra medlemsländer, eller där det inte är frågan om någon ekonomisk verksamhet är fördragets bestämmelser generellt sett inte tillämpliga.[6]

På grund av jordbruksnäringens speciella ställning i medlemsländerna och samhällsekonomin har det inte ansetts möjligt att låta jordbruksprodukter vara underkastade samma typer av gemenskapsregleringar som varor i allmänhet. *Den gemensamma jordbrukspolitiken*,[7] vilken upprättades 1962 med främsta syfte att öka gemenskapens livsmedelsproduktion, utgör därför en speciell ordning för jordbruksprodukter.[8] Politiskt ständigt kontroversiell spelar den gemensamma jordbrukspolitiken en praktiskt mycket stor roll: Den kvantitativt helt övervägande delen av gemenskapens utfärdade författningar avser just jordbruksfrågor och har främst formen av förordningar.[9] Dessa formar tillsammans ett ytterst komplicerat, gemensamt regleringssystem som bland annat syftar till gemensamma priser, gränsskydd mot tredje land och fri rörlighet för jordbruksprodukter inom EU. De interna jordbrukspriserna hålls uppe med

3. Se kapitel 16.
4. Se avsnitt 16.12.
5. Se kapitel 17.
6. Se t ex förenade målen C-51/96 och C-191/97, Christelle Deliège mot Ligue francophone de judo et disciplines associées ASBL, Ligue belge de judo ASBL, Union européenne de judo samt François Pacquée (REG 2000, s I-2549), som gällde nationella regler för uttagningar till internationella judotävlingar (vilka inte bedömdes strida mot den fria rörligheten för tjänster) samt mål C-97/98, Peter Jägerskiöld och Torolf Gustafsson (REG 1999, s I-7319), behandlat i avsnitt 3.1. Jfr dock för konkurrensrätten avsnitt 16.2.1 beträffande EG-domstolens relativt liberala bedömning av vad som ugör ekonomisk verksamhet samt 16.2.2 beträffande hur till synes rent interna angelägenheter kan komma att anses innehålla en EG-dimension.
7. På engelska förkortat CAP; Common Agricultural Policy.
8. Se artiklarna 3 e samt 32-38 EGF. Likabehandlingsprincipen gäller uttryckligen, se 6.4. Det kan noteras att skogsbruk faller utanför den gemensamma jordbrukspolitiken.
9. Förordningarna är direkt gällande i Sverige (se avsnitt 5.4.1). Härtill finns anslutande och kompletterande svenska bestämmelser huvudsakligen av administrativ natur.

hjälp av bland annat importavgifter och olika typer av prisstöd och subventioner.[10] Systemet, som under senare år alltmer kommit att kritiseras för att vara dyrt, tungrott och protektionistiskt, har emellertid påbörjat en reformering: tidigare produktionsstöd har skurits ned och ersatts av ökat direktstöd till lantbrukare (gårdsstöd), samtidigt som vissa specifika områden (t ex sockermarknaden) har öppnats för konkurrens.[11] Även om omläggningen har minskat kostnaderna väsentligt kvarstår dock mycket av kritiken.

EU har även en *gemensam fiskeripolitik* som bygger på principerna om gemensam förvaltning av fiskeresurserna och, som huvudregel, på lika tillgång till fiskevattnen för alla EU-fiskare. För att motverka utfiskning fastställs bland annat fångstkvoter, liksom andra regler för hur fiske får bedrivas (minsta tillåtna fångststorlekar, nätmaskors storlek etc). Ett viktigt inslag i den gemensamma fiskeripolitiken har även kommit att bli framförhandlandet av olika internationella avtal mellan EG och tredje land om att byta fiskerättigheter och därmed söka ge möjligheter till gemenskapsfiske även utanför EU:s gängse fiskezoner.

I detta kapitel behandlas den fria rörligheten för varor. Härmed förstås främst industrivaror, men även hantverksprodukter m m omfattas.

## 12.2 *Fri rörlighet för varor*

Handelshinder länder emellan är ingenting nytt: Skälen kan variera från strävanden att utestänga vissa hälsovådliga varor från den egna marknaden till mer renodlat protektionistiska motiv, där omsorgen om den inhemska produktionen av liknande varor vanligen dominerar. Externa aspekter på EU:s handel med världen, såsom den viktiga gemensamma tulltariffen och den gemensamma handelspolitiken, har behandlats i kapitel 9. I detta kapitel kommer de mera inomeuropeiska förhållandena att belysas. Det bör påpekas redan inledningsvis att denna gemenskapens *handelshindersrätt* i princip endast berör offentligt vidtagna åtgärder[12] – i den mån privata företag eller organisationer på olika sätt söker diskriminera utländska varor får detta bedömas utifrån konkurrensreglerna.

Offentligt vidtagna handelshinder kan ta sig olika former: Ofta begagnas en uppdelning i *fiskala handelshinder* (d v s där man begagnar sig av olika tullar, skatter eller andra monetära pålagor) och *kvantitativa handelshinder* (d v s där man tillgriper kvoter, införselförbud och liknande).

10. Även om siffrorna varierar något från år till år utgör utgifterna för den gemensamma jordbrukspolitiken cirka 45 procent av EU:s budget.

11. Se t ex Regeringens skrivelse till Riksdagen 2003/04:137, Genomförande av EU:s jordbrukspolitik i Sverige.

12. Härunder kan dock även falla åtgärder som stöds av det allmänna, se 12.5.1.

De två viktigaste typerna av fiskala hinder är dels tullavgifter och avgifter med s k motsvarande verkan samt dels nationella skattesystem som diskriminerar varor med utländskt ursprung. Förbudet mot den senare typen regleras i artikel 90,[13] medan den förra regleras av artikel 25. Kvantitativa handelshinder behandlas framför allt i artiklarna 28 och 29. Även om de olika förbudsbestämmelserna har många likheter finns det skillnader: tullar och andra avgifter med motsvarande verkan är t ex helt förbjudna, medan det i andra fall kan finnas olika möjligheter att tillämpa undantag för hindrande nationella regler.

## 12.3 *Förbudet mot tullar och avgifter med motsvarande verkan (AMV)*

Domstolen har slagit fast[14] att det absoluta förbudet mot tullavgifter och avgifter med motsvarande verkan (AMV)[15] inom EU är en av EG-fördragets fundamentala principer. Fördraget medger heller inga möjligheter till undantag från förbudet för vare sig gemenskapen själv eller medlemsländerna. Som nämnts ovan har artikel 25 direkt effekt,[16] och såväl importörer som exportörer kan således åberopa artikeln inför nationell domstol. Frågor om rena tullavgifter är numera, mot bakgrund av att reglerna varit i kraft under lång tid, tämligen ovanliga i domstolens praxis.

Vad kännetecknar tullavgifter och AMV? Domstolen har förklarat att varje penningmässig avgift, oavsett storlek och oavsett syftet med avgiften, som tas ut på grund av att en vara korsar en nationell gräns i sig utgör ett otillåtet hinder för varors fria rörlighet.[17] Det avgörande kriteriet för att bestämma om en avgift utgör en AMV är därför om den tas ut enbart på grund av det faktum att varan korsar en nationell gräns,[18] och oberoende av om det är frågan om import eller export. Även omklassificeringar av varor, vilka medför att de skall bedömas enligt högre tulltariffer, faller under förbudet.[19] Det bör betonas att även rent marginella

13. EG-domstolen har i mål 57/65, Alfons Lütticke mot Hauptzollamt Saarlouis, (REG 1966, s 205; svensk specialutgåva, volym 1) slagit fast att de båda förbudssystemen visserligen kompletterar varandra, men att de är alternativa och således inte kan vara samtidigt tillämpliga.

14. Mål 80–81/77, Commissionaires Réunis mot Receveur des douanes (REG 1978, s 927; svensk specialutgåva, volym 4).

15. På engelska "charges having equivalent effect".

16. Mål 26/62, Van Gend en Loos mot Nederlandse Administratie der Belastingen (REG 1963, s 1; svensk specialutgåva, volym 1), se 5.4.1 ovan.

17. Målen 2–3/69, Sociaal Fonds voor de Diamantarbeiders mot Brachfeld och Chougol Diamond Co (REG 1969, s 211; svensk specialutgåva, volym 1).

18. Se mål 24/68, Kommissionen mot Italien (REG 1969, s 193).

19. Mål 26/62, Van Gend en Loos mot Nederlandse Administratie der Belastingen (REG 1963, s 1; svensk specialutgåva, volym 1).

pålagor träffas av det absoluta förbudet och att förbudet även omfattar avgifter som rent faktiskt kanske inte tas ut vid gränsen: I fallet *Legros*[20] förklarade domstolen exempelvis att en avgift som togs ut i en viss fransk region på alla varor som inte producerats inom regionen (och som alltså drabbade även inhemska varor från övriga delar av Frankrike) också var att betrakta som en AMV.

## 12.3.1 Avgifter som faller utanför förbudet

Domstolen har tillåtit tre olika typer av avgifter, vilka anses falla utanför förbudet i artikel 25:

- Avgifter som bedöms utgöra intern beskattning och faller under artikel 90.
- Avgifter som utgör betalning för en faktiskt utförd och nyttig tjänst.
- Avgifter som tas ut i samband med obligatoriska inspektioner, vilka följer av gemenskaps- eller internationell rätt.

### *12.3.1.1 Avgifter för utförda tjänster*

Domstolen har i sin praxis fastslagit att en avgift kan vara laglig (d v s inte utgöra en AMV) ifall den aktuella avgiften utgör betalning för en tjänst som importören faktiskt utnyttjat, och är till nytta för den enskilde importören, under förutsättning att avgiften motsvarar den faktiska kostnaden för tjänsten.[21] Dessa förutsättningar är i praktiken mycket svåra att uppfylla, i synnerhet då medlemsstaterna i de flesta fall sökt rättfärdiga avgifter för tjänster som utgått oavsett om mottagaren önskat dem eller inte. Till att börja med har medlemsstaterna aldrig rätt att ta ut några avgifter för tjänster som egentligen utgör rena tullformaliteter. Inte heller har avgifter godkänts som av medlemsstaterna motiverats utifrån exportörers och/eller importörers påstådda "allmännytta", och där det varit svårt eller omöjligt att kvantifiera någon nytta för den enskilde avgiftsbetalaren.[22]

I *Ford España*[23] hävdade Spanien att en avgift för en tjänst till importörer, bestående i att tullformaliteterna utfördes i importörens egna lokaler i stället för vid gränsen, var laglig. Utan att ta ställning till om tjänsten verkligen

20. Mål C-163/90, Administration des douanes mot Legros (REG 1992, s I-4625; svensk specialutgåva, volym 13).
21. Mål 132/82, kommissionen mot Belgien (REG 1983, s 1649).
22. Se t ex mål 24/68, kommissionen mot Italien (REG 1969, s 193; svensk specialutgåva, volym 1), rörande avgifter för upprättande av handelsstatistik, eller mål 63/74, Cadsky mot Instituto Nazionale per il Commercio Estero (ICE) (REG 1975, s 281), rörande avgift för kvalitetskontroll av grönsaker, avsedd att garantera landets produkters rykte för hög kvalitet.
23. Mål 170/88, Ford España mot Spanien (REG 1989, s 2305).

kunde anses gagnelig för importören underkände domstolen avgiften, eftersom den inte motsvarade statens faktiska kostnader för åtgärden utan baserades på varornas värde.

### 12.3.1.2 *Avgifter vid obligatoriska inspektioner*

Vissa inspektioner och kontroller behöver vidtas även på en integrerad marknad och är sannolikt även en förutsättning för förverkligandet av en sådan: Medlemsstaterna skulle knappast ge upp de nationella möjligheterna att skydda sådana viktiga intressen som folkhälsan såvida inte gemenskapen i fortsättningen kunde tillgodose dessa. Gemenskapsrätten kräver därför i vissa fall att varor kontrolleras och besiktigas, och i dessa fall har domstolen också medgivit att avgifter får tas ut, dock endast för att täcka myndigheternas faktiska kostnader.[24] Samma tanke – d v s att överstatliga, obligatoriska inspektioner ytterst tjänar syften som bör bekostas av dem som generellt sett gagnas av den ordning inspektionerna utgör en del av – gör sig gällande vid inspektioner som följer av bindande internationell rätt.[25]

Medlemsländerna kan ha rätt att med stöd av artikel 30 utföra olika slags nationellt baserade inspektioner, exempelvis för att skydda liv och hälsa, men eventuella kostnader får i sådana fall också bäras av medlemsstaten själv. Detsamma gäller i princip även i de fall där gemenskaps- eller internationell rätt medger – men inte kräver – att inspektioner får utföras.

## 12.4 *Förbudet mot diskriminerande nationell beskattning av importerade varor – artikel 90*

Artikel 90 förbjuder medlemsstaterna att ha nationella skattesystem som missgynnar varor som kommer från andra medlemsstater. Även denna fördragsbestämmelse har direkt effekt och kan åberopas av enskilda inför nationella domstolar och myndigheter. Syftet med artikel 90 är inte att harmonisera medlemsstaternas olika skattesystem utan att förhindra att länderna söker ge sina inhemskt producerade varor en förmånligare behandling än vad man ger liknande utländska varor (problemet med skatteharmonisering berörs i 14.4). Kravet på icke-diskriminerande behandling utgör med andra ord den röda tråden i domstolens rättspraxis

24. Se mål 46/76, Bauhuis mot Nederländerna (REG 1977, s 5; svensk specialutgåva, volym 3).
25. Se målen 89/76, kommissionen mot Nederländerna (REG 1977, s 1355) samt, mer specifikt, C-111/89, Nederländerna mot Bakker Hillegom BV (REG 1990, s I-1735).

på detta område. Även om det inte direkt framgår av artikeln omfattar den även ett krav på beskattningsneutralitet beträffande exportvaror, såvida dessa annars skulle missgynnas i förhållande till varor i inhemsk cirkulation.[26] Likaså omfattas varor från tredje land som satts i fri cirkulation på den inre marknaden.[27]

Definitionen av "*skatter*" är viktig, inte minst då det gäller förhållandet till artikel 25. Som nämnts ovan kompletterar bestämmelserna om beskattning respektive tullavgifter varandra, men en pålaga kan inte samtidigt vara tullavgift och skatt.

Domstolen har i *Repromaskinskattemålet* uttalat att en genuin skatt är en pålaga som utgör del av "ett allmänt system av interna pålagor vilka systematiskt tillämpas på kategorier av varor i enlighet med objektiva kriterier oavsett varornas ursprung".[28]

Artikel 90 består av två olika förbudsregler: 90.1 förbjuder beskattning som överskrider en klart definierad nivå (den som gäller för likadana inhemska varor). Kravet är här icke-diskriminerande likabehandling. 90.2 vänder sig mera fritt mot protektionistisk beskattning, med beaktande av att även varor som inte är likadana ändå i många fall är utbytbara och därför konkurrerar med varandra. I detta senare fall krävs därför inte total beskattningslikhet, men väl ett undanröjande av sådana protektionistiska skillnader som inte kan motiveras utifrån objektiva kriterier utan snarare beror på varornas ursprung. I en del fall har domstolen inte preciserat vilken av förbudsreglerna som överträtts utan endast slagit fast ett allmänt överträdande av artikeln. Detta kan leda till problem, då kraven på ändringar av skattesystemet skiftar beroende på typen av överträdelse. Vi behandlar här de två typerna var för sig.

## 12.4.1 Artikel 90.1: Likadana varor – likadan beskattning

Nationella beskattningsregler som – indirekt eller direkt, faktiskt eller potentiellt – medger inhemska varor förmånligare beskattning än liknande importerade varor är förbjudna. Vidare krävs att existerande skatteregler även tillämpas på ett icke-diskriminerande sätt.[29]

26. Däremot finns det inget gemenskapsrättsligt hinder mot s k omvänd diskriminering: Det går alltså bra att beskatta varor för inhemskt bruk hårdare än exportvaror. Detta får dock inte bli en exportsubvention.

27. Mål 193/85, Cooperativa Co-Frutta mot Amministrazione delle Finanze dello Stato (REG 1987, s 2085; svensk specialutgåva, volym 9).

28. Mål 90/79, kommissionen mot Frankrike (REG 1981, s 283) s 301 (förf:s översättning). För ett illustrativt exempel, se mål 195/76, Interzucceri ApA mot Ditta Rezzano e Cassava (REG 1977, s 1029).

29. I mål 55/79, kommissionen mot Irland (REG 1980, s 481) tvingades importörer betala en viss skatt omgående, medan inhemska producenter fick en frist på några veckor: Detta ansågs strida mot artikel 90.

Beträffande vad som menas med ”*liknande*” varor har domstolen betonat vikten av relativt breda marknadsbedömningar, där såväl mer objektiva kriterier som användningsområden, tillverkningssätt, utformning och råmaterialinnehåll etcetera skall bedömas med beaktande av mera subjektiva kriterier (t ex om de olika varorna på ungefär liknande sätt tillgodoser samma behov hos konsumenten). Hur varorna kategoriserats i beskattnings-, statistiskt eller tullhänseende kan också spela in vid bedömningen.

Domstolens rättspraxis innehåller mängder av avgöranden som handlar om olika spritsorters förhållande till varandra: Skall exempelvis fruktlikör anses vara liknande whiskey? Vad gäller beträffande rom och whiskey? I det förra fallet[30] ansågs svaret vara nej, då whiskeyn innehöll dubbelt så mycket alkohol som likören. I det senare fallet[31] blev svaret att dryckerna ansågs som liknande.

Domstolen har tolkat begreppet indirekta skatter vidsträckt: Skatter som läggs på under tidigare stadium av tillverknings- och marknadsföringsprocessen (exempelvis på råmaterial eller i varan ingående komponenter) skall räknas hit. Ett illustrativt exempel ges i *Schottle*,[32] där frågan var om vissa vägtransportavgifter. Dessa beräknades utifrån transportsträcka och de transporterade varornas vikt och bedömdes därför utgöra indirekt varubeskattning. I flera fall har domstolen även slagit ned på progressiva skatter, där de högre nivåerna i praktiken helt kommit att drabba utländska varor.

Frankrike tog i fallet *Humblot*[33] ut en progressiv vägskatt grundad på antalet hästkrafter i fordonsmotorerna. Domstolen förklarade att progressiva skattesystem, baserade på objektiva bedömningsgrunder i och för sig var tillåtna. Antalet hästkrafter förefôll vid en flyktig bedömning vara just en sådan objektiv bedömningsgrund, men i praktiken visades att de högsta skatteklasserna helt kommit att drabba importerade bilar. Det franska systemet hade därför diskriminerande eller protektionistiska effekter och kunde inte tillåtas.

Indirekta diskriminerande effekter kan dock godtas under förutsättning att medlemsstaten kan presentera övertygande objektiva skäl (d v s inte baserade på varornas ursprung) till varför skattesystemet utformats som det gjort. Beskattning är ett mångsidigt och inte okomplicerat regleringsinstrument som kan användas till mycket annat än att stärka statskassan, t ex för att påverka medborgarnas handlande och uppnå samhälleliga och politiska mål som inte behöver ha något samband med en öns-

30. Mål 243/84, John Walker & Sons Ltd mot Ministerium for Skatter og Afgifter (REG 1986, s 875).
31. Mål 169/78, kommissionen mot Italien (REG 1980, s 385).
32. Mål 20/76, Schottle mot Finanzamt Freudenstadt (REG 1977, s 247; svensk specialutgåva, volym 3).
33. Mål 112/84, Humblot mot Directeur des Services Fiscaux (REG 1985, s 1367; svensk specialutgåva, volym 8).

kan att gynna egen varuproduktion. Mot bakgrund av proportionalitetsprincipen måste emellertid även dessa objektiva skäl kunna rättfärdiga de medel som vidtagits.

## 12.4.2 Artikel 90.2: Olika men konkurrerande varor

Alla former av indirekt diskriminerande beskattning där det visserligen inte finns några liknande inhemska produkter, men väl andra inhemska varor som helt, delvis, indirekt eller potentiellt, konkurrerar med importerade varor eller där den inhemska produktionen skyddas från konkurrens kan drabbas av detta förbud. Som nämndes ovan finns här av naturliga skäl inga krav på exakt skattelikhet, men skatterna som tas ut får inte ha protektionistiska effekter som gynnar den inhemska produktionen. Vid bedömningen skall inte bara dagens marknadssituation vägas in: Om människor i dagsläget inte förefaller använda en viss vara i lika hög grad som en annan, kan ju detta tänkas bero just på att den senare är skattemässigt gynnad på den förras bekostnad.

Ett sådant resonemang fördes i det *Brittiska ölfallet*[34] för att underminera argumentet att öl och vin inte var varor som kunde anses utbytbara, eftersom det i Storbritannien dracks mycket mer öl än vin. Några säkerställda siffror över eventuella protektionistiska effekter behövs inte. Det räcker om det framstår som sannolikt att skatten har sådana effekter.

När det inte finns några inhemska produkter av det slag som importeras, och heller inte några inhemska varor som kan sägas vara konkurrerande, finns heller inget förbud mot att beskatta de ”exotiska varorna” på det sätt som medlemsstaten finner lämpligt. Domstolen har dock antytt att det kan bli problematiskt att rättfärdiga skatteuttag så höga att den fria varurörligheten de facto skulle äventyras.[35] Notera också möjligheten av att sådana skatter eventuellt kan komma att bedömas som otillåtna tullavgifter eller motsvarande och därmed falla under förbudet i artikel 25.

34. Mål 170/78, kommissionen mot Storbritannien (REG 1980, s 417; svensk specialutgåva, volym 5) samt uppföljaren (REG 1983, s 2265). Denna praxis har bl a föranlett skattesänkningar på vin i Sverige, vilka enligt kommissionen dock inte ansetts tillräckliga och lett till fördragsbrottstalan i mål C-167/05, kommissionen mot Sverige.

35. Att detta sannolikt torde kräva relativt extrema fall torde stå klart efter avgörandet i mål C-383/01, De Danske Bilimporter (REG 2003, s I-6065), där EG-domstolen inte fann visat att (de mycket höga) bilskattesatserna i Danmark varit så höga att de kunde anses ha hindrat den fria varurörligheten i strid med artikel 28.

# 12.5 Artikel 28: Förbudet mot kvantitativa importrestriktioner och åtgärder med motsvarande verkan (ÅMV)

## 12.5.1 Huvudlinjer

Artikel 28[36] (och artikel 29, vilken på motsvarande sätt reglerar exportgods)[37] förbjuder kvantitativa importrestriktioner och åtgärder med motsvarande verkan (ÅMV).[38] Artiklarna 28 och 29 har direkt effekt, och kan åberopas av enskilda gentemot medlemsstaterna inför nationell domstol. Liksom förbudet mot tullavgifter binder bestämmelserna såväl medlemsländerna som gemenskapens egna institutioner, däremot inte enskilda.[39]

”*Statsåtgärder*” har i detta sammanhang givits en relativt vid innebörd av EG-domstolen, vilken fokuserar på det handelshindrande organets funktion snarare än formell benämning eller utformning: ifall staten kan sägas vara inblandad på sådant vis att den (helt eller delvis) finansierar verksamheten, tillsätter representanter eller på annat sätt direkt eller indirekt utövar mer eller mindre kontrollerande inflytande över den är sannolikheten stor att verksamheten kommer att bedömas som statlig. Detsamma gäller i de fall där annars privata sammanslutningar kan anses utöva, eller agera med hjälp av, statliga maktbefogenheter.[40]

Förbudet i artikel 28 torde höra till en av de mest omskrivna, debatterade artiklarna i Romfördraget och har givit upphov till en rik flora av rättsfall. Intressant i detta sammanhang är också den rättsutveckling som

36. Tidigare artikel 30.
37. Se avsnitt 12.10.
38. På engelska ”measures having equivalent effect”.
39. Se t ex t ex mål 311/85, Vereniging van Vlaamse Reisbureaus mot Sociale Dienst van de Plaatselijk (REG 1987, s 3801; svensk specialutgåva, volym 9). Privata företags handlande kan komma att bedömas enligt EG:s konkurrensregler; se kapitel 16.
40. Se målen 249/81, kommissionen mot Irland (”Köp irländskt!”) (REG 1982, s 4005; svensk specialutgåva, volym 7) samt 222/82, Apple and Pear Council mot Lewis (REG 1983, s 4083; svensk specialutgåva, volym 7), beträffande statlig finansiering och tillsättande av representanter. Organ som (t ex genom lagstiftning) av staten givits i uppdrag att upprätthålla professionella eller marknadsrelaterade uppförandekoder och liknande faller inom definitionen (se mål 266 och 267/87, R mot The Pharmaceutical Society, ex parte API (REG 1989, s 1295), vari det farmaceutiska sällskapet ansågs ha disciplinära befogenheter som gick vidare än vad som kunde anses känneteckna ”typiska” privata sammanslutningar. Regionala och lokala myndigheter faller inom definitionen (se 45/87, kommissionen mot Irland (REG 1988, s 4929; svensk specialutgåva, volym 9) liksom nationella domstolar (se mål 434/85, Allen and Hanburys mot Generics (REG 1988, s 1245; svensk specialutgåva, volym 9), vari EG-domstolen förklarade det otillåtet enligt artikel 28 för en nationell domstol att tillhandahålla rättsmedel som förbjöd marknadsföring av patentkränkande, importerade varor ifall sådana rättsmedel inte fanns att tillgå vid kränkningar från inhemska varor.

skett, där gränserna för vad som egentligen omfattas av artikeln och dess förbud förändrats under årens lopp.[41] Trots att området kan te sig komplext är likväl i dag de stora dragen relativt klara.

En grundläggande förutsättning för att regelverket över huvud taget ska bli tillämpligt är, som nämnts i avsnitt 12.1, att de nationella regleringar som skall bedömas kan anses påverka samhandeln inom gemenskapen negativt (det s k *samhandelskriteriet*).

En central princip som genomsyrar området är förbudet mot diskriminering baserad på nationalitet samt det ännu längre gående förbudet mot olika typer av nationella ”restriktioner” som, även om de inte diskriminerar, kan anses inverka negativt på den fria samhandeln. Som nämnts ovan kan handelshinder vara av många olika slag. En del baseras – direkt eller indirekt – på varors nationalitet och är alltså diskriminerande. EG-domstolen har definierat *kvantitativa handelshinder* som ”åtgärder som, alltefter omständigheterna, har karaktären av totalt eller partiellt förbud mot import, export eller transitering”.[42] Typiska exempel på kvantitativa importrestriktioner är renodlade införselförbud, kvotsystem eller krav på importlicenser. Denna relativt klara typ av diskriminerande begränsningar har sällan berett några större rättsliga definitionsproblem.

Artikel 28 förbjuder emellertid också åtgärder *med motsvarande verkan* (ÅMV). I det kända målet *Dassonville*[43] 1974 definierades ÅMV av domstolen som ”alla handelsregler antagna av medlemsstater som kan utgöra ett hinder, direkt eller indirekt, faktiskt eller potentiellt, för handeln inom gemenskapen”.[44] Den s k *Dassonville-formeln* (”alla handelsregler antagna av medlemsstater som kan utgöra ett hinder, direkt eller indirekt, faktiskt eller potentiellt, för handeln inom gemenskapen”) har bildat basen för en mängd avgöranden och upprepas än i dag ofta i domstolens domar. Formeln är inte bara vittomfattande utan även effektfokuserad: Skulle nationella åtgärder ha handelshindrande effekter (om än bara potentiella) spelar det mindre roll vilken exakt rättslig form de har. Detta har lett till att många olika typer av nationella bestämmelser som t ex reglerat hur sådant som tillverkning, utformning och (i vissa avseenden) marknadsföring av varor skall ske har kommit att anses som ÅMV.

41. Se till det följande bl a C Barnard, The Substantive Law of the EU. The Four Freedoms, Oxford 2004, D Chalmers m fl, European Union Law, Cambridge 2006, kapitel 15, P Oliver, Free Movement of Goods in the EC, 4 ed, London 2002 samt, för en mer konstitutionell analys av EG-domstolens praxis, M P Maduro, We the Court – The European Court of Justice & the European Economic Constitution, Oxford 1998. Jfr även C M Quitzow, Fria varurörelser i den Europeiska gemenskapen, 1995.

42. Mål 2/73, Geddo mot Ente Nazionale Risi (REG 1973, s 865; svensk specialutgåva, volym 3), punkt 7.

43. Mål 8/74, Procureur du Roi mot Dassonville (REG 1974, s 837; svensk specialutgåva, volym 2).

44. Ibid, punkt 5.

Hur liten den eventuella handelshindrande effekten är saknar betydelse då artikel 28 inte ställer några minimikrav: Alla handelshindrande effekter är, oavsett storlek, förbjudna.[45] Det saknas alltså någon motsvarighet till det de minimis-krav på uppkomna effekter som gäller ifråga om konkurrensbegränsande avtal (se 16.3.4). Ett sådant effektkrav har föreslagits många gånger, men domstolen har hittills inte gått på den linjen. Det skulle också vara mindre lämpligt, då syftet ju är att den inre marknaden ska stå öppen för i princip alla varor. I praktiken har många viktiga avgöranden av EG-domstolen gällt ganska små ekonomiska värden.

Andra handelshinder är *inte* diskriminerande, d v s de ställer inte upp olika krav för inhemska eller utländska varor. Exempelvis kan man här tänka sig att medlemsstaten ställer upp vissa tekniska krav på hur en vara skall vara utformad för att få säljas i landet. Även om ett sådant krav inte diskriminerar utländska varor kommer effekten i många fall att bli samhandelshindrande: Varor producerade direkt för den inhemska marknaden är visserligen tvungna att uppfylla hemlandets krav, men importerade varor kommer i många fall att dessutom också nödgas uppfylla *sitt* hemlands krav. Det blir så att säga frågan om att bära en dubbel börda för importerade (eller exporterade) varor.[46] I *Cassis de Dijon-målet*[47] slog EG-domstolen fast att även sådana icke-diskriminerande nationella åtgärder mot bakgrund av en princip om ömsesidigt erkännande likväl kunde verka samhandelshindrande och utgöra ÅMV; *Cassis-doktrinen*.

Man kan i stort urskilja följande huvudtyper av situationer som alla skall behandlas närmare i det följande:

- Båda de nämnda typerna av handelshinder (diskriminerande och samhandelshindrande respektive icke-diskriminerande men likväl samhandelshindrande) är i princip otillåtna enligt EG-rätten. Det finns emellertid undantag från förbuden, vilka något skiljer sig åt beroende på om den nationella åtgärden är diskriminerande eller ej. I båda fallen gäller dock att de åberopade undantagen måste framstå som både berättigade och proportionerliga i förhållande till det påstådda undantagssyftet. EG-domstolen har även gjort klart att undantagen skall tolkas snävt.

45. Mål 177 och 178/82, Van De Haar m fl (REG 1984, s 1797).

46. Se vidare om EG-domstolens s k Cassis-doktrin nedan samt i avsnitt 12.7. Notera även att det finns vissa yttre gränser för vad EG-domstolen bedömt kunna falla inom kategorin (tillräckligt) samhandelshindrande åtgärder för att omfattas av förbudet: Den s k Keck-doktrinen (se vidare avsnitt 12.9).

47. Mål 120/78, Rewe-Zentrale AG mot Bundesmonopolverwaltung für Branntwein (Cassis de Dijon) (REG 1979, s 649; svensk specialutgåva, volym 4). Målet behandlas närmare i avsnitt 12.7.

- Undantag för diskriminerande nationella åtgärder kan endast ske med stöd av de snävt tolkade) undantagsgrunderna i artikel 30.[48]
- Undantag för icke-diskriminerande nationella, men likväl samhandelshindrande, åtgärder kan – utöver artikel 30 – även söka rättfärdigas genom åberopande av s k tvingande hänsyn (d v s hänsyn till olika allmänintressen som EG-domstolen accepterat som undantagsgrunder i dessa fall).[49]
- Det skall slutligen noteras att EG-domstolen godtagit att vissa icke-diskriminerande, nationella åtgärder helt ska anses falla utanför artikel 28:s tillämpningsområde: den s k *Keck-doktrinen*.[50] I grova drag innebär Keck att *vissa typer* av icke-diskriminerande försäljningsåtgärder (d v s sådant som inte direkt har att göra med hur en vara ser ut, utan mer rör sådant som villkoren för varans distribution, t ex regler om affärers öppettider och liknande) som inte är ägnade att hindra handeln mellan medlemsstaterna heller inte ska anses falla under artikel 28.

I många fall kan medlemsstaterna ha mycket goda skäl att exempelvis stoppa importen av vissa varor, och förbudet i artikel 28 är som nämnts ovan inte absolut. Undantagen i artikel 30 samt doktrinen om de s k tvingande hänsynen tillåter i vissa, av domstolen snävt tolkade, undantagsfall nationella åtgärder trots att dessa hämmar samhandeln. En stående förutsättning är dock att bestämmelserna i så fall heller inte får strida mot proportionalitetsprincipen. I det följande behandlas först det grundläggande förbudet i artikel 28 i förhållande till diskriminerande åtgärder (12.5.2) och vilka olika tillåtna undantag som kan komma ifråga för diskriminerande åtgärder (12.6). Därefter behandlas artikel 28 i förhållande till Cassis-doktrinens icke-diskriminerande men samhandelshindrande nationella åtgärder (12.7) samt de undantag som kan medges för dessa (12.8). Slutligen behandlas vilka typer av åtgärder som av EG-domstolen i enlighet med Keck-doktrinen ansetts falla helt utanför artikel 28 (12.9).

När det gäller *tekniska handelshinder* (d v s krav på varors innehåll eller utformning etc, vilka i allmänhet utgör ÅMV) kan särskilt noteras att medlemsstater som önskar införa sådana först måste *notifiera* (d v s

48. Se vidare avsnitt 12.6.
49. Se vidare avsnitt 12.8 beträffande doktrinen om de tvingande hänsynen.
50. Målen C-267 och 268/91, Keck och Mithouard (REG 1993, s I-6097; svensk specialutgåva, volym 14).

anmäla) dessa till kommissionen och övriga medlemsstater.[51] En viktig bestämmelse, eftersom nationella regler som inte vederbörligen notifierats skall anses som olagliga till den del de annars skulle äventyra den fria varurörligheten och i sådana fall därför heller inte får tillämpas av exempelvis en nationell domstol.[52]

Ett svenskt exempel är NJA 2006 s 246, *Lyckohjul*. En kioskägare hade åtalats för att han i strid mot lotterilagen (spelmonopolet) hade anordnat spel och därvid använt en i viss mån ny typ av spelautomat. Det hade inte anmälts till kommissionen att spelförbudet nu också omfattade denna automattyp. HD begärde förhandsavgörande i målet av EG-domstolen, som konstaterade att det förelåg ett icke anmält tekniskt handelshinder och att förbudsregeln därför inte fick tillämpas.[53] Mot denna bakgrund frikände HD kioskägaren och konstaterade att automaten inte kunde förverkas.

## 12.5.2 Artikel 28 och diskriminerande åtgärder

Artikel 28 förbjuder kvantitativa importrestriktioner och ÅMV, och som framgått är förbudet mot diskriminering baserad på varornas nationalitet grundläggande. I en mängd rättsfall har domstolen bedömt olika bestämmelser som drabbat importerade varor annorlunda än inhemska. Några olika exempel på sådana otillåtna bestämmelser och åtgärder kommer att belysas i det följande.

### *12.5.2.1 Obligatorisk ursprungsmärkning*

Importerade souvenirer som ansågs "typiskt irländska" skulle enligt irländsk lag antingen stämplas med ordet "utländsk" eller förses med ursprungsangivelse. Bestämmelserna ansågs utgöra en otillåten ÅMV.[54] Detsamma gällde de brittiska bestämmelser som föreskrev obligatorisk

51. Europaparlamentets och rådets direktiv 98/34/EG, EGT 1998 L 204, som bl a föreskriver att de planerade åtgärderna i och med notifieringen i princip inte får verkställas förrän kommissionen och de andra medlemsstaterna haft tid att bedöma saken. Se även kommissionens i februari 2007 framlagda förslag till förordning om förfarandet för tilllämpning av nationella tekniska föreskrifter gentemot produkter där medlemsstater ämnar vägra att tillämpa ömsesidigt erkännande (KOM 2007 (36) slutlig), vilket ytterligare skulle strama upp kraven på medlemsstater som önskar begagna sig av denna möjlighet.

52. Mål C-194/94, CIA Security International SA mot Signalson SA och Securitel SPRL (REG 1996, s I-2201), C-226/97, Martinus Lemmens (REG 1998, s I-3711) samt C-443/98, Unilever Italia SpA mot Central Food SpA (REG 2000, s I-7535): mer om dessa mål i 5.4.4. I Sverige omhänderhar Kommerskollegium anmälningar av tekniska handelshinder, se förordningen om tekniska regler (1994:2029).

53. Mål C-267/03, Lindberg (REG 2005, s I-3247); kommenterat i SvJT 2005 s 995 ff.

54. Mål 113/80, kommissionen mot Irland (REG 1981, s 1625; svensk specialutgåva, volym 6).

ursprungsmärkning av textilier.[55] Trots att märkningskravet drabbade även inhemska produkter ansåg domstolen att systemet utgjorde en form av otillåten dold diskriminering: Ursprungsmärkningen gav nämligen konsumenterna möjlighet att göra bruk av eventuella nationella fördomar och välja varor utifrån dessa i stället för mera objektiva kvalitetsöverväganden.[56]

Däremot godtas sådana *ursprungs- och särartsbeteckningar* som är särskilt skyddade av gemenskapsrätten. För svenskt vidkommande innebär detta numera bland annat att såväl falukorven som skånsk spettekaka och Sveciaost klassificeras som skyddade livsmedel.[57]

### 12.5.2.2 *Inspektioner, administrativa rutiner och andra importrestriktioner*

Veterinärundersökningar och liknande inspektioner som görs av importerade varor utgör ÅMV[58] (även om de ibland kan rättfärdigas med stöd av artikel 30).

Eftersom ÅMV är otillåtna även i de fall där den hämmande effekten är potentiell har domstolen slagit fast att även rent formella krav på importlicenser och liknande, där ansökningarna i princip alltid beviljas, är förbjudna.[59] Redan existensen av olika ansöknings-/tillståndssystem kan komma att skapa osäkerhet om marknadsvillkoren, vilket kan hämma handeln mellan medlemsstaterna och i förlängningen hämma gemenskapshandeln.[60]

55. Mål 207/83, kommissionen mot Storbritannien (REG 1985, s 1202; svensk specialutgåva, volym 8).

56. Notera att förbudet mot obligatorisk ursprungsmärkning riktar sig till medlemsstaterna, inte enskilda: Den som t ex säljer varor är därför – konkurrensreglerna oaktade – oförhindrad att ange dessas ursprung.

57. Se rådets förordningar (EEG) nr 2081/92 om skydd för geografiska och ursprungsbeteckningar för jordbruksprodukter och livsmedel, EGT 1992 L 208 samt (EEG) nr 2082/92, EGT 1992 L 208. Klassificeringarna innebär i grova drag att livsmedlen anses skilja sig från andra liknande livsmedel p g a sina (ej närmare specificerade) speciella egenskaper. Frankrike och Italien har vardera nära 100 skyddade livsmedel på listan, t ex gorgonzola, roquefort och Parma- respektive Bayonne-skinka. Jfr dock även förenade målen C-289/96, C-293/96 och C-299/96, Danmark m fl mot kommission (Feta I) (REG 1999, s I-1541) beträffande möjligheten att förlora den skyddade ställningen (saken rörde upphävandet av skyddet för beteckningen Feta-ost) samt, därefter, förenade målen C-465/02 och C-466/02, Danmark och Tyskland mot kommissionen (Feta II) (REG 2005, s I-9115) om att därefter återfå skyddet; det senare målet kommenterat i SvJT 2006 s 285 ff. samt av M Levin, Feta II – Helt grundläggande för skyddet av geografiska ursprungsbeteckningar i EU, ERT 2006, s 145 ff.

58. Se t ex mål 251/78, Denkavit Futtermittel GmbH mot Minister für Ernährung (REG 1979, s 3369).

59. Mål 124/81, kommissionen mot Storbritannien (REG 1983, s 203).

60. Se t ex målen 51–54/71, International Fruit Company mot Produktschap voor Groenten en Fruit (REG 1971, s 1107).

I *Bouhelier*[61] underkändes de franska myndigheternas krav på en speciell kvalitetsinspektion av armbandsur ämnade för export (klockor som skulle säljas på den inhemska marknaden berördes inte alls av kravet).

### 12.5.2.3 *Uppmuntran till diskriminering*

Bestämmelser som ålägger eller gör det fördelaktigare för nationella myndigheter att köpa inhemska produkter i stället för utländska strider mot artikel 28.[62]

I *"Köp irländskt"-fallet*[63] hade den irländska staten[64] lämnat bidrag till en kampanj för att stärka försäljningen av inhemska produkter. Det uttalade syftet var att påverka importflödet till landet, och kampanjen befanns vara en otillåten åtgärd i artikel 28:s mening. Fallet kan jämföras med *Apple & Pear Council*,[65] i vilket domstolen fann att den där aktuella kampanjens syfte – att främja konsumtionen av äpplen och päron i allmänhet – inte stred mot vad som var tillåtet, förutsatt att produkterna främjades utifrån sina objektiva egenskaper och kvaliteter och inte primärt med hänsyn till sina specifika nationella ursprung.

### 12.5.2.4 *Prisregleringar*

Prisregleringar är inte i och för sig otillåtna, men om minimipriser sätts så högt att importerade varor i praktiken förlorar sin möjlighet att konkurrera genom att vara billigare än inhemska varor är systemen otillåtna.[66] Prisregleringar måste därför i princip tillåta importerade produkter att dra nytta av de eventuella prisfördelar de må ha i jämförelse med inhemska varor. Detta kan t ex ske genom procentuella föreskrifter, som drabbar proportionellt lika och därför tillåter en billigare vara att även efter påslaget vara billigare.[67]

### 12.5.2.5 *Diskriminerande tillämpning av till synes icke-diskriminerande regler*

Då domstolen vid sina bedömningar lägger stor vikt vid olika åtgärders effekt, snarare än dessas form, kan även myndigheters faktiska beteenden utgöra brott mot artikel 28.

61. Mål 53/76, Bouhelier (REG 1977, s 197); som behandlade artikel 29.
62. Mål C-263/85, kommissionen mot Italien (REG 1991, s I-2457).
63. Mål 249/81, kommissionen mot Irland (REG 1982, s 4005; svensk specialutgåva, volym 6).
64. Genom ett speciellt, statsstött råd.
65. Mål 222/82, Apple and Pear Council mot Lewis (REG 1983, s 4083; svensk specialutgåva, volym 7).
66. Se mål 82/77, Openbaar Ministerie mot Van Tiggele (REG 1978, s 25; svensk specialutgåva, volym 4).
67. Se mål 78/82, kommissionen mot Italien (REG 1983, s 1955; svensk specialutgåva, volym 7), vari vinstmarginalen för återförsäljare av tobaksvaror hade satts till åtta procent, räknat på varje vara för sig.

I Frankrike fanns ett krav på officiellt godkännande av *frankeringsmaskiner*.[68] Tidigare hade kravet endast gällt importerade apparater, men efter påstötningar från kommissionen hade kravet vidgats till att omfatta även inhemska sådana. Formellt sett förekom därför inte längre någon diskriminering: Samma regler gällde för inhemska som utländska maskiner. I praktiken visade det sig emellertid att de franska myndigheterna vid handläggningen av godkännandena fortsatt att behandla importörer sämre än inhemska producenter. Domstolen slog fast att en systematiskt missgynnsam attityd gentemot importerade apparater stred mot artikel 28, även om detta doldes bakom till synes icke-diskriminerande bestämmelser. Det diskriminerande förhållningssättet måste dock visas ha en viss grad av allmängiltighet och kontinuitet för att anses otillåtet. I detta fall fälldes Frankrike.

### 12.5.2.6 *Indirekt diskriminering*

När nationella regler visserligen inte formellt men väl i praktiken drabbar importerade varor hårdare än inhemska brukar detta ofta bedömas utifrån Cassis de Dijon-doktrinen (se avsnitt 12.7). Cassis täcker dock främst sådana handelshinder som uppstår på grund av olika nationella sätt att reglera varor och marknader, och där de handelshämmande effekterna egentligen inte uppstår på grund av någon särbehandling. I de fall där syftena med till synes lika regler i praktiken närmast varit att missgynna utländska varor, och det därför är mer befogat att tala om indirekt diskriminering, är givetvis artikel 28 också tillämplig.

Ett belysande exempel är ett fall där Frankrike begränsade möjligheterna att göra alkoholreklam.[69] Dryckerna hänfördes till olika mer eller mindre reglerade kategorier, och trots att systemet kunde verka allmängiltigt och ickediskriminerande på ytan visade det sig att importerade alkoholdrycker i praktiken kom att klassificeras ogynnsammare än de franska.

I likhet med vad som gäller vid indirekt diskriminering enligt t ex artikel 90 kan dock indirekt diskriminering rättfärdigas även här. Medlemsstaten måste i så fall visa att de aktuella kriterierna som orsakar den negativa effekten är objektiva i förhållande till sitt ändamål och baserade på annat än varors olika nationella ursprung. Förmår staten göra detta antas diskrimineringseffekten vara en ren tillfällighet, anses inte utgöra någon diskriminering och behöver då heller inte rättfärdigas enligt artikel 30 eller doktrinen om de tvingande hänsynen.[70]

68. Mål 21/84, kommissionen mot Frankrike (REG 1985, s 1356).
69. Mål 152/78, kommissionen mot Frankrike (REG 1980, s 2299).
70. Samma princip gäller beträffande tjänster och liknande.

# 12.6 *Artikel 30 och de möjliga undantagen*

## 12.6.1 Allmänt

Artikel 30 behandlar uttömmande de undantagsförhållanden som – trots förbudet i artikel 28 – kan åberopas till stöd för diskriminerande nationella regler, d v s sådana som behandlar importerade varor annorlunda än motsvarande inhemska varor (när det är frågan om icke-diskriminerande, men likväl handelshindrande, regler kan även doktrinen om tvingande hänsyn användas; se 12.8 nedan). Eftersom det handlar om undantag från den fundamentala rättigheten till fri rörlighet har domstolen slagit fast att artikeln och dess undantag måste tolkas snävt. Syften som inte direkt framgår av artikeltexten kan därför heller inte åberopas.[71] Domstolens syn på undantagsbestämmelsen framgår rätt väl av följande citat:

> ”/.../ artikel 30 /.../ (har) inte till syfte att förbehålla vissa frågor för medlemsstaternas exklusiva kompetens, utan tillåter endast undantag i de nationella lagstiftningarna från principen om fri rörlighet för varor i den utsträckning det är och förblir befogat för att uppnå de i artikeln angivna målen”.[72]

Det är de nationella myndigheterna som har bevisbördan för att deras bestämmelser är nödvändiga för att effektivt skydda de intressen som förekommer i artikel 30.[73] Utöver detta måste åtgärderna också vara proportionerliga till sina syften och det får heller inte finns alternativa, mindre handelshämmande, åtgärder som skulle kunna uppnå skyddssyftena lika väl. Frågan om proportionalitet och alternativa medel skall, ifall processen förs vid nationell domstol, avgöras av denna. Först när samtliga villkor uppfyllts kan nationella bestämmelser anses rättfärdigade under artikel 30. Det bör noteras att de nationella undantagsbestämmelserna även skall bedömas i ljuset av gemenskapsrätten i övrigt: t ex bjuder proportionalitetsprincipen att det bör ges övergångsfrister innan i sig tillåtna, rörelseinskränkande åtgärder väl träder i kraft.[74]

En annan viktig förutsättning för att en medlemsstat skall få åberopa undantagen i artikel 30 är att det aktuella området inte (uttömmande)

71. Se målen 113/80, kommissionen mot Irland (irländska souvenirer) (REG 1981, s 1625; svensk specialutgåva, volym 6), där konsumentskyddsargumenten avvisades eftersom konsumentskydd inte fanns uppräknat i artikel 30 samt 177/83, Kohl mot Ringelhan (REG 1984, s 3651), i vilket argumentet att konsumentskydd omfattades av ”allmän ordning” i artikel 30 inte godtogs av EG-domstolen. Jämför dock numera artikel 153 EGF.

72. Mål 72/83, Campus Oil mot Minister for Industry and Energy (REG 1984, s 2727; svensk specialutgåva, volym 7), punkt 32 (äldre artikelnummer bytt mot nuvarande).

73. Mål 227/82, Leendert van Bennekom (REG 1983, s 3883).

74. Se t ex målen C-309/02, Radlberger Getränkegesellschaft mbH & Co, S Spitz KG och Land Baden-Württemberg (REG 2004, s I-11763) punkt 81, samt C-320/03, kommissionen mot Österrike (REG 2003, s I-11665).

harmoniserats genom införande av gemenskapsrättsliga regler; i sådana fall föreligger inte längre någon möjlighet för medlemsstaterna att åberopa artikel 30, då nödvändiga hänsyn till skyddsvärda intressen i allmänhet antas ha tagits i samband med gemenskapslagstiftningen.[75] Det är en viktig princip att medlemsstaterna på *fullharmoniserade områden* inte tillåts ställa upp egna strängare regler som kan verka handelshindrande.[76]

Detta belyses av ett svenskt rättsfall om förbud mot försäljning av sperma från den kontroversiella tjurrasen *belgisk blå*. Den svenska djurskyddslagen ger möjlighet att förbjuda avel med inriktningar som kan medföra lidanden för djuren eller påverka deras naturliga beteenden[77] och för artificiell insemination krävs därför förhandstillstånd av Jordbruksverket. När några svenska lantbrukare åtalades, misstänkta för överträdelser av dessa regler, hävdades att de svenska bestämmelserna stred mot artikel 28; inte minst då handeln med nötkreatur och deras sperma fick anses harmoniserade genom ett antal direktiv på området. EG-domstolen kom i sitt förhandsavgörande till samma slutsats.[78] Den svenska domstolen frikände härefter de åtalade lantbrukarna.

## 12.6.2 Allmän moral

Detta undantag synes främst ha åberopats för att hindra olika typer av pornografi eller sexrelaterade varor. Utgångspunkten är att medlemsländerna själva har rätt att välja vilken "moralisk skyddsnivå" man anser behövs i det egna landet även om detta kan innebära totalförbud för vissa varor. De olika inskränkningarna och begränsningarna måste emellertid även drabba inhemska varor av liknande slag för att undantagsanspråken skall anses genuina.[79]

75. Se t ex mål 35/76, Simmenthal mot Amministrazione delle Finanze dello Stato (REG 1976, s 1871; svensk specialutgåva, volym 3), där införlivade gemenskapsrättsliga bestämmelser befanns ha utsläckt Italiens möjligheter att rättfärdiga egna hälsoinspektioner utöver vad som medgavs i gemenskapreglerna.

Jfr dock möjligheten att utnyttja artikel 95.4–7 EGF för att söka bibehålla eller t o m införa nya nationella bestämmelser trots harmonisering: se t ex målen C-3/00, Danmark mot kommissionen (nitriter, nitrater och sulfiter) (REG 2003, s I-2643) kommenterat i S Mahmoudi, Strängare nationella skyddsåtgärder enligt den s k "miljögarantiklausulen", ERT 2004 s 825 ff, 278/85, kommissionen mot Danmark (kemikaliemärkning) (REG 1987, s 4069), C-376/90, kommissionen mot Belgien (strålskydd) (REG 1992, s I-6153). Se även N de Sadeleer, Procedures for Derogations from the Principle of Approximation of Laws under Article 95 EC, 40 CMLRev 2003 s 889 ff.

76. Mål 190/87, Oberkreisdirektor mot Moorman (REG 1988, s I-4689), punkt 10.

77. Djurskyddslagen (SFS 1988:534) 12 § 2 p.

78. Mål C-162/97, Åklagaren mot Gunnar Nilsson m fl (REG 1998, s I-7477).

79. Se t ex mål 34/79, R mot Henn & Darby (REG 1979, s 3795; svensk specialutgåva, volym 4) (import av pornografi).

I *Conegate*[80] hade ett företag importerat sexdockor från Tyskland till Storbritannien. Sexdockorna upptäcktes vid en tullinspektion, beslagtogs och förverkades. I ett förhandsavgörande noterade EG-domstolen att i och för sig kunde varje medlemsland självt avgöra vad som krävdes för att upprätthålla allmän moral inom sitt territorium, men att det var otillåten diskriminering att förbjuda import av varor som lagligen kunde produceras och omsättas i landet ifråga. I Storbritannien fanns det vissa begränsningar rörande handeln med sexdockor men inga fullständiga förbud. Reglerna som fanns var heller inte särskilt enhetliga. Conegate hade drabbats av hårdare konsekvenser än inhemska producenter och det förelåg därför ett brott mot artikel 28.

## 12.6.3 Allmän ordning

Allmän ordning[81] har åberopats i flera olika fall men domstolen har hållit fast vid sin allmänt restriktiva linje. Argumentet att nationella regler som stöds av straffrättsliga sanktioner i sig skulle anses rättfärdigade såsom utslag av allmän ordning har t ex avvisats, eftersom det annars skulle bli alldeles för lätt för medlemsländerna att kringgå artikel 30:s begränsningar.[82] Syftet att skydda konsumenters ekonomiska intressen omfattas t ex inte av undantaget.[83] Allmänna (samhälls-)ekonomiska skäl, som önskan att skydda egen industri eller distribution, godtas heller inte som undantagsgrund.[84]

Frankrike hävdade i ett fall att priskrig skulle utbryta ifall landet inte fick behålla ett minimiprissättningssystem för bensin.[85] Priskriget riskerade, enligt Frankrike, i sin tur att leda till social oro och våldshandlingar, varför regleringen inte bara motiverades utifrån allmän ordning utan även allmän hälsa och säkerhet. Domstolen noterade att Frankrike inte visat att avskaffandet av priskontrollen skulle resultera i sådana våldsamheter att de nationella myndigheterna inte skulle kunna hantera situationen med sina gängse resurser. Mot den bakgrunden kunde Frankrike inte stödja sig på artikel 30 och prisregleringssystemet förklarades strida mot artikel 28.

80. Mål 121/85, Conegate mot Customs & Excise Commissioners (REG 1986, s 1007; svensk specialutgåva, volym 8).

81. På engelska ”public policy”, på franska ”ordre public”.

82. Se mål 16/83, Karl Prantl (REG 1984, s 1299; svensk specialutgåva, volym 7).

83. Mål 177/83, Kohl mot Ringelhan (REG 1984, s 3651). Konsumenthänsyn utgör dock ett av de tvingande hänsynen, se avsnitt 11.8.

84. Se bl a mål 7/61, kommissionen mot Italien (REG 1961, s 317), där Italien försvarat sitt importförbud mot griskött med de ekonomiska svårigheter som införandet av frihandel på området annars skulle komma att medföra.

85. Mål 231/83, Cullet mot Centre Leclerc (REG 1985, s 305; svensk specialutgåva, volym 8).

## 12.6.4 Allmän säkerhet

Med allmän säkerhet kan avses både statens inre och yttre säkerhet (handel med s k strategiska varor kan t ex regleras med stöd av undantaget),[86] men undantaget har tolkats mycket restriktivt.

Det ledande fallet torde fortfarande vara *Campus Oil.*[87] Irland krävde att petroleumimportörer skulle köpa upp till en dryg tredjedel av sina behov från ett statsägt raffinaderi och därvid betala priser som fastställdes av regeringen. Utan dessa "stödköp" skulle raffinaderiet (vilket var Irlands enda) sannolikt inte klarat sig. EG-domstolen accepterade att omsorgen om säker tillgång till energikällor i ett modernt samhälle kunde anses gå utöver rena ekonomiska samhällsintressen (vilka ju inte godtas som undantagsgrundande skäl) och syfta till att skydda den allmänna säkerheten. Irland fick använda sig av artikel 30. Eftersom fallet var ett förhandsavgörande skulle frågorna om de vidtagna åtgärderna var proportionerliga och heller inte kunde uppnås med alternativa, mindre ingripande, medel bedömas av den nationella domstolen.

## 12.6.5 Allmän hälsa

Denna undantagsgrund har ofta använts för att söka rättfärdiga olika slags importförbud och hälsoinspektioner m m rörande födoämnen av olika slag.

I *Fjäderfä-fallet*[88] hade Storbritannien infört importstopp för ägg och kött från fjäderfän. Syftet påstods vara att skydda brittiska fjäderfän från att smittas av en allvarlig och smittsam sjukdom; ett ändamål som i och för sig föreföll vara möjligt att rättfärdiga enligt artikel 30. Ett flertal faktorer pekade emellertid på att importförbudet i själva verket främst verkade syfta till att utestänga franskuppfödda kalkoner från den engelska julfågelmarknaden. Storbritannien förmådde inte visa att de vidtagna åtgärderna faktiskt var genuina och därmed möjliga att rättfärdiga. De vidtagna åtgärderna befanns av EG-domstolen vara alltför långtgående för att vara tillåtna.

Vilka krav ställs då på en medlemsstat som oroar sig för människors eller djurs hälsa? Domstolen har slagit fast att undantagsbestämmelsen får åberopas så snart det kan anses föreligga genuina vetenskapliga tvivel beträffande en viss substans ofarlighet.

86. Mål C-367/89, Richardt (REG 1991, s I-4621; svensk specialutgåva, volym 11), som rörde ett förbud mot utförsel av s k strategiska varor till dåvarande Sovjetunionen.

87. Mål 72/83, Campus Oil mot Minister for Industry and Energy (REG 1984, s 2727; svensk specialutgåva, volym 7). Som kontrast kan noteras mål C-398/98, kommissionen mot Grekland (REG 2001, s I-7915), där grekiska bestämmelser om obligatorisk lagring av petroleumprodukter, vilka påstods motiverade av allmän säkerhet, helt underkändes av domstolen.

88. Mål 40/82, kommissionen mot Storbritannien (REG 1982, s 2793; svensk specialutgåva, volym 6).

I *Eyssen*[89] rådde delade vetenskapliga meningar om den aktuella tillsatsens farlighet (i vissa länder ansågs den t ex fullkomligt ofarlig) men så länge det fanns genuina tvivel kunde artikel 30 utnyttjas. I samma anda godtog domstolen i *Trikloretylen-fallet*[90] det svenska förbudet mot nämnda kemikalie såsom både lämpligt och proportionerligt, då det rådande forskningsläget inte ansågs medge fastställandet av hur hög exponering som var farlig. De svenska bestämmelserna kunde därför inte sägas gå utöver vad som kunde anses nödvändigt för att skydda arbetstagares hälsa.

EG-domstolen har dock i flera fall underkänt nationella åtgärder som befunnits alltför ingripande i förhållande till sina syften och därför oproportionella. Bevisbördan för att det verkligen föreligger några allvarliga hot mot hälsan ligger på medlemsstaterna, vilket bland annat innebär att de olika åtgärder som medlemsstaten vidtagit inom det egna landet för att motverka den påstådda faran får stor betydelsen för att avgöra hur genuint hälsoargumentet förefaller vara.[91]

I *Italienska bordsvinsfallet*[92] höll den franska tullen kvar italienskt vin vid gränsen i upp till fyra månader, medan de franska tulltjänstemännen gick igenom varje transportlår och undersökte samtliga dokument. Motsvarande kontroller som då och då utfördes på franskt vin inom landet var betydligt mildare och mindre tidskrävande. De franska tullformaliteterna var alltför oproportionerliga för sitt syfte, och därmed otillåtna: Utan särskild anledning i det specifika fallet borde granskningen ha inskränkt sig till stickprov. Den aktuella typen av formaliteter får inte heller ta så lång tid att varorna riskerar att försämras.[93]

Sammanfattningsvis kan sägas att det sannolikt krävs mycket starka skäl för att rättfärdiga annat än stickprovskontroller av varor. Ifall varorna redan inspekterats/kontrollerats i exportlandet utgör även detta i princip hinder mot att utan särskilt starka skäl åter vidta liknande undersökningar i importlandet: I sådana fall anses det finnas betydligt mindre ingripande sätt att undersöka varorna på, t ex genom att studera hälsoin-

89. Mål 53/80, Officier van Justitie mot Koninklijke Kassfabriek Eyssen BV (REG 1981, s 409). Jfr även (i samband med utnyttjande av artikel 94.4-5) mål C-3/00, Danmark mot kommissionen (REG 2003, s I-2643).

90. Mål C-473/98, Kemikalieinspektionen mot Toolex Alpha AB (REG 2000, s I-5681), kommenterat av S Mahmoudi, Svenska miljörelevanta mål som prövats av EG-domstolen, Festskrift till Ulf Bernitz, JT s 59 ff.

91. Notera att inhemska åtgärder av fullt naturliga skäl inte alltid behöver vidtas eller vara identiska med dem som importerade varor utsätts för. En viss sjukdom kan ju t ex vara utrotad inom landet och importkontrollerna syfta till att förhindra att den åter förs in via utländska produkter. I sådana fall torde dock medlemslandet behöva styrka att sjukdomen verkligen inte förekommer inom landet.

92. Mål 42/82, kommissionen mot Frankrike (REG 1983, s 1013; svensk specialutgåva, volym 7).

93. Se mål 132/80, United Foods mot Belgien (REG 1981, s 995; svensk specialutgåva, volym 6). Ett typiskt exempel på känsliga varor i detta sammanhang skulle kunna vara snabbt förgängliga varor som färska skaldjur.

tygen från exportlandet. Sådana, och andra liknande dokument, skall nämligen enligt domstolen antas vara korrekta,[94] varför det vanligen blir svårt att rättfärdiga liknande nya tester av varorna.[95]

### 12.6.6 Industriell och kommersiell äganderätt (immaterialrätter)

Av artikel 295 framgår att EG-fördraget inte skall ingripa i medlemsländernas egendomsordningar. Patent och andra immateriella rättigheter innebär i princip att rättighetshavaren tillförsäkras en lagskyddad, territoriellt begränsad ensamrätt och dessa kan i många fall komma att inverka på den fria varurörligheten. EG-domstolen har, något förenklat, gjort en åtskillnad mellan rättigheterna som sådana och utövandet av dem. Även om rättigheterna i sig principiellt är tillåtna kan utövandet av dem komma att stå i strid med artikel 28.[96] Parallellimport[97] från ett medlemsland där varorna lagligen marknadsförts till ett annat medlemsland kan exempelvis inte hindras: Genom att välja att sätta varan i cirkulation kan rättigheten alltså anses konsumerad.[98]

Området är komplicerat och ger upphov till en hel del frågor som mer har med immaterialrättigheters speciella karaktär att göra än fri varurörlighet i allmänhet. Det pågår en omfattande lagharmonisering på området (se vidare avsnitt 16.5.3 och 17.3.1).

94. Se mål 124/81, kommissionen mot Storbritannien (REG 1983, s 203; svensk specialutgåva, volym 7), som i och för sig rörde (hermetiskt) tillslutna flaskor med s k UHT-mjölk.

95. Inspektioner som i och för sig kan vara tillåtna under artikel 30 kan likväl komma att bedömas som otillåtna ifall de nationella myndigheterna tar ut någon avgift av importören för dem. Avgifter kommer nämligen sannolikt att bedömas som tullar eller avgifter med motsvarande verkan, och därmed strida mot artikel 25. Se 12.3 ovan.

96. Se t ex målen 15/74, Centrafarm mot Sterling Drug (REG 1974, s 1147; svensk specialutgåva, volym 2) (rörande det specifikt skyddsvärda i patent), 16/74, Centrafarm mot Winthrop (REG 1974, s 1183), 119/75, Terrapin mot Terranova (REG 1976, s 1039; svensk specialutgåva, volym 3) och 102/77, Hoffman la Roche mot Centrafarm (REG 1978, s 1139; svensk specialutgåva, volym 4) (rörande varumärken).

97. Begreppet parallellimport behandlas i avsnitt 16.5.3. Se vidare t ex U Bernitz, G Karnell, L Pehrson & C Sandgren, Immaterialrätt, 9 uppl, 2005 s 19 f, 323 ff.

98. Se målen 78/70, Deutsche Grammophon Gesellschaft mot Metro – SB – Grossmärkte (REG 1971, s 489; svensk specialutgåva, volym 1), 15/74, Centrafarm mot Sterling Drug (REG 1974, s 1147; svensk specialutgåva, volym 2) samt 187/80, Merck mot Stephar (REG 1981, s 2063; svensk specialutgåva, volym 6). Beträffande situationen vid tvångslicenser och liknande, se mål 19/84, Pharmon mot Hoechst (REG 1985, s 2281; svensk specialutgåva, volym 8).

### 12.6.7 Skydd av nationella skatter av konstnärligt, historiskt eller arkeologiskt värde

Denna rättfärdigandegrund har hittills inte prövats i samband med artikel 30.

Domstolen har dock i ett annat fall,[99] som rörde artikel 12, understrukit att då konstverk besitter ekonomiska värden och kan vara föremål för kommersiell hantering skall de också anses som varor i fördragets mening. Mot bakgrund av denna bedömning är det lätt att se vilken praktisk betydelse detta undantag skulle kunna komma att få, då många länder – också Sverige – har exportförbud för värdefulla antikviteter.[100]

## 12.7 *Cassis-doktrinen: Artikel 28 och icke-diskriminerande nationella regler*

Mest känd, och även mest kontroversiell, är tillämpningen av förbudet i artikel 28 på nationella bestämmelser som behandlar inhemska och utländska varor lika, men som ändå anses hindra handeln mellan medlemsländerna. Utgångspunkten för domstolens agerande har varit det s k *dubbelbördesresonemanget*: regler som formellt drabbar inhemska och importerade varor lika drabbar i praktiken ofta importerade varor hårdare, och riskerar därför att hämma samhandeln. Den som tillverkar en vara för inhemskt bruk måste kanske uppfylla vissa inhemska produktkrav. Den som vill exportera samma typ av vara måste emellertid inte bara uppfylla kraven i mottagarlandet utan även de eventuella krav som ställs i tillverkningslandet. Eftersom domstolen genom avgörandet i *Cassis de Dijon*[101] i praktiken kom att utvidga kretsen av otillåtna åtgärder från diskriminerande till icke-diskriminerande uppkom också behovet av fler undantag än dem som räknades upp i artikel 30. Svaret blev doktrinen om de tvingande hänsynen,[102] vilka omfattar olika skyddsbehov av utpräglat allmänintresse. Se mer om dessa nedan.

EG-domstolens kanske mest kända avgörande – Cassis de Dijon – handlade om en fransk likör som inte fick marknadsföras som likör i Tyskland. Likören innehöll nämligen mindre än 25 procent alkohol, vilket var fullt lagligt i Frankrike men inte i Tyskland. Regeln försvarades med att den syftade till att begränsa alkoholkonsumtionen i landet ge-

99. Mål 7/68, kommissionen mot Italien (REG 1968, s 423).

100. Se 5 kap lagen (1988:950) om kulturminnen m m, som bl a ställer krav på särskilt tillstånd för utförsel av vissa äldre kulturföremål.

101. Mål 120/78, Rewe-Zentrale AG mot Bundesmonopolverwaltung für Branntwein (Cassis de Dijon) (REG 1979, s 649; svensk specialutgåva, volym 4).

102. På engelska ”*mandatory requirements*”.

nom att hindra alkoholsvaga drycker, vilka ju annars kunde tillvänja annars lågkonsumerande grupper att dricka mer och starkare varor. Vidare skulle regeln hindra otillbörlig priskonkurrens genom sänkningar av alkoholstyrkan. EG-domstolen konstaterade att den tyska lagen hindrade handeln mellan medlemsstaterna och att dessa hinder uppstod genom att Frankrike och Tyskland hade olika regler för hur likörer skulle få tillverkas och marknadsföras.

Domstolen slog fast att en vara som lagligen tillverkats i ett medlemsland i princip inte fick vägras tillträde till andra medlemsstaters marknader; något som kommit att kallas *Cassis-principen*, ibland även benämnd *principen om ömsesidigt erkännande.*[103] Denna princip kunde endast inskränkas för att slå vakt om vissa s k *tvingande hänsyn*. De skäl som anförts av Tyskland ansågs inte utgöra några sådana tvingande hänsyn.

Principen om ömsesidigt erkännande har, som kommer att framgå, fått stor betydelse för integrationsprocessen inom betydligt vidare fält än den fria varurörligheten. På området tekniska handelshinder har också ett omfattande harmoniseringsarbete vidtagits (se 17.1). I fall där direktiv om lagharmonisering skulle utgöra en onödigt omständlig eller i praktiken svårframkomlig metod har emellertid ömsesidigt erkännande enligt artikel 28 visat sig tillhandahålla en smidig väg att komma till rätta med många handelshinder.

Vilka olika typer av nationella bestämmelser faller inom Cassis-doktrinen? Bland de viktigaste typerna återfinns för det första olika nationella krav på varors innehåll, tillverkningsprocess, form eller förpackning på varor. Cassis de Dijon är ett typiskt exempel på sådana otillåtna nationella krav, vilka principiellt kan antas vara handelshindrande i artikel 28:s mening. Exemplen från rättspraxis är många: Försäljningsförbud i Italien mot vinäger som inte framställts av vin,[104] krav på kubformade förpackningar för margarin[105] eller på durumvete i pasta.[106] Ett känt och mycket illustrativt fall gällde de medeltida tyska s k *renhetslagarna* för tillverkning av öl.[107]

103. På engelska ”mutual recognition”.
104. Mål 788/79, Gilli och Andres (REG 1980, s 2071).
105. Mål 261/81, Walter Rau mot de Smedt (REG 1982, s 3961).
106. Mål 407/85, Drei Glocken mot USL Centro-Sud (REG 1988, s 4233; svensk specialutgåva, volym 9).
107. Mål 178/84, kommissionen mot Tyskland (REG 1987, s 1227; svensk specialutgåva, volym 9).

Dessa föreskrev att öl (för att få marknadsföras under beteckningen ”Bier”) endast fick ha tillverkats av vatten, jäst, malt och humle. Öl som innehöll tillsatsämnen hindrades därmed från att säljas inom Tyskland. Renhetslagarna gjorde – som andra Cassis-regler – ingen explicit skillnad mellan inhemskt och utländskt öl men uteslöt i praktiken en stor mängd utländska ölsorter från den tyska marknaden. Tyskland försvarade lagarna med hänvisning till dels allmän hälsa, dels konsumentskydd: de långsiktiga effekterna av tillsatsämnen kunde inte anses tillräckligt kända och eftersom invånarna i Tyskland drack så mycket öl var tillsatsförbudet nödvändigt ur hälsosynpunkt. De tyska konsumenterna skulle också bli förvirrade ifall det dök upp en alltför stor mångfald av olika sammansatta ölsorter på marknaden. EG-domstolen medgav att olika tillsatser i specifika fall kunde tänkas utgöra hälsorisker och därmed kunde förbjudas[108] men den tyska lagstiftningen förbjöd alla tillsatser generellt och var därför alltför vittomfattande för att kunna rättfärdigas. Vad beträffade konsumentskyddsargumentet konstaterade domstolen att en medlemsstats lagstiftning inte fick befästa rådande konsumtionsvanor på sådant sätt att den nationella industrin befäste sina fördelar. Även om tyskar verkligen föredrog öl som producerats på traditionellt sätt fick därför inte lagstiftningen ytterligare cementera detta förhållande. Tyskland hade dessutom inte lyckats visa varför skyddsintresset inte skulle kunna ha uppfyllts lika väl på mindre ingripande sätt; t ex genom krav på innehållsmärkning av ölen.[109]

*Den franska svartvinbärslikören Cassis de Dijon, som givit upphov till Cassis de Dijon-principen.*

108. Jämför t ex mål 53/80, Officier van Justitie mot Koninklijke Kassfabriek Eyssen BV (REG 1981, s 409) ovan.

109. Tyskland förlorade således målet, vilket kom att bilda utgångspunkten för de skadeståndskrav som senare riktades mot Tyskland från importörer av utländska öl i det uppmärksammade Brasserie-målet (se 5.6).

Just möjligheten att innehållsmärka varor har i flera fall använts för att förklara olika andra, mer ingripande, åtgärder för oproportionerliga och ifråga om varors innehåll framstår i dag märkning nära nog som den kanske enda tillåtna åtgärden: En utveckling som knappast kan anses helt tillfredsställande i situationer där varors primära målgrupp t ex är barn. Det kan också noteras att märkning av t ex livsmedel harmoniserats, vilket ytterligare begränsar medlemsstaternas handlingsutrymme.[110]

## *12.8 Doktrinen om tvingande hänsyn*

De tvingande hänsynen är undantag som har skapats genom praxis och kan åberopas av medlemsstater som önskar legitimera likabehandlande men samhandelshindrande åtgärder vilka annars skulle anses otillåtna enligt Cassis-doktrinen. Undantagen i artikel 30 kan åberopas även här men därutöver erbjuder doktrinen om tvingande hänsyn ytterligare ett antal andra, mer eller mindre klart definierade, möjliga rättfärdigande hänsyn. Hänsynen till effektiv skattekontroll,[111] goda handelsseder (speciellt skydd mot otillbörlig konkurrens)[112] och konsumentskydd[113] nämndes redan i Cassis de Dijon-domen och rent allmänt har de handelshämmande regler som domstolen godkänt i huvudsak rört områden där maktbefogenheterna (fortfarande) ligger hos medlemsstaterna[114] (t ex prisregleringar[115] och monopolrättigheter).[116] I senare domar har domstolen utökat sin exemplifiering med skydd för skapande,

110. Rådets direktiv 79/112/EEG om tillnärmning av medlemsstaternas lagstiftning om märkning, presentation och reklam i fråga om livsmedel (EGT 1979 L 33/1; svensk specialutgåva, område 15, volym 2, s 130). Jfr även t ex målet C-366/98, Geoffrey (REG 2000, s I-6579), som bl a rörde frågan om nationella krav på märkning uteslutande på mottagarlandets språk i ljuset av direktivbestämmelserna.

111. Jfr målen 13/77, GB-Inno mot ATAB (REG 1977, s 2115; svensk specialutgåva, volym 3), 823/79, Carciati (REG 1980, s 2773) samt 134/83, Abbink (REG 1984, s 4097).

112. Se vidare 286/81, Oosthoek Uitgeversmaatschappij B V (REG 1982, s 4575; svensk specialutgåva, volym 6). Se även mål 6/81, Beele (REG 1982, s 707; svensk specialutgåva, volym 6), angående skydd mot s k slaviska efterbildningar, se Bernitz, Karnell, Pehrson & Sandgren, Immaterialrätt, 9 uppl, 2005 s 282.

113. Se även de senare målen 27/80, Fietje (REG 1980, s 3839), 286/81, Oosthoek Uitgeversmaatschappij B V (REG 1982, 4575; svensk specialutgåva, volym 6) (bestämmelser som avsåg tillhandahållande av information) samt 382/87 Buet mot Minister Public (REG 1989, s 1235) och C-369/88, Delattre (REG 1991, s I-1487) (som avsåg bestämmelser om marknadsförande) samt 58/80, Dansk Supermarked (REG 1981, s 181; svensk specialutgåva, volym 6).

114. Se 238/82, Duphar BV m fl mot Nederländerna (REG 1984, s 523; svensk specialutgåva, volym 7), som rörde frågan om hanteringen av kostnader för medicin, vilket i sig ytterst berörde hur Nederländerna valt att utforma sitt sociala skyddsnät.

115. Se mål 13/77, GB-INNO mot ATAB (REG 1977, s 2115; svensk specialutgåva, volym 3) och C-249/88, kommissionen mot Belgien (REG 1991, s I-1275).

116. Se mål C-260/89, Ellinki Radiophonia Tileorassi mot Dimotiki Etairia Pliroforissis (REG 1991, s I-2925; svensk specialutgåva, volym 11).

kulturell verksamhet,[117] sparande på offentliga resurser,[118] förbättrande av arbetsförhållanden,[119] värnande om medias mångfald,[120] biologiskt mångfald[121] och skyddande av den ekonomiska balansen i sociala trygghets- och socialförsäkringssystem[122] samt begränsningar till skydd för grundläggande mänskliga rättigheter.[123]

Miljöskyddshänsyn har också accepterats höra till de tvingande hänsynen. I *Danska returflaskemålet*[124] godtog EG-domstolen dåvarande danska bestämmelser om att öl och läskedrycker endast fick säljas i returflaskor, trots att systemet gav danska bryggerier vissa kostnadsfördelar.

Ovanstående uppräkning av tvingande hänsyn är inte uttömmande. Det är fullt tänkbart att ytterligare nationellt "ömmande" områden kan tillkomma. I likhet med vad som gäller vid åberopande av artikel 30 måste medlemsstater som önskar stödja sig på något tvingande hänsyn kunna styrka sina genuina motiv. Även här krävs proportionalitet. Åtgärderna måste inte bara vara lämpade för att uppnå ändamålet utan också nödvändiga och inte mera ingripande än vad som kan anses absolut behövligt för att uppnå syftet. Åberopade tvingande hänsyn måste även bedömas i ljuset av de allmänna rättsprinciperna och särskilt då de grundläggande rättigheterna.[125] En ytterligare förutsättning för att få åberopa doktrinen om tvingande hänsyn är även här att det aktuella området inte harmoniserats.[126]

117. Mål 95/84, Boriello (REG 1986, s 2253) och 60-61/84, Cinéthèque SA m fl mot Fédération nationale des cinémas française (REG 1985, s 2605; svensk specialutgåva, volym 8).

118. Mål 238/82, Duphar BV (REG 1984, s 523; svensk specialutgåva, volym 7).

119. Se t ex målen 155/80, Oebel (REG 1981, s 1993; svensk specialutgåva, volym 6) och C-332/89, Marchandise m fl (REG 1991, s I-1027; svensk specialutgåva, volym 11). Jfr även artikel 95.4-5 EGF.

120. Mål C-368/95, Vereinigte Familiapress Zeitungsverlags- und vertriebs GmbH mot Heinrich Bauer Verlag (REG 1997, s I-3689), med speciella referenser till Europakonventionen och Europadomstolens praxis.

121. Mål C-67/97, Ditlev Bluhme (REG 1998, s I-8033).

122. Mål C-120/95, Nicolas Decker och Caisse de Maladie des Employés Privés (REG 1998, s I-1831) samt C-158/96, Raymond Kohll mot Union des Caisses de Maladie (REG 1998, s I-1931).

123. Mål C-112/00, Schmidberger (REG 2003, s I-5659).

124. Mål 302/86, kommissionen mot Danmark (REG 1988, s 4607; svensk specialutgåva, volym 9). Miljöskyddets ställning har på senare år rent allmänt stärkts inom gemenskapsrätten, t ex genom införandet av hållbarhetskravet bland grundprinciperna i artikel 2 EGF. Se vidare om miljörätten i 17.4.1.

125. Se t ex mål C-368/95, Vereinigte Familiapress Zeitungsverlags- und Vertriebs GmbH mot Heinrich Bauer Verlag (REG 1997, s I-3689).

126. Se Cassis de Dijon, punkt 8.

## 12.9 *Keck-doktrinen och försäljningsåtgärder som anses falla utanför artikel 28*

EG-domstolens avgöranden i Dassonville och Cassis ledde till att många olika typer av nationella bestämmelser som inte direkt hade med varorna i sig att göra och som i bästa fall kunde sägas ha en hypotetisk påverkan på samhandeln kom att ifrågasättas med hjälp av artikel 28. Uppmärksammade var t ex en serie rättsfall där domstolen fick ta ställning till nationella regler som reglerade butikers öppettider och rätt att sälja vissa varor på vissa tider.[127]

Som följd därav förändrade emellertid domstolen uttryckligen sin praxis med avgörandet i *Keck*[128] och några därpå följande rättsfall i så motto, att nationella bestämmelser som begränsar eller förbjuder *vissa försäljningsåtgärder*[129] som inte är ägnade att direkt eller indirekt, faktiskt eller potentiellt hindra handeln mellan medlemsstaterna à la Dassonville, numera skall anses falla helt utanför artikel 28, under förutsättningarna att bestämmelserna gäller för samtliga berörda näringsidkare verksamma inom det nationella territoriet och att de såväl rättsligt som faktiskt påverkar avsättningen av inhemska varor och varor från andra medlemsstater på samma sätt.[130]

I Keck ansågs ett nationellt förbud mot försäljning till konsument till priser som understiger butikens inköpspris falla utanför artikel 28. Andra marknadsregleringar som på detta vis godtagits har t ex rört begränsningar av butikers öppettider,[131] olika typer av begränsningar be-

127. Se mål 145/88, Torfaen BC mot B & Q plc (REG 1989, s 3851; svensk specialutgåva, volym 10) samt målen C-306/88, 304/90 och 169/91, Stoke-on-Trent CC mot B & Q plc (REG 1992, s I-6457, 6493, 6635; svensk specialutgåva, volym 13): de s k Sunday Trading-fallen.

128. Målen C-267 och 268/91, Keck och Mithouard (REG 1993, s I-6097; svensk specialutgåva, volym 14); kommenterade av bl a N Reich, The 'November Revolution' of the European Court of Justice: Keck, Meng and Audi Revisited, 31 CMLRev 1994 s 459 ff, och däri refererade rättsfall, D Chalmers, Repackaging the Internal Market – The Ramifications of the Keck Judgement, ELRev 1994 s 385 ff, Se även S Weatherill, After Keck: Some thoughts on how to Clarify the Clarification, 33 CMLRev 1996 s 885 ff och P Koutrakos, "On Groceries, Alcohol and Olive Oil: More on the Free Movement of Goods after Keck", 26 ELRev 2001 s 391 ff, C Barnard, The Substantive Law of the EU, Oxford 2004, s 134 ff samt J Snell, Goods and Services in EC Law, Oxford 2002, s 70 ff.

129. På engelska "selling arrangements", på tyska "Verkaufsmodalitäten" och på franska "modalités de vente".

130. Keck, punkt 16–17.

131. Se målen C-401/92 och C-402/92, Tankstation't Heukske V O F och J B E Boermans (REG 1994, s I-2199) samt målen C-69/93 och C-258/92, Punto Casa Spa mot Sindaco del Commune di Capena et al (REG 1994, s I-2355).

träffande reklam[132] samt vilka butiker som fick sälja vissa typer av varor.[133] Var gränserna går mot sådana inskränkningar som måste rättfärdigas, vad som egentligen faller inom begreppet "vissa försäljningsåtgärder" (och vilken vikt detta begrepp över huvud taget bör tillmätas i förhållande till testet av "såväl rättslig som faktisk" påverkan av samhandeln) är inte klart. I domskälen i Keck markerade domstolen att man inte ämnade förändra rättsläget beträffande "product regulations" (vilka t ex angavs omfatta "benämning, form, storlek, vikt, sammansättning, utformning, märkning och förpackning").

I *Clinique*[134] fann EG-domstolen tysk lagstiftning innebära ett otillåtet handelshinder, när den förhindrade företaget Clinique Laboratories att använda varumärket Clinique för kosmetiska preparat i Tyskland därför att detta på ett vilseledande sätt skulle ge associationer till medicinska effekter. Företaget hade varit nödgat att marknadsföra sina preparat under ett särskilt varumärke i Tyskland ("Linique"). Domstolen ansåg att företaget utan tillräckligt vägande skäl tvingades förändra presentationen av sin vara och därigenom orsakades ökade förpacknings- och marknadsföringskostnader. Synbarligen fann domstolen en "product regulation" föreligga.

Ett sätt att söka förstå skillnaden mellan vad som faller utanför respektive innanför artikel 28 i marknadsföringsavseende är att dela upp de bedömda åtgärderna i statiska och dynamiska. Statiska marknadsföringsåtgärder har ett samband med den faktiska platsen för varans tillhandahållande (t ex butiken och dess öppettider) medan dynamiska åtgärder är oberoende av det faktiska försäljningsstället (t ex krav på produktutseende, innehåll och liknande). Redan före Keck hade det anförts att villkoren för statiska åtgärder, till skillnad från dynamiska, inte har någon egentlig inverkan på samhandeln.[135]

Ett annat sätt att förklara vad som faller utanför, respektive innanför, artikel 28 efter Keck har varit att fokusera på frågan om *marknadstillträde*. I sådana fall där de nationella reglerna i mer väsentlig mån faktiskt försvårar eller gör det omöjligt för handlare från andra medlemsländer att få tillträde till den nationella marknaden skulle artikel 28 bli

132. Se t ex målen C-292/92, Hünermund et al mot Landesapothekerkammer Baden-Württemberg (reklam utanför apotek) (REG 1993, s I-6787; svensk specialutgåva, volym 14), förenade målen C-34-36/95, KO mot De Agostini (Svenska) Förlag AB respektive TV-shop i Sverige AB (TV-reklam) (REG 1997, s I-3843), C-405/98, Konsumentombudsmannen (KO) mot Gourmet International Products AB (alkoholreklam) (REG 2001, s I-1795).

133. Mål C-391/92, kommissionen mot Grekland (modersmjölksersättning) (REG 1995, s I-1621 samt C-387/93, Banchero (tobak) (REG 1995, s I-4663).

134. Mål C-391/92, kommissionen mot Grekland (modersmjölksersättning) (REG 1995, s I-1621 samt C-387/93, Banchero (tobak) (REG 1995, s I-4663).

135. Se K Mortelmans, Article 30 of the EEC Treaty and Legislation Relating to Market Cir-cumstances: Time to Consider a New Definition, 28 CMLRev 1991 s 115 ff.

tillämplig, annars inte.[136] Problemet har här varit att domstolen formellt vidhållit att alla ÅMV (oavsett effekt) är otillåtna, vilket är svårt att förena med bedömningar av typen ”mer eller mindre försvårat marknadstillträde?”.

Även om det torde stå klart att frågan om marknadstillträde i många fall utgjort en väsentlig del av bedömningen har domstolen hittills inte givit något klart stöd åt en renodlad marknadstillträdesteori. I *Heimdienst*[137] noterade Domstolen uttryckligen att de österrikiska nationella bestämmelser som hindrade ambulerande försäljning av charkuteriprodukter rent faktiskt utgjorde ett större hinder för produkter från andra medlemsstater än för inhemska produkter när det gällde att få tillträde till importstatens marknad. De begränsande effekterna ansågs heller inte vara alltför ”slumpmässiga och indirekta”[138]. Just möjligheten att vissa handelshindrande effekter kan anses vara alltför slumpmässiga/indirekta för att strida mot artikel 28 kan tolkas som en närmande av praxis till vad som i dag förefaller gälla beträffande fri rörlighet för personer (inklusive tjänster), vilket i sin tur skulle öppna för mer nyanserade bedömningar än den gängse strikta ”antingen-eller”-bedömning som formellt råder på varuområdet.[139] Frågan om var gränsen går för när en handelshindrande effekt blir alltför slumpmässig/indirekt kvarstår emellertid, och torde närmast få besvaras från fall till fall och med beaktande av vilken typ av reglering det är frågan om.[140] Att helt förbjuda reklam strider t ex mot artikel 28 men det gör däremot inte nationella krav på innehållet i reklam. I fall där sådana nationella innehållskrav vore särdeles ingripande och betungande torde effekterna i praktiken emellertid kunna komma att likna ett totalförbud. Med andra ord: i vissa situationer kom-

136. Teorin har utvecklats av bl a generaladvokat Jacobs i hans yttrande i mål C-414/93, Leclerc-Siplec mot TF1 Publicité och M6 Publicité (REG 1995, s I-179). Domstolen valde emellertid att inte följa generaladvokatens yttrande i detta avseende, utan upprepade i domen endast sin tidigare formulering från Keckavgörandet. Teorin har flera förespråkare i doktrinen; se t ex S Weatherill, After Keck: Some Thoughts on how to Clarify the Clarification, 33 CMLRev 33 1996, s 885 ff samt P Eeckhout, Recent Case-law on Free Movement of Goods: Refining Keck and Mithouard, European Business Law Review 1998, s 267 ff.

137. Mål C-254/98, Schutzverband gegen unlauteren Wettbewerb mot TK-Heimdienst Sass GmbH (REG 2000, s I-151). För liknande marknadstillträdesresonemang (till viss del), se också mål C-322/01, Deutscher Apothekerverband mot 0800 DocMorris NV (REG 2003, s I-14887).

138. Domstolen noterade att det härvidlag var tillräckligt att konstatera att varor från andra medlemsstater aldrig skulle kunna saluföras genom ambulerande försäljning i andra än de delar av Österrike som låg i anslutning till gränsen.

139. Se t ex C Barnard, Fitting the remaining pieces into the goods and persons jigsaw?, 26 ELRev 2001, s 35 ff, och däri refererad praxis.

140. Se t ex mål C-322/01, Deutscher Apothekerverband mot 0800 DocMorris NV (REG 2003, s I-14887).

mer det att bli svårt att avgöra var gränsen går för aktiveringen av artikel 28.[141]

Trots de oklarheter som ännu består kan Keck-doktrinen *sammanfattningsvis* tolkas så, att domstolen numera presumerar att bestämmelser som rör själva varans utformning, sammansättning och liknande har en samhandelsbegränsande effekt, medan icke-diskriminerande bestämmelser som t ex mer rör distributionen av varor i en vidare mening först måste visas ha en faktisk och mer direkt hämmande effekt innan domstolen är villig att anse artikel 28 överträdd.

Ett exempel utöver Heimdienst, som också visar att de väsentliga avgörandena i många fall torde komma att lämnas till de nationella domstolarna, är det svenska målet *De Agostini.*[142] Marknadsdomstolen begärde här ett förhandsavgörande bl a om huruvida ett förbud mot viss TV-reklam (i de aktuella fallen främst riktad till barn) stred mot artikel 28. EG-domstolen refererade till Keck, men noterade att ett förbud skulle kunna tänkas få större inverkan på utländska produkter än inhemska, om t ex TV-reklam kunde anses vara det enda effektiva sättet för en utländsk tillverkare att få fäste på marknaden. Det var emellertid den nationella domstolens sak att bedöma både detta och – om så därefter skulle behövas – om åtgärden likväl kunde rättfärdigas med hjälp av artikel 30 samt om den var proportionerlig och nödvändig. Marknadsdomstolen avgjorde därefter målet och majoriteten fann att någon diskriminering inte skett, då de svenska reglerna fick anses slå lika hårt mot såväl inhemska som utländska näringsidkare. Artikel 30 ansågs således inte tillämplig.[143]

Än mer komplicerad kan situationen bli i de fall där olika typer av statligt sanktionerade monopol är inblandade. Sådana monopol är inte alltid otillåtna, men skall i princip följa EG-fördragets allmänna regler. Domstolen har, i linje med Keck-doktrinen, godtagit att modersmjölksersättning i Grekland endast får säljas genom apotek[144] och att Italien upprätthåller en licensordning för detaljhandel med tobaksvaror som bygger på ett statligt detaljhandelsmonopol för tobak.[145] I det uppmärksammade *Franzén-målet,*[146] där Landskrona tingsrätt begärt förhandsavgörande bl a i frågan om ett lagstadgat detaljhandelsmonopol som det svenska Systembolaget var förenligt med artikel 28, undvek domstolen emellertid

141. Det kan noteras att just begränsningar av reklam som inte faller under artikel 28 likväl kan komma att prövas som tjänsterörlighetshinder; se avsnitt 13.12.

142. Förenade målen C-34-36/95, KO mot De Agostini (Svenska) Förlag AB respektive TV-shop i Sverige AB (REG 1997, s I-3843); kommenterade av U Bernitz i TV-reklam och räckvidden av svensk marknadsrätt, JT 1997–98, s 479 ff.

143. MD 1998:17, kommenterat av U Bernitz i De Agostini II, ERT 1999 s 363 ff. Avgörandet (liksom EG-domstolens svårtydda praxis) har kritiserats hårt av A Serner, De Agostini-målet, ett mål med bara förlorare, JT 1998–99 s 799 ff.

144. Mål C-391/92, kommissionen mot Grekland (REG 1995, s I-1621).

145. Måt C-387/93, Banchero (REG 1995, s I-4663).

146. Mål C-189/95, Harry Franzén (REG 1997, s I-5909).

att besvara frågan genom att koncentrera sig på den särskilda artikel 31 om handelsmonopol, se närmare 16.10.[147]

I *Gourmet* har EG-domstolen bedömt det svenska reklamförbudet mot alkoholdrycker. Domstolen byggde vidare på sitt resonemang i de Agostini-målet och noterade att det inte kan uteslutas att ett totalförbud i en medlemsstat mot varje form av marknadsföring av varor som lagligen får säljas i den staten påverkar importerade varor i högre grad. Just när det gällde sådana varor som alkoholdrycker menade domstolen att marknadstillträdet för varor från andra medlemsstater kunde försvåras mer än vad som gällde för inhemska varor (vilka konsumenterna av naturliga skäl kan antas vara mer förtrogna med). Den nationella domstolen (i detta fall Stockholms tingsrätt) ansågs dock bättre skickad att göra bedömningen av huruvida reklamförbudet likväl kunde anses proportionerligt i förhållande till det åberopade folkhälsoskälet.[148]

## 12.10 *Exportrestriktioner och något om omvänd diskriminering*

Artikel 29 förbjuder kvantitativa *exportrestriktioner* samt åtgärder med motsvarande verkan. Det finns dock en viktig skillnad mellan artikel 28 och 29, eftersom Cassis-doktrinen inte omfattar den senare bestämmelsen.

Holland förbjöd lagerhållning och tillverkning av varor som innehöll hästkött. Förbudet hindrade därmed både export och inhemskt tillhandahållande av sådana varor. Domstolen slog emellertid fast att nationella åtgärder som inte diskriminerar mot export var tillåtna.[149] En importör av hästkött hade kunnat angripa en liknande bestämmelse med stöd av Cassis-doktrinen, men landets egna exportörer kunde alltså inte göra det.

147. Sveriges diskriminerande uttag av avgifter för alkoholimportstillstånd förklarades dock strida mot artikel 28.

148. Mål C-405/98, Konsumentombudsmannen (KO) mot Gourmet International Products AB (REG 2001, s I-1795), ytterligare behandlat i avsnitt 12.5 samt kommenterat bl a av A Biondi, Advertising alcohol and the free movement principle: The Gourmet decision, 26 ELRev 2001 s 616 ff, U Bernitz, Gourmetmålet – kan det diskriminerande svenska förbudet mot alkoholreklam godtas av folkhälsoskäl?, ERT 2001 s 420 ff. Tingsrätten och efter överklagande Marknadsdomstolen kom båda fram till att reklamförbudet fick anses som alltför långtgående och därför oproportionerligt (MD 2003:5). Genom en snabbändring i alkohollagen blev det härefter tillåtet med måttfull marknadsföring av öl och vin med en alkoholhalt om högst 15 %, se 11 § alkohollagen (1994:1738). MD:s avgörande kommenteras även i W Warnling-Nerep, Gourmetmålet än en gång: Folkhälsoskälen var inte tillräckliga, ERT 2004 s 435 ff samt i I Otken Eriksson, Marknadsdomstolens dom i Gourmetmålet: resonemang kring proportionalitet, ERT 2004 s 585 ff.

149. Mål 15/79, Groenveld mot Produktschap voor Vee en Vlees (REG 1979, s 3409). Jfr även det följande målet 237/82, Jongeneel Kaas (REG 1984, s 483; svensk specialutgåva, volym 7).

I likhet med vad som gäller på många andra icke-harmoniserade områden av gemenskapsrätten finns heller inga hinder mot s k omvänd diskriminering på varuområdet: Belgien kunde därför fortsätta att kräva att inhemska tillverkare av smörförpackningar skulle ange namn och adress på dessa – något som skulle vara otillåtet att kräva av importerat smör.[150]

## 12.11 *Varurörligheten bortom Keck och den framtida inre marknaden*

Till skillnad från vad som ännu gäller på exempelvis tjänsteområdet fungerar i dag den fria rörligheten för varor i det stora hela väl: framstegen på denna viktiga del av den inre marknaden måste helt klart betecknas som en historisk framgång av stor betydelse. Likväl kvarstår fortfarande en hel del hinder, inte minst genom olika typer av nationell indirekt beskattning. Mycket återstår ännu att göra även på vissa speciella områden som t ex energimarknaden.

Genom sin rättspraxis har EG-domstolen slagit ned på en mängd olika typer av nationella handelshinder, av såväl fiskal som kvantitativ natur. Grundläggande har varit strävan att undanröja olika typer av diskriminerande behandling av utländska varor. Som belysts ovan har emellertid även nationella regler, som i och för sig behandlar utländska och inhemska varor lika, i många fall likväl bedömts vara handelshindrande, och därmed otillåtna. Domstolens praxis, med sin starka betoning av ömsesidigt erkännande, ställer därmed krav som går utöver den rena likabehandlingen: lika viktigt är i många fall den faktiska möjligheten att på likartade villkor få tillträde till inhemska marknader. Möjligheten att angripa icke-diskriminerande nationella regler med hjälp av gemenskapsrätten kan emellertid komma att brukas även mot sådana bestämmelser som egentligen har mycket lite med varuhandeln som sådan att göra.

Risken för att även sådana nationella regler, med mindre sannolik och avlägsen inverkan på samhandeln, skall kunna angripas har domstolen sökt minska genom avgörandet i Keck. I vilken mån man med Keck dragit en alltför snävt begränsande ram återstår att se, men sannolikt kan avgörandet i Heimdienst och följande praxis ses som ett sätt att öppna för mindre formalistiska bedömningar i de fall där avgörandena annars skulle riskera att bli väl trubbiga.

Det är intressant att notera hur domstolen på varuområdet sett sig nödgad att begränsa räckvidden av sin tidigare, kanske alltför expansiva, praxis. Som kommer att framgå av kapitel 13 har domstolen beträffande

150. Mål 98/86, Ministère Public mot Mathot (REG 1987, s 809).

tjänster och etableringar däremot gått i motsatt riktning, där praxis tenderat att tillåta gemenskapsrättslig granskning av alltfler typer av nationella regler. Även där synes man dock frukta ett alltför vitt ifrågasättande av nationella bestämmelser med mer perifer påverkan på samhandeln, och praxis förefaller närma sig en generellt försiktig linje inom de olika fria rörligheterna: en allmän tendens i riktning mot alltmer generellt sett liknande bedömningar som s a s går utöver och närmar den praxis som utvecklats på de respektive enskilda rörlighetsområdena.[151] Inte minst eftersom utvecklingen här till syvende och sist handlar om i vilken mån nationella bestämmelser ska underkännas, eller i vart fall behöva rättfärdigas, utifrån gemenskapsrätten så kommer framtida praxis att bli av stort intresse.

Fokus på området har som framgått hittills ofta legat på undanröjande av nationella (detalj-)bestämmelser som uppfattats som protektionistiska eller i vart fall onödigt ingripande. Här återstår säkerligen ännu mycket att uträtta. Viktigt är emellertid också att se till att existerande gemenskapsregler faktiskt fungerar i praktiken.

I detta syfte har kommissionen t ex tillskapat ett problemlösningsnätverk för den inre marknaden – *Solvit*; något som förefaller ha slagit ut mycket väl.[152] Personer och företag som har problem att få sina rättigheter respekterade på den inre marknaden kan vända sig till sitt medlemslands Solvit-centrum som i sin tur tar kontakt med Solvit-centrumet i medlemslandet där problemet uppstått. Solvit-centren är delar av respektive nationell förvaltning (i Sverige fylls rollen av Kommerskollegium), förfarandet är kostnadsfritt och målet är att finna en lösning inom tio veckor.

Slutligen är det värt att notera att det, särskilt i anslutning till tjänstedirektivets antagande 2006, också förts fram åsikten att gemenskapens verksamhet på den inre marknaden haft en alltför ensidig inriktning på marknadsliberalisering och inte tillräckligt beaktat t ex sociala och kulturella värden (se 13.7 och 17.3.3). Inte minst i ljuset av den nu så aktuella ambitionen att närma EU till medborgarna torde man på sikte komma att få se en fördjupning av EU-samarbetet på den inre marknaden som lägger större tyngd på överväganden som avser miljöskydd, konsumentskydd och andra sociala aspekter.

151. Se vidare avsnitt 13.8.

152. Enligt kommissionen sägs cirka 80 procent av behandlade fall nå en lösning. 2004 uppgick antalet fall per år till 289 stycken; en siffra som vuxit till 465 år 2006. Solvit har en egen webbplats (www.europa.eu.int/solvit), liksom Kommerskollegium (www.kommers.se).

# 13. Etableringsfrihet och tjänster

## 13.1 Inledning

En viktig del av det vidgade europeiska handelsutbytet och marknadernas internationalisering utgörs av den ökade företagsetableringen utomlands och möjligheten att tillhandahålla olika typer av tjänster över nationsgränserna. Artiklarna 43–48 om etableringsrätt respektive 49–55 om tjänster reglerar den fria rörligheten för näringsidkare – såväl fysiska som juridiska personer. Eftersom den fria tjänsterörligheten annars lätt skulle kunna urholkas har EG-domstolen också slagit fast att inte bara utövare utan även mottagare av tjänster omfattas av denna frihet.[1]

EG-fördraget ställer inte upp något krav på allmän etableringsfrihet för företag och enskilda näringsidkare. Huvudregeln är i stället *likhet i etableringsförutsättningarna*, d v s att det skall råda likhet mellan inhemska rättssubjekt och rättssubjekt från andra medlemsstater – både fysiska och juridiska personer[2] – beträffande förutsättningarna för att få etablera sig eller erbjuda tjänster.

Diskrimineringsförbudet för etablering och tjänster är en kodifiering av den generella likabehandlingsprincipen i artikel 12.1 EGF och har *direkt effekt*. Det gäller både offentliga och privaträttsligt normerade verksamhetsområden och ställer krav på såväl lagstiftning som faktisk rättstillämpning och tillämpad praxis. En branschorganisation får t ex inte diskriminera mot ett företag i annat EU-land.

1. Se till det följande bl a M Andenas & W H Roth (eds), Services and Free Movement in EU Law, Oxford 2002, C Barnard, The Substantive law of the EU. The Four Freedoms, Oxford 2004, J Snell, Goods and Services in EC Law. A Study of the Relationship Between the Freedoms, Oxford 2002.

2. Juridiska personer likställs med medborgare inom EU om de bildas i enlighet med lagstiftningen i en medlemsstat samt har sitt säte, huvudkontor eller huvudanläggning inom gemenskapen. Fri rörlighet för juridiska personer kompliceras dock av att bolags- och skatterätt i princip fortfarande hör till medlemsstaternas kompetens. Även om nämnda fördragsartiklar således även gäller juridiska personer är läget mera komplicerat beträffande sekundärlagstiftning. Se t ex mål 81/87, R mot Brittiska finansdepartementet, ex parte Daily Mail (REG 1988, s 5483; svensk specialutgåva, volym 9). Om juridiska personers rörlighet, se L Pehrson, Kan aktiebolag flytta? i Europaperspektiv. Årsbok 1999 s 89 ff. Se även, om styrelsesammansättningar, mål C-299/02, kommissionen mot Nederländerna (REG 2004, s I-9761), där EG-domstolen underkände krav på gemenskapsnationalitet eller gemenskapshemvist för aktieägare, styrelse eller bolagsrepresentanter.

Vanliga hinder mot den fria rörligheten är de varierande kvalifikations- och auktorisationskrav som medlemsstater kan ställa upp för att tillåta olika typer av yrkesutövning. Kravet på likhet i förutsättningarna uppfattades här från början som en målsättning som man sökte förverkliga successivt genom att utfärda direktiv för respektive yrkesområde. Harmoniseringsarbetet visade sig vara både komplicerat och tungrott och gick oerhört långsamt (arkitektdirektivet tog exempelvis 17 år). Läget förändrades emellertid radikalt 1974 genom två viktiga prejudikat från EG-domstolen i *Reyners*[3] respektive *van Binsbergen*.[4] I domarna slogs fast att reglerna om icke-diskriminering (sedan övergångsperiodens slut per den 1 januari 1970, och i kombination med diskrimineringsförbudet i artikel 12.1) hade direkt effekt i medlemsländerna och alltså gällde oavsett om några särskilda direktiv utfärdats. Detta gällde såväl vid etableringar som vid utförande av tjänster. I sak tog EG-domstolen genom dessa avgöranden rättspolitiskt viktiga steg för att främja integrationen och löste samtidigt en problematik som rådet inte förmått klara på politisk väg. Inspirerad av principen om ömsesidigt erkännande från Cassis-avgörandet, har kommissionen numera övergivit arbetet med sektorsvisa direktiv till förmån för ett system med generella, horisontella erkännanden av yrkeskvalifikationer.

Sekundärrättsligt regleras området i dag av *Yrkeserkännandedirektivet*.[5] Dess grundtanke är att medlemsstaterna skall lita på varandras utbildningssystem, trots de omfattande skillnaderna i enskildheterna.

På grund av den stora spännvidden i yrkessysselsättningar som regleras anvisar direktivet tre olika huvudsakliga metoder för erkännande av yrkeskvalifikationer, beroende på vilken typ av professionella krav som ställts upp. Den första gruppen, det s k generella systemet, avser sådana sysselsättningar där värdlandet ställer upp specifika kvalifikationskrav, vanligtvis i form av speciell högre utbildning. Huvudregeln är här *ömsesidigt erkännande* av utbildningsbevis, med möjlighet för värdlandet att kräva lämplighetsprov eller prövotid i maximalt tre år i vissa fall där utbildningarna skiljer sig mer väsentligt mellan staterna.[6]

Den andra gruppen avser sysselsättningar där värdlandet inte ställt upp formella utbildningskrav men väl krav på yrkeserfarenheter, varvid direktivet stipulerar ett (okvalificerat) ömsesidigt erkännande av sådana.[7] Den tredje gruppen avser de olika yrken (främst inom vårdsektorn) som tidigare reglerades genom sektorsdirektiv. Här ställs vanligen krav på såväl formella kvalifi-

3. Mål 2/74, Reyners mot Belgien (REG 1974, s 631; svensk specialutgåva, volym 2).

4. Mål 33/74, Van Binsbergen mot Bestuur van de Bedriffsvereniging voor de Metaalnijverheid (REG 1974, s 1299; svensk specialutgåva, volym 2).

5. Direktiv 2005/36/EG, antaget 7 september 2005. Se om utvecklingen och direktivet S Ingmanson, Erkännande av yrkeskvalifikationer inom EU, Skrifter från Juridiska institutionen vid Umeå universitet No 11/2005.

6. Direktivets artikel 13.1.

7. Ibid, artikel 16.

kationer som relevant praktik och huvudregeln är ömsesidigt erkännande, parat med viss harmonisering av vad praktiken skall innehålla.[8]

Såvida det inte rör sig om verksamhet inom den ovan nämnda tredje gruppen skall en i annan medlemsstat etablerad yrkesutövare normalt få utföra tjänster utan att behöva prestera mer än bevis för att han eller hon varit verksamma i det relevanta yrket under minst två år: någon speciellt yrkeskvalifikationsprövning skall alltså normalt sett inte kunna krävas. Värdstaten kan också begära en förhandsanmälan om den avsedda tjänsteverksamheten, vilket främst torde ta sikte på situationer där värdstaten kräver bevis på innehav av yrkesansvarsförsäkring där sådana krävs, straffrihetsintyg för uppdrag inom säkerhetssektorn eller vissa andra liknande fall. Direktivet ställer också upp ett antal möjliga och tillåtliga krav på information till tjänsteutövarens kunder, till gagn för konsumentintresset. Till tjänsteutövarens fromma stipulerar direktivet också att det inte får ställas några för denne betungande krav på anslutning till yrkes- och branschorganisationer eller liknande, vilket annars kan vara ett krav för etablerade utövare i värdlandet.

## 13.2 *Vad skiljer etableringar från tjänster?*

Reglerna om fri rörlighet för etableringar respektive tjänster bygger i båda fallen på principerna om icke-diskriminering och fri rörlighet, men det finns också viktiga skillnader. Rent generellt har t ex nationella regler vanligen större genomslagskraft vid etableringar än vid tillhandahållandet av tjänster. Detta är heller inte så märkligt, med tanke på att en etablering oftast bygger på en mer varaktig närvaro, där företaget så att säga inlemmas i värdlandets ekonomi och samhälle och därmed också bör rätta sig efter samma inhemska regler som gäller för motsvarande inhemska företag.

Av EG-fördraget framgår att *tjänster* är ”prestationer som normalt utförs mot ersättning, i den utsträckning de inte faller under bestämmelserna om fri rörlighet för varor, kapital och personer” (artikel 50.1). Kategorin är med andra ord negativt bestämd, vilket betyder att det kan vara värt att känna till var gränserna går för de övriga rörligheterna – inte minst då rättsverkningarna i många fall kan bli mycket olika.[9]

Vad kännetecknar då *etableringar*? Företagsetableringar kan i praktiken ske på många olika sätt: Särskilt vid etablering i större skala är det vanligt med företagsförvärv, där ett företag i regel helt eller delvis köper aktierna i ett bestående, rörelsedrivande bolag i annat land. Det vanligaste är dock att etableringen sker genom bildande av utländska dotterbolag. En annan, mindre ofta förekommande, form är att ett utländskt

8. Ibid, artikel 21.
9. Gränsen mot kapitalrörligheten berörs i 14.1.

företag utövar verksamhet i annat land genom en filial.[10] Inom gemenskapsrätten skiljer man emellertid endast mellan s k full etablering eller sekundär etablering. *Full etablering* innebär nyetablering eller fullständig överflyttning av en hel, fullt fristående rörelse (t ex en läkarpraktik) från ett land till ett annat land. *Sekundär etablering* innebär att en juridisk person upprättar dotterbolag, filial, agentur eller liknande i ett annat land. För rätt till full etablering fordras medborgarskap i ett EU-land. För rätt till sekundär etablering eller utövande av tjänster krävs likaledes unionsmedborgarskap[11] och därtill ett faktiskt och varaktigt – "seriöst" – samband med ekonomin i ett medlemsland.

Hemvistkravet uppfylls för juridiska personers del när de har ett faktiskt och varaktigt samband med ekonomin i en medlemsstat (däremot saknar det betydelse om bolagsmän, aktieägare, finansiärer etc är EU-medborgare eller kommer från tredje land). Genom avgörandet i *Centros-målet*[12] och följande praxis synes dock numera klart att en formell, laglig företagsetablering i vilket EU-medlemsland som helst utgör tillräcklig anknytning, oavsett t ex grundarens faktiska hemvist eller den faktiska basen för verksamhetens senare utövande (bolaget Centros var bildat i Storbritannien men drev sin huvudsakliga verksamhet i Danmark).

Både sekundär och full etablering innebär en rätt till fri rörlighet och icke-diskriminering. Det gemensamma, utmärkande draget för etableringar kan sägas vara den relativa graden av varaktig närvaro i det andra landet som vanligen avses: Domstolen har uttalat att rätten till etablering syftar till att låta unionsmedborgare delta i och dra fördel av det ekonomiska livet i andra medlemsstater (än den egna) på ett stabilt och kontinuerligt sätt.[13] Även om rätten till icke-diskriminering därför framstår som det grundläggande skydd som gemenskapsrätten medger etableringar finns det tendenser i nyare praxis som tyder på att EG-domstolen (i linje med utvecklingen beträffande övriga fria rörligheter) även tycks beredd att i vissa situationer underkänna även inskränkningar som förefaller icke-diskriminerande men ändå försvårar marknadstillträdet eller i vart fall ter sig omotiverat betungande.[14]

10. Sverige har en särskild lag (1992:160) om utländska filialer.

11. Rättigheterna tillkommer dock även unionsmedborgares familjemedlemmar, se 15.4.

12. Mål C-212/97, Centros Ltd mot Erhvervs- og Selskabsstyrelsen (REG 1999, s I-1459), kommenterat av A Kjellgren i Centros – bolagsvärldens Flygande holländare?, ERT 1999 s 535 ff. Centros behandlas närmare i 13.6. Avgörandet har följts av t ex C-208/00, Überseering mot NCC (REG 2002, s I-9919) samt C-167/01, Kamer van Koophandel en Fabrieken voor Amsterdam mot Inspire Art (REG 2003, s I-10195).

13. Se t ex C-55/94, Gebhard (REG 1995, s I-4165).

14. Se t ex C-442/02, Caixa Bank France mot Ministère de l'Économie, des Finances et de l'Industrie (REG 2004, s I-8961), kommenterad i D Chalmers m fl, European Union Law, Cambridge 2006, s 732 ff.

Till skillnad från läget vid etableringar förutsätts en tjänsteutövare normalt vara baserad i ett annat medlemsland än där tjänsten utförs och tillhandahållandet sker då på ett temporärt och mindre varaktigt sätt. Emellertid finns här en grundläggande skillnad som gör att icke-diskriminering i många fall inte är tillräckligt för att trygga fri rörlighet för tjänster. Per definition kommer alla inhemska, liknande verksamheter i ett värdland att utgöras av etableringar: De är "fast förankrade" i samhällslivet i värdstaten, är ofta bolagsregistrerade där, upprättar deklarationer och är föremål för diverse myndighetskontroller. Skulle en tillfälligt besökande tjänstegivare nödgas uppfylla alla de krav som värdlandet ställer på sina (etablerade) företag skulle det i praktiken inte finnas någon fri tjänsterörlighet, utan bara en rätt till etablering. Av detta skäl har EG-domstolens praxis gått utöver kravet på icke-diskriminering och i många fall är det således inte längre tillåtet för ett värdland att kräva av utländska tjänstegivande företag att de skall uppfylla alla de villkor och krav som landet ställer på motsvarande inhemska företag.

Gränsdragningen mellan tjänster och etableringar kan ibland vara svår att dra: Viktiga bedömningsfaktorer är inte endast själva tiden för verksamhetens utövande, utan också hur regelbundet, periodiskt eller kontinuerligt den bedrivs. Ifall så behövs för att utföra de aktuella tjänsterna har dock tjänsteutövare rätt att skaffa sig nödvändig infrastruktur (t ex ett kontor) utan att därmed automatiskt anses som etablerad.[15]

I *De tyska försäkringsfallen*[16] ansågs den situationen, att ett företag i ett annat medlemsland hållit ett kontor bemannat med egen eller annan personal, befullmäktigad att agera på företagets vägnar på mer permanent basis, utgöra etablering i gemenskapsrättslig mening. I det kontroversiella *Irländska abortfallet*[17] klassificerade domstolen tillhandahållande av aborter som en tjänst i gemenskapsrättslig mening (trots att aborter var förbjudna i den irländska grundlagen) och i *Jany*[18] bedömdes prostitution i Amsterdam på samma vis.

Vid bedömningar av förhållandet till varor och kapital söker EG-domstolen närmast efter vad som framstår som det centrala i transaktionen:

15. Ibid. Se även C-215/01, Schnitzer (REG 2003, s I-14847) där EG-domstolen understryker att det, på grund av tjänsters stora variationsrikedom, inte går att fastställa någon generell abstrakt regel för vilken varaktighet eller frekvens som krävs för att en tjänst ska anses som etablering.

16. Mål 205/84, kommissionen mot Tyskland (REG 1986, s 3755; svensk specialutgåva, volym 8).

17. Mål C-159/90, SPUC mot Grogan (REG 1991, s I-4685; svensk specialutgåva, volym 11). Kritikerna har främst gjort gällande att domstolen, genom att definiera aborter som i princip vilken tjänst som helst, underordnat erkännandet av en nationell, grundläggande mänsklig rättighet (här ofödda barns rätt till liv) Gemenskapens ekonomiska ändamål.

18. Mål C-268/99, Aldona Malgorzata Jany m fl mot Staatssecretaris van Justitie (REG 2001, s I-8615).

leasing bedöms t ex som en fråga om tjänst, inte varor.[19] Upplåtande av annonsutrymme har ansetts kunna utgöra en gränsöverskridande tjänst[20]. I *Schindlers lotteri*[21] ansågs tillhandahållandet av lottsedlar och andra lotteritrycksaker inte som en varufråga utan som en tjänst i EG-fördragets mening. Samma bedömning har gjorts av gränsöverskridande TV-reklam[22] och TV-sändningar i allmänhet.[23] Betalningar för tjänster anses i samma anda falla inom fri rörlighet för tjänster, snarare än för kapital.[24]

## 13.2 *Rättigheter som tillkommer näringsutövare*

Unionsmedborgarskapet är numera utgångspunkten för den enskildes fria rörlighet och rätt att utöva tjänster i annat medlemsland. Efter inresan har en näringsidkare, liksom alla unionsmedborgare, rätt att vistas i värdstaten i högst tre månader utan krav på annat än ett giltigt pass eller identitetskort.[25] Härutöver har näringsidkare i princip samma typer av tillkommande rättigheter som arbetstagare (mer om detta i kapitel 15).

Den fria rörligheten för tjänster innebär vidare att ett företag har rätt att använda sin egen arbetskraft för att utföra tjänster i det andra landet;[26] en betydande harmonisering av vilka arbetsvillkor som i sådana fall gäller har dock skett genom det s k *utstationeringsdirektivet* (se avsnitt 17.3). Grundläggande är även rätten att inte behandlas sämre än motsvarande inhemska näringsutövare – en rättighet som alltså går utöver ren icke-diskriminering: Domstolen har uttalat att all tillämpning av nationella bestämmelser som medför att det blir svårare att utföra tjänster mellan medlemsstater än att utföra tjänster i en och samma medlems-

19. Mål C-451/99, Cura Anlagen (REG 2002, s I-3193).
20. Mål C-405/98, Konsumentombudsmannen (KO) mot Gourmet International Products AB (REG 2001, s I-1795), se 12.9.
21. Mål C-275/92, Her Majesty's Customs and Excise mot Gerhard Schindler and Joerg Schindler (REG 1994, s I-1039; svensk specialutgåva, volym 15).
22. Målen 352/85, Bond van Adverteerders (REG 1988, s 2085; svensk specialutgåva, volym 9), förenade målen C-34/95 C-36/95, KO mot De Agostini (Svenska) Förlag respektive TV-shop i Sverige AB (REG 1997, s I-3843) samt förenade målen C-262/02, kommissionen mot Frankrike och C-429/02, Bacardi France (REG 2004, s I-6569); se vidare 12.9.
23. Se t ex mål 155/73, Sacchi (REG 1974, s 409; svensk specialutgåva, volym 2, s 269) samt mål C-17/00, François de Coster mot Collège des bourgmestre et échevins de Watermael-Boitsfort (REG 2001, s I-9445)
24. Mål C-334/02, kommissionen mot Frankrike (REG 2004, s I-2229).
25. Detta följer av rörlighetsdirektivet 2004/38/EG (se vidare 15.4).
26. Mål C-113/89, Rush Portuguesa Limitada D'Immigration (REG 1990, s I-1417; svensk specialutgåva, volym 10). Ett portugisiskt byggbolag hade fått i uppdrag att bygga en järnvägslinje i Frankrike och önskade därvid använda sina egna anställda, men fransk lag gav ett annat bolag monopol på att använda utländsk arbetskraft.

stat står i strid med artikel 49. Olika nationella beskattningsåtgärder (ett område som ju i princip helt hör till medlemsstaternas egen kompetens) ter sig i många fall problematiska vid gränsöverskridande näringsverksamhet, och torde ytterst inte kunna lösas på annat sätt än genom en vidgad harmonisering. Det allmänna diskrimineringsförbudet har emellertid tillämpats av EG-domstolen även på skatteområdet; vi återkommer till detta i 14.3.

## *13.4 Rätten att ta emot tjänster*

Den fria rörligheten för tjänsteutövare skulle lätt kunna urholkas ifall de tilltänkta mottagarna på olika sätt kunde hindras att ta emot tjänsterna. Domstolen har därför tolkat in rätten att ta emot tjänster såsom en del av den fria tjänsterörligheten.[27]

Rättspraxis på området har bl a lett till de uppmärksammade s k *sjukvårdsdomarna*. Dessa innebär i korthet att den som önskar ta del av öppen sjukvård, tandvård och hälsovård eller köpa sjukvårds- och handikappartiklar i andra EU-länder än där man bor, men på bekostnad av sitt hemlands ersättningssystem (i Sverige Försäkringskassan), har rätt till detta. När det gäller vård som kräver inläggning på sjukhus har man dock bara rätt att få den ersatt av hemlandet ifall likvärdig sjukvård inte erbjuds där eller erbjuds med oacceptabelt långa väntetider.

EG-domstolen har också godtagit att nationella krav på förhandstillstånd kan utgöra såväl nödvändiga som rimliga inskränkningar av den fria rörligheten (bl a av hänsyn till omsorgen om den ekonomiska balansen i berörda sociala trygghetssystem). Domstolen har emellertid även ställt upp en rad krav på tillståndsgivningen i dessa fall, som t ex inte får leda till godtyckliga avslagsbeslut etc.[28] Domarna har lett till omfattande debatt, inte minst i samband

27. Se målen 286/82, 26/83, Luisi och Carbone mot Ministero del Tesoro (REG 1984, s 377; svensk specialutgåva, volym 7) samt 186/87, Cowan mot Trésor Public (REG 1989, s 195; svensk specialutgåva, volym 10). De farhågor om "social turism" som framförallt det senare avgörandet väckte har medlemsstaterna senare sökt avvärja genom bestämmelser om begränsningar i rätten till tillgång till socialt bistånd i det s k rörlighetsdirektivet (se vidare 15.4).

28. Se målen C-120/95, Nicolas Decker mot Caisse de Maladie des Employés Privés, (glasögon) (REG 1998, s I-1831) samt C-158/96, Raymond Kohll mot Union des Caisses de Maladie (tandvård) (REG 1998, s I-1931), C-157/99, B S M Geraets-Smits, mot Stichting Ziekenfonds VGZ och H T M Peerbooms mot Stichting CZ Groep Zorgverzekeringen (REG 2001, s I-5473), C-385/99, V G Müller-Fauré och E E M Van Riet mot Onderlinge Waarborgmaatschappij m fl (REG 2003, s I-4509), C-372/04, Watts (REG 2006, s I-4325) samt C-444/05, Aikaterini Stamatelaki mot NPDD Organismos Asfaliseos Eleftheron Epangelmation (OAEE), (dom av den 19 juli 2007). I Sverige föreligger några grundläggande domar i Regeringsrätten som följer EG-domstolens praxis, RÅ 2004 ref 41 I (Jellinek) och 41 II (Stigell). Se vidare U Bernitz, Fri rörlighet för tjänster och möjligheterna till nationell kontroll : var går gränserna?, i Europaperspektiv 2005, s 223 ff, speciellt s 229 ff. Jfr även Ds 2006 :4, Rätten till ersättning för vård i annat EES-land.

med diskussionerna gällande det s k tjänstedirektivet (se 13.7) där det kan konstateras att hälso- och sjukvårdstjänster undantagits från direktivets tilllämpningsområde och alltså fortsätter att normeras direkt av primärrätten.

## 13.5 *Principen om hemlandskontroll*

För att förstå vidden av EG-domstolens rättspraxis är det viktigt att notera den vikt som EG-domstolen lagt vid den grundläggande lojalitetsprincipen i artikel 10 och den besläktade principen om hemlandskontroll. Den förra principen förpliktar medlemsstaterna att, även om harmonisering saknas på ett område, likväl lojalt pröva ifall utländska kvalifikationer och meriter anses uppfylla de egna kraven.[29] *Principen om hemlandskontroll* innebär att värdlandet normalt skall lita på att den tillståndsprövning och kontroll av näringsverksamheten som sker i verksamhetens hemland[30] är tillräcklig, eftersom medlemsstaternas lagstiftning och förvaltningspraxis normalt sett kan antas vara inbördes likvärdiga. Mot bakgrund av den kontroll som alltså får antas ske i hemlandet anses värdlandet inte ha skäl att vidta egna tillstånds- eller kontrollåtgärder. Principen utgör också basen för flera av de viktiga harmoniseringsdirektiv som utfärdats på etableringsområdet.

På *bank och försäkringsområdet* framstår detta närmast som revolutionerande när man beaktar det ofta ytterst detaljerade nationella regelverk som traditionellt omgärdat dessa sektorer i många EU-länder. Principen om hemlandskontroll innebär här att en bank eller ett försäkringsbolag som fått tillstånd att utöva verksamhet i sitt hemland skall kunna utnyttja detta tillstånd inom hela EU utan någon ytterligare prövning av värdlandets tillsynsmyndigheter.[31] För att detta skall fungera tillfredsställande krävs dock en ram av gemensamma, harmoniserade regler till skydd för kreditgivare och konsumenter samt ett väl fungerande informationsutbyte och samarbete mellan tillsynsmyndigheterna i respektive medlemsland.[32] Detta bildar i sin tur en grundpelare för den europeiska kapitalmarknadsrätt som nu är under snabb utveckling (se 14.2).

29. Se mål C-340/89, Vlassopoulou mot Ministerium für Justiz, Bundes- und Europaangelegenheiten Baden-Württenberg (REG 1991, s I-2357; svensk specialutgåva, volym 11). Lojalitetsprincipen behandlas i 6.3.
30. På engelska host state respektive home state.
31. Se även 13.2 och 13.6 om de grundläggande tyska försäkringsfallen.
32. På dessa områden finns en omfattande sekundärrätt i form av direktiv.

## 13.6 *Tillåtna och otillåtna inskränkningar i rörelsefriheten*

Nationella regler som direkt diskriminerar näringsutövare på basis av deras nationalitet kan endast rättfärdigas med stöd av de snävt tolkade artiklarna 45 och 46 (beträffande tjänster via hänvisningen i artikel 55). Verksamhet som ”om än endast tillfälligt” är förenad med utövande av offentlig makt kan legitimera undantag från den fria rörligheten (artikel 45), liksom hänsyn till allmän ordning, säkerhet och hälsa (artikel 46).[33] Även indirekt diskriminering omfattas av förbudet, men medlemsstaterna kan – i likhet med vad som gäller på varuområdet (se avsnitt 12.5.2.6) söka rättfärdiga sådan. Medlemsstaten måste i så fall visa att de aktuella kriterierna som orsakar den negativa effekten är objektiva i förhållande till sitt ändamål och baserade på annat än den drabbade ekonomiska verksamhetens nationella ursprung. Förmår staten göra detta antas diskrimineringseffekten vara en ren tillfällighet och det inträffade bedöms inte utgöra någon diskriminering.[34]

Trots att fördraget inte förefaller kräva mer än att näringsidkare från andra medlemsstater ges samma villkor som värdlandets egna verksamhetsutövare är detta som nämnts inte allt. EG-domstolen har utvecklat en Cassis-liknande doktrin som går längre än ren icke-diskriminering (i synnerhet beträffande tjänster). I tjänstefallet har det här ofta rört sig om nationella krav på yrkesutövare som i praktiken svårligen kunnat uppfyllas av mer tillfälliga besökare i landet. Domstolen ser starkt kritiskt på sådana nationella regler, som hotar att urholka de förutsättningar för en ökad marknadsintegrering som fördragsbestämmelserna syftar till.

I det ovan nämnda van *Binsbergen-målet*[35] vägrades en holländsk jurist att få fortsätta uppträda som ombud vid holländsk domstol för en holländsk klients räkning sedan han flyttat till Belgien. Domstolen fann att det holländska kravet på en länk mellan platsen för permanent etablering och platsen där tjänsten skulle utföras stred mot de grundläggande syftena med artikel 49: skulle den typen av nationella regler accepteras skulle rätten till fri rörlighet för tjänster reduceras till en rätt till etablering. Denna typ av nationell inskränkning har också bedömts i ett

33. Se även artikel 296.1 b EGF, som medger att medlemsstaterna får vidta åtgärder nödvändiga för att skydda sina väsentliga säkerhetsintressen ifråga om tillverkning av eller handel med vapen och annan krigsmateriel.

34. Se t ex mål C-49/98 m fl, Finalarte (REG 2001, s I-7831).

35. Mål 33/74, Van Binsbergen mot Bestuur van de Bedriffsvereniging voor de Metaalnijverheid (REG 1974, s 1299; svensk specialutgåva, volym 2). Se även 13.1.

etableringsfall, från tiden före den harmonisering som numera skett av advokatverksamhet.[36]

*Klopp*[37] var tysk medborgare och tillhörde advokatsamfundet i Düsseldorf. Han önskade därutöver även sätta upp kontor i Paris men vägrades medlemskap i Paris advokatsamfund. Enligt det franska samfundets regler fick nämligen en advokat bara vara etablerad på en enda plats inom den aktuella, regionala domstolens (Paris) jurisdiktion. EG-domstolen slog fast att artikel 43 i princip förutsätter att etablering kan ske på flera ställen samtidigt inom gemenskapen.

På senare år har domstolen utvidgat sin rättspraxis rörande icke-diskriminerande, men likväl otillåtna, nationella bestämmelser till att även innefatta regler som mera generellt rör tillträdet till de aktuella näringarna som sådana.

Ett demonstrativt exempel på detta återfinns i fallet *Säger*,[38] där domstolen uttalade att friheten att erbjuda tjänster endast kunde begränsas av regler som var icke-diskriminerande, kunde rättfärdigas utifrån trängande allmänintresse samt under förutsättning att detta intresse inte redan skyddades genom kontroll hos tjänstegivarens hemland.[39] (I detta sammanhang kan även erinras om att domstolen utnyttjat lojalitetsförpliktelsen i artikel 10 till att förplikta medlemsstaterna att, även när harmonisering saknas på ett område, likväl pröva ifall utländska kvalifikationer inte kan anses uppfylla inhemskt uppställda krav).[40]

I det viktiga avgörandet *Gebhard*[41] slog domstolen fast att ”nationella åtgärder som kan hindra eller göra det mindre attraktivt att utöva de grundläggande friheter som garanteras av fördraget” för att vara tillåtna skall uppfylla fyra förutsättningar: Sådana åtgärder skall enligt det så kallade *Gebhard-testet*

36. Se Europaparlamentets och rådets direktiv 98/5/EG om underlättande av stadigvarande utövande av advokatyrket i en annan medlemsstat än den i vilken auktorisationen erhölls (Advokatdirektivet), vilket uttömmande reglerar området. Ett praktiskt exempel på detta är mål C-506/04, Graham J Wilson mot Ordre des avocats du barreau de Luxembourg (REG 2006, s I-8613). EG-domstolen underkände här nationellt uppställda förhandskrav på språkkunskaper för rätt till registrering i värdlandet (under hemlandets yrkestitel), eftersom detta tydligt gick utöver vad som följde av direktivet.

37. Mål 107/83, Ordre des Avocats au Barreau de Paris mot Klopp (REG 1984, s 2971; svensk specialutgåva, volym 7).

38. Mål C-76/90, Manfred Säger mot Dennemeyer & Co (REG 1991, s I-4221).

39. Ibid, punkt 15.

40. Se mål C-340/89, Vlassopoulou mot Ministerium für Justiz, Bundes- und Europaangelegenheiten Baden-Württenberg (REG 1991, s I-2357; svensk specialutgåva, volym 11).

41. Mål C-55/94, Gebhard (REG 1995, s I-4165). Målet rörde möjligheten för en tysk advokat att driva verksamhet i Italien. Bland senare praxis kan t ex nämnas förenade målen C-369/96 och C-376/96, Jean-Claude Arblade, Arblade & Fils SARL samt Bernard Leloup, Serge Leloup och Sofrage SARL (REG 1999, s I-8453) samt C-42/02, Diana Lindman (REG 2003, s I-13519); den senare underkände argument till stöd för diskriminerande beskattning i Finland av utländsk (svensk) lotterivinst.

- vara tillämpliga på ett icke-diskriminerande sätt,
- framstå som motiverade med hänsyn till ett *trängande allmänintresse*,
- vara ägnade att säkerställa förverkligandet av den målsättning som eftersträvas genom dem samt
- inte gå utöver vad som är nödvändigt för att uppnå denna målsättning (d v s vara proportionerliga)

Avgörandet har åberopats i senare praxis och öppnar för en tillnärmning av rättspraxis inom området fria rörligheter i allmänhet (Gebhard-testet begränsas ju inte till enbart de fria rörligheterna för tjänster och etableringar) och karaktären på de skyddsintressen som kan legitimera inskränkningar (”*trängande allmänintresse*”, vilket kan vara ett sätt att betona betydelsen av existerande hemlandskontroll). Vad som under alla förhållanden tycks stå klart är att tjänster och etableringar i och med avgörandet fått en uttrycklig motsvarighet till varuområdets Cassis-doktrin, vilken ju riktar sig mot den typ av nationella åtgärder som s a s kommer att innebära ”dubbla bördor” för utifrån kommande varor (se vidare avsnitt 12.7).

För tjänster och etableringar kan det emellertid ofta bli frågan om känsligare avvägningsproblem än beträffande varor, eftersom tjänster kan vara av så vitt skilda slag och nationella inskränkningar i många fall motiveras av helt andra skäl än ren protektionism.

Vilka trängande allmänintressen kan då legitimera avsteg från de fria tjänste- och etableringsrörligheterna?

I *Schindlers lotteri*[42] prövade EG-domstolen brittisk lagstiftning, vilken i praktiken förbjöd all import av reklam, anmälningskuponger och liknande för lotterier. Bröderna Schindler företrädde ett tyskt lotteri och hade sänt en hel del lotterireklam etc till Storbritannien per post. Materialet hade där konfiskerats. Schindlers hävdade att de brittiska reglerna stred mot rätten till fri rörlighet för tjänster. EG-domstolen fastslog emellertid att lotteriers speciella särdrag fick anses ge nationella myndigheter ett visst mått av handlingsfrihet att själva bestämma vad som kunde krävas för att skydda konsumenter och – med beaktande av den berörda medlemsstatens sociala och kulturella särdrag – mer generellt skydda ordningen i samhället.[43]

Domstolen accepterade alltså att nationella myndigheter själva, utifrån socio-kulturella överväganden, fick bestämma i vilken grad lotterier skulle vara tillåtna. De uppmärksammade rättsfallen om gränsöverskridande spel och vadslagning som följt på Schindler har bl a rört frågan om det är acceptabelt att ha statliga *spelmonopol* och därmed förhindra andra aktörer att bedriva eller göra reklam för spel över gränserna (som

42. Mål C-275/92, Her Majesty's Customs and Excise mot Gerhard Schindler and Joerg Schindler (REG 1994, s I-1039; svensk specialutgåva, volym 15).

43. T ex ifall lotterier skulle begränsas eller vara förbjudna samt bestämmelser som reglerade hur lotterier fick anordnas, insatsernas storlek och liknande.

nämnts tidigare anses reklam utgör en tjänst, och i gränsöverskridande situationer omfattas den således av tjänstereglerna). EG-domstolen har godtagit sådana inskränkningar, i den mån de syftat till att gagna konsumentskyddet och/eller bevara den allmänna ordningen (genom strävan att minska spelandet eller bekämpa bedrägligt och brottsligt spelande) och inte främst motiveras av statens vinstsyfte.[44] Nya rättstvister kommer dock upp fortlöpande och nationella spelmonopol synes få bereda sig på att nagelfaras alltmer i sömmarna.[45]

Reklam och annan marknadsföring utgör som framgått en form av tjänster. EG-domstolen har bedömt och godtagit vissa nationella inskränkningar av möjligheten att göra reklam, till exempel baserat på folkhälsohänsyn när det gällt alkohol.[46] Flera av dessa avgöranden har av vissa bedömts som tecken på att EG-domstolen i synnerhet just på området tjänster synes föredra att överlåta känsliga tillåtlighetsbedömningar till medlemsstaterna själva.

Domstolen har dock ställt krav på att de skyddshänsyn som åberopas framstår som genuina, att vidtagna åtgärder ter sig ändamålsenliga och proportionerliga samt att mindre ingripande åtgärder inte skulle kunna uppnå syftena. I de fall där det finns anledning att utgå ifrån existensen av värdlandskontroll har även detta påpekats av domstolen.

Fallet *Webb*[47] rörde en engelsman som förmedlade tillfällig arbetskraft till firmor i Holland. För detta krävdes holländsk licens, vilket Webb saknade. EG-domstolen fann att det i och för sig kunde anses berättigat med ett licenssystem beträffande så pass känsliga aktiviteter som arbetsförmedling, vilket ju inte bara hade ekonomiska, utan också sociala, konsekvenser för arbetstagarna ifråga. Licenssystemet fick dock inte diskriminera utifrån arbetsförmedlarens nationalitet eller etableringsort och värdlandet var förpliktat att ta

44. Se t ex mål C-124/97, Markku Juhani Läärä, Cotswold Microsystems Ltd och Oy Transatlantic Software Ltd mot Häradsåklagaren i Jyväskylä och finska staten (REG 1999, s I-6067), kommenterat av T Mylly, National Gaming Monopolies and Free Movement of Services, ERT 2000 s 303 ff. Bland övriga speldomar märks målen C-67/98, Questore di Verona mot Diego Zenatti (REG 1999, s I-7289), C-243/01, Gambelli m fl (REG 2003, s I-13031), härtill U Bernitz, Nationella spelmonopol i ljuset av Gambellimålet, ERT 2004 s 451 ff., samt nu även förenade målen C-338/04, C-359/04 och C-360/04, Massimiliano Placanica m fl, dom av den 6 mars 2007. Se även A Meyrowitsch, E Allroth & J Hettne, EU och svenska monopol – teori, verklighet och framtid, SIEPS 2005:6, speciellt kapitlen 9–11.

45. För svensk del märks särskilt Regeringsrättens avgörande RÅ 2004 ref 95, Wermdö Krog, rättsfallskommentarer av N Wahl i ERT 2005 s 119 ff. och av O Wiklund & H Bergman i ERT 2005 s 713 ff. Regeringsrätten har godtagit det svenska spelmonopolet även i dom 23 maj 2007 i mål 4048-06, Betsson. Se även S Eriksson, Är förbudet att främja deltagande i utländska spel och lotterier förenligt med EG-rätten?, ERT 2006 s 45 ff.

46. Mål C-405/98, Konsumentombudsmannen (KO) mot Gourmet International Products AB (REG 2001, s I-1795); behandlat i avsnitt 12.9, samt målen C-262/02, kommissionen mot Frankrike (REG 2004, s I-6569) och C-429/02, Bacardi France SAS (REG 2004, s I-6613) vilka rörde förbud mot alkoholreklam i TV.

47. Mål 279/80, Webb (REG 1981, s 3305; svensk specialutgåva, volym 6).

i beaktande sådana garantier och liknande som tjänsteutövaren redan ställt för sin yrkesutövning i hemlandet. Var utövaren redan föremål för adekvat kontroll där fick inte värdlandet tillämpa ytterligare, onödiga kontrollmedel.

I *Tyska försäkringsfallen*[48] hade en tysk försäkringsmäklare förmedlat engelska försäkringar i Tyskland. Ifall den engelska försäkringsgivaren inte var etablerad och hade koncession (myndighetstillstånd att driva viss verksamhet) i Tyskland var detta inte tillåtet. EG-domstolen kom fram till att de tyska kraven på etablering och koncession stred mot rätten till fri rörlighet för tjänster. Däremot ansåg domstolen att det fanns anledning att godta krav på koncession som förutsättning för försäkringsverksamhet av hänsyn till intresset av konsumentskydd, dock under förutsättning att koncession gavs till alla företag som uppfyllde de lagstadgade kraven i det land för vilken försäkringen skulle gälla. Kravet på etablering underkändes emellertid.

I *Centros*[49] (se 13.2 ovan) fann domstolen det helt godtagbart att ett aktiebolag utnyttjade etableringsfriheten till att bilda bolaget i Storbritannien, som har mycket liberala regler på området och inte ställer krav på aktiekapital, och att agera i Danmark genom filial, trots att den huvudsakliga verksamheten var avsedd att bedrivas i Danmark. De framförda skälen till Danmarks vägran att tillåta registrering av filialen, huvudsakligen risker för missbruk, prövades mot Gebhard-testet och underkändes helt (domstolen tillade emellertid att detta inte uteslöt att Danmark vidtog faktiska åtgärder för att stävja eventuella bedrägerier och andra oegentligheter, gärna i samverkan med tillsynsmyndigheterna i det land där bolaget bildats).

I en serie rättsfall som alla rörde licensieringskrav för turguider[50]ansåg domstolen de nationella begränsningarna, till påstått skydd för konsumenter samt kulturella värden, vara oproportionerliga och därför otillåtna. I *Kommissionen mot Holland*[51] accepterade domstolen att skyddet för kulturell mångfald kunde vara ett sådant syfte som kunde legitimera hinder för den fria rörligheten. I målet, som rörde olika holländska legala krav för att få sända program och reklam i radio och TV, ansågs emellertid inte de aktuella nationella reglerna vara nödvändiga för att uppnå det eftersträvade syftet.[52] I *De Coster*[53] godtog domstolen att strävan att bevara kvaliteten på (stads-)miljön kunde rättfärdiga inskränkningar av tjänstefriheten men ansåg den belgiska beskattningen av parabolantenner vara oproportionerlig i förhållande till detta syfte och därmed otillåten. Bibehållen kongruens i (det nationella)

48. Mål 205/84, kommissionen mot Tyskland (REG 1986, s 3755; svensk specialutgåva, volym 8), se även 13.4 ovan.

49. Mål C-212/97, Centros Ltd mot Erhvervs- og Selskabsstyrelsen (REG 1999, s I-1459).

50. Mål C-154/89, C-180/89 och C-198/89, kommissionen mot Frankrike, Italien respektive Grekland (REG 1991, s I-659; svensk specialutgåva, volym 11, 709, 727.)

51. Mål C-353/89, kommissionen mot Nederländerna (REG 1991, s I-4069; svensk specialutgåva, volym 11).

52. Jfr dock det senare målet C-148/91, Vereiniging Veronica Omroep Organisatie mot Commissariat voor de Media (REG 1993, s I-0487; svensk specialutgåva, volym 14), där tillämpningen av samma holländska medialag ("Mediawet"), men under andra omständigheter, godtogs av domstolen.

53. Mål C-17/00, François De Coster mot Collège des bourgmestre et échevins de Watermael-Boitsfort (REG 2001, s I-9445).

skattesystemet samt effektiv skattekontroll har i princip ansetts kunna utgöra godtagbara trängande allmänintressen,[54] liksom omsorg om trafiksäkerheten,[55], miljöskydd[56], konsumentskydd och goda handelsseder[57] samt vissa mer moraliskt baserade invändningar grundade på skyddande av grundläggande rättigheter[58] samt mänsklig värdighet.[59]

Exemplen ovan är inte någon uttömmande beskrivning av de olika allmänintressen som EG-domstolen accepterat som i och för sig tänkbart godtagbara undantagsgrunder (låt vara att kraven på ändamålsenlighet och proportionalitet sedan också måste uppfyllas). Det finns ett antal andra allmänna samhällshänsyn som kan föras till listan, och nya tillkommer hela tiden. Med tanke på tjänsters enorma bredd är det heller inte särskilt svårt att se hur redan mångfalden av möjliga tjänster och situationer där tjänsterna kan utföras också kan aktualisera en mängd varierade, men i sig fullt legitima samhällshänsyn.

EG-domstolens praxis beträffande vilka nationella skyddshänsyn som i slutänden befunnits tillåtliga och vilka som underkänts kan emellertid inte sägas vara helt glasklar. Ofta har domstolen – i princip – godtagit det åberopade allmänintresset såsom en möjlig grund för undantag. Där EG-domstolen sedan förefallit mindre intresserad av att underkänna den nationella regleringen har den ofta överlåtit den avgörande proportionalitetsbedömningen till den nationella domstolen. I fall där EG-domstolen förefallit mera benägen att underkänna nationella inskränkningar av tjänstefriheten har den ofta slagit ned på antingen ändamålsenligheten i de aktuella regelverken eller funnit dem vara oproportionerliga i förhållande till de åberopade skyddsvärda syftena. I linje med den generellt restriktiva tolkningen av undantag från de fria rörligheterna synes ofta EG-domstolen låta eventuella oklarheter beträffande allmänintressena gå ut över den åberopande medlemsstaten: bedömningarna tycks t ex bli hårdare i de fall där åberopade skyddshänsyn utformats mera svepande och "luddigt". Även om distinktionen inte alltid låter sig göras så lätt så förefaller EG-domstolen också i allmänhet mer villig att acceptera sådana allmänhänsyn som framstår som mer genuint baserade på moralisk-etiska invändningar, snarare än ekonomisk-sociala hänsyn. Detta skulle i

54. Mål C-55/98, Skatteministeriet och Bent Vestergaard (REG 1999, s I-7641). Se närmare om skatterätten i 14.4.

55. Mål C-451/99, Cura Anlagen GmbH och Auto Service Leasing GmbH (REG 2002, s I-3193)

56. Mål 302/86, kommissionen mot Danmark (REG 1988 s 4607).

57. Mål C-71/02, Herbert Karner Industrie-Auktionen GmbH och Troostwijk GmbH (REG 2004, s I-3025).

58. Mål C-112/00, Schmidberger (REG 2003, s I-5659), punkt 74, se om fallet 6.9.2.

59. Mål C-36/02, Omega Spielhallen (REG 2004 s I-9609), där Tyskland förbjudit tillhandahållandet av s k lasersport med motiveringen att det virtuella, om än lekfulla, dödandet som var kärnan i aktiviteterna hotade den allmänna ordningen då den stred mot den tyska konstitutionens skydd för mänsklig värdighet.

så fall också kunna ses som ett uttryck för fullt acceptabel subsidiaritet, eftersom det onekligen ligger inom medlemsstaternas kompetens att själva välja vilken typ och grad av moral de önskar säkerställa.

## *13.7 Tjänstedirektivet*

Förverkligandet av den inre marknaden på tjänsteområdet har nått väsentligt mindre långt än t ex på varuområdet. Trots att produktionen av tjänster, vilken beräknas stå för cirka 70 procent av all ekonomisk aktivitet inom EU, numera är ekonomiskt klart viktigare än produktionen av varor, svarar tjänster bara för ungefär 20 procent av handeln mellan medlemsstaterna. Det har därför kommit att bli alltmer uppenbart att omfattande hinder fortfarande existerar på området, trots fördragets bestämmelser och EG-domstolens praxis.

I syfte att råda bot på detta, och därmed bidra till förverkligandet av Lissabon-strategin (se 4.2.4) lade kommissionen 2004 fram ett förslag till tjänstedirektiv, vars mest kontroversiella element var en långtgående ursprungslandsprincip. Med vissa undantag skulle gränsöverskridande tjänster i princip helt regleras av ursprungslandet, vilket också skulle svara för tillsynen. Samtidigt inskränkte och specificerade direktivet de möjliga undantagshänsyn som medlemsstaterna fortsättningsvis skulle få åberopa. Förslaget kom att bli föremål för en het offentlig debatt, där direktivet ofta framställdes som en symbol för hur Europas sociala dimension överflyglades av kall marknadsliberalisering, med social dumpning och otillbörlig låglönekonkurrens i släptåg (se vidare 17.3.3).[60] Till följd av debatten beslöt kommissionen att omarbeta sitt ursprungliga förslag, främst utifrån de kritiska synpunkter som framförts av Europaparlamentet.

När tjänstedirektivet därefter till slut kunde antas i slutet av 2006[61] hade flera betydande ändringar gjorts. Den förstärkta ursprungslandsprincipen hade fallit bort, och i stället betonades den allmänna rätt till fri rörlighet för tjänster som får anses följa redan av fördraget och EG-domstolens praxis. I huvudsak kan direktivet därför främst sägas kodifiera vad som redan tidigare följt av rättspraxis. Exempelvis upprättas en s k svart lista över otillåtna typer av nationella inskränkande krav (såsom krav på hemvist och liknande). Av stor framtida betydelse är emellertid

60. Se också A Kjellgren, Polska rörmokare och den gränslösa arbetsmarknaden för tjänster, i Europaperspektiv 2006, s 167 ff.

61. Europaparlamentets och rådets direktiv 2006/123/EG om tjänster på den inre marknaden, (EUT 2006 L 376/36). Medlemsstaterna skall ha införlivat direktivets bestämmelser senast den 28 december 2009.

Se för en översikt av det antagna direktivet U Zieradska, Tjänstedirektivet – ett hot mot välfärden eller en tillväxtmotor?, ERT 2006 s 593 ff.

de bestämmelser om mera institutionaliserat administrativt samarbete över gränserna, liksom kraven på inrättande av s k nationella kontaktpunkter där intresserade skall ges möjlighet att informera sig om landets olika ställda krav samt även ges möjlighet att ombesörja alla nödvändiga ansökningar om tillstånd m m.

Flera känsliga områden, exempelvis s k allmännyttiga tjänster såsom sjukvård, har lyfts ut ur direktivet. Dessa områden normeras därför fortfarande enbart av fördragets primärrättsliga regler.

Det kan förefalla som om tjänstedirektivet sist och slutligen kommit att bli en rätt urvattnad produkt, med ett innehåll som främst handlar om kodifiering av existerande rättspraxis. Mot bakgrund av de stora svårigheterna att få tjänsterörligheten att fungera som varit tydliga trots existensen av den omfattande rättspraxis som här behandlats torde det emellertid vara för tidigt att döma ut tjänstedirektivet. Direktivet kommer nämligen att bli en framgång redan ifall det förmår öka det faktiska genomslaget av den rättspraxis som det kodifierar.

## *13.8 Tjänsterörligheten och framtiden*

Som nämndes inledningsvis har domstolen generellt sett varit mer benägen att acceptera nationella icke-diskriminerande regler på etableringsområdet än på tjänsteområdet. Etableringar bygger ju på ett mera permanent inlemmande i etableringslandets ekonomiska liv, och det förefaller därför mindre stötande att kräva att utländska och inhemska näringsidkare följer samma regler. I tjänstefallen blir det mera känsligt, eftersom många i och för sig icke-diskriminerande regler i praktiken kan komma att helt slå undan förutsättningarna för en fri tjänsterörlighet. Domstolens rättspraxis har helt klart syftat till en ökad marknadsintegrering (något som i sig kan ses i ljuset av det ofta långsamma harmoniseringsarbetet) men att slå ned på nationella regler som fyller legitima och viktiga syften kan vara mycket vanskligt.

Två parallella tendenser i syfte att undvika en sådan utveckling kan skönjas i domstolens nyare praxis. För det första förefaller domstolen bibehålla relativt vida möjligheter för medlemsstaterna att rättfärdiga olika nationella hinder med mer avlägsna effekter på samhandeln: såväl beträffande varu- och personrörligheten har domstolen kommit att använt sig av konceptet hindrande samhandelseffekter som ansetts alltför ”slumpmässiga och indirekta” för att falla under fördragsbestämmelserna. Detta skulle i sig kunna ses som en indikation på att frågan om tillträdet till marknaden försvåras eller ej kan komma att bli den mest centrala vid en prövning av icke-diskriminerande men potentiellt rörlighetshämmande nationella bestämmelser, trots att Gebhard-testet enligt sin ordalydelse synes gå längre än så.[62]

För det andra gör EG-domstolen mer eller mindre ingripande granskningar beroende på vilken typ av rörlighet som berörs[63] och vilka skyddsintressen som görs gällande. Rättspraxis visar inte någon enkel och enhetlig riktning, även om den kanske allmänt sett kan karaktäriseras som "försiktig". Både i Schindler och andra rättsfall[64] har domstolen intagit en relativt accepterande hållning visavi nationella reglers påstådda allmänintresse och proportionalitet. Flera svåra bedömningar har t ex i slutänden överlåtits till de nationella domstolarna. Man kan spekulera över huruvida detta beror på återhållsamhet från EG-domstolens sida eller på att domstolen finner de nationella domstolarna bättre skickade att göra de slutliga bedömningarna och avvägningarna. Det kan också vara så att det finns en undfallenhet inför medlemsstaterna i frågor som rör för dem känsliga och betydelsefulla nationella regleringar: en förklaring som dock kompliceras av de fall där EG-domstolen faktiskt tydligt har underkänt även sådana bestämmelser. Vilken effekt som det nyligen antagna tjänstedirektivet kan få för den fortsatta generella rättsutvecklingen blir av stort intresse att följa.

62. Se t ex målen C-190/98, Graf mot Filzmozer Maschinenbau GmbH (REG 2000, s I-493) och C-254/98, Schutzverband gegen unlauteren Wettbewerb mot TK-Heimdienst Sass GmbH (REG 2000, s I-151), det senare – liksom marknadstillträdesdoktrinen – kommenterat i avsnitt 12.9. Se även C Barnard, Fitting the remaining pieces into the goods and persons jigsaw?, 26 ELRev 2001 s 35 ff. Beträffande etableringar, jfr även mål C-442/02, Caixa Bank France mot Ministère de l'Économie, des Finances et de l'Industrie (REG 2004, s I-8961). Om möjligheten att Gebhard-doktrinen faktiskt främst riktar sig mot diskriminerande åtgärder samt sådana åtgärder som i vart fall tenderar att påverka marknadstillträdet negativt, se t ex Wyatt and Dashwood, European Union Law, 5 ed, 2006 s 770 ff.

63. Se t ex L Daniele, Non-Discriminatory Restrictions to the Free Movement of Persons, 22 ELRev 1997 s 191 ff.

64. Se t ex målen C-384/93, Alpine investments BV mot Minister van Financien (REG 1995, s I-1141) som rörde ett nationellt förbud mot viss telefonförsäljning riktad mot potentiella kunder i andra länder, C-19/92, Dieter Kraus mot Land Baden-Württemberg (REG 1993, s I-1663; svensk specialutgåva, volym 14) samt C-124/97, Markku Juhani Läärä, Cotswold Microsystems Ltd och Oy Transatlantic Software Ltd mot Häradsåklagaren i Jyväskylä och finska staten (REG 1999, s I-6067).

# 14. Fria kapitalrörelser och EMU

*Eurosymbolen bygger på det grekiska tecknet e, epsilon, begynnelsebokstaven i Europa. De parallella linjerna skall symbolisera eurons stabilitet.*

## *14.1 Den fria rörligheten för kapital*

Den fria rörligheten för kapital är den av de "fyra friheterna" som sist kunnat förverkligas. Många europeiska länder hade länge kvar olika typer av statlig kontroll över kapitalrörelser över gränserna. Det gällde även Sverige, där stora delar av den valutareglering, som ursprungligen hade införts under andra världskriget som tillfällig krisåtgärd, avskaffades först i slutet av 1980-talet (på senare år var dock valutaregleringen i första hand till för att försöka hindra skatteflykt). Som led i strävan att förverkliga den inre marknaden gavs EG-fördragets kapitel om kapital och betalningar en helt ny och väsentligt skarpare utformning genom Maastrichtfördraget 1992.

Som lätt inses är den fria rörligheten för kapital en grundläggande förutsättning för att den inre marknaden skall kunna fungera väl. Den ger företagen möjlighet att lägga sina investeringar där de bedömer det vara ekonomiskt lämpligast och banker, försäkringsbolag och andra finansföretag kan i princip konkurrera om kunderna över nationsgränserna. Över huvud taget bygger ju möjligheten att konkurrera över nationsgränserna inom EU på förutsättningen att fysiska och juridiska personer fritt kan bestämma var de vill placera och investera sitt kapital. Den fria rörligheten för kapital har alltså en nära koppling till den fria rörligheten för varor och tjänster och etableringsfriheten.

Den grundläggande principen om fri rörlighet för kapital slås fast i artikel 56 EGF.[1] Där föreskrivs att alla restriktioner för kapitalrörelser och betalningar *mellan medlemsstaterna* skall vara förbjudna. Att tillämpa valutaregleringar eller liknande inom EU är alltså otillåtet. Med *betalningar* förstås framför allt likvider vid köp av varor och tjänster över gränserna samt löner, räntor, hyror och liknande. Som *kapitalrörelser* räknas främst kapitalöverföringar till annat land för investering i företag eller placering i värdepapper eller på konto i kreditinstitut men även personliga kapitalöverföringar. Artikel 56 gäller också till förmån för fysiska och juridiska personer *utanför* EU som vill föra kapital mellan olika EU-länder. På denna punkt sträcker sig den fria kapitalrörligheten längre än de andra rörligheterna; den är den vidaste rörligheten.

Gränsen mellan kapitalrörelser och tjänster är inte helt klar, men som nämnts i avsnitt 13.2 söker EG-domstolen närmast efter vad som framstår som det centrala i transaktionen: betalningar för tjänster faller således i allmänhet inom rörligheten för tjänster snarare än kapital. I rättspraxis är det för övrigt inte ovanligt att EG-domstolen finner en nationell bestämmelse utgöra hinder för den fria rörligheten av både tjänster och kapital. Domstolen kan då välja att koncentrera bedömningen på den frihet som den finner är den dominerande.[2] Över huvud taget är rättspraxis enligt artikel 56 i snabb utveckling.[3]

Restriktioner för kapitalrörelser och betalningar mellan medlemsstater och *tredje land* är i huvudsak förbjudna (artikel 56.2). Den fria rörligheten för kapital sträcker sig också härigenom längre än de tre andra rörligheterna, som ju bara gäller mellan medlemsstaterna. Förklaringen är troligen att man velat säkerställa eurons internationella rörlighet och användning. Vissa begränsningar är dock tillåtna. Medlemsstaterna har möjlighet att behålla äldre restriktioner och rådet kan genom enhälligt beslut införa nya sådana. Rådet kan också under exceptionella förhållanden besluta om att införa tidsbegränsade skyddsåtgärder mot kapitalrörelser till och från tredje land (artikel 59).[4] Det är dock endast fråga om noga avgränsade undantag från huvudregeln om fri rörlighet mot omvärlden för kapital och betalningar.

EG-domstolen har slagit fast att artikel 56 har direkt effekt.

1. Se till det följande bl a Sideek Mohamed, European Community Law on the Free Movement of Capital and the EMU, Stockholm 1999, dens., European Financial Integration Law, 2001 (Juridiska Fakulteten i Stockholm, skrifter nr 68).

2. Mål C-452/04, Fidium Finanz (REG 2006, s I-9521).

3. L Flynn, Coming of Age: The Free Movement of Capital Case Law 1993–2002, CMLRev 2002 s 773 ff.

4. Rådet kan också besluta om avbrytande eller begränsning av de ekonomiska förbindelserna med ett visst land som led i EU:s gemensamma utrikespolitik (artikel 60), se 9.6.2.

Så har bl a skett i fallet *Sanz de Lera*,[5] där domstolen fann en spansk straffsanktionerad lagstiftning, som förbjöd utförsel från Spanien av större belopp i pesetassedlar till tredje land utan föregående tillstånd, strida mot artikel 56. Domstolen påpekade i linje med sin praxis om direkt effekt att artikel 56 innehåller ett klart och ovillkorligt förbud, vars tillämpning inte fordrar några kompletterande åtgärder.

Det är alltså fritt inom EU att föra kapital över gränserna, både när företag vill investera utomlands och när t ex enskilda vill placera pengar i aktier eller på bankkonto i annat land. Detta gäller också för köp av fastigheter och andra bostäder inom EU; fastighetsmarknaden ingår i kapitalmarknaden. Tidigare gällande regler i Sverige om att utlänningars och utländska företags förvärv av fast egendom fordrade särskilt tillstånd har upphävts som en konsekvens av EU-inträdet.[6] Detta gäller också i förhållande till företag och privatpersoner från icke EU/EES-länder.

I linje med vad som gäller för varor och tjänster godtas nödvändiga begränsningar i kapitalrörligheten. Också här gäller att utrymmet för sådana åtgärder tolkas restriktivt[7] och att åtgärderna inte får vara medel för godtycklig diskriminering eller förtäckta begränsningar av den fria rörligheten (artikel 58 EGF). Utformningen av artikel 58.3 svarar nära mot den ovan behandlade artikel 30 sista stycket om möjligheterna att begränsa den fria rörligheten för varor (se 12.6) och ges en liknande tolkning med krav på förekomst av tvingande hänsyn och proportionalitet.

EG-domstolen har i målet *Konle*[8] funnit att lagstiftning i den österrikiska delstaten Tyrolen, som i princip krävde administrativt förhandstillstånd för att icke-österrikare skulle få köpa fastigheter, utgjorde en diskriminering som stred mot artikel 56 EGF och inte heller kunde anses godtagbar enligt något av EG-rätten erkänt allmänintresse.

I målet *Festersen*[9] har EG-domstolen funnit en dansk lagbestämmelse, som krävde att den som förvärvar jordbruksfastighet skall bosätta sig på fastigheten, strida mot den fria kapitalrörligheten. Att bosättningsplikten också gällde för danskar ändrade inte bedömningen. Domstolen erinrade om rätten att bosätta sig fritt inom EU och fann inte invändningen att Danmark önskade behålla traditionella bondejordbruk där ägaren bor på fastigheten utgöra ett tvingande hänsyn.

5. Mål C-163/94 m fl, Åtal mot Lucas Emilio Sanz de Lera (REG 1995, s I-4821).

6. Under de första medlemskapsåren gällde i Sverige, med stöd av ett tidsbegränsat undantag, bestämmelser om kontroll av utlänningars förvärv av fritidsfastigheter i attraktiva områden. Denna reglering, som mycket sällan ledde till avslagsbeslut, har upphävts.

7. En fransk föreskrift med krav på förhandstillstånd för utländska direktinvesteringar har inte ansetts godtagbar enligt artikel 58 1 b), undantaget för allmän ordning och säkerhet, mål C-54/99, Association Eglise de scientologie de Paris (REG 2000, s I-1335).

8. Mål C-302/97, Klaus Konle mot Österrike (REG 1999, s I-3099).

9. Mål C-370/05, Festersen, dom av den 25 januari 2007.

## 14.2 *Kapitalmarknadsrätten*

Själva den fria kapitalrörligheten inom EU säkerställs som framgått av EG-fördraget. Liksom i fråga om den fria rörligheten på andra områden hindras eller försvåras emellertid i praktiken den fria rörligheten för kapital av många andra hinder än sådana som är direkt knutna till rätten att överföra och placera kapital i annat medlemsland. Traditionellt har medlemsstaternas kapitalmarknader varit ganska snävt nationellt avgränsade. Bank- och kreditväsendet har, liksom andra delar av finansmarknaden, vanligen varit föremål för omfattande nationell kontrollagstiftning, ofta med stora olikheter i den närmare utformningen. EG:s målsättning på kapitalmarknadsområdet har successivt breddats och man eftersträvar en reell integration av den europeiska kapitalmarknaden, baserad på hemlandskontroll (se 13.5) där banker, försäkringsbolag och andra finansföretag konkurrerar över gränserna och där det successivt kan utvecklas en europeisk värdepappersmarknad. Det pågår en snabb utveckling i denna riktning, som dock ännu har lång väg kvar.

Integrationsarbetet på området är till stor del inriktat på att avskaffa nationella rättsliga hinder och utforma harmoniserad lagstiftning. Utvecklingen berör särskilt kapitalmarknadsrätten, bolagsrätten och skatterätten. Vi skall här ta upp vissa huvudpunkter.

Ett prioriterat mål har varit skapandet av en enhetlig europeisk värdepappersmarknad som fungerar som ett alternativ till de amerikanska och asiatiska marknaderna. Riktlinjerna lades fast i en handlingsplan för finansiella tjänster[10] antagen 1999, som bl a förutsåg införandet av ett fyrtiotal rättsakter på området. För genomförandet av denna har man tillämpat en särskild lagstiftningsmodell, *Lamfalussymodellen.*[11] Den kännetecknas av att lagstiftningen kommer fram genom en kombination av övergripande rättsakter antagna av rådet i direktivform och detaljerade regler som utarbetas inom ramen för kommittologiförfarandet,[12] d v s i samverkan mellan kommissionen och medlemsstaternas expertis.

10. Att genomföra handlingsramen för finansmarknaderna: En handlingsplan, KOM (1999) 232, på engelska The Financial Services Action Plan. Om rättsutvecklingen bl a H Bull, Det indre marked for tjenester og kapital. Import av finansielle tjenester, Oslo 2002. En omfattande materialöversikt ger K Hopt & E Wymeersch, European Company and Financial Law Texts and Leading Cases, 4 ed, Oxford 2007. Se även t ex N Jul Clausen, Financial Services Action Plan – New Ways and Means in the Regulation of Listed Companies. Modern Company Law for a European Economy (ed U Bernitz), 2006 s 278 ff.

11. Alexandre Lamfalussy ledde den grupp av "vise män" som utvecklade modellen. Se t ex L Afrell & K Back, Lamfalussymodellen – en ny lagstiftningsprocess inom EU, ERT 2005 s 434 ff, M Walberg, Handlingsplanen för finansiella tjänster – en framgång för Lissabonstrategin?, ERT 2005 s 443 ff. Genomförandet av den finansiella integrationen utgör en viktig beståndsdel i Lissabonstrategin, se även 4.2.4.

12. Se 4.2.3.

Modellen innebär av att man arbetar i fyra nivåer. På den första nivån läggs de allmänna principerna fast genom direktiv eller förordningar. På den andra nivån tillkommer detaljlagstiftning inom ramen för kommittologin. På den tredje nivån samarbetar myndighetsföreträdare i medlemsländerna (Committee of European Securities Regulators) om utarbetandet av än mer detaljerade införanderegler. Den fjärde nivån slutligen är inriktad på kommissionens kontroll av att implementeringen genomförts korrekt.

Det har varit möjligt att denna vägen på relativt kort tid arbeta fram ett omfattande europeiskt regelverk på värdepappersområdet, som bl a innefattar en omfattande samordning mellan medlemsstaternas administrativa system på området. Arbetet fortsätter i liknande former[13] med inriktning även på bank- och försäkringsrörelse.

Bland de antagna direktiven kan nämnas direktivet om insiderhandel och otillbörlig marknadspåverkan (marknadsmissbruk),[14] direktivet om prospekt vid emission av värdepapper,[15] som möjliggör användning av i princip samma prospekt när företag söker kapital i olika europeiska länder, och öppenhetsdirektivet om noterade företags informationsskyldighet. Det viktiga direktivet om marknader för finansiella instrument (MiFID)[16] öppnar för alleuropeisk konkurrens på värdepappersområdet och ger närmare regler för hur värdepappersföretag skall organisera och bedriva sin verksamhet. Företagen ges i princip rätt att med stöd av sitt hemlandstillstånd (ett slags "EU-pass") bedriva gränsöverskridande verksamhet inom det övriga EU. Direktivet harmoniserar även reglerna för börsverksamhet.[17]

Försäkringsbolaget *Skandia* vände sig mot vissa bestämmelser i försäkringsrörelselagen som föreskrev att ett försäkringsbolag högst fick inneha aktier i andra bolag motsvarande 5 % av röstetalet (den s k femprocentsregeln). EG-domstolen fann att de aktuella försäkringsdirektiven inte medgav denna typ av rörelsehindrande begränsning och att de svenska bestämmelserna inte fick tillämpas.[18]

13. P-O Jansson-L Nordström, Europeisk vitbok om finansmarknaden, ERT 2006 s 297 ff.

14. Direktiv 2003/6/EG, EUT 2003 L 96. Genomfört i Sverige genom 2005 års lag om straff för marknadsmissbruk vid handel med finansiella instrument, se prop 2004/05:142, H Jacobsson & J Lycke, Marknadsmissbruksdirektivet och dess genomförande i Sverige, ERT 2005 s 303 ff.

15. Direktiv 2003/71, EUT 2003 L 345/64 (ny lagstiftning i Sverige från 1 januari 2006).

16. Direktiv 2004/39/EG, EUT 2004 L 145/1.

17. Implementerat i Sverige genom lag om värdepappersmarknaden, prop 2006/07:115.

18. Mål C-241/97, Försäkringsaktiebolaget Skandia (publ) (REG 1999, s I-1879) och härefter RÅ 2000 not 41.

## *14.3 Bolagsrätten*

Det har sedan gammalt funnits stora skillnader i Europa i utformningen av aktiebolagslagstiftningen och dess tillämpning. Utformningen av bolagsrätten har därför bedömts vara ett ämne av vikt för den inre marknadens funktion och fortsatta ekonomiska integration. Man kan särskilt urskilja tre huvudspår som de vidtagna åtgärder följer, nämligen ingripanden mot särskilda åtgärder som verkar integrationshindrande, harmonisering av den nationella bolagslagstiftningen och tillskapandet av en övergripande bolagsform på EU-planet, *europabolag*. Numera uppmärksammas särskilt aktiebolagens och aktieägandets rörlighet över gränserna såsom ett led i den ekonomiska integrationen och framväxten av mer europeiska företag.[19] I linje härmed godtar EG-rätten, såsom behandlats i kapitel 13, att etableringsfriheten utnyttjas genom att aktiebolag bildas i vilket som helst EU-land med sikte på vidare etablering i andra EU-länder genom filial eller dotterbolag.[20]

### *Gyllene aktier*

Gyllene aktier (golden shares) är en vedertagen benämning på aktier som ger offentliga ägare en beslutsmässig särställning i förhållande till övriga aktieägare. Typfallet är att staten i ett visst medlemsland i samband med privatisering av statsägda företag förbehåller sig själv gyllene aktier, som ger staten en särskild beslutanderätt över företaget, eventuellt en vetorätt, som går utöver vad som följer av själva aktieinnehavet. EG-domstolen har ingripit kraftfullt på detta område med stöd av den fria kapitalrörligheten genom ett flertal kända avgöranden, där kommissionen fört fördragsbrottstalan.

Kommissionen förde talan mot Portugal avseende en ramlag om privatiseringar som förbjöd investerare från andra medlemsstater att förvärva mer än ett visst antal aktier i portugisiska företag och i övrigt krävde förhandstillstånd för förvärv av aktier över en viss nivå.[21] Båda formerna fann domstolen strida mot den fria rörligheten för kapital. I ett annat fall hade franska staten förbehållit sig genom en gyllene aktie en vittgående beslutanderätt i oljebolaget Elf-Aquitaine.[22] Domstolen fann detta strida mot den fria kapitalrörligheten och vara för generellt utformat för att kunna motiveras av allmänintresset att kunna kontrollera oljeförsörjningen vid kris. Däremot blev utgången den motsatta i ett mål mot Belgien, där staten genom gyllene aktier hade förbehål-

19. Se för en översikt J Danelius, Aktiebolagslagen och EG:s bolagsrätt i framtiden, SvJT 2006 s 918 ff. EU antog 2003 en särskild handlingsplan på bolagsrättens område, The Action Plan on Modernising Company Law and Enhancing Corporate Governance in the EU – a Plan to Move Forward, Com (2003) 284. Fortsatt arbete pågår.
20. Se 13.2 och 13.6 och det där särskilt behandlade Centros-målet.
21. Mål C-367/98, kommissionen mot Portugal (REG 2002, s I-4731).
22. Mål C-483/99, kommissionen mot Frankrike (REG 2002, s I-4781).

lit sig mera begränsade kontrollbefogenheter i särskilda fall för att kunna säkerställa energiförsörjningen.[23]

I Gyllene aktie-målen framfördes invändningen att fördraget enligt artikel 295 EGF inte ingriper i medlemsstaternas egendomsordning. Invändningen har avvisats av EG-domstolen med motivering att den artikeln inte sätter ur spel fördragets grundläggande bestämmelser, däribland den fria rörligheten för kapital.[24]

### *Bolagsdirektiven*

Inom EU bedöms samordning mellan medlemsstaternas associationsrättsliga lagstiftning vara av vikt för den gemensamma marknadens funktionsduglighet (se bl a artiklarna 44.2 g och 293). Man är särskilt angelägen om att skapa ändamålsenliga former för företag som driver sin verksamhet i två eller flera medlemsländer (samtidigt som utomstående tredje män, t ex borgenärer, skyddas) och för samgåenden över medlemsstaternas gränser. När det gäller att nå de eftersträvade syftena har man sedan länge arbetat med utfärdande av direktiv om harmonisering av medlemsländernas aktiebolagslagstiftning, de s k bolagsdirektiven.[25]

I svenska aktiebolag är det som bekant tillåtet att ha aktier med olika röstvärde, dock att röstvärdeskillnaderna får vara högst 1:10.[26] I praktiken tillämpar cirka hälften av de större svenska börsnoterade aktiebolagen en ordning där man har dels A-aktier som har tio röster och dels B-aktier, som har endast en röst. Beslutsmakten i dessa aktiebolag ligger i första hand hos A-aktieägarna. A-aktierna ligger ofta i händerna på långsiktiga svenska ägare, såsom investmentbolag och stiftelser. Någon begränsning av ägarkretsen finns dock inte; både A-aktier och B-aktier kan normalt köpas av alla.

I samband med tillkomsten av det trettonde bolagsdirektivet om uppköpserbjudanden (takeover bids), antaget 2004,[27] förekom en kraftfull attack mot den nordiska ordningen med röstvärdeskillnader mellan olika

23. Mål C-503/99, kommissionen mot Belgien (REG 2002, s I-4809). Inskränkningarna ansågs i detta fall godtagbara enligt art 58.1 b). Ytterligare avgöranden angående gyllene aktier finns, bl a i förenade målen C-282/04 och C-283/04, kommissionen mot Nederländerna (REG 2006, s I-9141).

24. På motsvarande sätt satte EG-domstolen åt sidan en invändning om hänsyn till egendomsordningen i det ovan i 14.1 berörda avgörandet Konle angående rätt att äga fastighet i Tyrolen.

25. Om aktuell utveckling, J Danelius, Aktiebolagslagen och EG:s bolagsrätt i framtiden, SvJT 2006 s 918 ff.

26. 4 kap 2 § och 4 kap 5 § aktiebolagslagen.

27. Direktiv 2004/25/EG, EUT 2004 L 142/12 om uppköpserbjudanden, genomfört i Sverige främst genom 2006 års lag om offentliga uppköpserbjudanden på aktiemarknaden, prop 2005/06:140.

aktieslag. Direktivet innehåller ett regelverk om hur budgivare och bolag som är föremål för uppköpserbjudande (målbolag) skall förfara vid ett offentligt uppköpserbjudande. Utifrån principen "en aktie – en röst" föreslogs att röstvärdeskillnader inte skulle få tillämpas när målbolaget tar ställning till om ett uppköpserbjudande skall antas eller ej. Ordningen med röstvärdeskillnader ansågs försvåra gränsöverskridande uppköp av företag. I sista fasen av lagstiftningsprocessen uppnådde dock de nordiska länderna att nuvarande ordning med röstvärdeskillnader får fortsätta att tillämpas såsom nationella undantag från direktivets huvudregel om endast en röst per aktie.[28]

Strävan att underlätta aktiebolagens rörlighet över gränserna ligger bakom det nyligen antagna tionde bolagsdirektivet om gränsöverskridande fusioner mellan medlemsstaterna.[29] Genom ett anknytande direktiv avser man att möjliggöra flyttning av aktiebolags säte mellan medlemsstaterna. EG har tidigare antagit sju – åtta andra bolagsdirektiv, bland annat rörande utformningen av aktiebolags redovisning.

Sverige hade fram till EU-inträdet endast en aktiebolagsform. Såsom en anpassning till andra bolagsdirektivet[30] har Sverige infört en differentiering inom aktiebolagslagen mellan publika aktiebolag med aktiekapital på minst 500 000 kr och privata aktiebolag med aktiekapital på minst 100 000 kronor. Endast publika aktiebolag får anskaffa kapital genom att vända sig till allmänheten.[31]

## *Europabolag*

Strävandena inom EU går emellertid längre än till en partiell harmonisering av den nationella bolagsrätten. Man har länge velat göra det möjligt att driva verksamhet i två eller flera EU-länder inom ramen för ett och samma aktiebolag. Tidigare har verksamheten måst drivas genom ett moderbolag i ett land och dotterbolag i övriga, varvid varje bolag har att följa den i respektive land gällande inhemska lagstiftningen. Dessa förhållanden anses ställa upp praktiska och psykologiska hinder för företa-

28. Undantaget skall utvärderas 2011. Se prop 2005/06:140 s 61 ff, U Bernitz, The Attack on the Nordic Multiple Voting Rights Model: Is There a Future under EU Law?, Modern Company Law for a European Economy (ed U Bernitz), Stockholm 2006 s 157 ff, R Skog, The Takeover Directive, the Breakthrough Rule and the Swedish System of Dual Class Common Stock, European Business Law Review 2004 s 1439 ff.

29. Direktiv 2005/56/EG om gränsöverskridande fusioner av bolag med begränsat ansvar. EG-domstolen har dock i mål C-411/03, SEVIC Systems (REG 2005, s I-10805) redan funnit legislativa hinder mot gränsöverskridande bolagsfusioner strida mot etableringsfriheten. Om problematiken L Pehrson, Kan aktiebolag flytta? i Europaperspektiv. Årsbok 1999 s 89 ff.

30. Det andra bolagsdirektivet av 1976, i viss mån ändrat 2006 behandlar kapitalskyddet i aktiebolag och ställer särskilda krav på minsta aktiekapital i publika aktiebolag, direktiv 77/91/EEG, ändrat genom direktiv 2006/68/EG, EUT 2006 L 264/32.

31. 1 kap 7 § aktiebolagslagen.

gen att utnyttja den gemensamma marknaden fullt ut. För att tillgodose dessa syften har en omfattande förordning om tillskapandet av en särskild associationsform på EU-planet för publika aktiebolag, *europabolag* (societas europea, SE) trätt i kraft 2004 efter mycket lång förberedelsetid.[32]

Europabolagen skall följa gemenskapsrättsliga regler och bestå vid sidan av medlemsländernas nationell aktiebolagslagstiftning såsom en helt egen bolagsform. De skall ha huvudkontor i ett EU-land, ett aktiekapital på minst 120 000 euro och verksamhet i minst två medlemsstater. Genom europabolagen skapas en i bl a prestigehänseende neutral form för samarbete, sammanslagning och koncernbildning över gränserna. Till förordningen anknyter ett särskilt direktiv (2001/86/EG) om arbetstagarnas inflytande i europabolag. Direktivet öppnar för delvis olika lösningar i den kontroversiella frågan om arbetstagarrepresentation i europabolags ledning.[33] Hittills torde endast ett högst begränsat antal europabolag ha bildats, vilket bland annat torde hänga samman med att många angränsande problem av t ex skatterättslig karaktär ännu inte är tillfredsställande lösta. Det är ännu för tidigt att bedöma om europabolagen förmår utvecklas till en succé.

## 14.4 *Skatterna och den fria rörligheten*

Skatter är ett oerhört viktigt styrmedel för samhället och kan ofta påverka företags och enskilda människors handlande på många andra sätt än vad som direkt följer av syftet att dra in medel till det allmänna. Beroende på hur skatterna utformas kan de stimulera till köp av vissa varor och tjänster, avskräcka från konsumtion genom att göra vissa produkter dyrare, stimulera till ökad sysselsättning och/eller företagande. På skatteområdet finns en tydlig konflikt mellan medlemsstaternas vilja att behålla ”nationell skattesuveränitet” och det påtagliga behovet av samordning och harmonisering på EU-planet ifall den ekonomiska integrationen effektivt skall kunna drivas vidare. Över åren har rådet värnat om sin beslutsmakt och medlemsstaterna om sin beslutanderätt. Därför gäller fort-

32. Rådsförordning 2157/2001 (EG) om stadga för europabolag. I Sverige har nationella lagregler, som kompletterar förordningen om europabolag (SE-förordningen) införts genom lag (2004:575) om europabolag, prop 2003/04:112.

33. En annan för EU gemensam särskild associationsform är *europeiska ekonomiska intressegrupperingar* (European economic interest groupings) (EEIG), avsedd för samarbete mellan mindre och medelstora företag i olika EU-länder, rådsförordning nr 2137/85, (EEG) EGT 1985 L 199, i Sverige prop 1994/95:68. Den har i vart fall från svensk horisont fått ringa betydelse. En ytterligare associationsform, tillskapad på det europeiska planet, är *europeiska ekonomiska föreningar*; se rådsförordning nr 1435/2003 om stadga för europeiska kooperativa föreningar (SCE-föreningar), som i Sverige kompletteras av lag (2006:595) om europakooperativ.

farande att beslut om förordningar och direktiv på skatteområdet fattas av rådet med krav på enhällighet (artiklarna 93 och 94 EGF). EG-domstolen nedan berörda vidareutveckling av praxis verkar emellertid pådrivande.[34]

Ett särskilt område med välutvecklade regler, förbudet mot diskriminerande nationell beskattning av importerade varor (artikel 90), har behandlats ovan i 12.4.

På den indirekta beskattningens område har mycket viktiga resultat nåtts genom direktiven om övergång till *mervärdesskatt* ("moms") i medlemsstaterna med förenhetligat regelverk för uttag och redovisning av moms.[35] Detta har skett i syfte att ge den indirekta beskattningen en enhetlig och konkurrensneutral utformning. Modellen, där varje säljled lägger på utgående skatt samtidigt som ingående skatt dras av, passar särskilt bra för gränsöverskridande transaktioner. Samtliga medlemsländer är i princip skyldiga att ta ut moms; för de flesta varor och tjänster genom en skattesats på minst 15 procent.[36] Medlemsstaterna får emellertid inom vissa ramar själva bestämma momssatsernas höjd (den svenska momsen på i allmänhet 25 % ligger i topp inom EU). Den svenska mervärdesskattelagen är baserad på EG-rätten. Regeringsrätten har tydligt markerat mervärdesskattedirektivets företräde framför däremot stridande svenska momsregler utan att vi dock nått fram till en fullständig harmonisering.[37]

När det gäller den direkta beskattningen av juridiska och fysiska personer har svårigheterna att enas i rådet om harmoniseringsdirektiv hittills i allmänhet visat sig oöverstigliga, trots att det givetvis skulle vara mycket värdefullt från EU-synpunkt om man exempelvis kunde enas om grundläggande principer för bolagsbeskattningen, t ex vad gäller beräkning av skattebasen, där omfattande arbete lagts ner. På sikt torde detta vara nödvändigt om europabolagen skall ha möjlighet att utvecklas väl. Ett visst resultat är dock det s k *sparandedirektivet*, som ålägger banker

34. Ett grundläggande arbete är K Ståhl & R Persson Österman, EG-skatterätt, 2 uppl, 2006. Se även K Ståhl, Skatterna och den fria rörligheten inom EU – svensk skatterätt i förändring? SIEPS 2006:8, L Gormley, EU Tax Law, 2005, S von Bahr, Något om EG-domstolens praxis på skatteområdet, Festskrift till Gustaf Lindencrona, 2003 s 67 ff. Se även t ex U Bernitz, EG-rättens likabehandlingsprincip som instrument för skatteharmonisering, Festskrift till Gustaf Lindencrona 2003 s 93 ff., H Paulander, Aktuella mål i EG-domstolen avseende direkta skatter, ERT 2006 s 389 ff.

35. Rådet har 2006 antagit ett nytt, överarbetat och konsoliderat mervärdesskattedirektiv, 2006/112/EG, EUT 2006 L 347.

36. Punktskatter på områdena alkoholhaltiga drycker, tobak och mineraloljor har också harmoniserats: även här har man fastställt vissa minimiskattesatser.

37. Se bl a RÅ 2000 ref 5, RÅ 2006 ref 47. Se även RÅ 2005 ref 70, direktivkonform tolkning. I mål C-150/99, Lindöpark (REG 2001, s I-493) har staten blivit skadeståndsskyldig på grund av bristande implementering av momsdirektivet, se 11.4.

m fl att lämna kontrolluppgift om ränteinkomster på konton som tillhör fysiska personer med hemvist i annan medlemsstat.[38]

Det pågår emellertid en snabb utveckling av EG-domstolens praxis på skatteområdet. EG-domstolen utnyttjar härvid fördragets primärrättsliga regler om likabehandling (artikel 12.1 EGF), etableringsfriheten och fri rörlighet för tjänster, kapital och personer. I avgörandena glider dessa rättsgrunder inte sällan ihop utan att EG-domstolen synes göra någon tydlig åtskillnad mellan dem. Rättsutvecklingen i EG-domstolen på den direkta beskattningens område har skett och sker fortfarande under tydligt motstånd från medlemsstaternas sida. Det följer dock av Domstolens fasta rättspraxis att även om frågor om direkta skatter omfattas av medlemsstaternas behörighet så skall dessa likväl iaktta gemenskapsrätten när de utövar denna behörighet.[39]

EG-domstolen har i ett stort antal avgöranden fällt nationell skattelagstiftning om direkta skatter som innefattat en särbehandling av enskilda och företag i andra EU-länder i förhållande till personer och företag i det egna landet. Det är t ex vanligt att regler om möjlighet till skatteavdrag, uppskov med beskattning och andra förmåner, t ex angående fondering av medel, är olika utformade beroende på om transaktionen skett i det egna landet eller i annat EU-land. Sådana olikheter är normalt sett inte godtagbara enligt EG-domstolens praxis eftersom de verkar rörelsehindrande.

EG-domstolen har sålunda inte godtagit att premier på liv- och pensionsförsäkringar är avdragsgilla bara när de betalas till försäkringsbolag i det egna landet men inte till bolag med motsvarande verksamhet i annat EU-land; en uppenbar konkurrensnackdel för de senare.[40] Domen har fått Sverige att snabbt ändra sin lagstiftning på denna punkt och införa sådan avdragsrätt.

I Sverige har gällt att uppskov med skatt på realisationsvinst vid försäljning av villa eller bostadsrätt bara tillåtits om den köpta ersättningsbostaden legat i Sverige, däremot inte vid flyttning till annat medlemsland. Det sistnämnda utgjorde en tydlig begränsning av den fria rörligheten både för personer och för kapital. Sverige har fällts för fördragsbrott på talan av kommissionen och har ändrat reglerna så att uppskov medges även vid köp av permanentbostad i annat EU/EES-land.[41]

38. Direktiv 2003/48/EG. Rapporteringsskyldigheten täcker dock inte aktieutdelningar m m. Några medlemsstater som slår vakt om banksekretessen drar i stället en källskatt.

39. Domstolen har bl a framhållit detta i de nedan i detta avsnitt berörda målen Marks & Spencer och kommissionen mot Sverige.

40. Mål C-150/04, kommissionen mot Danmark, dom av den 30 januari 2007. Sverige intervenerade i målet utan framgång. Se även mål C-118/96, Jessica Safir mot Skattemyndigheten i Dalarnas län (REG 1998, s I-1897), i vilken systemet för en speciell svensk beskattning av inbetalda premier för en i annat EU-land tecknad kapitalförsäkring bedömdes stå i strid med tjänsterörligheten (artikel 49).

41. Mål C-104/06, Kommissionen mot Sverige, dom 18 januari 2007. En problematisk olikabehandling kvarstår dock vad gäller andra ägandeformer, såsom andelslägenheter.

Ett uppmärksammat rättsfall är *Marks & Spencer*[42] angående koncernavdrag för förluster som uppkommit i dotterbolag. Denna brittiska klädkedja hade startat dotterbolag i bl a Frankrike, som måst avvecklas efter stora förluster. Enligt brittisk skatterätt hade företaget rätt till avdrag för dotterbolagsförluster i Storbritannien men ej i andra EU-länder.[43] EG-domstolen fann detta fördragsstridigt, för det fall avdragsmöjligheterna i det land där dotterbolaget drev verksamheten hade uttömts. EG-domstolen åberopade etableringsfriheten (artiklarna 43 och 48 EGF) eftersom hinder för förlustutjämning kunde avskräcka från att etablera dotterbolag i andra medlemsländer.

I Regeringsrättens praxis märks bl a *X och Y mot Riksskatteverket*,[44] där Regeringsrätten efter att ha inhämtat förhandsavgörande slog fast att skatteregler inte får diskriminera mot etableringar inom en koncern som gjorts i annat EU-land.

RÅ 2000 ref 40, *Astra-Zeneca* gällde en i Sverige bosatt person som ägde aktier i det brittiska bolaget Astra-Zeneca.[45] Saken gällde utdelning till aktieägarna av andelar i ett dotterbolag. Enligt svensk lag var utdelningen skattefri om det utdelande bolaget var svenskt men inte annars. Regeringsrätten åsidosatte denna begränsning med stöd av gemenskapsrätten (artikel 56 om fri kapitalrörlighet) och fann utdelningen från det brittiska bolaget vara skattefri.

Medlemsstaterna söker ofta motivera regler som behandlar in- och utländska fysiska och juridiska personer olika eller verkar rörlighetsinskränkande med hänvisningar till behovet av effektiv skattekontroll eller bibehållen kongruens i det nationella skattesystemet. Även om detta i princip kan utgöra godtagbara trängande allmänhänsyn, ställer sig EG-domstolen i praktiken i allmänhet kallsinnig till att dessa invändningar skulle göra det nödvändigt med nationellt avgränsade regler.[46]

Det bör tilläggas att det inte har skett någon systematisk genomgång i Sverige av skattelagstiftningens förenlighet med EG-rättens numera fastlagda principer utan endast punktvisa ändringar under trycket av domstolsavgöranden eller ingripanden av kommissionen. I åtskilliga avseenden torde den svenska skatterättens överensstämmelse med gemenskapsrätten kunna diskuteras.

42. Mål C-446/03, Marks & Spencer mot David Hasley (Her Majesty's Inspector of Taxes (REG 2005, s I-10837).

43. Samma princip har gällt i Sverige, K Ståhl & R Persson Österman, EG-skatterätt, 2 uppl s 110 f.

44. Mål C-200/98, X AB och Y AB mot Riksskatteverket (REG 1999, s I-8261), RÅ 2000 ref 17.

45. Bakgrunden var att många svenskar, som tidigare ägt aktier i Astra, efter detta företags samgående med brittiska Zeneca blivit ägare av brittiskregistrerade aktier i Astra-Zeneca.

46. När artikel 58.3 EGF anförs brukar EG-domstolen ofta finna att de nationella reglernas utformning inte är nödvändig eller oproportionerligt långtgående.

# 14.5 *Den monetära unionen*

## 14.5.1 Huvudprinciperna

Den europeiska monetära unionen (EMU) eller valutaunionen utgör ett utomordentligt viktigt steg i EU:s utveckling. På sikt kan den visa sig vara minst lika genomgripande som hela tillskapandet av den gemensamma marknaden. EMU är fullt ut infogad i EG:s institutionella och legala struktur och har en markant överstatlig karaktär, vilket innebär, att de deltagande medlemsstaterna i huvudsak överfört befogenheterna att fatta beslut om penning- och valutapolitik till gemensamma organ. Det är en missuppfattning att valutaunionen skulle vara något fristående i förhållande till EU-samarbetet i övrigt. Även de medlemsstater som, i likhet med Sverige, ännu inte tagit det tredje steget och infört den gemensamma valutan ingår i EMU:s regelverk.[47]

Tankegångarna bakom valutaunionen bör förstås mot bakgrund av den inre marknaden och de fria kapitalrörelserna inom EU. För att den inre marknaden skall få full effekt har det ansetts viktigt att medlemsländerna inte har valutor som utvecklas i olika riktningar och därigenom ändras i sin inbördes värderelation. Den gemensamma valutan hindrar att enskilda medlemsländer söker komma ur ett för högt kostnadsläge eller skaffa den egna exportindustrin konkurrensfördelar genom att devalvera sin nationella valuta. Härutöver har en gemensam valuta integrationsfrämjande effekter. Priserna på varor och tjänster i medlemsländerna blir mycket mer överskådliga och lättare att jämföra med varandra när man har samma mynt och man slipper också kostnaderna för valutaväxling. Detta främjar gränsöverskridande transaktioner. Internationellt framträder euron, vid sidan av den amerikanska dollarn, som ledande världsvaluta, något som stärker EU:s position som global aktör. Man skall heller inte underskatta den psykologiska betydelsen för den europeiska identitetskänslan av att ha en gemensam valuta.

Unionsfördraget slår fast i artikel 2 att unionen har som mål att upprätta en ekonomisk och monetär union med en gemensam valuta. Detta sägs också ut i artikel 2 EGF. Den monetära unionens struktur har lagts fast inom ramen för EG-fördragets grundläggande principer i artikel 4. Här anges

- att gemenskapen skall ha en gemensam valuta,
- att denna är baserad på en oåterkallelig låsning av växelkurserna för medlemsstaternas tidigare valutor,

47. Se för en översikt J-V Louis, The Economic and Monetary Union: Law and Institutions, CMLRev 2004 s 575 ff.

- att man skall driva en gemensam penning- och valutapolitik med huvudmål att upprätthålla prisstabilitet och
- att gemenskapens allmänna ekonomiska politik skall bygga på principen om en öppen marknadsekonomi med fri konkurrens.

I linje härmed anger artikel 4.3 EGF att de vägledande principerna för den ekonomiska politiken både från gemenskapens och medlemsstaternas sida skall vara:

- stabila priser,
- sunda offentliga finanser och monetära förhållanden och
- stabil betalningsbalans.

### 14.5.2 Genomförandet av valutaunionen

Det tredje och avgörande steget i upprättandet av den monetära unionen togs fördragsenligt per 1 januari 1999 (artikel 121.4 EGF).[48] Då låstes definitivt växelkurserna mellan de deltagande medlemsstaternas valutor, Europeiska Centralbanken (ECB) trädde i funktion och tog över befogenheterna för penningpolitiken och den gemensamma valutan, euro,[49] infördes. De tolv EU-stater som gick in i eurozonen införde fysiskt de nya sedlarna och mynten den 1 januari 2002.[50] Storbritannien och Danmark[51] valde att ställa sig utanför och utnyttja sina förbehåll enligt Maastrichtfördraget. Slovenien har tillkommit som trettonde euro-land 2007. Sveriges situation behandlas i 14.5.

Valutaunionen har en relativt lång förhistoria. Det ursprungliga Romfördraget av 1957 saknade en målsättning om tillskapande av ett särskilt valutasamarbete. Detta förklaras delvis av att medlemsländerna deltog i det internationella valutasamarbete med inriktning på att skapa stabila valutaförhållanden, som hade byggts upp efter andra världskriget inom Internationella valutafonden genom det s k Bretton Woods-avtalet av 1944. Planerna att tillskapa ett självständigt europeiskt valutasamarbete tog form omkring 1970 och rådet antog 1971 en resolution om successivt genomförande av en valutaunion (Wernerplanen).[52] Den kunde inte fullföljas, sedan den allmänna eko-

48. På detta område tillämpas i huvudsak medbestämmandeordningen enligt artikel 252, som ger rådet en starkare ställning i förhållande till parlamentet än medbeslutandeordningen, se 4.5.2.

49. Euro har på svenska samma form i pluralis; en euro, flera euro. Eurons officiella förkortning är EUR. Växelmyntet benämns cent.

50. Grekland tillkom dock något senare. I efterhand har framkommit att Grekland manipulerade siffror om det ekonomiska läget för att uppfylla konvergenskriterierna.

51. Danmark anordnade en folkomröstning om införande av euron med negativ utgång (53 % nejröster) men har därefter knutit sin växelkurs fast till euron och ingår därigenom de facto i eurozonen.

52. Wernerplanen var en klart bidragande orsak till att Sverige vid denna tid beslöt att inte söka medlemskap i EG.

nomiska situationen försämrats väsentligt i början av 1970-talet genom den internationella oljekrisen, Bretton Woods-systemets fall och en betydande inflation. Medlemsstaterna började dock bygga upp ett valutasamarbete i syfte att stabilisera valutakurserna, EMS (Europeiska monetära systemet). Dess centrala del var en växelkursmekanism (exchange rate mechanism, ERM) som innebar att de deltagande länders växelkurser endast fick avvika från en fastställd centralkurs inom vissa gränser, den s k valutaormen.[53] EU införde också en särskild valutaenhet, ecu,[54] bestående av en korg där alla EU-valutor vägdes in.

Det dröjde till ca 1990 innan EU åter kunde driva genomförandet av en valutaunion. Medlemsländerna enades vid regeringskonferensen i Maastricht (1991–92) om valutaunionens införande i tre steg. Axeln Tyskland – Frankrike spelade härvid den pådrivande rollen. Från tysk sida fanns en stark oro för att den nya europeiska valutan skulle bli svagare än den gamla tyska marken. För att möta dessa invändningar drev man från tyskt håll igenom att detaljerade regler om förutsättningarna för valutaunionens genomförande togs in själva fördragstexten (artiklarna 105–124 EGF) och att stränga krav ställdes på sunda statsfinanser i de deltagande medlemsstaterna och på prisstabilitet.

För att kunna införa euron måste en medlemsstat uppfylla de grundläggande, stränga krav på den egna ekonomin, s k *konvergenskriterier*, som fördragstexten ställer upp som förutsättning. Dessa kriterier är i korthet (artikel 121.1 EGF):[55]

- En hög grad av prisstabilitet. Inflationstakten får inte med mer än 1,5 % överstiga inflationstakten i de (högst tre) medlemsstater som har uppnått bäst prisstabilitet.
- En hållbar finansiell ställning för den offentliga sektorn (underskottet får högst uppgå till vissa fixerade referensvärden).
- Medverkan i ERM:s ovannämnda växelkursmekanism (utan devalvering) i minst två år.
- En räntenivå som med högst 2 % överstiger motsvarande räntesats i medlemsstaterna med bäst prisstabilitet.

Genomförandet av valutaunionens tredje och sista steg föregicks av en djupgående ekonomisk sanering av statsfinanserna i åtskilliga deltagande medlemsländer med sikte på att skapa balans i staternas budgetar,

53. Sverige var med i valutaormen 1973–77, men lämnade den i samband med att vi inledde politiken med successiva devalveringar av kronan.

54. European Currency Unit, brukar uttalas "eky" efter ett gammalt franskt mynt.

55. Ett särskilt protokoll till Maastricht-fördraget om konvergenskriterier ger närmare preciseringar.

stoppa inflationen och uppfylla konvergenskriterierna.[56] Den ekonomiske tungviktaren bland de tretton länder som 2007 ingår i eurozonen är Tyskland, som ensam svarar för nära en tredjedel av bruttonationalprodukten i zonen. Av de tolv nya EU-länder som tillkommit 2004 respektive 2007 har hittills endast Slovenien klarat att gå in i eurozonen. Alla de nya medlemsstaterna är dock fördragsmässigt bundna att göra detta så snart de har de ekonomiska förutsättningarna och arbetar med att sanera de offentliga finanserna. Cypern och Malta torde komma att införa euron redan 2008; sannolikt kommer ytterligare stater (t ex de baltiska) att klara av att uppfylla konvergenskriterierna på några års sikt.

För att genomföra och i praktiken sköta den europeiska penningpolitiken och gemensamma valutan har EU upprättat *Europeiska Centralbanken* (ECB) med högkvarter i Frankfurt i Tyskland. ECB är navet i det europeiska centralbankssystemet, i vilket också ingår centralbankerna i medlemsstaterna, i Sverige Riksbanken. ECB är ett särskilt EU-organ och en egen juridisk person. ECB har bl a ensamrätt till sedelutgivning (artikel 106.1 EGF).

Fördraget ger ECB en markant oberoende ställning och ECB har betydande egen normgivningsmakt som innefattar utfärdande av förordningar och egna övervakningsbefogenheter.[57] Av särskild vikt är *instruktionsförbudet* i artikel 108 EGF. Där stadgas uttryckligen att varken ECB eller någon nationell centralbank eller medlem av dessas beslutande organ får begära eller ta emot instruktioner från gemenskapsinstitutioner eller gemenskapsorgan och inte heller från medlemsstaternas regeringar eller andra utomstående. ECB sköter alltså den europeiska penningpolitiken helt självständigt såsom ett oberoende expertorgan. Det främsta styrmedlet är räntenivån. ECB har också hand om euro-ländernas valutareserver och kan genom köp och försäljning av andra valutor påverka eurons internationella växelkurs. ECB:s starka självständighet är i linje med den tyska centralbankstraditionen men för med sig problemet att ECB inte står under egentlig kontroll av något annat organ. ECB rapporterar dock om sin verksamhet till Europaparlamentet.

För Sveriges del har Riksbanken ställningen som nationell centralbank inom ramen för ECB:s system. Enligt regeringsformen är dock

56. Vid övergång till euro tillämpas principen om kontraktskontinuitet. Det innebär att betalningar och andra villkor som avtalats i ett EMU-lands nationella valuta får fullgöras med befriande verkan i euro enligt gällande omräkningsbestämmelser. Detta gäller också internationella kontrakt med parter utanför EU. Man följer den internationellt privaträttsliga regeln lex monetae, d v s fordringar som skall betalas i ett visst lands valuta följer detta lands monetära regim. Parterna har dock möjlighet att avtala annorlunda. Se t ex W Blair, Contracts and the Monetary Union, EBLRev 1997 s 228 ff.

57. Artikel 110 EGF, se bl a C Zilioli & M Salmayr, The European Central Bank: An independant specialised organisation of Community law, CMLRev 2000 s 591 ff.

Riksbanken fortfarande ”en myndighet under riksdagen” (9:13 RF); ett stadgande vars utformning knappast är fullt förenlig med den helt oberoende ställning som en nationell centralbank i EU skall inta.[58]

## 14.6 *Stabilitets- och tillväxtpakten*

Som inledningsvis nämndes i 14.2 anger fördragens principartiklar som mål inte endast en monetär utan även en ekonomisk union.[59] Vad som i en framtid kan ligga i begreppet ekonomisk union ter sig oklart. Nuvarande fördragstext innehåller knappast några längre gående konkreta förpliktelser härvidlag. I centrum står samarbetet kring valutaunionen och upprätthållandet av dess ekonomisk-politiska mål. Fördraget innehåller dock en avdelning med bestämmelser om sysselsättning, där medlemsstaterna och gemenskapen åtagit sig att upprätta en gemensam sysselsättningsstrategi i syfte att motverka arbetslöshet (artikel 125 ff).[60] Fördraget innehåller också ett åtagande att stärka gemenskapens ekonomiska och sociala sammanhållning (artikel 158 ff). Konkret sker detta väsentligen genom regionalpolitiska åtgärder riktade till eftersatta regioner och öar inom EU.

Som framgått har valutaunionen som övergripande mål att upprätthålla stabila priser och stabil betalningsbalans, helst givetvis förenat med god tillväxt och sysselsättning inom EU. Det finns en risk för att medlemsstaterna bygger sin ekonomiska politik på inbördes olikartade bedömningar och särskilt att eurons stabilitet kan bli äventyrad genom otillräcklig nationell budgetdisciplin. För att motverka sådana risker har medlemsstaterna ingått stabilitets- och tillväxtpakten. Dess grundläggande del har formen av en resolution antagen av Europeiska rådet 1997 som ger de ekonomisk-politiska riktlinjerna. Härtill anknyter två rådsförordningar med bindande bestämmelser.[61] Stabilitets- och tillväxtpakten omfattar alla medlemsstater, även de som inte ingår i eurozonen, men viktiga delar gäller endast de stater som infört euron.

Systemet bygger på att medlemsstaterna är skyldiga att tillse att deras offentliga finanser är i huvudsaklig balans och att detta skall stå under

58. Sverige har dock i linje med vad som gäller enligt artikel 108 EGF genomfört en grundlagsändring om Riksbankens självständiga ställning, som slår fast att Riksbanken ensam har ansvaret för och beslutar om penningpolitiken (9:13 RF). Den övergripande valutapolitiken är däremot fortfarande regeringens ansvar (9:12 RF); här brister EMU-anpassningen. Prop 1997/98:40, Riksbankens ställning.

59. Artikel 2 EUF, artikel 2 EGF.

60. Om gemenskapens sysselsättningspolitik och Lissabonstrategin, se 4.2.4.

61. Europeiska rådets resolution om stabilitets- och tillväxtpakten, EGT 1997 C 236/1. Översikt i prop 1997/98:25, Sverige och EMU s 26 ff. Se även SOU 2002:16, Stabiliseringspolitik i valutaunionen, H Hahn, The Stability Pact for European Monetary Union: Compliance with deficit limit as a constant legal duty, CMLRev 1998 s 77 ff.

kontroll av EU:s råd. Medlemsstaterna är därför skyldiga att utarbeta årliga program för sin ekonomiska politik, som skall eftersträva balans eller överskott i de offentliga finanserna.[62] Dessa program granskas och utvärderas inom EU:s råd. Fasta gränser för tillåtna underskott i de offentliga finanserna (stat plus kommun) har föreskrivits, nämligen att budgetunderskottet inte får överskrida 3 % av bruttonationalprodukten (BNP) och statsskulden inte överskrida 60 % av BNP. Måttliga och tillfälliga avvikelser kan dock tillåtas och ytterligare undantag är möjliga i krissituationer.

I förhållande till de stater som infört euron förfogar rådet över sanktioner. Rådet har härvid tillgång till ett särskilt rättsligt reglerat förfarande[63] som kan tillgripas mot stater som dragit på sig alltför stort budgetunderskott eller statsskuld enligt närmare preciserade regler. Rådet kan förelägga en sådan medlemsstat att vidta åtgärder för att åstadkomma den minskning av underskotten som rådet finner nödvändig. Sker ej detta kan rådet utlösa en sanktion i form av skyldighet att betala in till EU en *icke räntebärande deposition*, beräknad enligt regler som är relaterade till underskottets storlek och landets bruttonationalprodukt. Sanktionerna kan skärpas genom beslut om inbetalning av tilläggsdeposition. Följer medlemsstaten fortfarande inte rådets beslut om nödvändiga åtgärder, kan depositionerna förvandlas till en *bot*; de deponerade beloppen tillfaller då EU.

Systemet ställdes inför svårigheter 2003–04, när både Tyskland och Frankrike (liksom flera andra stater i eurozonen) inte iakttog föreskriven budgetdisciplin utan varaktigt hade alltför stora underskott i de offentliga finanserna (mer än 3 % av BNP). Huvudförklaringarna till detta var svag ekonomisk tillväxt under rådande lågkonjunktur i förening med inrikespolitisk oförmåga att hålla nere de offentliga utgifterna, alternativt genomföra erforderliga skattehöjningar. Kommissionen rekommenderade i detta läge rådet att förelägga de två länderna att vidta åtgärder inom viss tid för att reducera underskottet. Rådet följde dock inte förslaget att ingripa med tvingande åtgärder utan nöjde sig med osanktionerade utfästelser från de två länderna. Kommissionen förde saken till EG-domstolen som delvis ogiltigförklarade rådets beslut men detta medförde

62. Rådets förordning (EG) nr 1466/97 om förstärkning av övervakningen av de offentliga finanserna samt övervakningen och samordningen av den ekonomiska politiken, EGT 1997 L 209/1, ändrad genom förordning 1055/2005, EUT 2005 L 174/1.

63. Rådets förordning (EG) nr 1467/97 om påskyndande och förtydligande av tillämpningen av förfarandet vid alltför stora underskott, EGT 1997 L 209/6, ändrad genom förordning 1056/2005, EUT 2005 L 174/5.

inte att rådet beslutade om tvingande åtgärder.[64] Utvecklingen har lett till en viss uppmjukning av stabilitetspakten 2005 så att den vid bedömningen av budgetunderskott kan ta större hänsyn till ekonomiska förändringar över ett flertal år. Härefter har en bättre ekonomisk konjunktur tills vidare gjort problemen mindre akuta men de kvarstår likväl. Det inger oro för framtiden att rådet inte förmått genomdriva den föreskrivna budgetdisciplinen och vidta sanktioner mot stora medlemsländer i ett läge där dessa tydligt brutit mot regelsystemet.

Ett grundläggande, bakomliggande problem är att övergången till gemensam valuta inte har åtföljts av tillräcklig samordning av medlemsstaternas ekonomiska politik. EMU kan komma att tvinga fram en ökad sådan samordning för att klara uppkommande problem.

## 14.7 *Sverige och EMU*

Sverige står som bekant tills vidare utanför EMU:s tredje steg och har inte infört euro som valuta. Sverige befinner sig härvid i en unik ställning, eftersom landet i huvudsak uppfyller konvergenskriterierna och samtidigt saknar något legalt undantag från skyldigheten att gå in i EMU.[65]

Vid Sveriges medlemskapsförhandlingar torde det ha stått klart att EU-länderna inte var beredda att ge Sverige ett undantag från skyldigheten att införa den gemensamma valutan av det slag som Storbritannien och Danmark tidigare uppnått genom Maastrichtfördraget. Av ett protokoll från förhandlingarna framgår att Sverige då förklarade sig berett att fullt ut gå in i EMU men att beslutet skulle fattas enligt i Sverige gällande regler. Häri torde inte kunna

64. Mål C-27/04, kommissionen mot rådet (REG 2004, s I-6649). Målet avgjordes enligt EG-domstolens snabbförfarande och belyser hur artikel 104 EGF och stabilitetspakten är utformade och fungerar. Det bakomliggande problemet var att man i rådet inte kunnat uppnå nödvändig majoritet för att besluta om tvingande åtgärder. Vid beslut om stabilitetspakten har bara de EU-länder som är med i eurozonen rösträtt. Rättsfallskommentar av Sideek Mohamed, Reform of the Stability and Growth Pact, ERT 2004 s 655 ff. Om problematiken, L Calmfors, What Remains of the Stability Pact and What Next, SIEPS 2005:8, C Proctor, The Future of the Euro – What Happens if a Member State Leaves?, EBusLRev 2006 s 909 ff.

65. Om bakgrunden SOU 1996:158, Sverige och EMU (Calmforsutredningen), prop 1997/98:25, Sverige och EMU. Konvergenskriterierna prisstabilitet, budgetdisciplin och räntenivå uppfyller Sverige numera mycket väl. Historiskt är valutaunion ingen nyhet för Sverige. Åren 1877–1914 ingick Sverige i en valutaunion (myntunion) tillsammans med Danmark och Norge.

läggas in något rätt för Sverige att ensidigt besluta att ställa sig utanför – en sådan rätt skulle ha krävt en fördragsmässig förankring.[66]

När Sverige gick in i EU 1995 hade emellertid Maastrichtfördraget nyligen trätt i kraft och det kunde anses som en i viss mån öppen fråga om EU skulle lyckas genomföra valutaunionen enligt fördragets bestämmelser och tidtabell. När valutaunionen sedan visade sig kunna genomföras som planerat, beslöt riksdagen att anordna en folkomröstning om Sverige skulle införa euron som valuta. Bakom detta beslut låg bland annat politisk oenighet inom några av partierna, inte minst socialdemokraterna. Folkomröstningen 14 september 2003 resulterade i en klar övervikt för nejsidan.[67]

Sverige är sedan valutaunionen trätt i kraft med EG-fördragets terminologi en "medlemsstat med undantag" (artikel 122). Som sådant saknar landet i huvudsak rösträtt i frågor som rör valutasamarbetet. Fördragstexten förutsätter att de medlemsstater som står utanför eurozonen söker uppfylla konvergenskriterierna. När så skett har rådet befogenhet att med kvalificerad majoritet upphäva medlemsstatens undantag och därigenom ansluta landet till den gemensamma valutan (artikel 122.2). Även för ett land i Sveriges position finns en skyldighet att betrakta valutapolitiken som en fråga av gemensamt intresse (artikel 124.1).

Efter tillkomsten av valutaunionen har den tidigare växelkursmekanismen ERM ersatts av en ny sådan, som tar sikte på relationen mellan euron och utanförstående medlemsstaternas valutor, vanligen betecknad ERM 2.[68] Medlemskap i ERM 2 är inte obligatoriskt, men medlemsstater med undantag förväntas delta. Sverige har dock hittills valt att stå utanför ERM 2, liksom tidigare ERM, och låter kronans värde flyta. Detta innebär att den svenska kronans värde i relation till andra valutor inte är fastlagt och i praktiken också fluktuerar rätt kraftigt.

Genom att kronan flyter i stället för att vara knuten till ERM uppfyller Sverige formellt sett inte ett av konvergenskriterierna för att kunna gå över till euron (att ha haft valutan fast knuten till euron under minst två år). Med hänsyn till att EG-fördraget förutsätter att medlemsländerna lojalt verkar för att fullt ut gå med i valutaunionen, framstår den svenska hållningen, bedömd utifrån EG-rätten, såsom högst diskutabel. Det framstår dock som orealistiskt att EU skulle agera juridiskt för att "släpa in" Sverige i eurozonen, inte minst med hänsyn till utgången av folkom-

66. För en genomgång av bakgrunden och rättsläget, se U Bernitz, Sverige och EMU – svenskt fördragsbrott?, Sverige och europarätten s 201 ff., dens., Folkomröstning om EMU, ERT 2000 s 281 ff, Sideek Mohamed, Swedish Accession to the Euroland, ERT 2002 s 191 ff., J-V Louis, The Economic and Monetary Union: Law and Institutions, CMLRev 2004 s 603 ff (ang Sverige).

67. 55,9 % nejröster, 42 % jaröster, drygt 2 % blankröster. Valdeltagandet var över 80 %.

68. Europeiska rådets resolution om införande av en växelkursmekanism i tredje etappen av den ekonomiska och monetära unionen, EGT 1997 C 236/5.

röstningen. Långsiktigt framstår dock nuvarande läge knappast som hållbart.

Synen på EMU beror på hur man vill värdera de olika faktorer som legat bakom dess införande. Även om Sverige i nuläget är bundet av valutaunionens ekonomisk-politiska ram och har att iaktta de ovan berörda konvergenskriterierna skulle dock en övergång till euro helt avskära möjligheterna att devalvera den svenska valutan. Mot detta skall ställas de olika fördelar som valutasamarbetet kan erbjuda i form av valutastabilitet och full tillhörighet till den gemensamma europamarknaden. I EU av i dag tillhör de allmänna resonemangen om valutaunionens för- och nackdelar ett passerat stadium – EMU och euron är genomförda och euron har utvecklats till en ledande världsvaluta. Det finns dock en inneboende svaghet – den gemensamma valutan kombineras i nuläget med en i huvudsak nationell ekonomisk politik i medlemsländerna som kan riskera att leda den ekonomiska utvecklingen inom eurozonen i olika riktningar.

# 15. Den enskilda personens ställning

*"Det är inte stater, det är människor vi närmar till varandra"*

Jean Monnet, 30 april 1952

## *15.1 Inledning*

EG-domstolen har uttalat att den fria rörligheten inte bara är en grundläggande princip inom gemenskapsrätten, utan även en fundamental rättighet. Detta innebär bland annat att domstolen tolkar undantag och begränsningar av de fria rörligheterna snävt, medan friheterna själva ofta tolkats extensivt: ett mönster som på många sätt har framträtt extra tydligt på just personrörlighetens område. Ursprungligen tillkom denna fria rörlighet bara de personer som utövade ekonomisk aktivitet, d v s arbetstagare och de som utnyttjade den fria rörligheten för tjänster och etableringsrätten. Genom EG-domstolens praxis kom emellertid rätten till fri rörlighet att utvidgats till att omfatta även mottagare av tjänster, d v s i praktiken turister och alla andra som genom någon slags ekonomisk transaktion kunde tänkas bidra till det ekonomiska livet i värdlandet. Som nämnts påbjuder artikel 3.1 c EGF avskaffandet av hinder mot den fria rörligheten för personer, artikel 12 EGF förbjuder all diskriminering på grund av nationalitet och artikel 14 grundar den inre marknaden där den fria rörligheten garanteras och där den fria rörligheten för arbetstagare och tjänster preciseras i artiklarna 39–55 EGF.

Genom det i Maastrichtfördraget införda *unionsmedborgarskapet* tillerkändes unionsmedborgare 1993 en generell rätt att röra sig fritt och uppehålla sig på medlemsstaternas territorium. Unionsmedborgarskapet regleras huvudsakligen i artiklarna 17–22 EGF och markerar vad som ofta benämns medborgarnas Europa. Det bygger på grundtanken att bibringa medlemsländernas medborgare en känsla av europeisk identitet; den som är medborgare i ett medlemsland är samtidigt unionsmedborgare och åtnjuter vissa tillkommande rättigheter just i denna sin egenskap (artikel 17). Unionsmedborgarna skall normalt ha rätt att fritt röra sig och uppehålla sig inom alla medlemsstaternas territorier samt ha rösträtt och valbarhet till kommunala val och till Europaparlamentet i den medlemsstat där de är bosatta (artiklarna 18–19). Den rätt till fri rörlighet som även icke direkt ekonomiskt verksamma personer redan tidigare tillerkänts genom rättspraxis och sekundärrätt har härigenom fått en uttrycklig grund i EG-fördraget.

Utvecklingen har tagit ett ytterligare viktigt steg vidare genom antagandet av det s k *rörlighetsdirektivet* (2004/38/EG; vid artikelreferenser i det följande "Rd").[1] Även om rätten till den fria rörligheten följer direkt av fördraget och grundläggande rättsprinciper, och därför inte i sig är beroende av sekundärlagstiftning, har rörlighetsdirektivet förtydligat rättsläget på området betydligt. Direktivet ersätter nämligen inte bara ett stort antal olika äldre rättsakter, utan kodifierar även i allt väsentligt existerande rättspraxis samt preciserar rådande rättigheter. Även om de rättigheter som gemenskapsrätten ger främst tillkommer EU-medborgare finns numera även en del regler till förmån för (i vart fall vissa) medborgare från tredje land. Det skall tilläggas att gemenskapsrätten på personrörlighetens område i princip inte är tillämplig på rent interna förhållanden i medlemsstaterna.

Rent faktiskt har migrationen inom EU hittills kommit att bli föga omfattande[2] och den fria rörligheten utnyttjas särskilt av unga, välutbildade personer. Den av många med fruktan förväntade "vågen" av arbetskraftinvandring från de nyaste medlemsstaterna förefaller heller inte ha materialiserats. Sverige hör dock till det fåtal EU-länder som inte utnyttjat möjligheten att tillämpa olika former av tidsbegränsade spärrar gentemot arbetskraft från de nya medlemsstater som kommit in i EU 2005 och 2007.

# 15.2 *Det europeiska medborgarskapet*

## 15.2.1 Vem är europeisk medborgare?

Unionsmedborgarskapet är helt beroende av de nationella medborgarskapen i medlemsstaterna, och ersätter därför inte dessa.[3] Enligt huvudregeln är varje person som är fullvärdig medborgare i en medlemsstat

1. Se 15.4 med hänvisningar.
2. Enligt statistik från Eurostat uppskattades (2003) endast drygt 1.5 procent (cirka 7 miljoner) EU-medborgare leva i annat land än sitt hemland. Antalet medborgare från tredjeland i EU-25 uppskattades vid samma tid till cirka 3,5 procent (drygt 16 miljoner) av EU:s befolkning.
3. Se H Lokrantz Bernitz, Svenskt och europeiskt medborgarskap, 2004.

också unionsmedborgare, vilket betyder att det endast är medborgare i ett medlemsland som kan vara unionsmedborgare.[4] Det är inte möjligt att förlora sitt unionsmedborgarskap om man inte samtidigt förlorar sitt nationella medborgarskap i ett medlemsland. Man kan heller inte bli unionsmedborgare utan att samtidigt bli medborgare i ett medlemsland. Varje medlemsstat definierar själv vilka personer som är medborgare i den egna staten och därigenom också vilka som är unionsmedborgare. Att länderna har denna kompetens ligger helt i linje med folkrätten. Problemet är att medborgarskapslagstiftningarnas utformning och tillämpning växlar väsentligt mellan olika EU-länder; Sverige står för en liberal praxis medan motsatsen gäller t ex Tyskland.

Medlemsstaterna måste dock ta hänsyn till sina allmänna åtaganden gentemot gemenskapen, vilket i praktiken inneburit att en person som givits medborgarskap i ett medlemsland inte kan berövas de gemenskapsrättigheter som följer av detta genom ett annat medlemslands medborgarskapsregler eller genom uppställande av ytterligare nationella villkor för rättigheternas utövande. Kan man styrka sitt medborgarskap i ett medlemsland har de andra länderna ingen rätt att ifrågasätta detta.[5]

## 15.2.2 Den europeiska medborgarens rättigheter

I artikel 18 EGF stadgas att varje unionsmedborgare har rätt att röra sig fritt och uppehålla sig i medlemsstaterna ”om inte annat följer av de begränsningar och villkor som föreskrivs i detta fördrag och i bestämmelserna om genomförande av fördraget”. Rättigheterna är alltså inte absoluta, men som framgår av praxis samt t ex ingressen[6] till rörlighetsdirektivet får unionsmedborgarskapet numera anses vara den grundläggande statusen för EU-medborgare som önskar utöva sin rätt att fritt röra och

4. Undantag kan dock förekomma i länder med komplicerade medborgarskapslagstiftningar. Storbritannien och Tyskland har gjort förklaringar där de definierar vilka personer som är medborgare för gemenskapsändamål. Det rör sig om delvis andra persongrupper än de som är medborgare för nationella ändamål.

5. Se mål C-369/90, Micheletti (REG 1992, s I-4239; svensk specialutgåva, volym 13), där Spanien sökte tillämpa inhemska medborgarskapsregler rörande dubbelt medborgarskap på ett sådant vis att den italienske (och argentinske) medborgaren Micheletti endast kom att betraktas som argentinsk medborgare, vilket EG-domstolen alltså fann vara otillåtet.

Se också mål C-200/02, Zhu och Chen (REG 2004, s I-9925), där Storbritannien fick finna sig i att acceptera det unionsmedborgarskap som följde av en kinesisk medborgares mycket medvetet planerade förlossning på Irland: den nyfödda babyn erhöll därvid irländskt medborgarskap, vilket därefter kunde utnyttjas av såväl babyn själv som hennes moder, den senare i egenskap av barnets vårdnadshavare.

6. Ingressen, skäl 3.

uppehålla sig.[7] Rätten till fri rörlighet utgör kärnan i unionsmedborgarskapet och är också utgångspunkten för andra rättigheter som tillerkänns unionsmedborgaren. Utan den blir andra rättigheter, som t ex rösträtt, klart mindre betydelsefulla. Artikel 18 har *direkt effekt* och en europeisk medborgare kan sålunda grunda rättigheter direkt på sitt europeiska medborgarskap.[8]

De tillåtna begränsningar av den fria rörligheten som existerar gäller även vid tillämpning av artikel 18 EGF. Den fria rörligheten kan enligt fördraget begränsas med hänsyn till allmän ordning, säkerhet och hälsa, i offentlig tjänst, samt i verksamhet förenad med offentlig makt. I likhet med vad som gäller för de övriga fria rörligheterna har domstolen tolkat dessa undantagsbestämmelser mycket snävt: ett förhållande som kodifierats i rörlighetsdirektivet (artikel 27 Rd). De specifika inskränkningar i den fria rörligheten som ställs upp i rörlighetsdirektivet och behandlas i det följande baseras alltså ytterst på de nu nämnda undantagsgrunderna i fördraget.

Unionsmedborgare har även givits vissa politiska rättigheter, vilka tvivelsutan syftar till att närma den enskilde till unionen. Hit hör rätten att rösta och kandidera i val till Europaparlamentet samt i kommunala val i det medlemsland där medborgaren bor (artikel 19 EGF). Rättigheterna berör dock endast den lilla del av unionsmedborgarna som är bosatta i ett annat medlemsland än sitt hemland. Unionsmedborgarna har också rätt till diplomatiskt och konsulärt skydd av andra medlemsländer i tredje land där deras eget land inte är representerat (artikel 20 EGF), vilket är ett klart avsteg från vad som annars vanligen gäller i internationell rätt. Det diplomatiska skyddet för unionsmedborgarna tryggas på en mellanstatlig nivå genom avtal mellan medlemsstaterna och medlemsstaterna och tredje land. Det är således inte EU eller EG, utan medlemsstaterna, som ger detta skydd.

Unionsmedborgaren har (liksom varje annan fysisk eller juridisk person med bostad eller säte i en medlemsstat) även rätt att göra framställningar till Europaparlamentet samt klagorätt hos den europeiske ombudsmannen (artikel 21 EGF).[9]

7. De rättigheter som tillkommer dem som inte utövar någon ekonomisk aktivitet utgår direkt ur artikel 18 eftersom det för denna grupp inte finns några andra relevanta berättigande stadganden i EG-fördraget. De rättigheter som tillkommer de ekonomiskt aktiva personkategorierna har däremot främst sin grund i de speciella artiklarna 39–55 i EGF. Artikel 18 kan därför sägas utgöra lex generalis i förhållande till dessa övriga lex specialis-bestämmelser.

8. 1014 Mål C-413/99, Baumbast, R och Secretary of State for the Home Department (REG 2002, s I-7091).

9. Om ombudsmannen, se avsnitt 4.5.3.

Det europeiska medborgarskapet är ännu ett ungt begrepp men dess symboliska värde torde kunna visa sig stort. Det är heller inte otänkbart att medborgarskapet med tiden kan komma att utvecklas till ett mer reellt unionsmedborgarskap, grundat på tillhörigheten till EU som sådan, närmast ett bosättningskriterium, snarare än – som i dag – medborgarskapet i det enskilda medlemslandet.

## 15.3 *Schengen och systemet för upphävd gränskontroll*

Det har länge varit svårt att på EU-nivå införa en fullständigt fri rörlighet mellan medlemsstaterna och en gemensam yttre gräns gentemot tredje länder. Vissa kontinentaleuropeiska medlemsländer inledde därför ett mellanstatligt samarbete på området för att uppnå fri rörlighet utan inre gränser och reglera asylmöjligheterna. Samarbetet ledde till 1990 års Schengenavtal,[10] genom Amsterdamfördraget numera i princip oförändrat infört i EG-fördraget (artikel 61 och följande). Enligt ett särskilt protokoll har örikena Storbritannien och Irland rätt att stå utanför och deltar endast partiellt. Schengen undertecknades av Sverige 1996.[11]

Schengensystemets huvudsakliga syfte är att upphäva gränskontrollerna för personer mellan länderna och införa ersättande åtgärder. Det reglerar även transporter, cirkulation, invandring, asyl m m, d v s regler som avser att minska skillnaderna i medlemsstaternas behandling av medborgarna i tredje land och deras rättigheter.

Avskaffandet av de inre gränskontrollerna mellan Schengenländerna innebär att var och en som lagligen befinner sig på ländernas territorier har rätt att röra sig fritt mellan länderna utan kontroller. Detta gäller alla, även icke unionsmedborgare, som lagligen släppts över den yttre gränsen. Utlänningar (alla som inte är unionsmedborgare) som passerat den yttre gränsen har därmed rätt att röra sig fritt på Schengenländernas territorier så länge deras visum gäller eller, om inte visum behövs, under tre månader (artikel 62.3). Undantag i den fria rörligheten är dock tillåten med hänsyn till allmän ordning och säkerhet. Schengenländerna har upprättat en *gemensam yttre gräns* mot tredje land (vilken även inkluderar EU-medlemsstater som står utanför Schengensamarbetet). Kontrollen vid yttre gränsen utövas enligt enhetliga principer, med beaktande av ländernas skilda intressen men enligt den nationella lagstiftningen i varje

10. Schengen är en ort i Luxemburg.

11. Prop 1997/98:42, Schengenavtalet. Ett grundläggande arbete är S Peers, EU Justice and Home Affairs Law, 2 ed, Oxford 2006.

land. Systemet infördes i praktiken för Sveriges del våren 2001. Det fordras inte längre pass vid direkt inresa från annat Schengenland.[12] De (flesta) nya medlemsstaterna från den senaste stora utvidgningen förväntas inträda i Schengensystemet redan 2008, under förutsättning att de uppfyller vissa krav härför som ställts upp (främst beträffande den yttre gränskontrollen).

Samtidigt som de inre gränskontrollerna avskaffats har den yttre gränskontrollen och polissamarbetet förstärkts. Man har upprättat ett gemensamt informationssystem med bl a ett centralregister som upptar en spärrlista över personer som skall nekas inresa eller uppehållstillstånd i Schengenstaterna.[13] Schengenreglerna föreskriver också att länderna skall sträva mot en gemensam visum- och invandringspolitik. Det är dock inte fråga om någon harmonisering av de nationella lagarna: En lista över länder vars medborgare måste ha *visum* skall upprättas och ett gemensamt visum finnas för hela området. Fram till dess ett gemensamt visum har införts skall ländernas nationella visa gälla. Reglerna om *asyl* samordnas också. Reglerna är restriktiva och den asylsökande kan bara göra en ansökan i ett land. Den asylsökande får sedan inte söka asyl i andra Schengenländer. Man eftersträvar balans mellan medlemsstaterna i mottagandet av flyktingar och fördrivna; därtill är det dock långt kvar.

Enskildas rättssäkerhet har ägnats relativt begränsad uppmärksamhet vid uppbyggnaden av Schengenregelverket. Nationella domstolars möjligheter att begära förhandsavgörande av EG-domstolen enligt artikel 234 har sålunda begränsats på flera sätt, bl a genom föreskriften att endast nationella slutinstanser kan begära detta (se artikel 68 EGF).

Schengensamarbetet innebar länge ett problem för den nordiska passunionen. Kopplingen till den fria rörligheten medförde att Schengen bara ansågs kunna vara öppen för medlemmar i EU. Genom specialavtal har emellertid Norge, Island och Schweiz associerats till Schengensystemet, dock utan någon rätt att delta i samarbetets beslutsfattande. Detta är som synes en lösning enligt EES-avtalets modell.[14]

12. 2 kap 1 § utlänningsförordningen (2006:97).

13. 1019 Se för Sveriges del lag (2000:344) om Schengens informationssystem (SIS). Notera också att EG-domstolen i mål C-503/03, kommissionen mot Spanien (REG 2006, s I-1097) inte godtog att tredjelandsmedborgare, gifta med EU-medborgare, som stått på spärrlistan vägrats inresa enbart på grund av detta, utan att mottagarlandet gjort någon egen individualiserad bedömning av vilket eventuellt hot personerna utgjort (jfr 15.5.2).

14. EES-avtalet behandlas i 9.4.1.

# 15.4 Rörlighetsdirektivet

Som nämndes ovan skall den generella rätt till fri rörlighet som unionsmedborgarskapet ger tillämpas med beaktande av de bestämmelser som i övrigt må följa av fördrag och sekundärrätt. Den viktigaste rättsakten på området i dag är otvivelaktigt rörlighetsdirektivet.[15] Som nämnts ovan konsoliderar direktivet generellt sett rådande rättspraxis på området, samtidigt som det ersätter eller kompletterar viktiga delar av äldre sekundärlagstiftning. I stora drag preciserar direktivet de rättigheter som tillkommer unionsmedborgare samt deras familjemedlemmar. Tidigare existerande skillnader mellan olika grupper (arbetstagare, arbetssökande, turister, studenter etcetera) har i vissa avseenden utjämnats, även om det fortfarande är så att just ekonomiskt aktiva aktörer som arbetstagare/egenföretagare och deras familjemedlemmar framstår som mer gynnade än andra. Det bör också noteras att direktivet är ett minimidirektiv, i så måtto att mer förmånliga nationella regler inte påverkas.[16]

Rörlighetsdirektivet omfattar alla unionsmedborgare samt deras familjemedlemmar (artikel 2 Rd). Definitionen av familjemedlem omfattar inte bara make/maka utan även registrerade partnerskap.[17] Vidare omfattas barn under 21 år (eller försörjningsberoende) samt underhållsberättigade släktingar i rakt uppstigande led: barn och föräldrar till unionsmedborgarens make/maka/registrerade partner omfattas också av definitionen.[18]

Det kan noteras att medlemsstaterna skall underlätta inresa och uppehåll även för en vidgad krets av familjemedlemmar utöver de i direktivet direkt berättigade (t ex alla som faller utanför definitionen men likväl är beroende av, eller p g a allvarliga hälsoskäl behöver tas om hand personligen av unionsmedborgaren), samt sambor ("den partner med vilken unionsmedborgaren har ett varaktigt bestyrkt förhållande").[19] Av bestämmelsen (artikel 3 Rd) framgår vidare att mottagarlandet är skyldigt att företa en noggrann undersökning av de personliga förhållandena och

15. 1021 Europaparlamentets och rådets direktiv 2004/38/EG om unionsmedborgares och deras familjemedlemmars rätt att fritt röra sig och uppehålla sig inom medlemsstaternas territorier (EUT 2004 L 158/77). Se till det följande H Lokrantz Bernitz, Unionsmedborgarskapet och dess inverkan på den fria rörligheten för personer, SIEPS 2006:7. Se även M Dougan, The Constitutional Dimension of the Case Law on Union Citizenship, ELRev 2006 s 613 ff.

16. Se artikel 37 Rd.

17. Artikel 2.2.b Rd. Partnerskap omfattas dock endast under förutsättning att den mottagande medlemsstaten behandlar dem som likvärdiga med äktenskap och i enlighet med detta lands relevanta lagstiftning.

18. Artikel 2.2.c samt d Rd.

19. Artikel 3.2.b Rd.

motivera eventuella beslut att neka sådana personer inresa eller uppehållsrätt.[20]

Basrättigheterna för unionsmedborgare utgörs av rätten till utresa och inresa utan andra villkor och formaliteter än ett giltigt identitetskort eller pass; något som också är det enda som krävs för att få *uppehållsrätt* i en annan medlemsstat i högst tre månader.[21] För vistelser utöver tre månader krävs antingen att (a) unionsmedborgaren där verkar, eller har verkat, som arbetstagare eller egenföretagare,[22] eller (b) har "tillräckliga tillgångar"[23] och gällande sjukförsäkring för att inte bli en ekonomisk belastning för mottagarlandet, eller (c) är inskriven som student, med sjukförsäkring och avgiven försäkran om att själv kunna försörja sig och eventuell familj utan socialt bistånd från mottagarlandet. Nämnda rättigheter tillkommer även medföljande eller anslutande familjemedlemmar, oavsett dessas nationalitet.[24]

Uppehållsrätten består – såväl under de tre första månaderna[25] som därefter[26] – så länge unionsmedborgaren och dennas familjemedlemmar inte blir en belastning för mottagarlandets sociala biståndssystem; en grundrättighet som kompletteras av mer generösa regler för t ex ofrivilligt arbetslösa arbetstagare och familjemedlemmar i händelse av äktenskapsskillnad, unionsmedborgarens död och vissa andra fall (mer om detta nedan). Utvisning får inte vara den automatiska följden ifall en uni-

20. Vad beträffar oregistrerade partners rätt torde unionsmedborgare i vissa fall även fortsättningsvis kunna stödja sig på viss äldre rättspraxis. I målet 59/85, Nederländerna mot Reed (REG 1986, s 1283; svensk specialutgåva, volym 8), sammanbodde engelskan Reed med sin arbetstagande sambo i Holland. När hon sökte uppehållstillstånd såsom familjemedlem vägrades hon detta av de nationella myndigheterna. EG-domstolen var visserligen inte beredd att utsträcka det dåvarande, äldre familjebegreppet i förordning 1612/68 till att omfatta sammanboenden. Det visade sig emellertid att utlänningar som hade stadiga relationer med holländska medborgare enligt nationella bestämmelser hade rätt att uppehålla sig i landet. Ifall Reeds sambo annars skulle bli diskriminerad (såsom utländsk arbetstagare, med rätt till samma sociala förmåner som de inhemska arbetstagarna) fick Reed stanna – inte i kraft av att vara familjemedlem utan i egenskap av sin sambos "sociala förmån": Då likabehandlingsrätten sådan den ter sig i rörlighetsdirektivet i princip omfattar alla unionsmedborgare synes möjligheten att rättfärdiga samlevnad även i oregistrerade samboskap utifrån ett icke-diskrimineringsperspektiv därmed kvarstå.

21. Artikel 6 Rd. I Sverige återfinns reglerna om uppehållsrätt för unionsmedborgare (varmed jämställs medborgare i EES-land) i kapitel 3 a utlänningslagen (2005:716).

22. Se mer om de "utökade" rättigheter som tillkommer arbetstagare i 14.4.2 nedan.

23. Av artikel 8.4 Rd framgår att medlemsstaterna inte får fastställa något fast belopp som ska anses "tillräckliga tillgångar", utan måste ta hänsyn till den berörda personens personliga omständigheter. Beloppet får i vilket fall inte överstiga beloppsgränsen under vilken mottagarlandets egna medborgare är berättigade till socialt bistånd, alternativt minimipensionen.

24. Artikel 7 Rd.

25. Artikel 14.1 Rd.

26. Artikel 7.1.b Rd. Denna typ av villkor gäller dock inte när permanent uppehållstillstånd beviljats; se artikel 16.1 Rd.

onsmedborgare eller dennas familjemedlemmar anlitat det sociala biståndssystemet i mottagarlandet – en bedömning torde behöva göras av samtliga relevanta, personliga omständigheter i det enskilda fallet. Det finns alltså ett utrymme att i viss mån utnyttja socialhjälp utan att detta nödvändigtvis innebär att man bedöms vara en belastning.

*Permanent uppehållsrätt* tillkommer som huvudregel unionsmedborgare och deras familjemedlemmar, vilka uppehållit sig lagligt i mottagarstaten under fem fortlöpande år.[27] Arbetstagare eller egenföretagare kan erhålla sådant tillstånd även tidigare än så, t ex vid pensionering och permanent arbetsoförmåga[28] men också vid ”pendling” mellan mottagarlandet och en bibehållen bostad i hemlandet.[29] Även vissa familjemedlemmar som inte är medborgare i något medlemsland har rätt att få permanent uppehållsrätt efter fem år – mer om detta nedan under ”rättigheter för tredjelandsmedborgare”.

Under den tid som berättigade personer lagligen uppehåller sig i mottagarlandet har de i princip en rätt till generell *likabehandling*[30] som även innefattar tillgång till det sociala skyddsnätet på samma villkor som mottagarlandets egna medborgare. Som nämnts ovan balanseras denna rätt i viss utsträckning av det principiella kravet på att icke-ekonomiskt aktiva personer som ännu inte fått permanent uppehållsrätt skall ha tillräckliga tillgångar för att inte bli en (mera betydande, får man anta) belastning för mottagarlandets sociala biståndssystem.[31] Direktivet anger dock härutöver en generell möjlighet för medlemsstaterna att inskränka just rätten till socialt bistånd under uppehållets tre första månader eller, beträffande arbetssökanden, även en längre tid.[32] Innan en person har permanent uppehållsrätt behöver medlemsstaterna heller inte bevilja bi-

27. Tidsberäkningen påverkas inte av tillfällig frånvaro som inte överstiger sammanlagt sex månader per år, som följt p g a obligatorisk militärtjänst eller som, vid andra viktiga skäl (graviditet, förlossning, allvarlig sjukdom, studier eller arbete i annat land) inte övergår tolv månader (Artikel 16.3 Rd)
28. Artikel 17 Rd.
29. Artikel 17.1.c Rd.
30. Artikel 24.1 Rd.
31. Artiklarna 7.1 b, 14 och 16.1 Rd.
32. Artikel 24.2 Rd.

stånd till uppehälle för studier i form av studiebidrag eller studielån till andra än arbetstagare/egenföretagare och dessas familjemedlemmar.[33]

## 15.4.1 Arbetssökande

Arbetssökandes rätt till inresa täcks av det gängse "baspaketet" för unionsmedborgare i allmänhet. Därutöver har arbetssökande (och deras familjemedlemmar) en rätt att uppehålla sig i mottagarlandet i vart fall så länge som de kan styrka att de fortfarande söker arbete och att de verkligen har möjlighet att få anställning (något som alltså kan komma att bli längre än de tre månader som annars utgör den gängse grundrättigheten). Mottagarlandet är, i vart fall enligt rörelsedirektivet, visserligen inte skyldigt att bevilja något socialt bistånd under tiden, men får å andra sidan inte ta till utvisning så länge den arbetssökande är att anse som sådan.[34] Den som är berättigad till arbetslöshetsunderstöd i sitt hemland har rätt att behålla och uppbära stödet även om han eller hon flyttar till en annan medlemsstat för att söka arbete där.[35]

## 15.4.2 Arbetstagare och deras familjemedlemmar

### *15.4.2.1 Allmänt*

Arbetstagare är fortfarande den mest gynnade av de "rörliga kategorierna". Artikel 39 EGF konkretiserar likabehandlingsprincipen och för-

33. Artikel 24.2 Rd. Rättspraxis från tiden före rörlighetsdirektivet uteslöt inte möjligheten att unionsmedborgare skulle kunna få socialt bistånd även efter en kortare vistelse i mottagarlandet, samt även om de var studenter. Eftersom både den fria rörligheten som sådan och likabehandlingsprincipen följer direkt av fördraget och alltså är primärrätt är det inte omöjligt att tänka sig att EG-domstolen, trots direktivets undantagsregel, skulle kunna underkänna ett alltför kategoriskt nekande av socialhjälp vid t ex akut behov. Se målen C-184/99, Rudy Grzelczyk och Centre public d'aide sociale d'Ottignies-Louvain-la-Neuve (REG 2001, s I-6193) samt C-138/02, Collins och Secretary of State for Work and Pensions (REG 2004, s I-2703). I Collins konstaterade visserligen EG-domstolen att medlemsstaterna hade rätt att ställa upp begränsningar beträffande likabehandlingen, och t ex ställa upp krav på bosättning för rätt till bidrag och liknande, men att sådana begränsningar måste vara objektiva (icke-diskriminerande), proportionerliga, grundade på i förväg kända kriterier samt möjliga att få prövade i domstol.

34. Artiklarna 24.2 samt 15.4.b Rd.

35. Rådets förordning (EEG) nr 1408/71, EGT 1971 L 149/2; svensk specialutgåva, område 5, volym 1, s 57, kapitel 6, sektion 2, artikel 69. Jfr § 48 i lagen (1997:238) om arbetslöshetsförsäkring. Jfr även mål C-215/00, Arbetsmarknadsstyrelsen och Petra Rydergård (REG 2002, I-1817), där EG-domstolen tolkade förordningen så, att de fyra veckor som en arbetssökande först måste tillbringa i sitt hemland, där stående till arbetsmarknadens förfogande, inte alls behövde beräknas som en obruten period.

bjuder all diskriminering[36] på grund av nationalitet vad gäller anställning, lön och övriga arbets- och anställningsvillkor. Utöver artikel 39 och de grundläggande rättigheter som berör alla unionsmedborgare stipuleras vissa ytterligare rättigheter i såväl rörlighetsdirektivet som ett par viktiga förordningar.[37] Bland dessa rättigheter kan främst nämnas rätten att komma in i värdlandet och en förstärkt (i förhållande till unionsmedborgare i allmänhet) rätt att kvarstanna i mottagarlandet såväl under perioder av ofrivillig, temporär arbetslöshet som vid arbetsoförmåga orsakad av sjukdom eller olycka samt efter pensionering. Arbetstagare och deras familjemedlemmar har, till skillnad från unionsmedborgare i allmänhet, även rätt till en ovillkorad likabehandling redan från första stund de anländer till mottagarlandet: något som bl a innebär en rätt till samma sociala och skattemässiga förmåner som tillkommer de inhemska medborgarna (inklusive, i förekommande fall, rätt till sådant som socialt bistånd, studiestöd och liknande).

Särskilda regler säkerställer den i praktiken mycket betydelsefulla rätten att få ingå i socialförsäkringssystem och att få intjänade socialförsäkringsförmåner från ett medlemsland tillgodoräknade vid flyttning till annat medlemsland och även utbetalade där; de s k *sammanläggnings-* och *exportabilitetsprinciperna.*[38] Reglerna har direkt effekt och kan alltså åberopas av enskilda både i civilrättsliga arbetsförhållanden och inför myndighet, t ex i socialrättsliga angelägenheter.[39]

Liksom unionsmedborgare och deras familjemedlemmar i allmänhet har arbetstagare/egenföretagare permanent uppehållsrätt efter fem års vistelse i mottagarlandet. Just för arbetstagare/egenföretagare kan emel-

36. Detta ställer i praktiken krav på lika behandling av landets egna arbetande medborgare och inflyttande arbetskraft. Förbudet mot diskriminering omfattar inte bara direkt, utan också indirekt eller förtäckt missgynnande behandling. Förbudet riktar sig heller inte enbart mot offentliga myndigheters åtgärder utan även mot diskriminerande åtgärder som vidtas av exempelvis privata företag organisationer eller enskilda: Se exempelvis målet C-281/98, Angonese (REG 2000, s I-4139), kommenterat av H Ragnemalm i Fundamental Freedoms and Private Action: A New Horizon for EU Citizens?, Festskrift till Ulf Bernitz, ERT s 177 ff.

37. Rådets förordningar (EEG) nr 1612/68, EGT 1968 L 257/2; svensk specialutgåva, område 5, volym 1, s 33, nr 1408/71, EGT 1971 L 149/2; svensk specialutgåva, område 5, volym 1, s 57 (med omfattande ändringar till följd av antagandet av rörlighetsdirektivet) samt kommissionens förordning (EEG) nr 1251/71, EGT 1970 L 142/24; svensk specialutgåva, område 5, volym 1, s 52.

38. Se rådets förordning (EEG) nr 1408/71, EGT 1971 L 149/2; svensk specialutgåva, område 5, volym 1, s 57 (med omfattande ändringar) som bygger på artikel 42 EGF. Om denna, se T Erhag, Fri rörlighet och finansiering av social trygghet, 2002, V Paskalia, Free Movement, Social Security and Gender in the EU, Oxford 2007.

39. Beträffande artikel 39 EGF, se här målen 36/74, Walrave och Koch mot Union Cycliste Internationale (REG 1974, s 1405; svensk specialutgåva, volym 2), 13/76, Dona mot Mantero (REG 1976, s 1333; svensk specialutgåva, volym 3) samt 222/86, UNECTEF mot Heylens (REG 1987, s 4097; svensk specialutgåva, volym 9).

lertid kravet på fem år förkortas betydligt (och i vissa fall helt efterges), t ex vid pensionering, iråkad permanent arbetsoförmåga eller för "gränsgångare".[40] Arbetstagare och egenföretagare har också, liksom övriga unionsmedborgare, rätt att ta med sig make/maka/registrerad partner samt av dem beroende övriga *familjemedlemmar* i både upp- och nedstigande släktled, oavsett dessas nationalitet.[41] I princip åtnjuter medföljande familjemedlemmar samma rättigheter som arbetstagaren själv.[42]

Arbetstagares make/maka och barn är således bl a berättigade att själva söka och ta anställning i mottagarlandet, inleda verksamhet som egenföretagare och har även rätt att på lika villkor som värdlandets medborgare utnyttja utbildningssystemet (inklusive rätten till eventuella studiemedel och studielån).[43] För familjemedlemmar som själva är unionsmedborgare kan noteras att de givetvis åtnjuter de allmänna rättigheter som tillkommer unionsmedborgare, men därutöver gäller (och detta gäller även familjemedlemmar utan unionsmedborgarskap) att rätten till permanent uppehåll följer arbetstagarens/egenföretagarens i de fall denna förvärvat sådant innan den gängse femårsfristen:[44] går t ex en arbetstagare i pension efter tre år i mottagarlandet har även familjen rätt att stanna kvar i värdlandet.[45] Skulle arbetstagaren, innan denne förvärvat rätten att få stanna i värdlandet på mer permanent basis, dö i en arbetsolycka eller i en yrkessjukdom har familjemedlemmarna också rätt att stanna kvar: Detsamma gäller ifall arbetstagare som ännu inte förvärvat rätten att få stanna, men under de närmast föregående två åren kontinuerligt varit bosatta i värdlandet, skulle avlida.[46]

### *15.4.2.2 Vem räknas som arbetstagare?*

För att försäkra sig om en enhetlig rättstillämpning (och i syfte att undvika att medlemsländerna genom olika nationella regler annars skulle söka begränsa de rättigheter som tillerkänns arbetstagare) fastslog domstolen tidigt att arbetstagarbegreppet inte får definieras nationellt, utan har en gemenskapsrättslig innebörd.[47] På detta sätt har domstolen även kunnat ge begreppet en mycket vid omfattning. Så länge det kan anses att det arbete som utförs är en "faktisk och genuin ekonomisk aktivitet" spelar det mindre roll att det rör sig om dåligt betalda deltidsarbeten, förutsatt att det utförda arbetet inte anses så ringa att det i praktiken

40. Artikel 17.1 och 17.2 Rd.
41. Artikel 2.2 (och i viss mån 3) samt artiklarna 7.1.d
42. Artikel 24.1 och 24.2 Rd.
43. Artikel 23 samt artikel 24.2 Rd.
44. Artikel 17.3 Rd.
45. Artikel 17.3 Rd.
46. Artikel 17.4 Rd.
47. Mål 75/63, Unger mot Bestuur (REG 1964, s 1977).

framstår som av helt marginell och underordnad betydelse.[48] Det som normalt utmärker ett anställningsförhållande i gemenskapsrättslig mening är de förutsättningar som domstolen ställt upp i det s k *Lawrie Blum-testet*:[49] "att en person, under en viss tid, mot ersättning utför arbete av ekonomiskt värde åt någon annan under dennes ledning".[50]

Fallet *Kempf*[51] illustrerar vidden av det generösa arbetstagarbegreppet, och antyder också vilka ytterlighetsfall som torde krävas för att begränsade arbetsinsatser skall anses vara av "helt marginell och underordnad betydelse". Kempf var en tysk musiklärare som arbetade deltid (tolv timmar i veckan) i Holland. Eftersom hans musiklärarinkomster var så låga uppbar han socialbidrag för att nå upp till existensminimum. Med hänvisning till att han uppenbarligen inte förmådde försörja sig på sitt arbete (och därmed inte kunde anses som arbetstagare) nekades han senare uppehållstillstånd. EG-domstolen uttalade emellertid att det var irrelevant ifall en person (lagligen) erhöll medel från andra håll än arbetet (t ex genom bidrag), så länge det arbete som personen faktiskt utförde kunde anses vara en faktisk och genuin ekonomisk aktivitet. Eftersom Kempfs musiklektioner av den nationella domstolen uppenbarligen bedömts vara av mer än helt marginell och underordnad betydelse[52] utmynnade EG-domstolens förhandsavgörande i att Kempf var att betrakta som arbetstagare.

Arbetstagarbegreppet har dock inte ansetts uppfyllt i fall där arbetet framstått som en ren biprodukt till studier[53] (den som tidigare varit ar-

48. Mål 53/81, D M Levin mot Secretary of State for Justice (REG 1982, s 1035; svensk specialutgåva, volym 6). I målen C-413/01, Ninni-Orasche (REG 2003, s I-13187) samt C-456/02, Trojani (REG 2004, s I-7573) har EG-domstolen noterat att den nationella domstolen beträffande frågan om "faktisk och genuin ekonomisk aktivitet" måste göra en objektiv och övergripande bedömning av alla omständigheter i det enskilda fallet, både vad gäller naturen av utförda aktiviteter och anställningsförhållandet som sådant.

49. Mål 66/85, Lawrie Blum mot Land Baden Württenberg (REG 1986, s 2121; svensk specialutgåva, volym 8), punkt 17.

50. Något direkt krav på att lön för arbetet skall ges i pengar finns heller inte: Så länge arbetet som utförs är en genuin och faktisk aktivitet kan ersättning även utgå i form av t ex kost och logi. Mål 196/87, Steymann mot Staatssecretaris van Justitie (REG 1988, s 6159; svensk specialutgåva, volym 9).

51. Mål 139/85, Kempf mot Staatssecretaris van Justitie (REG 1986, s 1741; svensk specialutgåva, volym 8).

52. EG-domstolen förklarade visserligen att denna bedömning måste ske utifrån fakta i målet (detta var ju ett förhandsavgörande), vilket var den nationella domstolens uppgift. EG-domstolen hade dock uppenbarligen själv inte något emot att betrakta Kempfs arbetsinsatser som tillräckliga.

53. Mål 197/86, Brown mot Secretary of State for Scotland (REG 1988, s 3205; svensk specialutgåva, volym 9).

betstagare och därefter börjar studera förlorar dock inte automatiskt sin arbetstagarstatus)[54] eller där arbetet ingått som ett led i rehabilitering.[55]

En företagare, anställd i eget helägt bolag, har inte ansetts som verksam inom ramen för något egentligt underordnat förhållande utan föll inom reglerna för självständiga näringsidkare, inte arbetstagare.[56] Vidare har EG-domstolen slagit fast att arbetstagare anställda av ett företag etablerat i en medlemsstat och tillfälligt skickade till en annan medlemsstat för att utföra tjänster där inte kan anses göra anspråk på tillträde till arbetsmarknaden i värdstaten, eftersom de återvänder till sitt ursprungs-/bosättningsland efter att ha slutfört sitt arbete: En sådan situation täcks således av den fria rörligheten för tjänster, inte personer.[57]

I det uppmärksammade *Bosman*-målet[58] har domstolen konstaterat att även professionella idrottsmän (i detta fall fotbollsspelare) är arbetstagare i gemenskapsrättslig mening och åtnjuter fri rörlighet. Bland annat befanns det strida mot artikel 39 att fotbollsföreningar tillämpade regler som endast tillät dem att ställa upp lag med ett begränsat antal professionella spelare med medborgarskap från andra medlemsstater.

### *15.4.2.3 Offentlig tjänst-undantaget*

Reglerna om fri rörlighet för arbetstagare omfattar enligt artikel 39.4 EGF inte anställning i offentlig tjänst. Det nationella intresset av att kunna besätta offentliga tjänster med enbart de egna medborgarna har motiverat inskränkningen. Då undantag från grundläggande gemenskapsrättsliga principer och rättigheter som bekant tolkas snävt har även begreppet "offentlig tjänst" givits en gemenskapsrättslig innebörd. Undantaget gäller för det första endast vid tillsättande av tjänster, och kan alltså inte användas för att söka diskriminera personer som redan an-

54. Mål 39/86, Lair mot Universität Hannover (REG 1988, s 3161; svensk specialutgåva, volym 9). Förutsättningen är dock att det finns en länk mellan studierna och det tidigare arbetet: Se även mål C-3/90, Bernini mot Minister of Education and Science (REG 1990, s I-1071).

55. I mål 344/87, Bettray mot Staatssecretaris van Justitie (REG 1989, s 1621), har dock EG-domstolen förklarat att de sysslor som en person utfört (mot ersättning) inom ramen för ett behandlingsprogram mot drogberoende inte kunde anses utgöra någon faktisk och genuin ekonomisk aktivitet: Arbetet som utfördes var organiserat kring personen själv och hade därför mer karaktären av rehabilitering än genuin marknadsaktivitet. Se dock numera mål C-456/02, Trojani (REG 2004, s I-7573) där EG-domstolen slår fast att bedömningen här måste göras med nogsamt beaktande av alla omständigheter i det enskilda fallet, där den centrala frågan är om personen ifråga kan anses kapabel att verka på den "normala" arbetsmarknaden; något som alltså inte skulle ha varit fallet med Bettray.

56. Mål C-107/94, P H Asscher mot Staatssecretaris van Financien (REG 1996, s I-3089).

57. Förenade målen C-49/98 m fl, Finalarte Sociedade de Construção Civil L.da och Urlaubs- und Lohnausgleichskasse der Bauwirtschaft m fl (REG 2001, s I-7831).

58. Mål C-415/93, Union Royale Belge des Sociétés de Football association ASBL mot Jean-Marc Bosman m fl (REG 1995, s I-4921).

ställts.[59] Vidare omfattar undantaget enligt domstolen endast sådana tjänster som innefattar offentlig myndighetsutövning eller tjänsteåligganden som typiskt sett används för att slå vakt om nationalstatens (mer vitala) intressen. Ifall de skyldigheter och åligganden som karaktäriserar den bedömda tjänsten inte kan anses falla inom den kategorin är undantaget heller inte tillämpligt.[60]

På detta vis har t ex anspråk på att undanta sjuksköterskejänster vid allmänna sjukhus[61] samt lärartjänster vid offentliga utbildningsanstalter[62] underkänts. Kommissionen har följt upp domstolens avgöranden genom att publicera en förteckning[63] över vilka delar av den offentliga sektorn som kommissionen inte anser kommer ifråga för undantaget: Dessa inkluderar offentlig hälso- och sjukvård, statlig undervisning, icke-militär offentlig forskning samt ekonomisk administration. Exempel på samhällssektorer där undantag torde kunna göras är rättsväsendet, polisen, försvarsmakten, diplomatiska kåren och högre stats- och kommunalförvaltningar, dock under förutsättning att de aktuella arbetsuppgifterna faktiskt är av det kvalificerade slag som krävs för att undantaget skall kunna åberopas.

Mot bakgrund av unionsmedborgarskapets möjlighet för andra än mottagarlandets medborgare att bli valda till politiska ämbeten vid lokala val ter sig begränsningen principiellt alltmer problematisk: det kan dock noteras att direktiv 94/80 bestickande nog faktiskt öppnar för en möjlighet för medlems-

59. Målet 152/73, Sotgiu mot Deutsche Bundespost (REG 1974, s 153; svensk specialutgåva, volym 2). Sotgiu var anställd vid tyska postverket och offentlig tjänst-undantaget hade här använts för att ursäkta att han hade sämre löneförmåner än sina tyska kollegor.

60. Se mål 149/79, kommissionen mot Belgien (REG 1980, s 3881; svensk specialutgåva, volym 5), där EG-domstolen underkände Belgiens vägran att låta andra än belgiska medborgare ta anställning som bl a plattläggare vid den nationella järnvägen eller som trädgårdsmästare eller inredningssnickare i kommunal tjänst. Ifråga om högre administrativa tjänster inom en stads (Bryssels) förvaltning ansågs emellertid undantaget kunna tillämpas.

61. Mål 307/84, kommissionen mot Frankrike (REG 1986, s 1725; svensk specialutgåva, volym 8); krav på franskt medborgarskap för att få tjänstgöra på offentliga sjukhus.

62. Se t ex målen C-4/91, Bleis mot Minstère de l'Éducation Nationale (REG 1991, s I-5627), 66/85, Lawrie Blum mot Land Baden-Würtenberg (REG 1986, s 2121; svensk specialutgåva, volym 8), samt 33/88, Allué och Coonan mot Universit'a degli studi di Venezia (REG 1989, s 1591).

63. (Icke-bindande) Meddelande 88/C 72/02, Fri rörlighet för arbetstagare och tillträde till anställning i offentlig tjänst i medlemsstaterna – Kommissionens åtgärder avseende tillämpning av artikel 48.4 i EEG-fördraget, EGT 1988 C 72/2. I ett följande meddelande, KOM (2002) 694 slutlig, Fri rörlighet för arbetstagare – att utnyttja alla fördelar och möjligheter, noterar kommissionen också att exempelvis administrativa uppgifter, tekniskt samråd och underhåll inom "undantagssektorerna" normalt inte inbegriper offentlig myndighetsutövning eller ansvar för att bevaka statens allmänna intressen: sådana tjänster kan därför heller inte reserveras för värdstatens medborgare.

staterna att – valbarhetsrätten till trots – likväl reservera vissa lokala politiska ämbeten åt de egna medborgarna.[64]

## 15.4.2 Studenter

Studenter åtnjuter, utöver unionsmedborgarnas tre "grundmånader", fortsatt uppehållsrätt i mottagarlandet under förutsättning att de har sjukförsäkring och avger försäkran om att de har tillräckliga tillgångar för att kunna försörja sig själva och sina eventuella familjer utan att bli en belastning för mottagarlandets sociala biståndssystem under vistelsen.

Vad beträffar studenters familjer är det endast make/maka/registrerad partner och underhållsberättigade barn som medges uppehållsrätt i egenskap av familjemedlemmar.[65] Studentens och studentens partners föräldrar omfattas således inte, utan får i förekommande fall söka utnyttja den "underlättade inresan och uppehåll" som följer av rörlighetsdirektivets artikel 3.2.

Likabehandlingen omfattar heller inte nödvändigtvis rätt till bistånd till uppehälle för studier innan permanent uppehållsrätt beviljats,[66] såvida studenten inte råkar vara arbetstagare/egenföretagare eller familjemedlem till sådana. Det bör dock noteras att direktivets undantagsmöjlighet förefaller väl kategorisk: EG-domstolen har nämligen i sin praxis faktiskt tillerkänt unionsmedborgar-studenter – i likabehandlingens namn – en principiell rätt till både studiebidrag/studielån samt, i vart fall temporärt, socialbidrag.[67]

64. Se artikel 5.3, direktiv 94/80 (EGT L 368/38; svensk specialutgåva område 1 volym 4 s 80) kritiskt kommenterad i bl a Wyatt & Dashwood's European Union Law, 5 ed, London 2006 s 699. Konflikten mellan artikel 39.4 EGF och en framtida ökad integration har även behandlats av D O'Keeffe, The Judicial Interpretation of the Public Service Exception to the Free Movement of Workers i D Curtin och D O'Keeffe; Constitutional Adjudication in European Community and national law, Dublin 1992, s 105 ff.

65. Artikel 7.4 Rd.

66. Artikel 24.2 Rd.

67. Se målen C-184/99, Rudy Grzelczyk och Centre public d'aide sociale d'Ottignies-Louvain-la-Neuve (REG 2001, s I-6193) samt C-138/02, Collins och Secretary of State for Work and Pensions (REG 2004, s I-2703), behandlade ovan i 14.2.2. Se även mål C-209/03, Bidar (REG 2005, s I-2119) där EG-domstolen också noterade att det var legitimt för en medlemsstat att – för att undvika orimliga bördor – endast bevilja socialt bistånd till studenter som kan påvisa "en viss grad av samhällsintegration" i mottagarlandet, vilket förutsätter bosättning där under viss tid. Bidar kommenteras i SvJT 2005 s 980 ff samt av O Golynker, Student loans: the European concept of social justice according to Bidar, 31 ELRev 2006 s 390 ff. Se vidare S Ingmanson, Migrerande studenter: välfärdsturister eller samhällsbyggare, ERT 2007 s 241 ff.

# 15.5 *De tillåtna inskränkningarna av den fria rörligheten för personer*

## 15.5.1 Allmänt

Artiklarna 39.3, 46 och 55 medger att medlemsländerna begränsar den fria rörligheten för personer, ifall begränsningarna kan motiveras utifrån hänsyn till allmän ordning, säkerhet eller hälsa. Utförligare bestämmelser återfinns i rörlighetsdirektivet, som numera i allt väsentligt får anses kodifiera EG-domstolens praxis på området. I enlighet med vad som gäller för fria rörligheters inskränkningar i allmänhet tolkas undantagen snävt, och nämnda hänsyn får inte åberopas för att tjäna ekonomiska syften. Unionsmedborgare eller dessas familjemedlemmar, vars rätt till fri rörlighet ifrågasätts av nationella myndigheter, ges även rätt till vissa rättsliga och processuella minimigarantier samt ett stärkt skydd mot utvisning.

## 15.5.2 Inskränkningar till skydd för den allmänna ordningen eller säkerheten

EG-domstolen har tidigt slagit fast att begreppet ”allmän ordning”[68] inte får definieras nationellt, utan har en gemenskapsrättslig innebörd.[69] I därpå följande rättspraxis har kraven successivt höjts för när allmän ordning kan åberopas gentemot enskilda:[70] villkoren är numera kodifierade i rörlighetsdirektivet (artikel 27). Till att börja med måste eventuella inskränkningar vara proportionerliga och uteslutande grundade på vederbörandes personliga beteende vilket i sig måste utgöra ”ett verkligt, faktiskt och tillräckligt allvarligt hot mot ett grundläggande samhällsintresse”. Det kan tilläggas att domstolen i sin praxis noterat att man med detta avsett något ”utöver den störning av ordningen i samhället som varje lagöverträdelse innebär”.[71]

Nationella begränsningar som motiveras utifrån omsorg om den allmänna ordningen eller säkerheten måste kunna rättfärdigas utifrån den berördas personliga uppförande. Mer generella åtgärder, vilka exempelvis drabbar vissa grupper av människor utan hänsyn till de specifika individernas personliga uppträdanden, är därför otillåtna.

68. På engelska ”public policy”, på franska ”ordre public”.

69. Mål 41/74, Van Duyn mot Home Office (REG 1974, s 1337; svensk specialutgåva, volym 2).

70. Se främst mål 30/77, R mot Bouchereau (REG 1977, s 1999; svensk specialutgåva, volym 3) samt målen 115–116/81, Adoui och Cornuaille mot Belgien (REG 1982, s 1665; svensk specialutgåva, volym 6).

71. Se målen C-350/96, Clean Car Auto Service (REG 1998, s I-2521) samt C-355/98, kommissionen mot Belgien (REG 2000, s I-1221).

Rörlighetsdirektivet kodifierar tidigare praxis genom att slå fast att tidigare straffdomar inte i sig får utgöra skäl för inskränkningar:[72] tidigare kriminalitet kan visserligen utgöra en omständighet till stöd för påståenden om benägenhet att återfalla i brott, men utgör alltså inte i sig tillräckligt skäl för några inskränkningar.[73]

Kan medlemskap i vissa organisationer föranleda inskränkningar i den fria rörligheten? Domstolen besvarade frågan jakande i målet *Van Duyn*[74] (där den aktuella organisationen var Scientologikyrkan). Man fick dock skilja mellan tidigare, nu avslutade och pågående medlemskap: förflutna medlemskap fick inte räknas som personligt uppförande.

*Adoui och Cornuaille*[75] rörde tillåtligheten av att utvisa två franska prostituerade från Belgien. Belgien hade inte kriminaliserat prostitution, och domstolen ansåg därför bl a att ett medlemsland, som inte vidtog några repressiva eller andra genuina och effektiva åtgärder mot ett visst beteende bland de egna medborgarna, i så fall heller inte kunde vägra medborgare från andra medlemsländer uppehållsrätt genom att hänvisa till beteendet ifråga.

En liknande bedömning skedde i *Jany*,[76] där Nederländerna vägrat polska och tjeckiska medborgare (vid den tiden ännu inte unionsmedborgare) uppehållstillstånd för att utöva prostitution som egenföretagare. De då rådande europaavtalen gav rätt till fri rörlighet, och domstolen underkände Nederländernas påstående om att prostitutionen utgjorde ett hot mot den allmänna ordningen, i synnerhet mot bakgrund av att värdstaten i detta fall tillät såväl fönster- som gatuprostitution och t o m reglerade denna verksamhet i kommunala bestämmelser.

Av rörlighetsdirektivet följer vidare att unionsmedborgare som uppehållit sig i mottagarlandet under de tio föregående åren heller inte får utvisas av andra skäl än sådana som rör tvingande hänsyn till allmän säkerhet.[77]

## 15.5.3 Skydd för folkhälsan

Inskränkningar till skydd för folkhälsa är ett mycket noga definierat undantag. De enda sjukdomar som kan motivera sådana begränsningar skall vara epidemiska enligt Världshälsoorganisationens gällande bestämmelser eller andra smittsamma infektions- eller parasitsjukdomar

72. Artikel 27.2 stycke 1 Rd.
73. Mål 30/77, R mot Bouchereau (REG 1977, s 1999; svensk specialutgåva, volym 3).
74. Mål 41/74, Van Duyn mot Home Office (REG 1974, s 1337; svensk specialutgåva, volym 2). Fallet är närmare behandlat i 5.4.2.
75. Målen 115–116/81, Adoui och Cornuaille mot Belgien (REG 1982, s 1665; svensk specialutgåva, volym 6).
76. Mål C-268/99, Aldona Malgorzata Jany m fl mot Staatssecretaris van Justitie (REG 2001, s I-8615). Europaavtalen har i denna del haft direkt effekt, se 9.4.3.
77. Artikel 28.3.a Rd.

där mottagarlandets skyddsbestämmelser omfattar även de egna medborgarna.[78] Sjukdomar som uppstår senare än tre månader efter inresan får inte ligga till grund för utvisning:[79] inom dessa tre månader kan medlemsstaten – om det finns starkt grundade skäl – kräva att personen genomgår en kostnadsfri hälsoundersökning. Sådana undersökningar får inte göras rutinmässigt.[80]

## 15.5.4 Processuella rättigheter

Personer, vars rätt till fri rörlighet ifrågasätts av nationella myndigheter, har rätt till vissa viktiga processuella minimirättigheter.[81]

> Rörlighetsdirektivet ställer först och främst krav på delgivning av alla rörlighetsinskränkande beslut i skrift, med överklagandehänvisningar. Vid negativa beslut och beslut om utvisning har (utom i brådskande fall) den berörde minst en månad från delgivningsdatumet på sig att lämna landet. Vidare finns en rätt att stanna i mottagarlandet i avvaktan på eventuellt begärd interimistisk prövning av verkställigheten av en utvisning. Utom i fall där allvarliga hot mot ordning och säkerhet lägger hinder i vägen, eller om prövningen gäller återreseförbud, har den berörde personen även rätt att personligen försvara sig vid rättegången. Det kan noteras att rätten till korrekt juridisk handläggning och rätten till motiverade beslut utgör allmänna rättsprinciper,[82] vilka alltså existerar oberoende av direktivet. Personer som belagts med återreseförbud får ansöka om att förbudet upphävs efter, som längst, tre år. Beslut i saken ska sedan fattas inom sex månader efter att ansökan lämnades in.[83] Direktivet stipulerar även en omfattande prövning innan ett beslut om utvisning får fattas, där sådant som längden av den berörda personens uppehåll, ålder, hälsotillstånd, familjesituation, ekonomiska situation samt sociala och kulturella integreringen i mottagarlandet och banden till ursprungslandet skall beaktas:[84] ju högre grad av integration, desto starkare skydd mot utvisning.

Personer med permanent uppehållsrätt får endast utvisas ifall de utgör allvarliga hot mot allmän ordning och säkerhet,[85] och unionsmedborgare som befunnit sig i mottagarlandet under de tio föregående åren eller är underåriga får endast utvisas på grundval av tvingande hänsyn till allmän säkerhet (såsom definierad av medlemsstaten).[86]

78. Artikel 29.1 Rd.
79. Artikel 29.2 Rd.
80. Artikel 29.3 Rd.
81. Artikel 15 samt artiklarna 30-31 Rd.
82. Se framför allt mål 222/86, UNECTEF mot Heylens (REG 1987, s 4097; svensk specialutgåva, volym 9). Se vidare 7.8.
83. Artikel 32.1 Rd.
84. Artikel 28.1 Rd.
85. Artikel 28.2 Rd.
86. Artikel 28.3 Rd.

## 15.6 *Icke-EU-medborgare*

Det är en fundamental skillnad mellan att vara unionsmedborgare och att inte vara det när det gäller rätten att bo och arbeta i annat EU-land. I den mån medborgare från tredje land (d v s icke-EU-land) inte räknas som familjemedlemmar till någon EU-medborgare eller hör till arbetsstyrkan i ett företag som utnyttjar den fria tjänste- eller etableringsrörligheten, har de en klart begränsad tillgång till gemenskapsrättsliga rättigheter, och deras situation regleras därmed huvudsakligen av den nationella rätten i det medlemsland dit de sökt sig. De kan emellertid ha gemenskapsrättigheter som följer av internationella överenskommelser mellan gemenskapen och stater utanför denna, t ex olika associationsavtal.[87] Frågan om så är fallet samt i vilken mån dylika eventuella rättigheter kan anses ha direkt effekt har prövats av EG-domstolen från fall till fall.[88]

I *EMRAX* har EG-domstolen även slagit fast att icke EU-medborgare som olagligen rest in i ett medlemsland och gift sig med en EU-medborgare efter giftermålet varken får utvisas eller vägras uppehållstillstånd, eftersom annat skulle strida mot de gemenskapsrättigheter som (före rörlighetsdirektivet) tillkom familjemedlemmar.[89] Eftersom rörlighetsdirektivet inte ställer upp krav på att familjemedlemmar lagligen måste ha uppehållit sig i gemenskapen för att omfattas av definitionen torde avgörandet fortfarande vara aktuellt. I *Akrich* noterade EG-domstolen även att en nationell domstol före ett beslut om utvisning måste beakta Europakonventionens artikel 8 (skydd för familjelivet) även om den berörde tredjelandsmedborgaren olovligen vistats i EU och i övrigt saknar gemenskapsrättigheter.[90]

På det gemenskapsrättsliga planet har icke-EU-medborgare klagorätt hos ombudsmannen och framställningsrätt till Europaparlamentet. Därutöver kan man urskilja tre olika typer av regelverk som kan komma att beröra icke-EU-medborgare: systemet för varaktigt bosatta, systemet för asylsökanden och systemet för flyktingar.[91]

87. Hit hör EES-avtalet och associationsavtalet med Turkiet.

88. Jfr exempelvis mål 12/86, Demirel mot Stadt Schwäbisch Gmünd (REG 1987, s 3719; svensk specialutgåva, volym 9) och mål C-18/90, Office National de l'emploi mot Kziber (REG 1991, s I-199; svensk specialutgåva, volym 11). I Demirel förklarades anslutningsfördraget som åberopades inte vara kapabelt till direkt effekt, medan avgörandena i målen C-192/89, Sevince mot Staatssecretaris van Justitie (REG 1990, s I-3161 och C-237/91, Kus mot Landeshauptstadt Wiesbaden (REG 1992, s I-6781; svensk specialutgåva, volym 13) har tagits som intäkt för att domstolen måhända söker vidga kretsen av berättigade till att i ökad utsträckning omfatta även icke-EU-medborgare.

89. Mål C-459/99, Mouvement contre le rasisme, l'antisemitisme et la xénophobie ASBL (EMRAX) och Belgien (REG 2002, s I-6591).

90. Mål C-109/01, Akrich (REG 2003, s I-9607).

91. De två sistnämnda regelverken behandlas inte närmare här. Om dessa, se t ex Chalmers m fl (kritiska), European Union Law, 2006, s 604 ff.

Genom direktiv 2003/109[92] ges numera en möjlighet för den som varit lagligen bosatt i en medlemsstat under fem år att ansöka om ställning som *varaktigt bosatt.*[93] Villkoren är härutöver att den sökande har stabila och regelbundna försörjningsmedel för sig och sina familjemedlemmar samt sjukförsäkring. Vidare får medlemsstaten kräva att den sökande följer eventuella nationella integreringsvillkor.[94] Skäl som rör allmän ordning och säkerhet kan leda till avslag eller återkallande av ställningen som varaktigt bosatt.[95] Beviljas ansökan, utfärdas ett s k *EG-uppehållstillstånd* för varaktigt bosatta:[96] ställningen förutsätts vara permanent såvida den inte återkallas eller går förlorad genom långvarig bortavaro från gemenskapens territorium.[97] Varaktigt bosatta åtnjuter en vidsträckt rätt till likabehandling,[98] även om medlemsstaterna har möjlighet att göra inskränkningar, t ex genom att begränsa tillgång till socialt bistånd och social trygghet till grundläggande förmåner samt ställa t ex språkkrav för tillträde till utbildning etcetera. Varaktigt bosatta har även möjlighet att bosätta sig i andra medlemsstater för att arbeta/bedriva egenföretagande, studera eller av andra skäl. Villkoren är i huvudsak att de skall kunna visa på tillräcklig försörjning samt sjukförsäkring för att inte ligga mottagarlandets socialsystem till last.[99] Det finns även bestämmelser om rätten för familjemedlemmar att medfölja eller ansluta sig.[100] Varaktigt bosatta tredjelandsmedborgare omfattas alltså i huvudsak av den fria personrörligheten inom EU.[101]

Till skillnad från vad som tidigare kunde bli fallet ställer rörlighetsdirektivet också upp möjligheter för icke-EU-medborgare att på rent personlig grund[102] behålla rätt till uppehållstillstånd även om deras ställning som familjemedlem skulle upphöra på grund av äktenskapsskillnad, ogiltigförklaring av äktenskapet eller upplösning av ett registrerat partnerskap. Eftersom familjemedlemmar som inte själva är unionsmedborgare annars generellt sett blir av med sina familjemedlemsrättigheter vid t ex en skilsmässa är dessa undantag av stor praktisk betydelse. Rätten till uppehållstillstånd består i de fall där äktenskapet eller det registrerade partnerskapet har varat i minst tre år (varav minst ett i mottagarlandet), eller där icke-EU-medborgaren har fått vårdnaden om bar-

92. Direktiv 2003/109/EG om varaktigt bosatta tredjelandsmedborgares ställning (L 16/44 23.1.2004); i det följande förkortat ”Vb3d”.
93. Artikel 4 Vb3d.
94. Artikel 5 Vb3d.
95. Artikel 6 samt artikel 9.3 Vb3d.
96. Artikel 8 Vb3d.
97. Artikel 9 Vb3d. Reglerna om tredjelandsmedborgares ställning som varaktigt bosatta i Sverige återfinns i 5 a kap utlänningslagen (2005:716).
98. Artikel 11.1; möjligheterna till inskränkningar återfinns i 11.2 och 11.3 Vb3d.
99. Artikel 15 Vb3d.
100. Artikel 16.1 och 16.2 Vb3d. Jfr här även artikel 4.1 i direktiv 2003/86/EG.
101. Medlemsstaterna har rätt att utfärda uppehållstillstånd på förmånligare villkor än vad som följer av direktivet, men sådana tillstånd ger då inte rätt till bosättning i andra medlemsstater.
102. Artikel 13.2, sista stycket Vb3d.

nen eller rätt till umgänge i mottagarlandet eller om det i övrigt framstår som befogat med hänsyn till särskilt svåra omständigheter, t ex om det förekommit hustrumisshandel medan äktenskapet/partnerskapet bestod.[103] I samtliga fall krävs dock fortfarande att de berörda personerna kan styrka sjukförsäkring samt tillräckliga tillgångar för att klara sin egen och sina familjemedlemmars försörjning (utan att bli en belastning för mottagarlandets sociala biståndssystem) innan de kan förvärva permanent uppehållsrätt.

## 15.7 *Omvänd diskriminering på personrörlighetens område*

Artikel 12 och artiklarna 39–55 omfattar inte helt interna situationer, d v s sådana som enbart anses rört rena nationella förhållanden och därför saknar gemenskapsrättsaspekter. Att gemenskapsrätten inte kan åberopas av en nations egna medborgare i rent nationella situationer, innebär ytterst att det är tillåtet för ett land att ha mindre fördelaktiga regler och villkor för de egna medborgarna än vad landet tillåts ha gentemot andra EU-medborgare. Detta fenomen kallas *omvänd diskriminering.*

I *Morais*[104] hade en portugisisk bilskolelärare bötfällts för att, i strid mot portugisiska regler, ha givit lektioner utanför det specifika distrikt i vilket han var etablerad. Han hävdade att de aktuella reglerna stred mot artiklarna 43, 49 och 81, men domstolen fann inte att situationen var annat än intern. I ett annat fall,[105] som rörde sig om Frankrikes rätt att kräva speciella examina av de franska medborgare som önskade utöva frisöryrket, konstaterade EG-domstolen åter att reglerna om den fria rörligheten för personer inte är tilllämpliga på fall där alla omständigheter är begränsade till det inre av en enda medlemsstat.

För att den egna nationens medborgare skall kunna stödja sig på principerna om de fria rörligheterna och diskrimineringsförbudet krävs således att någonting i den konkreta situationen kan anses utlösa ett gemenskapligt, gränsöverskridande element.

*Knoors*[106] var holländare men hade under ett antal år arbetat i Belgien som rörmokare. När han önskade återvända till Holland och praktisera rörmokeri där vägrades han detta. Hemlandet krävde nämligen vissa yrkesmässiga kvalifikationer av rörmokare, vilka Knoors saknade. Domstolen noterade bl a att holländska medborgare kunde tänkas bli avskräckta från tanken på utlandsarbete ifall de i slutänden inte skulle kunna återvända hem och där fortsätta

103. Artikel 13.2. Vb3d
104. Mål C-60/91, Portugal mot Morais (REG 1992, s I-2085).
105. Mål C-29/94, Aubertin m fl (REG 1995, s I-301).
106. Mål 115/78, Knoors mot Secretary of State for Home Affairs (REG 1979, s 399; svensk specialutgåva, volym 4).

praktisera sitt yrke. Vad som föreföll vara en intern, nationell angelägenhet hade fått en gemenskapsdimension. EG-domstolen har följt upp sin linje med relativt generösa bedömningar av situationer som kan anses ha (tillräcklig) gemenskapsdimension i exempelvis *D'hoop*.[107]

## *15.8 Avslutande synpunkter*

Mycket har hänt på personrörlighetens område under senare år. Tidigare kännetecknades utvecklingen av sin fokus på ekonomiska aktörers rätt till rörlighet, men EG-domstolens praxis flyttade fram positionerna avsevärt. Genom flera viktiga avgöranden har såväl rättigheterna själva som kretsen av berättigade undan för undan vidgats. I dag har stora delar av rättspraxis kodifierats i och med det nya rörlighetsdirektivet och unionsmedborgarskapet har visat sig fungera som en reell bas för att bygga vidare på de olika rättigheterna. Även om migrationen inom EU visat sig fortsatt låg är det ändå påtagligt att oron för "social turism" sätter tydliga gränser för den sociala solidariteten med andra medlemsstaters medborgare i lagstiftningen. Ofta är unionsmedborgarskapet i sig inte tillräckligt – för att fullt ut kunna njuta dess många fördelar krävs fortfarande i grova drag antingen betryggande tillgång till egna medel eller kompletterande status som kvalificerat ekonomiskt aktiv. Även om EG-domstolen hittills varit beredd att gå långt för att stärka enskildas rättigheter på området kan saken komma i en annan dager när det nu finns relativt nyantagen, precis och utförlig sekundärrätt på området. Kommande rättspraxis får utvisa i vilken mån EG-domstolen är beredd att stärka unionsmedborgarskapets "hårda kärna" utöver vad som nu synes följa av rörlighetsdirektivets ibland rätt insnävande ordalydelser.

För icke-EU-medborgare är gemenskapsrättigheterna väsentligt mer begränsade. De mest omfattande rättigheterna tillkommer fortfarande familjemedlemmar till unionsmedborgare, och deras varaktighet är således i princip beroende av att familjebandet består. Den nyinrättade möjligheten till status som varaktigt bosatt ger dock en egen, självständig grund för (i vart fall vissa) tredjelandsmedborgares rättigheter.

107. Mål C-224/98 (REG 2002, s I-6191).

# 16. Konkurrensrätten

## *16.1 Konkurrenspolitiken*

### 16.1.1 EU:s marknadsekonomiska system

Den fria rörligheten för varor, tjänster och kapital som behandlats i kapitel 12–14, rör näringsidkares ställning på den inre marknaden i förhållande till olika begränsningar uppställda av stater och andra företrädare för det allmänna i vid mening.[1] Sådana begränsningar för marknadstillträde och konkurrens som härrör från privata aktörer – alltså inom näringslivet självt – ligger utanför regelverket om fri rörlighet. Inom denna sektor ligger uppgiften att säkerställa marknadstillträde och konkurrens över gränserna på konkurrenspolitiken och de därpå baserade konkurrensreglerna (konkurrensrätten).

Konkurrenspolitiken utgör en hörnsten i integrationen.[2] Den uttrycker också det ekonomiska system varpå EU vilar. Detta framgår tydligt redan av EG-fördragets inledande bestämmelser om principerna. Fördragets artikel 3 slår fast att för att uppnå Gemenskapens mål skall dess verksamhet innefatta en ordning som säkerställer att konkurrensen inom den inre marknaden inte snedvrids (artikel 3.1 g). Fördraget förklarar att den ekonomiska politiken skall bedrivas enligt principen om en öppen marknadsekonomi med fri konkurrens (artikel 4.1 och 4.2 EGF). I artikel 98 EGF om ekonomisk politik anges att medlemsstaterna och Gemenskapen skall handla i överensstämmelse med principen om en öp-

1. Se 12.5.1 om innebörden av "statsåtgärder".

2. Se på svenska bl a C Wetter m fl, Konkurrensrätt – en handbok, 3 uppl, 2004, N Wahl, Konkurrensförhållanden. Om förhållandet mellan EG:s konkurrensrätt och nationell konkurrensrätt, 1994, J Westin, Europeisk konkurrensrätt, 2007, T Andersson, Dispositionsprincipen och EG:s konkurrensregler, 1999 och vidare bl a Bellamy & Child, European Community Law of Competition, 6 ed, London 2007, Faull & Nikpay, The EC Law of Competition, 2 ed, London 2007, A Jones & B Sufrin, EC Competition Law, Oxford 2004, V Korah, An Introductory Guide to EC Competition Law and Practice, 8 ed, Oxford 2004, R Whish, Competition Law, 5 ed, London 2003 samt kommissionens årliga Rapport om konkurrenspolitiken. M Jones & T van der Woude, EC Competition Law Handbook (årlig) ger en ingående systematiserad sammanställning av rättskällematerialet, inbegripet rättspraxis. Kommissionen publicerar Competition Policy Newsletter (även on-line). Se även Konkurrensverkets webbplats (www.kkv.se).

pen marknadsekonomi med fri konkurrens. I detta syfte har Gemenskapen bl a utvecklat ett omfattande system för förbud och kontroll av konkurrensbegränsningar i form av konkurrensbegränsande avtal och missbruk av marknadsdominans.

EU:s ekonomiska system står alltså på *marknadsekonomins grund.* Även om konkurrens är huvudprincipen finner man dock både på EU-planet och i vissa medlemsstater rätt starka inslag av offentlig reglering och dirigering av ekonomisk verksamhet. Detta är särskilt påtagligt inom jordbrukspolitiken och även fiskeripolitiken. Att märka är också att offentligt ägande av företag fortfarande har betydande omfattning i vissa EU-länder även om den allmänna trenden går mot ökad konkurrensutsättning och privatisering.

Konkurrenspolitiken har alltså övergripande betydelse inom EU och nära koppling till den inre marknadens förverkligande och det grundläggande integrationssyftet. Bakom genomförandet av de fyra friheterna och undanröjandet av handelshinder av alla slag ligger huvudtanken att den inre marknaden skall präglas av en effektiv konkurrens mellan varor och tjänster som rör sig fritt mellan medlemsländerna och produceras där det är ekonomiskt lämpligast. Härigenom kan de olika staterna och regionerna inom EU ta till vara sina komparativa fördelar. I praktiken är det ingen tvekan om att utvecklingen inom EU lett till att tidigare tämligen isolerade nationella marknader utsatts för ett ökat konkurrenstryck. Syftet är att främja låga priser, god resursfördelning och ytterst ökat välstånd samt att söka säkerställa att inte företagen på marknaden motverkar dessa syften genom konkurrensbegränsande åtgärder, t ex uppgörelser om marknadsuppdelning eller missbruk av marknadsdominans.

Konkurrensrättens ytterst centrala ställning inom EU har tydligt markerats av EG-domstolen, bl a i målet *Eco Swiss.*[3] I detta fall förklarade domstolen att förbudet mot konkurrensbegränsande avtal i artikel 81.1 EGF är en bestämmelse som är oundgängligen nödvändig för att den inre marknaden skall kunna fungera och tillhör "grunderna för rättsordningen".[4] I *Courage*[5] har domstolen karakteriserat förbudet som en grundläggande bestämmelse, oundgänglig för utförandet av de uppgifter som gemenskapen anförtrotts och i synnerhet för att den inre marknaden skall kunna fungera.

3. Mål C-126/97, Eco Swiss China Time Ltd mot Benetton International NV (REG 1999, s I-3055). Se vidare 16.8.3.

4. Punkterna 36–41 i domen.

5. Mål C-453/99, Courage Ltd mot Bernhard Crehan (REG 2001, s I-6297) punkt 20. Målet berörs i 16.8.3.

## 16.1.2 Utveckling och uppbyggnad

Lagstiftningen mot konkurrensbegränsningar inom näringslivet har framför allt sina rötter i Förenta staterna. Antitrustlagstiftningen utgör där en sedan gammalt väl utvecklad och central del av rättsordningen. Grundläggande är fortfarande Sherman Act av 1890, som förbjuder konkurrensbegränsande avtal och försök till monopolisering. I Europa var däremot inställningen till kartellavtal mellan företag tidigare tolerant, och hänsyn till avtalsfriheten sattes i allmänhet före konkurrensfriheten. Det har därför haft fundamental betydelse för konkurrensrättens utveckling i Europa att Romfördraget redan från sin tillkomst 1957 slagit fast grundläggande förbud mot konkurrensbegränsande avtal och missbruk av dominerande ställning. EG:s konkurrensrätt har successivt fått mycket stor ekonomisk betydelse genom aktiv tillämpning av en alltmer omfattande, kompletterande sekundärrätt och en rikhaltig rättspraxis och litteratur. EG:s konkurrenslagstiftning har även i stor omfattning kommit att bli mönsterbildande för utformningen av medlemsstaternas nationella konkurrenslagstiftning. Numera är EG:s överstatliga konkurrensrätt det övergripande normsystemet på området i Europa.

EG:s grundläggande regler om konkurrensbegränsningar finns i artiklarna 81 och 82 EGF.[6] Reglerna bygger på *förbud mot konkurrensbegränsande avtal och missbruk av dominerande ställning på den gemensamma marknaden, som kan påverka handeln mellan medlemsstaterna.* De har *direkt effekt* i medlemsstaterna enligt de principer som tidigare behandlats i avsnitt 5.4.

Artiklarna 81 och 82 EGF slår emellertid endast fast själva utgångspunkterna för regelsystemet inom konkurrensrätten. Härutöver finns en omfattande sekundärrätt i form av ett stort antal förordningar. En särställning intar *koncentrationsförordningen* av 2004; den särskilda förordningen om kontroll av företagskoncentrationer (företagsförvärv) som bygger på egna materiella bedömningsprinciper.[7] I övrigt preciserar förordningarna räckvidden av framför allt artikel 81 och lägger fast den administrativa ordningen för konkurrensreglernas tillämpning. Främst märks rådsförordningen 1/2003, som är den grundläggande tillämpningsförordningen, här benämnd *konkurrensförordningen.*[8] Författningsmaterialet är delvis mycket detaljerat. Förordningarna har i stor utsträckning, efter delegation från rådet, utfärdats av kommissionen, som också preciserat sina bedömningsprinciper på olika områden i särskilda

6. Med tidigare numrering artikel 85 respektive artikel 86.
7. Se 16.7 nedan.
8. Konkurrensförordningen trädde i kraft 1 maj 2004 och ersatte rådsförordning 17 av 1962, som hade varit i kraft alltsedan den aktiva tillämpningen av EG:s konkurrensregler inleddes.

meddelanden[9] och riktlinjer. (Dessa uttrycker kommissionens synsätt och binder i princip inte domstolarna.) Det konkurrensrättsliga regelsystemet övervakas och tillämpas i första hand av kommissionen genom ett särskilt generaldirektorat inriktat på konkurrensfrågor (Generaldirektoratet för konkurrens).[10] På konkurrensområdet har kommissionen givits särskilt omfattande egna befogenheter att fatta beslut och tillgripa sanktioner, något som ger DG Comp en mer exekutiv prägel.

De konkurrensrättsliga reglerna är uttryck för EG:s konkurrenspolitik med nära koppling till EG:s allmänna syfte att bygga upp en inre marknad som bygger på fri rörlighet för produktionsfaktorerna över de nationella gränserna. Man eftersträvar en fungerande konkurrens som helst sträcker sig över hela denna marknad. Detta medför att man vid tillämpningen av konkurrensreglerna är särskilt inriktad på att förhindra sådana konkurrensbegränsningar som motverkar uppbyggnaden av en integrerad marknad, baserad på fri rörlighet och konkurrens. Hit hör åtgärder som syftar till att bevara nationellt avgränsade marknader genom avtal om marknadsdelning och liknande samt priskarteller som verkar styrande på prisbildningen. Ledstjärnor i det praktiska arbetet är nära samarbete med de nationella konkurrensmyndigheterna i medlemsländerna och koncentration på de allvarliga fallen.

## *16.2 Konkurrensreglernas räckvidd*

Innan vi går in på de olika konkurrensrättsliga bestämmelserna är det skäl att se på reglernas allmänna räckvidd. De principer som härvid gäller är i huvudsak desamma för förbuden mot konkurrensbegränsande avtal och missbruk av dominerande ställning och för koncentrationsförordningen.

### 16.2.1 Företag

Generellt kan sägas att konkurrensreglerna gäller för näringslivet i dess helhet.[11]

Fördragstexten anger att konkurrensreglerna är tillämpliga för *företag*. Begreppet företag[12] uppfattas vidsträckt inom konkurrensrätten. Det omfattar naturligtvis i första hand aktiebolag och andra juridiska personer. Som företag räknas emellertid även enskilda som bedriver ekono-

9. Har även benämnts tillkännagivanden, engelska ”notices”.
10. Ofta förkortat DG Comp.
11. Vissa särskilda regler gäller dock på jordbruksområdet och transportområdet; se för jordbrukets del rådets förordning 26/62, EGT 1962 L 30/993; svensk specialutgåva, område 4, volym 1, s 31.
12. Engelska undertaking, franska enterprise.

misk verksamhet, inbegripet t ex artister och professionella idrottare. Det finns inget krav på vinstsyfte. Viktigt är att även företag som helt eller delvis ägs av stat eller kommun omfattas.[13]

Grundläggande är rättsfallet *Höfner* rörande en arbetsförmedling, bakom vilken stod tyska staten.[14] Domstolen förklarade att i konkurrensrättsligt sammanhang omfattar begreppet företag varje enhet som bedriver en ekonomisk aktivitet, oavsett enhetens juridiska status.[15]

## 16.2.2 Påverkan på samhandeln

För att EG:s konkurrensregler skall vara tillämpliga krävs att det konkurrensbegränsande samarbetet kan påverka handeln mellan medlemsstater, d v s har gränsöverskridande effekter.[16] Samhandelskriteriet för alltså bort från EG-reglernas område sådana konkurrensbegränsningar som bara har verkningar inom ett enda EU-land. I så fall är inte EG-rätten tillämplig. I praxis har emellertid samhandelskriteriet kommit att tolkas påtagligt vidsträckt. EG-domstolen slog tidigt fast att det räcker att samhandeln påverkas indirekt eller potentiellt.[17] Med ”handel” (trade) förstås även tjänster och alla andra former av kommersiell aktivitet. Ofta kan en konkurrensbegränsning vara ägnad att påverka handeln mellan medlemsstaterna också då den företas av företag som alla är belägna i samma EU-land, t ex Sverige, genom att ha märkbara återverkningar utom landet. Detta gäller särskilt om åtgärden har en mera allmän och omfattande karaktär eller försvårar marknadsinträde eller konkurrensförutsättningar för företag från andra EU-länder, t ex genom att bidra till att avskärma den inhemska marknaden.

I *holländska cementkartellfallet*[18] fann Domstolen att ett kartellsamarbete, som i och för sig bara avsåg den nederländska marknaden, var ägnat att försvåra importkonkurrens från Belgien och att samhandelskriteriet därför var uppfyllt.

13. Se t ex N Wahl, Konkurrensförhållanden s 132 ff.
14. Mål C-41/90, Höfner mot Macrotron GmbH (REG 1991, s I-1979; svensk specialutgåva, volym 11).
15. Punkt 21 i domskälen.
16. Förhållandet mellan EG:s konkurrensrätt och medlemsländernas nationella konkurrensrätt berörs i 16.9 nedan.
17. Mål 5/69, Völk mot Éts J Vervaecke (REG 1969, s 295; svensk specialutgåva, volym 1). På grundval av rättspraxis har kommissionen publicerat, såsom ett tillkännagivande, Riktlinjer om begreppet påverkan på handeln i artiklarna 81 och 82, EUT 2004 C 101/81. Dessa detaljerade riktlinjer ger sammantaget bilden att samhandelskriteriet ges en mycket bred räckvidd. Se t ex Wetter m fl, Konkurrensrätt – en handbok, 3 uppl 2004 s 40 ff.
18. Mål 8/72, Vereeniging van Cementhanderlaren mot kommissionen (REG 1972, s 977).

### 16.2.3 Konkurrensreglernas territoriella räckvidd

Ett viktigt spörsmål är konkurrensreglernas territoriella omfattning. Ämnet är stort och komplicerat och berör även internationell rätt.[19] I korthet kan man urskilja tre huvudsituationer, nämligen:

- Kan konkurrensreglerna tillämpas på företag utanför EU som medverkar i konkurrensbegränsande samarbete inom EU?
- Kan konkurrensreglerna tillämpas på sådant samarbete enbart mellan företag utanför EU men som har verkningar inom EU?
- Kan konkurrensreglerna tillämpas när företag inom EU medverkar i konkurrensbegränsningar i andra delar av världen som inte berör EU?

Den förstnämnda situationen löses i huvudsak redan genom att koncerner betraktas som en ekonomisk enhet (se 16.3.5). Detta innebär att utländska moderbolag till helägda dotterbolag inom EU kan hållas ansvariga för dotterbolagets konkurrensrättsligt förbjudna handlande inom EU. Så har också skett i praktiken, t ex i målen *Continental Can*[20] *och United Brands*,[21] båda riktade mot amerikanska moderbolag med dotterbolag i EU. På frihandelsavtalstiden (fram till 1994) tillämpades denna princip också i förhållande till svenska företag med verksamhet i EU.

Vad gäller den andra situationen krävs inte att ett konkurrensbegränsande avtal eller motsvarande ingåtts inom EU för att förbudet skall vara tillämpligt. I *Woodpulp I*[22] fann Domstolen att artikel 81.1 var tillämplig på ett konkurrensbegränsande samarbete angående prissättningen på pappersmassa mellan amerikanska och svenska och andra skandinaviska producenter (vid den tiden utanför EU/ EES) som avsåg försäljning av massa till papperstillverkande företag inom EU. Själva det konkurrensbegränsande samarbetet mellan företagen hade ägt rum utanför EU och vissa av dem saknade dotterbolag eller andra etableringar i EU. Domstolen fäste emellertid avgörande vikt vid att försäljningen till de olagligt överenskomna priserna ägde rum inom EU. Man tillämpar den s k *effektprincipen*; avgörande är att konkurrensbegränsningen har verkningar av betydelse inom EU.

Ytterligare ett steg längre torde man ha gått i fallet *Gencor*,[23] där EG:s konkurrensregler (här reglerna om kontroll av koncentration) ansågs till-

19. I Sverige har publicerats en doktorsavhandling om ämnet, E Nerep, Extraterritorial Control of Competition under International Law, 1983.

20. Mål 6/72, Europemballage Corporation och Continental Can Company Inc mot kommissionen (REG 1973, s 215; svensk specialutgåva, volym 2), angående företagsförvärv bedömt enligt artikel 82.

21. Mål 27/76, United Brands Co. m fl mot kommissionen (REG 1978, s 207; svensk specialutgåva, volym 4), målet berörs i 15.6.

22. Mål 89/85 m fl, Åhlström Oy mot kommissionen (REG 1988, s 5193; svensk specialutgåva, volym 9).

23. Mål T-102/96, Gencor mot kommissionen (REG 1999, s II-753).

lämpliga på ett samgående mellan två sydafrikanska platinaproducenter, som skulle ha medfört påverkan på världsmarknadspriserna och därigenom på platinapriserna vid försäljning inom EU.

Vad härefter gäller den tredje situationen, konkurrensbegränsande samarbete som enbart avser exportmarknader och saknar återverkningar på EU-marknaden, faller detta i princip utanför räckvidden för EG:s konkurrensrätt. Läget kan dock vara annorlunda till följd av internationella avtal med utanförstående stater, där EES-avtalet är det främsta exemplet. EG har särskilda avtal med vissa länder, främst USA, om samarbete och informationsutbyte med utländska konkurrensmyndigheter.[24] På sikt torde målet vara en internationell överenskommelse inom ramen för WTO om förbud och kontroll av internationella konkurrensbegränsningar. Dit förefaller dock vägen ännu vara lång; olika förslag till lösningar har inte haft framgång.[25]

## 16.3 Förbudet mot konkurrensbegränsande avtal

### 16.3.1 Förbudets struktur

Artikel 81 EGF har tre led (se fördragstexten). I punkt 1 fastslås ett vidsträckt förbud mot konkurrensbegränsande överenskommelser m m. Enligt punkt 2 är förbjudna överenskommelser ogiltiga. I punkt 3 öppnas vissa möjligheter att få undantag från förbudet, som alltså inte är absolut.

Förbudet i artikel 81.1 omfattar som redan framgått otillåtet handlande som äger rum mellan företag och påverkar handeln mellan medlemsstaterna. Härutöver krävs för att förbudet skall vara tillämpligt

- att det otillåtna handlandet har formen av avtal mellan företag, beslut av företagssammanslutningar eller samordnade förfaranden (*avtalskriteriet*) och
- att handlandet syftar till eller medför att konkurrensen inom den gemensamma marknaden hindras, begränsas eller snedvrids (*konkurrensbegränsningskriteriet*).

24. Bl a 1998 års EU-USA Positive Comity Agreement (Avtal mellan EG och USA:s regering om tillämpningen av principerna om aktiv hövlighet vid genomförandet av deras konkurrenslagstiftning), EGT 1998 L 173/28.

25. Om WTO, se 9.3. När det gäller verkställighet av konkurrensrättsliga beslut om betalning av administrativa böter m m är EG:s behörighet i princip begränsad till egendom som befinner sig inom gemenskapen, artikel 256 EGF.

## 16.3.2 Avtal och samordnade förfaranden

Avtalskriteriet har grundläggande betydelse, eftersom *ensidigt agerande* från ett företags sida faller utanför de konkurrensrättsliga förbudsreglerna[26] såvida det inte är fråga om missbruk av dominerande ställning.

Avtalskriteriet har en vid räckvidd. Inom konkurrensrätten är det av mindre intresse om två eller flera företag som bedriver ett konkurrensbegränsande samarbete gör detta inom ramen för ett juridiskt bindande avtal eller i lösare former. I artikel 81.1 jämställs därför med avtal i egentlig mening juridiskt oförbindande överenskommelser (ibland kallade gentlemen's agreements), gemensamma rekommendationer och liknande.

Med avtal likställs också beslut av branschorganisationer och andra företagssammanslutningar. Ett typfall är branschorganisationer som lämnar medlemmarna rekommendationer angående prissättning.[27] Det är välkänt att branschorganisationer och liknande kan fungera som täckmantel för kartellsamarbete.

Förbudet sträcker sig emellertid vidare än så och omfattar även *samordnade förfaranden*. Därmed förstås att två eller flera företag tillämpar ett visst förfarande i samförstånd utan att det föreligger något direkt avtal mellan dem. Tvärtom kännetecknas samordnat förfarande av att företagen anser sig stå fria att efter eget bedömande ändra sitt handlande.[28]

I *färgämnesmålet* (ICI-målet)[29] som gällde frågan om prissamarbete mellan producenter av anilinfärgämnen, har EG-domstolen definierat samordnat förfarande såsom:

"en form av samordning mellan företag som utan att det har lett fram till att det ingåtts ett egentligt avtal medvetet ersätter den fria konkurrensens risker med ett praktiskt inbördes samarbete." Domstolen tillade: "ett samordnat förfarande är till själva sin natur sådant att det inte innefattar alla de kriterier som kännetecknar ett avtal, utan det kan bl a vara resultatet av en samordning som visar sig genom deltagarnas uppträdande."[30]

Samordnat förfarande kan ta sig många olika former, men det mest typiska är att företag har inbördes informella kontakter i prisfrågor som påverkar deras prissättning. Förbjudet prissamarbete är erfarenhetsmässigt ett problem särskilt i branscher som tillverkar prisfluktuerande bas-

26. Se bl a mål C-2/01 P och C-3/01 P, Bayer AG mot kommissionen (REG 2004, s I-23).

27. Se t ex 8/72, Vereeniging van Cementhandelaren mot kommissionen (REG 1972, s 977).

28. För en något fylligare behandling se U Bernitz, Svensk och europeisk marknadsrätt 1, 2005 s 101 ff. Se vidare t ex I Simonsson & U Öberg, Bensinkartelldomen MD 2005:7 – fördragsstridig tillämpning av EG:s konkurrensrätt?, SvJT 2006 s 23 ff.

29. Mål 48/69, ICI mot kommissionen (REG 1972, s 619, svensk specialutgåva, volym 2).

30. Punkterna 64 och 65 i domskälen.

produkter, t ex inom järn- och stålindustrin och inom cellulosa- och pappersindustrin.

Om samordnat förfarande förekommit eller ej är i hög grad en bevisfråga. Ett förbjudet gemensam prissamarbete kan bevisas t ex genom att relativt samtidiga och likartade prisförändringar av företag, som utåt framträder som konkurrenter, föregåtts av gemensamma möten och utbyten av informationer. Svårigheten är emellertid att det på oligopolmarknader är helt naturligt att företagen noga följer prisförändringar och andra viktiga konkurrensåtgärder från konkurrenternas sida. Ofta fungerar det starkaste företaget som naturlig prisledare. Ett s k *parallellt uppträdande*[31] kan därför mycket väl vara resultatet av individuellt fattade beslut från företagens sida. Om det i ett visst fall föreligger ett förbjudet samordnat förfarande eller ett tillåtet parallellt uppträdande får bedömas mot bakgrund av bevisningen som helhet.

I *Woodpulp II*[32] angående ett ifrågasatt prissamarbete mellan pappersmasseproducenter i olika länder, däribland svenska företag, har EG-domstolen inte följt kommissionens linje utan tillämpat ett ganska strängt beviskrav. Företagen friades eftersom det inte kunde anses uteslutet att ett visst handlande var resultatet av ett enskilt agerande från respektive företags sida, motiverat av marknadens struktur, och inte ett samordnat förfarande.

I *John Deere*[33] har Domstolen bl a uttalat att samordnat förfarande inte förutsätter att en riktig "plan" har utarbetats. Bestämmelsen hindrar strikt att direkta eller indirekta kontakter förekommer mellan ekonomiska aktörer som har till syfte eller resultat att utmynna i konkurrensvillkor som inte motsvarar de normala villkoren på marknaden i fråga.

Den som gör gällande att artikel 81.1 har överträtts bär bevisbördan för detta (konkurrensförordningen artikel 2 första meningen). När kommissionen ingriper mot konkurrensbegränsande avtal och samordnade förfaranden måste den alltså kunna visa att det skett en överträdelse. Kommissionen har möjlighet att göra överraskande husundersökningar hos företag ("gryningsräder") i syfte att söka säkra bevismaterial. Man har också regler som stimulerar företag att självmant informera kommissionen om förbjudet kartellsamarbete genom att erbjuda förmånligare behandling (se 16.8).

31. Engelska: parallel behaviour.
32. Mål 89/85 m fl, Åhlström Oy mot kommissionen (REG 1993, s 5193; svensk specialutgåva, volym 14). Avgörandet Woodpulp I ang EG-rättens territoriella räckvidd har berörts ovan i 16.2.3.
33. Mål C-7/95, John Deere Ltd mot kommissionen (REG 1998, s I-3111).

### 16.3.3 Konkurrensbegränsande syfte eller resultat

Begreppet konkurrensbegränsning tolkas vidsträckt. Det räcker, som framgår av fördragstexten, att ett samarbete har konkurrensbegränsande syfte; några effekter behöver inte ha uppkommit. Vanligen är dock så fallet i de ärenden som kommer upp för bedömning.

Vissa särskilt viktiga typer av normalt förbjudna konkurrensbegränsningar nämns i den exemplifierande uppräkningen i artikel 81.1. Här omnämns fem typer, nämligen

- *Prissamarbete*, d v s fastställande av inköps- eller försäljningspriser eller andra affärsvillkor, t ex rabatter. Hit hör priskarteller mellan företag, prissamarbete inom branschorganisationer, utarbetande och användning av listor med rekommenderade priser m m. En särskild typ är *anbudskarteller*, d v s prissamarbete mellan företag som avger anbud vid upphandling.[34]
- *Samarbete om begränsning eller kontroll av produktion och marknader* m m. Hit hör överenskommelser om produktionsbegränsning, organiserad kontroll av nyetablering på en marknad i syfte att begränsa antalet konkurrenter (nyetableringskontroll), kollektiva bojkottåtgärder och annan gemensam svartlistning av företag, t ex av priskonkurrenter.
- *Uppdelning av marknader eller inköpskällor.* Sådana marknadsdelningskarteller kan avse uppdelning i geografiska områden, uppdelning efter kategorier av kunder m m. Inte ovanligt förekommande har varit uppgörelser mellan företag i olika länder om att inte aktivt konkurrera på varandras hemmamarknader (*hemmamarknadskarteller*). Med hänsyn till EG:s integrationssyfte är grundsynen på sådan marknadsuppdelning utpräglat negativ.
- *Diskriminerande överenskommelser*, d v s att olikartad prissättning eller andra olikartade avtalsvillkor tillämpas för likvärdiga transaktioner till nackdel för vissa handelspartner. Det vanligaste fallet torde vara prisdiskriminering mellan olika återförsäljare.
- *Kopplingsförbehåll*,[35] d v s att det ställs som villkor för att ingå avtal att den andra parten åtar sig ytterligare förpliktelser som varken till sin natur eller enligt handelsbruk har samband med föremålet för avtalet. Ett typfall är att en säljare, som har en särskilt attraktiv produkt, kräver som förutsättning för köp att köparen också köper andra varor eller tjänster som köparen hade kunnat skaffa bättre eller billigare från annat håll.

34. Offentlig upphandling behandlas i 16.12.
35. Engelska: tying clauses.

Vid bedömningen av om ett avtal eller samordnat förfarande verkar konkurrensbegränsande ser man inte bara till det enskilda avtalet som sådant utan även till förhållandet till andra liknande avtal. Ett större antal, i och för sig mindre betydande, enskilda avtal kan t ex tillsammans bilda ett konkurrensbegränsande system som bör bedömas som en helhet. På detta sätt har EG-domstolen t ex bedömt större bryggeriers system av avtal med olika krogar och pubar om exklusivitet vid inköp av öl.[36]

Inom konkurrensrätten gör man en grundläggande skillnad mellan horisontella och vertikala avtal. *Horisontella avtal* ingås mellan företag i samma led, t ex mellan olika producenter eller mellan olika detaljister. Priskarteller och marknadsdelningskarteller mellan industriföretag är ett typexempel. *Vertikala avtal* ingås mellan företag i olika handelsled, vanligtvis mellan leverantörer och återförsäljare. Exklusivavtal mellan leverantör och återförsäljare, som ger den senare en ensamförsäljningsrätt, är ett typexempel. Generellt bedöms horisontella konkurrensbegränsande avtal strängare än vertikala.

## 16.3.4 Bagatellavtal

Förbudet i artikel 81.1 riktar sig enligt fördragstexten mot alla avtal etc som uppfyller samhandelskriteriet och har konkurrensbegränsande syfte eller effekt. I rättspraxis[37] har man emellertid i förbudet läst in en s k de minimis-regel.[38] Den innebär att förbudet inte anses omfatta konkurrensbegränsande avtal eller förfaranden, som har så *ringa betydelse* att de inte påverkar konkurrensen märkbart ("appreciable") eller endast obetydligt.

Kommissionen har i ett särskilt meddelande preciserat vad den normalt anser vara avtal av mindre betydelse, s k *bagatellavtal*, som inte märkbart begränsar konkurrensen. Meddelandet anger kvantitativa gränser (tröskelvärden), som successivt mjukats upp genom ändringar.[39] Huvudregeln är att ett avtal eller samordnat förfarande mellan konkurrerande företag (horisontella avtal) normalt anses av kommissionen vara av mindre betydelse, om de varor eller tjänster som avtalet gäller inte svarar för mer än 10 % av den relevanta marknaden (se 15.6 nedan). För avtal mellan företag som inte är konkurrenter (i huvudsak vertikala avtal) är motsvarande tröskel 15 %. Notera dock att koncerner och andra

36. Så bl a i mål 23/67, Brasserie de Haecht mot Wilkin ("Brasserie de Haecht I") (REG 1967, s 407).

37. Grundläggande har varit målet 5/69, Völk mot Éts Vervaecke (REG 1969, s 295; svensk specialutgåva, volym 1). Målet rörde ett ensamåterförsäljningsavtal där parterna hade en svag marknadsställning.

38. Kommer av den latinska maximen *de minimis non curat lex*, lagen befattar sig inte med småsaker.

39. EGT 2001 C 368. För mer exakta uppgifter hänvisas till meddelandets text.

"anknutna företag" ses som en enhet vid bestämning av marknadsandelen. Meddelandet kompletteras av en s k svart lista, som anger ett antal särskilt allvarliga konkurrensbegränsningar som kommissionen menar alltid skall omfattas av förbudet i artikel 81.1 oavsett de medverkande företagens marknadsandelar. Hit hör bl a horisontella avtal med syfte att bestämma en prisnivå, att kvotera produktion eller försäljning eller att dela upp marknader eller kunder.

### 16.3.5 Koncerner och handelsagenter

För att förbudet i artikel 81.1 skall vara tillämpligt fordras i princip att det är fråga om ett konkurrensbegränsande samarbete mellan fristående företag. Hur bedömer man då handelsagenter, koncerner m m?

Avtal med *handelsagenter*, som handlar för en huvudmans räkning och inte tar annat ekonomiskt ansvar än vanlig kreditrisk, anses falla utanför artikel 81.1. Agenten ses som huvudmannens "förlängda arm". EG-domstolen har sett en sådan handelsagent som en integrerad del av huvudmannens ekonomiska enhet.[40] Avtal med ensamåterförsäljare och andra återförsäljare ses däremot som vertikala avtal som i princip faller under artikel 81.1. Vi återkommer härtill i 16.5.

*Koncerner* brukar betraktas som en enhet vid en konkurrensrättslig bedömning, "*den ekonomiska enhetens princip*". Förbudet i artikel 81.1 träffar därför normalt inte koncerninterna avtal mellan moderbolag och dotterbolag, i vart fall så länge dotterbolagen har en osjälvständig ställning.[41] Den ekonomiska enhetens princip medför å andra sidan den viktiga konsekvensen att ett moderbolag kan hållas konkurrensrättsligt ansvarigt för sitt dotterbolags handlande och dotterbolag hållas ansvarigt för moderbolags, s k imputation.[42]

Föreligger inget koncernförhållande träffas konkurrensbegränsande avtal och förfaranden mellan företag ändå av förbudet i artikel 81.1 om det finns ägarmässiga eller ledningsmässiga kopplingar mellan företagen, s k *anknutna företag*.[43]

40. Se bl a mål T-325/01, Daimler/Chrysler AG mot kommissionen (REG 2005, s II-3319), punkterna 83–88. Se även punkterna 12–20 i riktlinjer till gruppundantaget för vertikala avtal nämnt i not 51. EG har utfärdat ett särskilt, rent civilrättsligt direktiv om handelsagenter, som bl a innehåller tvingande regler om rätt till ersättning när agenturen upphör. Direktivet har genomförts i Sverige genom 1991 års lag om handelsagentur.

41. EG-domstolen har sålunda i mål C-73/95 P, Viho Europe BV mot kommissionen (REG 1996, s I-5457) godtagit att Parker Pen tillämpade ett marknadsuppdelande försäljningssystem mellan sina osjälvständiga dotterbolag i olika EU-länder.

42. Vad detta innebär i internationella förhållanden har berörts ovan i 16.2.3.

43. Meddelandet om bagatellkarteller m fl gör skillnad på helt fristående företag och anknutna företag och ser de senare som en enhet vid bestämning av marknadsandel, se meddelandet om bagatellavtal p 13.2 och gruppundantaget för vertikala avtal (behandlas i 16.5) artikel 11 där en närmare definition ges.

### 16.3.6 Förbudets hårda kärna

Inom den angivna ramen omfattar förbudet i artikel 81.1 i princip alla former av konkurrensbegränsande avtal och samordnade förfaranden. Förbudet har alltså en mycket bred räckvidd.[44] Vid förbudets tillämpning har det emellertid utbildats vissa betydelsefulla typer av konkurrensbegränsningar, som anses särskilt allvarliga och som det anses speciellt viktigt att motverka. Dessa bildar förbudets hårda kärna, "*hard core cartels*", som kommissionen särskilt koncentrerar sig på att upptäcka och åtgärda.

Den ovan behandlade exemplifierande uppräkningen i fördragstexten och den nyssnämnda svarta listan i tillkännagivandet om bagatellavtal ger tydliga indikationer på vad som hör hit. Till den hårda kärnan hör priskarteller och liknande *prissamverkan* mellan stora företag, uppgörelser om *kvotering* av produktion m m som hindrar företags produktivitetsutveckling samt avtal som genom *geografisk marknadsdelning* eller *kunduppdelning* mellan företag konserverar avgränsade nationella marknader och motverkar integrationsprocessen, t ex genom att förbjuda export till annat EU-land. Härtill kommer vissa typer av vertikala avtalsvillkor som behandlas nedan i 16.5.

## 16.4 *Undantaget för samarbete med positiva effekter*

Vad som hittills behandlats har varit räckvidden av det grundläggande förbudet i artikel 81.1. Man kan dock tänka sig att ett konkurrensbegränsande avtal eller samordnat förfarande i vissa lägen kan ha övervägande positiva effekter genom att främja effektivitet och verka kostnadsbesparande utan att verka onödigt ingripande i konkurrensmekanismen. Detta kommer till uttryck i artikel 81.3 som anger i vilka situationer konkurrensbegränsande avtal och förfaranden kan undantas från förbudet enligt 81.1. Artikel 81.1 och artikel 81.3 bildar en enhet och skall läsas tillsammans. Det ankommer i princip på företagen själva att bedöma om förutsättningarna för undantag enligt artikel 81.3 är uppfyllda.[45] Härvid är det företagen som bär bevisbördan.[46] Också artikel 81.3 har

44. Kommissionen har publicerat ett utförligt tillkännagivande angående riktlinjer för tillämpningen av artikel 81 på horisontella samarbetsavtal, som sammanfattar tillämpade bedömningsprinciper, ERT 2001/C 3/02.

45. Till ledning för bedömningen har kommissionen utfärdat ett Tillkännagivande med riktlinjer för tillämpningen av artikel 81.3, EUT 2004 C 101/08, EUT 2004 C 101/97. Här ges en mycket ingående vägledning för hur kommissionen ser på bedömningen.

46. Artikel 2 andra meningen i konkurrensförordningen.

direkt effekt och kan tillämpas av konkurrensmyndigheter och domstolar över hela EU.[47]

Som framgår av fördragstexten måste två positivt och två negativt bestämda kriterier alla vara uppfyllda (de är alltså kumulativa) för att ett avtal eller förfarande som faller under artikel 81.1 skall vara godtagbart. Avtalet eller förfarandet måste

(1) bidra till att förbättra produktionen eller distributionen av varor eller till att främja tekniskt eller ekonomiskt framåtskridande (rationaliseringskriteriet) och samtidigt

(2) tillförsäkra konsumenterna en skälig andel av den vinst som därigenom uppnås (konsumentkriteriet). Avtalet får å andra sidan

(3) inte ålägga de berörda företagen begränsningar som inte är nödvändiga för att uppnå målet (proportionalitetskriteriet) och

(4) inte ge företagen möjlighet att sätta konkurrensen ur spel för en väsentlig del av varorna i fråga.

De positiva effekterna enligt kriterium 1 kan ta sig uttryck i olika typer av effektivitetsfrämjande eller kostnadsbesparande samverkan mellan företag, t ex rationaliseringsvinster som förbilligar en produktion. Det krävs enligt kriterium 2 att en skälig andel av de uppnådda fördelarna förs vidare till konsumenterna ("pass on"). Även slutanvändare inom näringslivet räknas därvid som konsumenter. Begränsningarna får emellertid enligt kriterium 3 inte vara mer långtgående än nödvändigt, d v s inte innefatta andra konkurrensbegränsande inslag än vad som verkligen behövs för att uppnå fördelarna. Dessutom måste enligt kriterium 4 tillräcklig konkurrens från andra företag finnas kvar på marknaden. Mer eller mindre branschtäckande samarbete kan därigenom knappast accepteras. Kriteriernas utformning i förening med att det är företagen som bär bevisbördan begränsar möjligheterna att få ett konkurrensbegränsande samarbete undantaget från förbudet. För konkurrensbegränsningar som räknas till förbudets hårda kärna (se 15.3.6) är undantag i praktiken knappast möjliga; dessa konkurrensbegränsningar får anses *förbjudna per se* (i sig).

47. Före tillkomsten av konkurrensförordningen, i kraft 2004, tillämpades en helt annan ordning. Tidigare var det endast kommissionen som kunde tillämpa artikel 81.3. För att kunna få undantag måste företagen anmäla konkurrensbegränsande avtal till kommissionen. I praktiken tog kommissionen ställning till endast ett fåtal anmälningar men själva anmälan gav företagen ett visst rättsligt skydd. Systemet kom att uppfattas som byråkratiskt och ineffektivt. Se om "moderniseringen" t ex S Norberg, Moderniseringen av EU:s antitrustpolitik – från kommissionsmonopol till decentralisering och nätverkssamarbete, ERT 2000 s 551 ff, dens, Moderniseringsreformen beträffande EU:s antitrustpolitik i hamn, ERT 2003 s 117 ff.

Kommissionen har dock i ett tillkännagivande om informell vägledning vid nya frågor rörande artiklarna 81 och 82 som uppstår i enskilda fall (2004/C 101/06) förbehållit sig rätten att fortsättningsvis utfärda s k vägledande skrivelser.

Det sagda innebär att artikel 81 inte inrymmer någon allmän skälighetsregel (rule of reason) utan att avvägningen mot de eventuella positiva effekter som en konkurrensbegränsning som faller under 81.1 kan medföra endast kan ske enligt de rätt snäva kriterierna i artikel 81.3.[48]

Vad som hittills behandlats är bedömningen av enskilda fall enligt artikel 81.3. Härutöver förekommer kollektiva undantag, *gruppundantag*,[49] för vissa typer av avtal vars konkurrensbegränsande effekter bedömts vara så pass obetydliga att de ansetts kunna generellt tillåtas enligt artikel 81.3. Avtal som i sin helhet faller inom tillämpningsområdet för ett gruppundantag är tillåtna. Kommissionen har, på delegation från rådet,[50] utfärdat ett antal gruppundantagsförordningar. Dessa gäller för en begränsad tidsperiod och har successivt reviderats, varvid utvecklingen gått mot att ge dem bredare räckvidd. Främst märks gruppundantagsförordningarna angående:

- *vertikala avtal*,[51]
- *distribution av motorfordon*,[52]
- *avtal om teknologiöverföring* (patent och know-how-licenser),[53]
- *specialiseringsavtal*[54] samt
- *forsknings- och utvecklingsavtal*.[55]

Gruppundantagsförordningarna är detaljerade och innehåller ingående regler om vilka typer av avtalsklausuler som är otillåtna (svarta) respektive tillåtna (vita). De har utformats mot bakgrund av EG-domstolarnas praxis och kan ses som uttolkningar av den konkreta innebörden på olika områden av artikel 81.1 och 81.3. Gruppundantagen verkar i stor omfattning styrande på utformningen av åtskilliga viktiga kontraktstyper inom den kommersiella avtalsrätten såsom återförsäljaravtal, licensavtal och franchiseavtal genom att parterna vid avtalsskrivning gärna utformar sina avtal så att de helt går in under ett gruppundantag.

48. Mål T-112/99, Métropole Télévision (M6) m fl mot kommissionen (REG 2001, s II-1057). Härvid skiljer sig läget från den amerikanska antitrustlagstiftningen, som enligt praxis tolkar in en rule of reason med mindre precisa konturer i Sherman Act.

49. Engelska: block exemption.

50. Rådsförordning 19/65 ändrad genom rådsförordning 1215/1999, EGT 1999 L 148/l .

51. Kommissionens förordning (EG) nr 2790/1999, EGT 1999, L 336/21. Till gruppundantaget anknyter ett mycket detaljerat meddelande från kommissionen (2000/C 291/01) med riktlinjer för bedömningen av olika typer av vertikala avtal såsom exklusivavtal (se nedan), selektiv försäljning och franchiseavtal. Sc vidare t ex V Korah & D O'Sullivan, Distribution Agreements under the EC Competition Rules, Oxford 2002.

52. Kommissionens förordning (EG) nr 1400/2002, EUT 2002 L 203/30. Den har som ett huvudsyfte att ge bilhandlarna ökad rörelsefrihet i förhållande till leverantörerna.

53. Kommissionens förordning (EG) nr 772/2004, EUT 2004 L 123/11.

54. Kommissionens förordning (EG) nr 2658/2000, EGT 2000 L 304/3.

55. Kommissionens förordning (EG) nr 2659/2000 av 29.11.2000, EGT 2000 L 304/7.

# 16.5 *Konkurrensbegränsningar i distributionen*

## 16.5.1 Utgångspunkter

Traditionellt har de nationella marknaderna i de olika EU-länderna i huvudsak fungerat var för sig när det gäller distribution av varor och tjänster till konsumenterna. Prisnivån för samma produkt har ofta varierat betydligt mellan olika medlemsstater beroende på köpkraft och konkurrenssituation. I stor utsträckning torde så fortfarande vara fallet. Har t ex en personbil av visst märke en ledande position på marknaden i ett EU-land men endast en liten marknadsandel i ett annat torde detta i allmänhet återspeglas i prissättningen (högre pris i första fallet). Detta är emellertid inte väl förenligt med EU:s grundläggande målsättning att få till stånd en välfungerande inre marknad med fri rörlighet och priskonkurrens över gränserna.

Vad som mot denna bakgrund tilldragit sig särskilt intresse vid tilllämpning av EG:s konkurrensrätt på distributionens område är tillåtligheten av exklusivavtal och parallellimport.

Vid export är det vanligt att återförsäljare på olika marknader ges en ensamställning som generalagent, något som hänger samman med att återförsäljaren ofta måste bygga upp marknaden för produkten i fråga och svara för tillgång till reservdelar och service m m. Återförsäljaren får då ett *ensamåterförsäljaravtal*, vilket ofta kombineras med en förpliktelse att inte driva handel med konkurrerande produkter, s k dubbelsidig exklusivitet.

Med *parallellimport* förstås att utomstående företag, som saknar avtalsrelation med den eller de etablerade distributionskanalerna (ofta ensamåterförsäljare), köper upp en produkt på den allmänna marknaden i ett annat land och importerar den för försäljning vid sidan om den eller de etablerade säljkanalerna (man använder därför även termen sidoimport). Detta är ofta ett sätt att bedriva aktiv priskonkurrens, inte minst i förhållande till ensamåterförsäljare av välkända märkesvaror. För att parallellimport skall vara tillåten krävs att det inte föreligger några immaterialrättsliga hinder för verksamheten; en aspekt som berörs i det följande (16.5.3).

De konkurrensrättsliga problemen i samband med exklusivavtal och parallellimport uppmärksammades tidigt. En viktig utgångspunkt är fortfarande EG-domstolens ställningstagande i det kända *Grundigmålet*,[56] avgjort redan 1966, som väl belyser problematiken.

56. Målen 56, 58/64, Establissements Consten och Grundig-Verkaufs-GmbH mot kommissionen (REG 1966, s 299; svensk specialutgåva, volym 1).

I fallet förelåg ett dubbelsidigt exklusivavtal mellan tyska Grundig och en fransk återförsäljare, som var ensamimportör till Frankrike av Grundigs produkter (bandspelare, TV-apparater m m). Grundig hade liknande avtal med sina ensamåterförsäljare i andra länder (även inom EU) och ålade alla dessa förbud att exportera varan i sin tur. Grundig åstadkom på detta sätt en internationell marknadsuppdelning för sina produkter och kunde härigenom hålla skilda prisnivåer på varorna i olika länder. Varorna var sålunda ca 40 % dyrare i Frankrike än i Tyskland. Detta medförde att ett utomstående franskt företag började parallellimport till Frankrike av Grundigprodukter, som företaget köpt upp i Tyskland. Sedan Grundig vidtagit åtgärder för att stoppa parallellimporten bl a genom att stämma företaget för varumärkesintrång, ingrep kommissionen. EG-domstolen fann Grundigs system utgöra en konkurrensbegränsning som var förbjuden enligt artikel 81.1 och inte uppfyllde villkoren för undantag enligt 81.3. Domstolen fäste särskilt avseende vid att systemet konserverade avgränsade nationella marknader och motverkade integrationen.

## 16.5.2 Gruppundantaget för vertikala avtal

Grundläggande för bedömningen av konkurrensbegränsningar i distributionen är numera i första hand det ovannämnda gruppundantaget för vertikala avtal, som tar sikte på samarbete mellan leverantörer och återförsäljare i samband med köp och försäljning av varor och tjänster. Allmänt gäller att bedömningen på detta område är betydligt mer liberal än för horisontella avtal. Den bygger sålunda på uppfattningen att det i stor utsträckning är huvudsakligen positivt och konkurrensfrämjande att en leverantör endast säljer till ett efter särskilda kriterier gjort urval av återförsäljare som aktivt marknadsför varorna, *selektiv försäljning*, eller att återförsäljare samarbetar i kedjor. Huvudregeln är därför att förbudet i artikel 81.1 skall anses tillämpligt på vertikala avtal endast när leverantören har en andel av den relevanta marknaden som överstiger 30 %.

Gruppundantaget pekar dock ut som en otillåten (svart) typ av avtalsvillkor föreskrifter om att återförsäljare skall ta ut ett visst fast, av leverantören bestämt pris vid vidareförsäljning, normalt till konsument, s k *bruttoprissättning* (vertikal prisbindning).[57] Man tillåter emellertid att leverantören föreskriver ett maximipris eller rekommenderar ett visst utförsäljningspris ("cirkapris"), förutsatt att det inte förekommer påtryckningar på återförsäljaren att följa rekommendationen. Huvudskälet till bruttoprisförbudet är att man vill ha priskonkurrens i handeln och över gränserna vid försäljning av märkesvaror till konsumenterna.

57. Artikel 4 a i gruppundantagsförordningen. Bruttoprissättning finns också med på svarta listan i meddelandet om bagatellavtal.

Gruppundantaget innehåller också bestämmelser om ensamåterförsäljaravtal.[58] Dessa bygger på grundtanken att sådana avtal normalt är tillåtna men inte får innefatta en fullständig marknadsuppdelning. Gruppundantaget sätter dock en marknadsandelsgräns för återförsäljaren på 30 %. Återförsäljaren får åläggas att inte tillverka eller sälja konkurrerande varor och att inte köpa avtalsvaror från annan leverantör. Vad gäller återförsäljarens försäljningsområde skiljer man mellan aktiv och passiv försäljning. Det är tillåtet att ålägga en ensamåterförsäljare att avstå från *aktiv försäljning* utanför ett visst område, t ex genom att annonsera eller hålla försäljningslokaler eller lager utanför detta. Det är däremot otillåtet att förbjuda *passiv försäljning* utanför försäljningsområdet, d v s försäljning till kunder utanför detta som själva vänder sig till återförsäljaren. Det är även otillåtet att förbjuda återförsäljaren att reexportera varorna. Man får heller inte hindra att kunder köper varor genom andra återförsäljare, t ex parallellimportörer. Sammantaget innebär detta att det är otillåtet att tillämpa ett *absolut områdesskydd* mellan återförsäljare som ges ensamrätt på olika delar av EU-området.[59]

## 16.5.3 Parallellimport och immaterialrätt

EG-domstolens praxis präglas generellt sett av en välvillig inställning till parallellimport från andra EU-länder. Detta har tidigare skapat problem i förhållande till immaterialrättigheterna (upphovsrätt, mönsterrätt, patenträtt, varumärkesrätt m fl),[60] som traditionellt varit territoriellt avgränsade så att rättsskyddet i varje land hållits för sig. Rättsskyddet har dock normalt ansetts konsumerat inom landet när en produkt som omfattas av en immaterialrätt satts i omlopp på marknaden. I EG-domstolens praxis har detta med stöd väsentligen av artikel 28 utvidgats till en *huvudprincip om EU-vid konsumtion* av immaterialrätter, d v s en immaterialrättsligt skyddad produkt som lovligen släppts ut på marknaden i ett EU-land får normalt fritt importeras till annat land inom EU utan

58. Se särskilt artikel 3.2 och 4 b i gruppundantaget. Närmare bedömningsprinciper anges i riktlinjer intagna i kommissionens anknytande meddelande till gruppundantaget. Regelmassan är betydande och här anges endast grundprincipen.

59. Varje distributör skall vara fri att annonsera och sälja via Internet (kommissionens i föreg. not nämnda riktlinjer p 51). Ett förbud mot aktiv försäljning får normalt inte omfatta Internetförsäljning.

60. Dessa omtalas i EG-rättsliga texter ofta som ”industriell och kommersiell äganderätt”, en direktöversättning från franskan och engelskan (se t ex artikel 30 EGF).

hinder av en immateriell ensamrätt.[61] Parallellimport inom EU hindras därför i regel inte av immaterialrättigheter.[62]

Däremot kan parallellimport från länder *utanför* EU/EES normalt stoppas med stöd av immaterialrätt. I *Silhoutte*[63] har EG-domstolen slagit fast att regeln om EU-vid konsumtion inte gäller inom varumärkesrätten i förhållande till tredje länder, t ex USA. Av den efterföljande domen *Sebago m fl* framgår att varumärkesinnehavaren måste ha samtyckt till att varje särskilt varuparti från tredje land satts på marknaden inom EU.[64] Detta försvårar väsentligt verksamheten för priskonkurrerande parallellimportörer.

## 16.6 *Missbruk av dominerande ställning*

Artikel 82 EGF förbjuder ett eller flera företag att missbruka en dominerande ställning på den gemensamma marknaden eller inom en väsentlig del därav, i den mån missbruket kan påverka handeln mellan medlemsstaterna.

Artikel 82 riktar sig väsentligen mot konkurrensbegränsande handlande av sådana företag och företagsgrupper som inte möter någon effektiv konkurrens. Som framgår av bestämmelsen är emellertid marknadsdominans inte förbjuden i sig utan endast dess *missbruk*. Fördragstexten nämner viktiga exempel på former av sådant missbruk. Det rör sig här om konkurrensbegränsningar som ett företag eller en företagsgrupp tillämpar *ensidigt*, medan artikel 81 ju riktar sig mot konkurrensbegränsande avtal m m mellan två eller flera företag. Artikel 82 har alltså en annorlunda uppbyggnad än artikel 81. Det måste alltid ske en prövning i det enskilda fallet vad förfarandet innebär och om det kan bedömas utgöra ett missbruk. Därför saknas någon motsvarighet till reglerna om undantag i artikel 81.3.

I likhet med artikel 81 har artikel 82 direkt effekt i medlemsstaterna och kan åberopas av företag och enskilda, t ex inför nationell domstol. Kommissionen ingriper ex officio (på eget initiativ) eller efter anmälningar från utomstående. Tillämpningen av artikel 82 har fått ökad bety-

61. Se avsnitt 12.6.6 ovan. Varumärkesrätten kan alltså inte hindra parallellimport från annat medlemsland av den typ som förelåg i Grundig-målet (se 16.5.1).

62. Situationen är dock mer komplicerad om företag, som är inbördes självständiga, innehar likartade rättigheter i olika EU-länder. Se vidare om parallellimport och immaterialrätt t ex U Bernitz m fl, Immaterialrätt, 10 uppl, 2007 med hänvisningar och M Koktvedgaard & M Levin, Lärobok i immaterialrätt, 9 uppl, 2007 samt H H Lidgaard, Parallellhandel. Konsumtion av immaterialrätt i Europa och USA, 2002.

63. Mål C-355/96, Silhouette International Schmied GmbH & Co KG mot Hartlauer Handelsgesellschaft GmbH (REG 1998, s I-4799). Se 4 a § varumärkeslagen.

64. Mål C-173/98, Sebago Inc m fl mot G-B Unic (REG 1999, s I-4103).

delse på senare år och det finns ett antal uppmärksammade prejudikat från EG-domstolen.

Artikel 82 riktar sig mot missbruk av ”ett eller flera företag”. Det är omdiskuterat vad som i detta sammanhang skall förstås med flera företag. För att företag tillsammans skall kunna ha s k *gemensam dominans* torde fordras att det finns vissa gemensamma band mellan dem, närmast i form av ekonomiska länkar.[65] Enligt domar av Förstainstansrätten kan det i princip räcka att det föreligger ett ömsesidigt beroendeförhållande mellan parterna på en utpräglad oligopolmarknad.[66]

När har ett företag eller en företagsgrupp *dominerande ställning*? För att kunna avgöra detta måste man göra klart vilken marknad som skall läggas till grund för bedömningen. Man talar om den *relevanta marknaden*, dels för produkten och dels i geografiskt hänseende.[67] Såsom lätt inses kan ett företag, som på en snävt bestämd marknad spelar en dominerande roll, te sig mindre betydande om marknaden definieras vidsträckt (jämför tegelmarknaden respektive byggmaterialmarknaden). Begreppet relevant marknad är av betydelse också i vissa fall vid tillämpningen av artikel 81, t ex som grundval vid bestämning av marknadsandelsgränser (t ex meddelandet om bagatellavtal och gruppundantaget för vertikala avtal) och för koncentrationsförordningen.

Vid bedömningen av den relevanta produktmarknaden ser man särskilt till varornas inbördes substituerbarhet (utbytbarhet). Varor som är utbytbara inbördes med hänsyn till egenskaper, pris och användning m m tillhör samma marknad. Konsumenternas uppfattning om vad som utgör identiska eller likvärdiga varor tillmäts stor betydelse. Varornas priselasticitet tillmäts särskild vikt men är komplicerad att mäta.[68] I rättspraxis är bedömningen av den relevanta produktmarknaden i allmänhet snäv.

Sålunda ansåg EG-domstolen i det kända *United Brands*-målet[69] angående Chiquita bananer den relevanta marknaden vara bananer och inte färsk frukt i allmänhet (med hänsyn till konsumtionsmönster, distributionsvägar m m). I *Hugin*-målet[70] ansåg Domstolen reservdelar till Hugin kassaapparater utgöra en egen relevant produktmarknad p g a avsaknad av användbara substitut.

65. Målen C-68/94 och 30/95, Frankrike m fl mot kommissionen (REG 1998, s I-1375), angående Kali und Salz.

66. Mål T-102/96, Gencor mot kommissionen (REG 1999, s II-753), T-342/99, Airtours plc mot kommissionen (REG 2002, s II-2585).

67. Kommissionen har utfärdat ett meddelande om definitionen av relevant marknad, EGT 1997 C 372/5. Se bl a D Eklöf, Marknadsavgränsning i konkurrensrätten, ERT 1999 s 256 ff.

68. Ett särskilt test har utvecklats för att mäta effekterna av måttlig prisförändring, *SSNIP-testet* (small but significant non-transitory increase in price).

69. Mål 27/76, United Brands Co m fl mot kommissionen (REG 1978, s 207; svensk specialutgåva, volym 4).

70. Mål 22/78, Hugin Kassaapparater AB m fl mot kommissionen (REG 1979, s 1869).

Den relevanta geografiska marknaden behöver inte omfatta hela EG utan det räcker med en "väsentlig del", t ex i vart fall ett land som Sverige eller en betydelsefull del av ett större land. *Genuas hamn* har bedömts som en egen geografisk marknad.[71]

Vad härefter gäller frågan om ett företag eller en företagsgrupp har dominerande ställning på den relevanta marknaden – sådan denna bestämts – spelar givetvis marknadsandelen en grundläggande roll. EG-domstolen ser dock inte bara till marknadsandelen utan gör en helhetsbedömning mot bakgrund av marknadsstrukturen och företagets ekonomiska styrka. Enligt domstolens definition har ett företag en *dominerande ställning* om företaget har en ekonomisk styrka som sätter det i stånd att hindra upprätthållandet av en effektiv konkurrens på den relevanta marknaden genom att ge det makten att i avsevärd utsträckning *uppföra sig oberoende* av sina konkurrenter, kunder och i sista hand konsumenter. Definitionen framgår bl a av EG-domstolens avgörande i det nyssnämnda *United Brands*-målet. United Brands med en marknadsandel på 40–45 % för bananer befanns ha en dominerande ställning. I *AKZO*-fallet[72] fann Domstolen en marknadsandel på 50 % skapa en presumtion för dominerande ställning. Fördragstexten ger (icke uttömmande) exempel på vad som kan utgöra missbruk. Här nämns oskälig prissättning, produktions- och marknadsbegränsningar, prisdiskriminering och liknande samt kopplingsförbehåll.[73]

EG-domstolen har i målet *Hoffman-La Roche* gjort följande ofta citerade uttalande om vad som kännetecknar ett missbruk av dominerande ställning:[74]

> "Missbruksbegreppet är ett objektivt begrepp. Det omfattar sådana beteenden av ett företag med dominerande ställning som kan påverka strukturen hos en marknad där konkurrensen redan är försvagad just till följd av det ifrågavarande företagets existens och som, genom att andra metoder används än sådana som räknas till normal konkurrens om varor och tjänster på grundval av de ekonomiska aktörernas transaktioner, medför att hinder läggs i vägen för att den på marknaden ännu existerande konkurrensen upprätthålls eller utvecklas".

71. Mål C-179/90, Porto di Genova mot Siderurgica Gabrielli SpA, (REG 1991, s I-5889; svensk specialutgåva, volym 11). I svensk praxis har vid tillämpning av artikel 82 Arlanda flygplats bedömts som en egen geografisk marknad, SAS mot Luftfartsverket, Göta hovrätts dom 27 april 2001 i mål T 33/00, se bl a U Bernitz, Missbruk av dominerande ställning i form av prisdiskriminering, ERT 2003 s 382 ff.

72. Mål C-62/86, AKZO Chemie BV mot kommissionen (REG 1991, s 3359; svensk specialutgåva, volym 11).

73. Ang kopplingsförbehåll (samma exemplifierande regel som i artikel 81.l) se 16.3.3 ovan.

74. Mål 85/76, Hoffmann-La Roche & Co AG mot kommissionen (REG 1979, s 461; svensk specialutgåva vol IV), se punkt 91.

I rättspraxis har missbruk av dominerande ställning tagit sig många olika uttryck. Viktiga mål anses vara att främja ekonomisk effektivitet och hålla konkurrensvägarna öppna. Generellt gäller att dominerande företag anses ha ett särskilt ansvar att tillse att deras agerande inte inverkar menligt på konkurrensen.[75] Fyra kända avgöranden kan nämnas som exempel.

*United Brands* fälldes för att återförsäljarna ålades exportförbud på omogna bananer i syfte att hålla uppe prisnivån samt för säljvägran till en dansk grossist som priskonkurrerande. Däremot fann Domstolen inte styrkt att missbruk i form av oskäligt hög prissättning förelåg i detta fall.

*Hoffmann-La Roche* angående vitaminer gällde prisdiskriminering. Ett rabattsystem, som saknade direkt förhållande till inköpsvolym utan som användes som belöning för köparens lojalitet (lojalitetsrabatt), bedömdes vara prisdiskriminerande Köpare av samma kvantiteter behandlades olika beroende på om alla inköp skedde från Hoffmann-La Roche eller om även andra leverantörer användes (EG-domstolen fann artikel 82 punkt 2c) tilllämplig).

I *Commercial Solvents*[76] ansåg Domstolen missbruk av dominerande ställning föreligga när detta företag, världens största producent av en viss råvara för medicinsk produktion, vägrade fortsatt försäljning till en tidigare kund, sedan företaget självt engagerat sig i vidareutveckling av råvaran i konkurrens med kunden.

Ett ytterligare exempel, som belyses av *AKZO*, är underprissättning, d v s försäljning under genomsnittlig kostnad på en viss marknad i syfte att eliminera en konkurrent och därefter själv ta över marknaden.[77]

## *16.7 Kontroll av företagskoncentrationer*

Ett viktigt steg i vidareutvecklingen av EG:s konkurrensrätt togs 1990 genom införandet av en särskild konkurrensrättslig kontroll av företagskoncentrationer, i praktiken främst särskilt stora förvärv av konkurrent-

75. Se t ex Michelin 1, mål 322/81, Michelin mot kommissionen (REG 1983, s 3461), punkt 57.

76. Målen 6, 7/73, Instituto Chemioterapico Italiana & Commercial Solvents mot kommissionen (REG 1974, s 223; svensk specialutgåva, volym 2).

77. Här kan noteras att de i 9.3.3 berörda antidumpningsreglerna endast gäller för import från tredje land. Inom EU saknas som nämnts dylika regler och dumpningsliknande situationer får bedömas enligt konkurrensreglerna.

företag som har en s k gemenskapsdimension. Numera gäller en ny *koncentrationsförordning* av 2004.[78]

Strukturutvecklingen inom näringslivet kännetecknas vanligen av ökad företagskoncentration. Storföretagen växer kontinuerligt genom uppköp av konkurrenter. Syftet med EU:s koncentrationskontroll är knappast att söka styra den allmänna strukturutvecklingen. Man har däremot funnit nödvändigt att kunna kontrollera att strukturförändringar genomförs på ett sådant sätt att man *bibehåller en fungerande konkurrens på berörda marknader*.

Den teknik som valts för att kunna utöva denna kontroll innebär att alla företagsförvärv och därmed jämställda koncentrationer över en viss storlek måste förhandsanmälas till kommissionen för granskning. Sker inget ingripande från kommissionen (vilket är det klart vanligaste), anses koncentrationen godtagen. Sammantaget rör det sig om en omfattande, ganska byråkratisk ordning som ställer stora krav på de anmälande företagen och ger viktiga arbetsuppgifter för internationellt arbetande advokatbyråer. Som *koncentration* räknas såväl sammanslagning av tidigare självständiga företag som partiella förvärv som ger ett avgörande inflytande över ett annat företags organ eller beslut, röstmässigt eller genom avtal eller finansiella bindningar.[79]

Det föreligger skyldighet att förhandsanmäla koncentrationer till kommissionen för granskning om (enligt huvudregeln) alla de berörda företagens totala omsättning i världen (beräknad på koncernbasis) sammantaget överstiger vissa, högt satta tröskelvärden.[80]

Den grundläggande regeln är att omsättningen måste överstiga 5 miljarder euro och omsättningen inom EU för vart och ett av minst två inbegripna företag överstiga 250 miljoner euro. Enligt en kompletterande regel är dock tröskelvärdet 2,5 miljarder euro när de deltagande företagens omsättning i åtminstone tre medlemsstater överstiger vissa angivna värden. Förordningen är dock inte tillämplig om mer än 2/3 av de inblandade företagens gemensamma omsättning härrör från endast ett medlemsland (koncentrationen

78. Rådets förordning om kontroll av företagskoncentrationer nr 139/2004/EG, EUT 2004 L 24/1, jämte tillämpningsförordning 802/2004/EG, EUT 2004 L 133/1. Kommissionen har utfärdat anslutande riktlinjer för bedömningen av horisontella koncentrationer, EUT 2004 C 31/03, EUT 2004 C 31/5 jämte ett flertal tillkännagivanden. Förordningens rättsgrund är artiklarna 81 och 82. Se bl a C J Cook & C S Kerse, EC Merger Control, 4 ed, London 2005, M Broberg, The European Commission's Jurisdiction to Scrutinise Mergers, 3 ed, The Hague 2006.

79. Artikel 3 koncentrationsförordningen. Hit hör även full function joint ventures, alltså att två eller flera företag skaffar sig gemensam, varaktig kontroll över ett företag som fungerar som självständig ekonomisk enhet (gemensamt företag). Joint ventures av lösligare karaktär bedöms enligt artikel 81.

80. Koncentrationer som understiger tröskelvärdena kan dock under vissa förutsättningar hänskjutas till bedömning av kommissionen.

bedöms då som huvudsakligen nationell). Tröskelvärdena avser totalomsättningen i världen på koncernbasis för de berörda företagen.[81]

Systemet bygger på att det bara skall finnas en spärr, d v s stora företagsförvärv som överskrider tröskelvärdena skall endast prövas av kommissionen och alltså inte av nationella konkurrensmyndigheter i medlemsländerna. Motsatt regel skulle leda till skyldighet att anmäla i ett flertal EU-länder (multiple filings) och risker för motstridiga beslut. Vid anmälan måste mycket omfattande ekonomiska uppgifter lämnas och härefter löper en s k stand-still-period på en månad, inom vilken kommissionen måste besluta om en närmare undersökning av förvärvet skall inledas, den s k fas 2. Sker inte detta anses förvärvet godkänt. Endast ett par procent av de anmälda fövärven går vidare till fas 2.

Den grundläggande regeln är att en företagskoncentration skall anses oförenlig med den gemensamma marknaden och förbjudas om den skulle påtagligt hämma den effektiva konkurrensen inom den gemensamma marknaden eller en väsentlig del av den, i synnerhet till följd av att en dominerande ställning skapas eller förstärks, det s k *konkurrenstestet*.[82] Kommissionen bedömer härvid vad som utgör den relevanta marknaden. Det är inte nödvändigt att en dominerande ställning uppkommer men det är huvudfallet. Avgörande är om styrkan i den på marknaden kvarstående konkurrensen (konkurrenstrycket) kan anses tillräcklig för det fall förvärvet genomförs.

I de fall där kommissionen finner att ett förvärv inte kan godkännas i den form det anmälts nås ofta uppgörelser, som innebär att det förvärvande företaget gör särskilda, konkurrensfrämjande åtaganden eller går med på att låta en viss verksamhet ligga utanför förvärvet, alternativt att viss verksamhet säljs ifrån[83] i syfte att skapa fler konkurrerande aktörer på den aktuella marknaden. Endast i ett mindre antal fall har kommissionen helt förbjudit ett förvärv.

Flera uppmärksammade fall har rört svenska företag. Kommissionen har sålunda i fallet *Volvo-Scania*[84] förbjudit Volvos anmälda förvärv av sin svenske konkurrent på marknaden för tillverkning av tunga lastbilar, Scania. Avgörande för utgången var framför allt att kommissionen fann att inte EU utgjorde den relevanta geografiska marknaden utan att denna var Sverige respektive ett vart av de övriga nordiska länderna. Detta berodde på faktiska etableringshinder och bristande konkurrens över gränserna. På den svenska lastbilsmarknaden skulle Volvo plus Scania ha fått en marknadsandel på över 90 %.

81. Tröskelvärdena framgår av artikel 1 koncentrationsförordningen. De (ganska komplicerade) reglerna för beräkning av omsättning finns i artikel 5.
82. Artikel 2.3 koncentrationsförordningen.
83. Benämns på engelska divestiture.
84. Fall no COMP/M. 1672 Volvo/Scania, beslut 14 mars 2000, ej överklagat, EGT 2001/L 143/74, se bl a U Bernitz, Volvo-Scania-fallet, ERT 2000 s 481 ff.

I *SCA/Metsä Tissue*[85] har kommissionen förbjudit ett samgående mellan ett stort svenskt och ett stort finskt företag på mjukpappersmarknaden. Också här fann kommissionen den relevanta geografiska marknaden vara i huvudsak nationellt avgränsad. Det sammanslagna företaget skulle ha nått höga marknadsandelar och kommissionen fann förutsättningarna för nyetablering och ökad importkonkurrens otillräckliga. Däremot har kommissionen i *Enso/Stora*[86] godtagit samgåendet mellan en stor finsk och en stor svensk cellulosa- och pappersproducent, huvudsakligen därför att företagen hade en helt dominerande köpare av en viktig produkt som viktig motkraft (Tetra Pak).[87]

De berörda fallen visar bland annat vilken grundläggande betydelse det har om den relevanta geografiska marknaden bedöms utgöra hela EU eller en stor del av EU eller enbart ett visst land såsom Sverige. På lastbils- och mjukpappersmarknaderna har kommissionen i de nämnda fallen bedömt den inre marknaden vara långt ifrån förverkligad.[88]

# 16.8 *Tvångsmedel och sanktioner*

## 16.8.1 Undersökningsbefogenheter och böter

Det är en viktig uppgift för kommissionen att övervaka efterlevnaden av förbuden i artiklarna 81 och 82 EGF. Kommissionen ingriper både ex officio och i anledning av klagomål från företag.[89]

Kommissionen har vittgående befogenheter att ålägga företag vid hot om administrativa böter att tillhandahålla alla nödvändiga upplysningar och att anordna förhör. Reglerna återfinns i konkurrensförordningen.[90] Kommissionen har befogenhet att utan föregående anmälan besöka ett misstänkt företag för genomgång på platsen och ev. omhändertagande av affärshandlingar och bokföring m m.[91] Dylika överraskande inspek-

85. Fall IV/M.2097, beslut 31 januari 2001, ej överklagat.
86. Fall IV/M. 1225, beslut 29 september 1999.
87. I fallet FöreningsSparbanken/SEB från 2001 avbröt företagen planerna på att genomföra ett samgående, sedan kommissionen inlett en fas 2-undersökning.
88. Problematiken, som gör det svårt att få igenom koncentrationer mellan stora svenska företag, diskuteras i U Bernitz, Företagsförvärv inom EU: Rättsliga problem för stora företag med liten hemmamarknad, SIEPS 16:2003. Se även U Bernitz & I Gutu-Göransson, The Effect of EU Merger Policy on Large Multinationals Based in Sweden and other smaller EU Member States: Is the Policy Discriminatory?, ECLR 2003 s 19 ff.
89. Det finns en särskild kommissionsförordning om den administrativa tillämpningen av artikel 81 och 82, *förfarandeförordningen*, 773/2004/EG, L 123/18, 27.4.2004. Ett centralt arbete om den administrativa och processuella tillämpningen av EG:s konkurrensrätt är C S Kerse & N Khan, E C Antitrust Procedure, 5 ed, London 2005.
90. Artiklarna 17–19. Se även artikel 23.1.
91. Artikel 20 konkurrensförordningen. Se även artikel 23.1. Angående aktinsyn, skydd mot self-incrimination och för skriftväxling med advokat, se 6.8.2 och 6.8.3.

tioner hos företag brukar kallas ”gryningsräder”.[92] Syftet är vanligen att söka få fram material som kan bevisa förekomsten av en allvarlig kartell eller liknande. I kvalificerade fall får kommissionen också inspektera andra lokaler, inbegripet företagsledares bostäder.[93]

Kommissionen kan ålägga företag att upphöra med förfaranden som innebär överträdelse av artikel 81 eller 82 och att därvid vidta alla behövliga åtgärder.[94] Sådana ålägganden får också meddelas interimistiskt om saken är brådskande och det föreligger risk för allvarlig och irreparabel skada.[95]

Vid uppsåtlig eller oaktsam överträdelse av förbuden i artiklarna 81 och 82 kan företag och företagssammanslutningar åläggas administrativa böter, närmast ett slags sanktionsavgift.[96] Denna anges vara av icke-straffrättslig natur.[97] Böterna kan uppgå till mycket höga belopp, dock högst 10 procent av det bötfällda företagets omsättning under föregående år. I takt med att flagranta överträdelser uppdagats, särskilt i form av stora hemliga karteller, har utvecklingen gått mot allt högre bötesbelopp i syfte att avskräcka. I stora och allvarliga fall har böter i spannet 50–100 miljoner euro inte blivit ovanliga.[98] År 2005 uppbar kommissionen ett totalbelopp av ca 5 miljarder euro i konkurrensböter.

Kommissionen har haft tydliga svårigheter att upptäcka otillåtna karteller eftersom ju dessa vanligen hålls hemliga för utomstående. Efter amerikanskt mönster har kommissionen därför infört en ordning med eftergift (leniency programme) som visat sig framgångsrikt. Ett företag som självmant som den första avslöjar ett hemligt kartellsamarbete för kommissionen (”visselblåsare”) kan få immunitet mot böter eller nedsättning av bötesbeloppet. Detta fordrar dock att företaget är först med att inkomma med upplysningar och bevismaterial som gör det möjligt att utföra en målinriktad inspektion eller konstatera en kartellöverträdelse.

92. Engelska: dawn raids.
93. Artikel 21 konkurrensförordningen.
94. Artikel 7 konkurrensförordningen.
95. Artikel 8 konkurrensförordningen.
96. Artikel 23.2 konkurrensförordningen.
97. Artikel 23.5 konkurrensförordningen. I ljuset av praxis enligt Europakonventionen, särskilt dess artikel 6.1, torde dock böterna ha en penal karaktär.
98. Kommissionen har på grundval av tidigare praxis utfärdat Riktlinjer för beräkning av böter, nu av 2006, EUT 2006 C 210/02. Man använder en tvåstegsmetod, där man först fastställer ett grundbelopp på grundval av det berörda försäljningsvärdet. Vidare beaktas överträdelsens allvar. Det påpekas att horisontella pris- och marknadsdelningskarteller är särskilt allvarliga. Beloppet multipliceras därefter med det antal år överträdelsen pågått. Det sålunda framkomna grundbeloppet kan höjas eller sänkas beroende på försvårande eller förmildrande omständigheter. Särskild höjning kan vidtas i avskräckande syfte, bl a för att se till att böterna är högre än erhållna olagliga vinster på grund av överträdelsen.

Även andra kartellmedlemmar som medverkar i upprullandet av en kartell kan få bötesreduktion.[99]

I bl a USA förekommer fängelsestraff för fysiska personer (ofta direktörer) som spelat ledande roller i karteller. Sådana sanktioner har i vart fall inte hittills någon motsvarighet inom EG-rätten. Som exempel på särskilt allvarliga överträdelser kan nämnas stora, hemliga pris- eller marknadsdelningskarteller och systematiska förfaranden från dominerande företags sida i syfte att stänga ute konkurrenter. Här märks bland annat den av *ABB* ledda hemliga anbudskartellen på marknaden för fjärrvärmerör som drevs i fast organiserad form under längre tid och där ABB ådömts böter på 65 miljoner euro.[100] Kommissionen har 2007 beslutat om sammanlagt 750 miljoner euro i böter mot elva elektronikföretag som under lång tid haft en kartell för ställverk.[101] ABB som här utnyttjade eftergiftsprogrammet och avslöjade kartellen för kommissionen slapp böta. För Siemens blev bötesbeloppet enorma 396 miljoner euro. *SAS och Maersk Air* tillämpade en pris- och marknadsdelningskartell på fluglinjen Stockholm-Köpenhamn. SAS ådömdes böter på 39 miljoner euro.[102] *Tetra Pak* har ådömts böter på 75 miljoner euro för långvarigt missbruk av dominerande ställning i form av begränsande kontraktsvillkor, diskriminerande prissättning och underprissättning; förfaranden som särskilt hade riktats mot den mindre konkurrenten EloPak.[103]

## 16.8.2 Överklagande

Berörd part (eller parter) kan i regel överklaga kommissionens beslut i konkurrensärenden till förstainstansrätten. Parterna har härvid att föra en ogiltighetstalan mot kommissionens beslut enligt artikel 230 EGF på de grunder som där finns angivna (se 7.3 ovan). Har parterna framgång leder detta till en ogiltigförklaring av kommissionens beslut. Förstainstansrätten gör härvid i princip en laglighetsprövning av kommissionens beslut och inte en allmän lämplighetsbedömning. I den praktiska tillämpningen åberopar parterna i stor utsträckning formella förvaltningsrättsliga fel såsom bristande kommunikation och bristande beslutsmotivering med stöd av ogiltighetsgrunden åsidosättande av väsentliga formföreskrifter. I materiellt hänseende prövar domstolen i första hand den lagliga grunden för kommissionens beslut. Genom sina ofta ingående moti-

99. Kommissionen har utfärdat ett särskilt tillkännagivande om immunitet mot böter och nedsättning av böter i kartellärenden, nu EUT 2006 C 298/11.

100. Mål C-213/02 P m fl, Dansk Rørindustri m fl mot kommissionen (REG 2005, s I-5425). I målet prövade EG-domstolen kommissionens bötespraxis utan att göra ändring, kommentar i SvJT 2005 s 991 ff. Om fallets bakgrund S Norberg i ERT 2002 s 68 ff.

101. COMP/38.899.

102. Mål T-241/01, SAS mot kommissionen (REG 2005, s II-2917).

103. Mål T-83/91, Tetra Pak mot kommissionen II (REG 1994, s II–755; svensk specialutgåva, volym 16), ej ändrat av EG-domstolen (REG 1996, s I-5951).

verade resonemang har förstainstansrätten vidareutvecklat konkurrensrätten.[104]

Förstainstansrättens dom kan överklagas till EG-domstolen, dock endast i rättsfrågor (artikel 225.1 EGF).

### 16.8.3 Ogiltighet och skadestånd

Alla konkurrensbegränsande avtalsvillkor som är förbjudna enligt artikel 81.1 och inte uppfyller villkoren i 81.3 saknar rättsverkan, d v s de är *automatiskt ogiltiga* (artikel 81.2 EGF). Detta innebär att ett företag, som är part i ett förbjudet konkurrensbegränsande avtal, kan åberopa sig på ogiltigheten enligt artikel 81, t ex i ett tvistemål vid en nationell domstol, eftersom artikel 81 har direkt effekt. Frågan om avtal i strid med artikel 82 också är ogiltiga berörs ej i fördragstexten och har ännu inte klart besvarats av EG-domstolen. Med all sannolikhet torde dock avtal som utgör utflöde av missbruk av marknadsdominans vara att anse som ogiltiga.[105]

I praktiken avgörs kommersiella tvister inom näringslivet i mycket stor utsträckning genom privat skiljeförfarande.[106] I målet *Eco Swiss*[107] har EG-domstolen funnit att artikel 81 tillhör rättsordningens grunder och att en skiljedom, som aktualiserar tillämpning av artikel 81, därför kan klandras i nationell domstol enligt internationellt vedertagna principer om bedömning av skiljedomar som strider mot rättsordningens grunder. Detta avgörande kan öppna dörren för en mer aktiv tillämpning av ogiltighetspåföljden i artikel 81.2.

I fallet hade klädföretaget Benetton genom en nederländsk skiljedom dömts att betala ett större belopp i skadestånd p g a kontraktsbrott i samband med uppsägning av två asiatiska licenstagare och hävdade nu att de aktuella klausulerna i licensavtalen var ogiltiga såsom stridande mot EG:s konkurrensrätt, s k europarättsförsvar (Euro defence).

104. Notera att förfarandet skiljer sig högst väsentligt från motsvarande svensk processordning. När Marknadsdomstolen prövar ett överklagande av Konkurrensverkets beslut att ålägga företag att upphöra med en överträdelse av konkurrenslagen gör domstolen en full materiell överprövning som vid bifall leder till en dom som ersätter Konkurrensverkets beslut. Processen är normalt i huvudsak inriktad på den materiella bedömningen och parterna kan förebringa all erforderlig bevisning inför domstolen, vilket starkt minskar betydelsen av att åberopa handläggningsfel vid Konkurrensverket.

105. Så Göta hovrätt i målet SAS mot Luftfartsverket, dom 27 april 2001 i mål T 33/00. Se U Bernitz, Svensk och europeisk marknadsrätt 1, 2005 s 230 med vidare hänv.

106. I Sverige får skiljemän pröva konkurrensrättens civilrättsliga verkningar mellan parterna, 1 § tredje stycket lagen (1999:116) om skiljeförfarande.

107. Mål C-126/97, Eco Swiss China Time Ltd mot Benetton International NV (REG 1999, I-3055), se t ex C M von Quitzow, Fallet Benetton, ERT 1999 s 728 ff.

Ogiltigheten innebär att avtalet eller avtalsvillkoret skall anses ogiltigt alltifrån tillkomsten, d v s *ex tunc*.[108] Ogiltigheten är stark,[109] avtalet saknar verkan mellan avtalsparterna och kan inte göras gällande mot tredje man. Det är dock endast den eller de delar av ett avtal, som strider mot artikel 81, som blir ogiltiga enligt EG-rätten.[110] Ogiltigheten behöver därför bara drabba en viss eller vissa klausuler i ett större avtal vars innehåll i övrigt inte är konkurrensbegränsande. Om avtalet blir stående i övrigt trots en sådan partiell ogiltighet får avgöras enligt nationell rätt i varje medlemsland. I Sverige är saken närmast att bedöma enligt 36 § avtalslagen, alternativt förutsättningsläran.[111]

EG-domstolen har i *Courage*[112] slagit fast att en part som lidit skada på grund av konkurrensbegränsande handlande i strid mot artikel 81.1 kan göra anspråk på skadestånd. Detta, som inte framgår av fördragstexten, motiverade domstolen med hänvisning till konkurrensreglernas betydelse och effektiva verkan.[113] När det gäller tillämpningen av rätten till skadestånd saknas dock än så länge vägledande praxis.[114]

## 16.9 Konkurrensrättens tillämpning nationellt

Förhållandet mellan europeisk och nationell konkurrensrätt har som redan framgått lagts om radikalt genom konkurrensförordningen av 2004.

108. Motsatsen är ogiltighet ex nunc, d v s ogiltigheten inträder först fr o m en viss tidpunkt. Grundläggande avgörande är målet de Haecht II; 48/72, Brasserie de Haecht mot Wilkin-Janssen (REG 1973, s 77; svensk specialutgåva, volym 2).

109. EG-domstolen har uttalat sig om ogiltighetens innebörd bl a i mål C-453/99, Courage Ltd mot Bernhard Crehan (REG 2001, s I-6297) punkt 22.

110. Mål 56/65, Société Technique Minière mot Maschinenbau Ulm (REG 1966, s 235), mål C-230/96, Cabour SA m fl mot Arnor SOCO Sarl (REG 1998, s I-2055).

111. Prop 1992/93:56 s 19 ff, U Bernitz, Svensk och europeisk marknadsrätt 1, 2005 s 228 ff med hänv, T Andersson, Dispositionsprincipen och EG:s konkurrensregler, 1999 s 106 ff.

112. Mål C-453/99, Courage Ltd mot Bernhard Crehan och Bernard Crehan mot Courage Ltd (REG 2001, s I-6297). Se bl a A Komninos, New Prospects for Private Enforcement of EC Competition Law: Courage v. Crehan and the Community Right to Damages, CMLRev 2002 s 447 ff., N Wahl, Skadestånd i konkurrensrättsmål, ERT 2001 s 574 ff. Se även om Courage-målet från allmänna gemenskapsrättsliga aspekter 5.7.

113. I Sverige innehåller 33 § konkurrenslagen en uttrycklig regel om rätt till skadestånd, se vidare N Wahl, Konkurrensskada, 2001.

114. I Courage-målet fann i slutänden House of Lords såsom högsta domstol att någon överträdelse av artikel 81 inte förelåg; den intressanta frågan om skadeståndsberäkning blev därigenom inte prövad, se V Bastidas Venegas, House of Lords dom i Crehanmålet, ERT 2007 s 171 ff med vidare hänv. Kommissionen publicerade 2005 en Grönbok om skadestånd i konkurrensmål och arbetar vidare med en vitbok i frågan. I USA har däremot processerna i konkurrensmål till allra största delen karaktären av skadeståndsmål (private enforcement), ofta i form av class actions.

Huvudsyftet har varit att decentralisera tillämpningen av EG:s konkurrensrätt genom att i stor utsträckning föra över denna på de nationella konkurrensmyndigheterna och domstolarna i medlemsländerna. Samtidigt har det inrättats en ordning för nära nätverkssamarbete och koordinering mellan kommissionen och de nationella konkurrensmyndigheterna, så utformad att kommissionen behåller en ledande roll.

Utgångspunkten är som nämnt att artiklarna 81 och 82 har direkt effekt i medlemsstaterna och alltså är omedelbart gällande rätt i t ex Sverige, också i rättsförhållanden mellan enskilda. Artiklarna kan alltså tillämpas direkt av Konkurrensverket och de svenska domstolarna och även i skiljeförfaranden. Dock gäller givetvis som allmän förutsättning att samhandelskriteriet är uppfyllt (se 16.2.2).

I det inbördes förhållandet mellan EG:s konkurrensrätt och nationell konkurrensrätt gäller principen att *EG-rätten har företräde.* EG-domstolen slog tidigt fast i *Walt Wilhelm* att den fulla tillämpningen av EG:s konkurrensrätt inte får hindras av nationell rätt.[115] Det sagda har preciserats närmare i konkurrensförordningen.[116] Konkurrensmyndigheter och domstolar i medlemsstaterna är skyldiga att tillämpa artiklarna 81 och 82 om samhandelskriteriet är uppfyllt. Tillämpningen skall vara enhetlig på EU-planet och nationellt. För artikel 81 gäller ett s k *konvergenskrav*; de nationella reglerna får varken leda till strängare eller mildare bedömning än vad som följer av artikel 81. När det gäller artikel 82 får däremot medlemsstaterna ha strängare, men ej mildare, nationella regler (något som bl a Sverige dock inte har utnyttjat). Gemenskapsrättens företräde understryks ytterligare av regeln att konkurrensmyndigheter och domstolar i medlemsstaterna inte får tillämpa artiklarna 81 eller 82 på ett sätt som strider mot beslut som kommissionen redan har fattat.[117]

Någon harmonisering av medlemsstaternas nationella konkurrenslagstiftning enligt reglerna för lagharmonisering (se kapitel 17) har aldrig kommit till stånd, men rent faktiskt har medlemsstaternas konkurrenslagar alltmer kommit att utformats med EG:s konkurrensrätt som förebild. I Sverige bygger *konkurrenslagen* och Marknadsdomstolens praxis i mycket hög grad på EG-rätten. Med de starka begränsningar som följer av konvergenskravet får svensk konkurrensrätt tillämpas samtidigt med den europeiska, s k *parallell tillämpning.*[118] När så sker måste lojalitets-

115. Mål 14/68, Walt Wilhelm mot Bundeskartellamt (REG 1969, s 1; svensk specialutgåva volym 1).

116. Främst artikel 3.

117. Artikel 16 konkurrensförordningen. Principen hade redan tidigare slagits fast av EG-domstolen i mål C-344/98, Masterfoods mot HB Ice Cream (REG 2000, s I-11369).

118. Prop 2003/04:80 s 48 ff. Se vidare om den svenska konkurrenslagen U Bernitz, Svensk och europeisk marknadsrätt 1, 2005, C Wetter m fl, Konkurrenslagen – en handbok, 3 uppl, 2004.

principen i artikel 10 EGF och EG-rättens allmänna rättsprinciper iakttas.

När nationella domstolar tillämpar EG:s konkurrensrätt gäller de i kapitel 8 behandlade reglerna om inhämtande av förhandsavgörande från EG-domstolen, inbegripet skyldigheten för sista instans enligt artikel 234.3 EGF att göra så såvida inte rättsläget är klart. Domstolarna kan också begära upplysningar och yttranden från kommissionen om tillämpningen av gemenskapens konkurrensregler.[119]

Kommissionen samarbetar med medlemsstaternas konkurrensmyndigheter inom ramen för ett europeiskt konkurrensrättsligt nätverk, *European Competition Network* (ECN), bl a genom informationsutbyte, principer för fördelning av ärenden och samråd i bedömningsfrågor. Avsikten är att ärenden skall handläggas av den konkurrensmyndighet som är bäst placerad. Härigenom har ärendehandläggningen decentraliserats och delvis flyttats ut på de nationella myndigheterna.[120]

Avslutningsvis skall påpekas att vad som sagts i detta avsnitt om nationell handläggning inte gäller koncentrationsärenden. Om en koncentration överstiger tröskelvärdena enligt koncentrationsförordningen (se 16.7) är kommissionen ensamt behörig.

## 16.10 *Offentliga monopol och offentliga företag*

Tillåtligheten av offentliga monopol ser gemenskapsrätten primärt som en handelshindersfråga men har naturligtvis sakligt sett nära samband med konkurrensrätten. Offentliga monopol på varuområdet är i stor utsträckning att bedöma som otillåtna handelshinder (artikel 31.1 EGF).[121] Detta gäller särskilt tydligt *importmonopol*, som därför i regel har avvecklats. Det krävs dock inte generellt att statliga handelsmonopol avskaffas, men väl att de skall anpassas så att de fullt ut är icke-diskriminerande vad gäller anskaffnings- och saluförandevillkor i förhållande till

119. Artikel 15.1 konkurrensförordningen. Se vidare kommissionens tillkännagivande om samarbete mellan kommissionen och EU-medlemsstaternas domstolar vid tillämpning av artiklarna 81 och 82, 2004/C 101/04, 27.4.2004.

120. Artiklarna 11 – 14 konkurrensförordningen. Är fler än tre medlemsstater berörda anses kommissionen bäst lämpad att handlägga ärendet. Närmare riktlinjer ges i kommissionens tillkännagivande om samarbete inom nätverket av konkurrensmyndigheter, 2004/C 101/03, 27.4.2004. Samarbetet kan ses som ett utflöde av den allmänna lojalitetsplikten enligt artikel 10 EGF. Domstolen har framhållit att kommissionen har skyldighet att på förfrågan bistå nationella domstolar med information av ekonomisk och juridisk natur, mål C-234/89, Delimitis mot Henninger Bräu (REG 1991 s I-935, svensk specialutgåva, volym 11).

121. Se även avsnitt 12.9, i slutet. I litteraturen märks bl a J L Buendia Sierra, Exclusive Rights and State Monopolies under EC Law, Oxford 1999.

företag i andra medlemsstater. Artikel 31 har direkt effekt. Den gäller dock inte monopol på tjänsternas område; sådana måste för att kunna anses godtagbara uppfylla sådana krav på tvingande hänsyn som kan motivera undantag från den fria tjänsterörligheten (se 13.6).[122]

Ett ledande rättsfall är *Manghera*,[123] där EG-domstolen fann det italienska importmonopolet på cigarretter diskriminerande och otillåtet enligt artikel 31.1.

I *Franzén*[124] om svenska Systembolaget underströk Domstolen med tilllämpning av artikel 31 att handelsmonopol måste anpassas på sådant sätt att det inte föreligger någon diskriminering med avseende på anskaffnings- och saluföringsvillkor mellan medlemsstaternas medborgare. Systembolaget ansågs tillåtet mot bakgrund av att dess metoder för urval, detaljhandelsorganisation och marknadsföring varken rättsligt eller faktiskt befanns missgynna drycker som importeras från andra medlemsstater. Domstolen beaktade härvid också allmänintresset bakom Systembolaget; enligt Domstolen att skydda folkhälsan mot alkoholens skadeverkningar. Däremot gjorde Domstolen en kritisk bedömning av den tidigare svenska ordningen för import- och partihandelsverksamhet med alkoholdrycker på basen av artiklarna 28 och 30 EGF.

I *Rosengren* har EG-domstolen funnit det svenska förbudet för privatpersoner att köpa sprit, vin och starköl från annat EU-land via Internet ligga utanför Systembolagets monopol. Förbudet bedömdes som en kvantitativ importrestriktion enligt artikel 28 EGF och oproportionerligt långtgående som skydd för folkhälsan vid en prövning enligt artikel 30.[125]

*Hanner*[126] gällde det svenska apoteksmonopolet på i första hand icke receptbelagda läkemedel. Chefen för ett företag som sålt Nicorette i en hälsovårdsbutik hade åtalats. EG-domstolen valde att inte gå in på tillåtligheten av monopolet som sådant, eftersom den fann utformningen av monopolet otillåten redan på den grunden att det saknade ett icke-diskriminerande urvalssystem för varuinköpen.

För offentliga företag och andra företag som har beviljats en ensamrätt eller särställning (tjänstemonopol inbegripna) gäller enligt huvudregeln de allmänna konkurrensrättsliga reglerna i artiklarna 81 och 82 EGF, liksom det grundläggande diskrimineringsförbudet i artikel 12.1 (se arti-

122. Mål 155/73, Sachi (REG 1974, s 409; svensk specialutgåva, volym 2). I avsnitt 13.6 behandlas bl a spelmonopol.

123. Mål 59/75, Pubblico Ministero mot Manghera (REG 1976, s 91; svensk specialutgåva, volym 3).

124. Mål C-189/95, Allmänna åklagaren mot Harry Franzén (REG 1997, s I-5909). Se härtill L Pehrson & N Wahl, Systembolaget, JT 1997-98 s 834 ff.

125. Mål C-170/04, Klas Rosengren m fl mot Riksåklagaren, dom 5 juni 2007 (förhandsavgörande på begärande av HD).

126. Mål C-438/02, brottmål mot Krister Hanner (REG 2005, s I-4551). I den efterföljande rättegången i tingsrätten frikändes Hanner (lagakraftvunnet), målet kommenterat i SvJT 2005 s 984 ff och av J Hettne, Apoteksdomen – monopolet på fallrepet? i ERT 2005 s 562 ff. Se även A Meyrowitsch, E Allroth & J Hettne, EU och svenska monopol – teori, verklighet och framtid, SIEPS 2005:6.

kel 86.1, som har direkt effekt). Enligt EG-domstolen får medlemsstaterna inte införa eller vidmakthålla föreskrifter eller åtgärder som förtar de gemenskapsrättsliga konkurrensreglernas effektivitet.[127] Också offentliga företag och företag med en särställning måste alltså agera konkurrensneutralt. EG-domstolens tillämpning har varit ägnad att driva på utvecklingen mot en successiv avreglering i medlemsstaterna.

Enligt artikel 86.2 gäller ett längre gående undantag från de allmänna konkurrensreglerna för företag som tillhandahåller tjänster av allmänt ekonomiskt intresse eller utgör fiskala monopol. De är undantagna från konkurrensreglerna i den mån dessa skulle hindra dem att fullgöra sina särskilda uppgifter. Artikel 86.2 skall med hänsyn till sin karaktär av undantag tolkas restriktivt enligt Domstolens principer, men bestämmelsen har ansetts tillämplig på vissa postföretag, telekommunikationsföretag, radio- och TV-företag m fl. Också här sker dock en avreglering.[128]

## 16.11 *Offentliga stödåtgärder*

En viktig del av konkurrenspolitiken utgör reglerna om offentliga stödåtgärder. De behandlas ofta under rubriken statsstöd, men härunder faller också kommunala stödåtgärder och annat stöd som utgår från offentliga resurser. Dylika åtgärder förekommer i stor utsträckning i EU-länderna, liksom på andra håll, och kan ta sig många olika former. Förutom kontantstöd märks skatte- och avgiftsfördelar, kredit- och räntefavörer m m. Begreppet stödåtgärd fattas vitt och för att avgöra om en favör utgör en stödåtgärd eller ej eller brukar man ställa frågan om en privat investerare skulle ha tillskjutit kapital i motsvarande situation på marknadsmässiga grunder ("the market investor principle"). Finner man så inte vara fallet föreligger normalt en stödåtgärd. För EU gäller det primärt att tillse att medlemsstaternas stödåtgärder inte ges en sådan utformning att de snedvrider konkurrensförutsättningarna till de inhemska företagens fördel. Kommissionen har på senare år väsentligt ökat sin aktivitet på stödområdet.[129]

127. Mål 13/77, GB-INNO mot ATAB (REG 1977, s 2115; svensk specialutgåva, volym 3).

128. Se bl a C M von Quitzow, State Measures Distorting Free Competition in the EC, The Hague 2002 s 86 ff., E Edwardsson, Konkurrenslagen och konkurrensbegränsande offentliga regleringar (ak. avh), Uppsala 2003.

129. Tillämpningen av statsstödsreglerna har på grundval av den rattspraxis som utvecklats formaliserats genom tillkomsten av en rådsförordning om tillämpningen av fördragets statstödsregler på horisontellt statsstöd, *statsstödsförordningen*, 659/1999 EG, EGT 1999 L 83/1. På grundval av denna förordning har kommissionen utfärdat gruppundantag för vissa mindre omfattande stödformer som inte ansetts behöva anmälas. Dessa avser små stödbelopp och stöd till små och medelstora företag m m, se främst kommissionsförordningarna 68–70/2001, EGT 2001 L 10/20 respektive L 10/30 och L 10/33.

*Huvudprincipen* är att alla offentliga stöd, som påverkar samhandeln och kan verka konkurrenssnedvridande, måste anmälas i förväg till kommissionen och är förbjudna, såvida de inte faller in under olika särskilda undantag eller godtagits av kommissionen på grund av sådana skäl som har stöd i fördragstexten.[130]

Enligt huvudregeln i artikel 87.1 EGF gäller *förbud mot alla former av selektiva stödåtgärder*, som gynnar vissa företag eller viss produktion och som påverkar handelsutbytet mellan medlemsstaterna så att detta snedvrids.[131] Detta principiella förbud är dock långt ifrån absolut. Undantag görs enligt artikel 87.2 generellt för stödåtgärder av social, nondiskriminerande natur eller som avser hjälp vid naturkatastrofer och liknande. Viktigast är att undantag kan göras, och också görs i stor utsträckning, för nationellt regionalstöd till ekonomiskt eftersatta områden och för sektorsstöd till särskilt utsatta näringsgrenar m m (se artikel 87.3). Gemenskapen ger själv ett omfattande ekonomiskt stöd till eftersatta regioner inom EU-länderna genom sina strukturfonder.

Det ankommer i första hand på kommissionen att bedöma stödåtgärders berättigande. Artikel 87.3 lämnar betydande utrymme för diskretionära bedömningar från kommissionens sida och anses ej ha direkt effekt. Kommissionen agerar framför allt inom ramen för förhandlingar med medlemsstaterna, där den söker tillse att stödåtgärderna i görligaste mån ges en från gemenskapssynpunkt neutral utformning. Kortfristiga stödåtgärder i syfte att rekonstruera krisföretag eller krisbranscher har i vissa fall godtagits. Däremot är det en i praxis fast etablerad regel att inte godta statsstöd till export från ett medlemsland till ett annat (exportsubventioner). Här blir konkurrenssnedvridningen särskilt påtaglig.

Gemenskapens statsstödsregler bygger på ett system med *förhandsgranskning*. Medlemsstaterna är skyldiga att i särskild form anmäla såväl föreslagna nya stöd som ändringar i villkoren i befintliga stöd till kommissionen och att avvakta dennas ställningstagande.[132] Stödet är godtaget om kommissionen finner det falla under undantagen i artikel 87.2 eller om det kan godkännas enligt artikel 87.3.

Det är olagligt (enligt artikel 88.3) om en medlemsstat genomför ett stöd som inte anmälts eller inte har godkänts. Den bestämmelsen har till skillnad från de materiella statsstödsreglerna *direkt effekt*. Kommissionen är normalt skyldig att kräva att en medlemsstat återbetalar felaktigt ge-

130. Se för en översikt bl a M Aldestam, EC State aid rules applied to taxes, Uppsala 2005, O Allgårdh & S Norberg, EU och EG-rätten, 4 uppl, 2004 s 475 ff, Wyatt and Dashwood's European Union Law, 5 ed, London 2006 s 1145 ff. Ett grundläggande arbete är L Hancher, T Otterwanger & P J Slot, EC State Aids, 3 ed, London 2006

131. I praxis ges samhandelskriteriet en bred räckvidd också på stödområdet. I Altmark, C-280/00, Altmark Trans m fl (REG 2003, s I-7747) fann sålunda EG-domstolen att regionalt eller lokalt stöd till kollektivtrafik kan uppfylla samhandelskriteriet.

132. Anmälningsförfarandet regleras i statsstödsförordningen.

nomförda statstöd. Beslut av kommissionen, som helt eller delvis går sökanden emot, kan angripas med ogiltighetstalan enligt artikel 230 EGF.

Sverige saknar i allt väsentligt egna statsstödsregler och rättsläget ter sig påtagligt outvecklat.[133] Det är oklart på vilka grunder konkurrenter som lider skada kan göra gällande en talerätt och hur ansvaret för återbetalning av felaktigt utbetalt stöd skall handhas. I praxis märks främst *elskattefallet*. Svensk tillverkningsindustri åtnjöt full skattebefrielse från energiskatt på den elektricitet som användes i företagens produktion. Kommissionen har bedömt detta som otillåtet selektivt statsstöd och har beslutat om viss återbetalningsskyldighet.[134]

## 16.12 *Offentlig upphandling*

Regelverket kring offentlig upphandling behandlas ej inom ramen för EG-fördragets konkurrensregler men har nära sakligt samband med detta område.[135] Med offentlig upphandling förstås statliga och kommunala organs anskaffning av varor och tjänster. Detta sker normalt genom *anbudsförfarande*, d v s olika företag inbjuds att komma in med anbud som sedan prövas av köparen eller beställaren. Den offentliga upphandlingen är en sektor av enorm ekonomisk betydelse (upp till 20 % av BNP), där det traditionellt varit vanligt att favorisera inhemska företag, många gånger lokalt eller regionalt, både vid utarbetande av anbudsspecifikationer och vid själva anbudsbedömningen.

EG-fördraget saknar särskilda regler för offentlig upphandling. Diskriminering mot företag i annat EU-land utifrån nationalitetsskäl strider dock mot fördragets grundprinciper (bl a diskrimineringsförbudet i artikel 12.1) och träffas av förbudet i artikel 28 mot åtgärder med motsvarande verkan såvitt gäller varor och motsvarande regler för tjänster (artikel 49). Inom EU ställde det sig likväl länge svårt att bryta det invanda mönstret med favorisering av inhemska företag vid utförande av offentliga arbeten.

Belysande är ett mål där kommissionen förde talan mot Irland.[136] Ett kommunalt vattenverk i *Dundalk* hade angivit i sin kravspecifikation för ett

133. Se U Bernitz, Svensk och europeisk marknadsrätt 1 s 220 f., I Simonsson, State aid enforcement and supervision in Sweden, ERT 2006 s 622 ff., dens., On the emerging obligation for Member States Authorities to supervise and enforce EC state aid law, i Swedish Studies in European Law, Vol 1, 2006 s 233 ff, T Indén, Svenska regler om återkrav av olovligt utbetalt statsstöd, Svensk rätt i EU (ed Ö Edström), 2007 s 61 ff.

134. Kommissionens beslut 30.06.2004, C (2004) 2200.

135. Se bl a S Arrowsmith, The Law of Public and Utilities Procurement, 2 ed, London 2005, P Trepte, Public Procurement in the EU, 2 ed, Oxford 2007, A Sundstrand, EG-domstolens domar om offentlig upphandling (praxissammanställning), 2006.

136. Mål 45/87, kommissionen mot Irland (REG 1988, s 4929; svensk specialutgåva, volym 9).

anläggningsarbete att använda cementrör skulle uppfylla en viss angiven irländsk kvalitetsstandard. Spansktillverkade rör ansågs inte uppfylla standarden, trots att de i sak var likvärdiga. EG-domstolen fann det uppställda standardkravet strida mot artikel 28 EGF, då det inte ansågs motiverat av sakliga kvalitetshänsyn.

Välkänt är *Bron över Stora Bält*.[137] Ansvarig för brobygget var AS Storebæltsforbindelsen, som helt kontrollerades av danska staten. I anbudshandlingarna angavs att "entreprenören är skyldig att i görligaste mån använda danska material och förbrukningsvaror, liksom dansk arbetskraft och utrustning". EG-domstolen fann villkoren strida mot den fria rörligheten för såväl varor, arbetskraft och tjänster (artiklarna 28, 39 och 49). I målet hade domstolens president dessförinnan interimistiskt stoppat upphandlingen.[138]

Rådet har genom direktiv byggt upp ett omfattande regelverk för offentlig upphandling i syfte att säkerställa att större upphandlingar bedrivs i medlemsstaterna i former som säkerställer en öppen konkurrens, där företag i hela EU kan delta på lika, objektiva villkor och inte riskera ovidkommande hänsynstaganden. Liknande regler tillämpas i EU:s egen upphandlingsverksamhet.[139] Direktiven normerar bland annat tillvägagångssättet vid offentlig upphandling av stora order, både i fråga om anbudsinfordran och anbudsbedömning. Dessa ligger till grund för en kontroll av att offentliga anbudsinfordrare i EU-länderna efterlever diskrimineringsförbudet. Att få till stånd en välfungerande fri konkurrens inom EU över nationsgränserna på den offentliga upphandlingens område är självfallet en viktig uppgift inom ramen för den inre marknaden.

Direktiven är detaljerade.[140] Reglerna har delvis sin bakgrund i ett, inom ramen för WTO ingånget, internationellt avtal.[141] Man kan peka på några gemensamma huvudprinciper, avsedda att motverka diskriminering. Hit hör kravet på "*transparens*", d v s företag i andra EU-länder skall kunna få reda på aktuella anbudsförfaranden, bl a genom publicering i föreskriven ordning i en särskild avdelning av EUT. Offentliga organ som infordrar anbud får inte åstadkomma diskriminerande effekter genom utformningen av tekniska kravspecifikationer och skall även i öv-

137. Mål C-243/89, kommissionen mot Danmark (REG 1993, s I-3353).

138. I mål 31/87, Gebroeders Beentjes mot Nederländerna (REG 1988, s 4635) godtog däremot EG-domstolen ett krav på att anbudsgivare skulle sysselsätta viss procent arbetslösa, när villkoret inte direkt eller indirekt diskriminerade anbudsgivare från andra medlemsstater. EG-domstolen har godtagit att Helsingfors stad vid upphandling av stadsbussar särskilt beaktat uppställda, icke-diskriminerande villkor om bussarnas miljövänlighet (avgasrening och buller); C-513/99, Concordia Bus Finland m fl (REG 2002, s I-7213).

139. J Hettne & U Öberg, Fritt skön och domstolskontroll vid offentlig upphandling, SvJT 2005 s 192 ff.

140. Direktiv 2004/18/EG, EUT 2004 L 134, om samordning av förfarandena vid offentlig upphandling av byggentreprenader, varor och tjänster (den s k klassiska sektorn) och direktiv 2004/17/EG, EUT 2004 L 134 om samordning av förfarandena vid upphandling på områdena vatten, energi, transporter och posttjänster (försörjningssektorn). Direktiven har likartad struktur.

141. Government Procurement Agreement (GPA).

rigt tillämpa objektiva, affärsmässiga kriterier när det gäller att begära in och pröva anbud.

Skyldiga att iaktta upphandlingsreglerna är organ som lyder under offentlig rätt, s k *upphandlande enheter*. Härunder faller inte endast myndigheter utan också juridiska personer som tillgodoser allmänna intressen, som inte har industriell eller ekonomisk karaktär och till övervägande del finansieras eller styrs av (emanerar från) det allmänna.

Som exempel ur praxis kan nämnas att domstolen i *Mannesmann* bedömt det österrikiska statstryckeriet, ett fristående aktiebolag, vara en upphandlande enhet.[142] I *BFI* har kommuner bedömts vara skyldiga att upphandla sophanteringstjänster, eftersom dessa tillgodoser allmänna intressen.[143] Med tillämpning av motsvarande regler i svenska LOU (se nedan) har HD funnit en vägförening vara upphandlande enhet vid inköp av en vägfärja eftersom verksamheten huvudsakligen finansierades av det allmänna, NJA 2003 s 683, *Högmarsö Samfällighetsförening*.

För att främja direktivens efterlevnad har rådet utfärdat särskilda s k *rättsmedelsdirektiv*.[144] Beslut i upphandlingsärenden skall kunna överklagas till domstol, felaktiga beslut skall kunna stoppas interimistiskt och företag som lidit skada, t ex genom att de diskriminerats, skall ha rätt till skadestånd.[145]

I Sverige har de tidigare upphandlingsdirektiven genomförts inom ramen för 1992 års lag om offentlig upphandling (LOU); arbetet med att implementera 2004 års reviderade direktiv pågår.[146] I LOU har Sverige valt att i huvudsak göra regelsystemet gällande som nationell rätt också för upphandlingar av mindre omfattning, som ligger under de tröskelvärden som gäller som en förutsättning för att EG-direktiven skall vara tillämpliga;[147] ett exempel på överskjutande implementering av direktiv (jfr 17.1.1).[148]

142. C-44/96, Mannesmann Anlagenbau Austria AG m fl mot Strothal Rotationsdruck GesmbH (REG 1998, s I-73).

143. C-360/96, Geemente Arnhem, Geemente Rheden mot BFI Holding BV (REG 1998, s I-6821).

144. Rådets direktiv 89/665/EEG, EGT 1989 L 395/33; svensk specialutgåva, område 6, volym 3, s 48 och 92/13/EEG, EGT 1992 L 76/14; svensk specialutgåva, område 6, volym 3, s 127. Rättsmedelsdirektiven är f n föremål för översyn.

145. Detta bör beräknas med utgångspunkt i det positiva kontraktsintresset, NJA 1998 s 873, d v s anbudsgivaren skall försättas i samma läge som om anbudsförfarandet fullgjorts korrekt, se även NJA 2000 s 712, Tvättsvamparna och HD:s dom 31 maj 2007, T 2883-04, Rederi Ishavet. Till frågan, se bl a N Wahl, Offentlig upphandling och skadestånd – reparation, prevention eller ingendera?, JT 1997–98 s 619 ff, J Hellner, Upphandling och skadestånd, JT 1998–99 s 950 ff, N Wahl, Konkurrensskada, 2000 s 115 ff, H Leffler, Skadestånd för överträdelser av reglerna om offentlig upphandling, ERT 2003 s 483 ff.

146. Prop 2006/07:128.

147. I EG-rätten ligger dock alltid fördragsbestämmelserna såsom artikel 28 EGF i botten och är tillämpliga även på upphandlingar under tröskelvärdena.

148. Om direktivkonform tolkning av LOU, NJA 2003 s 82, Ljusdals Kabel TV.

# 17. Lagharmonisering och rättssamarbete

## *17.1 Formerna för lagharmonisering*

### 17.1.1 Syfte och inriktning

Ett viktigt led i integrationssträvandena utgör som redan framgått harmonisering[1] av medlemsländernas nationella lagstiftning. I den svenska fördragstexten används termen tillnärmning av lagstiftning men vanligen talar man om lagharmonisering. Härmed avses inte ett totalt förenhetligande av rättsläget (unifiering) utan ett inbördes närmande för undanröjande av olikheter i rättsregler i den utsträckning som den gemensamma marknadens funktion kräver det, se artikel 3.1 h) EGF. Man strävar efter att undanröja sådana rättsliga olikheter, som hindrar ett obundet flöde av varor, tjänster, personer och kapital inom EU eller snedvrider de inbördes konkurrensförutsättningarna för näringsverksamhet i skilda medlemsländer. En grundförutsättning för att den inre marknaden skall kunna fungera tillfredsställande är ju att de olika aktörerna har samma konkurrensförutsättningar oavsett i vilken geografisk del av EU som de är verksamma. Med ett ofta använt uttryck fordrar den inre marknaden att det finns "a level play(ing) field". Det är ett centralt syfte för lagharmoniseringsarbetet att medverka till tillskapandet av en sådan "jämn spelplan".[2]

Lagharmoniseringsarbetet inom EU utmärks av hög ambitionsnivå och fast beslutsstruktur; det leder i regel till rättsakter (förordningar eller direktiv) som är bindande för medlemsstaterna och vars genomförande och nationella tillämpning övervakas av kommissionen. EU-samarbetet på lagstiftningens område skiljer sig härigenom markant från det sätt på vilket sådant arbete traditionellt bedrivits och fortfarande vanligen bedrivs inom andra internationella organisationer. Där brukar arbetet

1. Engelska: approximation (eller harmonisation), franska: rapprochement, tyska: Angleichung, danska: tilnærmelse.
2. Se till detta avsnitt bl a C Barnard, The Substantive Law of the EU, Oxford 2004, kapitel 18.

främst vara inriktat på grundläggande juridiska områden av vikt för det internationella utbytet och ha till huvudsyfte att långsiktigt förenhetliga rättsläget i betydelsefulla hänseenden. Arbetet brukar vara oförbindande, såtillvida att varje lands parlament har att besluta självständigt om det skall ratificera den konventionstext som länderna kommit överens om och undertecknat. Den efterföljande uppföljningen av den nationella tillämpningen är ofta svag. I det nordiska lagstiftningssamarbetet saknas t o m vanligen någon bakomliggande konventionstext och samarbetsprocedurerna har varit tämligen informella.[3]

Inom EU har lagharmoniseringsarbetet en väsentligen praktisk inriktning såsom ett instrument för uppbyggnaden av den inre marknaden. Detta innebär att målinriktningen i regel är konkret och inställd på relativt snabba, ofta successiva resultat. Den volymmässigt övervägande delen av harmoniseringsåtgärderna rör ganska begränsade frågor, ofta med inriktning på att undanröja tekniska handelshinder mellan medlemsstaterna som försvårar den inre marknadens funktion, t ex krav rörande varors utformning, kvalitet, förpackning eller märkning (motsvarande för tjänster). Det finns ett mycket stort antal sådana direktiv, t ex rörande märkning av farmaceutiska produkter, konserveringsämnen i livsmedel, typgodkännande av fordon och släpvagnar, bestämmelser för mätinstrument och gemensamma normer för kosmetika.

Över tiden har emellertid målsättningen i harmoniseringsarbetet vidgats väsentligt vad gäller juridiskt mera centrala områden. Detta har redan framgått av behandlingen i det föregående av bl a rättssamarbetet inom straffrätten inom ramen för tredje pelaren (kapitel 10) och av utvecklingen inom finansmarknadsrätten och bolagsrätten (14.2 och 14.3). Det belyses ytterligare i det följande med inriktning på arbetsrätten, miljörätten, immaterialrätten, konsumenträtten och den internationella privaträtten.

Vanligen genomförs harmoniseringsåtgärderna genom utfärdande av direktiv. Dessa förpliktar som bekant medlemsstaterna att förändra sin lagstiftning i enlighet med direktiven. Detta gäller dock endast i den mån så är nödvändigt; ibland kan ett medlemslands lagstiftning redan från början helt eller delvis ha en utformning som tillgodoser de krav ett direktiv ställer (se 3.3.8). Numera kan man dock notera en tendens att i ökande utsträckning använda förordningar; härigenom undgås den inte sällan sega genomförandefasen i medlemsstaterna och säkerställs att enhetliga regler blir direkt gällande i dessa.

3. Det nordiska lagsamarbetet har traditionellt till stor del inriktats på central civilrätt, såsom avtalsrätt, köprätt, skuldebrevsrätt, skadeståndsrätt, familjerätt, sjörätt, immaterialrätt och aktiebolagsrätt. Under trycket av EU och den allmänna internationaliseringen har det nordiska lagsamarbetet tappat starkt i betydelse på många områden. Se bl a U Bernitz, Sverige och europarätten, 2002 kapitel 8 (Europeisk rättsintegration och den nordiska rätten).

Direktiven innefattar ofta krav på *fullharmonisering* (maximidirektiv),[4] d v s de ställer upp kompletta regler på ett område som skall gälla enhetligt i medlemsstaterna. En medlemsstat får då inte tillämpa strängare nationella regler inom det fullharmoniserade området. Ibland kan dock direktiv, som i princip fordrar fullharmonisering, ge medlemsstaterna viss valrätt mellan olika alternativa möjligheter (s k optioner) att utforma den nationella lagstiftningen eller ge medlemsstater rätt att avstå från att införa en viss regel (opt out). Sådana lösningar återspeglar ofta kompromisser som bedömts nödvändiga under lagstiftningsarbetet i rådet och parlamentet.

Är ett varuområde att anse som fullharmoniserat måste medlemsstaterna å ena sidan förbjuda tillverkning och försäljning av sådana varor som inte uppfyller direktivets krav (även inom det egna landet) men måste å andra sidan tillåta införsel och försäljning av sådana varor som uppfyller kraven. En medlemsstat får alltså i sådant fall inte ställa upp ytterligare nationella krav som kan verka handelshindrande under åberopande av tvingande hänsyn enligt artikel 30.[5]

Det kända rättsfallet *Hedley Lomas* är belysande.[6] Engelska myndigheter vägrade exportlicens för export av levande kalvar till Spanien för slakt där under åberopande av att spanska slakthus inte uppfyllde kraven enligt ett EG-direktiv om slakt och att djurskyddsskäl utgjorde ett tvingande hänsyn som gjorde denna vägran berättigad enligt artikel 30. EG-domstolen godtog inte detta och framhöll att direktivet tillgodosåg de djurskyddskrav som ansetts nödvändiga och ett medlemsland kunde då inte åberopa artikel 30. Misstankar om att spanska slakterier inte följde gemenskapsrättens regler gav inte ett annat medlemsland rätt att vidta ensidiga skyddsåtgärder. Domstolen erinrade om att enskilda som vägrats licens kunde ha skadeståndskrav mot brittiska staten enligt Franchovich-principen.[7]

EG-domstolen har i *Salmonellamålet* funnit det otillåtet att Sverige tillämpade importkontroll av kött och ägg m m från andra medlemsstater för att hindra spridning av salmonella, eftersom området är fullharmoniserat och kontrollen skall ske i exportlandet. Domstolen upprepade uttalandet att misstro mot andra medlemsstaters kontroller inte gör ensidiga skyddsåtgärder godtagbara.[8]

Regeringsrätten fann i RÅ 2005 ref 2, *Monsanto*, att Sverige inte fick tillämpa egna strängare regler angående växtskyddsmedlet glyfosat eftersom gällande EG-regler innebar fullharmonisering.

Vissa direktiv har dock karaktär av *minimidirektiv*, d v s de nöjer sig med att uppställa vissa minsta krav på medlemsländernas lagstiftning

4. Även termen totalharmonisering används.
5. Se bl a mål C-190/87, Oberkreisdirektor mot Moormann (REG 1988 s 4689).
6. Mål C-5/94, ex parte Hedley Lomas (REG 1996, s I-2553).
7. Se härom 5.6.
8. C-111/03, kommissionen mot Sverige (REG 2005 s I-8789).

men tillåter medlemsstaterna att hålla en högre skyddsnivå. Det rör sig vanligen om direktiv på områden av välfärdskaraktär, såsom arbetstagarskydd, miljöskydd eller konsumentskydd. De lägger fast ett golv för vad som krävs av medlemsstaternas lagstiftning på området under vilket en stat inte får lägga sig (t ex för att ge det egna näringslivet konkurrensfördelar). Minimidirektiv kan vara en lämplig lösning när medlemsstaternas ambitionsnivå växlar, men bevarar skillnader i lagstiftningens utformning som kan verka handelshindrande och har därför inte full harmoniseringseffekt. Åter andra direktiv har karaktär av ramdirektiv; de anger huvudprinciperna men är avsedda att utfyllas av detaljregler utfärdade av kommissionen, oftast på grundval av arbete inom ramen för kommittologin (se 4.2.3). Vid läsning av direktiv bör man vara uppmärksam på i vad mån de tillåter avvikande nationella regler.

Lagstiftningssamarbetet inom EU har även en allmän betydelse för rättsutvecklingen i medlemsländerna, som blir alltmer påtaglig vartefter harmoniseringsarbetet vidgas till nya områden. Ett närmande sker många gånger indirekt genom att önskemål om anpassning till rättsläget i andra EU-länder tas i beaktande vid lagstiftningsarbete inom landet. På denna väg kan redan förslag till direktiv och förordningar ha en harmoniseringseffekt i praktiken. Det förekommer också att medlemsstater tilllämpar *överskjutande införlivande av direktiv*, d v s staten låter den lagstiftning som den inför för att genomföra direktivet bli tillämplig också på områden eller situationer som direktivet inte omfattar.[9] Ett svenskt exempel är att den svenska upphandlingslagen, som genomför EG:s direktiv om offentlig upphandling (se 16.12), gjorts tillämplig också på upphandlingar som ligger under de belopp som gäller enligt de i direktiven angivna tröskelvärdena.

## 17.1.2 Kompetens och beslutsformer

Allmänna regler om förfarandet vid lagharmonisering ges i artiklarna 94-97 EGF, men härutöver finns speciella föreskrifter om harmonisering av rättsregler på skilda håll i fördraget (bl a artikel 293). Formellt sett är huvudregeln fortfarande är att rådet måste vara enhälligt vid beslut om harmoniseringsdirektiv (artikel 94), något som i ett tidigare skede varit ägnat att starkt försena och försvåra arbetet. Genom enhetsakten 1986 infördes emellertid den viktiga artikel 95,[10] enligt vilken harmoniseringsbeslut som syftar till att upprätta den inre marknaden och få den att fungera (artikel 95.1) kan fattas av rådet med kvalificerad majoritet gemensamt med Europaparlamentet; den i 4.5.2 behandlade medbeslutan-

9. Se C Bjerke, Överskjutande införlivande av direktiv, ERT 2006 s 644 ff. Det kan i sådana fall vara möjligt att begära förhandsavgörande av EG-domstolen enligt principen i Leur-Blom, se 8.2.

10. Äldre beteckning artikel 100a.

deordningen. Detta har i praktiken blivit huvudregeln med tanke på den stora räckvidden av vad som innefattas i begreppet inre marknaden.

Frågan hur långt den attraktiva beslutsmetoden enligt artikel 95.1 kan drivas har prövats av EG-domstolen i flera mål. Oftast har det handlat om medlemsstater som sökt få rättsakter ogiltigförklarade[11] i fall där besluten fattats enligt artikel 95.1 och den processande medlemsstaten blivit överröstad i rådet när rättsakten ifråga antogs. Som behandlats i det föregående beslöt EG-domstolen att ogiltigförklara det ursprungliga direktivet om förbud mot tobaksreklam, som hade antagits med artikel 95.1 som rättslig grund p g a direktivets svaga anknytning till utvecklingen av den inre marknaden. Sedan direktivets omfattning begränsats i vissa hänseenden, har dock domstolen godtagit artikel 95.1 som rättslig grund för tobaksreklamförbud.[12] I flertalet fall som prövats har EG-domstolen funnit artikel 95.1 utgöra en korrekt rättslig grund – artikeln har helt klart ett brett tillämpningsområde. Domstolen är sannolikt inställd på att så långt möjligt respektera rådets och parlamentets ställning såsom lagstiftare; ogiltigförklaringen av det ursprungliga tobaksreklamdirektivet får troligen ses som ett undantagsfall.

Som ett annat exempel kan nämnas ett fall där Nederländerna utan framgång sökte få EG-domstolen att ogiltigförklara direktiv 98/44 om rättsligt skydd för biotekniska uppfinningar med hänsyn till att det gav alltför vidsträckta patenteringsmöjligheter på genteknikområdet. Domstolen fann att direktivets huvudsyfte var behovet att harmonisera medlemsländernas lagstiftning på området och godtog artikel 95 som rättslig grund.[13]

Enhällighetsprincipen för rådsbeslut om lagharmonisering gäller dock fortfarande i fråga om skatter och avgifter, fri rörlighet för personer och bestämmelser om anställdas rättigheter (artikel 95.2). Som nämnts i 14.4 har enhällighetskravet hittills i huvudsak omöjliggjort harmoniseringsåtgärder på den direkta beskattningens område. På miljöområdet har farhågor för att harmonisering kan leda till sänkt skyddsnivå i vissa medlemsstater föranlett en undantagsregel om möjlighet att behålla högre nationell skyddsnivå (artikel 95.4) eller införa nya nationella regler (artikel 95.5), den s k miljögarantin (se 17.4.1).

Artiklarna 94 och 95 sätter emellertid gränser för hur långt harmoniseringsåtgärder kan drivas genom kopplingen till den inre marknadens funktion. När kompetensen enligt dessa artiklar inte bedöms räcka till och mera speciella fördragsartiklar för olika områden inte kan utnyttjas har dock rådet möjlighet att (enhälligt) besluta om harmoniseringsåtgär-

11. Angående talan om ogiltigförklaring, se 7.3.
12. Se 3.1.1 och 6.2 ovan.
13. Mål C-377/98, Nederländerna mot Europaparlamentet och rådet (REG 2001, s I-7079), se punkterna 27–29. Jfr 6.5 angående subsidiaritetsprincipen som också åberopades utan framgång.

der med stöd av den allmänna *restkompetensen* i artikel 308, förutsatt att åtgärden bedöms nödvändig för att förverkliga något av gemenskapens mål. Denna möjlighet har bl a kommit till användning inom immaterialrätten, t ex EG:s omfattande varumärkesförordning. Några distinkta gränser för hur långt lagharmoniseringsarbetet får drivas sätter alltså inte EG-rätten.

Under 2000-talet har en ny dimension kommit in i rättssamarbetet inom EU som går utöver den hittills behandlade lagharmoniseringen med huvudsaklig inriktning på att förverkliga den inre marknaden. Rättssamarbetet har numera det vidare syftet att inom EG upprätta *"ett område med frihet, säkerhet och rättvisa"* (an area of freedom, security and justice"), artikel 61 EGF.[14] Härmed avses bl a visum-, asyl- och invandringsfrågor som avser personer i tredje land.[15] Hit hör emellertid också civilrättsligt och civilprocessuellt samarbete som rör den inre marknadens funktion och har gränsöverskridande inverkan – en för rättsutvecklingen viktig kompetensutvidgning. Nära anknutet är det tidigare behandlade polissamarbetet och det straffrättsliga samarbetet som ännu ligger kvar i tredje pelaren (se kapitel 10).

Samarbetet riktar särskilt in sig på att få utsökning och civilprocessuella förfaranden att fungera smidigare i tvister som går över gränserna med det övergripande syftet att vidtagna åtgärder behövs för att den inre marknaden skall fungera väl. Numera tillämpas i huvudsak medbeslutandeordningen.[16] I artikel 65 EGF nämns bland annat samarbete om bevisupptagning, erkännande och verkställighet av utomrättsliga avgöranden från annan medlemsstat, förenhetligade bestämmelser om domstolars behörighet och harmonisering av civilprocessuella regler.[17] Man är primärt inriktad på att utveckla praktiskt fungerande ordningar som främjar det ekonomiska utbytet och den fria rörligheten inom unionen, exempelvis indrivning av fordringar. Här har skett en snabb vidareutveckling.[18] Här märks bland annat delgivningsförordningen angående delgivning i med-

14. Detta rättssamarbete bygger på en kompetensutvidgning genom Amsterdamfördraget; det låg tidigare inom tredje pelaren. Grundläggande beslut togs vid Europeiska rådets möte i Tammerfors 1999 varvid Finland spelade en pådrivande roll. Se K Rissanen, An Area of Justice and the European Union, ERT 1999 s 87 ff. Se även dens., EU:s område med rättvisa och stadgan om de grundläggande rättigheterna ur medborgarnas perspektiv, Festskrift till Ulf Bernitz, ERT s 195 ff. Se vidare bl a S Peers, EU Justice and Home Affairs Law, 2 ed, Oxford 2006.

15. Detta berörs i korthet i 15.6.

16. Artikel 67 EGF med hänvisning till artikel 251 (se 4.5.2).

17. För beslut enligt artikel 65 tillämpas i huvudsak det komplicerade beslutsförfarandet enligt artikel 251, som med många förbehåll möjliggör beslut med kvalificerad majoritet i rådet.

18. E Werlauff, Fælleseuropeisk procesret – europaretlige krav til nordiske domstole, TfR 1998 s 629 ff, dens, Common European Procedural Law, Copenhagen 1999, T Andersson, EG-rätten och den svenska processrätten, JT 1998–99 s 807 ff.

lemsstaterna av handlingar i civilrättsliga mål och ärenden,[19] förordningen om insolvensförfaranden (d v s konkurs och företagsrekonstruktion)[20] och förordningen om samarbete mellan medlemsstaternas domstolar angående bevisupptagning i civilmål.[21] Vidare märks en förordning av 2004 om en europeisk exekutionstitel för obestridda fordringar.[22] Nyligen har antagits en förordning om europeiskt betalningsföreläggande.[23] Förordningarna är som framgått direkt tillämpliga i Sverige och kompletteras i allmänhet av svenska detaljbestämmelser av närmast administrativ natur.

### 17.1.3 Förhållandet till de nationella rättsordningarna

Lagharmoniseringsarbetet behandlar som framgått såväl begränsade frågor av en i hög grad konkret och praktisk natur som ämnen av central juridisk betydelse, där det ofta rör sig om ett mer djupgående närmande mellan medlemsstaternas lagstiftning. Särskilt i det senare fallet är det en viktig fråga, varifrån EU hämtar sina förebilder. Klart är att impulserna normalt kommer från rättsmiljöerna i medlemsstaterna och att komparativa (rättsjämförande) studier av rättsläget i dessa ofta tillmäts intresse. Ett uttryck härför i fördraget är regeln, att gemenskapens skadeståndsansvar skall bestämmas "i enlighet med de allmänna principer som är gemensamma för medlemsstaternas rättsordningar" (artikel 288.2).[24] Man kan även erinra om fördragshänvisningen till "medlemsstaternas gemensamma konstitutionella traditioner" (artikel 6.2 EUF).

Vilka nationella rättssystem och rättstraditioner kommer då särskilt till uttryck i harmoniseringsarbetet och mera allmänt i europarätten? Det har varit betydelsefullt att rättsordningen i åtskilliga av EU:s medlemsstater – däribland fem av de ursprungliga medlemmarna – bygger på fransk rättstradition, väsentligen genom den reception som skedde i början av 1800-talet av den franska Code civil och andra napoleonska lagverk. Hit hör, förutom Frankrike, Italien, Belgien, Nederländerna, Luxemburg, Spanien och Portugal. Det finns sedan länge ett tydligt drag av franskt statsrättsligt tänkande och juridisk tradition i EU:s uppbyggnad och regelverk. I övrigt kan man främst spåra ett tyskt inflytande, något som bl a märks inom konkurrensrätten och rättighetsskyddet. Österrikisk rätt är relativt lik tysk och grekisk rätt

19. Rådsförordning 1348/2000/EG, EGT 2000 L 160/ 37, införd i lagboken Sveriges rikes lag.
20. Rådsförordning 1346/2000/EG, EGT 2000 L 160/1, införd i Sveriges rikes lag, M Mellqvist, EU:s insolvensförordning, 2002.
21. Rådsförordning 1206/2001/EG, EGT 2001 L 174, införd i Sveriges rikes lag.
22. Europaparlamentets och rådets förordning 805/2004/EG, EUT 2004 L 143, införd i Sveriges rikes lag, se prop 2005/06:48.
23. Europaparlamentets och rådets förordning 1896/2006/EG om införande av ett europeiskt betalningsföreläggande, EUT 2006 L 399. Den avser ostridiga fordringar och träder i kraft 2008.
24. Härom 7.6 ovan.

har genom reception rönt stark påverkan av tysk rätt. Rättssystemet i de nytillkomna central- och östeuropeiska medlemsländerna (Polen, Tjeckien och Slovakien, de baltiska staterna samt Ungern och Slovenien) anknyter i mycket till tysk eller österrikisk rätt. Däremot har, i stort sett, det anglosaxiska inflytandet på det gemenskapsrättsliga området varit relativt begränsat. Detta förklaras dels av att EG-rätten var ganska väl utformad till sina grunddrag redan före Storbritanniens och Irlands inträde fr o m 1973 och dels av att den annorlunda begreppsbildningen och rättstraditionen i common law-systemet uppfattas som avvikande och komplicerad på de flesta andra håll inom EU.[25] Detta är en viktig skillnad jämfört med den internationella handelsrätten, där ju common law har en stark position. Nordiska inslag är inrättandet av en europeisk ombudsman och öppenhetsprincipens ökade betydelse. I stort sett har dock den europeiska rätt, som utbildats inom EU, utformats på grundval av kontinentaleuropeisk rättstradition och med en viss fransk accent.

Än mer ambitiösa målsättningar för europeiskt rättssamarbete har satts upp på sina håll. Europaparlamentet har sålunda vid ett flertal tillfällen uttalat sig för utarbetandet av en europeisk civillag. Projektet har visat sig attrahera många rättsvetenskapare vid de juridiska fakulteterna och många olika projekt med inriktning på att utveckla för EU-länderna gemensamma civilrättsliga regler (*jus commune europea*) på olika områden pågår. Vilka de konkreta resultaten kan komma att bli är ännu högst osäkert.[26] Liknande planer är aktuella på olika håll i europeisk rättsvetenskaplig debatt när det gäller europeisk civilprocesslag och europeisk straffrätt. Bakom dessa förslag ligger uppfattningen att ett enhetligt grundläggande rättssystem skulle utgöra ett viktigt fundament för ett mera förenhetligat Europa och inte minst föra Europa närmare medborgarna. Ett i huvudsak gemensam rättssystem vore också ägnat att underlätta ekonomiska transaktioner och fri rörlighet över gränserna. Det skulle sålunda finnas lagstiftningskompetens enligt artikel 95.1 (inre marknaden), något som dock inte är oomstritt. Som framgått av 6.9 finns redan ett sådant gemensamt europeiskt fundament på de mänskliga rättigheternas område genom Europakonventionen och dess tillämpning inom EU.

25. Ett undantag är den i 6.8.2 berörda rätten till "legal privilege" för skriftväxling mellan advokat och klient.

26. Kommissionen utsände 2001 ett meddelande av diskussionskaraktär om europeisk avtalsrätt, KOM (2001) 398 slutlig, som senare följts upp i ytterligare meddelanden, se bl a U Bernitz, En europeisk civillag? Aktuell utveckling och svensk hållning, JT 2003-04 s 503 ff., dens. Den europeiska avtalsrätten och standardavtalen mellan näringsidkare, Festskrift till Lars Gorton 2007, C von Bahr, A Civil Code for Europe, JT 2001-02 s 3 ff. Se vidare bl a samlingsverket Towards a European Civil Code, ed A S Hartkamp m fl, 3 rev. ed., The Hague 2004, Harmonisation of European Contract Law (eds S Weatherill & S Vogenauer), Oxford 2006. Ett förarbete med denna inriktning har på privat initiativ men med stöd av kommissionen bedrivits inom kontraktsrätten under ledning av professor Ole Lando i Köpenhamn, se O Lando & H Beale (eds), The Principles of European Contract Law: Parts I-III. Combined and Revised, The Hague 2003.

## 17.2 Ömsesidigt erkännande

Principen om ömsesidigt erkännande[27] har berörts flera gånger i det föregående. Den innebär på varu- och tjänsteområdet att produkter som lagligen satts på marknaden i ett medlemsland och som uppfyller i hemlandet gällande kontrollkrav skall kunna marknadsföras och tillhandahållas i de övriga medlemsstaterna (värdstaterna) på grundval av hemlandets godkännande. Ömsesidigt erkännande bygger på grundtanken att medlemsstaterna skall känna förtroende för varandras lagstiftning och kontrollsystem även när dessa inte är överensstämmande. Principen om ömsesidigt erkännande ligger som framgått bakom EG-domstolens grundläggande avgörande angående den fria varurörligheten i *Cassis de Dijon*, ehuru i viss mån modifierad av de snäva möjligheterna att åberopa tvingande hänsyn (se 12.5 och 12.6). Ömsesidigt erkännande är huvudprincipen när det gäller utbildningsbevis och yrkeskvalifikationer redan enligt fördraget (artikel 47.1) och kommer numera till uttryck i yrkeserkännandedirektivet (se 13.1). Den princip om hemlandskontroll som utvecklats på bank- och försäkringsområdet bygger också på ömsesidigt erkännande; banker och försäkringsbolag får driva verksamhet i andra EU-länder på grundval av sina näringstillstånd i hemlandet och hemlandets myndighetskontroll (13.5 och 14.2). Från ett annat område kan erinras om att utvecklingen av EG-straffrätten inom ramen för tredje pelaren i stor omfattning bygger på principen om ömsesidigt erkännande av straffrättsliga beslut och domar i de andra medlemsstaterna (se 10.2). Här märks inte minst den europeiska arresteringsordern.

Även om termerna ibland används tämligen synonymt bör man göra en skillnad mellan principen om ömsesidigt erkännande och *ursprungslandsprincipen*.[28] Medan principen om ömsesidigt erkännande är en presumtion som tillåter att värdländerna i vissa fall kan stoppa vissa typer av varor eller tjänster genom att åberopa tvingande hänsyn, går ursprungslandsprincipen längre och kräver i princip att värdländerna alltid skall tillåta sådana varor och tjänster som är godtagna i ursprungslandet/hemlandet. I denna mening förekommer ursprungslandsprincipen i dag bara på områden där den aktuella lagstiftningen särskilt föreskriver det (vilket till exempel är fallet beträffande tv-sändningar och ovan nämnda bank- och försäkringstjänster), och i den utsträckning som följer därav. Utöver vad som kan följa av eventuella uttryckliga skyddsbestämmelser i nämnda sekundärrätt så har värdlandet i sådana fall alltså inte längre möjligheter att åberopa några egna tvingande undantagshänsyn. I det kontroversiella förslaget till tjänstedirektiv föreslog kommissionen att

27. Engelska: mutual recognition.
28. Ibland även benämnd principen om hemlandstillsyn.

ursprungslandsprincipen skulle införas, vilket dock inte blivit godtaget (se 13.7).[29]

Man har i praktiken utvecklat olika mellanformer och kombinationer mellan harmonisering och ömsesidigt erkännande, något som har sin bakgrund i att detaljharmonisering av regelverket på ett visst varu- eller tjänsteområde innebär ett omfattande och mödosamt arbete. Främst tillämpas ordningen med gemensamma minimistandarder i förening med ömsesidigt erkännande, den s k *nya metoden*.[30] Den innebär att harmoniseringen begränsas till övergripande frågor främst av säkerhetskaraktär och att det inom denna ram uppdras till europeiska standardiseringsorgan att närmare ange de tekniska specifikationerna. Dessa är inte tvingande, men uppfylls kraven får varorna säljas fritt inom EU, annars måste tillverkaren visa att standarden är uppfylld på något annat sätt.[31] Ett exempel är leksakssäkerhetsdirektivet med anknytande CE-märkning.[32]

# 17.3 *Arbetsrätten*

## 17.3.1 Allmänt

EG-rätten innehåller en varierad och omfattande samling regler på arbetsrättens område.[33] Utvecklingen på området har dock under långa perioder gått sakta, då medlemsstaternas åsikter om behovet och graden av harmonisering ofta gått vitt isär. I synnerhet utmärkte sig Storbritannien under åttio- och nittiotalets konservativa regeringar genom sin uttalat avoga inställning till gemenskapsåtgärder på området. Före enhetsakten 1987 skulle som nämnt i princip all lagstiftning på området antas genom

29. Jfr I Otken Eriksson, Slagskepp eller kanonbåt? EG-rättslig utvärdering av tjänstedirektivet, Lissabonstrategin i halvtid. Europaperpektiv 2005 s 196 ff.

30. På engelska ”The New Approach”, vars direkta inspirationskälla var EG-domstolens avgörande i Cassis-målet (se 12.7).

31. De nödvändiga tekniska specifikationerna utarbetas vanligen av de europeiska standardiseringsorganen *CEN* (Comité Européen de Normalisation), *CENELEC* (CEN Electronique) eller *ETSI* (European Telecommunications Standards Institute). För en grundlig (och kritisk) diskussion av standardiseringsarbetet, se D Chalmers m fl, European Union Law, Cambridge 2006, s 491 ff.

32. Direktiv 88/378/EEG.

33. Se bl a C Barnard, EC Employment Law, 3 ed., Oxford 2006, B Nyström, EU och arbetsrätten, 3 uppl 2002. Se även K Källström & J Malmberg, Anställningsförhållandet. Inledning till den individuella arbetsrätten, 2006, T Sigeman, Arbetsrätten – en översikt, 4 uppl 2006, R Nielsen, European Labour Law, Copenhagen 2000, L Meier, EU, arbetsrätten och normgivningsmakten, 2000, samt N Bruun & J Malmberg, Ten Years within the EU – Labour Law in Sweden and Finland following EU Accession, i Swedish Studies in European Law, vol 1 2006 s 59 ff.

enhälliga beslut i rådet, vilket innebar att det här inte skedde särskilt mycket under en lång rad av år.

Av central betydelse från arbetsrättslig synpunkt är de grundläggande bestämmelser om den fria rörligheten för personer och koordineringen av sociala trygghetssystem, som behandlats i kapitel 15. Arbetsrätten har i princip hållits utanför det nya tjänstedirektivet (artikel 1.6). Det finns emellertid ett stort antal rättsakter, främst direktiv, som behandlar olika arbetsrättsliga frågor. Inom den egentliga arbetsrätten syftar de gemenskapsrättsliga reglerna framför allt till att ge ökad anställningstrygghet, löneskydd och jämställdhet. Även på arbetsmiljöområdet finns flera direktiv. Rättsakterna täcker emellertid endast vissa delar av arbetsrätten och regleringarna har oftast karaktär av minimiregler. De bildar alltså långtifrån något komplett system.

På jämställdhetsområdet har det utvecklats en relativt rikhaltig reglering. Från början fanns här i princip endast dåvarande artikel 119 EGF (nuvarande artikel 141), vilken påbjöd lika lön för lika arbete oavsett kön. Bestämmelsen motiverades då utifrån nationella konkurrensskäl, då Frankrike – som tillämpade lika lön för lika arbete – fruktade låglönekonkurrens från andra medlemsländer. Som nämnts i avsnitt 6.4 (med där nämnd omfattande praxis) har EG-domstolen numera slagit fast att kravet på ickediskriminering utgör en grundläggande rättsprincip inom EG-rätten. Ett antal direktiv har också antagits, vilka i olika avseenden ytterligare byggt ut skyddet för jämställdhet i arbetslivet. Vidare kan noteras det s k ramdirektivet för likabehandling, som syftar till att bekämpa diskriminering i arbetslivet grundad på religion, övertygelse, funktionshinder, ålder och sexuell läggning.[34]

I svensk rättspraxis märks bl a AD 1998 nr 66 och 2001 nr 13, där Arbetsdomstolen begärde förhandsavgörande om begreppet lön i ett jämställdhetsmål[35] och AD 2002 nr 45, där Arbetsdomstolen funnit likabehandlingsdirektivet gå längre än den svenska jämställdhetslagen i dåvarande lydelse och tillade direktivets regel direkt vertikal effekt och utdömde skadestånd.

EG-domstolen fann i målet *Abrahamsson* svenska regler om positiv särbehandling, i praktiken av kvinnor, vid tillsättning av professurer (s k Thamprofessurer) otillåtet långtgående.[36]

34. Rådets direktiv 2000/78/EG, EGT 2000 L 303/16. I Sverige märks främst diskrimineringslagen, lag (2003:307) om förbud mot diskriminering.
35. Mål C-236/98, Örebro läns landsting (REG 2000, s I-2189).
36. Mål C-407/98, Abrahamsson (REG 2000, s I-5539).

### 17.3.2 Överlåtelsedirektivet

Beträffande skyddet för anställningar har det s k överlåtelsedirektivet[37] blivit särskilt uppmärksammat. Direktivet syftar till att trygga arbetstagares rätt till fortsatt arbete på i princip[38] oförändrade villkor, när den verksamhet i vilken de är anställda övergår till ny arbetsgivare. Direktivet har givit upphov till en omfattande rättspraxis, där i synnerhet frågan om direktivets tillämplighet (har verksamhet övergått till ny arbetsgivare i direktivets mening?) varit aktuell. Kärnpunkten har här ofta varit ifall en viss verksamhet bevarat sin identitet efter övergången.

I *Spijkers*[39] ställde EG-domstolen upp sju särskilt betydelsefulla kriterier till ledning vid denna bedömning:

- Arten av företaget eller verksamheten
- Frågan om materiella tillgångar övertagits
- Värdet av immateriella överlåtna tillgångar
- Antalet anställda som övertagits av den nye arbetsgivaren
- Övertagande av kunder
- Graden av likhet mellan verksamheten före och efter överlåtelsen
- I förekommande fall den tidsperiod under vilken verksamheten legat nere

Flera mål rörande överlåtelsedirektivet har avgjorts av AD utan att denna domstol inhämtat förhandsavgöranden från EG-domstolen; något som också föranlett kritik. Offentlig verksamhet omfattas i princip av direktivet, dock inte övergångar av administrativa förvaltningsuppgifter mellan myndigheter.[40] Sverige valde emellertid att vid implementeringen låta samma regler gälla för all offentlig verksamhet; ett exempel på överskjutande implementering (se 17.1.1). Eftersom kriterierna i Spijkers som framgått främst är inriktade på verksamheter av ekonomisk natur har detta lett till vissa tolkningsproblem. AD har emellertid uttalat att

37. Rådets (konsoliderade) direktiv 2001/23/EG om tillnärmning av medlemsstaternas lagstiftning om skydd för arbetstagares rättigheter vid överlåtelse av företag, verksamheter eller delar av företag eller verksamheter (EGT 2001 L 82), ibland även kallat *övergångsdirektivet*. En svensk monografi är B J Mulder, Anställningen vid verksamhetsövergång, 2004. I Sverige har direktivet främst genomförts genom ändringar i anställningsskyddslagen (LAS 6 b § och 7 § 3 st). Vissa ändringar har även skett i medbestämmandelagen (bl a i 28 §).

38. Jfr mål C-499/04, Werhof mot Freeway Traffic Systems GmbH & Co. KG (REG 2006, s I-679) där förvärvaren av ett företag inte behövde anses bunden av kollektivavtal som hade slutits senare än det som var i kraft vid tidpunkten för överlåtelsen, när det i anställningsavtalet hänvisats till ett kollektivavtal som överlåtaren men inte förvärvaren var part i.

39. Mål 24/85, Jozef Maria Antonius Spijkers mot Gebroeders Benedik Abattoir CV och Alfred Benedik en Zonen BV (REG 1986, s 1119).

40. Målet C-298/94, Annette Henke mot Gemeinde Schierke och Verwaltungsgemeinschaft Brocken (REG 1996, s I-4989).

man i dessa fall får bortse från de kriterier som inte passar in på offentlig verksamhet.[41]

## 17.3.3 Social dumpning, utstationeringsdirektivet och tjänstedirektivet

S k social dumpning har varit, och är i vissa avseenden fortfarande, en mycket känslig fråga på främst personrörlighetens område. Eftersom det följer av den fria tjänsterörligheten att företag har rätt att utnyttja egen arbetskraft vid utförande av uppdrag utomlands (se 13.3) kan företag från länder med sämre anställningsförhållanden komma att konkurrera ut företag från länder med bättre villkor. De flesta medlemsländer anser inte att denna typ av socialt sett skadlig konkurrens är acceptabel. I syfte att förhindra social dumpning och även reglera frågan om lagval, antogs 1996 det s k *utstationeringsdirektivet.*[42]

Direktivet syftar i princip till att personal som av sitt företag sänds till andra medlemsländer för att utföra tjänster där inte skall omfattas av sämre anställningsvillkor än vad som rent allmänt gäller i mottagarlandet; något som även kan komma att aktualisera tillämpning av gällande kollektivavtal. Arbetstagarbegreppet skall enligt direktivet definieras enligt nationell rätt i den stat där arbetet utförs. Utstationerade anställda som främst utför tjänster åt sin egen hemmavarande arbetsgivare – t ex reseledare, flygvärdinnor och handelsresande – omfattas inte av direktivet. Det svenska genomförandet har skett genom införandet av en ny lag om utstationering,[43] vilken omfattar alla utstationerade arbetstagare och alltså inte bara de som kommer från andra EU-länder.

Trots existensen av utstationeringsdirektivet fick frågorna om social dumpning förnyad sprängkraft i samband med turerna kring det nya tjänstedirektivet (om detta, se 13.7), vilket av många ansågs syfta till att likväl öka spelrummet för dumpning av löner och arbetsförhållanden i allmänhet. I Sverige aktualiserades frågorna mycket konkret genom det medialt uppmärksammade s k *Vaxholmsfallet,*[44] där svenska byggfacket satte en arbetsplats i blockad i syfte att förhindra ett lettiskt byggföretag att utföra tjänster där. Målet belyser konflikten mellan fri rörlighet för företag som använder arbetskraft från nya medlemsstater med klart lägre lönenivå och fackliga intressen i

41. AD 1998 nr 121 och 1999 nr 21.
42. Europaparlamentets och rådets direktiv 96/71/EG om utstationering av arbetstagare i samband med tillhandahållande av tjänster, EGT 1997 L 18/1.
43. Se prop 1998/99:90, Utstationering av arbetstagare, SFS 1999:678.
44. Om den generella debatten, se A Kjellgren, "Polska rörmokare och den gränslösa arbetsmarknaden för tjänster" samt, mer specifikt beträffande Waxholmsfallet, R Eklund "Fri rörlighet av tjänster och skyddet av arbetstagare", båda i "En gränslös europeisk arbetsmarknad?" (Europaperspektiv 2006), s 167 ff respektive 195 ff. Se även T Sigeman, Fri rörlighet för tjänster och nationell arbetsrätt, ERT 2005 s 465 ff. Mycket uppmärksammad var också M Zarembas artikelserie "Den polske rörmokaren" (i Dagens Nyheter under 2006), vilken belönades med det årets stora journalistpriset.

de äldre medlemsstaterna; huruvida Byggnads handlande innefattade otillåten protektionism eller var gemenskapsrättsligt korrekt råder det delade meningar om. Målet ligger för närvarande vilande i Arbetsdomstolen, som beslutat inhämta förhandsavgörande från EG-domstolen.[45]

## 17.3.4 Kollektivavtalens ställning

De i nordisk arbetsrätt så centrala kollektivavtalens gemenskapsrättsliga ställning har vållat bekymmer för både Danmark och Sverige. Till bakgrunden hör att den fackliga organisationsgraden är ovanligt hög i Norden. Kollektivavtalen som rättskälla intar en mycket central plats i nordisk arbetsrätt, men har av EG-domstolen underkänts som godtagbara implementeringsinstrument.[46] Skälet till detta är att direktivens rättigheter, oavsett kollektivavtal, måste kunna garanteras alla som omfattas därav. Problem uppkommer då, eftersom det är svårt att garantera att alla berättigade vid varje tidpunkt verkligen omfattas av de aktuella kollektivavtalen. Flera medlemsländer har möjlighet att allmängiltigförklara ingångna kollektivavtal (d v s att genom särskilt myndighetsbeslut upphöja avtalet till generell norm, tillämplig på alla arbetstagare som täcks av direktivet, eller – som i Finlands fall – i lag stipulera att det ledande kollektivavtalet skall gälla alla) och denna typ av genomförande godtas av EG-domstolen. I svensk rätt finns emellertid inte denna möjlighet.

I samband med medlemskapsansökan uttalade Sverige att man förutsatte att ordningen med de svenska kollektivavtalen skulle komma att respekteras. Den dåvarande ansvarige kommissionären Padraig Flynn skrev ett lugnande brev till svar; något som tillmätts stor betydelse av Sverige.[47] EG-domstolen skulle dock med all sannolikhet ytterst hålla den svenska staten ansvarig för att fullt ut garantera direktivens åsyftade resultat. Detta torde i praktiken ställa krav på lagstiftning som garante-

45. Mål C-341/05, Laval un Partneri Ltd mot Svenska Byggnadsarbetareförbundet, Svenska Byggnadsarbetareförbundets avd. 1 och Svenska Elektrikerförbundet (Waxholm) (ännu ej avgjord); angående beslutet att begära förhandsavgörande AD 2005 nr 49.

En besläktad fråga av principiell betydelse, nämligen om, och i så fall i vilken mån, rätten till fackliga stridsåtgärder i anledning av utflaggning av passagerarfärjor från Finland till Estland skulle kunna anses strida mot rätten till fri rörlighet väntar också på ett förhandsavgörande på begäran av engelsk domstol, se mål C-438/05 (Viking Line-målet), The International Transport Workers' Federation och The Finnish Seamen's Union mot Viking Line ABP och Viking Lini Eesti. I båda målen har generaladvokatsyttranden av 23 maj 2007 givit prioritet åt rätten att vidta fackliga stridsåtgärder, dock med iakttagande av proportionalitet.

46. Se målen 91/81 resp 131/84, kommissionen mot Italien (REG 1982, s 2133 resp 1985, s 3531) samt mål 143/83, kommissionen mot Danmark (REG 1985, s 427; svensk specialutgåva, volym 8) samt mål C-287/04, kommissionen mot Sverige (EUT 2005 C 182/17). I domen fann EG-domstolen att Sverige underlåtit att säkerställa att vissa artiklar om dygnsvila m m gällde också för arbetstagare som inte omfattades av kollektivavtal. Arbetstidsdirektivet kunde alltså inte införlivas enbart medelst kollektivavtal.

47. Prop 1994/95:19 del 1 s 228 med bilaga 12 i del 3.

rar alla berättigades rättigheter, oavsett ifall dessa skulle vara omfattade av något kollektivavtal eller ej. Eftersom svensk arbetsrättslig lagstiftning till stora delar är dispositiv, i så motto att avvikelser från lag ofta kan ske just genom kollektivavtal, torde lagstiftaren här få använda sig av bestämmelser med s k *EG-spärr*: Lagreglerna förblir dispositiva men endast i den mån som de bakomliggande EG-rättsliga reglerna respekteras.[48]

## 17.3.5 Den sociala dialogen

Av artikel 138 EGF framgår att arbetsmarknadens parter tillagts en betydelsefull roll vid tillskapandet av bl a nya regler på det socialpolitiska området. Detta går under benämningen den sociala dialogen. Kommissionen skall t ex samråda med parterna innan den lägger fram lagförslag. Genom artikel 139 öppnas även en möjlighet för parterna att träffa avtal (på europanivå) med varandra och därefter få avtalet upphöjt till EU-lagstiftning genom förfarandet som anvisas i artikeln. En annan möjlighet är att parterna ingår juridiskt oförbindande frivilliga överenskommelser i form av ramavtal, vilka sedan förutsätts omsättas i handling genom medlemsstaternas och arbetsmarknadsparternas nationella praxis; något som t ex har skett beträffande distansarbete.[49] Bestämmelserna synes gå väl ihop med subsidiaritetsprincipen eftersom besluten kan antas fattas av dem som främst berörs.

I praktiken utgörs arbetsmarknadens parter inom den sociala dialogen av tre organisationer, vars medlemmar utgörs av stora och breda nationella arbetsmarknadsorganisationer. ETUC[50] representerar arbetstagare, och från svenskt håll ingår såväl LO, TCO och SACO. BUSINESSEUROPE[51] representerar privata arbetsgivarintressen och Svenskt Näringsliv tillhör denna organisation. CEEP[52] representerar offentligägda företag och offentliga arbetsgivare. Till medlemmarna hör bl a Sveriges Kommuner och Landsting och Arbetsgivarverket.

Eftersom möjligheten att träffa avtal på europanivå förbehålls parterna i den sociala dialogen har det varit en kontroversiell fråga vilka som egentligen har rätt att delta. Någon rättslig möjlighet att kräva att få delta synes dock

48. Mer om den generella problematiken, se t ex Ö Edström, The Free Movement of Services in Conflict with Swedish Industrial Relations Model – or was it the Other Way Around?, i Swedish Studies in European Law, vol. 1 2006 s 129 ff.

49. Ramavtalet undertecknades i juni 2002 och enligt avtalet påtog sig parterna själva att genomföra det inom tre år. Enligt uppgift har det numera genomförts i de allra flesta medlemsstater.

50. The European Trade Union Confederation, Europeiska fackliga samorganisationen, EFS ("Europafacket").

51. (tidigare UNICE), samarbetsorganisationen för europeiska arbetsgivarföreningar och industriförbund.

52. The European Centre of Enterprises with Public Participation, Europeiskt centrum för offentliga affärsverk och företag.

inte arbetsmarknadsorganisationer ha; ytterst är det kommissionen och rådet som ansvarar för att avtalsslutande parter är tillräckligt representativa innan träffade avtal omsätts till direktiv.[53]

Sammanfattningsvis bör således noteras att man genom den sociala dialogen givit arbetsmarknadens parter en klar ställning som de facto-lagstiftare.

## 17.4 *Lagharmonisering inom vissa andra centrala områden*

Det bedrivs ett omfattande lagharmoniseringsarbete i EU också inom olika andra centrala rättsområden, bland annat inom eller med anknytning till civilrätten. Här skall i punktform och utan alla anspråk på fullständighet ges en översikt av arbetet inom några viktiga områden i syfte att belysa den betydelsefulla roll EU spelar för rättsutvecklingen.

### 17.4.1 Miljörätt

Miljöskyddets position har successivt flyttats fram inom EU, en utveckling som torde gå vidare.[54] Det hör nu till EG:s grundläggande principer att "främja en hållbar utveckling av näringslivet" (artikel 2 EGF) och "bedriva en miljöpolitik" (artikel 3.1 l EGF). Ambitionen är även att integrera miljöskyddets krav i gemenskapens övriga verksamhetsområden, däribland jordbruks-, energi- och transportpolitiken, särskilt i syfte att främja en hållbar utveckling (artikel 6 EGF). Miljöskydd är således numera att betrakta som ett mål av både grundläggande och tvärgående karaktär.[55]

EG-fördragets avdelning XIX innehåller närmare bestämmelser om Gemenskapens miljöpolitik, artiklarna 174–176. Här slås i första hand fast EG:s kompetens på miljöområdet och de målsättningar som skall vara vägledande för Gemenskapens miljöpolitik.

53. Mål T-135/96, UEAPME (European Association of Craft, Small and Medium-Sized Enterprises) mot rådet (REG 1998, s II-2335). Förstainstansrättens dom, i vilken UEAPME (som inte fått vara med i den sociala dialogen) nekades talerätt mot ett, genom dialogen tillkommet, direktiv blev först överklagad. Överklagandet drogs dock tillbaka, sedan UEAPME bl a på detta villkor slutit ett samarbetsavtal med UNICE (numera BUSINESSEUROPE), de större företagens organisation.

54. Se till det följande S Mahmoudi, EU:s miljörätt, 2 uppl, 2003, S Mahmoudi & S Rubenson, Miljörättens grunder. Svenska och europeiska regler i ett internationellt perspektiv, 2004, A Nilsson, En introduktion till EU:s miljörätt, 2 uppl, 2005, L Krämer, EC Environmental Law, London 2003, J Jans, European Environmental Law, 2 ed, Amsterdam 2000, se även G Michanek & C Zetterberg, Den svenska miljörätten, 2004.

55. Se mål C-176/03, kommissionen mot rådet (REG 2005, s I-7879), punkt 42.

Miljöpolitikens mål är att bevara, skydda och förbättra miljön, skydda människors hälsa, varsamt och rationellt utnyttja naturresurserna och främja internationella miljölösningar. Miljöpolitiken skall syfta till en hög skyddsnivå, bygga på *försiktighetsprincipen*, företrädesvis hejda miljöförstöring vid källan och tillämpa principen att den som skadar miljön skall betala ("the polluter pays"). EU har alltså högt ställda ambitioner på området. Miljöpolitiken är till stor del inriktad på preventiv verksamhet och har bl a bedrivits på grundval av handlingsprogram antagna av rådet. De bestämmelser som utfärdas har formen av förordningar, direktiv eller beslut. Uppmärksammad på senare tid har t ex den nyligen antagna kemikalielagstiftningen REACH[56] blivit.

Subsidiaritetsprincipen är välkänd på miljöskyddsområdet. Medlemsstaterna får enligt artikel 176 bibehålla eller besluta om strängare miljöskyddsåtgärder än de som beslutats av Gemenskapen förutsatt att dessa är fördragsenliga.

I sammanhanget kan erinras om att miljöskyddssynpunkter kan utgöra godtagbara skäl för åtgärder som innefattar handelshinder enligt artikel 28, förutsatt att åtgärderna är icke-diskriminerande, behövliga och proportionerliga (se kapitel 12, särskilt 12.8).[57]

Det finns på sina håll en oro för att en lagharmonisering kan leda till en nivellering av skyddsnivån i vissa hänseenden i medlemsländer med höga krav på t ex miljöskydd eller konsumentskydd. Artikel 95.3 EGF understryker att Gemenskapen skall eftersträva en hög skyddsnivå i fråga om bestämmelser som avser hälsa, säkerhet, miljöskydd och konsumentskydd. I artikel 95.4 öppnas genom en undantagsregel möjlighet för medlemsstater att behålla nationella bestämmelser som grundar sig på väsentliga behov enligt artikel 30 (hälsa, säkerhet, allmän ordning m m) eller som avser miljöskydd eller arbetsmiljön. Bestämmelsen är ofta omtalat som *miljögarantin*. Sådana nationella bestämmelser måste dock särskilt anmälas till kommissionen som skall granska reglerna för att se till att de inte utgör ett medel för godtycklig diskriminering eller innebär ett förtäckt handelshinder (artiklarna 95.5 och 95.6). Det blir EG-dom-

56. Europaparlamentets och rådets förordning 1907/2006/EG om registrering, utvärdering, godkännande och begränsning av kemikalier (REACH), i kraft 1 juni 2007; EUT 2006 L 396/1. Jfr även tillhörande direktiv 121/2006/EG.

57. EG-domstolen var framsynt när den redan 1988 ogillade kommissionens talan mot Danmark i returflaskemålet p g a miljöhänsyn, se 12.8. Förstainstansrätten har på talan av Sverige ogiltigförklarat kommissionens beslut att tillåta växtskyddsmedlet Parakvat p g a risker för förgiftning av harar och fåglar, T-229/04, Sverige mot kommissionen, dom 11 juli 2007.

stolens sak att i sista hand bedöma skälens bärkraft för sådana undantag från gemenskapsrätten.[58]

EG spelar även en framträdande roll inom det internationella miljöarbetet, och deltar som part, ofta tillsammans med medlemsländerna, i ett stort antal miljökonventioner och liknande. Bland dessa kan t ex nämnas Wienkonventionen och Montrealprotokollet om skydd för ozonlagret, FN:s konvention om biologisk mångfald, Cartagenaprotokollet om biosäkerhet samt FN:s klimatkonvention och Kyotoprotokollet, de båda senare med syfte att bekämpa växthuseffekten. Inte sällan leder medverkan i det internationella samarbetet till uppkomsten av olika EG-bestämmelser och åtgärder, som syftar till att genomföra de olika internationella åtagandena inom EU. Ett uppmärksammat exempel med länkar till just kampen mot global uppvärmning är det av gemenskapen genomförda systemet för handel med s k utsläppsrätter, i dag främst för koldioxid.[59]

## 17.4.2 Immaterialrätt

EU:s ambitionsnivå inom immaterialrätten är hög.[60] Syftet är såväl att tillse att EU erbjuder ett starkt immaterialrättsligt skydd och att lagstiftningen i görligaste mån är enhetlig så att handelshinder undviks medlemsländerna emellan. Man är på väg att skapa ett till betydande delar gemensamt rättssystem. Bedömningen av parallellimport har redan behandlats i anslutning till konkurrensrätten (16.5.3).

Inom patenträtten tillkom redan 1977 den *europeiska patentkonventionen* och det gemensamma europeiska patentverket i München för beviljande av patent, låt vara utanför Gemenskapens institutionella system.[61] Den har formen av en fristående internationell konvention och EU:s mångåriga ambition att tillskapa en fördjupning genom ett för EU-länderna gemensamt europeiskt patent inom ramen för en EG-förordning har ännu inte förverkligats, bland annat på grund av oenighet om språkregimen.

På basen av den 1993 antagna varumärkesförordningen[62] har EU infört ett nytt, i förhållande till medlemsstaterna autonomt system med *ge-*

58. Att kommissionen sölar med att ta ställning till en anmäld nationell bestämmelse ger dock inte medlemsstaten någon rätt att tillämpa den; se mål C-319/97, Åklagaren mot Kortas (REG 1999, s I-3143) angående svenska bestämmelser om tillåtna färgämnen i konfektyr.

59. Reglerat i det s k utsläppshandelsdirektivet (2003/87/EG), ändrat genom det s k länkdirektivet (2004/101/EG). I Sverige har implementeringen skett genom lagen (2004:1199) om handel med utsläppsrätter. Jfr även J Ebbesson, Bräckligare internationellt miljösamarbete utan EU, i EU som aktör i världen. Europaperspektiv 2007, s 169 ff.

60. Se U Bernitz, G Karnell, L Pehrson & C Sandgren, Immaterialrätt, 10 uppl, 2007 bl a s 13 ff samt M Koktvedgaard & M Levin, Lärobok i immaterialrätt, 9 uppl, 2007.

61. Sverige har varit medlem alltsedan starten.

62. 40/94/EEG, EGT 1994 L 011. Förordningen är antagen med stöd av restkompetensen enligt artikel 308 EGF.

*menskapsvarumärken*. Detta administreras av en särskild EU-myndighet som ombesörjer europeiska varumärkesregistreringar, Kontoret för Harmonisering av den Inre Marknaden, normalt omtalad under sin engelska förkortning OHIM,[63] placerat i Alicante i Spanien. Beslut i registreringsärenden kan överklagas först till en besvärsnämnd, sedan till förstainstansrätten och sist till EG-domstolen. Medlemsstaternas nationella varumärkesrätt har till stor del harmoniserats genom ett omfattande varumärkesdirektiv.[64] Det har nu vuxit fram en omfattande varumärkesrättslig rättspraxis vid förstainstansrätten och EG-domstolen.

På liknande sätt har det på formgivningens (mönsterrättens) område genom en förordning om gemenskapsformgivning[65] införts ett autonomt system för registrering av formgivningar vid OHIM. Det kompletteras av ett direktiv om harmonisering av medlemsländernas nationella lagstiftning på området.[66]

Inom upphovsrätten, där ju några registreringsordningar inte tillämpas, har det skett en partiell harmonisering av medlemsländernas lagstiftning med särskild inriktning på nya skyddsbehov genom den tekniska utvecklingen. Det gäller bl a skydd för datorprogram[67] och databaser,[68] det upphovsrättsliga skyddets varaktighet[69] och upphovsrätten i informationssamhället, det s k Infosoc-direktivet.[70]

## 17.4.3 Konsumenträtt

Lagharmoniseringsarbete med inriktning på genomförande av direktiv som ger förstärkt konsumentskydd i medlemsstaterna, samtidigt som företagen ges likartade konkurrensförutsättningar, har bedrivits inom EU sedan 1970-talet. Konsumentskydd är numera ett självständigt syfte för gemenskapen (artikel 3.1 t EGF) och alltså inte längre endast ett led i förverkligandet av den inre marknaden. Artikel 153 med rubriken Konsumentskydd slår fast att Gemenskapen skall bidra till att en hög konsumentskyddsnivå uppnås, bl a genom harmoniseringsåtgärder enligt artikel 95.1. Konsumentskydd är som framgått också en viktig typ av tvingande hänsyn som kan motivera vissa begränsningar i den fria rörligheten för varor och tjänster (artiklarna 30 och 46).

Ett viktigt direktiv inom den centrala civilrätten gäller *produktansvar* (85/374).[71] Direktivet bygger på regeln att näringsidkare, främst producenter,

63. Office of Harmonisation for the Internal Market.
64. 89/104/EEG, EGT 1989 L 040.
65. 6/2002/EG, EGT 2002 L 3, likaledes antagen med stöd av artikel 308.
66. 98/71/EG, EGT 1998 L 289.
67. 91/250/EG, EGT 1991 L 122/42.
68. 96/9/EG
69. 93/98/EEG, EGT 1993 L290/9.
70. 2001/29/EG, EGT L 167/10.
71. Rådets direktiv 85/374/EEG, EGT 1985 L 210/29.

skall ha ett strikt skadeståndsansvar för skadevållande defekter hos tillverkade produkter, d v s de skall svara oavsett om någon oaktsamhet förevarit. Syftet med direktivet är både att bereda ett gott skydd för skadelidande och att skapa likartade konkurrensförutsättningar för företag i olika länder, där tidigare omfattningen av produktansvaret varierat väsentligt. Den svenska produktansvarslagen av 1992 bygger på direktivet.

EU har i mycket tagit ledningen vad gäller konsumenträttens utveckling och har antagit ett flertal väsentliga direktiv som har till syfte att säkerställa ett konsumentskydd med god skyddsnivå inom hela EU. Här märks bland annat direktiv om oskäliga avtalsvillkor,[72] produktsäkerhet,[73] konsumentkrediter,[74] paketresor,[75] konsumentköp och garantier[76] samt distansavtal.[77] Dessa har genomförts inom ramen för den svenska marknads- och konsumenträttsliga lagstiftningen.[78] På marknadsföringens område är ett fullharmoniseringsdirektiv om otillbörliga affärsmetoder gentemot konsumenter under genomförande i medlemsländerna.[79]

## 17.5 *Lagval och domstols behörighet (Brysselförordningarna och Romkonventionen)*

Den internationella privaträtten är ett område där enhetliga bedömningsprinciper har uppenbara fördelar för att få den inre marknaden att fungera väl. Här har medlemsstaterna tidigare agerat inom ramen för särskilda konventioner mellan sig som man givit EG-domstolen behörighet att tolka. Amsterdamfördraget har dock givit EG en väsentligt vidgad kompetens på området (artiklarna 61 c och 65 EGF).

Grundläggande är numera den s k *Bryssel I-förordningen*, rådsförordningen om domstols behörighet och om erkännande och verkställighet av domar på privaträttens område av 2000.[80] Den har i huvudsak ersatt

72. Rådets direktiv 93/13/EEG, EGT 1993 L 95/29.
73. Rådets direktiv 92/59/EEG, EGT 1992 L 179/129.
74. Rådets direktiv 87/102/EEG, EGT 1987 L 42/48 (under omarbetning).
75. Rådets direktiv 90/314/EEG, EGT 1990 L 158/59.
76. Direktiv 1999/44/EG om vissa aspekter rörande försäljning av konsumentvaror och härmed förknippade garantier.
77. Direktiv 2002/65/EG, EGT 2002 L 271.
78. EU har initierat en översyn av konsumenträttsdirektiven med inriktning på en konsolidering av regelverket, Grönbok om översyn av konsumentregelverket, KOM (2006) 744 final.
79. Direktiv 2005/29/EG, EUT 2005 L 149/22, se SOU 2006:76, Otillbörliga affärsmetoder.
80. 44/201, EGT 2001 L 12/1. Bryssel I-förordningen är intagen i lagboken Sveriges Rikes lag. Se M Bogdan i SvJT 2001 s 845ff.

den tidigare gällande Brysselkonventionen på samma område av 1968.[81] En direkt tillämplig förordning har alltså ersatt ordningen med en mellanstatlig konvention mellan medlemsstaterna.[82]

Bryssel I-förordningen[83] utgör en omfattande reglering av viktiga delar av den internationella privaträtten, vartill Sverige fram till 1990-talet saknat någon motsvarighet. Den är tillämplig på privaträttens område. Dess första huvuddel behandlar domstols behörighet. Huvudregeln är att talan skall väckas vid domstol i den medlemsstat där svaranden har sin hemvist. Förordningen innehåller vidare närmare regler om behörig domstol vid olika särskilda slag av tvister, t ex köptvister, försäkringstvister, konsumenttvister, anställningstvister samt fastighetsrättsliga förhållanden. Vidare reglerar förordningen i sin andra huvuddel erkännandet och verkställigheten av alla domar meddelade av en nationell domstol i EU inom konventionens tillämpningsområde, oavsett om svaranden har hemvist inom EU eller inte. Huvudregeln är att domar i civil- och handelsmål (utanför familjerättens område) erkänns i andra medlemsstater utan att något särskilt förfarande behöver anlitas och är omedelbart verkställbara inom hela EU.[84] Detta är en viktig förändring jämfört med vad som gällde i Sverige förr och innebär ett slags *fri rörlighet för domar.*

Endast nationell domstol i sista instans kan begära förhandsavgöranden av EG-domstolen angående tolkningen av Bryssel I-förordningen (artikel 68.1 EGF). EG-domstolen har utvecklat en rikhaltig praxis angående tolkningen av bestämmelserna. På detta område har domstolen fäst avsevärd vikt vid förarbetsmaterial i form av publicerade expertrapporter.[85]

Såsom komplement med inriktning på äktenskapstvister och föräldraansvar gäller *Bryssel II-förordningen*, rådsförordningen om domstols be-

81. Brysselkonventionen, som hade sin bakgrund i artikel 293 EGF, är fortfarande delvis aktuell p g a övergångsbestämmelser och i förhållande till Danmark och EFTA-länderna samt vissa territorier utanför Europa. Sverige tillhörde 1993–1998 Luganokonventionen mellan EU och EFTA-staterna, en parallellkonvention med väsentligen överensstämmande innehåll. Luganokonventionen gäller fortfarande för Sverige i relation till EFTA-länderna. Som nämnts i 9.2 har EG-domstolen funnit att EG som sådan har exklusiv kompetens att ingå en ny Luganokonvention.

82. Den rättsliga grunden är de ovannämnda artiklarna 61 c och 65 EGF.

83. Se angående Bryssel I-konventionen bl a L Pålsson, Brysselkonventionen, Luganokonventionen och Bryssel I-förordningen, 2002, M Bogdan, Svensk internationell privat- och processrätt, 6 uppl, 2004, L Hatzidali-Dahlström, EU:s internationella privat- och processrätt, 2004, prop 1997/98:102 angående svensk ratificering av Bryssel I-konventionen, prop 2001/02:146 angående Bryssel I-förordningen. Se även J A Pontier & E Burg, EU Principles on Jurisdiction and Recognition and Enforcement of Judgments in Civil and Commercial Matters according to the Case Law of the ECJ, The Hague 2004.

84. Beslut om verkställighet av utländska domar (exekvatur) handläggs i Sverige av Svea hovrätt.

85. Rättspraxisöversikter av L Pålsson har fortlöpande publicerats i SvJT.

hörighet och om erkännande och verkställande av domar i äktenskapsmål och mål om föräldraansvar, ny version av 2003.[86] Med denna förordning har EU även engagerat sig inom familjerätten. Bryssel II är uppbyggd på samma sätt som Bryssel I och ger regler om domstols behörighet i tvister om äktenskapsskillnad och föräldraansvar för barn (även återlämnande av barn) och om erkännande och verkställighet av domar på området. Motsvarande begränsning gäller här i fråga om nationell domstols rätt att begära förhandsavgörande av EG-domstolen.

HD har uttryckligen uttalat att Luganokonventionens reglering hade företräde framför icke överensstämmande svenska regler, NJA 2000 s 3. Detsamma gäller självfallet Bryssel I, som har förordningsform.

HD har i ett mål med patenträttslig bakgrund, som inte var avgränsat till att avse länder som anslutit sig till Luganokonventionen, uttalat att denna fick anses ge uttryck för vad som numera är internationellt vedertagna principer i fråga om kompetenskonflikter mellan domstolar i olika länder (NJA 1994 s 81). HD lade därför en bestämmelse i Luganokonventionen till grund för sitt avgörande. Motsvarande torde numera gälla Bryssel I-förordningen.[87] Uttalandets räckvidd har dock modifierats i HD:s beslut 15 juni 2007, Ö 494-06, BIG.

Det föreligger ett flertal avgöranden där HD tolkat och tillämpat olika artiklar i Bryssel-förordningen och dess föregångare, dock utan att HD hittills begärt förhandsavgörande från EG-domstolen i något sådant mål, se NJA 2005 s100, 2005 s 586 och 2005 s 652.

Vidare märks *Romkonventionen* av 1980 om tillämplig lag för avtalsförpliktelser.[88] Den rör lagval i kontraktsrättsliga mål som aktualiserar internationellt privaträttsliga frågor. Konventionen utgår från att parterna har frihet att avtala om vilket lands lag som skall vara tillämplig på avtalet. Har inget avtalats är huvudregeln att man skall tillämpa lagen i det land, som har den närmaste anknytningen till rättsförhållandet. Detta skall normalt förmodas vara det land där den part har sin hemvist, som har att utföra avtalsrelationens mest karaktäristiska prestation (vanligen den prestation som inte utgör betalning). Särskilda tvingande skyddsreg-

86. 2201/2003, EUT 2003 L 338, prop 2000/01:98. Bryssel II-förordningen är intagen i Sveriges Rikes lag. Se även svensk förordning med kompletterande bestämmelser (2005:97). Arbete pågår med förslag till mer omfattande EG-rättsliga lagvalsregler m m inom familjerätten, bl a med inriktning på arvs- och testamentsrätt.

87. Se även om tolkning av Luganokonventionen NJA 2001 s 386.

88. Det föreligger förslag från kommissionen om att efter viss överarbetning ersätta konventionen med en gemenskapsförordning; något som betraktas som ett effektivare juridiskt instrument genom att man slipper den ofta tröga ratifikationsprocessen i medlemsländerna.

ler ges för konsument- och arbetsrättstvister. En konsument får inte berövas det skydd som lagen ger i det land där han eller hon normalt bor. Sverige har tillträtt Romkonventionen 1998 genom inkorporering.[89] Också här kan endast nationell slutinstans begära förhandsavgörande.[90]

89. Prop 1997/98:14, Romkonventionen. Den finns intagen i Sveriges Rikes lag. Se L Pålsson, Romkonventionen. Tillämplig lag för avtalsförpliktelser, 1998, M Bogdan, Svensk internationell privat- och processrätt, 6 uppl, 2004, L Hatzidali-Dahlström, EU:s internationella privat- och processrätt, 2004.

90. Parlamentet och rådet har antagit en Rom II-förordning om tillämplig lag på utomobligatoriska förpliktelser (skadestånd) att gälla fr o m 2009.

# 18. Utblick

*"... att skapa en allt fastare sammanslutning (an ever closer union) mellan de europeiska folken ..."*

(artikel 1.2 EUF)

## *18.1 Vad slags skapelse är EU?*

En uppmärksammad men högst komplicerad fråga är hur man kan karakterisera EU såsom organisation. Själva termerna gemenskap och union ger inte särskilt mycket förklaringshjälp. Man brukar ta utgångspunkt i olika vedertagna organisationsmodeller, varvid särskilt märks de tre modellerna

- förbundsstat,
- statsförbund och
- förvaltningsunion.[1]

En *förbundsstat* eller, med en annan term, federation är den mest långtgående modellen för integration. En federation utgör folkrättsligt sett en enda stat med gemensamma institutioner på den federala nivån, i vilken ingår delstater med mer eller mindre omfattande självstyre och lagstiftningsmakt. Motsatsen till en förbundsstat är en *centralstat*, som inom sig saknar territoriellt avgränsade områden med ett större mått av självstyre. De historiskt sett främsta exemplen på förbundsstater är Amerikas förenta stater (USA) och Schweiz. Andra förbundsstater är i Europa bland annat Tyskland, Österrike, Spanien och Belgien. Sverige är en centralstat, liksom t ex Frankrike.

Ett *statsförbund* eller konfederation utgör ett omfattande och generellt inriktat samarbete mellan länder som bibehåller sin karaktär av självständiga stater. Samarbetet är folkrättsligt baserat på fördrag mellan de medverkande staterna. För en sådan ordning finns olika historiska pa-

1. Ett grundläggande arbete är J Weiler, The Constitution of Europe, Cambridge, UK 1999. Se vidare bl a debatten mellan P Hallström och J Nergelius om EU som statsförbund, förbundsstat eller något för sig i ERT 1998 s 88 ff och 1999 s 344 ff, 705 ff, även J Nergelius, Amsterdamfördraget och EU:s institutionella maktbalans, 1998. Se vidare bl a P Magnette, What is the European Union? Nature and Prospects, UK 2005, G F Mancini, Europe: The Case for Statehood i dens., Democracy & Constitutionalism in the European Union, Oxford 2000 s 51 ff och J-C Piris, The Constitution for Europe. A Legal Analysis, Cambridge UK 2006 s 192 ff.

ralleller, bl a samarbetet mellan självständiga tyska stater före Tysklands enande på 1860-talet.

En *förvaltningsunion*, slutligen, utgör ett till sin omfattning mera begränsat samarbete mellan självständiga stater, där dessa på grundval av internationellt fördrag byggt upp en gemensam ordning för att handha avgränsade sektorer. En förvaltningsunion är skapad för ett eller flera särskilda ändamål och har inom denna ram sin egen förvaltning och rättsordning. Ett betydande antal internationella organisationer med verksamhet inom olika sakområden kan betraktas som förvaltningsunioner av större eller mindre betydelse och omfattning. Den ursprungliga kol- och stålunionen (EKSG, se 2.2.1) var en välutvecklad förvaltningsunion.

Dessa modeller innefattar naturligtvis starka förenklingar av en komplex verklighet. Likväl är det belysande att reflektera över EU:s karaktär mot bakgrund av tre modellerna.

EU är uppenbarligen inte är förbundsstat, d v s en gemensam statsbildning. Steget från dagens EU till ett Europas förenta stater är mycket långt. Det står klart att medlemsstaterna i EU folkrättsligt är att betrakta som självständiga nationer, medan det internationella samfundet inte erkänner EU såsom en stat. Det är t ex medlemsstaterna som är medlemmar i FN. EU:s och EG:s kompetens är fastlagd i fördragen och därmed härledd från medlemsstaterna. Avsaknaden av kompetens-kompetens skiljer på ett avgörande sätt EU- och EG-fördragen från konstitutionen i en förbundsstat.[2] Detta hindrar dock inte att EU faktiskt innehåller vissa federativa moment som närmast anknyter till förbundsstaten som organisationsform.

Här märks främst metoden att utse ledamöterna i Europaparlamentet genom direktval i medlemsstaterna, rådets möjligheter att inom vida områden (främst inre marknaden) fatta majoritetsbeslut som binder alla medlemsstater (även om de röstat emot), principen om europarättens företräde framför nationell rätt i medlemsländerna (se 5.3) och förekomsten av andra av EG-domstolen utbildade, för medlemsstaterna gemensamma konstitutionella principer. Man kan vidare peka på unionsmedborgarskapet, lojalitetsprincipen, subsidiaritetsprincipen som förutsätter förekomsten av en sammanhållen organisation med en nivåhierarki, samt givetvis valutaunionen. Däremot bör inte europarättens direkta tillämplighet och effekt i medlemsstaterna ses som uttryck för en förbundsstatstanke; som framgått är det i länder med en monistisk rättsuppfattning vanligt att internationella fördrag på olika områden har direkt effekt.[3]

2. Se 3.1 och 6.2.
3. Se 5.2 och 9.5.

Det finns dock viktiga begränsningar i dessa federativa drag. Man kan härvid peka på att Europaparlamentets ställning är relativt svag inom stora sektorer (bl a andra och tredje pelaren), att särskilt viktiga rådsbeslut i stor utsträckning kräver enhällighet, att unionsmedborgarskapet har rätt begränsade rättsverkningar och att samarbetsområdena inom ramen för andra och tredje pelarna i princip givits en mellanstatlig utformning och lagts utanför gemenskapsrätten. Subsidiaritetsprincipen anvisar endast arbetsfördelningen på områden där EU och medlemsstaterna har delad kompetens. Det mest påtagliga inslaget av ett federativt synsätt i dagens EU får sägas vara europarättens företrädesrätt. Som framgått är detta en princip som utbildats och successivt vidareutvecklats av EG-domstolen utan något tydligt fördragsstöd. Principen är emellertid accepterad sedan länge[4] och domstolen har gjort en banbrytande insats för vad Joseph Weiler benämnt "the transformation of Europe" genom att utveckla EG-fördraget till en slags konstitution.[5]

Vidare är det i stor utsträckning medlemsstaterna som styr EU. De kontrollerar EU:s mäktigaste organ, rådet och Europeiska rådet. De har också en viktig roll i ärendeberedningen, bl a genom kommittologin. Som nämnts kräver särskilt viktiga beslut fortfarande i stor utsträckning enhällighet i rådet. Fördragsändringar, upptagande av nya medlemsstater, ingående av associationsavtal m m kräver alltid enhällighet bland medlemsstaterna. Detsamma gäller, i vart fall än så länge, också det statsfinansiellt viktiga skatteharmoniseringsområdet. Gemenskapen saknar egen beskattningsrätt.

Det kan även diskuteras om medlemsstaternas samarbete inom EU har en så omfattande och generell inriktning att det ter sig befogat att klassificera detsamma som ett statsförbund. Begränsar man blickfältet till det traditionella kärnområdet för samarbetet inom EG – den gemensamma handelspolitiken, tullunionen, den fria rörligheten inom ramen för de fyra friheterna, den gemensamma konkurrenspolitiken och övriga inslag i förverkligandet av den inre marknaden, t ex lagharmoniseringen – skulle EG kunna betraktas som en förvaltningsunion med särskilt bred räckvidd. Som stöd härför kan man bland annat peka på förekomsten inom samarbetets ram av en självständig uppbyggd rättsordning och ett eget förvaltningsorgan med påtagligt självständig ställning (kommissionen). Det finns också uppdragna gränser för organisationens kompetens. Betraktelsesättet ter sig mera ansträngt när man även för in i bilden alla

4. Det faktum att ett flertal regeringskonferenser om fördragsändringar haft möjlighet att ändra EG-fördraget och därigenom korrigera det av domstolen skapade rättsläget men inte har gjort detta kan ses som ett politiskt godtagande ex post av EG-domstolens ställningstaganden. Frågan om företrädesrätten skall fördragsfästas är aktuell vid den nu pågående fördragsrevisionen.

5. J Weiler, The Constitution of Europe kapitel 2.

de andra områden där EU verkar, inte minst valutaunionen och Europeiska centralbanken som ju har överstatliga inslag av grundläggande betydelse.

Olika teorier har vuxit fram inom statsvetenskapen för att förklara den europeiska integrationen. Dessa syftar till att beskriva olika politiska processer på europanivån, förklara varför dessa utmynnat i vissa resultat och att utveckla verktyg för det fortsatta EU-samarbetet.[6]

En för EU:s utveckling viktig teori är *funktionalismen*. Den har i mycket sin utgångspunkt i de tankegångar som låg bakom den första europeiska gemenskapen, Kol- och stålunionen. Man skulle samarbeta i överstatliga former på ekonomiskt viktiga men politiskt mindre känsliga områden. Härigenom skulle man få en gemensam kontroll av sådana delar av nationalstaternas ekonomi som är särskilt viktiga för ett krigsmaskineri. På så sätt skulle man uppnå att medlemsstaterna upplevde ett starkt gemensamt intresse för fred och i praktiken omöjliggöra att en nationell rustningsindustri kunde återuppstå.

Dagens EU har emellertid utvecklats väsentligt längre än så. En teori för förklaring av denna utveckling är den s k *neo-funktionalismen*. Enligt denna bör integrationsteorin fokusera på integrationsprocessen snarare än på ett önskvärt slutresultat. Neo-funktionalismen förklarar integrationsprocessen med att de överstatliga institutionerna verkar för ett ökat samarbete för att stärka sitt eget inflytande samtidigt som de nationella beslutsfattarnas lojaliteter och arbetsmetoder successivt förändras i takt med att de vant sig vid det ökade samarbetet. Till följd av detta blir det efter hand mindre främmande att samarbeta inom politiskt känsliga områden; man uppnår en snöbollseffekt. Framväxten av det nuvarande EU har också rent faktiskt kännetecknats av en dylik stegvis utveckling utan något fixerat slutmål.

Å andra sidan står det klart att medlemsstaterna själva spelar en ledande roll, inte minst genom de övergripande beslut som fattas i Europeiska rådet och genom verksamheten i rådet. Neo-funktionalismen har därför blivit utmanad av s k *intergovernmentalistiska* teorier såsom *neo-realismen* och *neo-rationalismen*. Enligt dessa är det medlemsstaterna som på basis av upplevda egenintressen driver integrationsprocessen vidare, snarare än de överstatliga institutionerna.

På senare tid har emellertid hela debatten om huruvida EU-integrationen primärt drivs av medlemsstaterna eller överstatliga institutioner blivit ifrågasatt och nya teorier har utvecklats. Dessa analyserar EU som ett system där styrning och impulser inte kommer från ett håll utan från flera håll och nivåer samtidigt, s k *flernivåstyrning* (multi-level governance). Man fokuserar då främst på den mängd av olika aktörer som driver EU:s komplexa lagstiftningsprocess och beslutsprocess i övrigt på

6. För en genomgång av denna teoribildning se t ex B F Nelsen & A Stubb, The European Union. Readings on the Theory and Practice of European Integration, 3 ed, UK 2003. Se även J Westberg, Integration som problemlösning, 2006.

skilda nivåer i systemet. Ett karakteristiskt drag för systemet är av att olika aktörer inom EU:s institutionella organisation och i medlemsstaterna samspelar och balanserar varandra, dock så att tyngdpunkten är olika fördelad inom olika sakområden. Som varandras motpoler framstår den inre marknaden, som utvecklats till att vara i hög grad överstatlig till sin uppbyggnad, och den gemensamma utrikes- och säkerhetspolitiken, som fortfarande är ett mellanstatligt samarbete. Denna skiktade styrning på ett flertal nivåer är nog den mest realistiska förklaringsmodellen, särskilt som det inte går att betrakta EU:s institutioner som en enhet. Tvärtom drar många gånger kommissionen, rådet och Europaparlamentet mer eller mindre påtagligt åt olika håll.

*Sammanfattningsvis* finner man sålunda i utformningen av EU drag av olika modeller. Kärnområdet synes närmast ha karaktären av en förvaltningsunion för särskilda ändamål, men verksamhetens målsättningar och inriktning har vidgats i sådan omfattning att EU som helhet framstår som en väsentligt mer omfattande skapelse, samtidigt som det inte är fråga om något fullt utbildat statsförbund och alldeles klart inte en förbundsstat.[7] Riktigast förefaller vara att betrakta EU som en skapelse *sui generis*, alltså en skapelse av sitt eget slag – i botten en internationell organisation men som utvecklingen givit en unik ställning. Någon liknande sammanslutning har inte funnits tidigare i världen och någon facit eller annan tidigare etablerad förklaringsmodell som klargör vad EU är finns heller inte att tillgå.[8] När det gäller den närmare synen på denna unika skapelse konkurrerar olika synsätt, där somliga betonar EU:s federativa drag och historiska uppgift att skapa en ”ever closer union” medan andra vill se EU som en speciellt välutvecklad internationell organisation och tonar ner vidden av medlemsstaternas suveränitetsavstående.

7. Den tyska författningsdomstolen valde i linje härmed att i sin dom 1993 om Maastrichtavtalet karakterisera unionen med den neutrala beteckningen Staatenverbund, förening av stater och inte Staatenbund, statsförbund, se 5.3.2 med hänvisningar. Att en nationell författningsdomstol själv skulle kunna pröva kompetensenligheten av europeiska rättsakter framstår som oförenligt med EG-domstolens exklusiva behörighet och rättslikheten inom EU även om rättsverkningarna av en sådan prövning skulle begränsa sig till ett visst land. Se dock slutsatsen om existensen av parallella hierarkier.

8. W van Gerven, The European Union. A Polity of States and Peoples, Oxford 2005 s 34 utvecklar genom en jämförelse med USA att EU inte är en stat men väl en "political entity" som inte låter sig förklaras utifrån det traditionella nationalstatsbegreppet. Detta innebär att det finns mellanformer mellan nationalstater och vanliga internationella organisationer, en s k post-westfalisk uppfattning, till vilka medlemsstaterna i viss utsträckning avstått sin suveränitet. Westfaliska freden 1648, som avslutade trettioåriga kriget och där även Sverige var signatär, anses (med rätt eller orätt) ha lagt grunden för den traditionella westfaliska uppfattningen att världssamfundet är uppdelat i nationalstater med absoluta suveränitetsanspråk. Det grundläggande problemet, som i första hand förklarar EU:s utveckling (se 2.1 och 2.2), är att detta nationalstatssystem visat sig fungera mycket illa när det gällt att säkerställa fred och förebygga konflikter i Europa.

## *18.2 Centrala utvecklingslinjer inom EU*

Avslutningsvis skall vi översiktligt beröra några centrala problem och utvecklingslinjer inom EU sådana de låter sig skönjas i nuläget. Det rör sig om en kortfattad behandling av ett urval av frågor.

### 18.2.1 Dynamiken i utvecklingen

Såsom framgått av detta arbete utgör EU en nyskapelse som firat sitt halvsekelsjubileum 2007 och fortfarande befinner sig i en dynamisk utveckling. Sett i det perspektivet har det europeiska integrationsprojektet utvecklats mycket långt. Det är i dag närmast en självklarhet att det råder fred och nära samarbete mellan EU:s medlemsländer. Fram till 1945 hade emellertid Europas historia dominerats av de ständigt återkommande, alltmer förödande krigen mellan de europeiska stormakterna och länderna hade också en mycket mer nationell syn på ekonomisk och annan verksamhet; höga tullmurar och strävan efter nationell självförsörjning (autarki) var vanligt.

EU:s organisation och verksamhetssätt måste förstås mot bakgrund av de historiska utgångspunkterna och den successiva utveckling som skett. Den komplexitet som otvivelaktigt på många sätt utmärker utformningen av institutionernas kompetens och beslutsordning, kompetensfördelningen i förhållande till medlemsstaterna och tillämpade arbetsformer är resultatet av mödosamt träffade kompromisser och stegvis genomförda förändringar. Detta bör man ha i minnet. Det är inte alltid möjligt att på rent rationella grunder förklara de många olikheter som kan påvisas i regelsystemets utformning.

Inte minst unionsfördraget med sin pelarkonstruktion är en tydlig kompromissprodukt, vars vaga ram dock fyllts ut vartefter och fått ett alltmer konkret innehåll. Detta är inte något nytt utan uttryck för en metod som är välkänd redan från Romfördragets tillkomst med tullunionens tolvåriga övergångsperiod och från det stegvisa genomförandet av den inre marknaden. Metoden går ut på att man först i en grundläggande fördragstext lägger fast mål och huvudregler, beslutsbefogenheter och ofta en fast tidtabell. Därefter vidtar detaljarbetet med att fylla denna ram med ett konkret innehåll. Så har man också arbetat – med verklig framgång – med genomförandet av EMU, som ju infördes helt efter tidtabell.

EU:s dynamiska drag visar sig i de starka strävandena både efter fördjupning och efter utvidgning av samarbetet. Tillskapandet av den inre marknaden genom enhetsakten var i första hand att se som ett förverkligande av de intentioner om reell fri rörlighet för de olika produktionsfaktorerna som låg bakom redan den ursprungliga utformningen av

Romfördraget. Samtidigt har denna fördjupning av integrationen gjort det naturligt att också dra in andra områden i EU-samarbetet. Från den inre marknaden har utvecklingen gått vidare till den monetära unionen och den gemensamma valutan, något som i sin tur kräver samordnat ekonomiskt ansvarstagande för att slå vakt om eurons stabilitet. En i dag uppmärksammad fråga är i vad mån utvecklingen kräver ett fördjupat samarbete mellan medlemsländerna också på beskattningens område. Med tiden har kritik kommit för att samarbetet skulle vara alltför ensidigt orienterat mot ekonomi och marknad. Svaret har blivit att bygga in kompletterande politikområden i EU, som rör sociala och kulturella skyddsmekanismer, miljöskydd, konsumentskydd, kultur, forskning och utbildning med mera. Här är dock EU:s roll i regel mera begränsad och främst inriktad på samordning eller ett mer utbyggt samarbete inom specifika delområden.

EU fungerar sedan längre som en enhet på utrikeshandelsområdet och är på utrikeshandelspolitikens område den ena av världens giganter (den andra är USA). Denna utveckling är till stor del en nödvändigt följd av att man inåt utgör en gemensam inre marknad. Inom själva utrikespolitiken finns också gemensamma ambitioner men i många viktiga frågor har medlemsstaterna kommit att företräda olika handlingslinjer, något som inte minst Irakkriget visat. Utvecklingen har dock likväl drivit fram ett avsevärt faktiskt samarbete mellan medlemsstaterna också inom denna sektor, liksom när det gäller internationella säkerhetsfrågor. Det beror i första hand på medlemstaternas politiska vilja hur långt detta samarbete kommer att vidareutvecklas. EU-fördragets utformning medger en avsevärd fördjupning.

Framställningen har också visat vilken helt grundläggande betydelse som den fasta rättsliga uppbyggnaden av samarbetet alltifrån början haft och alltjämt har. Härigenom säkerställs både att det politiska samarbetet bedrivs inom ramen för de många olika beslutsformer och kompetensgränser som fördragen uppställer och att uppnådda resultat inte eroderas genom åtgärder från medlemsstaternas sida. Det är ytterst betydelsefullt att primärrätten och sekundärrätten i så stor utsträckning tillerkänner enskilda och företag rättigheter som dessa självständigt kan genomdriva rättsligt i förhållande till medlemsstaternas nationella lagstiftning.

Såsom berörts i slutet av 2.5 innebar folkomröstningar år 2005 i Frankrike och Nederländerna ett nej till ratifikation av det konstitutionella fördraget, en utveckling som kom den fortsatta ratifikationsprocessen att i huvudsak avstanna. Såvitt kan bedömas stannar man troligen för att söka genomföra delar av förslagen i konstitutionen inom ramen för en mera begränsad fördragsrevision, det s k Reformfördraget. Speciellt mot bakgrund av debatten huruvida Reformfördraget i sak tycks bli kosmetiskt förändrat och symboliskt nedtonat, men likväl i huvudsak detsamma som föreslogs i konstitutionen, förtjänar det kanske att understrykas att de reella förändringarna redan vid ett genomförande av det konstitutionella fördraget skulle ha blivit väsentligt mindre än vad som ofta framförts i debatten, såväl av tillskyndare som av kritiker.

## 18.2.2 Det demokratiska underskottet

Den komplicerade maktbalans som råder mellan EU:s institutioner har kommenterats avslutningsvis i kapitel 4. Där konstaterades att den avgörande politiska makten ligger hos rådet och ytterst Europeiska rådet, och därigenom i medlemsstaternas samlade hand. Där framhölls också att man kan konstatera ett "demokratiskt underskott" i EU, bl a med tanke på det folkvalda Europaparlamentets relativt svaga ställning inom breda sektorer, t ex när det gäller EU:s externa relationer, samt de ofta kritiserade bristerna på reellt medborgarinflytande.[9] Å andra sidan är dock självfallet rådet demokratiskt i den meningen att dess ledamöter representerar de demokratiskt utsedda regeringarna i medlemsländerna. Det rör sig alltså ytterst om olika former av representativ demokrati. Vissa bedömare menar också att detta är vad som pragmatiskt passar bäst för en organisation som EU, och att frågan om legitimitet snarast bör bedömas utifrån vad unionen de facto förmår uträtta.

Utifrån fördragen är det emellertid en felsyn att betrakta EU i allt väsentligt enbart som ett samarbete i särskilt välutbyggda former mellan medlemsstater. Redan artikel 1 i EU-fördraget slår fast att syftet är att skapa en allt fastare sammanslutning mellan de europeiska folken och att uppgiften är att konsekvent och solidariskt organisera förbindelserna mellan medlemsstaterna och *mellan deras folk*. Det sagda kommer också på många andra sätt till uttryck i den institutionella uppbyggnaden och regelverket och inte minst i EG-domstolens utveckling av rättspraxis, t ex angående gemenskapsrättens direkta effekt för enskilda och unionsmedborgarskapets rättsverkningar, särskilt när det gäller personrörligheten och numera uppehållsrätten inom hela EU. I huvudsak måste dock sägas att EU som samarbetsform mellan de europeiska folken ägnats och fortfarande ägnas relativt liten uppmärksamhet och att häri torde ligga en nyckel till förståelsen av varför EU klandras för bristande legitimitet och demokratisk förankring. Tyngdpunkten har ofta kommit att ligga på medlemsstaternas samarbete i rådet och toppolitikernas uppgörelser i europeiska rådet. Detta är för övrigt en inriktning som vanligen också haft svenska regeringens stöd.

9. Se för en analys från rättsliga utgångspunkter av det demokratiska underskottet och möjliga åtgärder, W van Gerven, The European Union. A Polity of States and Peoples, Oxford 2005.

För det maktdelningssystem som kännetecknar EU borde tillgången till ett välutvecklat system för kontroll och ansvarsutkrävande (accountability) spela en mycket central roll. Det saknas emellertid någon utbyggd ordning för ansvarsutkrävande av kommissionen och rådet, något som kan ses som ett grundläggande uttryck för det demokratiska underskottet. Revisionsrätten och den europeiske ombudsmannen saknar bindande maktbefogenheter. Som nämnt i 4.4.1 har Europaparlamentet på senare tid kunnat utnyttja sina kontrollbefogenheter, bl a den att godkänna kommissionens sammansättning som helhet, till att motsätta sig vissa kommissionärer. Detta kan vara ett första steg mot en utveckling där det folkvalda Europaparlamentet kan utkräva ansvar av kommissionen. Kvar står dock frågan om möjliga framtida former för ansvarsutkrävande i förhållande till rådet.

En viktig förutsättning för fungerande kontroll och ansvarsutkrävande är tillräcklig öppenhet i beslutsfattandet. Som nämnt i 6.10 uppnåddes under det svenska ordförandeskapet i rådet 2001 att EU gick över till huvudprincipen att allmänheten har tillgång till institutionernas handlingar men ännu finns viktiga inskränkningar i öppenhetsprincipen och en kultur av diplomatisk slutenhet på olika håll i beslutsprocessen inom EU. En fortsatt utveckling mot större öppenhet förefaller viktig både för EU:s allmänna legitimitet och för syftet att föra verksamheten närmare medborgarna.

En annan aspekt på den demokratiska förankringen rör de nationella parlamentens möjligheter att påverka arbetet inom EU. Dessas möjligheter att utöva något reellt inflytande på beslutsfattandet inom EU är dock vanligen svaga. När regeringarna framlägger redan slutförhandlade överenskommelser eller antagna direktiv för sina hemländers parlament för godkännande eller genomförande är det för sent att sakdiskutera innehållet. Regeringens skyldighet i Sverige att höra riksdagen under förhandlingsarbetet (genom EU-nämnden) är i och för sig mer utbyggd än i många andra EU-länder men ger endast en begränsad inflytandemöjlighet. Enligt det konstitutionella fördraget skulle de nationella parlamenten ges information direkt från kommissionen och möjlighet att yttra sig över framlagda lagförslags förenlighet med subsidiaritetsprincipen; en utveckling som (om än i relativt oförbindande former) redan påbörjats.[10] Reformfördraget förväntas följa upp saken, men det återstår dock att se vilken betydelse detta i realiteten kan komma att få.

En väsentlig överföring av ansvar från rådet till parlamentet skulle emellertid innebära en betydelsefull förändring av EU i federalistisk riktning. Så skulle inte minst bli fallet om man i framtiden skulle genomföra

10. Kommissionen sänder t ex redan i dag sina förslag till de nationella parlamenten. Jfr även den verksamhet som bedrivs genom de nationella parlamentens samarbetskommitté Cosac (se http://www.cosac.eu).

det redan i början av 1980-talet inom parlamentet under ledning av den italienske parlamentarikern Altiero Spinelli utarbetade förslaget att förlägga beslutsmakten till ett parlament med två kamrar, där den ena skulle vara folkvald medan den andra skulle bestå av permanenta europaministrar som företrädde medlemsstaternas regeringar och sålunda skulle ersätta rådet. Kamrarna skulle dela lagstiftningsmakten. Medlemsstaterna har inte varit beredda att acceptera så långtgående förändringar, men Spinelliplanens tankegångar är fortfarande levande i debatten och medbeslutandeförfarandet när det gäller lagstiftningen på främst inre marknadsområdet ligger inte så långt därifrån.

Det synes hur som helst svårt att åtgärda det demokratiska underskottet på djupet så längre det som nu i stor utsträckning saknas en europapolitisk debatt som förs över nationsgränserna. I nuläget förs normalt EU-debatten i varje medlemsland för sig utifrån det landets särskilda förutsättningar och relation till EU. Detta sätter en stark hämsko på den demokratiska dialogen och synes heller inte bidra i någon högre grad till att utveckla en europeisk demos; en "europeisk känsla" bland ländernas befolkningar.

## 18.2.3 Flexibel integration

Något som kan komma att visa sig betydelsefullt för den fortsatta utvecklingen inom EU är att unionsfördraget innehåller ett särskilt kapitel om flexibel integration eller, som det uttrycks i fördraget, "ett närmare samarbete" (artiklarna 43-45 EUF).[11] Grundtanken med flexibel integration är att tillåta vissa medlemsländer att inom unionens ramar kunna gå vidare med integrationen utan att alla medlemsländerna måste delta, och att därvid kunna utnyttja EU:s institutioner. Man lämnar alltså möjlighet till att på särskilda områden skapa kvalitativt skilda nivåer på olika länders medlemskap. Huvudmotivet är att kunna överbrygga de problem som kravet på enhällighet för fördragsändringar medför, speciellt när det gäller att utsträcka integrationen till nya områden.

I unionsfördraget sätts det upp ett antal kriterier för att hindra de negativa effekter flexibel integration kan tänkas medföra. Kriterierna grundar sig på viljan att sätta tydliga ramar kring denna typ av samarbete och på det sättet behålla största möjliga kontroll över utvecklingen. Fördraget beskriver flexibel integration som en sista utväg när andra möjligheter är prövade. Redan nu används emellertid flexibel integration på ett flertal områden med stöd av särskilda undantag. Sverige står liksom Storbritannien och Danmark utanför eurozonen (se diskussionen i 14.7) och Storbritannien och Irland står delvis utanför Schengensamarbetet.

11. Se vidare bl a U Bernitz, Sverige och europarätten, kapitel 10.

Danmark har undantagsregler på vissa områden (Danmarksprotokollen).

En ordning för närmare samarbete måste f n inbegripa minst åtta medlemsstater och får inte vara slutet till sin karaktär utan skall stå öppet för alla medlemsstater och tillåta dem att bli parter i samarbetet när som helst, under förutsättning att de iakttar grundbeslutet och de beslut som hunnit fattas inom den särskilda samarbetsramen. Ett närmare samarbete måste också syfta till att främja EU:s mål, hålla sig inom EU:s regelverk och institutionella ram och inte påverka de utanförstående medlemsstaternas rättigheter och skyldigheter eller verka diskriminerande eller konkurrenssnedvridande. Reglerna syftar bl a till att förhindra att det utvecklas ett "Europa à la carte" där medlemstater tämligen fritt väljer i vilka samarbeten de vill medverka. I praktiken har inga arrangemang för närmare samarbete enligt unionsfördragets regler ännu kommit till stånd och den dominerande uppfattningen har i vart hittills varit att EU bör hållas samman. Reformfördraget, med sina förväntade olika undantag ock möjligheter till speciallösningar, torde dock kunna komma att åter aktualisera frågan om flexibel integration.

### 18.2.4 Möjligheterna till utträde, suspension och fortsatt utvidgning

Fördragen saknar bestämmelser om rätt till utträde och har uttryckligen ingåtts på obegränsad tid (artikel 51 EUF och 312 EGF). En rätt till frivilligt utträde med de övrigas samtycke torde dock föreligga enligt grundläggande folkrättsliga principer, något som synes förutsätta att parterna förhandlar fram en överenskommelse som reglerar formerna för utträdet och de fortsatta förbindelserna.[12] Detta skulle i praktiken bli en mycket ingripande förhandling med hänsyn till förbindelsernas utomordentligt stora djup och omfattning, där frågan vilka fortsatta samarbetsformer den utträdande staten söker uppnå skulle bli särskilt central.

Vad händer om den beklagliga situationen uppstår att en medlemsstat inte längre fyller kraven på att fungera såsom demokrati och rättstat? EU har då möjlighet att ingripa med varningar och i andra hand suspension av medlemsstatens rösträtt (se 6.9.2 och artikel 7 EUF). Avsikten är att

12. Se art 54 i 1969 års Wienkonvention om traktaträtten (prop 1974:158), M Melin & G Schäder, EU:s konstitution, 6 uppl, 2004 s 61 ff. Reformfördraget kan förmodas innehålla uttryckliga bestämmelser om en medlemsstats rätt till frivilligt utträde ur unionen och formerna härför. Se även I Larén-Marklund & L Stenwall, Att utträda eller uteslutas ur Europeiska unionen, SOU 1996:16 s 27 ff, Y Gilbert, Utträde ur EU – förutsättningar; en komparativ analys, ERT 2006 s 665 ff. EU:s möjligheter att rikta sanktioner mot en medlemsstat som bryter mot de grundläggande principerna om respekt för demokrati och grundläggande rättigheter har berörts i slutet av avsnitt 6.9.2 (artikel 7 EUF).

dessa kraftfulla påtryckningsåtgärder skall verka tillräckligt avskräckande; fördragsfäst ordning för uteslutning av en medlemsstat saknas.[13] Europeiska unionen står enligt EU-fördraget i princip öppen för ”varje europeisk stat” som respekterar de grundläggande demokratiska principerna (art 49.1 EUF). Vad som skall förstås med en europeisk stat har dock inte blivit auktoritativt fastslaget och kan ges olika tolkningar, beroende på om man väljer en strikt geografisk eller mer ekonomiskt/kulturell utgångspunkt. Medlemskapsförhandlingar har påbörjats med två kandidatländer, Kroatien och Turkiet, men det kvarstår ännu många hinder särskilt för ett turkiskt medlemskap. Vad gäller Turkiet är det endast en mindre del av landet (väsentligen huvuddelen av Istanbul med omnejd) som geografiskt tillhör Europa. På sikt torde även andra stater som tidigare ingått i det nu upplösta Jugoslavien, såsom Makedonien, vara aktuella för medlemskap, och även andra länder torde kunna tillkomma. Som bekant är meningarna delade om hur pass snabbt EU kan absorbera ytterligare stater utan att riskera en urvattning.

### 18.2.5 Har EU ett slutmål?

Finns det något för framtiden fastlagt slutligt integrationsmål för EU?[14] Svaret på den frågan är nekande. Det finns klart skilda uppfattningar om hur långt man bör gå, från att man i huvudsak bör stanna på den integrationsnivå som man uppnått (eller eventuellt ta steg tillbaka) till framtidsvisioner om ett enat Europa inom ramen för en fast uppbyggd federation samt häremellan många tänkbara varianter. Debatten kring det konstitutionella fördraget och dess materiella arvtagare Reformfördraget visar att meningarna förblivit delade. Liksom hittills torde frågan hur långt den europeiska integrationen skall fortskrida inom olika områden inte komma att bestämmas abstrakt och principiellt utan snarare framkomma successivt inom ramen för ett komplicerat samspel mellan medlemsstaternas regeringar och de olika EU-institutionerna. Mycket talar t ex för att ett fördjupat samarbete på energi- och miljöpolitikens område kommer att tillmätas särskild betydelse under den närmaste 5–10-årsperioden.

13. Enligt den allmänna traktaträtten kan ett väsentligt traktatsbrott, som rör förverkligandet av traktatens ändamål och syfte, ge övriga traktatsparter rätt att genom enhälligt beslut suspendera traktaten helt eller delvis eller sätta den ur kraft mot den traktatbrytande parten, art 60 Wienkonventionen. Det förefaller dock tveksamt i vilken utsträckning dessa principer, som gäller traktater i allmänhet, kan tillämpas på ett så djupgående samarbete som EU utgör, jfr M Shaw, International Law, 5 ed, Cambridge 2003 s 851 ff med hänv.

14. Med ett franskt uttryck är frågan vad som är ”la finalité”.

# 19. Hur finna europarätten – dokumentation och litteratur

Det europarättsliga materialet är omfattande. Det är viktigt att veta var och hur man kan finna det. Vi ger i det följande en översikt över det grundläggande rätttskällematerialet, vilket i allt högre grad kommit att bli elektroniskt tillgängligt. Vi lämnar först en allmän genomgång av de viktigaste elektroniska källorna och går därefter in på systematiken i de tryckta källorna såsom fördrag, sekundärrätt och rättspraxis samt övriga rättskällor.

## 19.1 *Elektroniskt tillgängliga källor*

Åtskilliga av de tryckta källorna som kommer att behandlas i det följande – t ex EUT – finns också tillgängliga via Internet. Nätet är i allmänhet det smidigaste sättet att ta fram det officiella källmaterialet. Den vägen kan man nå ett stort antal databaser med mer eller mindre omfattande innehåll samt även ett stort antal elektroniska nyhetsbrev, elektroniskt tillgängliga tidningar och motsvarande vilka dock i många fall kräver abonnemang. Bekymret är sällan brist på information utan snarare överflödet av sådan och hur man skall kunna sålla i mångfalden. Vad som nämns i det följande gör därför inga anspråk på fullständighet.

*EUR-lex*[1] är en av de största webb-platserna med EU-dokument av många slag. Tjänsten, som är gratis, ger tillgång till EUT och innehåller därutöver bl a rättsfall och lagstiftning i fulltext på såväl svenska som engelska och de övriga gemenskapsspråken.

Bland övriga gratistjänster som inte kräver abonnemang eller liknande märks framförallt det rikhaltiga materialet som kan nås via EU:s egen webbplats *Europa.*[2] Här kan man bland mycket annat söka sig till de egna hemsidorna för de olika institutionerna och andra EU-organen. Av särskilt intresse är här bl a kommissionens olika generaldirektorat, Europaparlamentet samt EG-domstolen. Hos EG-domstolen[3] kan man bl a söka bland domstolens och förstainstans-

1. http://eur-lex.europa.eu Sedan 2004 införlivar och ersätter den Celex, vilken tidigare var den främsta databasen för åtkomst av gemenskapslagstiftning.
2. http://europa.eu
3. http://curia.europa.eu

rättens avgöranden, generaladvokatsyttranden och liknande. Nya domar och pressmeddelanden förs in omgående.

Via servern Europa når man även databaserna EUR-Lex, PreLex och SCAD. EUR-Lex innehåller som nämnts ovan främst aktuell rättspraxis, lagstiftning, (i vart fall vissa) förberedande rättsakter samt senare utgåvor av EUT (L och C-serierna).

I PreLex kan man följa den interinstitutionella beslutsprocessen för olika förslag, med tillhörande dokument.[4] Även på Europaparlamentets databas *OEIL*[5] kan man följa EU:s beslutsprocesser, med fokus på Parlamentets verksamhet på området.

SCAD är kommissionens centrala informations- och dokumentationsavdelning. Här finns referenser till viktigare förslag till EG-rättsakter, olika publikationer från EG, uttalanden och rapporter från europeiska intresseorganisationer samt en mängd annat material.

Även databaserna ECLAS, RAPID och IDEA nås via Europa-servern. ECLAS är kommissionens centralbiblioteks databas och innehåller inte bara internt material utan även sådant som externt skrivits om EU. RAPID innehåller daglig pressinformation från kommissionen. IDEA är den elektroniska, sökbara utgåvan av gemenskapens katalog över personal anställd vid institutionerna. TED[6] (Tenders Electronic Daily) är en databas för offentlig upphandling vilken i princip innehåller EUT:s S-serie.

*Lagrummet* är en gemensam svensk webbplats för den offentliga förvaltningens rättsinformation, vilken förutom svenskt material (författningar, domar m m) även innehåller länkar till EUR-lex, EG-domstolen och Europadomstolen.[7]

*Domstolsverket* ger sedan 2006 ut kostnadsfria nyhetsbrev om såväl Europakonventionen som EU-rätt,[8] vilka behandlar aktuell rättspraxis, främst sådan av direkt svensk betydelse samt relevanta svenska domstolsavgöranden.

*EU & Arbetsrätt*[9] är ett kostnadsfritt nyhetsbrev som fokuserar på nyheter inom arbetsrättslig rättspraxis och lagstiftning.

4. http://ec.europa.eu/prelex
5. The Legislative Observatory; http://www.europarl.europa.eu/oeil/
6. http://ted.europa.eu
7. http://www.lagrummet.se
8. http://www.dom.se, se under Publikationer.
9. http://www.juridicum.su.se/euarb/

# *19.2 Fördrag och sekundärrätt*

## *Officiell författningssamling*

*Europeiska Unionens officiella tidning* (EUT) är den officiella författningssamlingen för EU.[10] Den utges fr o m 1995 i autentisk svensk språkversion.[11]

Ännu aktuella rättsakter antagna före 1995 har publicerats i autentisk svensk version i en omfattande, ämnesvis sammanställd *specialutgåva* av EGT.

EUT ges ut i tre serier, L-serien, C-serien och S-serien.

*L-serien* (legislatio) innehåller EU:s lagstiftning, d v s antagna rättsakter, (förordningar, direktiv, beslut, rekommendationer och yttranden) samt t ex hänvisningar till ingångna internationella överenskommelser.

*C-serien* (communicatio) innehåller meddelanden och upplysningar som rör EU, t ex information om institutionernas verksamhet, parlamentets protokoll, skriftliga frågor och yttranden. Vidare finns meddelanden på konkurrensområdet, platsannonser och meddelanden om uttagningsprov för anställning inom EU:s institutioner. I den s k C E-serien finns även kommissionens lagstiftningsförslag.

*S-serien* innehåller främst tillkännagivanden av offentliga upphandlingar i EU-länderna (tillgänglig via databasen TED; se 19.1).

Rättsakterna finns på samma sidor i de olika språkversionerna av EUT.

Svensk signalfärg på officiellt EU-tryck är gult.

## *Andra tryckta utgåvor*

Det finns ett flertal utgåvor av de grundläggande fördragen i deras lydelse enligt Amsterdamfördraget, såsom

*Europafördrag*, 4 uppl, 2002 (Norstedts Juridik).

M Hellner (red), *Fördragssamling Europarätt*, 4 uppl, 2005.

N Wahl (red), *Fördrag om Europeiska unionen*, 5 uppl, 2007 Fördragen återges här med parallelltext på franska, tyska, engelska och svenska.

*Blackstone's Statutes*. EC Legislation, ed N Foster, successivt nya uppl. Sammanställning i en volym (paperback) av fördragen och central sekundärrätt.

# *19.3 Rättsfallssamlingar*

*Rättsfallssamling från Europeiska gemenskapernas domstol och förstainstansrätt (REG)* är den officiella rättsfallssamlingen, som ges ut på alla EU-språken

10. Grundläggande regler om EUT ges i artikel 254 EGF. Före februari 2003 var beteckning på publikationen *Europeiska gemenskapernas tidning (EGT)*, vilket ändrades genom Nice-fördraget.

11. EUT:s motsvarighet på engelska benämns Official Journal of the European Union (OJ), på franska Journal Officiel de l'Union européenne (JO), på tyska Amtsblatt der Europäischen Union (Abl).

och sedan 1995 på svenska. Den finns tillgänglig både i tryckt och elektronisk form (se 19.1)[12]

En svenskspråkig *specialutgåva*, som innehåller ett fylligt urval av EG-domstolens avgöranden före 1995, har givits ut (16 volymer plus en tilläggsvolym). För tiden före 1995 används i Sverige vanligen den engelskspråkiga utgåvan av rättsfallssamlingen, benämnd

*European Court Reports (ECR).*[13]

Sidnumreringen är sedan 1969 densamma i alla utgåvorna av rättsfallssamlingen på de olika EU-språken.[14]

Rättsfallssamlingen är sedan 1990 delad i två avdelningar med skild paginering,

del I för EG-domstolen, med bokstavsbeteckningen *C (=curia)* före målnumret och

del II för Förstainstansrätten, med bokstaven *T (=tribunal)* före målnumret.

För vissa rättsfall anges efter målnumret P, R eller PR. Dessa förkortningar betyder:

*P* (=pourvoi) överklagande

*R* (=référé) interimistiskt beslut

*PR* överklagande av interimistiskt beslut

*Report of the EFTA Court* utges av EFTA-domstolen och innehåller dess domar.[15]

### *Privat utgåva*

*Common Market Law Reports (CMLR)*, London, privat utgåva av EG-domstolens domar, gör visst urval, publicerar även nationella, europarättsliga domar på engelska.

## *19.4 Officiella rapporter och redogörelser*[16]

*KOM-dokument*[17]publiceras av kommissionen i en särskild serie. Innehåller grönböcker, vitböcker och andra förslag och rapporter.

*Europeiska unionens bulletin (Bull.)*, av kommissionen månatligen utgiven tidskrift med aktuella rapporter m m. Vissa generaldirektorat utger egna tidskrifter, och har ofta även egna webbsidor med aktuell information.

12. Vissa typer av domar, som bedöms vara av mindre intresse, publiceras numera (sedan maj 2004) inte i rättsfallssamlingen.
13. På franska benämns rättsfallssamlingen Recueil de la Jurisprudence de la Cour (Rec.).
14. Detta är förklaringen till att textsidorna i rättsfallssamlingen ofta inte är helt fyllda av text; språken kräver olika stort utrymme.
15. Även elektroniskt tillgängliga på EFTA-domstolens webbplats http://www.eftacourt.lu/.
16. I princip samtliga dessa källor finns nu även tillgängliga i elektronisk form; se främst 19.1.
17. På engelska COM-documents.

*Allmän rapport om Europeiska unionens verksamhet*, publiceras årligen av kommissionen, fyllig redovisning av verksamheten under föregående år. I anslutning till Allmänna rapporten publiceras årliga specialrapporter, bl a

*Rapport om konkurrenspolitiken.*

*Europeiska gemenskapernas domstol. Årsrapport.* Årlig verksamhetsöversikt, redovisar även praxisutvecklingen, Luxemburg

*Årsboken om EU. Berättelse om verksamheten i Europeiska unionen*, årlig, omfattande skrivelse från svenska regeringen till riksdagen med redovisning från svensk synpunkt av utvecklingen i EU under det gångna året, ingår i Riksdagstrycket och är även elektroniskt tillgänglig[18]

## 19.5 *Tidskrifter*

### *Europarättsliga facktidskrifter och skriftserier*

*Europarättslig Tidskrift (ERT)*, Stockholm, utgiven sedan 1998, är den svenska facktidskriften på området och innehåller artiklar, dokumentation och rättsfallskommentarer. Innehållsförteckningar på http://www.ert.se/ (även tillgång till fulltextarkiv för prenumeranter)

Bland icke svenska tidskrifter i europarätt märks bl a

*Common Market Law Review (CMLRev)*, Leiden och London (är den äldsta och allmänt sett ledande).[19]

*European Law Review (ELRev)*, London (behandlar även Europakonventionen och relationen europarätt – engelsk rätt).

*European Public Law*, Haag

*Europarecht*, Baden-Baden.

*Revue du Marché Commun*, Paris.

*Revue trimestrielle de droit européen*, Paris

*Yearbook of European Law (YEL)*, Oxford (årsbok med bl a värdefulla Annual surveys över rättsutvecklingen på olika områden).

*The Cambridge Yearbook of European Legal Studies*, Oxford (årlig sedan 1998)

Mera specialiserade i sin inriktning är bl a

*European Business Law Review (EBLR)*, London (bolagsrätt, finansmarknadsrätt m m).

*European Competition Law Review (ECLR)*, London.

*European Intellectual Property Review (EIPR)*, London.

18. Via *lagrummet* (se 19.1) eller från regeringens webbplats (http://www.regeringen.se).

19. Innehållsförteckningar m m (även för European Business Law Review, European Public Law m fl) kan även nås via http://www.kluwerlawonline.com.

### *Andra facktidskrifter*

Europarättsliga frågor behandlas i betydande omfattning även i juridiska tidskrifter som inte har direkt europarättslig inriktning, både i allmänna facktidskrifter och i sådana som rör särskilda ämnesområden. Bland de förra märks i Sverige

*Juridisk Tidskrift (JT)*, artiklar och rättsfallskommentarer. Innehållsförteckningar på http://www.jt.se/ (även tillgång till fulltextarkiv för prenumeranter).

*Svensk Juristtidning (SvJT)*, artiklar och kvartalsvisa översikter av aktuella avgöranden från EG-domstolen och Europadomstolen. Innehållsförteckningar och liknande på http://www.svjt.se/

*Lag och Avtal*, artiklar och rättsfallskommentarer av främst arbetsrättsligt intresse. Hemsida på http://www.lag-avtal.se/ (även tillgång till artikelregister m m för prenumeranter).

### *Nyhetsinformation*

*Nyhetsbrevet EU Direkt* samt månadsmagasinet *Europaposten*, (båda kostnadsfria och även elektroniskt tillgängliga)[20] ges ut av kommissionens svenska representationskontor.

*Riksdag och Departement (R&D)*, av staten veckovis utgiven tidning för rapportering av utredningar, propositioner m m. Rapporterar även utvecklingen inom EU. Nätupplaga på http://www.rod.nu.

### *Skriftserier*

*Europaperspektiv*. Årsbok för Europaforskning inom ekonomi, juridik och statskunskap, utges fr o m 1998. Hemsida på http://www.europaperspektiv.se/.

*SIEPS*, Svenska institutet för europarättsliga studier (http://www.sieps.se) ger fortlöpande ut *rapporter* och utredningar rörande olika europarättsliga frågor, vilka även är fritt tillgängliga via dess hemsida.

## *19.6 Läroböcker, samlingsverk m m*

Litteratur, som särskilt avser vissa områden, anges fortlöpande i bokens olika kapitel. Här tas endast upp ett urval av grundläggande, allmänna arbeten.

### *Engelskspråkiga arbeten*

Det finns ett antal grundläggande engelskspråkiga läroböcker i europarätt, som i regel även ger omfattande, värdefulla hänvisningar till ytterligare litteratur och dokumentation. Här märks bl a

A Arnull *The European Union and its Court of Justice*, 2 ed, Oxford, 2006

20. Via http://ec.europa.eu/sverige/news/index_sv.htm

C Barnard, *The Substantive Law of the EU. The Four Freedoms*, Oxford 2004.

D Chalmers, C Hadjiemmanuil, G Monti & A Tomkins, *European Union Law, Text and Materials*, Cambridge 2006

P Craig & G de Búrca, *EU Law. Text, Cases, and Materials*, 4 ed, Oxford 2007

T C Hartley, *The Foundations of European Community Law*. 6 ed, Oxford 2007

K Lenaerts & P van Nuffel, *Constitutional Law of the European Union*, 2 ed, London 2005.

K Lenaerts, D Arts & I Maselis, *Procedural Law of the European Union*, 2 ed, London 2006.

S Weatherill & P Beaumont, *EC Law*, 3 ed, London 1998.

Wyatt and Dashwood's *European Union Law*, 5 ed, London 2006 (by A Arnull, A Dashwood, M Dougan, M Ross, E Spaventa & D Wyatt).

## *Nordiska läroböcker och bredare monografier (urval)*

O Allgårdh & S Norberg, *EU och EG-rätten*, 4 uppl, 2004

C F Bergström, *Comitology, Delegation of Powers in the European Union and the Committee System*, Oxford 2005

U Bernitz, *Sverige och europarätten*, 2002

Dens., *European Law in Sweden – its Implementation and Role in Market and Consumer Law*, 2002 (Juridiska fakulteten i Stockholm, skriftserien nr 70)

J Hettne & I Otken Eriksson (red), *EU-rättslig metod – Teori och genomslag i svensk rättstillämpning*, 2005

H Lokrantz Bernitz, *Medborgarskapet i Sverige och Europa. Räckvidd och rättigheter*, 2004.

M Melin & G Schäder, *EU:s konstitution – Maktfördelningen mellan den Europeiska Unionen, medlemsstaterna och medborgare*, 6 uppl, 2004

H Ragnemalm & M Melin, *EG-domstolen inifrån – uppsatser om och kring rättstillämpningen inom EU*, 2006

J Reichel, *God förvaltning i EU och i Sverige*, 2006

O Wiklund, *EG-domstolens tolkningsutrymme*, 1997

# Citerade rättsfall

## EG-domstolen

| | | |
|---|---|---|
| C-249/96 | Lisa Jacqueline Grant mot South-West Trains Ltd (REG 1998, s I-621) | 105 |
| C-289/96, C-293/96, C-299/96 | Danmark m fl mot kommissionen (REG 1999, s I-1541) | 233 |
| C-326/96 | B S Levez mot T H Jennings (Harlow Pools) Ltd (REG 1998 s I-7835) | 95 |
| C-350/96 | Clean Car Auto Service (REG 1998, s I-2521) | 308 |
| C-355/96 | Silhouette International Schmied GmbH & Co KG mot Hartlauer Handelsgesellschaft GmbH (REG 1998, s I-4799) | 333 |
| C-360/96 | Geemente Arnhem, Geemente Rheden mot BFI Holding BV (REG 1998, s I-6821) | 351 |
| C-369/96, C-376/96 | Arblade, Arblade & Fils samt Bernard Leloup, Serge Leloup och Sofrage (REG 1999, s I-8453) | 263 |
| C-409/96 | Sveriges Betodlares Centralförening och Henrikson mot kommissionen (REG 1997, s I-7531) | 142 |
| C-67/97 | Ditlev Bluhme (REG 1998 s I-8033) | 246 |
| C-124/97 | Läärä, Cotswold Microsystems Ltd och Oy Transatlantic Software Ltd mot Häradsåklagaren i Jyväskylä och finska staten (REG 1999, s I-6067) | 265, 270 |
| C-126/97 | Eco Swiss China Time Ltd mot Benetton International NV (REG 1999 s II-2793) | 316, 342 |
| C-134/97 | Victoria Films A/S mot Riksskatteverket (REG 1998, s I-7023) | 156 |
| C-162/97 | Åklagaren mot Gunnar Nilsson m fl (REG 1998, s I-7477) | 216 |
| C-212/97 | Centros Ltd mot Erhvervs- og Selskabsstyrelsen (REG 1999 s I-1459) | 257, 266 |
| C-226/97 | Martinus Lemmens (REG 1998, s I-3711) | 84, 232 |
| C-233/97 | KappAhl Oy (REG 1998, s I-8069) | 35, 174 |
| C-241/97 | Försäkringsaktiebolaget Skandia (publ) (REG 1999, s I-1879) | 275 |
| C-262/97 | Rijksdienst voor Pensioenen mot Robert Engelbrecht (REG 2000, s I-7321) | 89 |
| C-269/97 | kommissionen mot rådet (REG 2000, s I-2257) | 100 |
| C-302/97 | Klaus Konle mot Österrike (REG 1999, s I-1335) | 273 |
| C-319/97 | Åklagaren mot Kortas (REG 1999 s I-3143) | 369 |
| C-387/97 | kommissionen mot Grekland (REG 2000, s I-5047) | 131, 132 |
| C-424/97 | Salome Haim mot Kassenzahnärtliche Vereinigung Nordrhein (REG 2000, s I-5123) | 91, 211 |
| C-49/98 | Finalarte Sociedade de Construçâo Civil Lda m fl (REG 2001, s I-7831) | 262, 305 |
| C-55/98 | Skatteministeriet mot Vestergaard (REG 1999, s I-7641) | 105, 267 |
| C-67/98 | Questore di Verona mot Diego Zenatti (REG 1999, s I-7289) | 265 |
| C-97/98 | Jägerskiöld mot Gustafsson (REG 1999, s I-7319) | 22, 220 |
| C-174/98 P, C-189/98 P | Nederländerna och van der Wal mot kommissionen (REG 2000, s I-1) | 126 |
| C-190/98 | Graf mot Filzmozer (REG 2000, s I-493) | 270 |

## *Yttranden från EG-domstolen*



## Förstainstansrätten

## EFTA-domstolen



## Europadomstolen

## Svenska domar

### *Högsta domstolen (NJA)*



### *Regeringsrätten (RÅ)*



### *Hovrätter*



### *Arbetsdomstolen*

### *Marknadsdomstolen*



### *Tingsrätter*



## Danska højesteret



## Tyska författningsdomstolen

# Sakregister